Abgerissen

Verlorene Bauwerke in Deutschland

Jürgen Mirow

Abgerissen

Verlorene Bauwerke in Deutschland

Impressum

Bibliografische Informationen der Deutschen Nationalbibliothek
Die Deutsche Nationalbibliothek verzeichnet diese Publikation in der Deutschen Nationalbibliografie; detaillierte bibliografische Daten sind im Internet über http://dnb.d-nb.de abrufbar.

ISBN: 978-3-86408-253-5

Grafisches Gesamtkonzept, Titelgestaltung, Satz und Layout: Stefan Berndt – www.fototypo.de

Inhaltsverzeichnis

Einleitung

Die Hamburger Domkirche, das Kaiser-Wilhelm-Nationaldenkmal in Berlin, die Pleißenburg in Leipzig oder die Stadtmauern von Frankfurt, sie stehen in keinem Reiseführer, nicht weil sie unbedeutend wären, sondern weil es sie nicht mehr gibt. Sie könnten das Bild der Stadt genauso prägen wie das Kaiser-Wilhelm-Denkmal in Koblenz, das Residenzschloss in Bonn oder die Stadtmauern in Nürnberg, aber sie sind verschwunden, aus dem Stadtbild wie aus dem Gedächtnis.

Abgerissen.

Reiseführer richten ihr Augenmerk auf bedeutende Bauten, die sich durch die Zeiten erhalten haben und heute zu sehen sind. Literatur zu Architekturgeschichte und Stadtplanung interessiert sich dafür, wie etwas neu konzipiert und dann gebaut wurde. Wir drehen den Blick um 180°. Was hat dem Neuen weichen müssen, was stand vorher an seinem Platz? Dieses Buch forscht nach Bauwerken, die in unseren Städten nicht mehr zu sehen sind. Was ist hier untergegangen, was uns genauso interessieren und beindrucken könnte wie die heute vorhandenen Sehenswürdigkeiten? Indirekt bestimmt auch das Verlorengegangene unsere heutige Wahrnehmung des öffentlichen Raumes mit, denn er sähe anders aus, wenn das Alte nicht verschwunden wäre. Gerade in Deutschland sind die Verluste riesig, größer als beispielsweise in Italien und Frankreich.

Seit die Architektur der funktionalistischen Moderne ihren Glanz verloren hat, ist das Interesse an historischer Architektur wieder verstärkt erwacht. Bauwerke der Kaiserzeit sind herausgeputzt und in größerer Zahl unter Schutz gestellt worden. Vereinzelt hat man sogar bereits Verschwundenes wieder rekonstruiert; vor allem das Schloss in Berlin und die Frauenkirche in Dresden produzierten überregional Schlagzeilen. Alte Bauten dienen der Stütze lokaler Identität und Unverwechselbarkeit, sie spielen als weicher Standortfaktor eine Rolle im Wettbewerb der Metropolen und sollen helfen den Tourismus zu fördern. Neben den historischen Altstadtelementen sind auch Burgruinen stark frequentierte Touristenziele, manche mit Inszenierungen von Mittelalterspektakeln angereichert. Aber das ist nur die eine Seite. Zugleich werden in großem Umfang Häuser abgerissen, und zwar auch solche, die durchaus Wertschätzung erfuhren; alleine in Bayern waren es zwischen 1973 und 2012 jedes Jahr rund 1000 historische Bauwerke, die auf den Denkmalschutzlisten standen. In den Spalten von Feuilletons wird darüber geklagt, aber Folgen hat das nicht. Dabei ist der Abriss von Bauwerken keineswegs ein neuartiges Phänomen. Städte verändern sich ständig, was eben auch den Verlust alter Bausubstanz mit sich bringt, ja die Ungleichzeitigkeit ihres Bestandes gehört mit zur urbanen Atmosphäre; Homogenität wird als langweilig empfunden. Historische Bauwerke, die heutzutage bestehen, sind gewissermaßen Überlebende in einem langen Selektionsprozess. Das Ausmaß, in dem Altes abgerissen wurde, variiert zwischen den einzelnen Städten erheblich. Ein Extremfall ist Berlin. In der dynamischen, aber auch durch den letzten Weltkrieg schwer getroffenen Metropole sind von den etwa 1500 Bauten, die um 1840 im Stadtkern vorhanden waren, seitdem 1488 abgebrochen worden, und von den im folgenden Jahrhundert (1840-1945) errichteten Gebäuden haben sich bis 2012 etwa 39 erhalten. Am anderen Ende dieser Spanne stehen Städte wie Goslar. Die Mittelstadt am Harz konnte nach einer Aufstellung aus dem Jahre 1975 noch 64 Häuser aus dem Mittelalter aufweisen, 346 entstammten dem 16. und 17. Jahrhundert, 403 dem 18. Jahrhundert und 700 Häuser waren jünger.

Dieses Buch will verschwundene Bauwerke dem Vergessen entreißen und damit zugleich den Blick auf die heute vorhandene Stadtlandschaft verändern, es will das Bewusstsein dafür schärfen, das heutige Erscheinungsbild nicht für selbstverständlich zu halten. Es ist jedoch keine nostalgische Klage über das Verlorengegangene, keine Trauerarbeit über Verluste aus einer vorgeblich „guten alten Zeit". Es ergeht sich nicht in herablassendem Kopfschütteln und gießt schon gar keine Häme aus über Abrissentscheidungen früherer Zeiten, die man heute anders treffen würde. Heutige Maßstäbe, was erhaltenswert ist und was nicht, dürfen nicht unreflektiert als selbstverständlich angesehen werden; solche Maßstäbe sind historischem Wandel unterworfen, und auch die heutigen werden nicht ewig bestehen bleiben. Was ist uns im Laufe der Zeiten an Bauwerken, die einst für Stadt und Landschaft prägend waren, abhanden gekommen? Dabei geht es nicht um einen auf eine einzelne Stadt beschränkten Blick, nicht um bloße Auflistung. Lässt sich hier über eine Unzahl von Einzelfällen hinaus ein Überblick gewinnen, sind typische Ursachen, Struktur und Zusammenhang zu erkennen? Gab es Epochen und Wellen besonders intensiver Abrisstätigkeit? Welche zeitspezifischen Rahmenbedingungen, von Wirtschaftserfordernissen über Machtverhältnisse bis zu vorherrschenden Ideologien, welche Interessen und Motive steckten dahinter? Alle Akteure verdienen es, aus ihrer Zeit und vor ihrem politischen und gesellschaftlichen Hintergrund ernst genommen zu werden. Dabei waren manche Abbrüche unter den Zeitgenossen durchaus kontrovers. Wie sahen hier die Positionen und Argumente aus? Warum konnten manche Bauwerke der Zerstörung knapp entrinnen, obwohl sie kurz davor standen, darunter auch solche, die noch heute stehen? Andererseits sind manche Bauwerke, die auf den ersten Blick immer noch zu bestehen scheinen, tatsächlich bereits untergegangen. Wie konnte es dazu kommen, dass sie in Gestalt mehr oder minder schöpferischer Rekonstruktionen in Teilen wiederkehrten? Das sind Fragen, von denen die folgenden Seiten sich leiten lassen.

Es geht hier nicht um jene umfangreichen Verlusten an Bausubstanz, die im Laufe der Jahrhunderte immer wieder als Begleiterscheinung von Kriegen und durch Stadtbrände eingetreten sind. Besonders der Dreißigjährige Krieg, die Kriege König Ludwigs XIV. und der Zweite Weltkrieg brachten umfangreiche Zerstörungen mit sich. Brandkatastrophen konnten gerade in enggebauten Fachwerkstädten rasch ganze Stadtviertel vernichten. Unser Blick richtet sich auf jene Fälle, in denen Menschen sich bewusst dafür entscheiden haben, Bauwerke zu beseitigen. In den zufälligen Verlusten durch Krieg und Feuersbrunst steckt nur insofern teilweise eine absichtsvolle Komponente bewusster Entscheidung, als oft zwar Dachgestühl und Holzdecken verbrannten, Außenmauern aber überwiegend stehen blieben und sich dann die Frage stellte, wie man mit den Ruinen umgehen sollte, also neue Holzdecken einziehen und sie wieder bedachen oder alles ganz abräumen.

Im Wesentlichen gab es vier Gründe, warum man sich bewusst dafür entschied, Bauwerke abzureißen. Durch einen politischen Systemwechsel konnten Bauten, die als Ausdruck der untergegangenen politischen Ordnung wahrgenommen wurden, nicht länger tragbar erscheinen, so dass man sie gezielt beseitigte. Dabei konnte es sich um Denkmäler handeln, die als reine Träger einer bestimmten Bedeutung geschaffen werden, indem sie der Erinnerung an Personen oder Ereignisse dienen und ansonsten keinen praktischen Nutzen haben, aber auch um Gebäude, die zunächst einmal praktischen Bedürfnissen dienen, allerdings durch eine Gestaltung als repräsentative Herrschaftsarchitektur ebenfalls zum Ort der Selbstinszenierung eines bestimmten politischen Systems werden. Spontane Denkmalstürze als symbolischer Akt waren zwar ausgesprochen selten; die Frage, wie weit nach einem politischen Systemwechsel Symbolbauten der überwundenen Ordnung und damit die Erinnerung an sie aus der Öffentlichkeit beseitigt werden sollten, stellten sich neue Machthaber allerdings durchaus. Dabei ist Bedeutung keine feste Eigenschaft eines Bauwerks, sondern zugeschrieben und veränderlich. Es kam weniger auf die Intention der Erbauer an als vielmehr auf die Bedeutung aus Sicht der später Lebenden, die abhängig war von ihre ideologischen Position und ihrem Geschichtsbewusstsein.

Zweitens gilt, dass Gebäude sich ihren Unterhalt verdienen müssen (wie die meisten Menschen auch). Nur was eine Funktion erfüllt und damit Nutzen stiftet, wird mit Kostenaufwand instandgehalten. Die Kontinuität der ursprünglichen Nutzung ist die beste Form, ein Gebäude durch die Zeiten zu bewahren. Wo die ursprüngliche Funktion verloren ging und sich keine angemessene Nachnutzung fand, drohte der Abriss. Das konnte kurzfristig erfolgen, wo die Lage begehrt war und etwas Neues an die Stelle drängte, anderenfalls auch zu einem langwierigen, schrittweisen Verfallsprozess führen. Letzteres bedeutete in der Zeit vor dem Betonbau regelmäßig, dass zunächst das Dach undicht wurde und Regenwasser eindrang, sich die Dachbalken bogen und die Ziegel verschoben, dann der durchgefaulte Dachstuhl ins Innere stürzte, die hölzernen Zwischenböden durchfeuchteten und mit der Zeit ebenfalls wegbrachen, das Wasser in die Spalten des nun frei liegenden Mauerwerks eindrang und Frostsprengung Stein für Stein von oben wegbröckeln ließ, überdies Sträucher und Efeu das Ganze überwucherten und mit ihren Wurzeln das Mauerwerk weiter lockerten. Wo sich nach dem Verlust der ursprünglichen Funktion Nachnutzungen fanden, war es dann die Frage, wieweit diese das Bauwerk ihren neuen Bedürfnissen anpassten und wieviel dabei vom ursprünglichen Bauwerk noch übrig blieb, meist je länger desto weniger.

Sodann gab es Bauwerke, die eigentlich noch gut zu brauchen gewesen wären, aber trotzdem abgerissen wurden, weil sie einer übermächtigen Konkurrenz erlagen. Konkret: wo zum Beispiel anschwellendem Verkehrsbedarf Platz gebahnt werden sollte, wo kapitalstarke Investoren Immobilien für renditeträchtigere Nutzungen aufkauften oder wo die Staatsmacht in zentralen Lagen Platz für ihren Repräsentationsbedarf beanspruchte, konnten sich oft die bisherigen Bauwerke nicht mehr behaupten und mussten weichen.

Viertens führten die Veränderungen in Politik, Gesellschaft und im Wirtschaftsleben oft dazu, dass sich die Ansprüche an Gebäude änderten, sei es an Wohnkomfort, Repräsentation, militärische Verteidigungsfähigkeit, technischer Funktionalität oder als Gehäuse von Produktionsprozessen. Irgendwann konnten die bestehenden Bauwerke diesem nicht mehr gerecht werden. Wenn sie daraufhin nicht auf einen Schlag abgerissen und durch zeitgemäßere Neubauten ersetzt wurden, so sahen sie sich doch schrittweise umgebaut und überformt, was oft auf einen Abriss auf Raten hinauslief. Manchmal geriet auch der technische Zustand eines Gebäudes infolge von langandauernder Benutzung und Verschleiß einfach an seine Grenze, bei sparsam gebauten Häusern der einfachen Leute eher als bei den massiven Repräsentationsbauten der Mächtigen und Reichen.

Was das alles konkret bedeutete, soll im Folgenden erzählt werden.

Warum Veraltetes nicht einfach abreißen?

Bis Ende des 18. Jahrhunderts zählte bei Bauwerken nur der Gebrauchswert. Nur Weniges wurde deshalb erhalten, weil man ihm als Denkmal eine besondere Bedeutung für die Erinnerung zumaß; an Architekturteilen waren dieses Grabdenkmäler, Epitaphe und Wappenschilde, die dazu dienten, adlige Familientradition sichtbar zu bewahren und damit Herrschaft und Herrenstellung zu legitimieren, ansonsten Siegestrophäen, vergleichbar noch im Raum der Kirche Reliquien als überlieferte Zeugen der Glaubensstärke. Gebäude wurden repariert, weil man sie weiter nutzen wollte, nicht weil man ihnen eine besondere Bedeutung zumaß. Was nicht mehr gebraucht wurde, verschwand im Laufe der Zeit, indem man es abriss oder schrittweise verfallen ließ. Nachdem die Herrschaft der Römer im Rheinland und im Alpenvorland um 400 n. Chr. zusammengebrochen war, wurden ihre steinernen Hinterlassenschaften, sofern sie nicht schon in den Jahren germanischer Eroberung kriegerischen Zerstörungen zum Opfer fielen, in den folgenden Jahrhunderten abgetragen, um die Steine als Baumaterial wieder zu verwenden. Am Ende des Mittelalters war von ihnen alles verschwunden bis auf einige Grundmauern, welche die Erde verbarg; wenige stehende Mauerreste hatten sich nur dort erhalten, wo sie in Adelssitze, Kirchen oder Stadtmauern eingefügt worden waren. Genauso brach man im Mittelalter Kirchen und Bürgerhäuser ganz oder in Teilen ab, wenn der Bedarf nach größeren oder prächtigeren bestand.

Als erste vergangene Kulturepoche erfuhr die Antike eine neue Wertschätzung. Mit der Renaissance wurden am Beginn der Neuzeit Architektur, Dramentheorie, Skulpturen und Mythologie der alten Griechen und Römer zu neuen Inspirationsquellen für Kunst und Literatur, und Gebildete begannen römische Münzen und Büsten als historische Objekte zu schätzen, zu sammeln und zu bewahren. Den wenigen großen Baufragmenten, die sich in Deutschland aus der Antike erhalten hatten, nutzte dieses allerdings zunächst einmal nichts. Das zeigte sich in Trier, das 293 bis 390 n. Chr. Residenz römischer Kaiser gewesen war und deshalb mehr als jede andere Stadt auf deutschem Boden von den Römern mit repräsentativen Bauwerken ausgestattet worden war. Kaiser Maximilian ließ auf dem Reichstag in Trier 1512 die Zerstörungskraft der neuen Geschütze an den Ruinen der Barbarathermen erproben, und der Erzbischof von Trier befahl 1614, die Hälfte der römischen Palastaula in Trier niederzulegen und die Reste in seinen neuen Schlossbau zu integrieren. Diese Einstellung zu antiken Ruinen änderte sich erst, als Mitte des 18. Jahrhunderts Veröffentlichungen erschienen über die in Italien wiederentdeckten und jetzt ausgegrabenen Ruinen von Herculaneum und über altgriechische

Bauwerke Athens. Auch dieses wurde am deutlichsten an den römischen Hinterlassenschaften in Trier sichtbar. Als Napoleon 1804 Trier besuchte, ordnete er an, das römische Stadttor, die sogenannte Porta Nigra, das sich dank des Einbaus der mittelalterlichen Simeonskirche erhalten hatte, von diesen Einbauten zu befreien. 1816 begann man dann in Trier auch das Amphitheater und das Caldarium der Kaiserthermen freizulegen.

Im Unterschied zu diesen spärlichen Relikten aus der Antike waren Bauten aus dem Mittelalter überall in Deutschland reichlich präsent, vor allem der Gotik, viel weniger aus romanischer Zeit. Allerdings hatte das Zeitalter des Barock für die Gotik bloß Verachtung übrig. Goethe gibt diese Einstellung mit Blick auf seine erste Begegnung mit dem Straßburger Münster im Jahre 1770 nachdrücklich wieder: „Auf Hörensagen ehrt ich die Harmonie der Massen, die Reinheit der Formen, war ein abgesagter Feind der verworrnen Willkürlichkeiten gotischer Verzierungen. Unter die Rubrik *gotisch*, gleich dem Artikel eines Wörterbuchs, häufte ich alle synonymische Mißverständnisse, die mir von Unbestimmtem, Ungeordnetem, Unnatürlichem, Zusammengestoppeltem, Aufgeflicktem, Überladenem jemals durch den Kopf gezogen waren." Er gibt zu, dass er „auf Anlaß einiger abenteuerlichen Schnörkel, in den allgemeinen Gesang stimmte: `Ganz von Zierat erdrückt!´ und so graute mir's im Gehen vorm Anblick eines mißgeformten krausborstigen Ungeheuers."[1] Der vom barocken und klassizistischen Geschmack geprägte Blick auf den älteren Profanbau fiel nicht freundlicher aus, wie die Beschreibung der Altstadt Frankfurts durch den Historiker Philipp Wilhelm Gercken 1788 zeigt: „Die alte erste Stadt ... hat zwar einige ziemlich gute Gassen, wie die Fahrgasse, die Dieniesgasse, die Schnurgasse, der Kornmarkt und der neue Krähm, alle übrige, besonders die Quärgassen sind sehr schmal, dunkel und winklich, mit einem Worte schlecht. ... Die alten Thorthürme sind abscheulich, oben mit kleinen Thürmchen und häßlichen ungestalten Auswüchsen im Dach und an den Seiten gezieret. Man würde nichts verlieren, wenn man den oberen Theil dieser Thürme abreissen ließ, sie von diesem abgeschmackten Zierrath befreiete, und nur ein ganz simples Dach wieder darauf setzte. Vor allem macht der Brückenthurm oben die traurigste Figur. Das alte Rathaus oder der Römer hat auswärts mit seinen 3 altfränkischen Giebeln ebenfalls wenig Ansehen, imgleichen das Zeughaus etc. Die alten Bürgerhäuser sind größtenteils von Holz und elend."[2]

Warum wich nun am Beginn des 19. Jahrhunderts diese Ablehnung gegenüber den baulichen Hinterlassenschaften des Mittelalters einem neuartigen Interesse, insbesondere an der Gotik? Auf den „Geist der Romantik" zu verweisen, wie es oft geschieht, ist ohne analytischen Wert; zu Verschiedenartiges wird unter dem bequemen Etikett „Romantik" zusammengespannt, zu unbestimmt bleibt die Frage, woher ein solcher Zeitgeist angeweht kam. Viel sinnvoller ist es, die Ursache im politischen Umbruch dieser Jahrzehnte zu suchen, der von Absolutismus, Adelsherrschaft und Ständegesellschaft zu einer bürgerlichen Gesellschaft gleichberechtigter, freier Individuen mit politischen Mitbestimmungsrechten führte, sei es durch die große Revolution in Frankreich, die Reformpolitik der Regierungen der deutschen Einzelstaaten oder eine schrittweise Entwicklung in Großbritannien. Das wirkt auf den ersten Blick wenig plausibel, denn dem kritischen Geist der Aufklärung schien alles Mittelalterliche finster und barbarisch, eine Quelle von Aberglauben und feudalistischer Unfreiheit zu sein. Als durch die Aufklärung geprägten Kräfte an die Macht kamen, durch den Einmarsch des revolutionären Frankreich in Westdeutschland wie durch die radikale Reformpolitik des aufgeklärten Absolutismus in der napoleonischen Zeit, stießen sie eine Welle von Abrissen alter Klöster und anderer „unnützer" Bauwerke an. Und doch keimte hier zugleich eine Neubewertung des Mittelters. Wie das geschehen konnte zeigt ein genauer Blick auf die einzelnen Personen und Gruppen, die diese Wende bewirkt haben, sowie ihre Motive; er zeigt zugleich, dass hier vier verschiedene Impulse zusammentrafen und sich verbanden.

Mit der im Laufe des 18. Jahrhunderts aufkommenden Bereitschaft gebildeter Menschen, allen voran in England, sich von Traditionen und Konventionen zu lösen und sich mehr an eigenem Denken und Empfinden zu orientieren, breitete sich nicht nur rationale Lebensbewältigung mit mathematischer Logik, kritischer Weltdeutung und nüchternem Kalkulieren aus, sondern ebenso gewann das subjektive Erleben einen neuen Stellenwert, die Empfindsamkeit für Stimmungen und für das eigene Seelenleben. Nicht nur die Naturlyrik hatte Konjunktur, in der Dichter ihre inneren Gefühle in die Landschaft hineinprojizierten, womit die Vorstellung der stimmungserfüllten Landschaft entstand, auch gotische Klosterruinen und zerfallene Burggemäuer wurden als Stimmungsträger entdeckt. Um 1770 entstand in England die Gattung der „Gothic Novel", der Schauerromane, und die englische Oberschicht begann in den Parks ihrer Landsitze künstliche Ruinen mit gotischen Stilelementen zu errichten. Die efeuüberwucherten, unregelmäßigen Architekturfragmente, bisher als hässliches Gerümpel verachtet, galten jetzt als schaurig-schön und regten die Phantasie an; Gedanken an die Großartigkeit vergangene Heldenzeiten, das Gefühl des Geheimnisvollen oder melancholisches Sinnieren über die Vergänglichkeit. Um 1800 waren Ritter- und Schauergeschichten auch in Deutschland Mode. Als erster Fürst baute sich hier Leopold Friedrich Franz von Anhalt-Dessau ab 1773 ein gotisches Haus in seinen Schlosspark in Wörlitz, nachdem er die neugotische Gartenhausarchitektur bei einem Besuch in England kennengelernt hatte. Erbprinz Wilhelm von Hessen-Kassel, ein Enkel des englischen Königs, errichtete als erster 1780 einen Gartenpavillon in Gestalt einer künstlichen gotischen Ruine im Park von Wilhelmsbad bei Hanau, der er seit 1793 die Löwenburg auf der Wilhelmshöhe bei Kassel folgen ließ. Um 1800 setzte der romantische Rheintourismus ein, der sich nicht mehr wie die Reisenden der vorangegangenen Jahrzehnte für die Städte und die Fruchtbarkeit der Landwirtschaft an Niederrhein und Oberrhein interessierte, sondern für den Mittelrhein mit seinen schroffen Felshängen, auf denen zerrissene Burgruinen thronten. Viele Kloster- und Burgruinen waren nun für rund drei bis vier Jahrzehnte ein beliebtes Motiv romantisch gestimmter Maler. Der Nachwelt am bekanntesten sind die Bilder von Caspar David Friedrich, der seit 1809 in verschiedenen Varianten Landschaften mit Klosterruinen auf die Leinwand brachte; inspiriert von den Resten der gotischen Zisterzienserabtei Eldena in der Nähe seiner Heimatstadt Greifswald, aber stark subjektiv verfremdet und mit mehrdeutiger Symbolik aufgeladen. Hier entstand also ein neues Interesse an gotischen Formen und alten Burgruinen, und zwar vor allem an ihrem Zustand fortschreitenden Verfalls, weniger an ihrem Schutz und auch ohne zu einer vertieften Auseinandersetzung mit den Architekturprinzipien der Gotik anzuregen.

In bestimmten Kreisen war das positive Interesse an Hinterlassenschaften des Mittelalters auch mit weltanschaulichen Grundpositionen verbunden. Die Umwälzungen der Französischen Revolution wurden von den einen als Befreiung begrüßt; die Verlierer, also Adel und Kirche, erlebten sie hingegen als Welle der Zerstörung. Friedrich von Hardenberg, der sich als Schriftsteller Novalis nannte, war in Deutschland der erste, der vor diesem Hintergrund in seiner 1802 gedruckten Rede *Die Christenheit und Europa* dem düsteren Mittelalterbild der Aufklärung eine neue, positive Sicht auf das Mittelalter entgegensetzte. Novalis verklärte das Mittelalter als ein goldenes Zeitalter, in dem die Menschen glücklich in Gemeinschaft zusammenlebten, ohne sich in Klassenkämpfen zu zerfleischen, geeint durch den gemeinsamen Glauben unter wohltuender Leitung der Kirche. Als in Köln 1803 zahlreiche Kirchen der Säkularisierung zum Opfer fielen und ihre Ausstattungsstücke billig an Privatleute verscherbelt wurden, griffen der Kölner Kaufmannssohn Sulpiz Boisserée und sein Bruder zu und begannen „unter dem Spott und Gelächter unserer Mitbürger“[3] eine Sammlung spätmittelalterlicher Altargemälde zusammenzukaufen. Streng katholisch erzogen, propagierten sie die christlich gebundene Kunst des Mittelalters als Vorbild gegen den aufgeklärten Zeitgeist. Ab 1810 erforschte Sulpiz Boiserée mit großem Engagement den Kölner Dom, das größte deutsche Kirchenbauprojekt, das jedoch unvollendet liegengeblieben war, da man 1530 die Bauarbeiten eingestellt hatte. Die Ergebnisse seiner genauen Vermessungen und die 1814 und 1818 wiederaufgefundenen Baupläne veröffentlichte Boisserée 1822-31 in einem opulenten Tafelwerk, mit dem er zugleich in der Öffentlichkeit dafür warb, die Gotik wieder zu beleben und insbesondere für seine Lieblingsidee, den Dombau wieder aufzunehmen und zu vollenden. Nachdem Napoleon 1815 besiegt worden war und die alten Dynastien mehr oder minder versuchten, das Rad der Zeit zurückzudrehen, wurden neugotische Formen überhaupt von antirevolutionären Kräften gerne als Symbol für traditionelle Ordnung und christliche Werte verwendet.

Bei dem dritten Impuls handelte es sich zunächst um ein Problem der Architekten. Der Barock war der Repräsentationsstil absolutistischer Fürstenmacht gewesen, ebenso wie er dazu diente, die Mysterien der katholischen Kirche zu veranschaulichen. Mit dem Sturm auf die Bastille in Paris 1789, dem Untergang des französischen Königtums auf dem Schafott und dem Sieg einer radikalen, atheistischen Aufklärung über jahrhundertealte Kirchentraditionen war der Barock schlagartig out. Wie sollte man jetzt bauen? Einen gänzlich neuen Stil am grünen Tisch zu kreieren schien unmöglich, und so wandte sich der Blick zurück. Das revolutionäre Frankreich schaute auf die Antike und baute klassizistisch; die glatten Flächen und klaren Gliederungen schienen dem rationalen Geist der Aufklärung gemäß zu sein, und auch sonst zitierte man in der Politik gelegentlich Elemente der römischen Republik und der griechischen Demokratie. Ebenso wurde in Deutschland seit dem Brandenburger Tor (1789) der Klassizismus Mode. Zugleich erscheint es aber logisch, dass der Bedarf nach einer Alternative zum Barock über kurz oder lang auch zu einem neuen Blick auf die Gotik führte. Goethes Schrift über das gotisch Straßburger Münster, in der er dessen Baumeister heroisierte, 1772 zuerst anonym veröffentlicht, blieb noch ohne nennenswerte Resonanz. Weitaus folgenreicher wurde die Reise des Architekten und Bildhauers Friedrich Gilly, der 1794 als 22jähriger seinen Vater auf einer Dienstreise nach West- und Ostpreußen begleitete. Als sie den früheren Sitz der Hochmeister des Deutschen Ordens inspizieren, den langstreckten Bau der Marienburg am Ufer der Nogat, war der junge Gilly fasziniert von den komplexen Gewölbekonstruktionen des spätgotischen Backsteinbaus. Seine Zeichnungen wurden 1795 in der Berliner Akademie ausgestellt und 1799-1803 veröffentlicht, keine romantischen Ruinenbilder der tatsächlich verwahrlosten Burg, sondern nüchterne Rekonstruktionen des mittelalterlichen Bauzustands. Sie trafen auf breite Resonanz der Gebildeten, begeistert von der Neuentdeckung der vergessenen Deutschordensarchitektur. Gilly starb schon mit 28 Jahren an Tuberkulose, aber seine Impulse starben nicht mit ihm. Sein Schüler und Freund Karl Friedrich Schinkel führte nicht nur die Bauprojekte des Verstorbenen fort; er studierte auf seiner Bildungsreise 1803-05 sowohl die Monumente der Antike in Italien als auch die gotischen Domkirchen in Mailand, Prag und Wien. Schinkel entwarf als Architekt in Berlin nicht nur bedeutende klassizistische Bauten, sondern brachte ab 1810 ebenso Entwürfe in neugotischem Stil zu Papier. Etwa gleichzeitig, während seiner Lehrzeit in Karlsruhe 1802-07, lernte der Architekt Georg Moller das Freiburger und das Straßburger Münster kennen und schätzen. Als Frucht seiner intensiven Auseinandersetzung mit den Konstruktionsprinzipien gotischer Baukunst veröffentlichte er 1815 bis 1843 unter dem Titel *Denkmäler der deutschen Baukunst* genaue Bauzeichnungen mittelalterlicher Bauten, besonders aus Hessen und dem Rheinland. Der erste Überblick über die gotische Architektur in Deutschland erschien dann 1820 aus der Feder des Leipziger Ratsherrn Christian Ludwig Stieglitz (*Von altdeutscher Baukunst*). Damit war die Gotik in Architektenkreisen zu einem gleichberechtigten Stil neben die griechisch-römische Antike aufgerückt.

Dass die baulichen Hinterlassenschaften des Mittelalters wieder zu Ehren kamen hatte schließlich und vor allem auch damit zu tun, dass das deutsche Bürgertum nach eigenen Traditionslinien suchte und dabei auf die Idee kam, in der Gotik den Baustil gewissermaßen der vaterländischen Antike, des eigenen Altertums zu sehen. Als das deutschsprachige Bildungsbürgertum im späten 18. Jahrhundert gegenüber der Kultur der Fürstenhöfe an Selbstbewusstsein gewann, entstand die Vorstellung einer kulturellen Gemeinsamkeit über die Grenzen der zahlreichen deutschen Fürstentümer hinweg, bestanden diese doch nur durch den Willen und die Macht der einzelnen Herrscherdynastien, und zugleich auch über die Grenzen der Ständegesellschaft hinweg. Als frühe Stimmen, noch isoliert innerhalb der entweder weltbürgerlich oder einzelstaatlich orientierten Eliten, versuchten Karl Friedrich Moser und Johann Gottfried Herder diesen Gedanken in den 1760er Jahren mit dem Begriff eines deutschen Nationalgeistes zu fassen, der sich in Sprache, Volksdichtung und Mythen äußere. Stieglitz plädierte 1794 in seinem Aufsatz über die frühromanische Klosterkirche in Memleben als erster dafür, mittelalterliche deutsche Bauwerke als nationale Altertümer kunstgeschichtlich zu untersuchen, um die Kenntnis der Sitten und Gebräuche der Nation zu fördern. Kräftigen Auftrieb erhielt diese Idee nationaler Gemeinsamkeit, die Vorstellung eines zusammengehörigen deutschen Volkes, als die deutsche Staatenwelt mit dem Einmarsch der Truppen Napoleons vergewaltigt wurde. Das römisch-deutsche Reich war 1806 zerfallen, die deutschen Einzelstaaten waren durch militärische Niederlagen gedemütigt, finanziell ausgepresst und dazu verpflichtet, junge Männer als Kanonenfutter für Napoleons größenwahnsinnige Eroberungskriege zu liefern. Der gemeinsame Kampf gegen die Franzosen in den Befreiungskriegen 1813/15 fachte im deutschen Bürgertum eine nationale Stimmung an, in der die Idee kultureller Gemeinsamkeiten nun auch politisch wurde. Das Conversations-Lexikon von Brockhaus konstatierte als erstes 1816, dass neben den „Denkmalen im eigentlichen Sinne" wie Epitaphe, Reiterstatuen und Wappentafeln, die dazu „dienen, das Andenken an gewisse Personen oder Begebenheiten zu erhalten“, ein weiterer Denkmalbegriff entstanden sei: „Denkmale (Monumente) werden bald im weiteren bald im engeren Sinne genommen. Im weiteren versteht man darunter alles das (vorzüglich Gegenstände menschlicher Kunst), was als Zeichen der Vergangenheit oder Vorwelt gewisse Erinnerungen aus der Zeit oder an die Zeit, wo sie verfertigt wurden, erwecken will oder kann. Wenn von Denkmalen des Alterthums geredet wird, so können es schriftliche, artistische oder mechanische seyn ... Alles Werden ist an das Vergangene geknüpft, ein heiliges Band hält die Mitwelt mit der Vorwelt zusammen, und darum sind die Denkmale des Alterthums dem Gebildeten so ehrwürdig und heilig. Sie führt uns in die Vorwelt wieder ein, wir sehen ihre Sitten, Gebräuche, Verfassungen und ganzes Leben gegenwärtiger.“[4] In diesem Sinne blickten Intellektuelle in neuer Weise auf die Vergangenheit, und unterschiedliche Hinterlassenschaften fanden jetzt Interesse als nationales Erbe. In diesem Sinne begannen die Brüder Grimm 1806, Märchen und Sagen als einen Überlieferungsstrom des Volkes zu sammeln (veröffentlicht ab 1812) und die deutsche Sprache und Grammatik als Geschichte geistigen Lebens zu erforschen. Besonders die Geschichte des hochmittelalterlichen Kaisertums wurde nun entdeckt als eine Zeit, in der deutsche Macht in Europa noch glanzvoll, stark und einig dagestanden hatte. Unter dem Titel *Monumenta Germaniae Historica*, also „geschichtliche Denkmäler Deutschlands“, startete Freiherr Karl vom Stein ein riesiges Editionsprojekt, das die Textquellen zur hochmittelalterlichen Kaisergeschichte sammelte und seit 1819 in einer Folge zahlreicher Bände herausbrachte. Mit seiner sechsbändigen *Geschichte der Hohenstaufen und ihrer Zeit* brachte Friedrich von Raumer 1823-25 den Gebildeten diese Epoche näher. Als erstes Bauwerk der „Barbarossazeit“ wurde die Ruine der romanischen Kaiserpfalz in Gelnhausen ab 1806 von Bernhard Hundeshagen näher untersucht und 1819 publiziert. Doch auch die entstehende Kunstgeschichte war national eingefärbt. Der Magdeburger Baumeister J. C. Costenoble stellte 1812 die These auf, dass die Gotik in Deutschland entstanden seinund keine Nachahmung eines anderen Stils (*Über altdeutsche Architektur und deren Ursprung*), was bis in die 1840er Jahre vorherrschende Meinung blieb. Während die kunstgeschichtlichen Untersuchungen sich ganz auf gotische Kirchenbauten konzentrierten, wandten andere sich der Geschichte der Burgen zu. Die erste große Überblicksdarstellung war die neunbändige Sammlung *Die Ritterburgen und Bergschlösser Deutschlands* von Friedrich Gottschalck, bereits 1815-35 erschienen und noch romantisch geprägt. Seit den 1830er Jahren entfaltete sich dann eine breite Burgenliteratur. Schließlich fanden nach Kirchen, Kaisern und Rittern auch die spätmittelalterlichen Städte Interesse. Liberale bürgerliche Intellektuelle sahen sie „im Besitz so ausgedehnter Rechte und Freiheiten, als zur selbständigen Regsamkeit, zur vollen Entwicklung eines durchaus gesicherten inneren Rechtsverhältnisses, zur Darstellung wahrer bürgerlicher Gemeinwesen gehört.“[5] - sie glaubten hier Vorbilder gefunden zu haben für ihren eigenen Kampf gegen Spätabsolutismus und die Reste feudaler Herrschaft. Gustav Freytag idealisierte dann in seinen anschaulichen und vielgelesenen *Bildern aus der deutschen Vergangenheit* (1859/67) die zünftigen Handwerker mit ihrem Bürgerfleiß als Vorläufer einer wirtschaftlich aktiven bürgerlichen Mittelschicht. Als bauliche Symbole mittelalterlicher Städte rückten allmählich Stadttore und Rathäuser in den Blick, sofern sie aufwendig gestaltet waren, ohne allerdings eine publizistische Aufmerksamkeit zu erlangen, die Kirchen und Burgen vergleichbar gewesen wäre.

Indem diese vier Impulse zusammenkamen, gewann das Mittelalter für die Gebildeten in unterschiedlicher Weise Bedeutung und rückte in ihr kollektives Gedächtnis, allerdings nicht in seiner ganzen Breite, sondern nur höchst selektiv. Zweifellos war es ein von den aktuellen Bedürfnissen und Befindlichkeiten her konstruiertes Bild. Die Idee, in mittelalterlichen Bauten Denkmale der nationalen Vergangenheit zu sehen, führte nun dazu, hier und da weitere Abrisse zu unterbinden. Wer waren die Vorreiter, die als erste diese handfesten Konsequenzen zogen? Den Anfang machte die Marienburg. Sie war schon lange nicht mehr Sitz des Hochmeisters, sondern zur Kaserne umgebaut und dabei stark beeinträchtigt worden, und 1799 gab es Überlegungen, Teile des Hoch- und Mittelschlosses niederzulegen, um mit den Steinen ein Magazin im Vorschloss zu errichten. Die öffentliche Resonanz auf Gillys Bilder bewirkte nun, dass König Friedrich Wilhelm III. 1804 weitere Abbrucharbeiten verbot und anordnete, die Anlage zu erhalten, und nachdem der Krieg 1815 zu Ende war, begann man vor allem auf Initiative von Theodor von Schön, dem zuständigen Leiter der Provinzialverwaltung, die mittelalterlichen Bauteile zu restaurieren. Am entgegengesetzten Ende Deutschlands wurde wenig später ein französischer Emigrant aktiv, der Maler Graf Charles de Graimberg, den es 1810 nach Heidelberg verschlug. Er war so fasziniert von der Ruine des Heidelberger Schlosses, die malerisch am Berghang oberhalb des Neckars lag, dass er in Heidelberg hängen blieb und sich seitdem viele Jahre lang gegen alle Widerstände dafür engagierte, die Schlossruine vor jeder Art von Vandalismus zu schützen. Lange traf er dabei auf wenig Verständnis der zuständigen badischen Stellen; die Großherzogliche Bauinspektion redete vom Schloss noch 1822 als dem „alten Gemäuer mit seinen vielfältigen geschmacklosen ruinösen Verzierungen“[6]. Graimberg verbreitete Ansichten vom Schloss in zahlreichen Kupferstichen und trug damit seinen Teil dazu bei, den Heidelberg-Tourismus entstehen zu lassen. Auch die „Torhalle“ des ehemaligen Klosters Lorsch muss man hier erwähnen; 1797 schon auf Abbruch an eine Gemeinde verkauft, erwarb sie 1803 Landgraf Ludwig X. von Hessen-Darmstadt, ein an Kunst und Bildung interessierter Herrscher, der schon von 1776 an in brieflichem Kontakt mit Goethe stand, und rettete sie damit vor dem Untergang. Einige Jahre später erkannte Georg Moller, seit 1810 Hofbaumeister im Großherzogtum Hessen-Darmstadt, bei seinen bauhistorischen Forschungen, dass es sich bei dem kleinen Bauwerk um ein kunstgeschichtlich wichtiges Bindeglied zwischen antikrömischer und romanischer Baukunst handelte. Bei der Pfalz Gelnhausen führten die bauhistorischen Untersuchungen durch Hundeshagen selbst dazu, dass der Kurfürst von Hessen 1816 die bereits begonnenen Abrissarbeiten einstellen ließ. Die Entdeckung als malerischer Ort durch Romantiker führte bei den Ruinen von zwei mittelalterliche Klosterkirchen dazu, dass sie bereits seit längerem laufenden Abbrüche 1817 bzw. 1818 durch Verbote von oben gestoppt wurden, für Walkenried durch die braunschweigische Regierung und für Heisterbach durch den Oberpräsidenten der Rheinprovinz. Im Falle der ehemaligen Klosterkirche in Lehnin in Brandenburg, die 1823 zum Abbruch versteigert werden sollte, trat ein lokaler Amtsträger dazwischen, der Amtshauptmann von Rochow; dieser schaltete den Kronprinzen Friedrich Wilhelm ein (den späteren König Friedrich Wilhelm IV.), um die bereits teilweise ruinöse Kirche vor der Zerstörung zu retten, mit Erfolg. Zur gleichen Zeit wurde im Südwesten der schwäbische Dichter Justin Kerner aktiv, um eine weitere Abtragung der Burgruine Weinsberg zu verhindern, der eine Begebenheit aus dem 12. Jahrhundert den Beinahmen „Weibertreu" eingetragen hatte. Er erreichte, dass der von ihm gegründete Frauenverein diese Ruine 1824 vom württembergischen König übertragen erhielt und sie seitdem in seiner Obhut hat. Dieses waren die ersten Fälle, in denen die neue Wertschätzung alte Bauten vor dem Abriss bewahrte. Sie begannen als verstreute Einzelinitiativen weniger Personen in einer noch weithin verständnislosen Umgebung.

Diese Neubewertung der Gotik, der mittelalterlichen Bauwerke überhaupt, war also den Umbrüchen der Zeit geschuldet, und sie war auch ein Generationsphänomen. Die maßgeblichen Köpfe, die am Beginn dieser Neuerung standen, Gilly, Schinkel und Moller, Hundeshagen und Costenoble, S. Boisserée und Graimberg, auch C. D. Friedrich und Novalis, sind alle in den Jahren von 1772 bis 1784 geboren. Mehr noch: sie waren alle erst Twens, also in einer Lebensphase geistiger Grundorientierung, als sie mit neuem, frischem Blick auf das Altüberlieferte sahen.

Die isolierten Einzelinitiativen erweiterten sich zu interessierten Kreisen, als vor allem seit den 1830er Jahren überall in Deutschland Geschichts- und Altertumsvereine gegründet wurden. In ihnen engagierten sich zunächst höhere Beamte, Pfarrer, Professoren, Gymnasiallehrer und Ärzte, in späteren Jahrzehnten auch Volksschullehrer und kleine Kaufleute. In Preußen gab es 1885 etwa hundert derartige Vereine. Die Geschichtsvereine hatten das Ziel, die Geschichte ihrer Region im Mittelalter (und gegebenenfalls auch in der Römerzeit) zu erforschen und zu popularisieren. Sie interessierten sich für alte Inschriften, Münzen, Chroniken, Grabmäler, Baudenkmäler, Gebräuche usw. als Quellen alter Zeiten. Oft veröffentlichten sie ihre Funde und Erkenntnisse in eigenen Zeitschriften, und sie begannen eben auch, Verzeichnisse von Baudenkmälern anzulegen und sich darum zu bemühen, dass diese erhalten blieben. Meist wurden diese Vereine von den Landesregierungen unterstützt, nicht zuletzt finanziell.

Überhaupt hing das Schicksal der neuen Idee, Baudenkmale vor dem Abriss zu schützen, maßgeblich davon ab, ob sie im Staatsapparat institutionalisiert wurde. Auch hier begegnen für die ersten Initiativen wieder die Namen Moller und Schinkel. Beide gingen von dem richtigen Ansatz aus, dass nur staatliche Regelungen zuverlässig helfen würden und dass der Staat nur schützen kann, wenn er weiß, was an Schützenswertem vorhanden ist, man also entsprechende Inventare anlegen muss. Für Hessen-Darmstadt verordnete Großherzog Ludwig I. auf Anraten Mollers 1818, dass „alle in dem Großherzogtum Hessen befindlichen Überreste alter Baukunst, welche in Hinsicht auf Geschichte oder Kunst verdienen, erhalten zu werden",[7] geschützt werden und dazu ein Verzeichnis angelegt werden soll. Diese Verordnung hatte allerdings nur mäßigen Erfolg; die von den Bau-, Schul- und Kirchenbehörden 1824-30 erstellten Verzeichnisse blieben recht lückenhaft. Schinkel war ab 1810 Beamter in der *Ober-Bau-Deputation*, also der obersten Prüfungs- und Beratungsbehörde für öffentliche Bauten in Preußen, zunächst als Ober-Bau-Assessor, später in leitender Position. 1815 legte er ein Gutachten vor, in dem er mit Blick auf die zahlreichen Abbrüche in der napoleonischen Zeit beklagte, „daß unser Vaterland von seinem schönsten Schmuck so unendlich viel verlor, was wir bedauern müssen, und wenn jetzt nicht ganz allgemeine und durchgreifende Maßregeln angewendet werden, diesen Gang der Dinge zu hemmen, so werden wir in kurzer Zeit unheimlich nackt und kahl, wie eine neue Colonie in einem früher nicht bewohnten Land dastehen."[8] Vor dem Abriss zu schützen seien „Bauwerke, sowohl in vollkommen erhaltenem Zustande, als in Ruinen liegend, von allen Gattungen, als Kirchen, Capellen, Kreuzgänge und Klostergebäude, Schlösser, einzelne Warthen, Thore, Stadtmauern, Denksäulen, öffentliche Brunnen, Grabmale, Rathhäuser, Hallen usw." Von normalen Bürgerhäusern war hier nicht die Rede. Sein Vorschlag, deshalb eine dreistufig aufgebaute Denkmalschutzbehörde einzurichten, fand aber höheren Orts kein Gehör. Schinkel begann ab 1819 ein Inventar zu schützender Denkmale aufzustellen, doch die Rückmeldungen der Provinzregierungen erschienen ihm, als habe er versucht, „aus taubem Gestein Funken zu schlagen".[9] Zwar gab es mehrere Anordnungen, die den Erhalt alter Baudenkmale anmahnten (z. B. der Zirkularerlass des

Staatskanzlers Hardenberg 1821 und die gemeinsame Verfügung der Ministerien für Unterricht, Handel und Inneres 1823), sie waren aber recht allgemein, blieben ohne konkrete Ausführungsbestimmungen und bewirkten deshalb nicht allzu viel.

Im Unterschied zu diesen beiden Staaten ging die Initiative in Bayern stärker vom Herrscher selbst aus. Während sein Vater Max Joseph als Parteigänger Napoleons sein Land 1803/06 durch zahlreiche Territorien vergrößern und überdies die Königswürde einheimsen konnte, war Ludwig I. schon als Kronprinz Gegner der aufgeklärten Reformpolitik und alles andere als ein Franzosenfreund. Nach seinem Amtsantritt 1825 war für ihn zentral, die Macht und Autorität der Monarchie zu stabilisieren und die neugewonnenen Territorien zu integrieren. Schon 1826 erschien eine Ministerialverordnung, die den Abbruch mittelalterlicher Stadtbefestigungen verbot, und im folgenden Jahr ordnete Ludwig generell die Erhaltung und Bewahrung architektonischer, künstlerischer und geschichtlicher Zeugnisse aus Römerzeit und Mittelalter an. Die Motivation wird in dem vorangegangenen Gutachten des zuständigen Abteilungsleiters im Innenministerium deutlich: „Nach einem langen Vandalismus ist die gebührende Sorgfalt für die Überreste der deutschen Vorwelt wieder erwacht und das richtige Gefühl ist ziehmlich herrschend geworden: Daß die Historie ein spezifisches Gegengewicht wider revolutionäre Neuerung und wider ungeduldiges Experimentieren sey - wer seinen Sinn ernst und würdig auf die Vergangenheit richte, sey nicht zu fürchten in der Gegenwart - und es gebe kein kräftigeres Bindemittel zwischen Volk und Dynastie als eine recht nationale Geschichte.“[10] In der Kette folgender Erlasse mahnte Ludwig wiederholt besonders den Schutz der Stadttore und -mauern an, doch gerade hier bewirkten die königlichen Verordnungen am wenigsten.

Im Großherzogtum Baden war zwar schon 1811 ein Verzeichnis der Altertümer angeordnet worden, allerdings nur der römischen; 1812 kam eine Verordnung zum Schutze der Türme und Stadttore heraus und erst 1837 eine echte Denkmalschutzverordnung. Im Nachbarland Württemberg verbot das Finanzministerium 1828, irgendetwas von herrschaftlichen Burgen und Ruinen abzubrechen, und ordnete 1836 das Erstellen eines Verzeichnisses von Altertümern an, das dann immerhin 242 Seiten stark war. Für Kurhessen erließ Minister Hassenpflug 1835 eine Verfügung zum Schutz von Baudenkmälern, durch die ein Gesamtverzeichnis von 65 schutzwürdigen Objekten entstand, wobei man sich aber interessanterweise auf Ruinen beschränkte.

Diese Anfänge des staatlichen Denkmalschutzes tasteten sich also mit einer Fülle von Entschließungen der Monarchen, Ministerialerlassen und Zirkularverfügungen teilweise erst einmal an die Abgrenzung dessen heran, was überhaupt geschützt werden sollte. Die Maßnahmen hatten keinen speziellen organisatorischen Unterbau, sondern trafen auf regionale und lokale Behörden, die oft nicht recht verstanden, was eigentlich gemeint war, oder den Inhalt der Anordnungen nicht teilten, ihn jedenfalls nur teilweise umsetzten. Geld für Erhaltungsmaßnahmen musste von Fall zu Fall eingeworben werden. Organisatorisch kamen die Dinge einen Schritt voran, als die Staaten begannen, einen Landeskonservator zu ernennen, der vor allem fachlich beratend wirken sollte, zuerst 1843 in Preußen, wenige Jahre nach dem Regierungsantritt Friedrich Wilhelms IV., dann in Baden 1853 und Württemberg 1858. Für die mittelgroßen Staaten mochte das eine deutliche Verbesserung bringen, für ganz Preußen konnte ein einzelner Beamter nicht viel bewirken; der Versuch in den Jahren 1853-68, durch eine große Fragebogenaktion ausführliche Inventarlisten zusammenzubekommen, scheiterte. Diese Situation änderte sich ein Stück weit erst, als 1891 für jede preußische Provinz ein Provinzialkonservator ernannt wurde. Allmählich entstand im Laufe der zweiten Hälfte des 19. Jahrhunderts ein Netz von Vorschriften für öffentliche Denkmale, wozu auch das Aufsichtsrecht des Staates über Kirchenvermögen herangezogen wurde, allerdings noch lückenhaft und unsystematisch, und auch der Überblick über den Bestand verbesserte sich.

Von den mittelalterliche Kloster- und Burgruinen, die für die Romantiker so faszinierend waren, fielen noch in den 1830er Jahren weiterhin etliche dem Abriss zum Opfer, aber zugleich machte sich seit diesem Jahrzehnt vor Ort auch immer mehr die neue Würdigung von Bauresten aus dem Mittelalter praktisch bemerkbar. Während in den ersten zwei Jahrzehnten des 19. Jahrhunderts nur wenige Reisende romantisch wirkende Ruinen aufgesucht hatten, im Wesentlichen Dichter und Maler, setzte um 1830 Tourismus ein, zuerst per Dampfschiff am Mittelrhein, dessen enges Tal zahlreiche Burgruinen umsäumen. Die Reisenden waren zunächst zur Hälfte Engländer. 1835 erschien mit der *Rheinreise von Cöln bis Mainz* der erste Reiseführer von Karl Baedeker. Vereinzelt wurden jetzt weitere Abrisse durch Interventionen verhindert, und zwar kamen diese Initiativen von durchaus unterschiedlicher Seite. Als das preußische Finanzministerium 1820 einen einsturzgefährdeten Turm der Ruine Eckartsburg abtragen lassen wollte, entschied König Friedrich Wilhelm III. auf Vortrag des Oberpräsidenten der Provinz Sachsen, ihn aus „Altertumsgründen" zu erhalten und bewilligte das zum Renovieren nötige Geld. Der Antrag des zuständigen Amtshauptmanns im Jahre 1827, die Klosterruine Eldena weiter auszuschlachten, wurde von der Verwaltung der Universität Greifswald nicht mehr gebilligt. In Dortmund wollten die örtlichen Behörden die als Bauruine geltende gotische Marienkirche auf Abbruch verkaufen und erhielten dafür 1834 auch die Genehmigung des preußischen Kultusministeriums, doch die Intervention des Kronprinzen Friedrich Wilhelm, der im Vorjahr selbst in

Klosterruine Eldena in Vorpommern, Zustand 1825. Gemälde von Caspar David Friedrich.. Nachdem das Zisterzienserkloster in der Reformation aufgehoben worden war, wurde es seit 1638 schrittweise als Baustofflager ausgeschlachtet.

Dortmund gewesen war, und von Schinkel erreichte, dass die Kirche nicht niedergerissen, sondern wiederaufgebaut wurde. In Freiberg wurde der Sächsische Altertumsverein aktiv; als 1833 zum ersten Mal der Abbruch des Kreuzgangs am Dom beschlossen wurde, begann der Verein ein jahrzehntelanges Ringen für den Erhalt, an dessen Ende er letztlich obsiegte.

Nun boten mittelalterliche Kloster- und Burgruinen in den 1830er Jahren durchweg das Bild mehr oder minder bizarr aufragender Wandfragmente, zu deren Füßen sich der Schutt des im Laufe der Zeit herabgestürzten Mauerwerks häufte und die einem ständig fortschreitenden Verfall ausgesetzt waren, das Ganze mit Gestrüpp und Bäumen durchwuchert. Das neue Interesse motivierte nun vereinzelt zu archäologischen Grabungen, zuerst 1828-32 in der Klosterruine Eldena unter Leitung des Greifswalder Universitätspräparators Schilling, 1832 in der Burgruine Henneberg durch den Kammerrat und Hofbuchdrucker des Herzogs von Sachsen-Meiningen und ab 1842 durch den Sächsischen Altertumsverein in der Klosterruine Altzella. Verbreiteter und weitaus folgenreicher war die Praxis, in den Anlagen aufzuräumen, die nun als Denkmale des Altertums galten. Als erstes geschah dies in den Klosterruinen Eldena, Chorin und auf dem Oybin. Der preußische Kronprinz Friedrich Wilhelm, selbst stark romantisch inspiriert, hatte schon 1810 als 15jähriger dafür gesorgt, dass der Königshof Caspar David Friedrichs Gemälde *Abtei im Eichenwald* ankaufte, und als er 1827 bei einer Reise in Eldena mit der Ruine das Vorbild für dieses Gemälde persönlich kennenlernte, setzte er sich nachdrücklich dafür ein, die Grablege pommerscher Fürsten, „worin sich jetzt ein Dunghauf und ein Schweinskoben befinden",[11] zu reinigen. So wurden 1828-31 die angebauten Hütten, der Schutt und Wildwuchs beseitigt, und man gestaltete schließlich 1843 um das ganze Ruinenensemble herum eine Parklandschaft. Auch Schinkel hatte hier ein besonderes Interesse, war doch der letzte Abt vor der Aufhebung des Klosters im Jahre 1535 einer seiner Vorfahren. Auf die brandenburgische Klosterruine Chorin war Schinkel schon 1810 aufmerksam geworden, und auf Anweisung der preußischen Regierung wurden hier 1827/28-31 ein Dutzend Ställe und andere Wirtschaftsbauten entfernt, um die Kirchenruine freizulegen. Auf dem Oybin begann der Sächsische Altertumsverein 1829 die gotische Klosterruine von Schutt zu befreien. Es folgte die Klosterruine Walkenried, wo der Kreisbaumeister Carl Frühling seit 1837 Scheunen und Gestrüpp entfernte, nachdem der Maler Wilhelm Ahlborn auf den verwahrlosten Zustand der Ruine aufmerksam gemacht hatte, 1841 wurde das Gelände der großen Klosterruine Disibodenberg im Naheland für Besucher hergerichtet, und 1843 erwarb die Stadt Dürkheim die Klosterruine Limburg und gestaltete sie zur englischen Parklandschaft. Die erste Burgruine, die entschuttet und mit einem Fußweg erschlossen wurde, war Weinsberg unter der Regie von Kerners Frauenverein ab 1824. Die Rudelsburg wurde 1827 von Studenten aus dem nahen Jena entdeckt und zu ihrem romantischen Treffpunkt gemacht, und noch im selben Jahr richtete der geschäftstüchtige Weinbergarbeiter Samiel dort eine Schenke ein, wohl die erste dieser Art. Im Laufe der folgenden Jahrzehnte erfassten diese Aktivitäten eine Ruine nach der anderen. Doch die Folgen waren ambivalent. Indem die Ruinen sauber aufgeräumt und mit Wegen und platten Rasenflächen bis in jeden Winkel erschlossen wurden, mit Wegweisern und Ruhebänken garniert, verschwand der geheimnisvolle Zauber der romantischen Stimmung wie die Gespenster beim Licht des Morgengrauens. Je lauter die Gastwirte und Hoteliers die „romantischen" Reize von Ruinenlandschaften vermarkteten, je mehr Touristen herbeiströmten, desto weniger blieb von vom romantischen Erlebnis übrig. Alles wurde glatt und steril und unruhig.

Um 1900 etablierte sich die Denkmalpflege als eigenes Fachgebiet. Aus den verschiedenen Impulsen aus der Entstehungszeit der bürgerlichen Gesellschaft zu Anfang des 19. Jahrhunderts wurde damit ein von Fachleuten verwalteter Spezialbereich, allerdings eingebettet in ein starkes Interesse der bürgerlichen Öffentlichkeit des Kaiserreiches an historischen Dingen. Von Mitte der 1880er Jahre an begannen flächendeckend dickleibige, wirklich akribische Inventarisierungswerke für die Baudenkmäler der einzelnen Bundesstaaten und der preußischen Provinzen zu erscheinen, deren Veröffentlichung sich dann teilweise über Jahrzehnte hinzog. Seit 1899 gab es mit der Zeitschrift *Die Denkmalpflege* ein eigenes Publikationsorgan und seit 1900 mit der Jahrestagung von interessierten Architekten, Kunsthistorikern, Konservatoren und Verwaltungsbeamten auf dem *Tag der Denkmalpflege* ein eigenes Diskussionsforum. Aus ihm erwuchs auch das 1905-12 von Ludwig Dehio herausgegebene mehrbändige *Handbuch der deutschen Kunstdenkmäler*, die erste reichsweite und zugleich überschaubare Beschreibung der als schutzwürdig geltenden Baudenkmäler auch für interessierte Laien. Bestrebungen, den Denkmalschutz durch ein Denkmalschutzgesetz auf eine festere Grundlage zu stellen, trafen dagegen auf den Widerstand der Kirchen und adligen Schlosseigentümer gegen staatliche Eingriffe in ihr Eigentumsrecht; sie hatten deshalb bis zum Ersten Weltkrieg nur in Hessen und Oldenburg Erfolg. Tonangebend in der Denkmalpflege waren kunsthistorisch gebildete Fachleute, die in Baudenkmalen steinerne Urkunden aus der Vergangenheit sahen. In diesen Fachkreisen setzte sich deshalb um 1900 die Auffassung durch, dass man soweit möglich die originale Bausubstanz unverfälscht erhalten solle und diese nicht verändern dürfe: „Konservieren, nicht restaurieren“,[12] wie Georg Dehio gegen Projekte der vorangegangenen Jahrzehnte formulierte, frühere Bauzustände in mehr oder minder freier Nachschöpfung zu rekonstruieren. Überhaupt rückte durch diese Professionalisierung in Gestalt kunsthistorisch geprägter Fachkreise die kunsthistorische Analyse in den Vordergrund, wogegen romantische Stimmung, politische Legitimation und nationale Sinnstiftung stark zurücktraten.

Was galt nun als schützenswert? Hierunter fielen nur öffentliche Bauten, keine privaten, und auch nur solche, die durch künstlerisch anspruchsvolle Gestaltung oder durch historische Bedeutung herausragten. Dabei galt eine eindeutige Hierarchie: vor allem Kirchen (und zwar Dome und große Stadtpfarrkirchen vor schlichten Bettelordenskirchen, keine einfachen Dorfkirchen), nachrangig Burgen (und Schlösser), zuletzt auch Rathäuser und bemerkenswerte Stadttore. Zeitlich erweiterte sich in den 1890er Jahren der Kreis der Bauten, die als schutzwürdig galten; nachdem die Achtung am Anfang des 19. Jahrhunderts ausschließlich den Bauten der Römerzeit und des Mittelalters gegolten hatte und man jahrzehntelang Einbauten von Altären, Kanzeln und Statuen der Barockzeit aus mittelalterlichen Kirchen herausgerissen hatte, um ein gotisches Raumbild zurückzugewinnen, wurde jetzt der Barock rehabilitiert. Den Anstoß dazu lieferte die Tatsache, dass beim Neubau besonders von Theater- und Opernhäusern die Formensprache des Barock wieder in Mode gekommen war, hatte doch der Barock eine erste Blüte des Musik- und Sprechtheaters gebracht, und dass Arbeiten der Kunsthistoriker Gurlitt und Wölfflin aus den Jahren 1887/88 den Barock jetzt als ernstzunehmenden Kunststil analysierten und vom Ruf befreiten, nur eine skurrile, schwülstige und überladene Verfallsphase gewesen zu sein.[13] Der Klassizismus der ersten drei Jahrzehnte des 19. Jahrhunderts wurde dagegen erst in den 1950er Jahren wieder als ernstzunehmender Kunststil anerkannt.

Es war zunächst also nur ein recht enger Kreis von Bauten, die als schutzwürdig galten. Langfristig blieb es dabei nicht, und auch das war Ausdruck ganz allgemeiner gesellschaftlicher Veränderungen. Zwei große Umwälzungen kamen im Laufe des 19. Jahrhunderts zusammen und brachten gemeinsam den gewaltigen Schritt von einer traditionalen zu einer modernen Gesellschaft mit sich. So wie nun der große politische Umbruch um die Wende zum 19. Jahrhundert den ersten Anstoß geliefert hatte, bestimmte Bauwerke auch über ihre praktische Funktion hinaus als schutzwürdig anzusehen, so verlieh nun der zweite Umbruch, nämlich die Industrialisierung, dieser Schutzidee einen neuen Schub. In der zweiten Hälfte des 19. Jahrhunderts wuchs die Industrie rasch heran und zerbrach mit Macht jahrhundertealte Selbstverständlichkeiten von Wirtschaftsleben und Gesellschaft. Als ihre Konsequenzen überall spürbar wurden, erhoben sich in den 1890er Jahren immer mehr Klagen, dass die städtische und ländliche Landschaft ihre Schönheit verlören. Die krummen Gassen mit idyllischen Fachwerkhäusern würden geraden Straßenschneisen mit großen Protzbauten zum Opfer fallen, die von Strohdächern behüteten Bauernhäuser Norddeutschlands würden durch nüchterne praktische Neubauten ersetzt, die regionale Vielfalt bunter bäuerlicher Trachten wiche städtischer Einheitskleidung und die alten Ackergeräte fänden sich durch moderne Maschinen verdrängt, liebliche Flusstäler würden durch Flussbegradigung, Eisenbahntrassen und qualmende Dampfschiffe zerstört werden. Diese Klagen stammten natürlich nicht von den Ingenieuren, die stolz darauf waren, mit ihren Konstruktionen bisher Undenkbares realisieren zu können, nicht von den Unternehmern, die durch die Industrialisierung zu Reichtum kamen und mit ihren Villen demonstrierten, dass sie mit dem Adel gleichziehen konnten, nicht von den Sozialisten, aus deren Sicht die soziale Frage das zentrale Thema der Zeit war, nicht von jenen Menschen, die in den alten, vorindustriellen Gehäusen lebten und arbeiteten. Es waren Klagen aus dem städtischen Bildungsbürgertum, besonders der Lehrer und Pfarrer, Künstler und Schriftsteller. Kapitalistisches Wirtschaftsleben und industrielle Technik lagen eher außerhalb ihres Erfahrungshorizonts; in ihrem Bildungsideal hatte vor allem die Sensibilität für das Edle und

Schöne Gewicht. Das führte zu einem romantischen Blick auf Stadtbild und Landschaft, und deren Ästhetik war ihnen umso wichtiger, als ihnen dieses eine Kompensation für ihre Entfremdungsgefühle in der modernen Welt bot, in der das Streben nach materiellem Gewinn und rein praktischem Nutzen immer beherrschender wurde und darüber hinaus die Unterschichten Teilhabeansprüche anmeldeten, wo das Bildungsbürgertum sich also mit dem, was ihm lieb und teuer war, zurückgedrängt sah. In dem Bestreben, von der vertrauten vorindustriellen Welt als Heimat zu bewahren, was sich vor dem Zugriff der Moderne retten ließ, entstanden an vielen Orten Vereine, die ihre Vorstellungen über kleine Publikationen und Vorträge zu verbreiten suchten. 1904 schlossen sie sich auf Initiative des Musikers Ernst Rudorff zum *Bund Heimatschutz* zusammen.

Von dieser Heimatschutzbewegung gingen Impulse auf verschiedene Gebiete aus. Dazu gehörten die Anfänge des Naturschutzes, der herausragende Einzelobjekte der Pflanzenwelt und Geologie als Naturdenkmale unter Schutz stellte und dann mit der Lüneburger Heide als erstes auch ein größeres Naturschutzgebiet, dazu gehörte die Gründung zahlreicher Heimat- und Volkskundemuseen, um die verschwindenden Objekte bäuerlicher Volkskunst, Trachten und Arbeitsgeräte wenigstens in einzelnen Exemplaren zu bewahren, und dazu gehörten eben auch neue Impulse für den Denkmalschutz. Im Unterschied zum gerade behördlich etablierten Denkmalschutz, einer elitären Veranstaltung von kunsthistorisch geprägten Fachkreisen, erfasste die Heimatschutzbewegung breitere Kreise und trug insofern dazu bei, für die Denkmalschutzidee mehr Anhänger zu gewinnen. Aber die Interessen deckten sich nur zum Teil. Nicht das Bauwerk als historische Quelle, das möglichst in seiner Substanz erhalten werden sollte, interessierte die Heimatschutzbewegung, sondern das äußere Erscheinungsbild der Fassaden und ihre Gemütswerte, das malerische Altstadtbild mit leicht schiefen Fachwerkhäusern, die ruhige Idylle des traditionell gebauten Bauerndorfes als Ort von Bodenständigkeit und Ganzheitlichkeit. Doch gerade dieser Ansatz hatte das Potential, den Kreis geschützter Objekte erheblich zu erweitern. Während die etablierte Denkmalpflege sich auf wenige kunsthistorisch bedeutsame Bauwerke konzentrierte, interessierte sich die Heimatschutzbewegung auch für die Bauten einfacher Bürger und Bauern, für Dorfkirchen und Kapellen, nicht weil diese als einzelne so bedeutend gewesen wären, sondern weil sie gemeinsam als Ensemble das Bild der idyllischen Altstadt oder des vertrauten Dorfes boten. Ähnliches galt für einzelne Bauwerke der vorindustriellen Produktionsweise, besonders Windmühlen, deren gemächliche Umdrehungen die vorindustrielle Technik im Unterschied zur hektisch ratternden Maschine geradezu symbolisierten und die überdies als aus der Ferne sichtbare Landmarken das Landschaftsbild bereicherten.

Die greifbaren Erfolge der Heimatschutzbewegung blieben allerdings vor dem Ersten Weltkrieg kümmerlich. Das preußische *Gesetz gegen die Verunstaltung von Ortschaften und landschaftlich herausragenden Gegenden* von 1907 bot eine Handhabe, die sich ausbreitenden Reklametafeln, den sichtbaren Ausdruck kapitalistischer Kommerzialisierung im Stadtbild, zurückzudrängen. Fassadenwettbewerbe sogenannter Altstadtfreunde sollten Sammlungen von Musterfassaden für Neubauten schaffen, um so wenigsten das äußere Erscheinungsbild einer regional gebundenen traditionsverpflichteten Bauweise auch dort zu bewahren, wo man machtlos zusehen musste, wie die historischen Bürgerhäuser durch Abriss verschwanden. Bis zum Ersten Weltkrieg wurden in ganz Deutschland rund ein Dutzend Bauernhäuser unter Schutz gestellt, und 1910 entstand in Bad Zwischenahn das erste Freilichtmuseum, das angesichts des unaufhaltsamen Schwunds alter Bauernhäuser einigen ausgewählten Exemplaren Asyl bot, die dann komplett abgebaut und dort wieder aufgebaut wurden. Süddeutschland folgte erst 1955 mit dem Schwäbischen Bauernhofmuseum in Illerbeuren. In den 1920er Jahren sah es mit der Wirksamkeit der Heimatschutzbewegung kaum besser aus. Die Demokratisierung der Weimarer Republik bedeutete, dass die Arbeiterbewegung an politischem Einfluss gewann, hingegen das konservative Bildungsbürgertum politisch in die Defensive geriet. 1929 schätzte der preußische Konservator Robert Hiecke, dass über 90 % der vom Denkmalschutz erfassten Gebäude im öffentlichen Besitz und davon 75 % Kirchen seien. Erst in den 30er Jahren erhielt die Heimatschutzbewegung verstärkt Unterstützung, und zwar durch die nationalsozialistischen Machthaber. Deren ideologische Geringschätzung des modernen Großstadtlebens und deren Schwärmerei von Blut und Boden bedeuteten durch die sich darin äußernde zivilisationskritische Haltung eine geistige Nähe zu Heimatschutzidee, und umgekehrt öffneten sich führende Vertreter des Heimatschutzes bereitwillig der völkischen Ideologie. Eben deshalb war die Heimatschutzidee nach 1945 lange diskreditiert.

Der dritte Schub, vermehrt Bauwerke jenseits ihres Gebrauchswertes zu schützen, weil man ihnen als Teil des kollektiven Gedächtnisses Bedeutung zumaß, erfolgte dann vor allem in den 1970er Jahren. Wie schon der zweite und im Kern auch der erste Schub war auch dieser eine Reaktion auf eine verstärkte Modernisierungswelle, und zwar sowohl eine gestalterische in Form der funktionalistischen Architektursprache als auch eine wirtschaftliche durch den steigenden Wohlstand und seine komplexen Nebenwirkungen für Stadt und Umwelt. Dabei lassen sich nach den konkreten Motivationen drei durchaus unterschiedliche Ansatzpunkte erkennen.

Da war zunächst die Frage der Ästhetik des Stadtbildes. So wie mit der Französischen Revolution der Barock erledigt war, so starb mit der Novemberrevolution 1918 der Historismus. Er war der Repräsentationsstil eines Wirtschaftsbürgertums gewesen, das durch die Industrialisierung in den Jahrzehnten des Kaiserreiches wohlhabend und selbstbewusst gewordenen war und zeigen wollte, dass es mit den alten Eliten gleichziehen konnte. Da in der Monarchie die höfische Gesellschaft immer noch die Standards für gehobenes Prestige setzte, bediente er sich dazu der aus dem Absolutismus überlieferten Methode reichlichen Ornaments, an den Hausfassaden ebenso wie auf Möbeln und Gebrauchsgegenständen. Dabei waren jetzt alle Elemente früherer Baustile verfügbar und wurden nach Musterbüchern vielfältig neu kombiniert, wobei durchaus des Öfteren das Gefühl für Proportionen und Harmonie verloren ging. Weil sich die festen Schranken der Ständegesellschaft aufgelöst hatten und deshalb immer mehr Menschen nach oben strebten, breitete sich diese Ornamentfülle auch gesellschaftlich nach unten aus und wurde schließlich auch den Fassaden billiger Mietskasernen für Arbeiter vorgeklebt. Was einst Ausweis von Elitestatus gewesen war wurde massenhaft. Ab 1919 war dieser Historismus, der aufgrund der immensen Bautätigkeit in der Kaiserzeit den größten Teil der deutschen Großstädte prägte, jahrzehntelang diskreditiert, wurde verhöhnt und verachtet. Mit dem Übergang von der Monarchie zur Demokratie galt das Repräsentationsstreben als Protz einer vergangenen Ordnung, die Beliebigkeit der Rekombination alter Formen wurde als unschöpferisch abgetan, das Ornament an den sogenannten Mietskasernen als unehrlich kritisiert. Die schärfsten Gegner des Historismus waren in den 20er Jahren die Vertreter eines funktionalistischen Baustils, der jedes Ornament kompromisslos ablehnte, die Funktion der Dinge auch im äußeren Erscheinungsbild sichtbar machen wollte und als Fassaden überwiegend kahle, glatte Flächen zeigte. Dessen führende Vertreter mussten zwar vor den Nazis emigrieren, überwiegend in die USA, aber ihre Ideen kehrten nach dem Zweiten Weltkrieg von dort in die Bundesrepublik zurück und wurden vorherrschend, je länger desto mehr. Doch als die glatten Fassaden aus Glas, Beton und Stahl sowie die Produkte nackter Serienarchitektur im Wohnungsbau sich massenhaft ausbreiteten, wirkte das, was in der Weimarer Republik ein frisches Experiment gewesen war, allmählich monoton und emotional kalt. Der polemische Bildband des konservativen Publizisten Wolf Jobst Siedler und der Fotografin Elisabeth Niggemeyer, der 1964 unter dem Titel *Die gemordete Stadt* erschien,[14] war die erste Stimme, welche die abwechslungsreichen Stuckfassaden des Historismus neu bewertete und sie als humane und urbane Alternative der sterilen Architektur der Nachkriegszeit gegenüberstellte. 1973 rief, nach jahrelangen Vorüberlegungen, der Europarat für 1975 das Europäische Denkmalschutzjahr aus, um in der Öffentlichkeit mit einer breitangelegten Kampagne für die Erhaltung des architektonischen Erbes zu werben. Primär ging es um die traditionelle Altstadt mit ihrer urbanen Atmosphäre und ihrem Beitrag zur Unverwechselbarkeit der einzelnen Städte; sie wurde als Ausdruck historischer und kultureller Werte und Quelle örtlicher Identität gesehen und sollte als Mittel gegen die Entfremdung des Menschen in der zunehmend uniformen Umwelt der Moderne dienen. Auch bei diesen Bestrebungen dominierte der auf die Ästhetik des äußeren Erscheinungsbildes, auf die Schönheit des Kulturerbes gerichtete Blick des Bildungsbürgers. Damit waren sie in gewisser Weise den Intentionen der Heimatschutzbewegung um die Jahrhundertwende verwandt, nur dass jetzt nicht die Erzeugnisse der vorindustriellen Welt im Mittelpunkt standen, sondern auch die zahlreichen Fassaden des Historismus mit einbezogen wurden.

Impulse zu einem anderen Umgang mit der bestehenden Bausubstanz gingen jetzt aber auch von der unmittelbaren lebensweltlichen Betroffenheit der Menschen aus, die vor Ort hinter den Fassaden wohnten. Mit dem kräftigen Wirtschaftswachstum und dem steigenden Wohlstand der modernen Industriegesellschaft wuchs der Bedarf an besser ausgestatteten Wohnungen, an Einzelhandelsflächen zur Vermarktung des Massenkonsums, Büros für die expandierenden Firmenzentralen und Platz für die aufsteigende Autoflut, und dies alles fraß nicht nur immer mehr Grünflächen, sondern zerstörte eben auch Stück für Stück die Altbausubstanz der Städte. In den Rathäusern entstand ein Krisengefühl, und die Hauptversammlung des Deutschen Städtetags stand 1971 unter dem Motto „Rettet unsere Städte jetzt!“ Dabei waren die großflächigen Planungen zum Stadtumbau, die sich an ökonomischer Effizienz orientierten und mit industriell gefertigten Großbauten rücksichtslos kleinteilige Strukturen zerstörten, keine Besonderheit kapitalistischer Wirtschaftsordnung, sondern fanden in der DDR mindestens ebenso statt. Während Verwaltungshandeln zwei Jahrzehnte lang weitgehend hingenommen worden war, änderte sich dies mit der allgemeinen Politisierung der Öffentlichkeit. Nachdem die Studentenbewegung 1968/69 vorgemacht hatte, wie man an den zuständigen politischen Entscheidungsträgern vorbei politischen Druck aufbauen konnte, entstanden im Laufe der 70er Jahre an vielen Orten Bürgerinitiativen, welche die Planungen der Politiker, Stadtverwaltungen und Konzerne nicht mehr einfach hinnahmen. Ein großer Teil davon protestierte gegen Flächensanierungen, Cityerweiterungen und Verkehrsplanungen, getragen von Menschen, die ihre vertraute Umgebung oder den billigen Wohnraum nicht verlieren wollten: von örtlich alteingesessener Mittelschicht, auch von systemkritischen Studenten, weniger von Arbeitern. Schon 1965 hatte der Psychoanalytiker Alexander Mitscherlich angesichts der Zerstörung gewachsener Stadtstrukturen über die „Unwirtlichkeit der Städte“[15] geklagt, jetzt machte das Wort von der „Zweiten Zerstörung“[16] die Runde, das den Wiederaufbau als funktionsgetrennte und autogerechte Stadt in die Nähe der Flächenbombardements des Zweiten Weltkriegs rückte. Anschaulich vor

Augen geführt wurde das Desaster durch eine eigentlich für Kinder gedachte Bildermappe mit dem schönen Titel *Hier fällt ein Haus, dort steht ein Kran und ewig droht der Baggerzahn.*[17]

Der Demokratisierungsprozess der späten 60er Jahre hatte noch eine andere Folge. In der Geschichtswissenschaft begann eine nachrückende Generation von Wissenschaftlern die bisherige Fokussierung auf Politik- und Geistesgeschichte zu kritisieren und etablierte im Laufe der 70er Jahre eine kritische Sozialgeschichte, die jetzt auch die Geschichte der Unterschichten allgemein und der Arbeiterbewegung im Besonderen intensiv untersuchte, in den 80er Jahren gefolgt von einer „Geschichte von unten", die überhaupt den Alltag der Menschen in den Blick nahm. Damit wurden auch die Arbeitsplätze dieser Menschen interessant, die großindustriellen Produktionsanlagen und die historischen Industriebauten überhaupt, ebenso traditionelle Arbeitersiedlungen. Der Nürnberger Kulturdezernent Hermann Glaser prägte und popularisierte 1980 den Begriff „Industriekultur"[18] für die Alltagskultur aller sozialer Gruppen unter dem Einfluss des Industriezeitalters. Zwar hatte schon in den ersten Jahren des 20. Jahrhunderts die Erforschung von Technikgeschichte begonnen, und 1903 war das *Deutsche Museum von Meisterwerken der Naturwissenschaft und Technik* in München gegründet worden, allerdings zielte dieses darauf ab, einzelne Maschinen als „technische Kulturdenkmale" zu bewahren, um für die Leistungen der selbstbewusst gewordenen Ingenieure und Techniker einen Anspruch auf Ebenbürtigkeit neben den künstlerischen Erzeugnissen der traditionellen Elitenkultur anzumelden. Erst in den 70er Jahren begann man unter dem Einfluss dieses neuen Geschichtsverständnisses, auch ganze Industriebauten der Industrialisierungszeit bis in die 1920er Jahre hinein bewusst zu erhalten, sei es einschließlich wesentlicher Teile der technischen Einrichtungen, also als Denkmal der industriellen Produktionstechnik, sei es nur als Gebäudehülle für neue Nachnutzungen, also mehr wegen ihrer Rolle im Stadtbild, oder auch als auffällige Landmarken. Vorreiter war hierbei das sozialdemokratisch regierte Nordrhein-Westfalen.

Die nötige Schubkraft erhielten diese Impulse dann, weil sich ganz allgemein Mitte der 70er Jahre der Wind des Zeitgeistes drehte. In dem vorangegangenen Jahrzehnt hatte sich ein Glaube an unbegrenztes Wirtschaftswachstum ausgebreitet, und mit großmaßstäblichen Planungen nicht nur in Raumordnung und Städtebau glaubte man die Zukunft zielgerichtet gestalten zu können. Doch dann stellte der 1972 veröffentlichte Bericht des Club of Rome in Frage, ob es ein unendliches quantitatives Wachstum auf einem endlichen Planeten geben könne. Die überraschende Ölkrise 1973/74 ließ diese Erkenntnis auch breiten Kreisen vorstellbar werden, und die seitdem entstehende Massenarbeitslosigkeit und das zunehmende Bewusstsein für Umweltschäden trugen dazu bei, dass der

Fortschrittsoptimismus dahinschmolz. Selbst ein kluger Philosoph wie Jürgen Habermas hatte das Gefühl einer „neuen Unübersichtlichkeit".[19] Diese Verunsicherung über die Zukunft belebte das Interesse an der Vergangenheit. Historische Ausstellungen und Museen gewannen Zulauf wie nie zuvor, Bücher mit historischen Themen bekamen Konjunktur, und Events mit Mittelalterszenen und anderen Inszenierungen von Living History kamen auf. Ambitionierte Stadtplanungskonzepte fielen reihenweise in sich zusammen, der Bau von Großwohnanlagen erstarb. Stattdessen wurde in den 80er Jahren vorübergehend eine postmoderne Architektur Mode, die mit historischen Rundbögen, Säulchen und Erkern spielte, wenn auch durch ungewohnte Farbigkeit und Anordnung ironisch verfremdet. Hier und da begann man längst untergegangene Bauten zu rekonstruieren, und schließlich zeigte sich mancherorts eine Retroarchitektur, welche die weißen Fassaden neuerrichtete Wohnhäuser mit irgendwie historisch anmutenden Versatzstücken versah, um Anspruch auf Vornehmheit zu demonstrieren.

Durch diese Veränderungen des Zeitgeistes erfuhr die Idee des Denkmalschutzes, die lange eher ein Nischendasein gefristet hatte, Mitte der 1970er Jahre plötzlich in der öffentlichen Meinung einen kräftigen Rückenwind. Jene neun Bundesländer, die noch keine Denkmalschutzgesetze hatten, verabschiedeten solche 1971-80, und die Denkmalschutzämter wurden personell deutlich aufgestockt. Die Politik der Flächensanierungen durch Abriss brach ab, und stattdessen ging man dazu über, behutsam kleinteilig differenziert zu sanieren und dabei viel mehr alte Bausubstanz als bisher zu erhalten.

Der Kreis der vor Abriss zu schützenden Bauwerke wurde jetzt deutlich erweitert, die Denkmallisten gerieten entsprechend erheblich länger. Diese Erweiterung betraf zum einen die Epoche. Jetzt verschob man die bisherige Altersgrenze von 1830/50, und auch Bauten des Historismus aus den Jahrzehnten vor dem Ersten Weltkrieg wurden denkmalschutzwürdig. Die Unterschiedlichkeit der Fassaden jener Zeit mit ihren Risaliten, Stuckornamenten und Bauplastiken begannen immer mehr Menschen jetzt als Ausdruck eines Stadtbildes mit menschlichem Gesicht zu schätzen. Allerorten fing man an, diese Fassaden, die ursprünglich mäßig farbig gefasst gewesen und im Laufe der Jahrzehnte vergraut waren, zu renovieren, und zwar bunter als je zuvor, um die kleinteilige Gliederung noch mehr zu betonen. Das bisherige Feindbild Historismus mutierte plötzlich zur Illusion einer architektonisch guten alten Zeit. Angesichts der umfangreichen Bautätigkeit im Kaiserreich wuchs schon damit die Zahl der als schützenswert angesehenen Objekte enorm an.

Die Erweiterung des Kreises schützenswerter Bauwerke betraf aber nicht nur die Epoche, sondern auch die Art der Bauwerke. Jetzt setzte sich die Idee des Ensembles durch, die schon die Heimatschutzbewegung um 1900 aufgebracht hatte. Nicht nur herausragende Einzelbauwerke sollten als denkmalwürdig erhalten werden, sondern ganze gewachsene Stadtkerne, Straßenzüge, Plätze und andere Gebäudeensembles und damit auch Profanbauten durchschnittlicher Qualität als Teil eines geschlossenen Stadtbildes. Innerhalb weniger Jahre präsentierten viele Klein- und Mittelstädte Sanierungsplanungen, die sich bemühten, moderne Wohnstandards zu schaffen und gleichzeitig das Erscheinungsbild des historischen Stadtkerns weitgehend zu erhalten. Dieses Streben nach Vertrautheit und Identität führte in der Folgezeit vielerorts dazu, Markt- und Stadtplätze zu inszenieren, die in ihrem neuen, ästhetisch geglätteten Erscheinungsbild vor allem aktuellen Gemütsbedürfnissen dienten, hingegen weniger konkrete Phasen wirklicher Vergangenheit darstellten. Den Vorstellungen der Denkmalpfleger vom Erhalt historischer Originalsubstanz entsprachen diese Renovierungspraktiken oft nur begrenzt. Die von Romantik und Kunstgeschichte geprägten Vorstellungen, was erhaltenswerte Bausubstanz sei, wurden dann erweitert, als auch Industrieanlagen in das Gesichtsfeld der Denkmalschützer rückten. Auf die Initiative mehrerer Bürger hin wurde 1969 mit der Maschinenhalle der Zeche Zollern II/IV in Dortmund-Bövinghausen zum ersten Mal ein Industriebauwerk in eine Denkmalschutzliste eingetragen, allerdings vor allem wegen der Gestaltung im Jugendstil, der wenige Jahre zuvor zu neuem Ansehen gelangt war. Die Diskussion darüber sensibilisierte die Öffentlichkeit aber für Industriebauten, so dass das 1970 vom Landtag beschlossene *Nordrhein-Westfalen-Programm 1975* als zu erhaltende Kulturdenkmale ausdrücklich auch Bauwerke anführte, die für die Technik- und Wirtschaftsgeschichte des Landes wichtig seien wie beispielsweise Fördertürme, Maschinenhallen und Schachtgebäude. Als Landeskonservator Busen die nächsten Wochen durch das Ruhrgebiet reiste, um dafür ein Inventar zu erstellen, geriet er an die Grenze seines an Gotik und Barock geschulten Kunstverstands. Die Internationale Bauausstellung Emscher Park koordinierte ab 1989 eine Reihe von Projekten im Ruhrgebiet, um Teile funktionslos gewordener schwerindustrieller Anlagen vor dem Abriss zu bewahren und zumindest als architektonische Zeugnisse zu erhalten. Auch der Trend, veraltete Industriegebäude in zentraler Lage nicht immer zu beseitigen, sondern einzelne zu hippen Lofts oder Büros umzunutzen, griff aus New York und Boston auf deutsche Großstädte über. Darüber hinaus wurden seit den 70er Jahren sogar Festungsanlagen aus der Zeit bis ins 19. Jahrhundert hinein als erhaltenswert anerkannt, doch dies war mehr das Spezialinteresse kleiner Kreise.

Die Denkmalschutzidee mochte sich durch den Umbruch in den 70er Jahren im Aufwind fühlen - ob es angesichts der immer rascheren Veränderungsdynamik von Wirtschaft und Gesellschaft langfristig realistisch war, den Kreis der vor dem Abbruch zu schützenden Bauten so stark zu erweitern, oder ob dieses nicht einen völlig überzogenen Anspruch darstellte, der dann nur dazu führte, in einem Fall nach dem anderen frustriert einknicken und die Zerstörung doch zähneknirschend zulassen zu müssen, das steht auf einem anderen Blatt.

Dass mit politischen und gesellschaftlichen Umbrüchen die jeweils vorangegangene Epoche der Architektur als Ausdruck des alten Zeitgeistes in Verruf geriet, hatte nicht nur einst den Barock und dann den Historismus getroffen, sondern dieses Schicksal ereilte ebenso nach 1945 die repräsentativen Bauten der NS-Zeit und genauso seit Ende der 70er Jahre die typischen Vertreter der architektonischen Moderne aus den 1950er und vor allem den 60er und 70er Jahren. In gewisser Weise galt das auch für Bauten der DDR mit entschieden politischer Funktion, nachdem die kommunistische Herrschaft 1989/90 zusammengebrochen war. Nun waren Barock und Historismus jeweils etliche Jahrzehnte später rehabilitiert worden. Mit den Hinterlassenschaften der Nazis war es dagegen schwieriger. Nach dem Untergang des Dritten Reiches hatte man ihren nationalsozialistischer Charakter vielfach ignoriert und in jenen Fällen, wo dieses überhaupt nicht ging, die peinlich gewordenen Relikte oft entsorgt und auf diese Weise das Stadtbild entnazifiziert. Seit Ende der 1980er Jahre setzte die Wissenschaft sich in Tagungen und Veröffentlichungen nun mit der Architektur unter nationalsozialistischer Herrschaft näher auseinander, und damit erhob sich die Frage, ob auch Bauten aus dieser Epoche gezielt vor weiterem Abriss geschützt werden sollten. Das war durchaus kontrovers. Bestand nicht die Gefahr, dass Denkmalschutz für Nazi-Bauten dahingehend missverstanden werden konnte, nun bekämen diese als politikfreie Objekte das Prädikat „künstlerisch wertvoll" zuerkannt? Die Forschung machte schrittweise bewusst, wo überall in Bauten, die auf viele Menschen harmlos wirken, die nationalsozialistische Ideologie doch ihre Spuren durch die Art der Gestaltung hinterlassen hatte, und umgekehrt, dass viele dieser Gestaltungselemente schon vor 1933 verwendet worden waren und auch in anderen Ländern ohne nationalsozialistischen Herrschaftseinfluss. Oft entstand eine gewisse Ratlosigkeit. Sollte man bei pragmatisch weitergenutzten Bauten die Geschichte weiterhin ignorieren oder sollte man sie nicht länger pur stehen lassen, sondern die vorübergehenden Passanten mit aufklärenden Tafeln belehren? Vor allem bei funktionslos gewordenen Bauwerken war es nicht einfach. Sollte man sie einfach verfallen lassen und an jenen Örtlichkeiten, an denen neue Nutzungen interessiert waren, zugunsten von Neubauten beseitigen? Oder handelte es sich umgekehrt um Zeitzeugen von historischer Bedeutung, die zur Mahnung der Nachlebenden zu erhalten waren, selbst wenn dieses einigen Aufwand an Geld kostete?

Die Bauten der Nachkriegsmoderne, einst Ausdruck von Aufbruch und Fortschrittsoptimismus, sahen sich seit Ende der 70er Jahre scharfer Kritik ausgesetzt, nicht nur wegen ihres unterkühlten Erscheinungsbildes, sondern auch gewissermaßen als Täter der „Zweiten Zerstörung“ des Wiederaufbaus, der zahlreiche Bauten des Historismus zum Opfer gefallen waren. Um die Wende zum 21. Jahrhundert kam auch hier wieder der Schwenk. Kunsthistoriker und Denkmalschützer fingen an zu fragen, ob einzelne öffentliche Bauwerke und Bürogebäude, in der alten Bundesrepublik ebenso wie in der ehemaligen DDR, nicht doch als herausragende Leistungen anzusehen seien, weil sie konstruktiv oder gestalterisch innovativ gewesen waren. Die Denkmalschützer begannen jetzt auch einzelne Exemplare der Nachkriegsmoderne unter Schutz zu stellen, um so mehr, als die technischen Erfordernisse der Nutzung und die energetischen Standards sich änderten und dadurch Abrisse einsetzten. Doch zumindest zunächst bestand diese neue Bewertung nur im Diskurs der Fachkreise; in der allgemeinen Öffentlichkeit, die erhaltenswert gerne mit emotional ansprechend oder ästhetisch schön verband, traf sie noch auf wenig Verständnis. Noch mehr als die funktionalistische Nachkriegsmoderne waren die jene Bauten in Verruf geraten, die sich demonstrativ in rohem Sichtbeton präsentierten. Hier erhoben sich ab Mitte der 2010er Jahre vereinzelte Stimmen, welche diese als inhuman geschmähten Betonmassen zu rehabilitieren versuchten.

Beseitigt die Symbole des politischen Gegners!

Krieg den Palästen!

Heftige ideologische Auseinandersetzungen, die in offene Machtkämpfe münden, sind nicht nur ein Kampf mit Worten, sondern auch um die sichtbaren Symbole im öffentlichen Raum. Lässt man Kleinformen beiseite, beispielsweise einzelne Wappen über Torbögen oder Straßennamen, so sind es als stadtbildprägende Bauwerke vor allem Denkmäler und andere Arten von Gedenkstätten sowie Herrschaftssitze, in denen die politisch Dominierenden ihre Macht und ihre Deutung von Gesellschaft und Geschichte inszenieren, einprägsam in Bildern und Symbolen verdichtet. Oppositionelle Kräfte errichten keine Denkmäler, solange sie Opposition sind. Bei grundsätzlichen Machtwechseln stehen die Sieger oft vor der Frage, wie sie mit dieser symbolischen Präsenz der alten Ordnung umgehen sollen. Soll man sie als potentiell gefährliche Hassobjekte entfernen und zerstören? Oder besser verändern, uminterpretieren und neu besetzen? Oder einfach souverän ignorieren und zerfallen lassen? Die Antworten variieren je nach den Umständen.

Herrschende Ideologie war in älteren Zeiten untrennbar mit religiöser Weltdeutung verbunden, und religiöse Überzeugungen sind kein Feld für Kompromisse. Als sich im Römischen Reich im vierten Jahrhundert das das Christentum als verbindliche Religion durchsetzte, wurden Götterbilder der Konkurrenzkulte geschändet und zerstört, und mit der Christianisierung Mitteleuropas im frühen Mittelalter wurden die heidnischen Götterbilder konsequent zerschlagen. Ähnlich rabiat ging es in der Sturmphase der Reformation zu. In den 1520er und 30er Jahren vernichteten in vielen Städten Luthers Anhänger Heiligenbilder; sie glaubten nicht mehr daran, dass man durch die Stiftung von Bildwerken Gott gnädig stimmen könne und dass Heilige zwischen Menschen und Gott vermitteln könnten oder müssten. Allerdings betraf dieser sogenannte Bildersturm nur die Innenräume der Kirchen, nicht das Straßenbild.

Ideologische Auseinandersetzungen vergleichbarer Schärfe flammten erst wieder mit der Französischen Revolution auf. Die Aufklärungsideen von Freiheit, Gleichheit und Mitbestimmung prallten auf absolutistischen Machtanspruch und elitäres Privilegiendenken. Im Laufe des Jahres 1793 eskalierten die Kämpfe in Frankreich: Schon im Januar wurde der König hingerichtet, seit Frühjahr brachten Niederlagen an den Grenzen gegen die äußeren Gegner und der Verlust weiter Teile Frankreichs an konterrevolutionäre Aufstände die revolutionären Kräfte immer mehr in Bedrängnis, und Inflation und Hunger trieben die Pariser Stadtbevölkerung zur Verzweiflung. In diesem Klima der Angst errichteten die Jakobiner im Juni eine Diktatur, die zu immer schärferen Terrormaßnahmen gegen alle wirklichen und eingebildeten Gegner griff, um sich zu behaupten. Als die Revolutionäre die Lage im Frühjahr des folgenden Jahres zunehmend unter Kontrolle bekamen, verlor die Terrorherrschaft der Jakobiner an Rückhalt und wurde im Juni 1794 gestürzt.

Während dieser Terrorphase fielen in Frankreich nicht nur Tausende Köpfe unter der Guillotine, sondern auch zahlreiche Statuen an den Fassaden der Kirchen. Allein am Straßburger Münster, der größten Kirche im deutschsprachigen Elsass, fielen im September 1793 dem Wüten 235 Statuen zum Opfer. Das Gesetz, alle Zeichen des Despotismus und Feudalismus zu beseitigen, dehnten die Straßburger Jakobiner auch auf das Kreuz an der Spitze des gotischen Kirchturms aus. Pfiffige Bürger konnten diese Idee allerdings mit einem Gegenvorschlag austricksen: viel wirksamer sei doch ein weithin sichtbares Freiheitssymbol, indem man eine vier Meter hohe leuchtend rot bemalte Jakobinermütze aus Blech darüber stülpe. Monatelang muss das Münster, jetzt zum Tempel der Vernunft umfunktioniert, einen seltsamen Anblick geboten haben; immerhin blieb so die Kirchturmspitze erhalten.

Die innerfranzösischen Konflikte griffen auch auf Deutschland über. Bald nach Ausbruch der Revolution sammelten sich französische Emigranten im Rheinland, auch in der Hoffnung, von hier die Konterrevolution organisieren zu können. Im April 1792 erklärte das revolutionäre Frankreich dem Kaiser des römisch-deutschen Reiches den Krieg, teils aus latentem Bedrohungsgefühl, teils in der Hoffnung, seine revolutionären Errungenschaften exportieren zu können. In der rheinischen deutschen Republik, die im Frühjahr 1793 auf Initiative der französischen Besatzungsmacht vorübergehend in Mainz bestand, ehe preußische Truppen sie wieder beseitigten, wurde ein kurfürstliches Eisenmonument beseitigt. Heftiger wurde es, als ausgerechnet in der Jakobinerzeit das linksrheinische Gebiet der heutigen BundesländerRheinland-Pfalz und Saarland zum Kampfplatz zwischen den erneut vorrückenden Franzosen und den preußischen und österreichischen Truppen wurde, mit wechselhaftem Kriegsverlauf, bis die Franzosen schließlich im Laufe des Jahres 1794 das ganze deutsche Gebiet links des Rheins erobern konnten. Die Franzosenherrschaft blieb für die nächsten 20 Jahre. Nun bestand dieses Gebiet vor dem Einmarsch der Franzosen aus einem Mosaik kleiner und kleinster Reichsterritorien. Als die französischen Truppen herannahten, flüchteten die Fürsten zu ihren Besitzungen östlich des Rheins. Kolonnen von Kutschen mit den Angehörigen des Hofstaats und Frachtwagen mit Möbeln, Gemälden und Akten setzten sich in Bewegung. Von den revolutionären Truppen der, wie sie es sahen, Mörder König Ludwigs XVI. erwarteten sie nichts Gutes, mit Recht. Von wenigen Ausnahmen

Schloss Karlsberg bei Homburg

abgesehen, vor allem dem Residenzschloss in Düsseldorf und dem Lustschloss Favorite vor den Toren von Mainz, waren es tatsächlich keine militärischen Kampfhandlungen, sondern die revolutionäre Wut gegen die Herrschaftssitze der als Despoten geschmähten deutschen Monarchen, der jetzt eine ganze Reihe ihrer Schlösser zum Opfer fielen.

Zunächst traf es 1793 nur die Schlösser von zwei Fürsten. Herzog Karl II. A ugust von Pfalz-Zweibrücken war ein prunkliebender Autokrat, der nicht nur sein kleines Fürstentum als ein einziges Jagdrevier betrachtete, wofür er unzählige Jagdhunde hielt, sondern der auch hoffte, einmal das Kurfürstentum Bayern einschließlich der Rheinpfalz zu erben, womit er der drittmächtigste deutsche Reichsfürst geworden wäre. Der Erbfall trat zwar erst nach seinem Tod ein, aber wohl im Vorgriff darauf baute er 1778-91 auf dem Karlsberg bei Homburg ein neues Residenzschloss mit prachtvoller Innenausstattung und reichhaltigen Kunstsammlungen im Hauptpalais, einem Marstall mit Reitbahn für tausend Pferde und anderen Nebengebäuden sowie einem ausgedehnten Landschaftspark. Als Landschloss gab es in Mitteleuropa keine vergleichbar aufwendige Anlage. Sie überforderte die Finanzen des Herzogtums und konnte nur mit preußischen und französischen Subsidien und Anleihen finanziert werden. Karl nahm zahlreiche französische Emigranten auf und arbeitete mit Frankreichs Kriegsgegnern Österreich und Preußen zusammen. Sein Nachbar, Fürst Ludwig von Nassau-Saarbrücken, galt eigentlich als Vertreter eines aufgeklärten Absolutismus, allerdings trat sein Sohn Heinrich Ludwig nach der Flucht in preußischen Kriegsdienst und rückte in den Reihen des preußischen Militärs wieder in das Land ein. Den Ausschlag gab aber offenbar erst die Agitation eines einzelnen Mannes: Philippe Jacques Rühl. Dieser war erst Hofmeister des Grafen von Grumbach und dann Geheimer Rat im Dienst des Fürsten von Leiningen-Hardenburg gewesen, für den er einen Prozess gegen Pfalz-Zweibrücken führte. Als beide Herrscher einen Vergleich schlossen, wurde er entlassen; spätestens seitdem war er ein Feind Karls II. von Pfalz-Zweibrücken. Er wurde Anhänger der französischen Revolution und in der Jakobinerzeit ein führendes Mitglied im Nationalkonvent in Paris. Wiederholt forderte er im Nationalkonvent, Karls II. zu verhaften und sein Schloss auf dem Karlsberg zu zerstören.

Als die französischen Truppen im Juli 1793 Mainz räumen und sich zurückziehen mussten, fanden Rühls Forderungen Gehör. Am 28.Juli ließ General Houchard das Schloss auf dem Karlsberg und alle Nebengebäude methodisch anzünden, wofür extra Dutzende von Wagen Stroh herankarrten. In denselben Tagen steckten die Franzosen auch Karls Stadtschloss in Zweibrücken sowie seine ehemalige Sommerresidenz Jägersburg bei Homburg in Brand und verwüsteten sein Jagdschloss in Pettersheim und sein Schlösschen Louisenthal (Gutenbrunn). Das Schloss in Zweibrücken wurde 1818-20 von der Stadt als Kirche wieder aufgebaut. Die Ruinen der Schlösser Karlsberg und Jägersburg wurden in den folgenden Jahren fast vollständig bis auf die Grundmauern abgetragen, und auch von Pettersheim und Louisenthal wurde der größte Teil durch die Franzosen verkauft und dann abgerissen.

Als die Preußen im Herbst ins Saargebiet vorrückten, erging es den Schlössern des Fürsten von Nassau-Saarbrücken nicht besser. Am 7. Oktober legten die Franzosen Feuer an das Residenzschloss in Saarbrücken an, einen dreiflügeliger Barockbau, und zerstörten einen Monat später auch die beiden kleinen Lustschlösser Ludwigsberg und Monplaisir nahe Saarbrücken. Von den beiden Lustschlössern blieb nichts übrig, ebensowenig von dem barocken Jagdschloss Jägersberg in Neunkirchen, das dann 1803 an den Bürgermeister Franz Couturier verkauft wurde, schrittweise verfiel und abgebrochen wurde. Schließlich verschwanden die Kellerreste unter der Wohnbebauung des Ortes. Das Saarbrücker Schloss diente einige Jahre lang als Steinbruch, bis 1810 Mittelpavillon und Nordflügel ganz und vom Südflügel das Obergeschoss abgerissen wurden, um dann den Rest zu bürgerlichen Wohnungen umzubauen.

Den Schlösser des Fürsten von Leiningen-Hardenburg erwischte es nur wenig später. Januar bis März 1794 wurde zuerst das kleine barocke Residenzschloss in Dürkheim in Brand gesteckt, dann Jagdschloss Jägerthal vernichtet und schließlich die oberhalb von Dürkheim gelegene Hardenburg gesprengt und niedergebrannt, die zum „festen Schloss“ ausgebaut worden war und bis 1725 als Residenz gedient hatte. Auf den Fundamenten des Dürkheimer Schlosses entstand 1822-26 das neue Rathaus, das heutige Kurhaus. Die Hardenburg wurde jahrelang als Steinbruch genutzt und bietet heute das Bild einer weitläufigen Festungsruine, von der insbesondere die weitgespannten Kellergewölbe erhalten sind.

Auch noch eine Reihe weiterer landesherrlicher Schlösser fielen in diesen Monaten der Zerstörung durch die Franzosen zum Opfer. Die Reichsgrafen von der Leyen hatten in ihrem Miniterritorium die Hofhaltung der benachbarten Fürsten nachgeahmt, doch auch damit war es jetzt zu Ende. Ihr Landschloss Neuphilippsburg in Niederwürzbach, erst vor wenigen Jahren vollendet als erste große neugotische Anlage in Deutschland, wurde von französischen Truppen schon im Oktober 1793 völlig zerstört. Ihr Residenzschloss in Blieskastel, eine Vierflügelanlage aus dem 17. Jahrhundert, ging wenig später weitgehend in Flammen auf, als es von französischen Truppen als Winterquartier benutzt wurde. Da der Graf keine Chance für einen Wiederaufbau sah, verkaufte er 1802/04 die Ruinen als Baumaterial an die Bürger. In Blieskastel wurde später der restliche Bauschutt in die Kellerräume verfüllt und das Plateau eingeebnet. Auch das Schloss in Oggersheim ging Anfang 1794 weitgehend in Flammen auf, als die französischen Truppen im kalten Winter unter Vernachlässigung aller Vorsichtsregeln in den Räumen offene Feuer entfachten. Es hatte der Kurfürstin Elisabeth Auguste als Hofhaltung gedient, während ihr Mann als Kurfürst von der Pfalz in Mannheim und ab 1778 als Kurfürst von Bayern in München residierte. Entsprechend großzügig waren das ehemalige Jagdschloss und die Parkanlagen ausgebaut worden. Da der Kurfürst für die ausgeplünderte Ruine keine Perspektive sah, verkaufte er sie an einen Fabrikanten, der an dieser Stelle eine große Spinnerei errichtete. Von den Franzosen völlig zerstört wurde auch das Schloss in Pirmasens, das 1757-90 von Landgraf Ludwig IX. von Hessen-Darmstadt als Residenz verwendet worden war, ebenso wie das um 1700 auf den Fundamenten der alten Höhenburg erbaute Schloss Reifferscheid, der Sitz der Reichsgrafen von Salm-Reifferscheid. Beide Ruinen wurden 1805 auf Abbruch verkauft und lieferten Baumaterial für die Umgebung. Im Falle der Erzbischöfe von Mainz und Trier blieben zwar die eigentlichen Residenzschlösser erhalten, ebenso beim Bistum Speyer (die Residenz lag ohnehin rechtsrheinisch in Bruchsal), aber mehrere andere Schlösser in ihrem Besitz wurden 1794 durch die französischen Soldaten zerstört, alles Bauten aus der Zeit des Barock. Es handelte sich um die Bischofspalais in Worms (zu Mainz gehörig) und Speyer, für Kurtrier um die Lustschlösser Schönbornlust bei Koblenz-Kesselheim und Philippsfreude in Wittlich sowie das Jagdschloss in Mühlheim-Kärlich, außerdem um die Vierflügelanlage des Fürstbischofs von Speyer in Deidesheim. Alle diese ausgeplünderten Ruinen wurden 1804/05 versteigert und dann rasch abgerissen.

Diese Zerstörungswut gegen deutsche Fürstenresidenzen, die nichts mit militärischen Erfordernissen zu tun hatte, setzte sich nach dem Ende der Jakobinerherrschaft nicht weiter fort. Ein Jahrzehnt später versuchte Napoleon sogar, im illustren Kreis der legitimen Monarchen als Mitglied akzeptiert zu werden. Da das ganze linksrheinische Gebiet 1798 de facto von Frankreich annektiert wurde und nach 1815 den Status einer preußischen Provinz bekam, hatte aber niemand ein Interesse, die zerstörten Herrschersitze neu aufzubauen. So hatten diese Jahre in der Rheinpfalz und an der Saar zur Folge, dass die Spuren etlicher absolutistischer Fürstenresidenzen völlig ausgelöscht wurden.

Napoleons Kaisertum brachte dann neue Herrschaftssymbole nach Deutschland. In den linksrheinischen Gebieten und in der Enklave Erfurt, die 1807 zur persönlichen Domäne Napoleons erklärt worden war, stellten die neuen Herren ab 1811 mehrere Napoleondenkmäler auf. In Erfurt wurde auf dem Anger anlässlich der Geburt von Napoleons Sohn ein 20 Meter hoher Obelisk errichtet und auf einer Anhöhe des Steigers ein Rundtempel mit einer Napoleonbüste. In den unabhängig gebliebenen deutschen Staaten erhielt nur Kassel ein Napoleondenkmal; von hier regierte Napoleons Bruder Jérôme von des Kaisers Gnaden den größten Teil Nordwestdeutschlands als Königreich Westfalen. Napoleon hatte das Marmorstandbild, das ihn in römischer Imperatorentracht zeigte, seinem Bruder geschenkt, der es in seiner Hauptstadt auf dem zentralen Königsplatz positionierte. Bei der Bevölkerung war es von Anfang an unbeliebt. Nachdem es mehrfach nachts durch verschiedene Kleiderstücke lächerlich gemacht worden war, ließ Jérôme es ständig durch einen Posten bewachen. Aber diese Napoleondenkmäler waren nur von kurzer Dauer. Als die Truppen der Verbündeten 1814 der napoleonischen Herrschaft in Deutschland ein Ende bereiteten und die alten Herrscher zurückkehrten, verschwanden sie samt und sonders wieder von der Bildfläche. Erhalten blieb hingegen der 1812 vom französischen Präfekten in Koblenz errichtete Kastorbrunnen, den er durch eine Inschrift zum „Denkmal für den Feldzug gegen die Russen“ gewidmet hatte, ziemlich voreilig, wie der jämmerliche Untergang der napoleonischen Armee in den eisigen Weiten Russlands dann zeigte. Hier gab sich der russische General großmütig, als er mit den siegreichen Truppen der Verbündeten im Januar 1814 in Koblenz einmarschierte. Er beseitigte den großen klassizistischen Klotz aus Basaltblöcken nicht, sondern ergänzte die Inschrift einfach um die Worte: „Gesehen und genehmigt durch uns, russischer Stadtkommandant von Koblenz“.

Die Revolutionen von 1830 und 1848 erlebten in den deutschen Staaten keine Angriffe auf Symbole der Monarchie im Stadtbild. Die große Mehrheit der liberalen Bürger wollte nicht die Monarchien beseitigen, sondern zusammen mit den angestammten Herrscherhäusern liberale Regierungen und, soweit noch nicht vorhanden, Verfassungen erreichen. Nur zwei Ausnahmen sind bemerkenswert. In Braunschweig kam es am 7. September 1830 zur Erhebung gegen Herzog Karl II. Der Herzog flüchtete, woraufhin die Menge das Residenzschloss als Symbol des verhassten Herrschers stürmte und anzündete. Es brannte bis auf die Grundmauern nieder, Militär und Feuerwehr sahen tatenlos zu. Dass es gerade Braunschweig traf war kein Zufall. Karl hatte sich allseits unbeliebt gemacht: Er gab Unsummen für den Kauf von Diamanten aus, verhielt sich beleidigend gegen viele hohe Hof- und Staatsbeamte und versuchte die Verfassung zu beseitigen, weshalb die Landstände ihn vor dem Bundesrat des Deutschen Bundes verklagten. Da ein Wiederaufbau des barocken Dreiflügelbaus angesichts des Ausmaßes der Zerstörungen nicht möglich war, ließ Karls Bruder und Nachfolger ab 1833 einen völligen Neubau errichten. Der Braunschweiger Schlossbrand wurde in ganz Deutschland als ein spektakuläres Ereignis wahrgenommen. In der Revolution von 1848 wurde dagegen nur eine Statue König Friedrich Wilhelms von Preußen zerstört, und das geschah in Trier, also in der katholischen Peripherie Preußens, die sich noch nicht so ganz damit abgefunden hatte, seit 1815 von einer protestantischen Monarchie aus dem fernen Berlin regiert zu werden.

Zahme Revolutionäre

Der November 1918 erlebte revolutionäre Soldaten mit Maschinengewehren und roten Fahnen auf den Straßen, die Flucht des Kaisers und der anderen deutschen Monarchen, die niemand mehr verteidigen mochte, die Ausrufung der Republik und den Übergang der Regierungsgewalt an die Vertreter der Arbeiterbewegung. Eine Revolution, fast ohne Tote, oder nur ein Zusammenbruch der Monarchie? Ein Umbruch der Machtverhältnisse war es allemal. Damit begann auch rasch der Kampf um die politischen Symbole der alten und der neuen Ordnung. Die Nationalversammlung bestimmte die Flagge schwarz-rot-gold zu den Farben der Republik, aber sie musste doch zugestehen, dass die alten kaiserlichen Farben schwarz-weiß-rot die offizielle Flagge der Handels- und Kriegsmarine blieben. Die Führer der neuen Demokratie wollten sich demonstrativ von den protzigen und säbelrasselnden Auftritten der wilhelminischen Monarchie absetzen, sie verzichteten sogar auf das Verleihen jeder Art von Orden, so dass offizielle Festveranstaltungen an das schmucklose Schwarz von Trauerfeiern erinnerten. Zugleich inszenierten die nationalen Kräfte öffentliche Aufmärsche, bei denen die alten Generäle, Angehörige der gestürzten Fürstenhäuser und Veteranen sich mit kaiserlichen Uniformen und Fahnen präsentierten. Schon die Symbolebene ließ die Zerrissenheit der Weimarer Republik erkennen. Auf dem einen Flügel standen die nationalen Kräfte, die sich die Herrschaft der alten Eliten und oft auch die Monarchie zurückwünschten.

Den anderen Flügel bildete die radikale Linke, die sich in den Jahren 1918-23 für einen tiefgreifenden Bruch mit der Vergangenheit engagierte und von einer sozialistischen Gesellschaftsordnung träumte, vertreten durch die Unabhängigen Sozialdemokraten (USPD) und dann die Kommunisten. Dazwischen eingeklemmt befanden sich bürgerliche Demokraten sowie mit den (Mehrheits-)-Sozialdemokraten jener Teil der Arbeiterbewegung, der Gewaltmaßnahmen ablehnte und seine Ziele nur soweit verfolgte, wie sich parlamentarische Mehrheiten finden ließen. Grundlage der ganzen Weimarer Republik war nun der Kompromiss der Sozialdemokraten mit den gemäßigten bürgerlichen Kräften; als dieser 1930 platzte, war sie am Ende.

Was bedeutete das für die gebauten politischen Symbole in der Öffentlichkeit? Hier ging es rasch um das Schicksal der Schlösser, die Sitz der gestürzten Monarchen gewesen waren. Einige wurden in den Revolutionstagen von aufständischen Matrosen und Soldaten besetzt, ein Teil ihres Inventars geplündert. Von einigen Nebenresidenzen abgesehen, die man den abgedankten Fürstenfamilien als Privateigentum überließ, kamen die Schlösser unter staatliche Verwaltung. Niemand erhob die Forderung, Schlösser zu zerstören. Die bei der Linken verbreitete Forderung, in Schlössern normale Wohnungen einzurichten, war zwar durchaus verständlich in der Zeit des Wohnungsmangels nach dem Ersten Weltkrieg, konnte sich aber nicht durchsetzen. Die nationalkonservativ orientierten Denkmalschützer waren rasch damit bei der Hand, die Schlösser von Machtzentren und Wohnsitzen der Monarchie umzudeuten zu künstlerischen und historischen Werten der Allgemeinheit, und forderten, sie als solche zu erhalten. Dabei unterschieden sie bald zwischen den kunsthistorisch wertvollen Repräsentationsräumen, die als museales Ensemble von historischer Bedeutung der Öffentlichkeit zugänglich gemacht werden sollten, und den künstlerisch weniger bedeutenden Räumen, die beispielsweise für Verwaltungszwecke oder zur Ausstellung von Museumssammlungen genutzt werden konnten. Diesen Vorstellungen schlossen sich die Landesregierungen weitgehend an. In den rund 500 Räumen des Berliner Stadtschlosses befanden sich nach 1921 die 22 musealen ehemals kaiserliche Repräsentations- und Wohnräume, das Kunstgewerbemuseum und verschiedene Institutionen, z. B. die Landesanstalt für Gewässerkunde, das Psychologische Institut der Universität, die Kaiser-Wilhelm-Gesellschaft, das Museum für Leibesübungen, die Zentrale für Kinderspeisung, die Gewerkschaft Deutscher Verwaltungsbeamter, die Studentenhilfe, die Deutsche Akademie usw. Die politischen Führungen des Reiches und der Länder hielten sich von den Schlössern der gestürzten Monarchen aber durchweg fern; sie residierten lieber in anderen Gebäuden, um den demokratischen Neuanfang auch optisch zu verdeutlichen.

Komplizierter war es mit den bewusst als politische Demonstration geschaffenen Denkmälern. In den Jahrzehnten des Kaiserreiches hatten die herrschenden Kreise die öffentlichen Plätze mit einer Flut von Denkmälern möbliert. Man zählte in Deutschland etwa 400 Denkmäler für Kaiser Wilhelm I. und rund 500 Bismarck-Denkmäler, jedenfalls wenn man alle kleinen Gedenksteine und Tafeln mitrechnet. Dazu kamen mehrere große Nationaldenkmäler, etliche Denkmäler für andere preußische Herrscher, Monarchen der einzelnen Bundesstaaten und einzelne Generäle sowie zahlreiche Denkmäler zur Erinnerung an den Krieg von 1870/71, ganz abgesehen von den nicht primär politischen Denkmälern für Luther, Goethe, Schiller usw. Die Denkmäler für Wilhelm I. gingen weitgehend auf das Streben Wilhelms II. zurück, durch den Kult um seinen Großvater „Wilhelm den Großen", wie er ihn nannte, die Monarchie zu festigen. Sie wurden im Wesentlichen aus Steuermittel finanziert. Ähnliches galt für die anderen Herrscherdenkmäler. Hingegen entstammten die weitgehend aus Spenden finanzierten Bismarckdenkmäler einer Massenbewegung des gehobenen Bürgertums in den beiden Jahrzehnten vor Kriegsausbruch; sie verehrte die Reichsgründung als großes nationales Werk des „eisernen" Kanzlers, stand aber dem hohlen Pathos des jungen Kaisers teilweise auch distanziert gegenüber.

Denkmäler waren dementsprechend nicht wie heute einfach Objekte einer Notiz im Reiseführer oder Kulissen für ein nettes Selfie von Touristen. Sie hatten politische Bedeutung, und zugleich spiegelten sie wieder, wie zerspalten die politische Landschaft war. Zum einen gab es Denkmäler, die für die Einheit der Nation standen (gegenüber einzelstaatlichem Sondergeist ebenso wie gegenüber Parteienzersplitterung, d. h. vor allem den abweichenden Positionen der politischen Linken), und diese repräsentierten zugleich die Stärke der Nation nach außen gegenüber anderen Mächten. Dazu rechneten auch die Bismarckdenkmäler. Solche nationalen Denkmäler „lebten" als Orte aktiven Gedenkens; dort versammelten sich sogenannte vaterländische Verbände, Kriegervereine und Corpsstudenten zu Festveranstaltungen als demonstrativen Akten politischer Gesinnung. Entsprechend lebendig ging es auf der anderen Seite an den neu errichteten Gedenkstätten der politischen Linken zu.

Zum Problemfall wurden mit der Novemberrevolution hingegen vor allem die dynastisch motivierten Herrscherdenkmäler. Nach dem Untergang der Dynastien lebte hier nichts mehr. In Berlin entzündete sich die Kontroverse 1919 besonders an der Siegesallee, die von der Siegessäule, damals am Platz vor dem Reichstag, nach Süden über 750 Meter bis zum Kemperplatz reichte und die 1895-1901 von Kaiser Wilhelm II. mit einer Allee aus 96 Marmorfiguren garniert worden war. Diese stellten sämtliche Hohenzollernherrscher von 1157 an dar, umgeben von weiteren Figuren aus ihrer Zeit, meist in künstlerisch ziemlich schematischer Weise. Hans Paasche, ein ehemaliger Marineoffizier, der sich schon vor dem Krieg öffentlich für Pazifismus und gegen Kolonialismus engagiert hatte und jetzt dem Vollzugsrat des Berliner Arbeiter- und Soldatenrates angehörte, schlug diesem vor, die Denkmäler der Siegesalle und die Siegessäule in die Luft zu sprengen. Das würde ein Zeichen für den revolutionären Bruch mit der Vergangenheit setzen! Die USPD-Vertreter im Soldatenrat stimmten dem zu, aber der Einspruch der Mehrheits-Sozialdemokraten, die mehr auf Recht und Ordnung sahen, verhinderte die Aktion. Die Denkmäler überlebten diese Idee, Paasche nicht. Er wurde im Mai 1920 auf seinem Gut von einem Kommando rechter Soldaten ermordet. Die differenzierte Position der SPD zu Denkmälern wird deutlich an einer Rede des Abgeordneten Braun (Franken) im Oktober 1919 in der Nationalversammlung: „Wir haben uns lächerlich gemacht, dass wir die Errichtung der Puppenallee im Tiergarten geduldet haben, dass bei uns Fürstendenkmäler stehen, bei deren Entstehung die Musen ihr Haupt verhüllt haben ... Wir sind keine Bilderstürmer! Mit aller Hochschätzung sehen wir das Denkmal des Großen Kurfürsten und Friedrichs II. auf der Brücke unter den Linden. Kein Mensch denkt hier daran, diese wunderbaren Denkmäler, die der Stolz nicht nur Berlins sein müssen, irgendwie zu stören. Aber dass man das Denkmal Friedrich Wilhelms III. im Lustgarten erhalten muss, ist weder ein Interesse der Kunst, noch ein Interesse der Deutschen Republik.“[20] Die beiden erstgenannten Denkmäler stammten von 1696 und 1851 und galten als künstlerisch wertvoll, letzteres war erst 1871 am Tag der Rückkehr der siegreichen Truppen aus dem Krieg gegen Frankreich enthüllt worden.

In Berlin wurde 1919 ebenso über einen Abriss des breitgelagerten Kaiser-Wilhelm-Nationaldenkmals neben dem Schloss diskutiert, aber letztlich entschied man sich mehrheitlich doch, es stehen zu lassen und die Schäden der Kämpfe der Novemberrevolution zu reparieren. Auch an anderen Orten gab es derartige Diskussionen. In Bremen fand im Januar 1920 eine hitzige Bürgerschaftsdebatte statt über den Antrag der USPD, Denkmäler deutscher Fürsten und ihrer Berater zu entfernen. Schon im Vorjahr hatte der USPD-Politiker Alfred Faust sich gegen das Reiterstandbild Kaiser Wilhelms I. ausgesprochen, das ziemlich dicht vor dem Rathaus stand, ein „scheußliches und kitschiges Denkmal“, das „jeder Fischfrau und jedem Betrunkenen, der aus dem Ratskeller kommt, im Wege ist.“[21] Der Vorstoß scheiterte am Widerstand von SPD und bürgerlichen Parteien.

Einige linksradikale Desperados versuchten auf eigene Faust Zeichen zu setzen, vielleicht um zu weiteren Aktionen mitzureißen. In der Nacht zum 13. März 1921, dem Jahrestag des Kapp-Putsches, unternahm es eine Gruppe von Verschwörern, von denen einige der KAPD angehörten, die Siegessäule in Berlin zu sprengen. Allerdings explodierte der Sprengsatz nicht. Da Spuren der

Kaiser-Wilhelm-Denkmal in Halle a. S., eingeweiht 1901, ein Spiegel der politischen Zerrissenheit nach 1919. Die Beschädigungen durch den kommunistischen Sprengstoffanschlag 1923 wurden von der politischen Rechten repariert. Als dann die Kommunisten nach dem Zweiten Weltkrieg an die Macht kamen, beseitigten sie die Denkmalanlage mit den Kolonnaden ganz.

Täter ins sächsisch-thüringische Industrierevier führten, wo mancherorts bewaffnete linksradikale Arbeiter seit Monaten für Unruhen sorgten, war der preußische Innenminister Severing jetzt überzeugt, dass die Zeit zum Handeln gekommen sei. Am 19. März begann der Einmarsch der Sicherheitspolizei in Sachsen und Thüringen.

Genauso ging eine gewaltsame Aktion in der kommunistischen Hochburg Halle an der Saale nach hinten los. Im Stadtrat beschlossen die Fraktionen von SPD, KPD und USPD 1922 gemeinsam, das große Reiterdenkmal Kaiser Wilhelms I. als militaristische Altlast zu beseitigen. Der Stadtbaurat weigerte sich indessen dieses umzusetzen, die Kosten seien zu hoch, so das (vorgeschobene)

Argument; aus konservativer Sicht war das Denkmal eine Erinnerung an glorreiche Zeiten. Daraufhin ließen Hitzköpfe des kommunistischen Jugendverbandes in der Silvesternacht eine Ladung Dynamit am Sockel explodieren, so dass von den Begleitfiguren die Statue des Generalfeldmarschalls Moltke ins vorgelagerte Wasserbassin stürzte. Die Konservativen schäumten. Der politisch rechts orientierte Wehrverband Stahlhelm ließ die Moltkefigur wiedererrichten, und deren Neueinweihung im Mai 1924 geriet als „Deutscher Tag" zu einer eindrucksvollen Großkundgebung der vaterländischen Verbände mit rund 100 000 Teilnehmern, die aus dem ganzen Reichsgebiet anreisten. Es waren reichlich kaiserlichen Uniformen und Fahnen zu sehen. Die nationale Sinngebung machte der Stahlhelmführer Duesterberg dabei in seiner Rede deutlich: „Schmerzliche, wehmütige Gedanken beseelen uns angesichts der Standbilder der drei großen Männer, die unter schweren Kämpfen einst vor 54 Jahren die deutsche Einigung durchgeführt haben. ... Zerrissen in zahllose Parteien, bedroht von einem Ring mächtiger, hasserfüllter Feinde, liegt unser Volk und verkleinertes Vaterland ohnmächtig am Boden! Schmach und Schande ist unser Schicksal seit 5 Jahren! ... Das Leben der drei Männer dort oben, besonders Moltkes Leben, kann und muss uns ein Ansporn in dieser trüben Zeit sein."[22]

Ebenfalls im Jahre 1922 war auch das Denkmal Wilhelms II. auf der Hohenzollernbrücke im Herzen Kölns gefährdet, das einzige Reiterstandbild des letzten deutschen Kaisers. Eine aufgebrachte Menschenmenge verlangte im Juli, diese auf hohem Sockel reitende Figur zu beseitigen (nicht jedoch die Standbilder seiner drei Vorgänger an derselben Brücke). Sie schlug Säbel und Sporen ab und warf sie in den Rhein. Der Regierungspräsident der Rheinprovinz empfahl nachzugeben, da das Monument „wegen seiner Eigenart eine Gefahr für Unruhen darstelle",[23] was das preußische Innenministerium unterstützte. Das Kultusministerium widersprach; es handele sich um ein bedeutendes Kunstwerk. Wilhelm reitet dort noch heute.

Viele Denkmäler wurden in den Jahren nach der Novemberrevolution mit politischen Parolen in roter Farbe beschmiert, nicht nur in Berlin. Damit erhob sich die Frage, ob man Steuergelder aufwenden sollte um sie zu pflegen. In diesem Zusammenhang ereiferte sich im Februar 1923, als die Inflation zu galoppieren begann, in der Haushaltsdebatte im Reichstag der USPD-Abgeordnete Wegmann darüber, „daß in einem Kapitel größere Summen zur Erhaltung des Kaiser-Wilhelm-Denkmals, des Nationaldenkmals auf dem Niederwald und des Bismarck-Denkmals ausgeworfen sind. ... Wenn man sieht, wie auf der einen Seite Kinder aus Unterernährung nicht zur Schule gehen können, wie sie ... nicht einmal ein Hemd anziehen können, wie Säuglinge in Zeitungspapier eingewickelt werden, während auf der anderen Seite noch Geld da ist, um den alten Klimbim, die Denkmäler zu erhalten und auszubauen, dann ist das geradezu unverständlich. Man sollte doch endlich sehen, dass diese Puppen, die an allen Ecken in Berlin stehen, vollständig überflüssig sind. Man sollte sie, soweit sie aus Edelmetall bestehen, verschrotten und einschmelzen und mit dem Erlös praktisch wirtschaften, - das würde im Interesse des Volkes liegen."[24] Aber das war die Stimme der linken Opposition.

Nachdem die turbulenten Anfangsjahre 1919-23 vorbei waren, beruhigte sich die politische Stimmungslage in Deutschland etwas. Trotzdem erstarben die Kontroversen um Denkmäler nicht. Das 3,80 m hohe Standbild Bismarcks am Rande des Johannaparks in Leipzig wurde nicht nur immer wieder geschändet, sondern es gab auch Stimmen, die forderten es abzuräumen. In Ulm wurde tatsächlich auf Beschluss des Gemeinderats Mitte der 20er Jahre die Bismarckbüste vom Brunnendenkmal an der Gänstorbrücke entfernt, aber zugleich entstanden dort Pläne zu einem neuen Bismarckdenkmal, allerdings ohne Ergebnis. Mit genauso wenig Erfolg schlug im Oktober 1926 der Pfälzer Bote vor, in Heidelberg das Denkmal für den bayerischen Feldmarschall Fürst Wrede zu entfernen, da dieser nicht nur die bayerischen Truppen gegen den Besatzer Napoleon geführt hatte, sondern ebenso 1832 die Truppen gegen Demonstrationen liberaler Bürger in der Pfalz. Auch der Berliner Dom, von Kaiser Wilhelm II. als reichdekoriertes Bauwerk über der Hohenzollerngruft errichtet, sah sich als Symbol der gestürzten Monarchie angegriffen. Verschiedentlich wurde der Umbau gefordert, einige Stimmen verlangten sogar ihn zu entfernen. Der linksliberale Architekturkritiker Werner Hegemann, der gerne provozierte, spottete in seinem 1930 erschienene Berlinbuch: „Wenn sich in der Umgebung Berlins, oder im Deutschen Reich kein geeigneter neuer Aufstellungsraum für die wilhelminischen Bauleistungen entdecken lässt, muss - genau wie bei Zeppelinen oder ruhmvoll ausgedienten Kriegsschiffen - der Verkauf an einen zahlkräftigen Liebhaber im Ausland statthaft sein. ... Die dringendste dieser Aufräumungsarbeiten ist die Beseitigung des Riesendenkmals Kaiser Wilhelms des Großen und des kaiserlichen Doms, die heute beide der Wirkung von Lustgarten, Schloss und Altem Museum schwer schaden. ... Trotzdem ist es nicht ausgeschlossen, dass sich als Käufer für den kaiserlichen Dom und das Denkmal Kaiser Wilhelms des Großen ein aufstrebender Negerstaat oder vielleicht sogar der erfolgreiche Präsident einer kleinen südamerikanischen Republik finden ließe."[25]

Wenn denn schon alle Debatten den Denkmälern letztlich nichts anhaben konnten, blieb noch die Variante, die großen Herrscherdenkmäler zwar nicht zu zerstören, aber sie doch zumindest von dem zentralen Platz der Stadt wegzuschieben. Aber selbst dies geschah am Beginn der Weimarer Republik anscheinend nur im linken Bottrop, wo 1919 das Standbild Kaiser Wilhelms I. vom Neumarkt verschwand und sich im Stadtgarten wiederfand. In einigen Städten konnte man sie dann in Bewegung setzen, als mit den steigenden Platzansprüchen des aufkommenden Autoverkehrs ein neuer Sachzwang zu Hilfe kam. Auf diese Weise schaffte es die SPD in Hamburg, die große Kaiser-Wilhelm-Denkmalanlage 1929 vom Rathausplatz zum Sievekingsplatz zu verfrachten. In Essen wurde das Reiterstandbild Wilhelms I. 1928 immerhin von der Mitte an den Rand des Burgplatzes gerückt und dabei um die Nebenfiguren abgespeckt. Erst die Nazis brachten hier etwas mehr in Gang. In Regensburg wanderte das Reiterstandbild König Ludwigs I. 1936 vom Domplatz in die Bahnhofsallee, in Leipzig kam im selben Jahr das Standbild König Friedrich Augusts vom Königsplatz in den Park am Gohliser Schlösschen, und in Wuppertal-Elberfeld wurde das Reiterstandbild Kaiser Wilhelms I. 1937 vom Brausenwerther Platz in den Deweerthschen Garten abgeschoben sowie 1936 das Kaiser-Friedrich III.-Denkmal auf dem Neumarkt entfernt, wobei der Kriegsausbruch dann die Neuaufstellung verhinderte. Im Jahre 1938 wurden das Kaiser-Wilhelm-Denkmal in Ulm vom Marktplatz auf den Olgaplatz, und das große Denkmal Kaiser Friedrichs III. in Potsdam vom Luisenplatz in die Grünanlage vor dem St. Joseph-Krankenhaus verrückt. In Stuttgart, Bremen und Herne kam man über Planungen und Diskussionen zur Umsetzung der Kaiser-Wilhelm-Denkmäler nicht hinaus.

In Endergebnis blieben also trotz aller Anfeindungen in der Zeit der Weimarer Republik im Deutschen Reich alle monarchistischen Denkmäler erhalten, mit einer Ausnahme. Das einzige Kaiser-Wilhelm-Denkmal, das in der Weimarer Republik wirklich abgebrochen wurde, war dasjenige in Bielefeld von 1907, aber das mehr aus technischen als aus politischen Gründen. Die Reiterfigur bestand, anders als üblich, nicht aus Bronze, sondern aus einem gemauerten Kern mit Marmorverkleidung. Da es schlampig ausgeführt war, platzten bald immer mehr Teile ab, so dass die Stadt das ruinierte Denkmal, das keiner mehr sehen wollte, 1921 beseitigte und den Künstler in einem Prozess auf Schadenersatz verklagte, der sich über neun Jahre hinschleppte.

Anders sah die Machtkonstellation dort aus, wo deutsches Gebiet mit Kriegsende unter die Kontrolle fremder Mächte geriet. So war das Rheinland seit November 1918 von alliierten Truppen besetzt. In Mönchen-Gladbach rissen 1919 französische Soldaten das Bismarck-Standbild vom Sockel, das dabei schwer beschädigt wurde. Das ließen die deutschen Behörden sich nicht bieten und stellten den reparierten Bismarck 1921 wieder auf. Als im Herbst 1923 in der Pfalz mit Unterstützung der französischen Besatzungsmacht Separatisten die Macht ergriffen, um das Gebiet vom Deutschen Reich zu trennen, wollten diese ein Zeichen setzen. Sie planten, das bei Rüdesheim hoch über dem Rhein zur Erinnerung an die Reichseinigung errichtete Niederwalddenkmal, eine insgesamt 38 Meter hohe und figurenreiche Anlage, zu sprengen.

30 kg Sprengstoff waren schon deponiert, doch das Vorhaben wurde zurückgestellt und schließlich von der französischen Heeresleitung untersagt. Welche kleinkarierten Empfindlichkeiten in einer nationalistisch aufgeladenen Zeit im Umgang mit nationalen Symbolen bestanden, zeigte sich in Koblenz. Dort war an der Stelle, an der König Wilhelm am 14. Juli 1870 die Koblenzer Soldaten in den Frankreichfeldzug verabschiedet hatte, zur Erinnerung ein Basaltsockel aufgestellt worden mit der aus einem bekannten nationalen Lied entlehnten Inschrift „Die Wacht am Rhein". Als sich jetzt immer wieder amerikanische und französische Besatzungssoldaten damit fotografieren ließen, um scherzhaft zu demonstrieren, wer jetzt am Rhein die Wacht hielt, fühlten sich viele Koblenzer beleidigt. Die Stadtverordnetenversammlung ließ im November 1919 den Stein entfernen und durch eine unverfängliche Parkbank ersetzen.

Erst recht nicht um die Ablösung der Monarchie durch die Republik, sondern um die symbolische Beseitigung des preußisch-deutschen Machtanspruchs ging es in jenen Gebieten, die durch den Versailler Vertrag dauerhaft abgetreten werden mussten, also vor allem Elsass-Lothringen an Frankreich, Posen und Westpreußen an Polen und Nordschleswig an Dänemark. Hier war der Umgang mit den deutschen Denkmälern höchst emotional. Die Deutschen hatten nach 1871 die französische Denkmalslandschaft im eroberten Elsass-Lothringen nicht angetastet, obwohl sie stark mit den französischen Siegen in den Kriegen der Revolution und Napoleons gegen die Deutschen verbunden war, dagegen strebten die Franzosen nach 1919 den demonstrativen Bruch an. Dass Deutschland 1871 Elsass-Lothringen annektiert hatte, war von französischer Seite jahrzehntelang als Unrecht, als schwärende Wunde angesehen worden, die Rückgewinnung galt im Weltkrieg als selbstverständliches Kriegsziel. Ende November 1918 wurden die großen Bronzefiguren der Hohenzollerndynastie, welche als Symbole der deutschen Herrschaft zentrale Plätze der beiden wichtigsten Städte Elsass-Lothringens prägten, mit Seilen von ihren Sockeln gestürzt: die Reiterstandbilder Kaiser Wilhelms I. auf dem Kaiserplatz in Straßburg und auf der Esplanade in Metz, außerdem in Metz das Standbild des Prinzen Friedrich Karl, der 1870 die Rheinarmee des Marschalls Bezaine bei Metz zur Kapitulation gezwungen hatte, und das Reiterstandbild Kaiser Friedrichs III. Diese Orte deutschen Machtanspruchs besetzten die Franzosen in Metz schon 1920-22 mit nationalen französischen Symbolen. Auf den Sockel Friedrichs III. kam der Patriot Déroulède, an die Stelle Wilhelms ein Denkmal des unbekannten Soldaten, und an die von Friedrich Karl trat eines für den französisch-amerikanischen General Lafayette. Dabei wurde die Bronze der eingeschmolzenen deutschen Denkmäler für die französische Nation recyclet. In Straßburg kam der Ersatz erst 1936 und war weniger national, sondern mehr an dem inneren Zwiespalt der Region orientiert: eine trauernde Figur der Mutter Elsass hält in ihrem Schoß zwei gefallene Söhne, einer in französischem und einer in deutschem Heeresdienst. Auch der erst 1915 auf der Esplanade in Metz errichtete „Feldgraue in Eisen“, eine überlebensgroße Bronzefigur eines deutschen Infanteristen, hatte keine Chance und musste 1918 verschwinden. Daneben gab es in Elsass-Lothringen eine Reihe von Kleindenkmälern, die man jetzt in unterschiedlicher Weise beseitigte, überformte oder veralberte. Während die Bismarcksäule in Mörchingen 1918 abgerissen wurde, blieb jene bei Metz als Aussichtsturm stehen. Selbst Figuren an den Schauseiten öffentlicher Gebäude hatten manchmal ihre heimlichen Botschaften. In Metz trug die Figur des Propheten Daniel an der Kathedrale die Gesichtszüge Kaiser Wilhelms II., und die Rolandfigur am Hauptbahnhof zeigte den Kopf Graf Haeselers, der 1890-1903 kommandierender General des XVI. Armeekorps in Metz gewesen war. Haeselers Kopf wurde 1919 durch den eines grimmigen Kriegers ersetzt. Daniel behielt seinen Wilhelm-Kopf, wurde aber 1918/19 lächerlich gemacht durch einen übergestülpten Marmeladeneimer, Händen in Ketten und einem Schild „Sic transit gloria mundi“, was Postkarten massenhaft verbreiteten.

Auch in den nach dem Ersten Weltkrieg an Polen gefallenen Gebieten hatten öffentliche Symbole preußisch-deutscher Herrschaft keine Perspektive. Die polnische Minderheit hatte sich im Kaiserreich durch Bismarcks antikatholische Politik und durch die Germanisierungspolitik ausgegrenzt gefühlt. Der deutsche Ostmarkenverein, der den deutschen Herrschaftsanspruch über das mehrheitlich polnisch besiedelte Posen und Westpreußen mittels deutscher Siedlungspolitik unterstützen wollte, baute den Bismarckkult als Zeichen deutscher Präsenz aus, und so wurde das 1903 in Posen errichtete Bismarckstandbild für die polnische Seite zum besonderen Hassobjekt. In Posen wurden nach einer großen politischen Kundgebung am 3. April 1919 die Standbilder Bismarcks wie auch Kaiser Wilhelms I. und Friedrichs III. von den Sockeln geholt, um anschließend verschrottet zu werden. Das Germaniadenkmal in Königshütte/Oberschlesien, das mit triumphierender Geste einen Siegeskranz hochreckte, und das Bismarckdenkmal in Graudenz ereilte 1920 das gleiche Schicksal. Dagegen kamen die Standbilder Friedrichs des Großen und Wilhelms I. in Bromberg glimpflich davon; der deutsche Regierungspräsident hatte sie noch rechtzeitig nach Schneidemühl mitgenommen, als er 1919 seinen Sitz dorthin verlagerte. Aus den 1700 kg Bronze des Posener Bismarck wurde 1930 die Christusfigur am Denkmal für das Allerheiligste Herz Jesu gegossen, das die „Dankbarkeit des ganzen Landes für die Wiedererlangung der Freiheit“ zum Ausdruck bringen sollte und den Platz des Bismarckdenkmals einnahm - bis es 1939 seinerseits von den einmarschierenden Nationalsozialisten zerstört wurde. Die Bismarcktürme wurden von den Polen zunächst in Freiheits-Turm oder Kosciuszcko-Turm umfunktioniert, dann aber doch gesprengt; zuerst 1928 der

25 Meter hohe, vom Ostmarkenverein errichtete massige Granitturm in Bromberg, dann 1933-37 auch die kleineren in Birnbaum, Kempen, Kattowitz, Myslowitz und Ratibor.

Als die Litauer 1923 das Memelgebiet besetzten, demontierten sie dort ebenfalls sofort das Kaiser-Wilhelm- und das Borussia-Denkmal.

Im Norden vollzog sich der Übergang ruhiger. Die neue deutsch-dänische Grenze ging 1920 aus einer fairen Volksabstimmung hervor und wurde selbst von Hitler später nicht mehr angetastet. Nun hatten die Deutschen in der Kaiserzeit auch in Nordschleswig große, dezidiert nationale Denkmäler errichtet und damit gewissermaßen Duftmarken im Nationalitätenkampf gesetzt. Auf dem entscheidenden Schlachtfeld des deutsch-dänischen Kriegs von 1864, den Düppeler Schanzen und der Insel Alsen, wurden 1872 bei Düppel und bei Arnkiel zwei gut 20 Meter hohe neugotische Sandsteinmonumente zur Erinnerung an den deutschen Sieg errichtet. Angesichts des dänischen Widerstands gegen die deutsche Germanisierungspolitik errichteten die Deutschen außerdem 1895-1901 auf dem Knivsberg bei Apenrade eine „Deutsche Warte in der Nordmark". Mit 46 Metern Höhe war das Bauwerk eines der größten Denkmäler im Deutschen Reich, an dessen Frontseite ein 7 Meter hoher Bismarck aus Bronze stand. Die Dänen ließen diese Anlagen nach 1920 unangetastet, zumal die Bismarckfigur von den Deutschen 1919 vorsorglich abtransportiert worden war; man parkte sie 1930 auf dem Aschberg in den Hüttener Bergen, bis „die Verhältnisse eine Wiederaufstellung ermöglichen". Doch die Verhältnisse blieben, wie sie waren, und so steht Bismarck auf seinem provisorischen Stellplatz noch heute. Um das Schlachtfeld von Düppel trotzdem zu dänisieren, stellten die Dänen auf diesem in der Zwischenkriegszeit rund hundert kleine Gedenksteine für dänische Offiziere auf. Erst nachdem die neutralen Dänen im Zweiten Weltkrieg von den Deutschen überfallen und besetzt worden waren, kam die gewaltsame Retourkutsche. 1945 sprengten Mitglieder der dänischen Widerstandsbewegung im Mai das Düppeldenkmal, einen Monat später das Arnkieldenkmal und im August mit 8560 kg Sprengstoff auch das große Bismarck-Nationaldenkmal auf dem Knivsberg. Die Reste wurden eingeebnet, damit keine Spur mehr zu sehen ist.

Rabiate Nazis

Im Unterschied zu den Parteien der Weimarer Republik verfügten die Nationalsozialisten nach 1933 über das Monopol der politischen Macht, und sie waren willens, dieses rücksichtslos einzusetzen, um die Öffentlichkeit mit totalitärem Anspruch nach ihrem Willen zu formen. Symbolisches Handeln, große öffentliche Versammlungen und politische Inszenierungen waren den Nationalsozialisten von Anfang an wichtig. Gerade in den Methoden der politischen Propaganda waren sie den demokratischen Parteien der 20er Jahre haushoch überlegen. So begannen sie 1933 rasch, den öffentlichen Raum symbolisch zu besetzen, und das bedeutete auch, die Symbole ihrer ideologischen Gegner zu entfernen. Dies zielte im Wesentlichen in drei Richtungen: gegen die Arbeiterbewegung, gegen die Juden und gegen die Kritiker der Idee eines militärisch starken Deutschland. Verwunderlich ist das nicht, denn in dem Gemenge verschiedener Ideologieelemente, aus denen die nationalsozialistische Ideologie zusammengekocht war, waren Antibolschewismus, Antisemitismus und militaristische Expansionspolitik die wirkungsstärksten. Zugleich bildeten diese auch den Nährboden für die größten Verbrechen: die massenhafte Ermordung von Kommunisten, vor allem während des Russlandfeldzugs, den Massenmord an den Juden und die Entfesselung des Eroberungskriegs überhaupt.

Die Initiative zu Maßnahmen gegen unerwünschte Denkmäler ergriffen meist örtliche Parteiaktivisten, die damit an öffentliche Polemiken aus den Jahren vor 1933 anknüpften. Denkmalstürze waren dann aber im Regelfall kein spontaner Akt solcher Aktivisten, sondern „ordentlich" durch die Verwaltung organisiert.

Um welche steinernen Symbole entbrannten nun die Konflikte? Die Arbeiterbewegung hatte 1920 begonnen, öffentliche Erinnerungsstätten zu schaffen. Ausgangspunkt war dabei die aus der Kirchengeschichte gut bekannte Idee des Märtyrers, das hieß hier das Gedenken an jene, die bei den politischen Auseinandersetzungen 1918/20 auf Seiten der Arbeiterbewegung umgekommen waren: die Revolutionäre des Umsturzes im November 1918, des Januaraufstands 1919 und der Räterepubliken Anfang 1919 sowie die Opfer im Widerstand gegen den Kapp-Putsch im März 1920. Auf Betreiben der Sozialdemokraten und Gewerkschaften wurden hierfür 1920-22 auf Friedhöfen Denkmäler errichtet, insbesondere in Hamburg, Bremen, München und Weimar. Auch hier zeigte sich die Spaltung der Arbeiterbewegung. Später errichtete Gedenksteine für gefallene Arbeiter des Ruhrkampfs, der erst auf die Abwehr der Kapp-Putschisten und dann als Rote Ruhrarmee auf das Ziel eines revolutionären Sozialismus gerichtet war, wurden nur von den Kommunisten initiiert und blieben meist auf dem Niveau größerer Grabsteine, und in Berlin weihte die KPD 1926 auf dem Friedhof Friedrichsfelde ihr eigenes großes Revolutionsdenkmal ein, wo sie jährlich die Gedenkfeiern für ihre 1919 ermordeten Parteigründer Karl Liebknecht und Rosa Luxemburg abhielt. Unabhängig davon errichteten die Anarchisten in München mit dem Grabdenkmal für den 1919 ermordeten anarchistischen Theoretiker Gustav Landauer ein eigenes Monument. Außerdem stellten die Sozialdemokraten und Gewerkschaften in der zweiten Hälfte der 20er Jahre in etlichen Orten „Steine der Republik" auf. Dabei handelte es sich meist um kleinere Denkmäler für Friedrich Ebert, den Führer der Sozialdemokraten in der Novemberrevolution und 1925 verstorbenen Reichspräsidenten. Insoweit diese Steine der Republik vom Reichsbanner Schwarz-Rot-Gold errichtet wurden, das 1924 als Organisation zum Schutz der Republik gegründet worden war und neben SPD und Gewerkschaften auch DDP und Zentrum einschloss, wurden noch zwei weitere dezidiert demokratisch gesinnte Politiker einbezogen, nämlich der von den Rechten als „Erfüllungspolitiker" (gegenüber dem als Diktat der Siegermächte verhassten Versailler Vertrag) diffamierte Matthias Erzberger (Zentrum, ermordet 1921) und der als Jude angegriffene Außenminister Walther Rathenau (DDP, ermordet 1922). Das größte Denkmal für einen Politiker der Weimarer Zeit wurde aber erst 1931 in Mainz enthüllt, und zwar für den 1929 verstorbenen Außenminister Gustav Stresemann (DVP). Seiner Verständigungs- und Versöhnungspolitik hatte das Rheinland den vorzeitigen Abzug der französischen Besatzungstruppen zu verdanken. Auch viele dieser Denkmäler „lebten", indem SPD, KPD, Gewerkschaften und Reichsbanner sie an entsprechenden Jahrestagen zum Mittelpunkt demonstrativer großer Kundgebungen machten. In den Augen der Nationalsozialisten war das nur ein Grund mehr, diese Gedenkstätten verschwinden zu lassen.

Die großen Gedenkstätten für die Novemberrevolution entfernten die Na-

Revolutionsdenkmal der KPD auf dem Friedhof Berlin-Friedrichsfelde

tionalsozialisten vollständig. Das Säulendenkmal auf dem Ohlsdorfer Friedhof in Hamburg wurde ebenso schon 1933 abgebaut wie auf dem Münchener Ostfriedhof der große „den Toten der Revolution“ gewidmete Kubus auf dem Grab Kurt Eisners, des Anfang 1919 ermordeten Revolutionsführers und Ministerpräsidenten Bayerns. Auch die große Grabanlage für die Revolutionsopfer auf dem Waller Friedhof in Bremen, die trotz der hohen Kosten von zahlreichen kleinen Spenden der Arbeiter finanziert worden war, wurde im selben Jahr restlos beseitigt: die viereinhalb Meter hohe Pietà von Hoetger zerstört, die Gefallenen in verstreute Einzelgräber umgebettet. Das zentrale Revolutionsdenkmal der KPD in Berlin ließen die Nazis dagegen noch bis 1935 stehen. Die Gestapo observierte es kontinuierlich und nutzte es als „Falle“, um Kommunisten zu verhaften, die es an diesen Ort der Erinnerung zog. Der große Sowjetstern mit Hammer und Sichel, der vor der massigen roten Klinkerwand des von Mies van der Rohe entworfenen Denkmals prangte, wurde allerdings gleich nach dem Reichstagsbrand demontiert und von der SA-Standarte 6 als erbeutete Trophäe zur Schau gestellt. Das Denkmal für die Märzgefallenen in Weimar wurde sogar erst 1936 gesprengt. Walter Gropius, der Direktor des Bauhauses in Weimar, hatte hier ein Mal gestaltet, dessen avantgardistische Form auch vom Künstlerischen her von Anfang an auf viel Ablehnung gestoßen war: ein aus Zement gegossener, mehrfach geknickter Blitz, der als Zeichen des lebenden Geistes aus dem Grabesboden hochragte. Aber auch die große neoklassizistische, tempelartige Anlage für Stresemann in Mainz machten die Nationalsozialisten dem Erdboden gleich, allerdings erst 1937 und möglichst geräuschlos - die Presse durfte darüber nicht berichten. Stresemanns kooperative Außenpolitik war den gewaltbereiten Nazis zu schwächlich, aber sie mussten zunächst noch gewisse Rücksichten auf bürgerliche Kreise nehmen.

Von den weniger prominenten, meist wesentlich kleineren Denkmälern haben die Nationalsozialisten ebenfalls eine Reihe schon 1933 völlig zerstört, beispielsweise das Ebert-Erzberger-Rathenau-Mahnmal in Osnabrück, das Gustav-Landauer-Denkmal in München, das Ebert-Denkmal in Hamburg-Altona und viele kleinere in der Provinz. Auch der Rathenau-Brunnen in Berlin wurde 1934 abgebaut und später eingeschmolzen. Manchmal kamen örtliche Anhänger der Arbeiterbewegung den Nazis auch zuvor. So versteckte in Bad Bramstedt ein einzelner die gusseiserne Bildnisplatte vom Ebert-Stein, und in Greifswald verfrachteten Arbeiter des städtischen Bauhofes sogar den über 3 Tonnen schweren Bebelstein in ein sicheres Versteck. Auch gingen die amtlichen Stellen nicht alle gleichermaßen radikal vor. Die Jünglingsfigur vom Ebert-Denkmal an der Frankfurter Paulskirche wurde abgenommen und einfach im Keller des Völkerkundemuseums eingelagert. Oft begnügte man sich damit, dass die politische Botschaft verlorenging, indem man die Bronzetafeln

Denkmal für Gustav Stresemann in Mainz

und Bildplaketten abriss, z. B. bei den Ebert-Denkmälern in Wuppertal und in Dortmund-Brüninghausen, indem man die Inschrift ausmeißelte wie beim Denkstein für Ebert, Erzberger und Rathenau in Dortmund-Grävingholz, oder man schlug ein verräterisches Symbol ab wie die Jakobinermütze am Gedenkstein für die 1919/20 gefallenen Proletarier auf dem Westfriedhof von Bottrop - der auf diese Weise harmlos gemachte Steinblock durfte dann stehen bleiben. Manche Denkmäler wurden auch umfunktioniert. In Witten mutierte das Denkmal für die demokratischen Politiker Ebert, Erzberger und Rathenau in einen Gedenkstein für den rechten Offizier Schlageter, und in Bad Hersfeld machte der Steinmetz aus dem quaderförmigen Steinblock mit dem Namenszug Eberts eine steinerne Erdkugel für einen harmlosen Brunnen zum Gedenken an Konrad Duden, den Begründer des Wörterbuchs, der in Bad Hersfeld als Gymnasiallehrer tätig gewesen war. Manche kleinere Gedenksteine blieben vom Vernichtungswillen der Nationalsozialisten auch unberührt, sei es, weil ihre formale Gestaltung sich wenig von normalen größeren Grabanlagen unterschied, wie das Denkmal für die Opfer der Novemberrevolution auf dem Rembergfriedhof in Hagen, oder weil Gestrüpp Hammer und Sichel verdeckten, wie beim Gedenkstein für die Märzgefallenen von 1920 in Dortmund-Eving, oder da sie überhaupt zu unscheinbar waren.

Weitaus zahlreicher als die republikanischen Denkmäler waren die Gefalle nendenkmäler, die im Laufe der 20er Jahre an fast allen Orten entstanden waren. Das Bedürfnis der überlebenden Angehörigen und Kameraden, markierte

Orte zu haben, um ihrer Toten zu gedenken, war nach der Katastrophe des Ersten Weltkriegs immens. Ihre künstlerische Gestaltung und Sinngebung wurde meist von nationalem Geist getragen. Einige wenige wichen davon ab; diese waren dann meist schon in den 20er Jahren umstritten und zogen nach der Machtergreifung die Handgreiflichkeiten der Nationalsozialisten auf sich, wenn sie nicht heldisch genug waren. Es handelte sich vor allem um solche, die den Gedanken der Trauer in den Mittelpunkt der Denkmalsgestaltung rückten. Frankfurt und Völklingen stellten 1920 beziehungsweise 1925 je eine große, in Trauer zusammengesunkene Mutter aus Granit von Benno Elkan auf, die von Anfang an von rechten Kreisen kritisiert wurden. Die Nationalsozialisten räumten diese nach ihrem Machtantritt sofort ab, zumal Elkan Jude war, in Frankfurt 1933 und in Völklingen nach der Rückkehr des Saargebiets zum Deutschen Reich 1935. Während letztere zerstört wurde, erhielt erstere sich auf dem Betriebshof der städtischen Straßenreinigung. Die 1930 in Apolda aufgestellte trauernde Mutter mit zwei sterbenden Jünglingen von Engelmann wurde immerhin erst 1941 abgebaut und eingeschmolzen, obwohl sie ebenfalls von Anfang in der Kritik der Rechten stand und auch Engelmann den Nazis als Nichtarier galt. Das zentrale Kriegerdenkmal Hamburgs am Rathausmarkt, eine aufragende Stele mit einem großen Relief von Ernst Barlach, das eine trauernde und tröstende Mutter mit Kind zeigte, wurde in der NS-Zeit teilzerstört. Es war schon während der Entstehung so heftigen Anfeindungen durch die Rechten ausgesetzt, dass der sozialdemokratische Bürgermeister es 1930 geradezu heimlich enthüllte, weil die schwächer werdenden demokratischen Kräfte keine Einweihungsfeier mehr wagten. Obwohl etliche Stimmen gleich nach der Machtergreifung forderten, das Denkmal oder zumindest das Barlach-Relief zu beseitigen, dauerte es dann immerhin bis 1938, dass Reichsstatthalter Karl Kaufmann das Barlach-Relief herausmeißeln und durch einen auffliegenden Adler ersetzen ließ, ein Symbol für den Wiederaufstieg Deutschlands. Hingegen wurde in Göppingen die Piéta von Fehrle 1938 nur an einen abseitiger gelegenen Platz zum Neuen Friedhof versetzt, und vergleichbare Kriegsdenkmäler mit einer trauernden Frauengestalt in Voerde (Ennepetal), Budberg am Niederrhein und Straußfurt (Thüringen) blieben in der NS-Zeit unbehelligt, wahrscheinlich weil sie im Unterschied zu den vorher Genannten auf dem Friedhof standen und damit in der Öffentlichkeit weniger präsent waren.

Nicht heldisch genug waren auch Soldatenfiguren, die nackt und ausgemergelt dargestellt wurden. So mussten im sächsischen Freiberg vom Kriegerdenkmal des Reserve-Jäger-Bataillons 26 die beiden auf einem riesigen Sarkophag hockenden Figuren sterbender Krieger auf Anweisung des Innenministers 1934 „unauffällig" entfernt werden, nachdem die Stadtverwaltung dies zunächst verweigert hatte. Das Ehrenmal in der Karlsaue in Kassel war aus diesem

Grund ebenfalls schon bei der Einweihung 1928 in die Kritik von rechts und links geraten; nachdem die Nazis 1934 die Liegefigur aus der Ehrenhalle entfernt hatten, akzeptierten sie dann die übrige Anlage für ihren eigenen Totenkult.

Bemerkenswerterweise verfielen auch einige größere Kriegsdenkmäler für die gefallenen Soldaten des Ersten Weltkriegs dem vollständigen Abriss, die keineswegs ausgesprochene Antikriegsdenkmäler waren, aber deren Gestaltung vom Kunststil her Anstoß erregte, vor allem wenn sie expressionistisch war. Das Denkmal für das Füsilierregiment 39 in Düsseldorf von Rübsam war schon seit seiner Einweihung 1928 Gegenstand heftiger Kontroversen, von Farbschmierereien und einem Bombenanschlag. Zwei nebeneinander auf dem Bauch kriechende Soldaten, einer mit verbundenem Kopf, dem der andere mit Stahlhelm half, sollten die Frontkameradschaft im Schützengraben darstellen. Körperhaltung und monumentalisierende Gesichtszüge erinnerten allerdings an eine altägyptische Sphinx, womit viele sich nicht identifizieren konnten. Die Veteranen der 39er forderten schon 1929 mit großer Mehrheit, das Denkmal abzureißen, und die Nazis haben dieses dann zwei Monate nach ihrer Machtergreifung in die Tat umgsetzt. An seine Stelle trat 1935 eine von nationalsozialistischer Ideologie geprägte Anlage. Das 1927 von Butzek rein abstrakt gestaltete Kriegsdenkmal in Rostock-Warnemünde wurde 1938 als „entartete Kunst“ abgebrochen. Vier Klinkersäulen, die bis zu 20 Meter aus den Dünen aufragten, symbolisierten hier die vier Kriegsjahre. Dies ist insofern bemerkenswert, weil bei einem vergleichbaren expressionistischen Kriegsdenkmal die Rufe nach Beseitigung ungehört verhallten, nämlich dem 1922 von Hoetger errichteten Niedersachsenstein in der Künstlerkolonie Worpswede, einem 16 Meter hohen Ziegelsteinadler, der für unterschiedlichste Deutungen offen war. Dagegen wurde das Denkmal für die Toten des Jäger-Regiments zu Pferde Nr. 6 in Erfurt von Walther, ein Reiter und ein getroffener Infanterist, beide nackt und expressionistisch gestaltet, 1939 auf Druck des Oberbürgermeisters ebenfalls als „entartete Kunst“ abgeräumt.

Einen Sonderfall stellte das Befreiungsdenkmal auf dem Schillerplatz in Mainz dar, an sich kein politisch linkes, sondern ein nationales Denkmal, da es an den Abzug der französischen Besatzungstruppen erinnern sollte. Es war 1930 in Anwesenheit von Reichspräsident Hindenburg eingeweiht worden. Die Befreiung von der Besatzung symbolisierte „die Erwachende“, eine fast vier Meter hohe sich erhebende weibliche Steinfigur. Doch deren entblößter Oberkörper erregte rasch Anstoß; die katholische Kirche verlegte sogar 1931 die traditionelle Route der Fronleichnamsprozession weg von diesem Ort. Da der Künstler Benno Elkan obendrein Jude war, wurde das Denkmal schon im März 1933 auf Betreiben von Oberbürgermeister Jung abgerissen.

Denkmäler mit jüdischem Bezug waren in der weitgehend national geprägten Denkmalslandschaft vor 1933 ausgesprochene Raritäten. Die Nationalsozialisten interessierten sich dabei in ihrem rassistischen Denken nicht dafür, ob die in Gestalt ihrer Denkmäler Verfolgten bekennende Juden oder getauft waren, sondern ob sie von jüdischen Vorfahren abstammten. Die beiden einzigen öffentlichen Denkmäler für Heinrich Heine in Deutschland ereilte das Schicksal schnell. Als Dichter, der traditionelle Autoritäten und Religion mit beißender Ironie und Polemik übergossen hatte und obendrein noch eine jüdische Abstammung aufwies, war er für die Konservativen seit jeher ein rotes Tuch gewesen. Der Hamburger Senat beschloss im August 1933, die Heinefigur aus dem Stadtpark zu entfernen; sie wurde im Weltkrieg eingeschmolzen. Das Frankfurter Denkmal hatte mehr Glück. Zwar wurde der Oberbürgermeister im April 1933 vom hessischen Staatspräsidenten aufgefordert, das Heinedenkmal zu entfernen, aber da es nicht die Figur des Dichters zeigte, sondern seine lyrische Stimmung durch einen schreitenden jungen Mann und eine liegende Frau symbolisierte, konnte es zur unverfänglichen Gartenplastik „Frühlingslied“ umdeklariert werden. Auf diese Weise überstand es die Nazizeit in einer abgelegenen Ecke des Gartens des Städel. Die beiden Denkmäler für den Komponisten Mendelssohn-Bartholdy, beide rund 3 Meter hohe Bronzestandbilder, wurden 1936 abgebaut, eingelagert und wahrscheinlich im Krieg eingeschmolzen. In Düsseldorf ließ man das Mendelssohn-Bartholdy-Denkmal möglichst unauffällig im Rahmen einer Renovierung des Stadttheaters verschwinden. In Leipzig widersetzte der deutschnationale Oberbürgermeister Carl Goerdeler sich dagegen dem Ansinnen aus Parteikreisen, das Denkmal vor dem Neuen Gewandhaus zu entfernen. Als Goerdeler auf Dienstreise war, nutzen Bürgermeister Haake und Stadtbaurat Lüdeke dann aber die Gelegenheit, das Denkmal am 9. November vom Sockel zu holen und damit vollendete Tatsachen zu schaffen. Die Presse durfte darüber nicht berichten. Als Goerdeler zurückkam, forderte er Haake auf, das Denkmal auf eigene Kosten wieder aufstellen zu lassen. Der erklärte höhnisch, alles sei mit Gauleiter Mutschmann abgesprochen. Für Goerdeler war dies der Anlass, demonstrativ zurückzutreten. Der Leipziger Denkmalstreit führte damit zu einem der seltenen Akte weithin sichtbarer Opposition gegen den nationalsozialistischen Totalitätsanspruch. Keiner der Gegenspieler in dieser Kontroverse überlebte den Krieg. Goerdeler, den die Putschisten des 20. Juli 1944 als neuen Reichskanzler vorgesehen hatten, wurde am 2. Februar 1945 im KZ Plötzensee erhängt. Haake und Lüdeke, beide fanatische Nazis, begingen beim Einmarsch der US-Armee Selbstmord. In Erlangen wurde die Statue für Arzt und Professor Jakob Herz schon 1933 vom Sockel gestürzt. Die Büste des Philosophen Moses Mendelssohn in Dessau verbannte man 1933 erst einmal vom Bahnhofsvorplatz auf den Israelitischen Friedhof und zerstörte sie dann beim Novemberpogrom im Jahre 1938. Für August Metz, einen liberalen Politiker der Bismarckzeit, gab es sowohl in Heidelberg wie in Darmstadt ein Denkmal; beide wurden 1940 als „Judendenkmal“ abgebrochen. In Darmstadt verwendete man die Bronze dann, um daraus die Figur „Deutscher Gruß“ zu gießen. In demselben Jahr kam es in Berlin zu einem Eingriff auf dem Parkgelände der Charité, wo im Laufe der Jahrzehnte rund ein Dutzend Denkmale für bedeutende dort tätige Mediziner aufgestellt worden waren, meist Bronzebüsten auf einer Granitstele. Nachdem der Leiter der Kinderklinik, der später auch qualvolle Tuberkulose-Impfversuche an behinderten Kindern unternahm, die Direktion der Charité aufgefordert hatte, offiziell durch das Rasseamt prüfen zu lassen, ob sein Vor-Vor-Vorgänger Jude gewesen sei und sein Denkmal gegebenenfalls zu entfernen, wurden in der Nacht vom 27. Juli heimlich die Denkmäler der Professoren Henoch, Lubarsch, Traube und Westphal abgebaut und später eingeschmolzen. Unbekannte, vermutlich Nazis, stießen in Frankfurt die Marmorbüste des Schriftstellers Ludwig Börne sogar schon 1931 vom Denkmalssockel, nach der Machtergreifung entfernten die Nazis dann auch noch den Sockel aus der Bockenheimer Anlage. Der Antisemitismus konnte sogar so weit gehen, dass nicht der im Denkmal Dargestellte als Jude verfolgt wurde, sondern dass es ausreichte, dass der Stifter ein Jude war. So wurde in Kassel der Aschrottbrunnen vor dem Rathaus als „Judenbrunnen“ diffamiert und 1939 von Naziaktivisten so schwer demoliert, dass man ihn bis auf die Umrandung abtrug. In Dessau wurde aus demselben Grund 1937 das Kaiser-Wilhelm-Standbild abgebaut. In Mannheim nahmen die Nazis 1935 das Standbild von August Lamey, der selbst kein Jude war, aber als badischer Innenminister 1860 die bürgerliche Gleichstellung der Juden zum Abschluss gebracht hatte, vom Sockel.

Überhaupt zielten die Nationalsozialisten mit einer Kette diskriminierender und teilweise gewaltsamer Maßnahmen darauf ab, die Juden schrittweise aus der deutschen Gesellschaft auszugrenzen, ihre Spuren im öffentlichen Leben ganz allgemein zu tilgen und im Besonderen auch aus dem Stadtbild, schließlich die Juden möglichst ganz aus Deutschland hinauszudrängen, am Ende bis in den Tod. Im gebauten Straßenbild war jüdisches Leben natürlich vor allem durch die Synagogen vertreten. Gerade in den Großstädten hatten die jüdischen Gemeinden um 1900 teilweise große Synagogen mit repräsentativer Straßenfront errichtet. Sie demonstrierten, dass die Juden mit der Judenemanzipation aus der dunklen Ecke rechtlicher Diskriminierung herausgekommen waren und dass viele von ihnen den Aufstieg zu Wohlstand und Ansehen geschafft hatten.

Als erstes traf es die in neuromanischem Stil erbaute Hauptsynagoge in München, der „Hauptstadt der Bewegung“; sie wurde im Juli 1938 auf persönlichen Befehl Hitlers hin abgebrochen, nach außen noch unter dem Vorwand, eine Freifläche für einen Parkplatz zu benötigen. Am 11. August begann der Abriss der großen Synagoge in Nürnberg, der „Stadt der Reichsparteitage", jetzt schon schamlos inszeniert mit einer Massenversammlung, bei der Gauleiter Julius Streicher die Hauptrede hielt. Auf seine rhetorische Frage, ob die im maurischen Stil erbaute große Synagoge an den Platz mit altdeutschen Bürgerhäusern passe, erscholl ein tausendfaches: Nein! Im September und Oktober folgten die großen Synagogen in Kaiserslautern und Dortmund (Hiltropwall). Große Proteste blieben bemerkenswerterweise aus. Nach diesem Vorlauf nutzte die Nazi-Führung das Attentat eines abgeschobenen Juden auf einen Mitarbeiter der deutschen Botschaft in Paris, um in der Nacht vom 9. auf den 10. November 1938 ein reichsweites Pogrom anzuzetteln, das vor allem die örtliche SA ausführte. Ein großer Teil der Synagogen wurde geschändet und mehr oder minder schwer beschädigt, Tausende von Geschäften mit jüdischen Inhabern demoliert, zahlreiche Wohnungen geplündert und Tausende von Juden in Konzentrationslager verschleppt. An vielen Stellen waren die Gehwege mit den Scherben zerschlagener Fensterscheiben übersät, so dass die Nazis spöttisch von der „Reichskristallnacht" sprachen. Vielfach legte die SA in den Synagogen Feuer, das sich im Gebäude mehr oder minder ausbreitete, oft verzichteten sie aber auch darauf, da die angrenzenden Wohngebäude sonst gefährdet gewesen wären oder weil es einen Interessenten für eine neue Nutzung der Immobilie gab. Die Feuerwehr erhielt oft Verbot, die Brände zu löschen, und beschränkte sich darauf, das Übergreifen auf die Nachbargrundstücke zu verhindern. In Mühlheim setzte die Feuerwehr die Synagoge sogar selbst in Brand, in Mönchengladbach dagegen versuchte sie den Brand zu löschen, wurde aber von der SA daran gehindert, indem diese die Löschwasserschläuche durchschnitt. Auch in Osnabrück wurde die Feuerwehr von der SA am Eingreifen gehindert, während die Polizei sich darauf beschränkte den Verkehr zu regeln. In Lübeck unterblieb die Brandstiftung nach einer erregten Diskussion zwischen den Führern von SA und Polizei vor Ort; die Rücksicht auf die umliegende Bebauung siegte. Ein bemerkenswerter Sonderfall sind die Ereignisse um die Neue Synagoge in der Oranienburger Straße in Berlin. Sie war die größte und prächtigste Synagoge in Deutschland, deren hochaufragende, goldglänzende Kuppel das Selbstbewusstsein der jüdischen Gemeinde weithin sichtbar demonstrierte; eben deshalb war sie in en Augen der Nazis eine Provokation. Auf die Nachricht von der Brandstiftung marschierte der Vorsteher des Polizeireviers 16, Polizeileutnant Wilhelm Krützfeld, sofort mit einem Polizeitrupp zur Synagoge und zwang die Brandstifter zum Rückzug, wobei er sich darauf berief, dass die Synagoge unter Denkmalschutz stand. Er alarmierte Löschzüge der Feuerwehr, die den Brand löschte.

Neue Synagoge in Breslau, 1872 eingeweiht, beim Novemberpogrom 1938 zerstört.

Von den rund 2100 Synagogen, die es 1933 in Deutschland gab, wovon zu diesem Zeitpunkt noch 1700 als Gebetsstätten aktiv waren, wurden 1100 im Laufe des Jahres 1938 verwüstet, beschädigt oder zerstört. Jüdisches Gemeindeleben hörte mit dem Novemberpogrom weitgehend auf und wurde nur noch in einigen wenigen Synagogen geduldet, bis die Nazis es 1942 endgültig unterbanden. Die jüdischen Gemeinden mussten die Gebäude verkaufen, natürlich weit unter Wert. Zahlreiche Synagogen wurden neuen Nutzungen zugeführt. Bei Synagogen im ländlichen Raum handelte es sich meist um kleine Gebäude in eher schlichter und unspezifischer Bauweise, die man in Wohngebäude umwandelte. Ansonsten fanden sich vielfältige neue Nutzungen als Kino (Offenbach), Zeitungsredaktion (Hamburg Oberstraße), Polizeikasino (Hagen), Fischräucherei (Rendsburg), Pferdestall (Berlin Rykestraße) und verschiedenste Arten von Lager, beispielsweise für Holz (Bocholt), Möbel (Köln Roonstraße), Kartoffeln (Fussgönheim), Düngemittel und Schadstoffe (Ahrweiler) oder für die Kulissen des Stadttheaters (Görlitz). Das Kriegsende bedeutete für diese Nachnutzungen meist keinerlei Einschnitt. Damit nichts an die jüdische Vergangenheit dieser Gebäude mahnte, beseitigten die Nazis bei profilierteren Bauten die typischen Merkmale eines jüdischen Kultbaus weitgehend. Bögen wurden begradigt, runde- und ovale Öffnungen geschlossen und die hohen Fensteröffnungen durch Zumauern gekürzt, ferner plastisch gestaltete Flächen und Vorsprünge, z. B. Friese, Lisenen und Zahnschnittprofilierungen durch dicke Putzschichten verdeckt. Hebräische Fassadeninschriften entfernte man natürlich ohnehin. Die Ende des 19. Jahrhunderts gebauten großen Synagogen in den Großstädten wiesen allerdings eine zu eindeutig synagogenspezifische Architektur auf, meist durch reich gestaltete Fassaden in einem orientalisierenden Stil, als dass man sie in dieser Weise hätte überarbeiten können. Meist waren sie ohnehin in der Nacht des Novemberpogroms ausgebrannt. Um sie aus dem Straßenbild zu tilgen, haben die Nazis sie in den folgenden Monaten weitgehend abgerissen oder gesprengt. Die Kosten hierfür bürdete man den jüdischen Gemeinden auf. Der Kieler Oberbürgermeister Behrens schrieb im Juni 1939: „Es stand von vornherein fest, dass weder ein Umbau, noch ein Ausbau für irgendeinen anderen Zweck erfolgen dürfe, sondern dass dieser Tempel, den die Juden sich vor dem Kriege in einer der schönsten Wohngegenden Kiels errichtet hatten, vollständig aus dem Stadtbild verschwinden müsse. Demzufolge ist auch nach dem Erwerb sofort mit Abbrucharbeiten begonnen worden."[26] Die Lübecker Synagoge bildete hier eine Ausnahme, sie blieb in Kern zwar erhalten, aber zur Tarnung verlor sie ihre Kuppel und bekam eine schlichte Backsteinfassade vorgeblendet, deren Giebelfeld sogar Hakenkreuzmedaillons aufwies. An manchen Orten ging die Gestapo so weit, dass sie sich aus städtischen Archiven die Bauunterlagen und Fotos aushändigen ließ und diese vernichtete, um die Erinnerung gänzlich auszulöschen.

Immerhin gab es in Deutschland 1945 noch rund 1200 Gebäude ehemaliger Synagogen, ganz erhalten oder als Ruine. Die Abrisse gingen dann in den 50er bis 70er Jahren weiter, in West- wie in Ostdeutschland! Synagogen waren überflüssig geworden. Dass in Deutschland jemals wieder eine nennenswerte Anzahl Juden leben würden, konnte sich in den Jahren nach 1945 niemand vorstellen. In Berlin wurden etliche Synagogenruinen erst in den späten 50er Jahren abgeräumt, beispielsweise Lützowstraße, Münchener Straße, Fraenkelufer, Levetzowstraße, Lindenstraße, Fasanenstraße, Friedensstraße, Wilmersdorfer Markgraf-Albrecht-Straße, Passauer Straße und Prinzregentenstraße. Die teilzerstörte Neue Synagoge in der Oranienburger Straße, jetzt in Ost-Berlin, wurde 1958 weitgehend beseitigt; nur die Straßenfassade ließ man als Mahnmal gegen Krieg und Faschismus stehen. An Ruinen von Synagogen, die durch ihre bloße Gestalt an die antisemitischen Untaten erinnerten, war die Generation, aus der die Täter stammten, ansonsten nicht interessiert. Aber auch vollständig erhaltene Synagogen verschwanden in der Nachkriegszeit, z. B. in Bad Mergentheim, wo das katholische Bistum Rottenburg 1956 die ehemalige Synagoge erwarb und im folgenden Jahr abtragen ließ. Die Synagoge in Kusel, inzwischen zu einem öffentlichen Bad umfunktioniert, wurde sogar erst 1982 abgebrochen.

Insgesamt sind etwa 350 ehemalige Synagogen nach dem Krieg beseitigt worden. Erst in den 1980er Jahren wendete sich das Blatt; eine neue Generation, die im Dritten Reich noch keine Verantwortung getragen hatte, begann das noch Erhaltene jetzt bewusst zu bewahren, teilweise Verdecktes sogar gezielt wieder sichtbar zu machen.

Diese rein ideologisch motivierten Maßnahmen gegen politisch unerwünschte Denkmäler und Synagogen in den Friedensjahren waren noch nicht alles. Die deutsche Denkmalslandschaft wurde dann im Zweiten Weltkrieg von einer Abrisswelle getroffen, die noch viel zerstörerischer war: die „Metallspende" für den Führer. Schon im Ersten Weltkrieg war wegen des hohen Buntmetallbedarfs für die Munitionsproduktion dazu aufgefordert worden, Gegenstände aus Kupfer, Bronze, Messing und Zinn zum Einschmelzen abzuliefern. Dem waren massenhaft Kirchenglocken zum Opfer gefallen, aber nur in wenigen Ausnahmefällen Denkmäler. Immerhin hatte es 1917/18 die Standbilder für Kaiser Wilhelm I. in Anklam und Belgard (beide in Pommern), Heidelberg, Bochum-Westenfeld und Grünberg/Schlesien, jene für Bismarck in Kaiserslautern, für Markgraf Albrecht den Bären in Werben und für Kolumbus in Bremerhaven getroffen. Wie in allem gingen die Nazis auch hier viel radikaler vor, als man es in der deutschen Politik bis dahin erlebt hatte. Es wurden nicht nur rund 90 000 Glocken beschlagnahmt und Unmengen an Buntmetallgegenständen aus Privatbesitz abgegeben, sondern jetzt traf es auch massiv öffentliche Bronzedenkmäler. Der Startschuss war ein Aufruf Hermann Görings am 27. März 1940 zur „Metallspende des deutschen Volkes", anlässlich von Hitlers bevorstehendem Geburtstag Buntmetall für die Kriegführung zu spenden. In den Durchführungsbestimmungen des Deutschen Gemeindetags vom 5. Juni wurde angeordnet, dass sämtliche öffentliche Bronzedenkmäler abzuliefern seien, „soweit nicht ihr künstlerischer, politischer, geschichtlicher oder heimatlicher Wert für die kommenden Geschlechter wichtig ist."[27] Dazu sollten die Städte jedes öffentliche Bronzedenkmal auf einem Vordruck erfassen und an die Oberpräsidenten der preußischen Provinzen beziehungsweise die Landesregierungen melden, jeweils mit einem Vermerk, ob es zum Einschmelzen freigegeben ist. Die Führung in Berlin wusste, dass diese Maßnahmen nicht populär sein würden, und so hieß es in dem Erlass: „Öffentliche Erörterungen über die Entfernung von Denkmälern sind zu vermeiden." Tatsächlich spielten viele Gemeinden zunächst auf Zeit; rund die Hälfte hatte Anfang Februar 1941 noch gar nichts gemeldet. Ein Erlass des Reichsinnnenministers vom 3. Mai 1942 verschärfte dann die Tonlage. Jetzt wurden die Gemeinden nachdrücklich aufgefordert, weitere Denkmäler zu melden, auch Bronzeteile und Gedenktafeln über 5 kg, allerdings ausdrücklich keine Friedhofsdenkmäler. Die Entscheidung über die „Auswahl der verhältnismäßig wenigen erhaltenswerten Denkmäler"[28] lag nun zentral beim Reichministerium für Wissenschaft, Erziehung und Volksbildung - für jedes einzelne Bronzedenkmal in ganz Deutschland! Die Demontage der Denkmäler sollte bis Juli 1942 vollzogen sein. Die einzelnen Gemeinden kamen den Aufforderungen mal mehr, mal weniger nach, im Ganzen aber weniger als die Führung in Berlin wünschte. Auch das totalitäre System war eben kein monolithischer Block, sondern mit Spannungen zwischen den Interessen verschiedener Ämter und Dienststellen durchsetzt. Im Dezember 1942 und im Januar sowie Juli 1943 machten Rundschreiben des Reichsministers des Inneren noch einmal Druck, alle weiteren Denkmäler abzuliefern, die nicht ausdrücklich von Berlin freigestellt waren. Schließlich wurde die Aktion dann im Herbst 1944 offiziell ausgesetzt.

Trotz des teilweise hinhaltenden Widerstands der örtlichen Stellen war der Verlust an Denkmälern, der vor allem im Laufe der Jahre 1942 und 1943 auftrat, beträchtlich, und zwar deutlich größer als die Verluste durch militärische Kampfhandlungen, auch wenn einige demontierte Bronzefiguren dann doch noch auf irgendeinem Lagerplatz bis Kriegsende liegenblieben und so dem Schmelzofen entgingen. Die Obrigkeiten der einzelnen Städte handhabten die Anordnungen aus Berlin dabei recht unterschiedlich. In Freiburg i. Br. entgegnete Oberbürgermeister Kerber im April 1940 auf die Aufforderung der NSDAP-Kreisleitung, das Siegesdenkmal dem Führer als Geburtstagsgeschenk zu opfern: „Ich halte es gerade im Kriege für notwendig, eine Beunruhigung, wie sie zunächst eine Beseitigung des Denkmals zur Folge haben würde, zu vermeiden.“[29] Der Oberbürgermeister von Potsdam meldete im September 1940 schlichtweg nach Berlin: „In Potsdam sind Denkmäler ohne poltischen, geschichtlichen oder heimatlichen Wert überhaupt nicht vorhanden.“[30] Dagegen demontierte man in Leipzig im Sommer 1942 zügig 30 Denkmäler ganz oder teilweise, was zusammen eine Ausbeute von 12 228 kg Bronze ergab. Hier hatte man mit Alfred Freyberg einen überzeugten Nazi zum Oberbürgermeister (beim Einmarsch der Amerikaner 1945 beging er dann zusammen mit seiner Frau und seiner Tochter Selbstmord). In München wurden 23 Denkmäler abgeliefert, dagegen in Hamburg zumindest nichts Wesentliches. Karlsruhe und Freiburg i. Br. verloren durch die Metallsammlung jeweils 9 Denkmäler ganz oder teilweise, Aachen 6, Braunschweig 5, Bremen 4 und Heidelberg 3. Während in Bochum großzügig abgeräumt wurde, blieb im benachbarten Essen fast alles unangetastet. Für Mecklenburg-Vorpommern wird der Verlust durch die Metallsammlung auf 30 bis 50 Denkmäler geschätzt.

Die Sammelaktion verlief alles andere als glatt. Die Stadt Düsseldorf lieferte schon im Sommer 1940 acht Bronzedenkmäler ab, vor allem für berühmte Juden oder von jüdischen Künstlern, und meldete 26 weitere Denkmäler, die sie behalten wollte. Davon wurden im Mai 1942 aber vom Reichserziehungsminister zunächst nur drei vom Einschmelzen freigestellt, dann noch sechs weitere und später noch zwei. Weisungsgemäß wurden 1942 im Juli und August 10 Denkmäler demontiert und eingelagert, doch der britische Luftangriff Anfang August bot dann den Aufhänger, weitere Abbaumaßnahmen einzustellen, da man sich erst den Bombenschäden widmen müsse. Die Wiederaufnahme des Abbaus verschob man dann immer wieder, und die meisten der abgebauten Denkmäler überstanden den Krieg auf dem Lagerplatz.

In Hamburg mauerte man noch konsequenter. Im Juli 1940 meldete die Stadt 44 Denkmäler, erklärte aber alles für unverzichtbar mit Ausnahme des Kaiser-Karl-Brunnens auf dem Fischmarkt, der ohnehin künstlerisch verunglückt war und ohnehin einem Parkplatz weichen sollte, und 7 weiteren Denkmälern, davon bemerkenswerterweise 4 im erst vier Jahre vorher eingemeindeten Altona. Aber nur für 14 davon genehmigte der Reichserziehungsminister im Mai 1942 den Erhalt. Der Hamburger Reichsstatthalter Kaufmann protestierte und feilschte um die Freigabe weiterer Denkmäler, doch ohne Erfolg. Daraufhin ordnete er im folgenden Monat einfach an, dass in Hamburg alle Denkmäler auf ihren Sockeln bleiben. Er verfiel dafür auf eine originelle Ausrede: Da in Hamburg das Einschmelzen anders als in anderen Städten ausschließlich in ortsansässigen Werken erfolgen würde, sei es in Hamburg nicht nötig, die Denkmäler zur Vorbereitung des Abtransports auf einem Lagerplatz zu sammeln, im Gegenteil: „Das Abnehmen der Denkmäler, Anfahren auf die Lagerplätze, Abladen, Wiederaufladen und Abtransport zu den Hamburger Schmelzen ergeben insgesamt eine solche Mehrarbeit, daß der damit verbundene Aufwand an Arbeitskräften, Zeit, Kraftstoff und sonstigen Materialien in Anbetracht der Arbeitslage und namentlich wegen der beim Treibstoff gebotenen Sparsamkeit nicht zu vertreten ist.“[31] Stattdessen startete man ein Programm, von 30 Denkmälern vor dem Abbau erst einmal Gipsabformungen zu machen, um sie nach dem Krieg gegebenenfalls damit wieder herstellen zu können. Damit ließ sich auf Zeit spielen: Leider gäbe es dafür nur drei qualifizierte Betriebe, dann fehlte es an der Gipszuteilung, später sei die Werkstatt des Bildhauers bei einem Bombenangriff beschädigt worden ... Einiges wurde während des Kriegs dann doch abgebaut (und nach dem Krieg wieder aufgestellt). Wohl eher leichten Herzens verzichtete der Leiter des Denkmalschutzamtes auf die fünf „Ehrentafeln der Partei“ für „Märtyrer der Bewegung“, die bei den Kämpfen der NSDAP vor ihrer Machtergreifung umgekommen waren, notierte er doch hinter der Fassade politischer Korrektheit in seinem Gutachten süffisant: „Die Erinnerung an den besonders schweren Kampf um das rote Hamburg wachzuhalten erscheint als selbstverständliche Pflicht. ... Andererseits entspricht es dem Wesen und der Gesinnung der Blutopfer, im Kriege zu opfern, auch das Letzte.“[32] Auch eine Gipsabformung dieser Tafeln war nicht vorgesehen, denn sie „können nicht in Anspruch nehmen, als Kunstwerke besonders hoch gewertet zu werden."[33]

Welche Denkmäler wurden nun abgerissen und eingeschmolzen, welche durften bleiben? Auch wenn das Ziel der „Metallspende" war, die Buntmetallreserve zu verstärken, flossen doch auch politische Bewertungen in die Auswahl ein. Auf den ersten Blick wirkt das Handeln der einzelnen Städte sehr uneinheitlich. Bremen mauerte sein Reiterstandbild Bismarcks 1942 zum Schutz gegen Bombentreffer ein (in der Stadtrepublik hatte an sich nicht um die Konvention geschert, dass Reiterstandbilder nur Herrschern zustehen), andere Städte lieferten ihre Bismarckstandbilder ab. Aufs Ganze gesehen sind aber doch Schwerpunkte erkennbar. Was die Politiker der Weimarer Republik nicht erreicht hatten, schafften die Nationalsozialisten: die Hinterlassenschaften des monarchistischen Erinnerungskults auf den zentralen Plätzen der Städte zu reduzieren. Die Monarchie hatte jetzt wirklich keine Anhänger mehr, und die um 1900 hereingebrochene Denkmalsflut an Monarchendenkmälern im Stil des Historismus entsprach auch künstlerisch nicht mehr dem Zeitgeschmack.

Der Griff nach den Herrscherbildern traf vor allem einen nennenswerten Teil der zahlreichen Denkmäler für Kaiser Wilhelm I., die das Legitimationsstreben seines Enkels den Städten beschert hatte. Eingeschmolzen wurden dessen Reiterstandbilder in Aachen, Bernburg, Berlin-Spandau, Bremen, Chemnitz, Duisburg, Erfurt, Frankfurt am Main, Frankfurt a. d. Oder, Gera, Görlitz, Hannoversch-Münden, Herne, Hildesheim, Köln-Neustadt-Nord am Kaiser-Wilhelm-Ring (nicht aber an der Hohenzollern-Brücke), Mannheim, Mönchengladbach, Münster, Neheim, Osnabrück, Rixdorf bei Berlin und Wuppertal-Elberfeld. In Karlsruhe suchte man einen Kompromiss, indem man die vier allegorischen Nebenfiguren einschmolz, nicht aber das Reiterdenkmal selbst. Außerdem wurden eine Anzahl von Standfiguren Kaiser Wilhelms I. geopfert. Das traf nicht nur das von zwei germanischen Recken flankierte Standbild für „Wilhelm den Großen" (so die Sockelaufschrift) in Kiel-Holtenau neben dem Kaiser-Wilhelm-Kanal (heute Nord-Ostsee-Kanal), das mit Sockel 16 m hoch war, sondern auch die Standbilder in Berlin-Schöneberg, Berlin-Tegel, Bochum (Kortumstraße), Bottrop, Burgsteinfurt, Dessau, Duisburg-Ruhrort, Eckernförde, Gelsenkirchen, Krefeld-Uerdingen, Lüdenscheid, Montabaur, Neustettin, Ratzeburg, Rheine/Westfalen, Schwelm und Wilhelmshaven. Beide Auflistungen sind sicher unvollständig. Auf dem Ronsdorfer Marktplatz in Wuppertal erwischte es gleich zwei Monarchen, da Kaiser Wilhelm I. und sein Nachfolger Friedrich III. hier ein Gemeinschaftsdenkmal erhalten hatten. Für Friedrich III., dessen Regierungszeit seine Krebserkrankung 1888 auf 90 Tage beschränkt hatte, waren weitaus weniger Denkmäler gesetzt worden als für seinen Vater. Von diesen wurden zumindest jene in Berlin-

Denkmal für Landgraf Philipp von Hessen in Kassel. 1942 eingeschmolzen.

Charlottenburg, Berlin-Spandau, Dortmund, Fulda, Potsdam, Wanne-Eickel und Wuppertal-Elberfeld eingeschmolzen. Zur Hohenzollerndynastie gehörte außerdem auch Wilhelms Neffe Prinz Friedrich Karl, der sich als Heerführer in den Einigungskriegen 1864-1871 einen Namen gemacht hatte und dessen Standbilder in Görlitz und Frankfurt/Oder entfernt wurden.

Auch einige Denkmäler der anderen deutschen Dynastien waren betroffen. Diese waren eigentlich schon zum Zeitpunkt ihrer Errichtung in den Jahren um 1900 vom Zeitgeist überholt, da in den Jahrzehnten nach der Reichsgründung 1871 das nationale Gemeinschaftsgefühl die Identifikation mit den Einzelstaaten immer mehr zurückdrängte, die politischen Entscheidungen sich in Berlin zentrierten und die Monarchen der Bundesstaaten zu bedeutungslosen Randfiguren verkümmerten. Im Norden wurden das Standbild für Großherzog Friedrich Franz III. von Mecklenburg-Schwerin in Rostock und jenes für Großherzog Friedrich Wilhelm II. von Mecklenburg-Strelitz in Neustrelitz eingeschmolzen Dagegen blieben in Schwerin beide Herrscherdenkmale erhalten; das Standbild Paul Friedrichs von 1849, weil es als Kunstwerk galt, und das monumentale Reiterstandbild für Friedrich Franz II. mit dem Trick, es dem Privatbesitz der ehemaligen Herrscherfamilie zuzuordnen. Ebenso gemischt war das Bild bei den württembergischen Herrschern. In Stuttgart wurden die Standbilder der Könige Karl und Wilhelm II. auf der Karlsbrücke eingeschmolzen, während das Reiterstandbild für König Wilhelm I. erhalten blieb, und von den Statuen für Graf Eberhard im Bart kam die in Tübingen in den Ofen, während jene in Stuttgart überdauerte. Auch die bayerischen Wittelsbacher mussten Verluste hinnehmen. Die Denkmäler für den verschwenderischen König Ludwig II. an der Corneliusbrücke in München und im Nürnberger Stadtpark wurden ebenso verwertet wie die für den Prinzregenten Luitpold in Nürnberg und Würzburg. Die Monarchen deutscher Kleinstaaten wirkten erst recht überholt, und so verschwanden die Reiterstandbilder für Herzog Wilhelm in Braunschweig und Herzog Friedrich I. in Dessau ebenso wie in Bernburg die Standbilder von Fürst Wolfgang und Herzogin Friederike. Eine Besonderheit stellten jene Fürstentümer dar, die schon 1866 ihren Monarchen verloren hatten und als Provinzen in Preußen eingegliedert worden waren. Verloren gingen hier das Standbild des letzten Herzogs von Nassau, Adolph, in Weilburg ebenso wie das riesige, mit Sockel 16 m hohe Standbild Landgraf Philipps, eines führenden protestantischen Fürsten der Reformationszeit, das seit 1899 vor der Martinskirche in Kassel stand; auch die Tatsache, dass mit Prinz Philipp von Hessen ein direkter Nachfahre des Landgrafen Oberpräsident der Provinz Hessen war, konnte dieses Denkmal nicht retten. Dagegen blieb ausgerechnet das Reiterdenkmal für den reaktionären und bei seinen Untertanen denkbar unbeliebten König Ernst August von Hannover erhalten, das die herrschenden Hofkreise initiiert und 1861 vor den Hauptbahnhof in Hannover gestellt hatten. Der Gauleiter von Südhannover-Braunschweig hatte schon 1941 versucht, dieses Denkmal mit dem Verkehrshindernis-Argument in den Herrenhäuser Park zu verschieben, war damit aber an der Stadtverwaltung Hannovers gescheitert; jetzt zeigten sich eineinhalb Jahre später Gauleiter und Stadtbaurat zunächst durchaus offen für die Idee, auch dieses Denkmal einzuschmelzen. Der Provinzialkonservator hielt allerdings entschieden dagegen, wofür er sich als Argumentationshilfe vom Staatsarchivdirektor ein Gutachten erstellen ließ. Kunstgeschichtliche und städtebauliche Gründe waren für ihn entscheidend, aber um den Gauleiter zu überzeugen, argumentierte er noch zusätzlich im Geist der Zeit, der König sei eine Führerfigur gewesen, die „im rücksichtslosen, soldatischen Einsatz im Revolutionskriege ein Auge einbüsste" und sich durch den Kampf „gegen die Ideen der französischen Revolution und alle aus ihr hervorgegangenen demokratischen, liberalen und freigeistigen `Errungenschaften´ ... gegen Parlamentarismus, Advokatenpolitik und Judentum ... den abgründigen Hass der liberalen Parteien" erworben habe, außerdem habe auch er `die großdeutsche Einigung´ erstrebt."[34]

Unangetastet blieben hingegen die Denkmäler eines besonderen Monarchen: König Friedrichs II. von Preußen, gerne als „der Große" apostrophiert, der für Preußen durch seine Kriege im 18. Jahrhundert einen Platz als europäi sche Großmacht erobert hatte. Am militärischen Führertum dieses Hohenzollern fanden die Nazis eben durchaus Gefallen (über Friedrichs Toleranz sahen sie großzügig hinweg).

Deutlich mehr Anhang als die ehemaligen Monarchen hatte anscheinend Bismarck. In den geheimen innenpolitischen Stimmungsberichten des Sicherheitsdienstes des Reichsführers SS, den *Meldungen aus dem Reich*, hieß es im Oktober 1942, der Abbruch verschiedener Bismarck-Denkmäler habe sich stimmungsmäßig besonders ungünstig ausgewirkt, da diese häufig an zentralen Punkten aufgestellt waren und mit seiner Person das geschichtliche Denken und Fühlen der Bevölkerung verbunden sei - einerseits glaube man darin eine Kritik am Gründer des Reiches zu erkennen, andererseits habe man daraus auf eine lange Kriegsdauer und eine Rohstoffknappheit großen Ausmaßes geschlossen. Trotzdem wurden rund ein Viertel der Bismarck-Standbilder für die Metallsammlung abgeräumt und eingeschmolzen. Das betraf die Denkmäler in Annaberg-Buchholz, Berlin-Grunewald, Berlin-Spandau, Bernburg/Saale, Bochum, Duisburg (in der Königstraße), Frankfurt am Main, Gotha, Grimmen, Groitzsch, Kirchberg/Sachsen, Krefeld, Mönchengladbach, Oels/Schlesien, Rathenow, Schleswig, Wanne-Eickel, Wilhelmshaven, Wuppertal-Elberfeld und Zwickau. In Dresden, Karlsruhe und Leipzig verloren die Bismarck-Standbilder nur ihre Nebenfiguren - so hatte man auf dem Johannaplatz in Leipzig dem „Schmied des Reiches" in etwas platter Analogie die Figur eines großen Schmieds beigesellt, die jetzt immerhin 1260 kg Bronze brachte. Dazu kamen noch einige Verluste in Gestalt von Büsten und Gedenkplatten auf Stein für Bismarck sowie Bismarckstatuen als Nebenfiguren an Kaiser-Wilhelm-Denkmälern.

Überhaupt zeigte sich, dass die Erinnerung an die Reichseinigung etwas zu verblassen begann. Grundsätzlich dienen Kriegerdenkmäler vor allem den überlebenden Familienangehörigen und Kameraden als Ort des Gedenkens. Dieser Anhang war für die Toten des Ersten Weltkriegs sehr zahlreich, und so wurden die Denkmäler für die Gefallenen von 1914-18 von der Metallsammlung fast nie angetastet, es sei denn sie waren nicht heroisch genug (wie z. B. der „Opfertod“ in Herford, das Gefallenendenkmal in Düsseldorf-Lohausen und jenes in Bochum-Gerthe). Das sah jetzt mit dem größeren Zeitabstand zu den Einigungskriegen von 1864, 1866 und 1870/71 schon anders aus; die hierfür errichteten Denkmäler waren wesentlich eher betroffen, um so mehr, als ihre künstlerische Gestaltung teilweise inzwischen eher überholt wirkte. Insbesondere galt dies für die in den 1870er und 80er Jahren beliebte Allegorie der Germania, die Deutschland verkörperte und als kräftig gebaute Frau mit Schwert oder hochgerecktem Siegeskranz dargestellt wurde und die einst nicht nur auf zahlreichen Bildern bis hin zu Briefmarken präsent war, sondern auch auf manchen Siegesdenkmälern. So wurden beispielsweise die Germaniafiguren vom großen Provinzial-Siegesdenkmal in Hannover ebenso wie von den Siegesdenkmälern in Berlin-Tempelhof, Braunschweig, Krefeld und Schleswig eingeschmolzen. Ähnlich überlebt wirkten wahrscheinlich die Phantasiefiguren Hermanns des Cheruskers auf dem Kriegerdenkmal in Haltern und des Sachsenherzogs Wittekind auf dem Denkmal in Herford, die jetzt ebenfalls verwertet wurden. Aber auch einige andere Denkmäler für die Einigungskriege fielen der Metallsammlung zum Opfer, beispielsweise in Aachen, Berlin im Lietzenseepark, Bremen und Wattenscheid. Das Gleiche gilt für Generalfeldmarschall Helmuth von Moltke, als Generalstabschef der militärische Architekt der Siege in den Einigungskriegen, dessen Standbilder in Krefeld, Mannheim und Prenzlau eingeschmolzen wurden, und das Standbild des damaligen preußischen Kriegsministers Albrecht von Roon in Görlitz.

Bei jenen Personen oder Ereignissen, die im Laufe des 19. Jahrhunderts in Deutschland jeweils eine größere Anzahl von Denkmälern erhalten hatten, traute die nationalsozialistische Metallsammlung sich allerdings an einige praktisch überhaupt nicht heran, weil sie in der öffentlichen Achtung noch solide verwurzelt waren. Die Schiller-Denkmäler sind anscheinend alle erhalten geblieben. Von den Standbildern für Goethe wurde nur dasjenige in München zum Einschmelzen preisgegeben; es stammte zwar schon von 1869, war aber gestalterisch eher verunglückt, da man den Dichterfürsten angesichts antiker Gewandung und Lorbeerkranz überhaupt nur an der Inschrift als solchen identifizieren konnte. Als einzige öffentliche Goethe-Büste wurde jene in Görlitz geopfert, vielleicht wegen ihrer Gestaltung im beginnenden Jugendstil. Dass die Stadtverwaltung Leipzigs das große Reformationsdenkmal mit den Doppelfiguren von Luther und Melanchthon preisgab, das mit 11 340 kg mehr Bronzeschrott ergab als jedes andere in Leipzig verwertete Kunstwerk, fiel völlig aus dem Rahmen. Eingeschmolzen wurden von den Lutherstandbildern sonst nur noch jene in Görlitz und Nordhausen/Thüringen. Die Lutherstatuen in Döbeln und Hannover wurden zwar demontiert, blieben aber bis zum Waffenstillstand auf den Lagerplätzen in Hamburg liegen, und für den Luther in

Möhra/Thüringen wurde die Ablieferung zwar von Berlin angeordnet, jedoch vor Ort sabotiert.

Opfer der „Metallspende“ waren ansonsten eine bunte Mischung von meist kleineren Denkmälern mit eher lokalem Bezug. Ohne große Bauschmerzen gab man Denkmäler her, die man eigentlich sowieso nie hatte haben wollen: die Bremer das Standbild des Schwedenkönigs Gustav Adolf, das eigentlich für Schweden bestimmt gewesen war, dann aber mit dem Schiff 1856 vor Helgoland gestrandet und gewissermaßen als Strandgut nach Bremen verschlagen worden war; ebenso die Heidelberger die Statue des bayerischen Feldmarschalls Fürst Wrede, den sie 1860 durch König Ludwig I. als unerbetenes Geschenk erhalten hatten. Ansonsten handelte es sich um Standbilder und Büsten von Dichtern wie Ludwig Richter (Dresden) und Victor von Scheffel (Heidelberg), Unternehmern wie Carl Benz (Karlsruhe), Friedrich Grillo (Gelsenkirchen) und Karl Heine (Leipzig), Komponisten wie Orlando di Lasso und Gluck (beide München), Politikern wie den Liberalen Rudolf von Bennigsen (Hannover) und Reichspräsident von Hindenburg (Forst) sowie hohe Beamte wie Kreittmayr (München) und Franzius (Bremen), ferner Kolonialdenkmäler in Dresden, Halle und Mannheim. Dazu kamen eine größere Anzahl von Brunnen und harmlosen Menschen- und Tierfiguren zur Dekoration von Parkanlagen.

Für die Metallsammlung wurden sogar Denkmäler für Nazi-Prominenz der „Kampfzeit“, also der Jahre vor dem Machtantritt 1933, eingeschmolzen, die erst wenige Jahre zuvor errichtet worden waren. Der „völkische Vorkämpfer“ Theodor Fritsch, vor der Machtergreifung der wohl einflussreichste Produzent antisemitischer Hetzschriften, hatte 1935 in Berlin-Zehlendorf „das erste antisemitische Denkmal Deutschlands“[35] erhalten, wie Staatskommissar Lippert bei der Einweihung erklärte. Als man es im Krieg einschmolz, wurde Fritschs Forderung, die Juden wie Ungeziefer zu zertreten, in den Gaskammern gerade grausame Realität. Der SA-Sturmführer Horst Wessel, der 1930 in Berlin bei Auseinandersetzungen mit Kommunisten erschossen worden war, wurde von den Nazis zum Märtyrer ihrer Bewegung hochstilisiert, doch als der Krieg ständig neue tote „Helden“ produzierte, verlor sich das Interesse an dem SA-Schläger. Das ihm 1939 in seiner Heimatstadt Bielefeld gesetzte Bronzedenkmal wanderte in den letzten Kriegstagen in den Ofen, und auch der Adler des in Berlin für Wessel und fünf weitere „Gefallene der Bewegung“ errichteten Denkmals wurde zum Einschmelzen vorgesehen.

Entnazifizierung des Stadtbildes

Truman, Stalin und Churchill waren sich auf der letzten Kriegskonferenz in Potsdam im Juli 1945 über alle Interessenunterschiede hinweg wohl in nichts so einig wie über den Grundsatz der Entnazifizierung. Mit der Kapitulation der Wehrmacht im Mai 1945 ging die gesamte Staatsgewalt in Deutschland in die Hände der alliierten Besatzungsmächte über, und diese waren willens, den verbrecherischen Nationalsozialismus mit Stumpf und Stiel auszurotten. Das hieß nicht nur, alle Personen in Führungspositionen zu entlassen, auf ihr Engagement für die Nazis zu überprüfen und wenn möglich zur Verantwortung zu ziehen, sondern auch zu versuchen, den nationalsozialistischen Geist aus den Köpfen der Deutschen zu vertreiben. So wurden Schulbücher vernichtet, Nazi-Literatur in öffentlichen Bibliotheken gesperrt und den Deutschen durch verschiedenste Veranstaltungen und Medien die Gräuel der Nazis und die Vorzüge der Demokratie vor Augen geführt. Natürlich sollte auch das Stadtbild von der Erinnerung an den Nationalsozialismus gereinigt werden. Die Nationalsozialisten hatten 1933 rasch begonnen, den öffentlichen Raum symbolisch zu besetzen, und genauso radikal, wie sie dabei die Symbole ihrer politischen Gegner beseitigt hatten, machten sich jetzt die Sieger daran, diese Symbolik der Nazis wieder zu entfernen. Straßenschilder mit den Namen von Nazi-Prominenz wurden gegen solche mit harmlosen Namen ausgetauscht, Denkmäler für Männer, die den Nazis als Märtyrer galten, verschwanden, und ebenso entfernte

Ehrentempel am Königsplatz in München für die 16 Getöteten des gescheiterten Hitlerputsches von 1923.

man eindeutige Nazisymbole an Bauwerken.

Innerhalb weniger Wochen nach dem Einmarsch wurden hierbei überall lokale Kräfte aktiv; bisherige Verwaltungsbeamte, die mit vorauseilendem Gehorsam schnell die Kurve bekommen und damit ihren Posten retten wollten, ebenso von den Besatzungsmächten neu eingesetzte Bürgermeister, teilweise aus dem Exil zurückgekehrt, und auch örtliche Befehlshaber der Besatzungstruppen. Als der Alliierte Kontrollrat im Mai 1946 die Direktive Nr. 30 erließ, die für die *Beseitigung deutscher Denkmäler und Museen militärischen und nationalsozialistischen Charakters* grundlegend sein sollte, waren die im engeren Sinn nationalsozialistischen „Duftnoten" im Stadtbild bereits zum großen Teil verschwunden.

Während Stalin in der Sowjetunion wie später Saddam Hussein im Irak etliche Denkmäler für sich selbst errichtet hatten, die nach dem Ende ihrer Herrschaft entsorgt wurden, gab es keine vergleichbaren Hitler-Denkmäler, die man hätte stürzen können; man brauchte nur die Hitler-Bilder in den Amtsstuben abzuhängen. Vollständig traf die Vernichtung die „Denkmäler der Bewegung" für die „Blutzeugen", wie die Nazis oft eingedeutscht anstatt „Märtyrer" sagten. Die Idee, das Gedenken an die eigenen Märtyrer zur Identitätsstiftung zu verwenden, war alles andere als neu; die Nationalsozialisten machten daraus allerdings einen recht intensiven Kult. Die wichtigsten waren für die Nationalsozialisten jene sechzehn Männer, die 1923 beim gescheiterten Hitlerputsch in München umkamen, als bayerische Landespolizei in den Demonstrationszug schoss, der unter Führung von Hitler und Generaloberst Ludendorff durch die Residenzstraße auf die Feldherrnhalle zu marschierte. Für sie war 1933 am Ort des Geschehens an der Ostseite der Feldherrnhalle das „Denkmal der Bewegung" errichtet worden, eine große adlerbekrönte Bronzetafel mit den Namen der Getöteten, vor der ständig ein Doppelposten der SS Ehrenwache stand und Vereidigungen stattfanden. Passanten hatten mit dem Hitlergruß zu ehren. Wer dazu nicht bereit war, nahm den Umweg über die Viscardigasse an der Rückseite der Feldherrnhalle, die so zur „Drückebergergassl" wurde. Noch bevor die offiziellen Stellen entschieden hatten, was mit diesem Denkmal geschehen sollte, fielen Münchener Bürger am 3. Juni 1945 mit Hammer und Meißel darüber her, eine der ganz wenigen spontanen Aktionen, die es in Deutschland nach der Niederlage gegenüber Symbolen des untergegangenen Regimes gab. Die Amerikaner räumten das ramponierte Denkmal dann ab. Die sechzehn getöteten Putschisten hatten 1935 an der Ostseite des Königsplatzes zwei Ehrentempel mit neoklassizistischen Pfeilerreihen erhalten, in denen ihre Metallsärge standen. Auch an diesem Ort war eine ständige SS-Wache postiert. Am Jahrestag des Hitlerputsches wurde hier feierlich der Toten gedacht im Rahmen einer Massenkundgebung auf dem Königsplatz, der zum ideologischen Zentrum der Partei umgestaltet worden war. Im Juli 1945 ordnete General Eisenhower als

Oberbefehlshaber der amerikanischen Besatzungszone persönlich an, die Tempel vollständig zu zerstören und alle Steine zu entfernen. Von deutscher Seite erhob sich dagegen allerdings beträchtlicher Widerstand, und so begann ein monatelanges Gezerre zwischen den Anhängern und Gegnern der Zerstörung. Ein bunter Reigen von Vorschlägen kam auf den Tisch. Der Münchner Oberbürgermeister Scharnagl hatte die Idee, aus den eingeschmolzenen Särgen Glocken zu gießen und die Ehrentempel dem Weltfrieden und der Völkerverständigung umzuwidmen. Münchens Kardinal Faulhaber wollte die Ehrentempel in eine katholische und eine evangelische Kirche transformieren, und Kultusminister Sattler schlug den Umbau zu Kunstgalerien vor. Auch Nutzungen als Café oder Biergarten waren im Gespräch. Im Januar 1947 wurden beide Ehrentempel dann doch von den Amerikanern gesprengt, wobei man die Fundamentsockel aus technischen Gründen stehen ließ. Nachdem man einige Jahre ergebnislos überlegt hatte, was nun an diesen ideologisch aufgeladenen Örtlichkeiten Neues entstehen könnte, ließ man einfach Gras darüber wachsen, im wörtlichen wie im übertragenen Sinn.

Bei den übrigen „Blutzeugen der Bewegung" handelte es sich meist um SA-Männer, die in den Jahren unmittelbar vor der Machtergreifung bei Auseinandersetzungen mit den Kommunisten umgekommen waren, und angesichts der Neigung der Nazis zum gewaltsamen Straßenkampf gab es davon einige. In Berlin setzten die Nationalsozialisten schon im Oktober 1933 auf dem Fehrbelliner Platz einen fünf Meter hohen Naturstein, in dessen Sockel eine Schriftrolle mit 237 Toten der SA aus ganz Deutschland eingemauert war. Außerdem wurde in Berlin 1936 auf dem Horst-Wessel-Platz (heute Rosa-Luxemburg-Platz) ein Denkmal für die „Sechs Ermordeten der Bewegung der Innenstadt" enthüllt, und zwar demonstrativ direkt vor der ehemaligen KPD-Zentrale, um auf diese Weise den ehemals tiefroten Stadtteil auch symbolisch zu besetzen. Noch größer geriet das SA-Denkmal in Magdeburg für die „Gefallenen der Gruppe Mitte", zentral direkt neben dem Dom positioniert. Auf einer 18 Meter hohen Steinstele prangte ein riesiger Adler mit mehreren SA-Männern unter den ausgebreiteten Schwingen. Hinzu kamen Gedenkstätten für einzelne SA-Männer. Horst Wessel, der mehr als jeder andere SA-Mann propagandistisch herausgestellt wurde, erhielt auf dem Süntel im Weserbergland eine 12 Meter hohe Steinsäule mit einem fünf Meter großen eisernen Hakenkreuz on top. In Baden wurden 1935 in sechs Städten Stelen für umgekommene SA-Männer errichtet, unter anderem für Paul Billet in Karlsruhe, Bremen setzte zwei riesige Findlinge für die SA-Männer Gasel und Decker, und selbst in Sickershausen (zu Kitzingen) versuchte man mit einem Daniel-Sauer-Denkmal mitzuhalten. Bei den meisten dieser Gedenkstätten handelte es sich allerdings um kleinere Gedenkplatten an Hauswänden, außerdem um eine ganze Reihe

Denkmal für die umgekommenen SA-Männer in Magdeburg neben dem Dom. 1945 kriegsbeschädigt und auf sowjetischen Befehl beseitigt.

kleinerer Horst-Wessel-Steine an verschiedenen Orten. Zu nennen ist hier auch die Granitstele mit Bronzekopf für Wilhelm Gustloff in Rostock, dem 1936 ermordeten Landesgruppenleiter der NSDAP-Auslandsorganisation in der Schweiz. Alle diese Gedenkstätten wurden 1945 ziemlich rasch zerstört und abgeräumt, meist von den Besatzungsmächten. Es war eine seltsame Ausnahme, wenn sich die Beseitigung der zentralen Gedenkanlage der NSDAP in Mecklenburg, dem Ehrenhain mit Feierhalle und Gustloff-Denkmal im Schlossgarten von Schwerin, bis 1948 hinzog.

Komplizierter war der Umgang mit den Denkmälern für die Freikorpsbewegung. Die Freikorps waren bewaffnete paramilitärische Verbände aus ehemaligen Soldaten zwischen 1919 und 1921, Jahren revolutionärer Unruhe und zugleich die Übergangsphase von der sich auflösenden kaiserlichen Armee zur neu aufgestellten Reichswehr. Sie kämpften im Auftrag der Reichsregierung gegen die extreme Linke sowie für deutsche Interessen in Oberschlesien, wandten sich aber im Kapp-Putsch auch gegen die demokratisch gewählte Reichsregierung. Die Nationalsozialisten betrachteten diese rechtsgerichteten Verbände als ihre Vorläufer und vereinnahmten sie für sich. Die Amerikaner beseitigten 1945 das Denkmal für die Toten des Freikorps Oberland oberhalb von Miesbach/Oberbayern, das sich im Einsatz gegen die Münchner Räterepublik und in Oberschlesien profiliert hatte, obwohl es schon 1923 errichtet worden war. Ebenso stürzten die Briten den 1934 zum Gedenken an das Freikorps Lichtschlag/Loewenfeld (Ruhrkampf 1920) in Dorsten aufgestellten Findling in den Kanal. Dagegen blieb der ebenfalls 1934 von den Nationalsozialisten gebaute Säulenkreis in Essen-Horst zur Erinnerung an die Freikorpstoten bei der Niederschlagung der Roten Ruhrarmee 1920 unverändert stehen. An die Beseitigung der Münchner Räterepublik sollte ein großes Denkmal erinnern, das noch 1942 bei München-Giesing für die beteiligten Freikorpsverbände errichtet worden war. Alle Zeichen und Namen wurden hier nach Kriegsende entfernt, aber das acht Meter hohe Relief, auf dem ein martialischer Jüngling eine Schlange erwürgt, ließ der Stadtrat zunächst stehen. Erst auf massives Drängen der kommunistischen Stadtratsfraktion zerstörten die Amerikaner 1947 das ganze Denkmal.

Zum prominentesten Freikorpskämpfer wurde Albert Leo Schlageter, der 1923 im Widerstand gegen die französische Besetzung des Ruhrgebiets Sabotageanschläge verübt hatte; er war von den Franzosen verhaftet und auf der Golzheimer Heide in Düsseldorf standrechtlich erschossen worden. In rechten, aber auch in weiten konservativen Kreisen der deutschen Öffentlichkeit, zeitweise sogar bei den Kommunisten, galt er als Märtyrer im Kampf gegen das verhasste Versailler System und den „Erbfeind" Frankreich. Noch während der Weimarer Republik wurden ihm rund drei Dutzend Denkmäler gesetzt. Das größte war das 1931 eingeweihte Schlageter-Nationaldenkmal auf der Golzheimer Heide mit einem 27 Meter hohen Stahlkreuz und einer riesigen Aufmarschfläche. Nach der Machtergreifung vereinnahmte die NSDAP das Gedenken an Schlageter, der ihr zumindest nahe gestanden hatte, erklärte ihn zum „Ersten Soldaten des Dritten Reiches" und errichtete 1933-35 rund 50 weitere Schlageter-Denkmäler. Das Denkmal in Düsseldorf sprengten die Briten 1946. Auch die meisten anderen Denkmäler wurden in den Nachkriegsjahren entfernt oder zumindest mehr oder minder entstellt; allerdings haben sich zugleich rund 20 dieser Denkmäler bis heute unverändert erhalten. Schlageter war eben nicht so eindeutig nationalsozialistisch konnotiert wie die umgekommenen SA-Männer.

Das galt auch für Hindenburg. Der letzte Reichspräsident, der als kaisertreuer Feldmarschall an sich wenig Sympathien für die proletenhaften Nazis hatte, war für die Nachwelt mit dem Nationalsozialismus verknüpft; er war eben nicht nur der Sieger in der wichtigen Schlacht von Tannenberg im Jahre 1914, sondern auch der Steigbügelhalter Hitlers gewesen. Das riesige Tannenberg-Nationaldenkmal, das 1924-27 in Ostpreußen errichtet worden war und das die Nationalsozialisten zu Hindenburgs Grablege gemacht hatten, sprengte die Wehrmacht auf dem Rückzug im Januar 1945. Dagegen wurde das fünf Meter hohe Standbild Hindenburgs, welches die Nationalsozialisten 1939 unterhalb des Kyffhäuserdenkmals aufgestellt hatten, flankiert von Geschützen, durch sowjetische Soldaten zwar umgestoßen, dann aber nicht zerstört, sondern vergraben. Als man 1975 beim Bau einer Ferienanlage für Mitarbeiter der Stasi darauf stieß, schaufelte man den Feldmarschall schnell wieder zu und breitete Schweigen über den Fund. 2004 entdeckte der Hotelier, der inzwischen die Ferienanlage übernommen hatte, die Figur aus hartem, grünen Porphyr neu.

Die Kontrollratsdirektive Nr. 30 verlangte, nicht nur alle Denkmäler, sondern überhaupt alle Bauwerke, Wahrzeichen und Abzeichen zu entfernen, „die darauf abzielen, ... die Erinnerung an die nationalsozialistische Partei aufrechtzuerhalten“, schränkte aber ein : „Nicht zu zerstören oder sonst zu beseitigen sind Gegenstände von wesentlichem Nutzen für die Allgemeinheit oder von großem architektonischen Wert, bei welchen der Zweck dieser Direktive dadurch erreicht werden kann, dass durch Entfernung der zu beanstandenden Teile oder durch anderweitige Maßnahmen der Charakter einer Gedenkstätte wirksam ausgemerzt wird.“[36] Dementsprechend wurden überall in Deutschland an öffentlichen Gebäuden Hakenkreuze abgemeißelt. So hocken nun seitdem Adler über leeren Eichenkränzen (es sei denn, man füllte sie mit der Hausnummer, wie beim Finanzamt in Berlin-Charlottenburg). Inwieweit auch Reichsadler ohne Hakenkreuz ein Nazisymbol darstellten, wurde unterschiedlich wahrgenommen; gelegentlich entfernte man auch die Adler, so dass die leeren Konsolen an den Hauswänden zurückblieben, meistens aber nicht. Auf eine originelle Variante kam die Partei Wirtschaftliche Aufbauvereinigung; sie beantragte 1948 im Bayerischen Landtag, die vier von den Nazis auf das Dach des Kongresssaals des Deutschen Museums in München gesetzten Adler durch bayerische Löwen zu ersetzen, drang damit aber nicht durch. Am ehemaligen Luftgaukommando in München (in dem heute das bayerisches Wirtschaftsministerium logiert) zieren unverändert steinerne Stahlhelme die Fenstergiebel.

Die auf diese Weise entnazifizierten Gebäude sah man dann als systemneutrale Nutzbauten an, die für neue Verwendungen zur Verfügung standen. In dieser Einschätzung waren sich damals alle einig und nutzten die großen öffentlichen Gebäude des Dritten Reiches entsprechend weiter. Beispielsweise wurde in der Bundesrepublik die Kaserne der Waffen-SS in Hamburg-Langenhorn zum Krankenhaus, und die Ordensburg Sonthofen, wo Führungsnachwuchs mit nationalsozialistischer Weltanschauung indoktriniert worden war, zur Unteroffiziersschule der Bundeswehr. Das *Haus der deutschen Kunst* in München, in dem die Nazis ihre antimoderne und rassistische Kunstauffassung propagiert hatten, diente nach einem Intermezzo als amerikanisches Offizierskasino nun dazu, die Kunst der Moderne zu vermitteln. Um die kolossale Säulenreihe seiner Straßenfront zu kaschieren, pflanzte man 1958 als „Abstandsgrün“, wie es im Gartenbaujargon heißt, eine 200 Meter lange Reihe Ahornbäume davor. Nicht anders stand es in der DDR. Görings pompöses Reichsluftfahrtministerium wurde zum *Haus der Ministerien*, in das Reichsbankgebäude zog das Finanzministerium und dann das Zentralkomitee der SED, und der Nationalrat der Nationalen Front saß im Erweiterungsbau von Goebbels Reichspropagandaministerium. Die Amerikaner nutzten beispielsweise die Reichsfeldzeugmeisterei in München als McGraw-Kaserne und die monumentale SS-Kaserne in Nürnberg (Frankestraße) als Merrell Barracks, und die Großdeutschland-Kaserne in Heidelberg wurde Hauptquartier der amerikanischen Streitkräfte in Europa. Dabei blieben nicht nur die Gebäude an sich erhalten, sondern auch manche Figuren, die durchaus dem nationalsozialistischen Zeitgeist verhaftet waren. Auf dem Reichssportfeld in Berlin, das die Briten zu ihrem Hauptquartier machten, polierten die Sieger seitdem die Bronzeadler und ließen auch die monumentalen Skulpturen rund um das Olympiastadion stehen. Auf dem Sportplatz der sowjetischen Kaserne in Eberswalde blieben mehrere muskelstrotzende Figuren des Bildhauers Arnold Breker erhalten, und ähnliche große Reliefs überdauerten in der vom belgischen Militär genutzten Ordensburg Vogelsang. In der Graf-Goltz-Kaserne in Hamburg zeigte der Torbau weiterhin auf Reliefs den deutschen Einmarsch in Prag und die Eroberung der Zitadelle von Brest-Litowsk 1939.

Lange störte sich daran niemand. Erst im Laufe der 80er Jahre erhoben sich dann in der Öffentlichkeit kritische Stimmen zu diesem Umgang mit dem baulichen Erbe der nationalsozialistischen Zeit. Sie sei Ausdruck des Verdrängens der deutschen Schuld aus der Nazizeit, lautete der Vorwurf. Doch hätte man nach 1945 alle Verwaltungsbauten, Kasernen und Sportanlagen aus diesen wüsten Jahren abreißen sollen? Diese Frage kann man ernsthaft wohl nur in einer gut versorgten Wohlstandsgesellschaft aufwerfen. In den Jahren nach Kriegsende, als die deutschen Großstädte in Trümmern lagen und zahlreiche Menschen und Behörden nur notdürftig untergebracht waren, konnte es sich niemand leisten, Büro- und Wohnraum zu zerstören, der noch brauchbar war. Wie die genannten Beispiele zeigen, handelte es sich hier auch keineswegs um eine Haltung speziell der Deutschen, sondern die Besatzungsmächte in West und Ost verhielten sich nicht anders. Die Verfahrensweise, nur die unmittelbaren politischen Identifikationssymbole auszumerzen, entsprach überdies vollkommen der Kontrollratsdirektive Nr. 30. Aber natürlich blieben die ästhetischen Gestaltungsprinzipien der 30er Jahre bestehen, die Flächigkeit der Steinfassaden, die Art der Fensterrahmung, die monumentalisierende Reihung von Pfeilern. Atmen diese nun dauerhaft nationalsozialistischen Geist beziehungsweise Ungeist aus, oder verflog dieser ideologische Charakter der Bauwerke mit dem

Einzug neuer, harmloser Nutzungen? Nun hat nicht jeder Kunstgeschichte studiert, und man muss bei vielen Betrachtern eben doch mit einem gewissen ästhetischen Analphabetismus rechnen, der dazu führte, dass diese Gestaltungsprinzipien als allgemein modern, aber nicht als spezifisch nationalsozialistisch wahrgenommen wurden. Das war allerdings auch nicht ganz falsch, denn tatsächlich waren sie ganz so spezifisch nationalsozialistisch nicht, wie manche heutige Kritiker gerne glauben. Neoklassizistische Formen öffentlicher Bauten entsprachen durchaus dem internationalen Zeitgeist. Das demokratische Stresemanndenkmal von 1931 in Mainz unterschied sich stilistisch nicht von den wenige Jahre später von den Nazis in München errichteten Ehrentempeln, und wenn die Fassaden des amerikanischen Justizministeriums und der Federal Reserve Bank (1935 bzw. 1937) nicht in Washington, sondern in Berlin stehen würden, hielte man sie für lupenreine Nazi-Bauten (selbst für das erst 2004 eingeweihte World War II Memorial in Washington ließe sich das behaupten).

Bei einigen Gebäuden stellte sich allerdings nach Kriegsende durchaus die Frage, ob sie nicht dermaßen hochgradig ideologisch kontaminiert waren, dass man an eine Nachnutzung nicht ernsthaft denken konnte, selbst wenn man sie aller einzelnen Symbole der NSDAP entkleidete. Bestand nicht sogar die Gefahr, dass sie zu Wallfahrtsstätten unbelehrbarer Nazis werden konnten? Das galt vor allem für die vier Herrschaftssitze von Adolf Hitler persönlich: die Neue Reichskanzlei in Berlin, die Gebäudegruppe auf dem Obersalzberg, den Führerbau in München und die Wolfsschanze in Ostpreußen. Auch das Gelände der jährlichen Reichsparteitage in Nürnberg war ein besonderer Problemfall.

In der Wilhelmstraße in Berlin, wo seit der Kaiserzeit die wichtigsten Ministerien des Deutschen Reiches konzentriert waren, hatte Hitler 1938/39 südlich angrenzend an die bisherige Reichskanzlei die Neue Reichskanzlei bauen lassen. Mit ihrer 300 Meter langen Raumfolge sollte dieser Prestigebau Besucher überwältigen; wirklich regiert hatte Hitler von dort wenig. Den Endkampf der letzten drei Kriegswochen überstand der massive Stahlbetonbau deutlich weniger beschädigt als seine stark zerstörte Umgebung. Für die Russen, in deren Sektor das Areal fiel, war es keine Frage, dass sie hier tabula rasa machen mussten. Den vom Krieg unversehrten Führerbunker unter der Erde, in dem in den letzten Kriegstagen Hitler und Goebbels Selbstmord begangen hatten (nebst ihren Frauen, Kindern und Hunden), versuchten die Russen 1947 zu sprengen. Dabei wurde zwar das Innere weitgehend pulverisiert, aber die mehrere Meter dicke Außenhülle blieb relativ intakt. Die Eingänge verfüllten die Russen dann mit Schutt, und im folgenden Jahr sprengten sie auch andere Bunkeranlagen längs der Wilhelmstraße. Erst 1949-51 wurden dann die restlichen aufstehenden Mauern der Neuen Reichskanzlei gesprengt und die Trümmer weitgehend abgeräumt, ebenso die schwer beschädigte alte Reichskanzlei. Dass der rote Marmor aus den Repräsentationsräumen von den Russen in ihren Siegesdenkmälern verbaut worden wäre, ist eine gern erzählte Geschichte, die sich aber nicht beweisen lässt. Vielleicht ist es eine Legende, die nicht ohne Hintergedanken eine Verbindungslinie von der braunen zur roten Diktatur ziehen will. Die SED-Führung plante auf dem abgeräumten Gelände der Reichskanzlei ein monumentales Thälmann-Denkmal zu errichten, um so den Sieg des Kommunismus über den Nationalsozialismus zu demonstrieren. Die Ausschreibung von 1949 gewann die Bildhauerin Ruthild Hahne. Ihr vom Politbüro gebilligter Entwurf sah einen die Faust zum Gruß erhebenden Thälmann vor, voranschreitend an der Spitze eines sich keilförmig verbreiternden Demonstrationszugs werktätiger Menschen. Doch mit dem Mauerbau quer durch Berlin im August 1961 geriet dieser Abschnitt der Westseite der Wilhelmstraße in unmittelbare Randlage zur Mauer, was dem Denkmalsprojekt die Grundlage entzog. Jetzt wurden auch die letzten oberirdischen Trümmerreste der Neuen Reichskanzlei abgeräumt und das ganze Gelände wurde planiert; es war nun Teil des freien Schussfelds auf der ostdeutschen Mauerseite, das dazu diente, Fluchtversuche aus der DDR zu verhindern. Hitler wollte Deutschland durch den Krieg von einer Großmacht zur Weltmacht erheben, aber am Ende gab es keine deutsche Großmacht mehr, und die Grenze zwischen den Einflusssphären der Weltmächte USA und UdSSR lief genau dort, von wo Hitler den Weltkrieg entfesselt hatte.

Das etwas weiter nördlich stehende Palais des Reichspräsidenten, dessen Amt Hitler nach Hindenburgs Tod mit übernommen hatte, galt als nicht so stark ideologisch belastet; es war kein Nazibau, sondern stammte aus dem ehrenwerten Barockzeitalter und hatte mit Friedrich Ebert auch einen entschieden demokratischen Hausherrn gesehen. Nachdem man zunächst angefangen hatte, es zu demontieren, stellte man es 1950 unter Denkmalschutz und beschloss 1958 sogar, das Palais als Gästehaus des (Ost-)Berliner Magistrats wiederherzustellen. Doch dann ordneten höhere Parteistellen Anfang 1960 an, den Bau gänzlich abzureißen.

Erst spät entschloss die SED-Führung sich, das historisch belastete Brachland an diesem Abschnitt der Wilhelmstraße neu zu nutzen, und zwar für Wohnblocks in gehobenem Plattenbaustandard. Dafür mussten 1986-88 erst einmal durch Tiefenenttrümmerung große Teile der Fundamente der Neuen Reichskanzlei und des Führerbunkers mühsam beseitigt werden; natürlich durfte davon nichts in den Zeitungen stehen. Als die Neubauten fertig waren, fiel die Mauer und die DDR. Zufällig entdeckte man dann 1990 bei Vorbereitungen für ein Pink-Floyd-Konzert auf dem Gelände der ehemaligen Reichskanzlei einen kleinen Nebenbunker der weitläufigen Bunkeranlagen, den sogenannten Fahrerbunker. Jetzt lieferten die Gespenster der braunen Vergangenheit plötzlich Stoff für öffentliche Kontroversen. Das Denkmalschutzamt wollte ihn unter Denkmalschutz stellen, die jüdische Gemeinde reagierte entsetzt, andere hatten Angst vor einem möglichen Anziehungspunkt für Neonazis und „Gruseltouristen", und manche fanden diesen Bunker einfach nur banal (womit sie recht hatten). 1994 ließ der Berliner Senat die Idee der Unterschutzstellung fallen, die Eingänge wurden zubetoniert.

Deutlich präsenter blieb die Erinnerung an Hitler auf dem Obersalzberg bei Berchtesgaden, allen Auslöschungsversuchen zum Trotz. Auf dem Berg mit dem beeindruckenden Alpenpanorama hatte Hitler seit 1928 sein Ferienhaus, den späteren Berghof. Seit 1933 entwickelte sich hier eine Art Nebenresidenz; Hitler hielt sich hier teilweise mehrere Monate im Jahr auf und nahm von dort auch Amtsgeschäfte wahr, wenngleich in privaterer Atmosphäre als in Berlin. Dementsprechend entstand ringsherum schrittweise eine Gebäudegruppe für Führungsstab, Wachen und Personal, ab 1943 ergänzt durch die Anlage eines großangelegten Bunkersystems im Berg. Wenige Tage vor Kriegsende bombardierte die Royal Air Force den Obersalzberg massiv, wobei fast alle Gebäude beschädigt wurden. Als die US-Armee einmarschierte, wurde das Gelände zu militärischem Sperrgebiet in amerikanischem Gewahrsam, ein halbes Jahrhundert lang. Aus dem Kreis der Bewohner Berchtesgadens gab es 1948/49 mehrfach Wünsche, den Berg zurückzubekommen, um die nette Gegend wieder für fröhlichen Alpentourismus nutzen zu können. Die Amerikaner beschlich jedoch die Angst vor rechtsradikalen Kundgebungen an diesem symbolträchtigen Ort. Sie stellten dementsprechend nur einige wenige Gebäude wieder her, um das ganze Areal als Erholungsgebiet für ihr eigenes Militär nutzen zu können, ließen hingegen alle übrigen Gebäuderuinen 1952 sprengen, planieren, mit Erde überschütten und das Gelände weitgehend aufforsten. Die Hallen und Gänge der unterirdischen Bunkeranlagen wurden mit Mauern und schweren Türen versiegelt. 1973 stellte die bayerische Landesregierung die Anlagen inoffiziell unter Denkmalschutz und damit unter Veränderungssperre, setzte sie aber nicht auf die amtliche Liste der eingetragenen Baudenkmäler, damit dies nicht als Würdigung des Nationalsozialismus missverstanden werden konnte. Als die Amerikaner 1996 abrückten und das Gelände an den bayerischen Staat übergaben, begann man ein Luxushotel und ein Dokumentationszentrum zu bauen. Dazu mussten dort erst in einer Tiefenenttrümmerung noch vorhandene Mauerreste entfernt werden, und nun entdeckte man das üppige Bunkersystem wieder. Schleunigst startete das bayerische Finanzministerium eine neue Abbruchwelle, ließ alle Steine schreddern und abfahren. Die ganzen Arbeiten wurden mit Bauzaun und Sicherheitsleuten gegen mögliche Hitler-Wallfahrer abgesichert und erfolgten am Denkmalschutzamt vorbei, damit dieses bloß nicht auf die Idee kommt, die ideologisch gefährliche Bunkerwelt zu konservieren. In dieser fand man noch manches an Resten der Hitlerzeit, von Kaffeetassen bis zu Schallplatten, wovon einiges natürlich doch durch den Bauzaun in speziell interessierte Hände gelangte. Nach Abschluss der Arbeiten entstand auf dem Obersalzberg, der nun nur noch wenige bauliche Überreste aus der Hitlerzeit aufwies, ein munterer Tourismus aus dem In- und Ausland. Angezogen wird er von der Mischung aus attraktiver Landschaft und voyeuristischem Interesse an Hitlers Privatleben, und immer wieder versucht einer mit Pickel oder Metallsuchgerät doch noch „irgendetwas zu finden".

Ganz anders in München, der „Hauptstadt der Bewegung", wo sich 1920 die Keimzelle der NSDAP eingenistet hatte. Seit 1930 hatte sich hier im sogenannten *Braunen Haus* die Parteizentrale der NSDAP befunden, wo auch die „Blutfahne" aufbewahrt wurde, die wichtigste Reliquie der Partei. Im Krieg weitgehend zerstört, wurde die Ruine 1947 auf Befehl der Amerikaner abgerissen. Danach blieb dieses ideologisch stark kontaminierte Grundstück 65 Jahre lang unangetastet. Nebenan, als östlichen Abschluss des Königsplatzes, hatte die NSDAP 1933-37 zwei Repräsentationsbauten errichtet: den Führerbau, der Hitler bei Aufenthalten in München als Residenz diente und in dem auch das Münchner Abkommen zur Zerschlagung der Tschechoslowakei unterzeichnet wurde, und den Verwaltungsbau der NSDAP. Es mutet geradezu zynisch an, dass bei Kriegsende ausgerechnet diese beiden völlig unversehrt dastanden, während die umliegenden Gebäude stark zerstört waren. Die meisten Münchener hätte diese beiden Erinnerungen an die Herrschaft der NSDAP am liebsten niedergerissen gesehen. Aber die Amerikaner hatten Platzbedarf. Sie beseitigten nur die vier großen Bronzeadler über den Balkonen, und im Führerbau quartierte sich dann die Militärregierung ein, während der Verwaltungsbau Collecting Point für die Rückführung von geraubtem Kunstgut wurde. Nach der Rückgabe an die Deutschen zogen in ersteren die Professoren und Studenten der Münchner Musikhochschule und in letzteren verschiedene Kultureinrichtungen ein. Um wenigstens den Blick vom Königsplatz auf die beiden fragwürdigen Monumentalbauten zu verschleiern, pflanzte die Militärregierung 1948 eine Lindenreihe.

Noch weniger im deutschen Einflussbereich lag der Umgang mit den Hinterlassenschaften des Führerhauptquartiers in der Wolfsschanze. Nach Beginn des Russlandfeldzugs 1941 hatte Hitler sich hauptsächlich beim Führungsstab der Wehrmacht in der Wolfsschanze aufgehalten, einer schrittweise auf Dutzende von oberirdischen Bunkern angewachsenen Anlage in einem Wäldchen bei Rastenburg in Ostpreußen. Im Januar 1945 sprengte die Wehrmacht bei ihrem Rückzug vor der Roten Armee alle Objekte. Nach der Minenräumung vermarkteten die Polen die bemoosten Bunkerruinen ab 1959 als Touristenattraktion, mit Hotel und Restaurant, aber ohne Fingerspitzengefühl für eine kritische Aufbereitung der Vergangenheit.

Die Idee eines Exorzismus des braunen Ungeistes durch Abriss fand noch zwei späte Nachspiele. Das eine war das Ende des Gefängnisses in Berlin-Spandau. In dem Backsteinbau aus dem 19. Jahrhundert saßen seit 1946 die sieben Top-Nazis ein, die im Nürnberger Prozess gegen die Hauptkriegsverbrecher zu Haftstrafen verurteilt worden waren. Nach 1966 war nur noch ein einziger Häftling übrig, für den die vier Alliierten den ganzen Gebäudekomplex weiter in Betrieb hielten: Rudolf Hess, der ehemalige Stellvertreter des Führers, der sich bis ins Greisenalter unbelehrbar klar zum Nationalsozialismus bekannte. Nach seinem Tod im Jahr 1987 rissen die Briten das gesamte Gefängnis sofort ab, damit auf keinen Fall eine Wallfahrtsstätte für Neonazis entstehen konnte. Um ganz sicher zu gehen, wurde die Abbruchmasse pulverisiert und in die Nordsee verklappt. Auf dem Gelände, das zu britischem Kasernengebiet gehörte, errichteten die Briten dann ein gläsernes Shopping Center für die Angehörigen ihrer Truppen.

Noch viel später erfasste diese Entnazifizierung auch noch jenes Haus in Braunau am Inn in Oberösterreich, in dem der kleine Adolf Hitler 1889 in einer Mietwohnung zur Welt gekommen war; von diesem Gebäude hatten die Nazis allerdings nie Aufhebens gemacht. Als die Stadt 1945 von US-Soldaten besetzt wurde, versuchte ein deutscher Stoßtrupp, das Haus in die Luft zu sprengen, was die Amerikaner jedoch verhinderten. Seit 1952 wieder im Privatbesitz, diente es seitdem verschiedenen ganz normalen Nutzungen, doch blieb der Umgang mit dieser etwas peinlichen Örtlichkeit durchgehend verklemmt. Die Lage des Geburtsorts war nicht ohne Pikanterie, denn einerseits hatte der Österreicher Hitler überhaupt erst 1932 anlässlich seiner Kandidatur zur Reichspräsidentenwahl die deutsche Staatsbürgerschaft bekommen, andererseits gefielen die Österreicher sich nach 1945 in der Opferrolle als erstes Land, das von den bösen Deutschen besetzt worden sei. Erst um 2000 setzte eine zunehmende öffentliche Diskussion darüber ein, wie man Hitlers Geburtshaus vertretbar nutzen könnte, zumal dort das Problem eines Neonazi-Tourismus entstanden war. Im Jahr 2017 verstaatlichte die österreichische Regierung dann das Objekt aufgrund eines Sondergesetzes, und der Innenminister plädierte dafür, es abzureißen und durch einen Neubau ohne Wiedererkennungswert zu ersetzen.

In besonderer Weise schwierig war der Umgang mit dem Reichsparteitagsgelände in Nürnberg. Während die alliierten Luftangriffe die traditionsreiche Innenstadt von Nürnberg stark zerstört hatten, war das am Stadtrand gelegene Gelände, auf dem 1933-38 jährlich im Herbst die pompösen Reichsparteitage stattgefunden hatten, weitgehend verschont geblieben. In den Friedensjahren der NS-Herrschaft war auf dem 25 Quadratkilometer großen Areal mit riesigem

Investitionsaufwand schrittweise ein Komplex von Versammlungsorten aufgebaut worden (und unvollendet geblieben). Dabei dienten die Bauwerke weitgehend dazu, den architektonischen Rahmen zu bilden für das Zusammentreffen von Hunderttausenden zu Aufmärschen, Paraden und den vielen Begleitveranstaltungen. Diese Anlagen waren zu groß, um nach 1945 wie ein einzelnes Denkmal einfach beseitigt zu werden, und sie waren zu sehr auf die Selbstdarstellung eines gewaltbereiten und totalitären Regimes, auf den speziellen Bedarf der Reichsparteitage ausgerichtet (die übrige Zeit standen sie leer), um sie einfach in normale Nutzbauten umzuwandeln.

Nach ihrem Einmarsch hielten die amerikanischen Truppen hier auf dem Zeppelinfeld am 22. April 1945 eine Siegesparade ab, und im Anschluss sprengten sie demonstrativ das riesige vergoldete Hakenkreuz im Lorbeerkranz, das die 340 Meter lange Haupttribüne in der Mitte oberhalb von Hitlers Rednerkanzel bekrönte. Die amerikanischen Wochenschauen präsentierten der Welt eine Filmaufnahme des Ereignisses. Die Symbole der NSDAP wurden zwar von allen Bauten entfernt, die Bauten selbst aber bis auf Weiteres nicht abgebrochen, zumal es in der Stadt an unbeschädigten Räumen fehlte. Verschiedene pragmatische Nutzungen begannen, die den Gebäuden als solchen keine symbolische Bedeutung zumaßen beziehungsweise diese verdrängten. Die SS-Kaserne nutzte die US-Army für sich selbst, und auf dem Zeppelinfeld mit der Zeppelintribüne fanden anstatt der Naziparaden jetzt Großkundgebungen des

Die Haupttribüne des Zeppelinfeldes auf dem Reichsparteitagsgelände in Nürnberg, Vorbeimarsch des Arbeitsdienstes 1937 oder 1938.

DGB, Motorrad- und Autorennen, Gottesdienste und später auch Rockkonzerte statt. Die für Wehrmachtsparaden konzipierte Große Straße diente 1951-68 als amerikanische Luftlandebahn und dann als Großparkplatz bei Massenevents. Die Kongresshalle nutzte die Stadt Nürnberg einige Jahre lang für Ausstellungen und vermietete sie danach als Lagerraum, und das Barackenlager wurde erst von den Amerikanern und dann den Deutschen verwendet, um Displaced Persons (d. h. heimatlos gewordene Ausländer), Flüchtlinge und später Ausländer unterzubringen.

Erst 1959-74 riss man Teile der Anlagen auf dem Reichsparteitaggelände ab. Die Luitpoldarena wurde wieder in einen grünen Erholungspark zurückverwandelt, den Luitpoldhain. Dazu sprengte man 1959 die Tribüne, vor der Aufmärsche und Kulthandlungen von SS und SA stattgefunden hatten. Die Ehrenhalle im Luitpoldhain kam dagegen ungeschoren davon. Die monumentale Rundbogenhalle war Ende der Weimarer Republik zum Gedenken an die Gefallenen des Weltkriegs errichtet worden und wurde dann gewissermaßen von der NSDAP gekapert, indem diese sie seit 1929 in ihre jährlichen Reichsparteitage einbezog. Nach 1945 diente die Ehrenhalle einfach wieder dem Gedenken an die Gefallenen der Weltkriege, so als hätte es das braune Intermezzo nie gegeben. Ab 1957 baute Nürnberg die Trabantenstadt Langwasser auf, die auf 40 000 Einwohner anwuchs und für die das Märzfeld und das Barackenlager beseitigt wurden. Das Märzfeld war geplant als Platz für Schaumanöver der Wehrmacht, achtzig Fußballfelder groß und umringt von einer Tribüne mit 24 Türmen, von denen 11 fertig geworden waren. 1966/67 wurden diese Türme gesprengt und aus dem Trümmerschutt ein Lärmschutzwall für die heranwachsende Trabantenstadt errichtet. Die Haupttribüne des Zeppelinfeldes wurde schrittweise verstümmelt. 1967 sprengte die Stadt die aus 144 Pfeilern bestehenden Kolonnaden, eine baufällig gewordene Kulissenarchitektur oberhalb der Tribüne, wobei diese Zerstörung damals durchaus kontrovers diskutiert wurde. 1974 brach man die beiden wuchtigen Seitentürme ab, auf denen Schalen mit ewigen Flammen gestanden hatten (die ganze Ewigkeit hatte neun Jahre gedauert). Auf diese Weise wurde der monumentale Nazicharakter verwischt, was einem verbreiteten Zeitgeist entgegenkam. Der Bund Deutscher Architekten forderte 1963 in der Denkschrift *Schöneres Nürnberg*, die zwar unvollendete, aber extrem massive Kongresshalle zu sprengen und unter einem begrünten Schutthügel verschwinden zu lassen. Doch daraus wurde nichts; die Kosten waren zu hoch. Zugleich bahnte sich in der öffentlichen Diskussion in der Bundesrepublik die Meinung Bahn, man solle nicht länger Spuren des Nationalsozialismus verschwinden lassen, sondern die Geschichte dieser düsteren Jahre aufarbeiten. So wurde das Reichsparteitagsgelände 1974 vom bayerischen Denkmalschutzamt unter Denkmalschutz gestellt, durchaus zum Leidwesen der

Stadt Nürnberg, die ab jetzt beträchtliche Mittel aufwenden musste, die noch bestehende Bausubstanz zu erhalten. Damit waren die Abrisse auf dem Reichsparteitaggelände beendet.

Im Unterschied zu den Denkmälern und Repräsentationsbauten der NSDAP waren die Orte des Schreckens keine symbolischen Landmarken in der Stadt, im Gegenteil - Folter und Mordtaten vollzogen sich im Verborgenen. Dementsprechend wurden sie von den Bestrebungen der Siegermächte, das Stadtbild von Symbolen der NSDAP zu reinigen und mögliche Identifikationspunkte für die Ewig-Gestrigen zu beseitigen, nicht berührt, und die Deutsche wandte die Blicke von diesen peinlichen Orten ohnehin lieber ab.

Die Geheime Staatspolizei hatten mit ihren Leitstellen meist Gebäude in Innenstadtlagen bezogen; mancher Passant hatte lieber die Straßenseite gewechselt, wenn aus den Kellern die Schreie der Gefolterten zu hören waren. Hatten diese Gebäude den Krieg unbeschadet überstanden, wurden sie danach einfach für neue Zwecke weitergenutzt, so in Frankfurt und das EL-De-Haus in Köln. In letzterem verwendete man den ehemaligen Folterkeller als Aktenlager, weil er schön trocken und abschließbar war; bis 1979 kam man nicht einmal auf die Idee, die Wände, auf denen die Gefangenen rund 1788 Inschriften hinterlassen hatten, auch nur überzustreichen. Die meisten Gestapoleitstellen wurden aber durch den Bombenkrieg schwer getroffen. Völlig zerstörte Gebäude trug man nach dem Krieg ab und bebaute ihren Platz meist neu, so in Dortmund, Dresden, Nürnberg und Stuttgart. Schwer beschädigte, aber durchaus wiederaufbaufähige wurden sowohl wieder aufgebaut (Stadthaus in Hamburg, wo die Baubehörde einzog) oder lieber doch beseitigt (so das neugotische Wittelsbacher Palais in München, das ehemalige Kellergefängnis dort erst 1964 nach Jahren gewerblicher Nutzung, und das großherzogliche Neue Palais in Darmstadt).

Die Machtzentrale der SS hatte sich in Berlin befunden, und zwar auf dem später so genannten Prinz-Albrecht-Gelände, das 1945 im amerikanischen Sektor zu liegen kam. Dabei handelte es sich um drei benachbarte Gebäude: den Sitz des Reichsführers SS im ehemaligen Hotel Prinz Albrecht (Prinz-Albrecht-Straße 9), das durch den Krieg völlig zerstört wurde, die Zentrale des Sicherheitsdienstes der SS im Prinz-Albrecht-Palais (Wilhelmstraße 102), das erheblich zerstört war und 1949 vom Bezirksamt Kreuzberg gesprengt wurde, und die Zentrale der Gestapo in der ehemaligen Kunstgewerbeschule (Prinz-Albrecht-Straße 8), die zwar ausgebrannt, aber durchaus wiederaufbaufähig war und 1953/54 teilweise, endgültig 1956 abgerissen wurde. So verschwanden diese Örtlichkeiten, und die Öffentlichkeit beachtete es praktisch nicht. Das Gelände wurde abgeräumt und verkam zu einer Brache, seit dem Mauerbau obendrein in schlechter Randlage direkt an der Sektorengrenze. Genutzt wurde es von einer Firma zur Aufbereitung von Bauschutt und von einem Autodrom, wo man sich ohne Führerschein mit Autofahren vergnügen konnte. Dass hier das Machtzentrum des braunen Unterdrückungs- und Terrorapparates gestanden hatten, geriet in Vergessenheit. Erst 1980 wurde diese Tatsache wieder entdeckt, erst jetzt entspann sich eine öffentliche Diskussion darüber, was man mit diesem vertrackten Ort anfangen sollte. Sie mündete schließlich 2010 in die Eröffnung des Dokumentationszentrums *Topographie des Terrors*.

Die sieben Stammlager jener Konzentrationslager, die sich auf dem Boden der vier Besatzungszonen befanden, lagen alle außerhalb der Großstädte; sie fielen den einmarschierenden Alliierten unzerstört in die Hände. Amerikaner, Briten und Russen benutzten die Lager sofort weiter, um die große Zahl der Displaced Persons sowie von inhaftierten NSDAP-Funktionären, SS-Angehörigen, deutschen Generälen und politischen Gegnern in den Monaten nach Kriegsende bewältigen zu können. Sentimentalitäten konnte man sich im mühsam gebändigten Chaos der unmittelbaren Nachkriegszeit, der Entnazifizierung und der zahlreichen heimatlosen Menschen nicht leisten, zumal man davon ausging, dass für die Verbrechen in den Konzentrationslagern die hier eingesetzten Angehörigen der SS, nicht die Steine und das Holz der Lager verantwortlich waren. Nur im Konzentrationslager Bergen-Belsen wurden sämtliche Holzbaracken von den Briten im Mai 1945 niedergebrannt, weil Seuchengefahr drohte. Amerikaner und Briten übergaben dann die ehemaligen Konzentrationslager Dachau, Flossenbürg und Neuengamme 1948 an die deutschen Behörden, die Russen Buchenwald und Sachsenhausen 1950 an die DDR-Behörden. Allein das Gelände von Ravensbrück wurde von der Roten Armee weitgehend weiter zur Truppenstationierung verwendet, und zwar bis zu ihrem Abzug 1994. Doch auch die Deutschen nutzen die meisten ehemaligen Konzentrationslager weiter, teilweise unter dem Druck der Verhältnisse. Angesichts des Flüchtlingsstroms aus den Ostgebieten und dann aus der SBZ/DDR wurde ab 1948 Dachau als Flüchtlingslager verwendet (bis 1965), faktisch ebenso Flossenbürg. Weil die Hamburger Gefängnisse völlig überbelegt waren, übernahmen die Hamburger Gefängnisbehörden Neuengamme (bis 2003/06). Sachsenhausen diente nach 1950 vorwiegend als Kaserne, erst für die Kasernierte Volkspolizei, dann für die Nationale Volksarmee bis zu ihrer Auflösung 1990. Nur in Buchenwald fand keine weitere Nachnutzung statt. Im Laufe der Jahre wurden, meist auf Betreiben überlebender Häftlinge, Gedenkstätten für die in den Lagern umgekommenen Opfer errichtet, die aber jeweils nur einen ganz kleinen Teil des ehemaligen KZ-Geländes umfassten oder überhaupt am Rande lagen (Flossenbürg 1946, Neuengamme 1953/1965, Buchenwald 1958, Ravensbrück 1959, Sachsenhausen 1961). Währenddessen verschwanden die Baulichkeiten der Konzentrationslager immer mehr, so dass die Deutung durch Zeichen der Erinnerung an die Stelle der Erinnerung durch unmittelbar übriggebliebene Baulichkeiten trat. Hierfür gab es zwei Gründe: zum einen den Druck pragmatischer Erfordernisse, zum anderen die Unwilligkeit, durch originale Spuren der schrecklichen Vergangenheit an diese gemahnt zu werden. Insbesondere die Gemeinde Dachau war in den 50er Jahren bestrebt, das KZ-Stigma an ihrem Namen loszuwerden, ähnlich die Gemeinde Flossenbürg. Schon während der direkten Nachkriegszeit unter Kontrolle der Besatzungsmächte wurden die KZ-Bauten zumindest im Innern verändert, um sie ziviler zu machen, und erst recht wurden sie in den Jahren als Flüchtlingslager ständig umgebaut, um die Gebäude wohnlicher zu gestalten. Man beseitigte die Umzäunungen und Wachtürme, und in der Entlausungsstation von Dachau richtete sich die Gaststätte *Zum Krematorium* ein. Als der bayerische Staat 1965 das Flüchtlingsheim Dachau schloss und alle Gebäude abreißen ließ, hatten diese nur noch bedingt Ähnlichkeit mit dem einstigen KZ. In Flossenbürg wurden Teile schon 1948/49 nicht mehr genutzt, und hier begannen nun die Lagerbaracken schon dadurch zu verschwinden, dass die Bevölkerung in der allgemeinen Mangelsituation Holz, Fenster, Rohre und anderes Material stahl. Sich ein KZ-Fenster ins eigene Heim einzubauen mag im ersten Moment zwiespältige Gefühle ausgelöst haben, aber die verdrängte man in der allgemeinen Not schnell. Seit 1958 wurden dann in Flossenbürg auf dem Gelände des ehemaligen Konzentrationslagers eine Wohnsiedlung und Industriegebäude errichtet. In Neuengamme, in Justizvollzugsanstalt Vierlande umbenannt, ließ der Hamburger Senat 1950 die hölzernen Häftlingsbaracken wegreißen und durch einen modernen Gefängnisneubau ersetzen. Er sollte in bewusstem Kontrast zu den NS-Gebäuden einen vorbildlichen humanen Strafvollzug möglich machen, wie die Bürgerschaft einstimmig beschlossen hatte (einschließlich der KPD-Abgeordneten). Dagegen wurden die massiven Gebäude weiter genutzt. Als hingegen im Jahre 1983 die zuständige Bezirksverwaltung Bergedorf vorschlug, das verfallende Klinkerwerk des KZ Neuengamme, in dem die KZ-Häftlinge geschuftet hatten, abzureißen, hatte sich der Zeitgeist inzwischen verändert. Jetzt hagelte es öffentliche Proteste aus dem In- und Ausland, und der Hamburger Senat stellte rasch die noch erhaltenen Gebäude des ehemaligen Konzentrationslagers Neuengamme unter Denkmalschutz. Bei den ehemaligen KZ-Geländen in Sachsenhausen und Ravensbrück führte der jahrzehntelange Kasernenbetrieb dazu, dass der übernommene Baubestand schrittweise verändert, dem Verfall überlassen, abgebrochen, durch Neubauten ersetzt oder die Fläche aufgeforstet wurde. Nur Buchenwald wurde schon früh als Ganzes Gedenkstätte. Trotzdem ließ das Politbüro der SED 1952 fast das ganze Lager planmäßig demontieren, obwohl das Institut für Denkmalpflege der DDR und ausländische Häftlinge Einspruch erhoben. Das Material wurde angesichts des Baustoffmangels in der DDR weitgehend an anderen Orten wieder verwertet. Die

Tatsache, dass das hier von den Russen betriebene Lager von westdeutschen Medien als KZ unter anderer politischer Regie bezeichnet wurde, machte dieses Objekt erst recht heikel. Entscheidend war für die SED-Führung jedoch, dass die in der Folgezeit aufgebaute zentrale nationale Gedenkstätte Buchenwald nicht auf die Opfer und die Verbrechen der Nazis, sondern auf den kommunistischen Widerstand fokussieren sollte, als deren siegreicher Erbe die DDR-Führung ihren Staat ansah. Außer den KZ-Stammlagern gab es noch eine erhebliche Zahl kleiner Außenlager, deren Verbleib je nach Baulichkeit und örtlichen Verhältnissen unterschiedlich war.

So hinterlässt der Umgang mit den Bauten des Dritten Reiches durchaus gemischte Gefühle. Politische Symbolik, deren Sinn sich jedem aufdrängt, hat aus der NS-Zeit nirgends überlebt, dagegen an weniger auffälliger Bausubstanz durchaus einiges. Das Streben der Siegermächte nach Entnazifizierung, der Wunsch der Deutschen aus der Tätergeneration, die Erinnerung zu verdrängen, sowie ganz pragmatische Sachzwänge vermischten sich. Jedes trug seinen Teil dazu bei, die architektonische Hinterlassenschaft der Nazis in der Nachkriegszeit zunehmend verschwinden zu lassen.

Fort mit den Symbolen des Militarismus!

Die Siegermächte des Zweiten Weltkriegs gingen davon aus, und zwar zu Recht, dass die Nationalsozialisten 1933 nicht wie eine Horde brauner Aliens in Deutschland eingefallen waren, sondern dass langfristig angelegte Entwicklungslinien in der deutschen Geschichte zu dieser Katastrophe hingeführt haben. Damit stellte sich die drängende Frage: Wo waren diese fatalen Fehlentwicklungen zu verorten? Wenn die Siegermächte in Zukunft vor neuen deutschen Aggressionen sicher sein wollten, mussten sie die Quellen des braunen Schreckens finden und entsprechende Gegenmaßnahmen ergreifen, solange sie die totale Macht über die besetzten Deutschen hatten. Angesichts ihrer subjektiven Erfahrung, vom nationalsozialistischen Deutschland überfallen worden zu sein, hatten die Siegermächte bei der Suche nach diesen Fehlentwicklungen primär den Angriff des Dritten Reiches auf andere Länder im Blick; demgegenüber waren die Unterdrückung von Demokratie und Arbeiterbewegung sowie der Massenmord an den Juden für sie nachrangig. Schon während des Krieges setzten sich in den USA und Großbritannien die Kriegspropaganda sowie auch eine gründlicher reflektierende Publizistik mit der Frage auseinander, wo die tieferen Ursachen der deutschen Aggressionspolitik lagen. Die allgemein verbreitete Antwort lautete: Es war der preußisch-deutsche Militarismus! Dabei blieb dieses Schlagwort relativ unbestimmt. Dahinter stand die Auffassung, es ziehe sich eine Kontinuitätslinie vom Preußenkönig Friedrich II., der 1740 in Schlesien und 1756 in Sachsen eingefallen war, über Bismarcks drei Einigungskriege von 1864, 1866 und 1870/71 und den Einmarsch des wilhelminischen Deutschland in Frankreich 1914 hin bis zur Entfesselung des Zweiten Weltkriegs durch Hitler. Als Träger sah man die Hohenzollernmonarchie, die ostelbischen Junker und die daraus rekrutierte Offizierskaste an. In den Besatzungsjahren schossen auch in Deutschland eine Fülle von Aufsätzen und Broschüren ins Kraut, die diese Auffassung vertraten. In der SBZ wurde sie nicht zuletzt durch die Schrift über den *Irrweg einer Nation* von Alexander Abusch in Massenauflage verbreitet. In den Westzonen versuchten hingegen zahlreiche Historiker seit 1946 auch, ältere Traditionen in Schutz zu nehmen, am profiliertesten Gerhard Ritter.

Soweit waren die vier Siegermächte sich einig. Auf den zweiten Blick offenbaren sich indessen auch Unterschiede. Die Amerikaner sahen den Militarismus vor allem als eine Geisteshaltung, die man aus den deutschen Köpfen herausbekommen müsse, nicht zuletzt durch Umerziehung. Die marxistisch geschulten Russen betrachteten hingegen die Junker als Klasse, also als eine durch den Besitz von Produktionsmitteln definierte Gruppe, die man dadurch beseitigen müsse, dass man sie enteignet und damit ihre materielle Basis vernichtet. Aus diesem ganzen Diskussionshintergrund erwuchsen nun die Maßnahmen der Besatzungsmächte, um künftige Gefährdungen durch den preußisch-deutschen Militarismus auszuschließen. Das bedeutete eben nicht nur, jede Art bewaffneter deutscher Verbände aufzulösen und alle militärischen und paramilitärischen Aktivitäten zu verbieten bis hin zum Segelfliegen, sondern es betraf auch den Umgang mit Denkmälern und Schlössern.

Für die Denkmäler in Deutschland ergaben sich daraus erstaunlich unterschiedliche Schicksale.

In der sowjetischen Besatzungszone ging man schon in den Monaten nach dem Einmarsch der Roten Armee nicht nur gegen ausgesprochene Nazi-Denkmäler vor, sondern auch gegen manche andere, das Ganze unkoordiniert, ohne klare Vorgaben und dementsprechend örtlich recht unterschiedlich. Dabei kamen Aktivitäten örtlicher sowjetischer Offiziere, aus der Emigration zurückgekehrter Kommunisten und verbliebener Verwaltungsbeamter zusammen und produzierten einen Mix aus Siegerjustiz, vulgärproletarischer Vergeltungsaktion gegen Junkertum und Militarismus sowie vorauseilendem Gehorsam gegenüber der Besatzungsmacht. Die Deutsche Zentralverwaltung für Bildung in der SBZ erließ erst am 5. Mai 1946 Richtlinien, welche Denkmäler abgeräumt werden sollten, diese waren aber schon zwei Wochen später durch die Kontrollratsdirektive Nr. 30 überholt. Die Westzonen erlebten dagegen nach dem Einmarsch kein vergleichbares Vorgehen örtlicher Akteure. In der französischen Zone ordnete der Chef der Militärregierung im Dezember 1945 an, dass die Stadtverwaltungen Listen sämtlicher Denkmäler anlegen sollten, auf denen diese zu bewerten waren, um dann diejenigen, die den „preußischen Militarismus“ verherrlichten, entfernen zu können. Die Amerikaner hatten schon im April 1945 in der Direktive JCS 1067 als Grundsatz festgelegt, dass alle Denkmäler geschleift werden sollten, die der „Verewigung des deutschen Militarismus“ dienten. Mit konkreten Ausführungsbestimmungen zu diesem Punkt taten sie sich allerdings schwer. Ein Ausschuss, der diese erarbeiten sollte, nannte in einem Entwurf nicht nur alle militaristischen Denkmäler von 1933 an, sondern auch Denkmäler für Bismarck, Clausewitz, Gneisenau, Hindenburg, Kaiser Wilhelm II., Ludendorff, Moltke, Richthofen, Scharnhorst, Scheer und Tirpitz; in der endgültigen Fassung vom Spätsommer 1945 fielen diese Personen indessen weg. Als die vier Siegermächte die gemeinsame Direktive Nr. 30 erarbeiteten, waren sie sich einig, dass alle Denkmäler vernichtet werden sollten, „die darauf abzielen, die deutsche militärische Tradition zu bewahren und lebendig zu erhalten, den Militarismus wachzurufen ... oder ihrem Wesen nach in der Verherrlichung von kriegerischen Ereignissen bestehen.“ Hinsichtlich des betroffenen Zeitraumes gingen ihre Vorstellungen allerdings auseinander. Die Amerikaner wollten alle militaristischen Denkmäler ab 1933 beseitigt haben, die Briten schon ab 1918, die Russen ab 1914 und die Franzosen sogar überhaupt sämtliche ohne jede Zeitbeschränkung. Man einigte sich dann auf das Stichjahr 1914. Vor allem durch die Briten, die deutschen Militärtraditionen im Ganzen verständnisvoller gegenüberstanden, wurde dann der inhaltlich breite Ansatz wieder durch die Klausel eingeschränkt, dass von der Zerstörung jene Denkmäler ausgenommen waren, die „lediglich zum Andenken an verstorbene Angehörige regulärer militärischen Einheiten errichtet worden sind, mit Ausnahme der paramilitärischen Verbände der SS und Waffen-SS, ... unter der Voraussetzung, daß die Architektur, die Ausschmückung oder die Inschriften ... weder militaristischen Geist widerspiegeln noch das Gedächtnis an die nationalsozialistische Partei bewahren“.[37] Daraufhin setzten auch Amerikaner und Russen in ihren Zonen ein bürokratisches Melde- und Begutachtungsverfahren in Gang wie schon zuvor die Franzosen, wobei die Militärregierungen letztlich entscheiden sollten. Die Maßnahmen wurden im Wesentlichen in den Jahren 1946/47 abgewickelt, allerspätestens bis zur Gründung der beiden deutschen Staaten 1949. In der DDR kam es dann allerdings 1950/51 noch einmal zu einer Abrisswelle von Denkmälern, diesmal durch die Schrottsammelaktionen angesichts der eklatanten Buntmetallknappheit des jungen Staates.

Was bedeuteten die Vorgaben in der Kontrollratsdirektive Nr. 30 vom 13. Mai 1946 nun für die Kriegsdenkmäler im konkreten Einzelfall? Der Streit darüber war angesichts der Verklausulierung geradezu vorprogrammiert. In fast jedem Ort waren Denkmäler für die Gefallenen des Ersten Weltkriegs entstanden, und ihre Gestaltung reichte in allen Abstufungen von der Trauer der Hinterbliebenen über den Versuch der Sinngebung der Niederlage, indem man die Toten als Helden glorifizierte, bis zum trotzigen Nicht-Anerkennen der deutschen Niederlage. Sterbende Krieger und Mütter mit verwundeten Soldaten waren jetzt am ehesten akzeptabel, aber was war mit Soldaten, die mit ausdruckslosem Gesicht Wache standen, marschierten oder Waffen weitergaben (zum neuen Krieg?), was mit kämpferischen Inschriften? Mussten Handgranatenwerfer, angreifende Soldatengruppen und Panzerdarstellungen in jedem Falle beseitigt werden? Das Ergebnis hing stark von den lokalen Machtverhältnissen ab. In der SBZ waren die Kommunisten ans Ruder gekommen, die grundsätzlich einen Bruch mit der Vergangenheit anstrebten. Stimmen, die ein gründlicheres Aufräumen der Denkmalslandschaft forderten, gab es auf der politischen Linken auch in den Westzonen, aber andererseits waren dort, auch nachdem die exponierten Nazis entfernt worden waren, in der höheren Verwaltung unverändert bürgerlich-konservative Eliten einflussreich, die eher dazu neigten, liebgewonnene Traditionen vor dem Verdikt des Militaristischen zu retten. Deren Empfindungen durch allzu umfassende Denkmalszerstörungen zu verletzen schien Amerikanern und Briten mit Blick auf einen dauerhaften Frieden nicht hilfreich, so dass sie bei der Entmilitarisierung der Denkmäler nicht allzu viel Druck auf die Deutschen ausübten.

Denkmäler aus der Zeit des Kaiserreiches waren von der Kontrollratsdirektive Nr. 30 nicht betroffen, einige gerieten jedoch trotzdem auch im Westen in die Diskussion. Das galt besonders für die Siegessäule in Berlin, 1873 als Nationaldenkmal für die drei deutschen Einigungskriege 1864, 1866 und 1870/71 errichtet. Sie gedachte nicht der toten Soldaten, sondern von den Reliefs deutscher Schlachtensiege am Sockel über die drei Gürtel aus erbeuteten französischen Kanonen, die man vergoldet hatte, bis zur weithin sichtbaren Viktoriastatue oben auf hatte sie nur eine Botschaft: Triumph über Frankreich! Ausgerechnet dieses 67 Meter hohe Symbol längst vergangener Siege ragte bei der Kapitulation der Wehrmacht fast unversehrt aus einem Chaos zerschossener Autos, zerfetzter Bäume und Leichen. Den Franzosen war diese Erinnerung an die peinliche Niederlage der Grand Nation immer noch ein Dorn im Auge. Sie montierten die Bronzereliefs ab und verschleppten sie nach Paris, und überdies steckten sie der Viktoria die Trikolore in die Faust. Da sie im Wind durch die spitzen Feldzeichen der Viktoria immer wieder zerriss, verbrauchten die Franzosen bis Mai 1949 für diese Dauerbeflaggung 22 Fahnen. Seit April 1946 forderten die Franzosen in der Alliierten Kommandantur für Berlin, die Siegessäule zu sprengen, und zwar mit einem trickreichen Argument: Da die Nationalsozialisten sie an einen anderen Standort versetzt und um eine Trommel erhöht hatten, fiele sie doch unter die Direktive Nr. 30. Die Russen waren dagegen, und dem schlossen sich auch Amerikaner und Briten an. Die Briten, in deren Sektor das Streitobjekt stand, versuchten zu beschwichtigen, indem sie vorschlugen, man könne das nationalistische Triumphzeichen in ein Mahnmal für die Opfer des Faschismus umwandeln und mit einem Springbrunnen pazifizieren. Ähnliche Vorschläge kamen auch von deutscher Seite. Das Schicksal der Siegessäule führte zu einer recht emotionalen Diskussion und hatte einen so hohen Stellenwert, dass die Alliierte Kommandantur sogar den Alliierten Kontrollrat für ganz Deutschland einschaltete. Bis August 1947 beharrten die Franzosen auf ihrer Forderung, dann steckten sie zurück. Sie wollten nun aber wenigstens die Kanonenrohre beseitigt haben, doch auch diese blieben letztlich am Ort. Vier Jahrzehnte später, 1983/87, gab Frankreich dann sogar die Bronzereliefs wieder zurück. In ihrer eigenen Besatzungszone hatten die Franzosen es leichter. Besonders nachdrücklich gingen die Franzosen gegen deutsche Denkmäler im Saarland vor, das sie überhaupt langfristig für Frankreich zu gewinnen hofften. Sie versuchten in Saarlouis, einer Gründung des französischen Königs Ludwig XIV., die französischen Wurzeln wiederzubeleben; deshalb entfernten sie im Mai 1946 alle Denkmalsfiguren von ihren Sockeln, insbesondere die Figurengruppe vom Kreiskriegerdenkmal für den Krieg 1870/71, einen hingesunkenen sterbenden und einen mit hochgereckter Fahne vorwärtsstürmenden Infanteristen, aber auch drei andere Kriegerdenkmäler. In Saarbrücken wurden 1946/47 auf Anordnung der französischen Militärregierung sogar 14 Denkmäler geschleift. Im Übrigen entfernten die Franzosen 1945/46 im Saarland auch alle Erinnerungen, meist in Form von Gedenktafeln, an die Volksabstimmung von 1935, in der die Bevölkerung des durch den Versailler Vertrag von Deutschland abgespaltenen Saarlandes mit großer Mehrheit dafür votiert hatte, wieder zum Deutschen Reich zurückzukehren.

In Berlin kam neben der Siegessäule unvermeidlich auch die von Wilhelm II. errichtete sogenannte Siegesallee wieder in die Diskussion, die schon nach dem Ende der Monarchie umstritten gewesen war. Die einzelnen Figuren standen nach Kriegsende mehr oder weniger stark beschädigt im Tiergarten herum und blickten nun auf schnöde Gemüsebeete, die sich dort angesichts der Hungerzeiten ausbreiteten. Der Magistrat von Berlin beriet seit Oktober 1945 wiederholt darüber, ob die Marmorstatuen der Siegesallee ganz oder teilweise abgerissen werden sollten. Im Unterschied zur Siegessäule hatten sie kaum Anhänger. Die Alliierte Kommandantur diskutierte seit Herbst 1946 kontrovers und letztlich ratlos über dieses Thema. Die Siegesallee war vor 1914 entstanden und fiel insofern nicht unter die Direktive Nr. 30, war aber von den Nationalsozialisten an den jetzigen Standort umgesetzt worden. Sie zeigte nicht nur Soldaten, sondern auch unmilitärische Herrscher, Dichter und Philosophen, galt aber als künstlerisch weitgehend wertlos. Schließlich entschied der Magistrat im Juli 1947, die Denkmäler abzutragen, was die Billigung der Stadtverordnetenversammlung fand; zur erbetene Zustimmung des Alliierten Kontrollrats kam es aber nicht mehr, bevor die Berliner Blockade und daraufhin die Teilung der Stadt ihn lähmte. Erst 1950 leiteten die Westberliner Behörden den Abbruch der 84 Figuren tatsächlich ein. Sie standen noch eine Zeit herum, während die Architekturteile verwertet wurden, immerhin fast 1000 Tonnen Marmorwerkstein und Bruchsteine. 1954 wurden dann einige Statuen in der Zitadelle Spandau eingelagert, die meisten ließ der Landesdenkmalpfleger aber unter strikter Geheimhaltung beim Schloss Bellevue vergraben, eine höchst ungewöhnliche Maßnahme, um so verschwinden zu lassen ohne zu zerstören. Als später das Interesse am Historismus neu erwachte, wurden die Figuren im Winter 1978/79 wieder ausgegraben und eingelagert.

In Westdeutschland gab es auch an einigen anderen Orten Diskussionen über Denkmäler aus der Zeit vor dem Ersten Weltkrieg, ob man sie nicht besser entfernen sollte, beispielsweise in Stuttgart 1946-49 über das Denkmal Kaiser Wilhelms I. und in Freiburg 1946-48 über das Siegesdenkmal von 1876, auf dem eine stolze Germania den Siegeskranz präsentierte. Noch 1950 erhoben sich Stimmen, das riesige Hermannsdenkmal im Teutoburger Wald zu beseitigen. Letztlich blieben aber alle drei stehen. Es war eine Ausnahme, wenn in Hamburg-Altona die 1875 errichtete Siegessäule zerstört wurde, aber mit ihren erbeuteten Kanonenrohren, die nicht nur senkrecht am Säulenschaft gebündelt waren, sondern auch noch horizontal in alle Richtungen zielten, wirkte sie tatsächlich extrem martialisch. Eher schmolz man Denkmäler ein, die ohnehin durch den Krieg schwer beschädigt und vom Sockel gestürzt waren, etwa die Reiterstandbilder für Kaiser Wilhelm am Deutschen Eck in Koblenz und für König Friedrich Wilhelm III. auf dem Heumarkt in Köln. In Koblenz hing der reitende Kaiser samt Pferd monatelang kopfüber von seinem monumentalen Sockel, bis er abgenommen und verwertet wurde. In Hamburg setzte man beim Bismarck-Denkmal, das frei stehend von einer Anhöhe über den Hafen blickte, auf eine dezente Entschärfung. Man pflanzte rings herum ein Wäldchen fast ausgewachsener Bäume, allerdings ohne den 34 Meter hohen Steinkoloss darin ganz verstecken zu können.

Die zahlreichen Kriegsdenkmäler für die Gefallenen des Ersten Weltkriegs wurden fast alle im Laufe der Weimarer Republik errichtet, nur bei wenigen verzögerte sich die Aufstellung bis in die Zeit des Dritten Reiches. In Westdeutschland blieben diese im Wesentlichen erhalten, selbst jene aus den 30er Jahren, die zwar kein Hakenkreuz oder ein anderes NS-Symbol zeigten, aber in ihrer künstlerischen Gestaltung und ihren Inschriften den aggressiven Geist des Nationalsozialismus verrieten. Viele kleinere Gemeinden aktualisierten sie sogar in den 50er Jahren, indem sie schlicht die Namen der Gefallenen des letzten Weltkriegs hinzufügten. Manche Denkmäler wurden einfach ein bisschen modifiziert. Vom 1932 geweihten Reichskolonialehrenmal in Bremen, zehn Meter hoch in Gestalt eines aus Klinkern gemauerten Elefanten, entfernte man 1945 die Tafeln mit den Namen der Kolonien und Kolonialhelden. Damit verwandelte sich der zentrale Versammlungspunkt der deutschen Kolonialbewegung, die von neuen Kolonien träumte, in ein politisch harmloses Zootier. Der 1945 geäußerte Wunsch der Militärregierung, das Kolonialdenkmal zu entfernen, war verpufft. In Kiel positionierte sie sich genau andersherum. Das 1927-35 errichtete Marine-Ehrenmal in Kiel-Laboe, dessen geschwungener Turm am Ufer der Förde 72 Meter hoch aufragt und das die Kieler SPD gesprengt sehen wollte, blieb auf Anweisung der britischen Militärverwaltung stehen, aber mit der Bedingung, dass die Ausstellungsstücke im Museumsraum entfernt würden. Schwäbisch-Gmünd ersetzte bei dem Kriegerdenkmal den Adler mit Hakenkreuz in den Fängen 1948 durch den heiligen Michael mit Flammenschwert, und zwar vom demselben Künstler gestaltet. Die Gemeinde Suttrop bei Soest ließ an ihrem 1936 errichteten Kriegerdenkmal den stolzen Krieger in Wehrmachtsuniform mit Fahne stehen und änderte nur den Sockel, indem sie die Inschrift austauschte und drei christliche Posaunenengel hinzufügte. In Berlin-Wilmersdorf entfernte man am 1924 aufgestellten Denkmal für das XXII. Reserve-Korps die „Rache"-Schwurhand, und in Lautenbach (Schwarzwald) tauschte man das von einem Kind gehaltene Schwert gegen eine Friedenspalme aus.

In Einzelfällen griffen die Westalliierten durch. Die Figur eines kraftstrotzenden, trotzigen Kriegers mit Stahlhelm, der an seine Armlehnen gefesselt war und damit das Gefallenendenkmal der Universität Erlangen zu einem Protest gegen das Versailler Diktat machte, musste auf Befehl der amerikanischen Militärregierung durch eine niedliche Blumenschale ersetzt werden. Doch bemerkenswert ist, was die Westalliierten durchgehen ließen. In Düsseldorf verlangte der Vertreter der britischen Militärregierung zwar, das Ulanendenkmal von 1929 zu beseitigen, das auf 15 Meter hohem Muschelkalkpfeiler ein aufbäumendes Pferd mit Lanzenreiter zeigte, aber es passierte nichts. Am Stephansplatz in Hamburg und am Reeser Platz in Düsseldorf blieben zwei große Regimentsdenkmäler erhalten, auf denen vor glatter Wand Gruppen schematisch gleichartiger Infanteristen in Wehrmachtsuniform zu neuem Kampf marschieren, beim 76er Denkmal in Hamburg von 1936 um einen großen Kubus herum, beim 39er Denkmal in Düsseldorf aus dem Jahr 1939 rechts und links aus einem vergitterten Tor heraus. Diese beiden Denkmäler gedachten nicht wirklich der Toten des Ersten Weltkriegs, sondern bereiteten auf den neuen Krieg vor, was auch durch die Inschriften deutlich wurde. In beiden Fällen gab es nach

Kriegsende Stimmen, die den Abriss dieser offenkundig militaristischen Denkmäler forderten, aber die britische Militärverwaltung gab keinen entsprechenden Befehl. Von der Militärregierung aufgefordert, zu begründen, warum das 76er Denkmal noch stehe, beschloss der Hamburger Denkmalrat 1946 nach kontroverser Debatte: „Das Denkmal kann nicht entfernt werden, ohne dass es Erbitterung in der Bevölkerung verursacht, wohl aber sollte die Inschrift 'Deutschland muss leben und wenn wir sterben müssen' entfernt und durch eine andere ersetzt werden ... Die Entfernung der marschierenden Soldaten ist zu erwägen, da sie künstlerisch als nicht bedeutend gelten kann ... Grundsätzlich wird aber jede Änderung eines Denkmals als problematisch bezeichnet. Es soll deshalb jede überstürzte Maßnahme vermieden werden."[38] Also blieb alles unverändert erhalten, ähnlich in Düsseldorf. Beide Denkmäler waren in den 1950er und 60er Jahren regelmäßig für Gedenkveranstaltungen „in Betrieb"; ihre militaristische Formensprache wurde offenbar nicht als solche wahrgenommen. In Dortmund-Marten hat mit dem Kriegerdenkmal von 1936 ein kleineres Exemplar von gleichem Geist überdauert.

Unterm Strich waren die Eingriffe in die Denkmalslandschaft in den Westzonen also gering. Im Bundesland Württemberg-Baden mussten von den fast 1500 Denkmälern, die das Begutachtungsverfahren 1946 erfasst hatte, nur 39 zerstört oder verändert werden. Deutlich schärfer war der Zugriff in der sowjetisch besetzten Zone. In Mecklenburg-Vorpommern wurden 821 Denkmäler aus der Zwischenkriegszeit und 250 aus der Zeit vor 1914 erfasst; im Januar 1947 meldete das Land davon 37 Denkmäler als beseitigt und 92 als verändert, wobei aber noch aus fünf Kreisen die Berichte fehlten; der Kreis Rostock meldete erst im April 2 beseitigte und 51 veränderte Denkmäler. Außerdem kam es auch 1948-51 noch zu einigen weiteren Zerstörungen. In Frankfurt an der Oder wurden 1946/47 von 24 erfassten Denkmälern 9 beseitigt oder verändert, im Bezirk Berlin-Pankow gingen alle 12 Kriegergedenksteine verloren.

Die KPD als treibende Kraft hinter diesen Maßnahmen in der SBZ hatte schon in ihrem Gründungsaufruf vom 11. Juni 1945 unmissverständlich formuliert: „Die Kommunistische Partei Deutschlands war und ist die Partei des entschiedenen Kampfes gegen Militarismus, Imperialismus und imperialistischen Krieg. Mit der Vernichtung des Hitlerismus gilt es gleichzeitig, ... die feudalen Überreste völlig zu beseitigen und den reaktionären altpreußischen Militarismus mit allen seinen ökonomischen und politischen Ablegern zu vernichten."[39] Die Maßnahmen der Jahre 1945-47 konzentrierten sich auf die Kriegerdenkmäler der Zwischenkriegszeit, wie es auch der Direktive Nr. 30 entsprach. Solche auf Marktplätzen oder in exponierter Lage in größeren Städten wurden im Regelfall abgeräumt. Kriegerdenkmäler auf Friedhöfen oder in Kirchen blieben normalerweise unangetastet. Bei kleineren Orten und in den Außenbezirken der

Großstädte hing das Schicksal der Denkmäler auf kommunalem Boden stark von den örtlichen Gegebenheiten ab, von den jeweils tonangebenden Personen und von der konkreten Gestaltung des Denkmals. Manche Denkmäler wurden zunächst eingelagert und erst nach einigen Jahren vernichtet. Vielfach wurden die Denkmäler nicht ganz entfernt, sondern man schlug Schwerter und andere Waffen, Adler, Eiserne Kreuze und Stahlhelme ab und überließ die verstümmelten Grundkörper dem natürlichen Verfall und der Überwucherung durch Wildwuchs. Die heranstürmende Soldatengruppe am Denkmal des Grenadier-Regiments Nr. 12 in Frankfurt an der Oder hatte keine Chance, ebensowenig der eine Granate nachladende Matrose auf dem Denkmal für den Kleinen Kreuzer Rostock in der namensgebenden Stadt, wogegen der geschlagene Krieger auf dem Denkmal in Crivitz bleiben durfte. Ausgerechnet das Denkmal für das Landwehr-Infanterie-Regiment Nr. 76 in Schwerin, das einen von hinten erdolchten Siegfried als Symbolisierung der Dolchstoßlegende zeigte, wurde zunächst 1946 als künstlerisch besonders wertvoll eingestuft und erst 1949 beseitigt, wogegen der gestalterisch harmlose Obelisk für das 1. Garde-Regiment zu Fuß in Potsdam 1946 auf Anweisung der Kommunisten von ehemaligen Angehörigen des Regiments zerstört werden musste. In Fürstenwalde entfernte man 1945 aus dem Backsteinturm des Kriegerdenkmals die Granatenpyramide und machte aus ihm ein Denkmal für die Opfer des Faschismus. Kolonialdenkmäler wurden offenbar konsequent entfernt, so in Bernburg, Döberitz, Frankfurt/O., Leipzig, Neuhaus a. d. Elbe, Stendal, Weimar, Weißenfels a. d. Saale und Zeitz.

Anders als die herrschenden Kräfte in Westdeutschland griffen die deutschen Kommunisten über die Direktive Nr. 30 hinaus auch Denkmäler aus der Zeit vor dem Ersten Weltkrieg an. Dabei wirkten die Vertreter der sowjetischen Besatzungsmacht bemerkenswerterweise eher bremsend. Als der Bürgermeister von Hakenberg 1945 das 1879 errichtete Denkmal für die Schlacht von Fehrbellin niederreißen wollte, verhinderten Bürger dies mit Unterstützung des sowjetischen Kommandanten. In Dresden wurde das Bismarck-Denkmal 1945 von der SMAD, der Sowjetischen Militäradministration in Deutschland, auf die Liste der zu schützenden Kulturgüter gesetzt (und 1946 von FDJ-Aktivisten trotzdem gestürzt und abtransportiert). Als antifaschistische Gruppen in Parchim den Abbruch des Standbilds von General Moltke beantragten, verweigerte der sowjetische Stadtkommandant die Zustimmung, da es sich um keine kriegerische, sondern eine ruhig sinnierende Figur handelte, und als der Stadtrat von Weißenfels 1946 den Abriss des Reiterstandbilds Kaiser Wilhelms I. beschloss, verhinderte der russische Kommandant diesen (als er drei Jahre später versetzt wurde, nutzte der Stadtrat dies rasch, um das Denkmal durch Jugendbrigaden doch noch zur Gießerei ziehen zu lassen). In Kloster Zinna beendete die

SMAD den Streit um das Denkmal Friedrichs des Großen 1947 zunächst mit dem Befehl, es auf dem Marktplatz stehen zu lassen (bis 1949).

Vor allem zeigte sich diese Haltung der Russen beim 1896 errichteten Denkmal für die Reichseinigung am Kyffhäuser, einer der größten deutschen

Siegesdenkmal auf dem Markt in Leipzig, 1888 errichtet: oben Germania, sitzend Kaiser Wilhelm I., zu Pferde Kaiser Friedrich III., König Albert von Sachsen, Bismarck und Feldmarschall Moltke. 1946 von der SED beseitigt.

Denkmalsanlagen. Diese schlug einen Bogen von Wilhelm I. zum Stauferkaiser Friedrich Barbarossa, präsentierte also die Reichsgründung als Wiederauferstehung des mittelalterlichen Kaiserreiches und war noch nach dem Ersten Weltkrieg von Kriegervereinen als Symbol für den erhofften Wiederaufstieg Deutschlands intensiv genutzt worden. Als deutsche Kommunisten ab Sommer 1945 forderten, zumindest das riesige Reiterstandbild Kaiser Wilhelms I. auf der Frontseite zu sprengen, lehnte die SMAD ab. Im Oktober 1946 inspizierte die Alliierte Kontrollkommission das Denkmal, und dabei entschied der stellvertretende sowjetische Außenminister Andrej Wyschinski persönlich: Die Anlage bleibt unverändert!

Vereinzelt wurden in der SBZ Kriegsdenkmäler aus dem Kaiserreich zerstört, insbesondere solche, die weniger das Gedächtnis an die Gefallenen pflegten, sondern den Sieg über Frankreich mit einer stolzen Germaniafigur feierten. Das betraf das große Siegesdenkmal in Leipzig, zu dem als Nebenfiguren noch drei Herrscher, Bismarck und Moltke sowie acht Fahnenträger gehörten, das Germaniadenkmal auf dem Altmarkt in Dresden, das groteskerweise unversehrt aus der umgebenden Trümmerlandschaft der schwer zerstörten Altstadt aufragte, und jenes in Fürstenwalde. Ebenso abgerissen wurden auch das sich aufbäumende Reiterstandbild des Fahnenträgers der Schlacht von Mars la Tour in Quedlinburg und das Denkmal für die Einigungskriege in Stralsund, eine hochaufstrebende neugotische Architektur mit einem Adler an der Spitze, beides Denkmäler mit einem auftrumpfenden Gestus. Die Berliner Stadtverordnetenversammlung ließ 1948 ebenso die 46 Meter hohe Invalidensäule in Berlin abbauen, die 1855 für die Soldaten errichtet worden war, die bei der Niederschlagung der Revolution von 1848/49 gefallenen waren - die Toten hatten auf der falschen Seite der Barrikade gekämpft. In ihrem Hass auf die Hohenzollerndynastie beseitigten die Kommunisten offenbar alle Denkmäler für Kaiser Wilhelm I., welche die Metallsammelaktion der Nazis übrig gelassen hatte, ausgenommen jenes am Kyffhäuser. Dazu gehörten die beiden monumentalen Anlagen in Berlin-Mitte und in Halle mit ihren Nebenfiguren und Kolonnaden im Hintergrund, die Denkmalsgruppe im Kaiserhain auf dem Hutberg bei Großschönau/Sachsen, die Reiterstandbilder in Chemnitz, Potsdam und Weißenfels sowie die Standfiguren in Barth, Erfurt, Gardelegen, Putlitz und Wilsnack. Ebenso wurden alle verbliebenen Standbilder für Bismarck, als Urheber der Sozialistengesetze bei der Arbeiterbewegung mindestens ebenso unbeliebt, abgeräumt und vernichtet. Dies geschah 1945-49 in Bautzen, Bernburg, Dresden, Leipzig (im Johannapark), Magdeburg, Nordhausen, Plauen, Schwerin und Sebnitz, später bei der Rudelsburg bei Kösen mit dem Denkmal für Bismarck als Corpsstudent (1952), bei Wernigerode auf dem Harburgberg (1955) und bis 1963 auch in Eisenach. Das Bismarckstandbild in Freiberg hatte ein besonders

Das monumentale Kaiser-Wilhelm-Nationaldenkmal an der Westseite des Stadtschlosses in Berlin, 1897 enthüllt, mit zahlreichen Begleitfiguren (53 Personen und 157 Tiere). 1950 von den Kommunisten abgebrochen.

bewegtes Schicksal. Es war schon im Mai 1918 zur Metallsammlung abtransportiert worden, aber nach Kriegsende wieder auf seinen Sockel zurückgekehrt, 1942 wurde es erneut zur Metallsammlung demontiert, überstand jedoch den Krieg auf einem Lager des städtischen Bauhofes, woraufhin es nun von den Kommunisten wirklich eingeschmolzen wurde. Bismarcktürme ließ man dagegen oft noch lange stehen. Viele hatten touristischen Wert als Aussichtstürme, und der alte Geist ließ sich hier relativ leicht durch Umbenennung vertreiben, beispielsweise in Friedensturm (Apolda und Erfurt), Olympiaturm (Greifswald), Turm der Jugend (Bad Freienwalde) oder Thälmannturm (Spremberg).

So sehr preußisch-militaristische Traditionen auch verfolgt wurden - Denk mäler auf die Kriege für die Befreiung von der napoleonischen Herrschaft blieben im Regelfall unangetastet. Hier ließ sich der gemeinsame Kampf von Preußen und Russland gegen Napoleons Frankreich als Vorläufer des Bündnisses mit der UdSSR gegen den Westen interpretieren.

Die Schrottsammlung 1950/51 brachte noch einmal eine Reihe von Denkmälern in Gefahr, jetzt auch ältere aus dem Kaiserreich, die bisher verschont worden waren. Nicht nur die schon einige Jahre vorher demontierten Bismarckstatuen in Magdeburg und Schwerin wurden erst jetzt eingeschmolzen, sondern auch das Denkmal Albrechts des Beherzten im Burghof der Albrechtsburg in Meißen, das Reiterstandbild König Alberts auf dem Schlossplatz in Dresden und wahrscheinlich auch das seit 1947 verschollene Denkmal König Friedrich Wilhelms II. in Neuruppin. In Potsdam waren 1945 die Bronzestandbilder der Könige Friedrich Wilhelm I., Friedrich Wilhelm III. und Friedrich II. sowie das Reiterstandbild Kaiser Wilhelms I. demontiert und ebenso eingelagert worden wie die Standfigur des General von Steuben, dem späteren Organisator der amerikanischen Armee im Unabhängigkeitskrieg. Nach jahrelangem Gezerre zwischen Denkmalpfleger und anderen Dienststellen wurden sie 1950 auf Anordnung der brandenburgischen Landesregierung alle verschrottet. Das Ministerium für Volksbildung der DDR bemühte sich, auch das Reiterdenkmal von Großherzog Friedrich Franz II. in Schwerin zur Buntmetallgewinnung zu bekommen, doch hier legte der Landesdenkmalpfleger sich letztlich mit Erfolg quer. Noch mehr machten die neun Tonnen Bronze des acht Meter hohen Reiterstandbilds Wilhelms I. auf dem Kyffhäuser die Verschrottungsbetriebe gierig. Dabei sah es für Ross und Reiter zunächst schlecht aus, denn der Wirtschaftsminister und die Bildungsministerin Thüringens, der Landeskonservator von Thüringen und der Referent für Denkmalpflege im Ministerium für Volksbildung in Berlin forderten übereinstimmend, das „reaktionäre" Werk zu verwerten. Dann gelang es aber dem thüringischen Finanzminister, 1951 ein Machtwort des Ministerpräsidenten der DDR, Otto Grotewohl, zu erlangen: Eine Verschrottung des Kyffhäuserdenkmals kommt zur Zeit nicht in Betracht. Dabei blieb es. Der Schrottsammlung fielen nicht nur Denkmäler zur Erinnerung an Monarchen zum Opfer. Die Kommunisten beseitigten beispielsweise auch das Bronzestandbild für den Historiker Heinrich von Treitschke im Vorhof der Berliner Humboldt-Universität, dem sie zu Recht Antisemitismus vorwarfen, und von der hohen Siegessäule, die zum hundertsten Jahrestag des preußischen Siegs von 1760 in der Schlacht bei Torgau auf dem Schlachtfeld errichtet worden war, holte man den Bronzeadler und die umgebenden Geschützrohre.

Für das Zentrum Berlins drängten die Kommunisten seit Herbst 1945 darauf, alle Denkmäler von preußischen Herrschern und Generälen zu entfernen. Stadtbaurat Hans Scharoun legte im Februar 1946 weisungsgemäß eine Liste mit sämtlichen Berliner Denkmälern vor, auf der diese nach ihrem Wert klassifiziert waren. Als er versuchte auf Zeit zu spielen, indem er gegen einen raschen Abriss Personalmangel und Kostengesichtspunkte anführte, drohte der SED-

Stadtrat Geschke, die Berliner Arbeiter und Gewerkschaften zur Zerstörung aufzurufen. Zu entscheidenden Maßnahmen kam es aber erst nach der Teilung der Stadt, als die historische Mitte an den Osten fiel. Das aufwendige Kaiser-Wilhelm-Nationaldenkmal von 1897 neben dem Schloss, das fast unbeschädigt durch den Krieg gekommen war, wurde 1949/50 abgebrochen, wie schon erwähnt. Seinen Platz sollte ein Monument für die internationalen Opfer des Faschismus einnehmen, das dann aber nie zustande kam. Nur vier Bronzelöwen blieben übrig; sie fanden Asyl im Tierpark Berlin-Friedrichsfelde. Der stehengebliebene Unterbau der Denkmalanlage diente der DDR-Führung vier Jahrzehnte lang bei Massenaufmärschen als Plattform für die Ehrentribüne. Im Unterschied zum historistischen Nationaldenkmal galten die 1822-55 Unter den Linden aufgestellten Denkmale als anerkannte Kunstwerke, ihr Schöpfer Christian Daniel Rauch als bedeutender klassizistischer Bildhauer. Gegenüber Universität und Neuer Wache standen dort das Reiterdenkmal Friedrichs II., dessen Sockel von 21 lebensgroßen Vollplastiken wichtiger Zeitgenossen umrahmt war, sowie die Standbilder der im Befreiungskrieg gegen Napoleon profilierten Generäle Scharnhorst, Bülow, Gneisenau, Blücher und Yorck von Wartenburg. Sie hatten das Inferno des Kriegs unbeschadet überstanden, nicht zuletzt da man sie vorsorglich zum Schutz gegen Splitter eingemauert hatte. 1950 beschloss der Magistrat von (Ost-)Berlin, diese Erinnerungen an das alte Preußen samt und sonders aus dem Stadtzentrum zu entfernen. Sie zu vernichten wagte man indessen nicht, und so wurden sie an verschiedenen Orten eingelagert, das Denkmal Friedrichs im Schlosspark von Potsdam, wo man es dann 1962 in einem abgelegenen Winkel wieder aufstellte. Angeblich ordnete der Chef der Berliner SED, Paul Verner, 1961 an, das Reiterstandbild Friedrichs durch Einschmelzen endgültig zu vernichten, doch Kultusminister Hans Bentzien soll ihn dabei ausgetrickst haben, indem er die Vernichtung mit einer gefälschten Verschrottungsbescheinigung vortäuschen ließ.

Vom Reiterstandbild Friedrichs gab es ein Doppel im Gutspark von Dehlitz, das besorgte Bürger ins Museum von Lützow in Sicherheit brachten, um es vor der Zerstörung zu bewahren. Den verschiedenen Bronzestandfiguren des großen Preußenkönigs ging es dagegen schlechter; nur die in Rheinsberg wurde eingelagert, während jene in Berlin-Friedrichshagen, Kloster Zinna, Prenzlau und Torgau 1945-49 zerstört wurden, außerdem wie schon erwähnt auch die Statue in Potsdam. Von den beiden Standbildern Friedrichs in Dörfern des Oderbruchs, den der König zur Neulandgewinnung hatte trocken legen lassen, ging das von Neutrebbin in der Schrottaktion verloren, während im nur 15 km entfernten Letschin beherzte Bürger ihren Friedrich rechtzeitig hinter Gurkenfässern und Stroh versteckten und damit über die Zeiten retteten. Bei den Denkmälern nicht-preußischer Monarchen wirkt das Schicksal zufälliger.

Das Reiterstandbild Großherzog Carl Alexanders in Weimar wurde 1946 eingeschmolzen, wogegen es in Dessau 1947 gelungen war, die drei Jahre zuvor eingelagerten Denkmäler von Fürst Leopold von Anhalt-Dessau und Herzog Leopold III. Friedrich Franz von Anhalt-Dessau vor dem Einschmelzen zu retten. Die 1949 auf einer Massendemonstration in Dresden erhobene Forderung, das Reiterstandbild König Johanns vom Sockel zu nehmen und stattdessen einen Traktor als Symbol für die neue Zeit darauf zu stellen, blieb unerhört.

Das Streben nach Entmilitarisierung betraf nicht nur Denkmäler, sondern auch zwei Gebäude im Zentrum Berlins mit besonderer politischer Symbolik: die Neue Wache und das Zeughaus. Die klassizistische Neue Wache diente seit 1818 als Hauptwache Berlins und als Gedenkstätte für die Gefallenen der Befreiungskriege, dann des Ersten Weltkriegs, und sie wurde im Zweiten Weltkrieg als Kulisse in die Totenfeiern für gefallene Generäle einbezogen. Am Kriegsende war sie schwer beschädigt, das Dach eingestürzt. Eine längere Diskussion begann. Sollte man den Schinkel-Bau wegen seines Kunstwerts erhalten oder atmete er so sehr militaristischen Geist, dass man ihn nur noch abbrechen konnte? 1949 wurde die Kontroverse dann heftig. Die Berliner FDJ forderte den sofortigen Abriss der Ruine, die Kulturkommission des FDGB von Groß-Berlin schlug vor, sie in eine Goethe-Gedenkstätte umzuwandeln, und auch etliche andere Nutzungsideen kamen auf den Tisch. Wahrscheinlich war der sowjetische Stadtkommandant entscheidend, der für den Erhalt eintrat; auch hier mag die Erinnerung an den gemeinsamen Kampf von Preußen und Russen gegen Napoleon eine Rolle gespielt haben. Schließlich wurde die Neue Wache 1951-62 wiederhergestellt und zu einem *Mahnmal für die Opfer des Faschismus und der beiden Weltkriege* umgebaut. Dem danebenliegenden Zeughaus drohte zeitweise die Sprengung, da der Barockbau ab 1880 als „Ruhmeshalle der preußisch-deutschen Armee“ gedient hatte. Die Alliierten sahen davon nur unter der Bedingung ab, dass das Militärmuseum aufgelöst wurde und das Gebäude nach dem Wiederaufbau für zivile Ausstellungen diente. Der Kampf gegen militaristische Symbole machte auch vor der Quadriga auf dem Brandenburger Tor nicht Halt, also dem Gespann der Siegesgöttin, die seit dem Sieg über Napoleon eine Stange trug, an deren Spitze ein Eisernes Kreuz im Eichenkranz und ein preußischer Adler prangten. Russischer Artilleriebeschuss hatte die Quadriga in den letzten Kriegstagen in ein bizarres Gewirr von Metallteilen verwandelt, das aber noch restaurierungsfähig war. Doch daran waren die Ost-Berliner Kommunisten nicht interessiert. Sie ließen die Reste der Quadriga 1950 zersägen und herabstürzen. Ideen, sie durch ein anderes Symbol zu ersetzen, beispielsweise Picassos Friedenstaube oder eine Mutter mit Kind, wurden nicht umgesetzt. Sechs Jahre später besann das Politbüro der SED sich dann eines anderen und wollte die Quadriga wiederherstellen. Da sich die im Weltkrieg zur Sicherheit hergestellten Gipsabgüsse aber in West-Berlin befanden, bat man dort um Hilfe, die auch gewährt wurde. Doch bevor man im Osten den Neuguss wieder auf das Brandenburger Tor hievte, wurden Adler und Eisernes Kreuz als Zeichen des preußisch-deutschen Militarismus entfernt, und zwar auf Beschluss des Politbüros (die Sache war also von höchster Relevanz). Nach der Wende wurden diese Teile 1991 wieder ergänzt.

In der sowjetisch besetzten Zone traf das Streben der Kommunisten, die Wurzeln des Militarismus auszurotten, nicht nur eine größere Zahl von Denkmälern als im Westen, sondern ganz anders als im Westen darüber hinaus zahlreiche Schlösser und Herrenhäuser. Nun war gerade Deutschland östlich der Elbe in viel stärkerem Maße von Gutsbetrieben geprägt als die primär bäuerliche Agrarlandschaft im Westen. Als die Rote Armee einmarschierte, wurden die Gutsbesitzer, soweit sie nicht ohnehin schon geflohen waren, vertrieben oder verhaftet, manche kamen bei den willkürlichen Maßnahmen auch ums Leben. Die Herrenhäuser sahen sich weitgehend geplündert, etliche auch in den ersten Wochen nach dem Einmarsch von Rotarmisten oder Zwangsarbeitern aus Erbitterung, Hass und Rache in Brand gesteckt. Die meisten Zeugen der ländlichen Adelskultur überstanden den Krieg aber als Bauwerke im Wesentlichen unbeschädigt. Ein großer Teil der leer stehenden Gutshäuser füllte sich rasch wieder, weil dringend Unterkünfte benötigt wurden für die zahlreichen Flüchtlinge und Vertriebenen, die aus den an Polen übergegangenen Ostgebieten hereinströmten, und vorübergehend auch für russische Soldaten. Dann kam der große Schlag. Anfang September 1945 starteten die Kommunisten auf Anweisung Stalins die Bodenreform unter der Devise: „Junkerland in Bauernhand". Alle landwirtschaftlichen Betriebe mit mehr als 100 ha Fläche wurden entschädigungslos enteignet, das Land in kleine Einheiten aufgeteilt und an landlose Neubauern vergeben. Das Motiv war primär politisch, wie das Bodenreformgesetz in Thüringen unmissverständlich klar machte: „Die Bodenreform muß die Liquidierung des feudal-junkerlichen Großgrundbesitzes gewährleisten und der Herrschaft der Junker und Großgrundbesitzer im Dorfe ein Ende bereiten, weil diese Herrschaft immer eine Bastion der Reaktion und des Faschismus im Lande darstellte und eine der Hauptquellen ... der Eroberungskriege gegen andere Völker war."[40] Ebenso gab der Vorsitzende der SED, Wilhelm Pieck, bei seiner Rede am 2. September 1945 in Kyritz den Junkern als Klasse die Schuld am Militarismus und an beiden Weltkriegen: „Es sind die Großgrundbesitzer, die Junker und Feudalherren, die hauptsächlich die Generale für den Krieg stellten ... diese Kriegsschuldigen müssen jetzt für immer unschädlich gemacht werden, es muss ihnen die Grundlage ihrer Macht, ihr Grundbesitz und ihr Vermögen, genommen werden."[41]

Dieser Umsturz der gesellschaftlichen Verhältnisse bedeutete den Ruin der Schlösser und Herrenhäuser und für viele von ihnen auch die völlige Vernichtung. Die Kommunisten wollten vollendete Tatsachen schaffen. Die örtlichen kommunistischen Kader und die Neubauern waren im Regelfall Menschen aus bildungsfernen Familien, denen Barock, künstlerischer Wert und Bildungsgüter nichts sagten. So wurden Gartenplastiken zerschlagen, um damit die Löcher in den Feldwegen zu füllen, alte Möbel als Brennholz verheizt und Schweine auf wertvollen Intarsientischen geschlachtet. Dazu kamen wirtschaftliche Zwänge: zahlreiche kleine Neubauernhöfe zu schaffen bedeutete, entsprechende Gebäude zu errichten, wofür es eklatant an Baumaterial fehlte. Und schließlich ging es den Kommunisten darum, einen gesellschaftlichen Neuanfang zu beginnen und dafür die Spuren der Gutsherren aus dem Gesicht der Dörfer auszulöschen. Natürlich symbolisierten die Gutsanlagen mit repräsentativem Schloss oder Herrenhaus in der Mitte, mit Distanz schaffendem Ehrenhof davor, welcher von großen Gutsscheunen und -stallungen seitlich umrahmt wurde, sowie einem Park im englischen Stil hinter der Gartenfront, wer im Dorf der Herr war.

Diese Konstellation führte zu dem Befehl Nr. 209 von Marschall Sokolowski, dem Chef der Sowjetischen Militäradministration in Deutschland, vom 9. September 1947. Dieser Befehl sollte den Bau von mindestens 37 000 Häusern für die Neubauern starten und ordnete dazu unter anderem in Punkt 6 an, „den Komitees der gegenseitigen Bauernhilfe und einzelnen Bauern zu erlauben, unbehindert die Baumaterialien der zerstörten Rüstungswerke und Bauten, der Baulichkeiten ehemaliger Gutsbesitzerhöfe und der Ruinen herrenloser Gebäude auszunutzen.“[42] Die ideologisch begründete Absicht, die Erinnerung an die Grundbesitzerschicht aus dem Landschaftsbild auszulöschen, wird deutlich in einem Rundschreiben des Zentralsekretariats der SED vom 31. März 1948 an die Landesvorsitzenden der SED, unterzeichnet von Walter Ulbricht und Anton Ackermann: „Die Partei muss es als ihre Aufgabe betrachten, den beschleunigten Abriss der Junkersitze durchzuführen. Der Abriss darf nicht nur unter dem Gesichtswinkel betrachtet werden, Baumaterialien für die Neubauernsiedlungen zu gewinnen, viel wichtiger ist soweit als möglich die Spuren der Junkerherrschaft auf dem Dorfe zu vernichten.“[43] Der Präsident der Deutschen Verwaltung für Land- und Forstwirtschaft (dem Vorläufer des Landwirtschaftsministeriums der DDR) gab sich in einem Brief vom 3.2.1948 zwar vordergründig konzilianter, doch nicht im Kern der Sache: „Es hat hier noch niemand daran gedacht, Burgen oder Schlösser, die historischen oder kulturellen Wert besitzen, abzubrechen und zu zerstören. Wir wollen nur die Herrenhäuser und die Gutshöfe austilgen, und zwar dies gründlich und vollständig.“[44] Aus demselben Geist heraus konstatierte die DVLF an anderer Stelle: „Wo durch Umbau bezw. Teilabriß selbständige Neubauerngehöfte erstellt werden können und dadurch der gutsähnliche Charakter verschwindet, ist von einem Gesamtabriss abzusehen."[45] Zugleich machte die Deutsche Wirtschaftskommission mit wirtschaftlichen Motiven Druck, wenn sie am 6. April 1948 schrieb: „Angesichts der Verknappung insbesondere an kohlegebundenen Baustoffen läßt sich allein schon aus diesem Grunde ein umfangreicher Abbruch ehemaliger Gutsanlagen und damit auch Schlösser, Herrenhäuser usw. nicht umgehen. Zum anderen glaube ich mit Ihnen einig zu gehen darin, ... die ... Stätten des Feudalismus aus dem Landschaftsbild unserer Zone schnellstens und weitgehend verschwinden zu lassen."[46]

Doch auch wenn die sowjetische Besatzungsmacht mit ihrer überall präsenten Roten Armee eigentlich der absolute Herr in der Besatzungszone war, ging die Vernichtung der Gutshäuser nicht ohne Widerstände vonstatten. Die deutsche Verwaltung für Volksbildung, die Denkmalschutzämter und schließlich auch Kunsthistoriker der Akademie der Wissenschaften erhoben Einsprüche und versuchten, wenigstens die kunsthistorisch wertvollen Herrenhäuser vor der Zerstörung zu retten. Sie erreichten, dass die Landeskonservatoren Listen der Gebäude erstellten und die Objekte nach ihrem kulturhistorischen Wert klassifizierten. Einige Monate lang fuhren die wenigen vorhandenen Denkmalpfleger durchs Land, besichtigten die Anlagen und feilschten mit den örtlichen Vertretern der Bauernhilfe. Die Denkmalschützer wiesen auch darauf hin, dass sich aus den Schlössern weniger brauchbares Baumaterial gewinnen ließe als gedacht. Im Mauerwerk der Schlösser aus der Barockzeit befand sich zwischen der äußeren und der inneren Mauerwerksschale nur Gesteinsbruch und Lehm, der hohe Feldsteinsockel war nicht verwertbar, und durch den Einsatz von Spitzhacken und Brechstangen wurde ein großer Teil des Materials auch noch zerstört. Dagegen machte die SMAD Druck, die Abrisse zügig umzusetzen. Sie beschwerte sich, dass sich die Abbruchmaßnahmen immer wieder verzögern würden, was sie schnell als politischen Widerstand der „ewig Gestrigen" und als Sabotage auslegte, und sie drängte auch darauf, dass der Kreis der kulturhistorisch wertvollen Herrenhäuser klein gehalten wird. Auf den vom Denkmalschutz vorgelegten Listen reduzieren die Russen die Zahl der zu schützenden Objekte weiter. Nach einer Aufstellung der Deutschen Verwaltung für Volksbildung vom 13. März 1948 hatte die SMAD nur für 9,6 % der 783 Schlösser und Herrenhäuser in Brandenburg Bestandsschutz genehmigt, in Mecklenburg für 4,6 % von 2423, in Sachsen 14,1 % von 1800, Sachsen-Anhalt 10,1 % von 2952 und Thüringen 31,2 % von 390. Aber auf die Listen war kein Verlass. In Thüringen ordnete die SMATh dann im folgenden Monat an, dass alle unter die Bodenreform fallenden Schlösser und Herrenhäuser mit Ausnahme von nur 10 abgerissen werden sollten. Einige sowjetische Kreiskommandanten griffen auch willkürlich ein, indem sie persönlich den Abbruch von Schlössern und Herrenhäusern anordneten. So kam es beispielsweise im Kreis Borna/Sachsen zu 17 Abbrüchen, da der örtliche russische Kommandant die Auffassung vertrat, dass möglichst alle Schlösser und Herrenhäuser beseitigt werden müssten, ganz gleich, ob sie unter Denkmalschutz standen oder nicht. In Dittersdorf im Erzgebirge hatte die Gemeinde im Herrenhaus eine Schule eingerichtet und setzte sich dafür ein, dass es so blieb, worauf ein sowjetischer Oberst befahl, entweder das Herrenhaus niederzulegen oder alle Widerwilligen zu verhaften. Der Kreiskommandant von Luckau/Niederlausitz befahl, sämtliche Gutshäuser mit Ausnahme von vier Schlössern bis Ende Dezember 1947 zu sprengen ohne Rücksicht auf die dort untergebrachten Neubauern. In einer Besprechung mit der SMAD am 7. April 1948 im sowjetischen Hauptquartier erklärte die russische Seite: „Die Zahl der bisher abgebrochenen Gebäude ist zu wenig. In den nächsten zwei Monaten April und Mai muss alles abgebrochen und damit Millionen von Mauersteinen und Dachziegeln gewonnen sein."[47] Widerstände gegen diese brachiale Politik erwuchsen aber vor allem vor Ort in den Dörfern selbst. Die Herrenhäuser und Schlösser standen ja im Regelfall nicht leer, sondern waren in der Mehrheit mit Flüchtlingen, Vertriebenen und Ausgebombten belegt, d. h. eigentlich massiv überbelegt. Diese waren schwer davon zu überzeugen, dass es fortschrittlich sei, ihnen das Dach über dem Kopf wegzureißen. Außerdem nutzte man viele Herrenhäuser als Kliniken, Altersheime und Isolierstationen (Tuberkulose grassierte wieder!), da die entsprechenden Gebäude in den Städten oft zerstört waren. Vor allem hatten auch die Gemeinden ein Interesse daran, die ihnen zugefallenen Herrenhäuser für ihre eigenen Belange zu nutzen, z. B. als Schulen, Kulturhäuser, Kindertagesstätten, Erholungsheime oder für die Gemeindeverwaltung.

Das Streben der Russen und der SED-Führung, die Erinnerung an die ehemaligen Adelssitze zu tilgen, führte also bei etlichen Bauten zum vollständigen Abriss. Teilweise begnügte man sich aber auch mit einem Teilabriss, d. h. mit dem Versuch, den Schlosscharakter zu beseitigen, indem man die herrschaftliche Verkleidung mit Ecklisenen, Pilastern, Gesimsen, Giebeln und Ecktürmchen abschlug, so dass der nackte Baukörper nicht wiederzuerkennen war und wie ein schlichter Neubau wirkte. Aber selbst wenn der Baukörper stehen blieb, die Umnutzung für Kleinwohnungen, Krankenhäuser usw. brachte den Einbau von Zwischenwänden, sanitären Einrichtungen und Küchen mit sich, oft in Eigenarbeit ohne Fachkenntnis, und zerstörte damit die Innenräume. Auch das Umfeld wurde verfremdet, indem man den Schlosspark abholzte oder verwildern ließ und die Schlossgräben verfüllte.

Die Umsetzung des Befehls 209 war also ebenso gewaltsam wie stockend. Sie wurde im Herbst 1949 beendet. Es ist schwer, für den Schlag gegen die ehemaligen Adelssitze im Zuge von Bodenreform und Bauprogramm eine Bilanz zu ziehen. Angeblich wurden aufgrund des SMAD-Befehls 209 von September 1947 bis September 1948 in der SBZ 724 Schlösser, Herrenhäuser und Wohngebäude von Gütern abgerissen. Für Thüringen wird als Ergebnis der Bodenreform für den Zeitraum bis Dezember 1949 der Abbruch von 28 Schlössern, 209 Herrenhäusern, 120 Gutswohnhäusern, 671 Gutsställen, 568 Gutsscheunen und 865 sonstigen Gutsgebäuden angegeben. In Sachsen fielen 120-200 Schlösser und Herrenhäuser dem SMAD-Befehl zum Opfer. In Mecklenburg-Vorpommern wurden bis Mai 1948 alles zusammen 1226 Gebäude abgerissen, in Sachsen-Anhalt dagegen, wo der Landeskonservator erfolgreicher war, bis September 1948 nur 237 Herrenhäuser, Scheunen und Wirtschaftsgebäude. Für Brandenburg wird der Verlust der Herrenhäuser auf etwa 15 % des Bestandes geschätzt. Das war aufs Ganze gesehen wegen der erhebliche Widerstände und dem Sachzwang der Wohnungsnot deutlich weniger, als die Russen und die SED sich erhofft hatten, die ursprünglich den größten Teil der Herrenhäuser beseitigen wollten. Zugleich war es aber in dieser Region auch der größte Verlust an herrschaftlichen Landsitzen seit dem Dreißigjährigen Krieg.

Fünf Beispiele sollen abschließend verdeutlichen, wie unterschiedlich die Schicksale von Landadelssitzen in der SBZ/DDR waren. Schwerinsburg, der größte barocke Landadelssitz in Pommern und von schlossartigem Ausmaß, wurde kurze Zeit nach dem Einmarsch der Russen durch Brandstiftung zerstört. Die Ziegelsteine dienten dann als Baumaterial, der Schlosspark wurde durch Kleingärten zersiedelt. Im Unterschied dazu überstand Schloss Seerhausen in Sachsen den Krieg fast unversehrt. Als die Besitzer im September 1945 enteignet und verhaftet wurden, nahm die Gemeindebodenkommission in Seerhausen die Bestände auf. In dem Verzeichnis finden sich dann 644 „Möbelstücke“: „2 Stühle, 1 Sofa, 1 Küchenschrank groß, 2 Tische klein, 1 Glasschrank“ usw.; der Vorsitzende, eine ehemaliger Landarbeiter, hatte von dem Wert der Objekte keine Ahnung, und die Bibliothek wurde gar nicht erst aufgenommen, weil er offenbar mit Büchern nichts anfangen konnte und sie für wertlos hielt. Nachdem die Dorfbewohner das Schloss geplündert hatten, wurden vierzehn Umsiedlerfamilien einquartiert. Als das sächsische Landwirtschaftsministerium aufgrund des Befehls 209 bei den Landkreisen mittels Telegramm wegen des Abbruchs der Herrenhäuser anfragte, antwortete der zuständige Kreis Oschatz, es seien keine vorgesehen, da alle gebraucht würden. Daraufhin wurden die Kreisbodenkommissionen von der Landesregierung im Dezember 1947 angewiesen, sofort mindestens 25 % der Herrenhäuser niederzulegen. Der Landkreis wählte 16 Herrenhäuser aus, darunter Seerhausen. Die Bewohner wurden ausquartiert, alles Brauchbare wie Fenster, Türen und Dachschindeln demontiert, und im März rückte ein auswärtiger Sprengtrupp an und sprengte das Schloss. Wie immer wurde die Masse der Bausubstand nur zu

Schutt, ohne als Baustoff brauchbar zu sein. Der Trümmerhaufen blieb bis 1978 liegen. Dagegen hatte Schloss Dornburg an der Elbe mehr Glück. Der Zerbster Kreistag beschloss mehrfach, das relativ intakte Schloss abreißen zu lassen, eine palastartige Barockanlage. In Erwartung des Sprengkommandos bedienten die Anwohner sich zunehmend an ausbaubaren Materialien. Doch die Denkmalpfleger Berger und Schuster engagierten sich hier besonders für den Erhalt und argumentierten schließlich auch mit der deutsch-russischen Freundschaft, war das Schloss doch von der Mutter der späteren russischen Zarin Katharina II., die aus dem Fürstenhaus Anhalt-Zerbst stammte, als Witwensitz gebaut worden, vielleicht sogar auch mit russischem Geld. Jedenfalls wurde es nicht zerstört, vielmehr der inzwischen zur Ruine gewordene Bau ab 1954 wiederhergestellt und dann vom Staatsarchiv Potsdam als Magazin genutzt. Zwei weitere Beispiele stehen für Untergänge, die erst einige Zeit nach Gründung der DDR stattfanden. Auch Schloss Putbus, der herrschaftliche Sitz der Fürsten von Putbus auf der Insel Rügen, kam leidlich durch den Krieg. 1949 begann man dann das leer stehende Gebäude zur Materialgewinnung auszuschlachten, stellte es jedoch 1955/56 ansatzweise wieder her. Dann gab es jedoch eine Kampagne gegen die „feudale Räuberhöhle", so dass das Schloss 1962 doch gesprengt und danach abgetragen wurde. Einen besonderen Fall stellte schließlich Schloss Schönhausen dar, die Geburtsstätte Bismarcks in der Altmark. Das besondere Engagement des Landeskonservators Wolf Schubert rettete das Schloss über die Abrisswelle von 1947/49 hinweg. Dann verfiel der Bau jedoch, weil er nicht genutzt wurde. 1957/58 gab es ein Hin und Her zwischen Gemeinde, Kreis, Bezirk und Landeskonservator um die Frage, ob man das Schloss für eine neue Nutzung wieder instand setzen solle, wer die Kosten dafür tragen würde oder ob ein Abbruch nicht ökonomischer sei. Nun hatte aber der Aufbau der Maschinen-Traktoren-Stationen als Symbol für den Sieg der Arbeiterklasse auf dem Lande Priorität, und überdies gab 1958 die Tatsache, dass ein Nachkomme Bismarcks als Abgeordneter im westdeutschen Bundestag saß, der SED Anlass, gegen die Befürworter eines Erhalts des Schlosses zu polemisieren. So wurde Schloss Schönhausen Ende Juli 1958 gesprengt, genau sechzig Jahre nach dem Tod des Reichsgründers.

Entdeutschung der Ostgebiete

Hitler hatte Deutschland vergrößern wollen, doch am Ende war es kleiner als zuvor. Als die Waffen nach über vier Kriegsjahren endlich schwiegen, vereinbarten die drei großen Siegermächte auf ihrer letzten Kriegskonferenz im Juli 1945 in Potsdam, Polen nach Westen zu verschieben und der UdSSR einen eisfreien (Marine-)Hafen an der Ostsee zu verschaffen. Damit kamen Hinterpommern, Schlesien und die südliche Hälfte Ostpreußens an Polen, die nördliche an die Sowjetunion. Um die neuen Verhältnisse unumkehrbar zu machen, sollte die deutsche Bevölkerung, soweit sie nicht ohnehin geflohen war, aus diesen Gebieten vertrieben werden.

Auf diese Weise gelangten die Polen plötzlich in den Besitz von 103 000 km² Land, das weitgehend entvölkert und durch die Kämpfe beim Vorrücken der Roten Armee schwer zerstört war. Wie sollten sie nun mit dem gebauten Erbe deutscher Kultur umgehen, das im Verlauf von Jahrhunderten entstanden war und, trotz aller Kriegsschäden, das Gesicht der Städte und Dörfer unverkennbar prägte? Eher zögerlich rückten im Laufe der Jahre neue polnische Siedler in das Land ein, fremd in der neuen Umgebung, als ehemalige Landbevölkerung oft auch fremd in der Stadt, zugleich unsicher, ob ihr Aufenthalt von Dauer sein würde. In der Bundesrepublik Deutschland hielten die Vertriebenenverbände im Namen von Millionen Deutschen aus den Ostgebieten den Anspruch aufrecht, diese Gebiete beim, wie sie hofften, demnächst anstehenden Friedensvertrag wieder zurückgewinnen zu können, eine Illusion, der aber führende westdeutsche Politiker nach dem Munde redeten - schließlich galt es Wählerstimmen zu gewinnen. Zugleich war Kernpolen schwer zerstört, woran die Deutschen Schuld waren; sie hatten den Krieg mutwillig vom Zaun gebrochen und überdies die polnische Hauptstadt nach dem Aufstand 1944 dem Erdboden gleich gemacht. Das hinterließ bei den Polen erstens einen tiefsitzenden Hass, auch in undifferenzierter Gleichsetzung von Deutschen und Nazis, und zweitens einen gewaltigen Bedarf nach Material für den Wiederaufbau besonders Warschaus. Außerdem hatten die Russen in Polen die Kommunisten an die Macht gebracht, die eine kommunistische Gesellschaft aufbauen wollten.

Das waren die Rahmenbedingungen. Auf dieser Basis bewerteten die Polen nun die architektonischen Hinterlassenschaften der Deutschen in den neu gewonnenen Gebieten, und zwar im Einzelnen durchaus unterschiedlich. Oberste Priorität hatte dabei, in der Öffentlichkeit alle Spuren auszulöschen, durch die sie sich weiter an die deutsche Vergangenheit erinnert fühlten; aus polnischer Sicht war es geradezu lebenswichtig, damit den im Westen lauernden Revisionsansprüchen die Basis zu entziehen. So wurden innerhalb weniger Monate nicht nur die weitaus meisten Deutschen vertrieben, sondern auch alle deutschen Orts- und Straßennamen durch polnische ersetzt, dann möglichst sämtliche deutschen Aufschriften beseitigt, egal ob Firmenschilder oder „Bitte keine Fahrräder abstellen". Natürlich traf dies auch rasch alle dezidiert deutschen Denkmäler. Die vielen repräsentativen Bauten des 19. und frühen 20. Jahrhunderts galtensämtlich als preußisch-deutsch und dementsprechend wertlos. Negativ bewerteten die Kommunisten auch alles, was mit Junkern und Großgrundbesitzern assoziiert war. Zugleich versuchten die Polen, ihren Anspruch auf die hinzugewonnenen Gebiete zu festigen, indem sie längst vergangene Bindungen an Polen wieder ausgruben. Nach offizieller Sprachregelung handelte es sich um „wiedergewonnene Gebiete", die eigentlich urpolnisch seien. Man entsann sich, dass das ursprünglich slawische Herzogtum Pommern sich 1121 dem Herrscher Polens unterworfen hatte, ebenso dass Schlesien seit 950 Teil Polens gewesen war und seit 1138 von einer Nebenlinie des polnischen Herrscherhauses, den Piasten, regiert worden war. Das war allerdings alles ziemlich weit hergeholt. Pommern war schon 1181 unter deutsche Lehenshoheit gekommen, und die schlesischen Piasten hatten sich zunehmend in mehrere schlesische Teilherzogtümer aufgespalten, die im 14. Jahrhundert unter böhmische Lehenshoheit wechselten, womit sie indirekt Teil des römisch-deutschen Reiches wurden. Pommern ebenso wie diese schlesischen Herzogtümer hatten schon im Laufe des späten Mittelalters die deutsche Kultur übernommen, wobei die Anwerbung deutscher Siedler durch die Piastenherzöge eine große Rolle gespielt hatte. Doch die selektiven Erinnerungen zeigten Wirkung. So erfreuten sich nun nach 1945 Bauwerke, die aus dem Mittelalter stammten oder im Zusammenhang mit den Piasten standen, viel eher des freundlichen Interesses der Polen als solche aus preußischer Zeit. Diffiziler stand es mit Bauwerken, die mit der katholischen Kirche verbunden waren. Einerseits hielten die Kommunisten christlichen Glauben für Lug und Trug und waren strikt antikirchlich eingestellt. Andererseits besaß die katholische Kirche Polens einen dezidiert nationalen Charakter, zumal sie in dem Jahrhundert von 1795 bis 1919, als es aufgrund der polnische Teilungen keinen polnischen mehr Staat gab, wesentlich dazu beigetragen hatte, das Bewusstsein einer polnischen Identität aufrecht zu erhalten. Aufs Ganze gesehen war der Umgang der Polen mit dem Erbe aus deutscher Zeit von einer ausgesprochen deutschfeindlichen Tendenz geprägt, zumindest im ersten Jahrzehnt nach dem Krieg. Erst in den 1960er Jahren entspannte sich die Stimmung allmählich.

Denkmäler traf die massive Entdeutschungspolitik natürlich am schnellsten und heftigsten. Die beiden großen nationalen Denkmalanlagen mit dezidiert antipolnischem Charakter, das Mausoleum für die Freikorpskämpfer auf dem Annaberg in Oberschlesien und das Abstimmungsdenkmal in Allenstein/Ostpreußen, waren für die Polen besondere Hassobjekte. In Oberschlesien hatten die Polen hatten 1921 versucht, durch einen bewaffneten Aufstand zu verhindern, dass das Ergebnis der durch den Versailler Vertrag angesetzten Volksabstimmung über den Verbleib der Region umgesetzt wird. Deutsche Freikorpskämpfer stellten sich den Aufständischen entgegen, und der strategische wichtige Annaberg wurde zum Symbol für diese Kämpfe. Die Nationalsozialisten

Annaberg-Denkmal in Oberschlesien

errichteten 1936-38 auf dem steil aufragenden Fels ein weithin sichtbares zylindrisches Mausoleum für hier gefallene Freikorpssoldaten; unterhalb legten sie ein Amphitheater als Thingstätte für Gedenkfeiern an. Diesen triumphierenden Klotz sprengten die Polen nun 1945 und ersetzten ihn ihrerseits zehn Jahre später durch ein monumentales Ehrenmal für die polnischen Aufständischen, demonstrativ genau an derselben Stelle. Im südlichen Ostpreußen hatte die durch den Versailler Vertrag angesetzte Volksabstimmung 1920 ein eindeutiges Ergebnis zugunsten Deutschlands erbracht, und zur Erinnerung daran hatten die Deutschen 1928 in Allenstein ein kreisrundes Denkmal mit 11 Pfeilern errichtet, einen für jeden Abstimmungsbezirk. Auf der Innenseite der Joche stand zu lesen: „Heimat in Gefahr - dies Land bleibt deutsch" und „Es stimmten im südlichen Ostpreußen: 363 209 für Deutschland - 7980 für Polen.". Die Polen rissen diese Dokumentation ihrer Abstimmungsniederlage 1945 sofort ab und errichteten dort 1972 ihrerseits ein Denkmal für die „Helden im Kampf um nationale und soziale Befreiung im Ermland und Masuren". Direkter und unversöhnlicher konnte das nationalistische Denken auf beiden Seiten kaum aufeinander prallen.

Denkmäler aus der Kaiserzeit, die Symbole der Hohenzollerndynastie und deutscher Politik waren, wurden ebenfalls möglichst schon im Laufe des Jahres

1945 beseitigt, soweit sie nicht schon vorher der Metallspende und den Kampfhandlungen des Kriegs zum Opfer gefallen waren. Das betraf alle Denkmäler für die Kaiser Wilhelm I. und Friedrich III., die preußischen Könige Friedrich Wilhelm III. und Friedrich den Großen, für Bismarck und deutsche Generäle, ebenso Sieges- und Kolonialdenkmäler. Manchmal ist unklar, ob diese erst nach oder schon vor dem Kriegsende untergingen, jedenfalls war nach 1945 von ihnen nichts mehr vorhanden. Meist wurden sie ohne großes Aufheben entfernt; nur in wenigen prominenten Fällen wie dem monumentalen Reiterstandbild Kaiser Wilhelms I. in Breslau geschah dies im Rahmen einer patriotischen Festveranstaltung wie auch bei dem Annaberg-Mausoleum. Aber selbst die Denkmäler für deutsche Dichter und Wissenschaftler wurden entfernt. In Breslau zerstörten die Polen insgesamt etwa 70 Denkmäler. Nur selten entgingen Denkmäler dadurch dem Abriss, dass sie polonisiert wurden, beispielsweise die 1874 in Oels/Schlesien errichtete Siegessäule, an der nun eine neue Inschriftentafel die Rückkehr Polens nach Schlesien pries, oder der Brunnen auf dem Rossmarkt in Stettin, dessen preußischer Adler in einen polnischen Adler umgedeutet wurde. Auch Grabplatten und Epitaphe mit deutschen Inschriften in und an Kirchen wurden entfernt, sofern man die Inschriften nicht ausmeißeln konnte. Das Ministerium für die wiedergewonnenen Gebiete ordnete 1948 ausdrücklich an, auch Grabsteine mit deutschen Inschriften auf Friedhöfen in die Entdeutschung einzubeziehen, doch die örtlichen Stellen gingen hier weniger konsequent vor. Teilweise kam man dabei auch ins Schleudern: War ein Grabstein mit polnischem Namen und deutscher Grabinschrift nun ein wertvolles Dokument für die Präsenz des Polentums in den Westgebieten oder belegte er umgekehrt eine erfolgreiche Germanisierung der ehemals polnischen Bevölkerung in Preußen? Die Möblierung der Stadtlandschaft mit neuen polnischen Denkmälern kam nur sehr schleppend in Gang, schließlich hatten in den Jahren der Not existenzielle Sorgen Vorrang. Der Platz von Wilhelms Reiterstatue in Breslau wurde sogar erst im Jahr 2007 mit einem Reiterdenkmal für den mittelalterlichen König Boleslaw Chrobry neu belegt.

Der Wiederaufbau der großen Städte in Zentralpolen, allen voran Warschaus, erforderte Unmengen an Baumaterial, und dazu wurden gezielt die neugewonnenen Westgebiete ausgeschlachtet. Es traf zahlreiche Ruinen, die durchaus wiederaufbaufähig gewesen wären, es erwischte Kirchen, deren protestantische Bevölkerung vertrieben worden war, und verlassene Landadelssitze. Auch aus den bedeutenden Schlössern in Kamenz und Brieg entnahmen die Polen Abrissmaterial. Fenster, Portale, Armaturen, Altäre und Dachziegel wurden ausgebaut, Mauern zu Ziegelbruch zermahlen. In Warschau baute man die St. Johannes-Kathedrale und die Marienkirche sowie die mittelalterliche Wehrmauer aus Ziegeln wieder auf, die aus den romanischen und gotischen Kirchen

Pommerns, Westpreußens und Schlesiens herausgerissen wurden. Der Staatsratsbeschluss Nr. 666 vom 20. August 1955, welcher die Enttrümmerung und Baustoffbeschaffung forcieren sollte, löste besonders in den Westgebieten eine massive Abbruchaktion aus. In der Woiwodschaft Grünberg wurde eine Liste mit 113 Sakralbauten zusammengestellt, die abgerissen werden sollten, was dann allerdings nur zum Teil durchgeführt wurde. In der kaum zerstörten Stadt Schweidnitz wurden 300 Häuser abgetragen.

Die bedeutenden gotischen Kirchenbauten stellten die Polen ab 1946 wieder her, obwohl sie mehr oder minder schwer kriegszerstört waren, und die Kosten trug weitgehend der kirchenfeindliche Staat. Teilweise wurden die Gebäude von der katholischen Kirche übernommen, manche aber auch als Museum oder für andere Zwecke verwendet. Es ging beim Wiederaufbau eben gar nicht primär um Kirchen, sondern man nahm an, dass diese mittelalterlichen Kirchen polnische Gründer hatten und wollte auf diese Weise die älteren polnischen Kulturschichten erhalten. Ihre Präsenz versuchten die Polen noch zu verstärken, indem sie die Innenausstattung aus späteren Jahrhunderten beseitigten, sofern sie nicht ohnehin im Krieg zerstört worden war, und das gesamte Erscheinungsbild regotisierten. Damit die mittelalterlichen Spuren sichtbar waren, wurde in Breslau auch die mittelalterliche Stadtbefestigung mit großem Aufwand restauriert, teilweise auch rekonstruiert. Um die polnischen Bindungen zu betonen, baute man ebenso die Residenzschlösser der schlesischen Piasten in Brieg und Glogau sowie die Residenz der pommerschen Herzöge in Stettin und ihr Schloss in Stolp wieder auf, obwohl sie im Weltkrieg weitgehend zerstört worden waren. Angesichts der knappen Mittel begann dies erst Anfang der 60er Jahre und zog sich teilweise bis Ende der 80er Jahre hin. Dabei stellten die Polen nicht das Aussehen in den Jahren vor dem Weltkrieg wieder her, sondern sie schoben die Veränderungen aus „preußischer" Zeit möglichst beiseite und versuchten vor allem in Stettin, Brieg und Stolp anhand alter Stiche den äußeren Eindruck eines Renaissanceschlosses des 16. Jahrhunderts zu rekonstruieren, als diese Bauten noch einen Bezug zu „nationalen" Dynastien hatten. So zeigt sich das Stettiner Schloss heute wieder mit der Bogenreihe einer polnischen Attika als Giebel, einer für Polen spezifischen Sonderform der Renaissancezeit, obwohl diese schon im 19. Jahrhundert abgebrochen worden war.

Bemerkenswerterweise erfasste sich die Hochschätzung des Mittelalters auch die Burgen des Deutschen Ordens in Ost- und Westpreußen, obwohl die Kreuzritter in Polen als Speerspitze des „deutschen Drangs nach Osten", als aggressive Feinde Polens und geradezu als Schreckgespenst galten. Aber alle Ordensburgen, die den Krieg überstanden, blieben erhalten, und über ein Dutzend Ordensburgen mit deutlichen Kriegsschäden wurde restauriert. Dazu gehörte auch die größte unter ihnen, die im Krieg erheblich zerstörte Marienburg, der ehemalige Sitz des Hochmeisters. Obwohl etliche Pressestimmen in den Nachkriegsjahren forderten, die zerstörten Teile abzureißen, wurde sie 1961-73 wieder aufgebaut, wobei man die Veränderungen durch die deutschen Restaurierungen des 19. Jahrhunderts möglichst zurücknahm. Hierbei mag auch eine Rolle gespielt haben, dass diese Burgen, allen voran die Marienburg, auch touristische Bedeutung gewannen in dieser ansonsten an Sehenswürdigkeiten eher kargen Region.

Den Hunderten von ländlichen Adelssitzen, vor allem im 17. bis 19. Jahrhundert erbaut, erging es deutlich schlechter. Ihre Besitzer waren geflüchtet. Ein Teil der Häuser fanden sich schon beim Einmarsch der Roten Armee oder in den Wochen und Monaten danach aus Rache in Brand gesteckt oder auf andere Weise mutwillig zerstört. Eine Reihe wurden von den verstaatlichten Gütern als Büroräume oder Angestelltenwohnungen genutzt, manche auch für Schulen. Jene, für die sich keine Verwendung fand, verfielen dagegen zu Ruinen. Sofern man sie nicht in den Wiederaufbaujahren zur Baustoffgewinnung ausschlachtete, wurden die Ruinen meist nicht abgeräumt, sondern stehen auch heute noch zahlreich in der Landschaft herum, mehr oder minder zugewuchert.

Von den Städten wurden nur in Danzig ganze Gebäudeensembles wieder aufgebaut, um die Erinnerung an die Geschichte zu bewahren, obwohl die Altstadt fast völlig durch den Krieg zerstört war. Dabei orientierte man sich weniger an dem realen deutschen Danzig der Vorkriegszeit, sondern konstruierten ein neues Stadtbild aus Fassaden der Zeit vor 1793. Überdies handelte es sich auch nur um Fassaden; sie täuschen Patrizierhäuser des 17. und 18. Jahrhunderts vor, während man dahinter moderne Arbeiterwohnungen errichtete. Nun war Danzig untypisch, da es anders als Ostpreußen, Pommern und Schlesien bis zur Dritten polnischen Teilung 1793 nicht zu Preußen gehört hatte, sondern eine Stadtrepublik unter polnischer Oberhoheit gewesen war und auch schon 1919 vom Deutschen Reich abgetrennt worden war, so dass diese Stadt in den Augen der Polen einen viel stärker polnischen Charakter besaß als die übrigen neu gewonnenen Gebiete. Vergleichbares geschah nur noch in Allenstein, das 1772 an Preußen gekommen war. Die Russen steckten 1945 zwar etwa die halbe Stadt in Brand, aber die Polen bauten den Altstadtkern wieder auf und achteten darauf, die Fassaden der Bürgerhäuser der polnischen Kaufleute wieder erstehen zu lassen, um auch hier die polnische Vergangenheit zu unterstreichen. Vom Krieg unversehrte neuere Stadtteile rissen sie dagegen in den 60er Jahren ab und ersetzten sie durch Plattenbauten und Industriegebiete.

In Breslau hingegen, ebenfalls schwer kriegszerstört, wurde nur eine geringe Zahl prominenter Bauten in den 50er Jahren wieder aufgebaut, vor allem solche aus dem Mittelalter. Selbstredend, dass preußische Symbolbauten wie das Hohenzollernschloss und die Kommandantur nicht dazu gehörten, sondern abgerissen wurden. Der größte Teil der Innenstadt von Breslau, selbst wo sie nur leicht beschädigt war, verfiel in den Jahren nach dem Krieg durch die Witterung, da es eklatant an Material fehlte, um Dächer und Fensteröffnungen abzudichten. Dieser Teil wurde schließlich abgebrochen und gänzlich neu bebaut, an einigen wichtigen Straßenzügen auch durch historische Konstruktionen wie in Danzig.

Die durch das Kriegsgeschehen schwer zerstörten Altstädte von Stettin, Kolberg, Elbing und Glogau legten die Polen 1955-63 komplett nieder und machten sie dem Erdboden gleich, auch die noch stehenden Fassaden. Ausgenommen waren nur die mittelalterlichen Bauten der Hauptkirche (Kolberg und Elbing) und des Rathauses (Stettin, Kolberg und Glogau), die nun als isolierte Bauten desorientiert herumstanden. In Stettin wurde die obere Altstadt mit normalen Wohnhäusern modern bebaut, ohne jede Art von zentralen Funktionen, während die untere Altstadt viele Jahre als Parkplatz und öde Brachfläche dahinvegetierte. Letzteres galt für die anderen drei Städten ebenso. Es fehlte einfach an Mitteln für den Wiederaufbau. Erst ab Mitte der 80er Jahre wurden diese zentralen Leerflächen neu bebaut, nachdem man die alten Keller archäologisch freigelegt hatte. Dies geschah nun mit einer kleinteiligen, weitgehend auf den alten Fundamenten errichteten Wohnbebauung, die versucht, die Proportionen einer „gewachsenen Altstadt" wieder herzustellen, dabei aber in den Fassaden nicht historisierend, sondern in modisch postmodernen Formen, das ganze betont abwechslungsreich und individualisierend.

Selbst Altstädte, die den Krieg praktisch unbeschadet überstanden hatten, wurden abgerissen. Dazu einige Beispiele aus Schlesien. Hirschberg ließ man trotz fehlender Kriegszerstörungen nach 1945 weitgehend verfallen; die reichsten Bürgerhäuser am Marktplatz wurden dann immerhin nach 1965 vereinfacht rekonstruiert. In Liegnitz war man noch radikaler. Hier ließen die Polen die sehenswerte und 1945 vollständig erhaltene Altstadt völlig verfallen und räumte sie 1966-76 komplett ab, um eine neue sozialistische Stadt ohne Bezug zur deutschen Vergangenheit zu schaffen. In Neisse, einer der schönsten Städte der Westgebiete, wurden im ersten Jahrzehnt nach dem Krieg trotz aller Proteste des örtlichen Denkmalpflegers allein über hundert denkmalgeschützte Bürgerhäuser abgebrochen, davon zahlreiche einmalige Renaissancegebäude. Eine interne Dokumentation der oberste polnischen Denkmalschutzbehörde stellte 1956 fest: „Die Bilanz dieser Angelegenheit ist kompromittierend für unsere Kultur. Der größte Teil des alten Neisse wurde niedergerissen und in ein Trümmerfeld verwandelt. Der Ertrag an Ziegeln war minimal, die Kosten für die Schuttbeseitigung sind gewaltig. ... Diese Denkmäler überdauerten Hunderte Jahre deutscher Regierung, damit sie dann von polnischer Hand vernichtet wurden."[48] Schweidnitz wurde bereits erwähnt.

Die nördliche Hälfte Ostpreußens, genauer gesagt die Stadt Königsberg und ihr Umland, fielen 1945 an die Sowjetunion. Anders als die Polen konnten die Russen nach 1945 zu dem von ihnen annektierten Gebiet Deutschlands ernsthaft keinerlei historische Beziehung geltend machen. Sie waren hier in jeder Hinsicht fremd. Ihr Interesse war ein rein militärstrategisches; das Gebiet wurde in den folgenden Jahren zu einer starken Basis für die Ostseeflotte und umfangreiche Landstreitkräfte ausgebaut und war bis 1987 auch gegenüber dem übrigen Russland relativ abgeschottet. Die Einstellung der Russen gegenüber dem vorgefundenen Erbe aus deutscher Zeit war zumindest im ersten Jahrzehnt eine fundamental negative. Königsberg galt als Zitadelle des preußischen Militarismus. Die Prawda, die Parteizeitung der KPdSU, brachte diese Haltung schon am 13. April 1945 unmissverständlich zum Ausdruck: „Königsberg - das ist die Geschichte der Verbrechen Deutschlands. Während ihrer vierhundertjährigen Geschichte lebte die Stadt mit Kämpfen und Überfällen, ein anderes Leben war ihr nicht vergönnt. Schweigsam und düster sind hier die Paläste. In ihren stillen Kabinetten, Kriegsarchiven und Bibliotheken, hinter den dicken Mauern von Kriegsschulen und Auditorien wurden von Jahrzehnt zu Jahrzehnt Kriege und Raubzüge vorbereitet."[49] Um die Erinnerung an die deutsche Vergangenheit möglichst auszulöschen, erhielten nicht nur alle Straßen und Plätze neue Namen, sondern auch die Stadt Königsberg selbst: sie wurde zu Kaliningrad. Die architektonische Hinterlassenschaft der Deutschen sah sich gleich in mehrfacher Hinsicht negativ bewertet. Nicht nur war „deutsch" und „preußisch" generell verachtet, sondern die Bauten des 19. und 20 Jahrhunderts waren in den Augen der Kommunisten zugleich Produkte kapitalistischen Städtebaus, für Kirchen hatten die strikt atheistischen Sowjets ohnehin nichts übrig, und Landadelssitze waren für sie Ausdruck der feudalistischen Herrenschicht. Wenn die Propaganda die Bausubstand dermaßen massiv als wertlos stigmatisierte, nimmt es nicht Wunder, dass die neu Zugewanderten sie ausschlachteten und noch brauchbare Fenster, Heizungen und Dachpfannen auch dort demontierten, wo Ruinen wiederaufbaufähig gewesen wären. Überhaupt taten sich die Zuwanderer lange schwer, sich mit der für sie fremden Gegend zu identifizieren und gingen entsprechend achtlos mit dem Vorgefundenen um. Dazu kamen die Anforderungen von außerhalb. Anfang der 50er Jahre wurden in Kaliningrad zahlreiche Ruinen, aber auch manche durchaus gut erhaltenen Gebäude abgebrochen, um Ziegelsteine für den Aufbau anderer sowjetischer Städte zu gewinnen. Im Ganzen ging im russischen Teil Ostpreußens in den Jahrzehnten nach Kriegsende zweifellos mehr bedeutende Bausubstanz verloren als durch die unmittelbaren Kriegseinwirkungen.

Angesichts dieser Entdeutschungspolitik überrascht es nicht, dass alle Denkmäler für Hohenzollernherrscher in Kaliningrad beseitigt wurden, von

Herzog Albrecht über die Könige Friedrich I., Friedrich Wilhelm I. und Friedrich Wilhelm III. bis zu Kaiser Wilhelm I., ebenso jene für Bismarck und General Yorck. Aber auch die Denkmäler für den Komponisten Schubert und den Philosophen Kant wurden vernichtet. Bemerkenswerterweise erfolgte dies weitgehend erst Anfang der 50er Jahre; man war hier weniger entschlossen als in Polen. Einzig das Standbild für Schiller blieb bis heute unangetastet stehen, außerdem das Mausoleum für Kant an der Nordostecke des Doms. Überhaupt führten Geld- und Materialmangel dazu, dass Schritte zu Neuem nur sehr schleppend in Gang kamen. Das Gebiet zwischen Schlossteich und Pregel, in dem vom Mittelalter an das dicht bebaute Stadtzentrum lag, war zwei Jahrzehnte lange eine menschenleere Ruinenlandschaft. Von 4856 Häusern der Innenstadt waren bei Kriegsende nur 161 unbeschädigt. Diese tote Stadt diente als Kulisse für eine ganze Reihe sowjetischer Kriegsfilme. 1964 wurde festgestellt, dass Kaliningrad die einzige Großstadt der Sowjetunion war, die immer noch stark zerstört war. Erst Mitte der 60er Jahre räumten die Russen die Ruinen allmählich ab. In den innenstadtnahen Stadtteilen wurden nur wenige Bauten wiederhergestellt, darunter ausgerechnet die Börse, eigentlich das Symbol des Kapitalismus, die aber mit ihrer Säulenfront gut zum Baustil der Stalinzeit passte. Das Gelände der Altstadt wurde komplett eingeebnet (mit Ausnahme der Domruine) und zu einer riesigen, öden Grünfläche. Keine andere europäische Stadt hat ein so großes totes Herz.

Nur um die beiden wichtigsten Gebäude des verödeten Zentrums gab es Diskussionen: die ausgebrannte, aber massive Ruine des Hohenzollernschlosses und die Ruine des backsteingotischen Doms. Das Schloss war im Laufe der Jahrhunderte aus der mittelalterlichen Burg des Deutschen Ordens erwachsen, und seine Schlosskirche hatte als Krönungsort des ersten preußischen Königs und des ersten deutschen Kaisers gedient. So galt es lange als selbstverständlich, dass es als Symbol für den aggressiven „deutschen Drang nach Osten" zerstört werden musse. Seit 1961 erhoben sich allerdings aus den Kreisen der Kaliningrader Architekten Stimmen dafür, die Schlossruine zu erhalten; sie fanden auch Rückhalt in der Öffentlichkeit Kaliningrads und konnten selbst das russische Kulturministerium auf ihre Seite ziehen. Das „Tauwetter" in der Öffentlichkeit der Sowjetunion während der Amtszeit Chruschtschows ermöglichte es, Spuren aus der Vergangenheit differenzierter zu bewerten. Doch die Parteiführung des Kaliningrader Gebiets bestand unverändert auf dem Abriss, um so mehr, als der Konflikt um das Schloss in westlichen Medien registriert worden war und die Ostpreußische Landsmannschaft der Vertriebenen, die ihre Rückkehrhoffnungen noch immer nicht aufgegeben hatten, die Silhouette des Schlosses als Symbol auf ihren Fahnen verwendete. Der Vorsitzende des Kaliningrader Gebietsexekutivkomitees schrieb an den russischen Ministerrat: „Gegenwärtig schreiben die Revanchisten in Westdeutschland wissenschaftliche Traktate, die der Rolle des Schlosses in der Geschichte der Gründung Preußens gewidmet sind, und bedauern seine Zerstörung. Deshalb ist unserer Ansicht nach die Erhaltung der Ruinen des Schlosses schädlich für die Formierung der Weltanschauung der heranwachsenden Generation."[50] Der Gebietsparteichef holte sich schließlich Unterstützung durch ein Machtwort von ganz oben, d. h. vom neuen sowjetischen Parteichef Leonid Breschnew in Moskau. Damit war die Sache entschieden. Von 1965 an wurde das Schloss in Etappen bis 1969 gesprengt. Direkt daneben begann man 1970 demonstrativ den neuen Sitz der Stadtverwaltung zu bauen, das *Haus der Sowjets*, ein riesiger, aufragender Betonkasten, der aber dann nach zehn Jahren im Rohbaustadium steckenblieb und so seinerseits zur Ruine verkam.

Kurze Zeit nach der Entscheidung über das Schloss versuchte die Kaliningrader Parteiführung, mit der Domruine die letzte markante Erinnerung an die deutsche Zeit aus dem Zentrum der Stadt zu beseitigen. Stattdessen wollte sie auf der Insel ein Massengrab für die 20 000 Soldaten schaffen, die 1945 bei der Erstürmung der Stadt gefallen waren, um so der Stadt demonstrativ einen sowjetischen Stempel aufzudrücken. Der Dom war 1944 ausgebrannt, ein Teil des Gewölbes und der Nordturm eingestürzt. Nach zwei Jahrzehnten mit weiterem Verfall und Vandalismus wirkte er trostlos, aber noch immer imposant. Auch hier erhob sich aus Kreisen der örtlichen Intelligenz Widerspruch, die auch darauf verweisen konnten, dass das Kantmausoleum direkt mit ihm verbunden war. Diesmal blieb das Bauwerk stehen, vielleicht, weil die Pläne für die riesige Kriegsgedenkstätte nicht mehr zeitgemäß waren. 1976 und 1982 fanden Sicherungsarbeiten an der Domruine statt, die zwar verhinderten, dass sie ganz zusammenstürzte, aber zugleich alle noch erhaltenen Epitaphe, auf denen die Namen von einer jahrhundertelangen deutschen Tradition zeugten, und auch den noch erhaltenen Fußboden zerstörten.

Erst mit dem Zusammenbruch der kommunistischen Herrschaft, dem Zerfall der Sowjetunion und dem Ende der Abschottung gegenüber dem Westen begann man sich in Kaliningrad offen mit den deutschen Wurzeln auseinanderzusetzen, um so mehr als das Gebiet durch die Abspaltung der baltischen Staaten jetzt wie eine Insel von Russland getrennt war und neu nach Westeuropa zu blicken begann. Der Dom wurde 1992-98 mit deutschem Geld in vereinfachter Form wieder aufgebaut; er dient nun verschiedenen kulturellen Zwecken. Inspiriert von den nebelhaften Legenden um das 1945 verschollene Bernsteinzimmer wurden 2001-08 die Kellergewölbe des Schlosses wieder ausgegraben, finanziert vom Hamburger Magazin *Spiegel*, der hier eine Story witterte. Daraufhin diskutierte die Kaliningrader Öffentlichkeit über Jahre hin wiederholt, ob man nicht sogar das ganze Schloss wieder aufbauen solle. Sogar Ministerpräsident Putin befürwortete diese Pläne bei einem Besuch in der Stadt im Jahr 2006. Doch letztlich blieb es ein Luftschloss. Die 2007 von einem Architektenbüro propagierte Idee, die Vorkriegsbebauung der gesamten Insel zu rekonstruieren, war erst recht eine Träumerei. Immerhin wurde im Jahr 2014 ein internationaler städtebaulicher Wettbewerb ausgeschrieben, wie die Dominsel nach Jahrzehnten der Brache wieder bebaut werden könnte, und zwar mit neuen Ideen. Doch die Konzepte blieben auf dem Papier.

Über die wenigen prominenten Bauten geraten leicht die weniger bedeutenden aus dem Blick. Bei Kriegsende waren von den 224 evangelischen und katholischen Kirchen im russischen Teil Ostpreußens 134 gänzlich unversehrt, 70 waren leicht beschädigt bis zerstört, vor allem in Königsberg, von 20 ist der Zustand unbekannt. Mit der Vertreibung der Deutschen erstarb das Kirchenleben; die neue Bevölkerung war atheistisch, die Politik kirchenfeindlich. Kirchen wurden zunächst oft als Viehstall, Lagerraum oder Kulturhaus genutzt oder gleich dem Verfall überlassen. Auch in der Sowjetunion hatten die Kommunisten nach der Oktoberrevolution 1917 viele Kirchen geschlossen, umgenutzt, ruiniert und zerstört. Im Laufe der Jahrzehnte wurden von den Russen immer mehr ostpreußische Kirchen zerstört, zum Teil schrittweise, um hierdurch Baumaterial für neue Ställe, Schuppen, Garagen oder militärische Einrichtungen zu gewinnen oder um Löcher in den Straßen zu füllen. Treibende Kraft waren dabei meist die Vorsitzenden der Kolchosen und die örtlichen Gemeinderäte. Die Kirche und die Bauernhäuser des Dorfes Grünhayn/Kreis Wehlau wurden 1958 für Dreharbeiten des Films *Ein Menschenschicksal* zerschossen und gesprengt. Auch das Wahrzeichen von Tilsit, die 1610 eingeweihte Stadtkirche, die fast unversehrt durch den Krieg kam und dann als Sägewerk diente, wurde als Kulisse für eine sowjetischen Kriegsfilm stark in Mitleidenschaft gezogen und dann 1965 abgebrochen. Nachdem in Ostpreußen in der zweiten Hälfte der 40er Jahre 7 Kirchen und in den 50er Jahren etwa 26 Kirchen ganz vernichtet worden waren, erreichte die Totalzerstörung in den 60er Jahren mit 29 Kirchen ihren Höhepunkt. Danach setzte sich die Vernichtung auf niedrigerem Niveau fort; in den 70er Jahren traf es 14 Kirchengebäude, in den 80ern wurden 10 Kirchen vollständig abgerissen, und 1990-96 waren es 4 weitere. Im Endergebnis wurden 91 Kirchen praktisch völlig vernichtet, und von weiteren 67 blieben nur noch minimale Reste übrig. In Kaliningrad waren von den 33 Kirchen, die im Weltkrieg existierten, im Jahr 1996 nur noch 11 erhalten.

Noch stärker traf der russische Vernichtungswille die ländlichen Schlösser und Herrenhäuser. In der Zeit unmittelbar nach Kriegsende wurden militärische Spezialeinheiten losgeschickt mit dem Auftrag, preußische Adelssitze zu zerstören. Eine Untersuchung zu den Gutshäusern stellte 1991 fest, dass von ihnen 90 Prozent nach dem Krieg abgerissen worden waren. Von den vor dem

Weltkrieg noch gut erhaltenen Burgen des Deutschen Ordens wurden Balga, Insterburg und Ragnit bei Kriegsende teilweise zerstört und verfielen seitdem, die Lochstedter Burg wurde in den 60er Jahren gesprengt, Burg Labiau brannte 1965 aus und ist seitdem Ruine. Nur die Burg in Tapiau blieb erhalten, weil sie bis 2013 als Gefängnis diente.

Seit Ende der 80er Jahre veränderte sich das öffentliche Klima im Gebiet um Kaliningrad - deutsche Vergangenheit war nun nicht mehr grundsätzlich negativ besetzt und tabuisiert. Etliche Bauobjekte aus dieser Zeit stellte man jetzt unter Denkmalschutz. Ein paar noch einigermaßen erhaltene Kirchengebäude wurden der orthodoxen Kirche übergeben und von ihr wieder als Kirchen in Betrieb genommen. Vereinzelt sorgten die Initiative und die Finanzen von Privatpersonen oder ostpreußischen Vertriebenen für Restaurierungen; dieses erwies sich allerdings schon deshalb als recht schwierig, weil es an den nötigen handwerklichen Kenntnissen fehlte. Solche Initiativen blieben überdies punktuell und waren manchmal auch nicht dauerhaft. Für die Ordensburg in Preußisch Eylau fand sich ein zahlungskräftiger Investor, der Anfang der 90er Jahre begann, sie zu restaurieren und zu einem Hotel umzubauen. Dann ruinierte ihn 1998 der Rubelsturz, und Diebe schlachteten das eben neu eingedeckte Gebäude wieder aus. Meist reichte es ohnehin bestenfalls zu Sicherungsmaßnahmen an Ruinen.

Heimlicher Abriss ohne Debatte im Osten, offene Debatte ohne Abriss im Westen

Es ist schon peinlich, wenn man sich als führende Partei eingestehen muss, dass der als genial gepriesene, in vielfacher Weise hochgeehrte politische Führer ein Schwerverbrecher war. Drei Jahre nach Stalins Tod und nachdem alle Stalinanhänger im Zentralkomitee der KPdSU ausgeschaltet worden waren, traute sich die neue sowjetische Parteiführung unter Chruschtschow auf dem XX. Parteitag in Moskau 1956 die Verbrechen Stalins wenigstens parteiintern anzusprechen. Schon das führte, obwohl keine öffentliche Diskussion zugelassen war, zu schweren ideologischen Erschütterungen in Osteuropa, ja in Ungarn zum offenen Aufstand gegen die sowjetische Herrschaft, welche die Russen nur mit Panzern beenden konnten. Es dauerte noch fünf weitere Jahre, bis Chruschtschow auf dem XXII. Parteitag mit der Entstalinisierung noch einen Schritt weiter ging, wohl um seine Position gegenüber innerparteilichen Gegnern zu festigen. Am 30. Oktober 1961 beschloss der Parteitag, Stalins Namen aus der Öffentlichkeit zu tilgen und Stalins Leiche aus dem Lenin-Mausoleum auf dem Roten Platz in Moskau zu entfernen. Zahlreiche Straßen- und Plätze wurden umbenannt, Stalins Denkmäler entfernt, seine Bilder übermalt.

Dem mussten sich die unter Moskaus Fuchtel stehenden osteuropäischen Staaten schnell anschließen. So wurden auch in der DDR vom 13. November bis 28. Dezember desselben Jahres alle Denkmäler für Stalin entfernt, ebenso alle betroffenen Örtlichkeiten umbenannt. Den Anfang machte das 4,60 Meter hohe Bronzestandbild Stalins in der Stalinallee in (Ost-)Berlin, das erste und größte Stalindenkmal in der DDR. Nun bestand die in der Stalinzeit ins Amt gekommene Parteiführung der SED, die den Personenkult um Stalin mitgetragen hatte, im Wesentlichen unverändert weiter, und an einer öffentlichen Diskussion über Wesen und Ursachen des Stalinismus hatte sie verständlicherweise kein Interesse. So sollte die Entsorgung des Denkmals möglichst ohne viel Aufhebens vor sich gehen, und der Personenkult um Stalin blieb auch in der Folgezeit ein Tabuthema. Stalins Bronzefigur wurde vom 13. auf den 14. November um Mitternacht heimlich durch eine Baubrigade vom Sockel gestoßen und mit einem Tieflader in eine Halle der Bauunion gebracht, wo man sie noch in derselben Nacht mit Pressluftmeißeln bis zur Unkenntlichkeit zerkleinerte. Die Arbeiten geschahen unter Aufsicht von Männern der Staatssicherheit, und es war den beteiligten Arbeitern strikt verboten, Bruchstücke mitzunehmen und später über die Angelegenheit zu reden. Ein Ohr und ein Stück des Schnurrbarts verschwanden allerdings in den Taschen des Brigadiers; heute werden sie von der Geschichtswerkstatt Stalinallee ausgestellt.

Die Stalindenkmäler in anderen Städten der DDR wurden ebenso heimlich abgeräumt. Nur die Parteiführung in Leipzig konnte die Angelegenheit eleganter erledigen. Ihr Stalindenkmal, wohl eine Kopie des Berliner Standbilds, musste schon 1955 vom eigentlich nur provisorischen Sockel genommen werden, da dieser marode war. Der geplanten Wiederaufstellung kam dann die Entstalinisierung dazwischen, und 1962 wurde die eingelagerte Bronzefigur eingeschmolzen.

Im Unterschied zur kommunistischen Diktatur, die in der Öffentlichkeit keine kritischen Diskussionen zuließ, ist letztere ein Wesensmerkmal der westdeutschen Demokratie. Das zeigte sich auch im Umgang mit unliebsamen Denkmälern. Nachdem die Welle der Entnazifizierung öffentlicher Symbole in den unmittelbaren Nachkriegsjahren vorbei war, herrschte in den 50er und frühen 60er Jahren um die Denkmäler Ruhe. Oft wurden Kriegsdenkmäler für die Gefallenen des Ersten Weltkriegs einfach um eine Widmung für die Gefallenen des neuen Weltkriegs ergänzt, und durchweg wurden die Gefallenendenkmäler für die beiden Weltkriege von Veteranenverbänden, Bundeswehr und lokalen Honoratioren regelmäßig zu Gedenkveranstaltungen genutzt. Es waren große Ausnahmen, wenn das Kriegerdenkmal in Frankfurt-Höchst 1964 abgerissen wurde und man 1969 im rheinpfälzischen Edenkoben der Reiterfigur des großen Denkmals für den Sieg über Frankreich von 1871 das hochgereckte Schwert aus der Hand nahm und durch einen Palmzweig ersetzte. Im ersten Fall hatten die Nationalsozialisten 1937 ein Denkmal provozierend in einen kommunistisch und sozialdemokratisch geprägten Stadtteil gesetzt, das dort immer unbeliebt gewesen war, im anderen Fall passte der martialische Reiter nicht mehr zur wenige Jahre vorher offiziell proklamierten deutsch-französischen Freundschaft. Kolonialdenkmäler wurden dagegen bedeutungslos und fristeten ein Schattendasein; hier machte sich niemand mehr Hoffnungen auf eine neue Herrenrolle in Übersee.

Diese Ruhe endete in der zweiten Hälfte der 60er Jahre mit der Studentenbewegung, und zwar in mehrfacher Weise. Die Beseitigung der Kolonialherrschaft in Afrika, die zunehmende Kritik am Eingreifen der USA im Vietnamkrieg und die Rezeption der Ideologie des Marxismus-Leninismus und damit auch der Vorstellung vom Imperialismus als höchstem Stadium des Kapitalismus ließen bei einem Teil der Studenten ein antiimperialistisches und internationalistisches Selbstverständnis entstehen, das sich mit linken Befreiungsbewegungen in der sogenannten Dritten Welt solidarisierte. Auf einmal rückten verschlafene Kolonialdenkmäler ins Licht der Kritik, und als im Laufe der kommenden Jahre die deutsche Kolonialgeschichte von der Geschichtswissenschaft kritisch aufgearbeitet wurde, erfasste dieser neue Geist eines nach dem anderen. Zugleich brachte das Selbstverständnis der Studentenbewegung als Außerparlamentarische Opposition es mit sich, nicht über Magistratsbeschlüsse, sondern durch Demonstrationen und spontane Aktionen Verhältnisse verändern zu wollen, gegebenenfalls auch mit Gewalt. Damit bereiteten sie den Weg zu Aktionen kleiner aktivistischen Gruppen der politischen Linken gegen ihnen unliebsame Denkmäler, von Schmierereien bis hin zu Denkmalsstürzen. Schließlich begannen die Studenten auch nach Verantwortung und Schuld der eigenen Väter und Universitätslehrer während der Zeit des Dritten Reiches zu fragen, überhaupt nach den noch unter der Decke steckenden Fortwirkungen des Nationalsozialismus.

Zwar waren die Studentenunruhen von 1967/68 ein vorübergehendes Phänomen, aber aus diesen Impulsen entfaltete sich in den Jahren um 1980 eine breite linkskritische Bewegung. Sie äußerte sich in der Bereitschaft sogenannter Autonomer, bei politischen Auseinandersetzungen auch gewaltsam vorzugehen, nicht nur beim Streit um die Kernkraftwerke, sondern auch gegen Kriegsdenkmäler, ferner in der Gründung der neuen Partei Die Grünen (bzw. GAL) 1980, welche die Kritik an Militär und nationalem Denken in den nächsten Jahren auch in manche Stadtvertretungen trug, und nicht zuletzt in der Prägung der „68er“ durch ihre Studentenzeit, während sie inzwischen in Positionen in Politik und Medien einrückten. Die Proteste gegen den NATO-Doppelbeschluss gaben Anfang der 80er Jahre speziell antimilitaristischen Bestrebungen zusätzlichen Auftrieb. So kam es in den 80er und frühen 90er Jahren an vielen Orten zur öffentlichen Kritik an den Gefallenendenkmälern. Die auf den Steinen vertretenen soldatischen Tugenden von Opferbereitschaft, Treue und Gehorsam sahen sich jetzt in Frage gestellt, weil sie einer Diktatur gedient hatten. Es wurde der Vorwurf erhoben, dass der Blick auf die Soldatenopfer den Blick auf die Täter verstelle, überhaupt die aggressiven Ziele deutscher Kriegführung bei diesen Denkmälern nicht im Blick seien. Und hatten nicht die Konzentrationslager nur solange funktionieren können, wie die Front hielt, wie Norbert Blüm 1978 im Spiegel äußerte? Einigen Kriegsdenkmälern wurde jetzt auch vorgeworfen, dass sie durch die besondere Art ihrer Gestaltung den Militarismus verherrlichen würden. Bemerkenswerterweise war dieses an ihnen in den 50er und frühen 60er Jahren von der Öffentlichkeit nicht wahrgenommen worden, obwohl die Gestalter dieser Denkmäler durchaus nationalsozialistische Vorstellungen und auch schon in den 20er Jahren Widerstand gegen den Versailler Vertrag hatten ausdrücken wollen. Die neue Kritik der Linken traf oft auf Unverständnis und auch auf heftige, teils recht emotionale Abwehr, besonders aus Kreisen der CDU. Zugleich begann mit der Arbeit von Reinhart Koselleck 1979 die geschichtswissenschaftliche Erforschung von politischen Denkmälern. Dass auch das politische Establishment auf allen Ebenen schrittweise das historische Gedächtnis neu justierte, zeigte sich 1985 in der breiten positiven Resonanz auf die Rede von Bundespräsident Richard von Weizsäcker zum 40. Jahrestag des Kriegsendes, in der er zu einer differenzierteren Sicht auf die Bedeutung des Zweiten Weltkriegs, die Opfer des Nationalsozialismus und die Kriegstoten fand. Zunehmend suchten Politiker einen Weg, der Kritik entgegenzukommen, ohne die Anhänger des überkommenen Totengedenkens zu sehr zu brüskieren, und um zugleich auch wilden Aktionen gegen Denkmäler den Nahrboden zu entziehen. Durch den Abriss von Denkmälern die Erinnerung auszulöschen konnte das Problem nicht lösen, zumal „Bilderstürmerei“ weithin keinen guten Ruf hatte, sondern eher als Ausdruck totalitären Denkens galt. So entstand die Idee, die jetzt als problematisch empfundenen Aussagen und Absichten zu neutralisieren und sich von ihnen zu distanzieren, indem man die alten Denkmäler mit einem Gegendenkmal konfrontierte. Billiger ging es, wenn man sie einfach mit einem kommentierenden Zusatz versah, so dass sie von Orten des Gedenkens und der Sinnstiftung zu einem bloßen Relikt aus der Vergangenheit wurden, sozusagen zu ideologiegeschichtlichem Anschauungsmaterial. Nach der Jahrhundertwende flachten die Auseinandersetzungen um die Denkmäler dann ab.

Die wenigen Kolonialdenkmäler hatten ihren Heldenmythos längst verloren, trotzdem schienen sie den linken Studenten noch genug Potential für einen demonstrativen Akt gegen imperialistische Unterdrückung und Ausbeutung zu bieten. Als erstes traf es das Denkmal für Hermann von Wissmann, der maßgeblich die Kolonie Deutsch-Ost-Afrika etabliert hatte, natürlich nicht ohne Gewaltanwendung. Die Figur des „Kolonialkämpfers" in Herrenpose, einen bewundernd aufblickenden schwarzen Soldaten unter sich, war mit dem Verlust der Kolonie 1919 von Daressalam nach Hamburg geholt worden und stand seitdem vor dem Hauptgebäude der Universität, die aus dem ehemaligen Kolonialinstitut erwachsen war, neben ihm das Denkmal für Hans Dominik, der beim Aufbau der deutschen Kolonialherrschaft in Kamerun mitgewirkt hatte. Diese direkte räumliche Nachbarschaft von Kolonialrelikten und kritischen Köpfen erklärt, warum sich der Konflikt in Hamburg am frühesten entzündete. Schon 1961 hatten Studentenvertreter das Rektorat der Universität aufgefordert, die Denkmäler für die beiden „Konquistadoren" zu beseitigen und den Materialwert zugunsten der Aktion *Brot für die Welt* zu spenden, was aber auf entschiedene Ablehnung der Verantwortlichen traf. Als Studenten des Sozialistischen Studentenbundes die Bronzefigur im August 1967 in einer antiimperialistischen Kundgebung in Anwesenheit der Presse und unter Absingen der Internationale vom Sockel zerren wollten, unterband die Polizei die Aktion. Gegen die Akteure wurde ein Prozess wegen Sachbeschädigung eröffnet. Als sie es zwei Monate später heimlich nachts erledigten, stellte die Universitätsleitung das Denkmal umgehend wieder auf. Nachdem ein Jahr später das Studentenparlament mit Mehrheit dafür gestimmt hatte, stürzten Studenten sein Standbild erneut vom Sockel und diesmal auch das von Dominik. Jetzt gab die Universitätsleitung auf, beide Figuren wurden magaziniert.

In der Zeit der Studentenunruhen wurde auch das Göttinger Denkmal für die Soldaten der Schutztruppe in Frage gestellt, die bei der Niederwerfung des Aufstands der Herero in Deutsch-Südwest-Afrika gefallen waren. Hier kam es allerdings erst 1978 zum Denkmalsturz, als Mitglieder des Kommunistischen Bundes Westdeutschlands den Bronzeadler und die Widmungstafel abmontierten und erklärten, dass sich dieses „Symbol finstersten Kolonialismus und Ausbeutertums in Gefangenschaft der Sachwalter der Unterdrückten und Entrechteten" befinde.[51] Den abgesägten Vogelkopf versteigerte der KBW und schickte das Geld an die Befreiungsbewegung Zimbabwes (ZANU). Zur Enttäuschung der Akteure lösten sie damit allerdings in der Öffentlichkeit kaum Reaktionen aus. Der Steinsockel blieb stehen, die Gedenktafel wurde 1981 erneuert. Das ehemalige Reichskolonialehrenmal in Bremen geriet dagegen während der Studentenunruhen erstaunlicherweise überhaupt nicht in die Kritik, vielleicht weil Bremen damals noch keine Universität hatte.

Es dauerte noch ein weiteres Jahrzehnt, bis sich in breiteren Kreisen die Einstellung zur kolonialen Vergangenheit soweit gewandelt hatte, dass viele die alten und inzwischen weitgehend ungepflegten Kolonialdenkmäler nicht weiter einfach so stehen lassen wollten. Dabei gab es in der Vorgehensweise ein Nord-Süd-Gefälle. Provokante Gewaltmethoden kamen jetzt nicht mehr vor, alles nahm seinen ordentlichen Verwaltungsgang. Am weitesten ging man auf Helgoland. Hier löste ein kritischer Artikel über den Werdegang des Kolonialpioniers Karl Peters, der 1989 in der Wochenzeitung *Die Zeit* erschien, eine Debatte aus, woraufhin die Stadtverwaltung seine Büste aus dem öffentlichen Raum entfernte, die dann später ins Nordsee-Museum kam. In Hannover und Bremen konnten sich Bürgerinitiativen mit dem Vorschlag durchsetzen, das Kolonial-Denkmal in ein Antikolonial-Denkmal umzuwidmen, und so wurden 1988 das Karl-Peters-Denkmal in Hannover und 1990 der Kolonialelefant in Bremen mit einer entsprechenden Mahntafel versehen. In einigen anderen Städten trafen die Initiativen der politischen Linken auf stärkere Widerstände und scheiterten zunächst, bis die Lösung schließlich in einer offiziellen kommentierenden Informationstafel am Denkmal gefunden wurde. In Braunschweig diskutierte man Anfang der 90er Jahre im Stadtrat, wie man mit dem Kolonialdenkmal von 1925 umgehen sollte, aber ohne Ergebnis. Die SPD wollte es auf den Friedhof abschieben, die CDU war dagegen, und die Grünen wollten in ein Gegendenkmal investieren. Als ein *Bündnis für den Frieden* 2004 einfach eine Tafel mit einer Umwidmung zum „Antikolonial-Denkmal" aufstellte, war diese bald wieder verschwunden, und im nächsten Jahr dang die PDS mit dem Antrag, es ins Museum zu verfrachten, auch nicht durch, aber jetzt stellte die Stadtverwaltung eine kleine Erläuterungstafel auf. In Göttingen scheiterte die GAL 1990 mit dem Antrag, das Südwestafrika-Denkmal durch eine Informationstafel zum Hererokrieg zu ergänzen, und als 2006 ein Antikolonialbündnis eine Inschriftentafel aufstellte, wurde diese nach wenigen Tagen von der Stadtverwaltung entfernt, da sie nicht nur das Denkmal in ein Antikolonialdenkmal umwidmete, sondern auch noch dazu aufforderte, Entschädigung an die Nachkommen der Opfer zu zahlen. Im folgenden Jahr ergänzte dann die Stadtverwaltung das Denkmal durch eine Tafel mit kritischen Informationen. Eine ebenfalls nicht autorisierte Gedenktafel für die Opfer des Hererokriegs hatten schon 1984/85 der Arbeitskreise Afrika und die GAL am kleinen Traindenkmal in Münster aufgestellt, aber der darauf verwendete Begriff „Völkermord" war nicht konsensfähig; erst 2010 brachte die Stadt dann eine Informationstafel an. Nur an dem verschlafenen Kneipp-Kurort Bad Lauterberg im Harz, wo Hermann von Wissmann, Afrikaforscher und zeitweise Gouverneur Deutsch-Ostafrikas, meist seinen Heimaturlaub verbrachte, wehte der kritische Zeitgeist offenbar vorbei. Dort steht sein Denkmal nach wie vor unangefochten im Kurpark gegenüber dem Kurhaus, und zwar mit der unkommentierten Inschrift: „Er kämpfte erfolgreich gegen den Sklavenhandel und für die Freiheit der Unterdrückten."

Von den viel zahlreicheren Denkmälern für die Gefallenen des Ersten Weltkriegs aus den 20er und 30er Jahren waren es nur wenige, die jetzt dadurch in die Kritik gerieten, dass die Sensibilität für unterschwellig wirkende Botschaften nationalsozialistischen oder militaristischen Charakters neu erwacht war. Welche es traf lag zum Teil an der konkreten Gestaltung des Denkmals, aber ebenso auch am politischen Klima in der jeweiligen Stadt. Zu einem geordneten Abriss durch einen Beschluss der Stadtvertretung kam es dabei nirgends, da die etablierten Parteien durchweg der Meinung waren, dass jetzt noch bestehende Denkmäler als Zeugen ihrer Zeit erhalten bleiben sollten. Zwar beantragte die DKP 1985 in der Bezirksvertretung Essen-Steele durch einen Bürgerantrag, das Ruhrkämpferehrenmal in Essen-Horst aus dem Jahre 1934 abzureißen und dort einen Grillplatz einzurichten, und im selben Jahr beriet der Gemeinderat in Karlsruhe über einen Antrag der Grünen, das Dragonerdenkmal von 1929 mit seiner heroischen Reiterfigur und entsprechendem Widmungsspruch aus der nordischen Mythologie zu beseitigen oder zumindest zu verändern, aber beides war weit davon entfernt mehrheitsfähig zu sein (das Ruhrkämpferehrenmal bekam fünf Jahre später eine Erläuterungstafel).

Vor allem seit Anfang der 80er Jahre gab es aber an etlichen Orten Farbschmierereien auf Kriegsdenkmälern, gelegentlich auch Verhüllungs- oder Verkleidungsaktionen. In einigen Fällen steigerte sich dieser Protest zum Versuch der gewaltsamen Zerstörung oder des Denkmalsturzes. Die Reaktionen darauf waren recht unterschiedlich. Am hartnäckigsten war die Auseinandersetzung dabei in Göttingen. Der trotzig und mit geballter Faust auf seinem Sockel stampfende Soldat des Ehrenmals, das 1925 für das Infanterieregiment 82 errichtet worden war, geriet verstärkt in die öffentliche Kritik und zog den Hass der linken Antimilitaristen auf sich, wogegen die liegende Figur eines sterbenden Kriegers auf dem Denkmal des Reserve-Infanterie-Regiments 91 unbehelligt blieb. 1980 und erneut 1987 wurde die 1,7 Tonnen schwere Steinfigur des 82er Regiments vom Sockel gestürzt, was sie unbeschädigt überstand, und beide Male stellte die Stadtverwaltung sie nach wenigen Tagen wieder auf. Daraufhin stürzten die Denkmalsgegner 1988 das Denkmal erneut vom Sockel, und diesmal schlugen sie den Kopf ab und stahlen ihn. Die Denkmalsfigur wurde restauriert und erhielt einen neuen Kopf, aber die Verantwortlichen nahmen sie jetzt aus dem öffentlichen Raum und platzierten sie in der Rommel-Kaserne in Osterode. Das Ehrenmal bekam stattdessen ein harmloses Holzkreuz.

In Bochum wurden gleich drei Kriegerdenkmäler Ziel von Angriffen. Im Stadtpark hatten die Nationalsozialisten 1935 als Ehrenmal für die 67er zwei

Bronzesoldaten aufgestellt, durch die Uniform der eine als Soldat des Ersten Weltkriegs und der andere als Soldat der neuen Wehrmacht gekennzeichnet, die gemeinsam eine waagerechte Fahne hielten und damit die Verbindung von stolzer Vergangenheit und nationalsozialistischer Zukunft symbolisieren sollten. 1983 sägten Unbekannte die Figuren ab und warfen sie um. Die Stadtverwaltung reagierte flexibler als in Göttingen. Es folgte eine ausführliche und kontroverse Debatte, wie man mit dem Denkmal weiter umgehen sollte. Schließlich landeten die Figuren im Ausstellungsraum des Stadtarchivs und der Denkmalrest vor Ort erhielt eine Informationstafel, die sich vom „Ungeist des Nationalsozialismus" distanziert. Das Kriegerdenkmal in Bochum-Ehrenfeld, ein brüllender Löwe, hatte die Widmung mitbekommen „im Geiste unbesiegt". Nachdem mehrere Aufforderung an die Stadtverwaltung, die Steinfigur abzureißen, erfolglos geblieben waren, meißelten Aktivisten von SDAJ, Falken und Gewerkschaften am Volkstrauertag des Jahres 1983 demonstrativ diesen Teil der Inschrift heraus. In Bochum-Langendreer zeigte das Kriegsdenkmal von 1929 eine eigentlich besinnliche Soldatenfigur, die aber auf der Sockelrückseite einen heroischen Spruch aufwies. Diese fand sich 1987 plötzlich durch Antimilitaristen enthauptet, und der stehengebliebene Torso erhielt ebenfalls eine Erläuterungstafel. Hier meinte aber nun der konservative Denkmalsverein, der Figur nach 18 Jahren Kopflosigkeit einen neuen Kopf verpassen und die Tafel entfernen zu müssen, um den Zustand von 1929 wieder herzustellen. Die Folge war, dass Antimilitaristen die Figur im Jahr 2010 erneut enthaupteten und ihr einen Frankensteinkopf verpassten.

Weniger Action, aber umso mehr Diskussionen gab es dagegen um den kleinen schlichten Gedenkstein vor dem Hauptgebäude der Hochschule Bremen, der 1934 für die gefallenen Studenten der technischen Lehranstalten „unseren Helden" errichtet worden war. 1984 sprach sich der AStA einstimmig dafür aus, ihn zu beseitigen, was eine umfangreiche Debatte in verschiedenen Universitätsgremien zur Folge hatte, die dann aber versandete. Als Unbekannte 1988 das Denkmal umstürzten, ging die kontroverse Diskussion von neuem los. Schließlich führte die gesammelte akademische Weisheit 1992 zu dem genialen Beschluss, den Gedenkstein einfach umgestürzt liegen zu lassen. In der Rheinpfalz schlug eine anarchistische Gruppe 1993 und 1994 an zwei Kriegsdenkmälern aus den 30er Jahren einen Kopf ab. Zuerst traf es das Reiterdenkmal auf dem Marktplatz in Landstuhl, einen andächtig betenden Soldaten, von dem aber der *Spiegel* 1989 enthüllt hatte, dass er wohl Hitlers Gesichtszüge trug, dann in Weinheim einen von drei Soldaten, die als Gruppe stolz in den Krieg ziehen. Die Stadtverwaltungen ließen den Schaden jeweils umgehend reparieren, in Landstuhl jetzt mit einem unverfänglichen Lockenkopf.

In zwei Fällen griffen die Denkmalgegner auch zu Sprengstoff. In Hamburg versuchten Unbekannte 1985, das Regimentsdenkmal der 76er durch im Inneren des großen Steinbaus angebrachte Sprengladungen in die Luft zu sprengen. Weil nicht alle Sprengladungen zündeten, blieb der Schaden aber unerheblich. In Berlin traf es ungewöhnlicherweise mit der Siegessäule ein Denkmal aus dem Kaiserreich, als die Revolutionären Zellen im Januar 1991 unterhalb der Viktoria einen Sprengsatz zündeten, um das „Symbolobjekt für Nationalismus, Rassismus, Sexismus und Patriarchat“[52] zu Fall zu bringen, wie es im Bekennerschreiben hieß. Da der Sprengsatz nicht vollständig zündete, konnte die Viktoria sich gerade noch halten. Hier ging es aber gar nicht mehr um die Auseinandersetzung mit dem Kriegsgedenken, sondern eine extremistische Splittergruppe, die dabei war, in der Szene massiv an Anhängern zu verlieren, hatte sich ein weithin bekanntes Objekt gesucht, um noch einmal Präsenz zu zeigen. Tatsächlich hatte die Siegessäule ihre patriotische Aura schon verloren und war auf dem Weg zum unpolitischen Sightseeing-Objekt und zum Mittelpunkt von Veranstaltungen der Spaßgesellschaft wie der Loveparade.

Nun besitzt Hamburg mit dem 76er Denkmal am Dammtor das eindrucksvollste Kriegsdenkmal, das sich in Deutschland aus dem Dritten Reich erhalten hat. Es war schon 1945/46 umstritten gewesen, und 1969 lebte die Kontroverse wieder auf. Die zuständige Bezirksversammlung Hamburg-Mitte beschloss 1972, dass die zum Opfertod auffordernde Inschrift entfernt werden solle, aber der Senat kassierte den Beschluss, nicht zuletzt weil er in der konservativen Presse auf völliges Unverständnis, ja empörten Widerspruch stieß. Ende der 70er Jahre eskalierte die Situation. Von Seiten der Linken nahmen Kritik und Umgestaltungsforderungen bis hin zu Farbbeutelattacken und Verhüllungsaktionen zu, und eine neutrale wissenschaftliche Untersuchung wies Ende 1979 den nationalsozialistischen Charakter des Denkmalklotzes nach, so dass nun niemand mehr arglos darauf blicken konnte. Andererseits wollte die CDU das Denkmal unangetastet lassen, und obendrein nutzten es jetzt auch noch Neonazis als Ort politischer Demonstrationen. Die Kulturbehörde suchte einen Ausweg, indem einerseits das Denkmal unverändert bleiben, aber zugleich seine Umgebung durch kontrastierende neue Denkmalselemente umgestaltet werden sollte. Ein bundesweiter Wettbewerb fand 1982 mit 107 Einsendungen große Resonanz, und 1985 und 1986 wurden die ersten beiden von geplant vier Teilen eines Gegendenkmals eingeweiht. Da der Künstler dann für die weitere Arbeit mehr Geld forderte als vereinbart, blieb das Projekt unvollendet. Das Beschmieren hörte allerdings nicht auf, sondern griff auch auf das Gegendenkmal über, was einiges über Motive und Urteilsvermögen dieser Aktivisten aussagt. Das ständige Bemalen und wieder Säubern vergröberte die umfangreiche Reliefplastik zusehends.

Trotzdem wirkte die Idee eines Gegendenkmals ansteckend. In Hamburg erhielt 1988 auch das Denkmal vor der Johanniskirche in Harburg ein Gegendenkmal, ein hingekauertes weinendes Kind, das aber vor der Figur des mit geschultertem Gewehr marschierenden Soldaten, die mit Sockel über 10 Meter hoch war, verschwindend klein wirkt. 1996 wurde dem 31er Denkmal in Hamburg-Altona und 1999 dem Kriegerdenkmal auf dem Licentiatenberg in Hamburg-Groß Borstel jeweils ein Gegendenkmal beigesellt. Alle drei waren Kriegsdenkmäler aus der Zeit der Weimarer Republik. Außerdem verpasste die Privatinitiative einer Künstlerin dem Gedenkstein für die Gefallenen von 1870/71 in Hamburg-Blankenese in einer zunächst nicht autorisierten Aktion 1991 als Gegendenkmal die Figur eines Deserteurs, der sein Gewehr zerbricht. Doch nicht alle Ergänzungen brachten die erhoffte Befriedung. Das Deserteursdenkmal bekam nicht nur regelmäßig frische Blumen, sondern wurde auch wiederholt beschädigt und dann ganz gestohlen. Auf dem Licentiatenberg wurde 2005 das Kriegsdenkmal von 1922 schwer beschädigt, aber auch das Gegendenkmal in Gestalt eines Schützengrabenabschnitts teilweise zerstört. Schließlich zog die Bezirksversammlung unter die giftigen Kontroversen im Stadtteil einen Schlussstrich, indem sie beides abräumen ließ. Das 76er-Denkmal bekam sogar im Jahre 2015 ein in gewisser Weise zweites Gegendenkmal beigesellt, indem man nun dort auch noch ein Denkmal für Deserteure platzierte. Auch außerhalb Hamburgs fand die Idee, Kritik an alten Kriegsdenkmälern durch ein Gegendenkmal zu entschärfen, Nachahmer, so 1987 in Gladbeck, 1994 in Nordhorn, 1999 in Weinheim und 2012 in Duderstadt. In Düsseldorf hatte man schon 1978 indirekt ein Gegendenkmal zum umstrittenen 39er Denkmal der Nazis am Reeser Platz geschaffen, indem man die noch erhaltenen Reste des 1933 zerstörten 39er Denkmals von Rübsam an der neuen Tonhalle wieder aufstellte. Doch es wurde um das zunehmend als kriegsverherrlichend wahrgenommene Denkmal am Reeser Platz nicht ruhig, um so mehr, als rechtsradikale Gruppen den Ort als Aufmarschplatz nutzten, so dass wiederholt Stimmen den Abriss oder die kritische Erweiterung forderten. So beschloss die zuständige Bezirksversammlung dann 2014 doch, auch hier ein richtiges Gegendenkmal zu schaffen.

Diese 1967 einsetzenden Impulse, bestehende Denkmäler zu beseitigen oder zu verändern, stammten also stets aus dem linkskritischer Milieu. Bemerkenswerterweise war Hamburg jeweils der Vorreiter, bei den Aktionen gegen Kolonialdenkmäler, mit dem kritischen Diskurs über Kriegsdenkmäler aus der NS-Zeit und durch das Konzept der Gegendenkmäler, welche die Konfrontation von gewaltsamem Aktionismus der Linken und konservativem Beharren überwinden sollten. Die gegen Denkmäler gerichteten Aktionen, von Farbschmierereien über Verhüllungen bis zu Denkmalstürzen, waren die Versuche kleiner, ungeduldiger und unduldsamer Gruppen, für ihre Positionen Aufmerksamkeit zu erringen, die aber weit davon entfernt waren, mehrheitsfähig zu sein. Das vorherrschend gewordene Konzept von Gegendenkmälern, Umwidmungen und Erläuterungstafeln entsprach dagegen letztlich dem Kompromisscharakter von Entscheidungsprozessen in demokratischen Gremien einer pluralistischen Gesellschaft, die aus unterschiedlichen Interessen Mehrheiten zusammenbündeln müssen.

Neue Debatten, ob man bauliche Relikte aus dem Dritten Reich abreißen sollte, entzündeten sich seit den 80er Jahren gelegentlich auch an Objekten, die nicht wie Denkmäler reine Symbolbauten darstellten, sondern als Zweckbauten errichtet worden waren. Dass die Forschung in den 80er Jahren den ideologischen Gehalt nationalsozialistischer Architektur herausgearbeitet hatte, bildete den allgemeinen Hintergrund, die konkreten Anlässe für die Diskussionen waren aber ganz unterschiedlich. In Kiel gab es um den Abriss des U-Boot-Bunkers Kilian Auseinandersetzungen, bei denen die politischen Fronten im Vergleich zu den sonstigen Diskussionen um Denkmäler wie vertauscht wirkten. Der massige U-Boot-Bunker von 1943 am Ostufer des Kieler Hafens mit seiner 4,5 Meter dicken Decke war 1946 von den Briten gesprengt worden; seitdem ragten dort drei verkantete Betonblöcke aus dem Wasser der Förde. Auf eine Initiative des Malers Harald Duwe im Jahre 1984 hin wurde die Ruine zum Antikriegsdenkmal erklärt, kein künstlerisch und künstlich geschaffenes, sondern als zerborstener Rest unmittelbarer Zeuge von Zwangsarbeit, Rüstungsproduktion und Seegrab. Dies kollidierte jedoch mit den bereits bestehenden Plänen, den Osthafen weiter auszubauen. So kam es 1997 zu einer intensiven öffentlichen Debatte über Erhalt oder Abriss der Bunkerruine. Schließlich gab die schleswig-holsteinische Landesregierung den Wirtschaftsinteressen den Vorrang; die herausragenden Teile des Bunkers wurden gesprengt und die Fundamente verschwanden unter der neuen Ro-Ro-Liegeanlage.

In drei anderen Fällen stieß nicht politischer Wille die Diskussion über die Entfernung von Bauten aus der NS-Zeit an, sondern schlicht die Tatsache, dass der Zahn der Zeit an diesen nagte. Das Haus der Kunst in München, das auch mit der Erinnerung an die Kunstpolitik der Nationalsozialisten verbunden ist, war 1989 so baufällig geworden, dass es renommierte Ausstellungen nicht mehr durchführen konnte. Während in der nun einsetzenden öffentlichen Debatte der Architekt Stephan Braunfels vehement dafür eintrat, den neoklassizistischen Kasten abzureißen und durch einen modernen Neubau zu ersetzen, und zwar aus rein praktischen Gründen, und einige Stimmen für einen kontrollierten Verfall eintraten, plädierten andere wie beispielsweise der Kunstsammler Lothar Günther Buchheim dafür, den Bau als eindringliches Zeugnis für die Rolle der Kunst im Nationalsozialismus zu bewahren. Schließlich entschloss die bayerische Staatsregierung sich, den Bau mit hohem Aufwand zu sanieren. Als der britische Star-Architekt Chipperfield 2016 seine Sanierungspläne vorlegte, die vorsahen, das Gebäude weitgehend in den Originalzustand von 1937 zurückzuversetzen, entfachte er damit allerdings eine hitzige Kontroverse; er betreibe eine Renazifizierung des Vorzeigebaus der Nazis, und das in Zeiten eines wachsenden Rechtspopulismus, so wurde ihm vorgworfen.

Im Unterschied zu diesem prominenten Bau lagen die Bunkeranlagen des Westwalls jahrzehntelang wenig beachtet wie im Dornröschenschlaf. In den Jahren 1937-39 hatte Hitler die Westgrenze über 630 km Länge mit einem System von 20 000 einzelnen Betonbauten zum sogenannten Westwall ausbauen lassen. Die meisten waren auf Anordnung der Alliierten nach dem Krieg gesprengt und dem Überwuchern anheimgegeben worden. Im Laufe der Jahrzehnte wurden davon schrittweise immer mehr beseitigt, so dass 2007 noch etwa 7 % erhalten waren. Einige hatten örtliche private Initiativen inzwischen museal aufbereitet, wo nun die Faszination von Technik, Tod und morbidem Erscheinungsbild Neugierige anlockte. 2001 startete das Bundesfinanzministerium damit, nun auch die restlichen Bunkerruinen und Panzersperren mit Kosten von 35 Millionen Euro abreißen zu lassen, weil die Verkehrssicherheit der verfallenden Ruinen gefährdet sei und sich hier und da Neonazi-Tourismus eingenistet habe. Gegen diese Zerstörung erhoben sich 2004/05 zahlreiche Proteste, nicht nur von Heimatforschern und Denkmalschützern, sondern auch von Naturschützern, da im Laufe der Jahrzehnte teilweise in den Ruinen Biotope seltener Pflanzen und Tiere entstanden waren. Die Proteste erreichten, dass die Abrisse zunächst ausgesetzt und dann 2005/2009 die Relikte des Westwalls als Ganzes unter Denkmalschutz gestellt wurden.

Probleme der Verkehrssicherheit machten auch den Stadtvätern von Nürnberg zu schaffen, als sie etwa zur gleichen Zeit feststellen mussten, dass die Zeppelintribüne auf dem Reichsparteitagsgelände für das Tausendjährige Reich doch etwas zu hastig gebaut worden war. Jetzt drohte ein fortschreitender Verfall und die Sperrung war absehbar. 2014 stand die Zahl von 70 Millionen Euro an erforderlichen Sanierungskosten im Raum. Der Oberbürgermeister war für die Erhaltung, nicht zuletzt um sich nicht dem Vorwurf auszusetzen, Nürnberg versuche unter dem Vorwand des Kostenarguments seine braune Vergangenheit durch die Hintertür zu entsorgen. Dagegen sprachen sich nicht nur Bürger aus, die angesichts verschiedener Sparmaßnahmen bei öffentlichen Ausgaben dafür wenig Verständnis aufbringen konnten, sondern auch Historiker, die forderten, das Ganze abzutragen oder dem Verfall preiszugeben, weil es auf dem großen Parteitagsgelände noch genug andere Relikte aus dem Dritten Reich gebe und die Zeppelintribüne ohnehin nur noch ein Torso mit begrenztem Aufklärungswert darstelle. Obwohl es sich um einen Bau ohne praktischen Nutzen handelt, rang die Stadt sich schließlich 2016 zur Sanierung durch.

Mit der Entsorgung der offenkundigen Symbole nationalsozialistischen Herrschaft direkt nach dem Krieg war das Thema, ob und welche Bauwerke des Dritten Reiches man abreißen müsse, also noch lange nicht erledigt. Das zunehmend geschärfte Bewusstsein der Öffentlichkeit für seine Hinterlassenschaften ließen es geradezu zu einem Wiedergänger werden. Die konkreten Beweggründe und Handlungskonzepte veränderten sich indessen im Laufe der Jahrzehnte.

Entsorgung von Symbolen kommunistischer Herrschaft

Am 9. November 1989 wurde die Berliner Mauer geöffnet, am 3. Oktober 1990 trat die DDR der Bundesrepublik bei und bekam die politische und wirtschaftliche Ordnung Westdeutschlands übergestülpt. Der Kommunismus hatte im Wettlauf der Systeme verloren, und das bekam auch die symbolische Präsenz seiner Herrschaft im öffentlichen Raum zu spüren.

Als erstes traf es jenes Bauwerk, das zum Hassobjekt der weitaus meisten Berliner geworden war, gewissermaßen das Symbol für die Unfähigkeit und Unwilligkeit der SED-Führung, einen Sozialismus mit Freiheit und Wohlstand aufzubauen, weshalb sie keinen anderen Weg sah, als mit Gewalt bis hin zum Schusswaffengebrauch zu verhindern, dass die DDR durch eine ständige Flucht leerlief wie ein leckes Fass: die Berliner Mauer. Seit 1961 aufgebaut, zog sie sich 156 Kilometer rund um West-Berlin herum, eine 3,7 Meter hohe Wand aus Betonfertigteilen, welche die Stadt in der Mitte durchschnitt. Schon am Tag nach der Maueröffnung begannen Tausende Berliner spontan, die Mauer mit Hammer und Meißel zu bearbeiten, sie aus politischer Rache zu zerstören und zugleich Mauerstücke als Trophäen für die Überwindung nach Hause zu tragen. Bald war die Mauer an vielen Stellen durchlöchert, so dass das Gerippe der Stahlarmerung frei lag. Eine unorganisierte Abrissaktion dieses Ausmaßes ist in der deutschen Geschichte ohne Vergleich. Diese wilde Zerstörung durch sogenannte „Mauerspechte“ zog sich über Monate hin, und zugleich begann ein schwunghafter Handel mit größeren und kleineren Mauerstücken als Souveniers, der schnell bis in die USA reichte. Während Privatleute und Firmen auf eigene Faust Geschäfte machten, verkaufte der *Volkseigene Betrieb Limex-Bau Export-Import* im Auftrag der neuen DDR-Regierung große bemalte Segmente als Kunstwerke, und manche davon wurden auch an ausländische Regierungen und Museen verschenkt. Im Juni 1990 begannen die Grenztruppen der DDR und beauftragte Baustofffirmen die Mauer systematisch zu demontieren. Bei

Die Berliner Mauer.

der Wiedervereinigung im Oktober war zwischen den beiden Hälften der Stadt fast nichts mehr von der Mauer zu sehen, und bis November 1991 waren die Sperranlagen auch zwischen West-Berlin und Brandenburg verschwunden. Etwa 250 000 Tonnen Mauergestein und noch einmal die gleiche Menge von Wachtürmen, Fahrbahnplatten und Hinterlandmauer wurden zu Straßenschotter geschreddert.

In der Zeit, als die Mauer besonders im innerstädtischen Bereich rasch verschwand, gab es kaum jemanden, der Teile von ihr erhalten wollte. Ausnahmen waren einzelne Denkmalschützer und vor allem Pfarrer Manfred Fischer von der Versöhnungsgemeinde. Seine Gemeinde war durch den Mauerbau geteilt worden und deren Kirche, nun im Grenzstreifen gelegen, hatten die DDR Grenztruppen 1985 gesprengt. Er engagierte sich dafür, zur Erinnerung für die Nachwelt den Mauerabschnitt an der Bernauer Straße zu erhalten, wo es in den 60er Jahren mehrere spektakuläre Fluchtversuche gegeben hatte. Doch er traf auf heftigen Widerstand der Öffentlichkeit und der örtlichen Politiker. Die Berliner fühlten sich durch den Fall der Mauer befreit, die allgemeine Stimmung war: „Die Mauer muss weg!" Schließlich erreichte Fischer, dass der Ost-Berliner Magistrat am 2. Oktober 1990 einen kompletten Abschnitt der Grenzanlagen an der Bernauer Straße unter Denkmalschutz stellte, allerdings fast zu spät: der größte Teil davon war kurze Zeit zuvor ohne Wissen des Magistrats beseitigt worden. So blieben hier nur 70 Meter übrig. An einigen anderen Stellen hatten die Denkmalschützer die nächste Zeit auch noch Erfolg. Die Mauer war bis auf ganz wenige Stellen so spurlos verschwunden, dass sich nach wenigen Jahren manche Berliner und auswärtige Touristen fragten, wo genau die Mauer eigentlich gestanden hatte. So fing man an, ihren Verlauf an einigen Stellen im Straßenpflaster zu markieren und damit wieder sichtbar zu machen.

Im deutlichen Gegensatz zum Schicksal der Berliner Mauer fielen Denkmäler aus der kommunistischen Zeit keinen spontanen Zerstörungen zum Opfer. Nur Gedenktafeln mit Zitaten von Honecker wurden recht schnell eingesammelt, und nach einiger Zeit erfasste eine Welle von Kommentaren aus Sprühdosen etliche Denkmäler. Meist waren sie weniger witzig als auf dem Sockel des Marx-Engels-Denkmals in Berlin, wo man monatelang lesen konnte: „Wir sind unschuldig", „tut uns leid" und „Beim nächsten Mal wird alles besser".

So wie Kaiser Wilhelm II. und die örtlichen Eliten der Kaiserzeit, die Nationalsozialisten und, mit viel geringerer Intensität, die Parteien der Weimarer Republik im öffentlichen Raum ihre Zeichen gesetzt hatten, so hatte es auch die SED, und da sie im Vergleich zu den eher kurzlebigen Systemen der 20er und 30er Jahre deutlich länger an der Macht war, hatte sie dies auch wesentlich umfangreicher und massiver getan. Ihre Gedenkkultur richtete sich im Wesentlichen auf zwei Bereiche. Einerseits verehrte sie die ideologischen Gründerväter Lenin und Marx, deren Lehren der Partei dazu dienten, den Anspruch zu begründen, es auch dort besser zu wissen, wo die Mehrheit der Bevölkerung anderer Meinung war. Zum anderen ging es darum, die Kommunisten als Kern des Widerstands gegen die Nationalsozialisten darzustellen und damit ihre Herrschaft zu legitimieren. Deshalb wurde die Erinnerung an ihre „Märtyrer" wachgehalten, d. h. den KPD-Vorsitzenden Ernst Thälmann, den die Nazis 1944 im KZ ermordeten und der im Laufe der DDR immer mehr zum Giganten hochgejubelt wurde, und überhaupt an kommunistische Widerstandskämpfer. Ferner gedachte man theoretisch ganz allgemein der „Opfer des Faschismus", wobei aber in der Praxis die Erinnerung an ermordete Juden und andere Verfolgte weitgehend hinter dem Gedenken an den kommunistischen Widerstand verschwand. Die in diesem Zusammenhang errichteten Denkmäler waren bis zum Ende der DDR Örtlichkeiten, an denen regelmäßig offizielle Gedenkveranstaltungen und von oben initiierte Aufmärsche stattfanden.

Mit dem Ende der kommunistischen Herrschaft brachen die staatsoffiziellen Gedenkveranstaltungen an diesen Denkmälern ab. Nur teilweise und mit geringer Intensität lebten sie als private Angelegenheit der SED-Nachfolgeorganisation PDS weiter. In der neujustierten Öffentlichkeit verloren Symbole und

Gedenkzeichen der DDR rasch an Wert. Die kleinen fand man bald auf dem Flohmarkt wieder, und über die symbolischen Hinterlassenschaften der kommunistischen Herrschaft im öffentlichen Raum brachen Anfang der 90er Jahre an vielen Orten Auseinandersetzungen auf, wie man mit ihnen umgehen solle. Sie waren Symbole, an denen grundsätzliche Kontroversen über die DDR ausgetragen wurden. Während die einen die Denkmäler mehr oder minder pauschal mit dem Makel der Diktatur und Unfreiheit kontaminiert sahen und sie am liebsten entsorgen wollten, verteidigten die anderen sie als Teil ihrer eigenen Ost-Biographie und der lokalen Identität, an der eben nicht alles schlecht gewesen sei und die jetzt von den neuen Kräften aus dem Westen immer mehr überrollt und zerstört würde. Entschieden wurde von den lokalen Stadtvertretungen und Stadträten, und dabei fiel das Ergebnis je nach Gegenstand des Denkmal durchaus unterschiedlich aus. Wo man Denkmäler entfernte, wurden diese meist eingelagert und nur in Ausnahmefällen zerstört. Den Weg, stehengebliebene Denkmäler durch Erläuterungstafeln zu kommentieren, umzuwidmen oder durch Bewuchs zu verdecken, beschritt man nur ausnahmsweise. Mit der Zeit beruhigten sich die Gemüter.

Über einige große Objekte, die an zentralen Plätzen prägend wirkten, kam es zu landesweit wahrgenommenen Diskussionen. Die größte Diskussion entzündete sich im Herbst 1991 am Lenindenkmal in Berlin-Friedrichshain. Das war kein Zufall; mit 19 Metern Höhe stellte die massige Figur aus rosa Granit das größte und wichtigste Lenindenkmal in der DDR dar. Es war 1970 mit einer Rede von Parteichef Ulbricht und einer Massendemonstration von 200 000 Menschen eingeweiht worden und dominierte eine große Freifläche vor einer Hochhauskulisse. Lenin war es gewesen, der Karl Marx´ Traum von einer sozialistischen Gesellschaft freier und allseitig entfalteter Menschen zur Praxis einer verbrecherischen Diktatur deformiert hatte, die dann auch auf Ostdeutschland übergriff, und seine Denkmäler konnten auch als Repräsentanten der russischen Hegemonialmacht wahrgenommen werden. Während die von Westdeutschen geführte Berliner CDU den Abriss der Leninstatue als Wahrzeichen des undemokratischen Personenkults betrieb, sprachen sich die Grünen gegen die „Entsorgung der Geschichte“ aus. Am aktivsten kämpfte die PDS für den Erhalt; sie mobilisierte Unterschriftenlisten, Demonstrationen und Mahnwachen, ja sogar die in Moskau lebende Erbin des sowjetischen Bildhauers (durch diese versuchte man das Urheberrecht als Argument zu instrumentalisieren). Der Kompromissvorschlag des Künstlers Butzmann, Lenin einfach unter Efeu verschwinden zu lassen, war keiner der Parteien recht. Bei keinem anderen Denkmal geriet die Debatte so heftig wie hier. Im Berliner Abgeordnetenhaus konstatierte Sebastian Pflugbeil vom Neuen Forum schließlich nicht ohne Ironie: „Vielleicht war es weise, daß es sowohl in den zehn Geboten des

Lenin-Denkmal in Berlin-Friedrichshain

Alten Testaments wie auch im Koran verboten war, ein Bildnis zu machen, es anzubeten und ihm zu dienen. Die Alten vermieden dadurch auch das Abrißproblem."[53]

Der Denkmalschutz erreichte, dass die Statue nicht einfach zerstört, sondern sorgfältig zerlegt werden musste, damit sie wiederaufbaufähig blieb. Da in ihrem Betonkern reichlich Eisenschienen verbaut waren, zog sich die im November unter großer Anteilnahme der Medien begonnene Demontage überra schend drei Monate lang hin. Die taz spottete: „Marmor, Stein und Eisen bricht, aber sein Betonherz nicht."[54] Die 129 Einzelteile wurden in der Seddiner Heide in Köpenick vergraben. Als im Jahr 2001 der Spielfilm *Good Bye, Lenin* über die Zeit der Wende gedreht wurde, in der auch der Abbau des Ostberliner Lenin vorkommt, war dieser längst von der Bildfläche verschwunden; die einprägsame Szene des erfolgreichen Films, in der eine halbe Leninfigur an einem Hubschrauber hängend durch Berlin schwebt, zeigt eine digitale Simulation einer Bronzefigur, die mit ihm wenig gemeinsam hat. Ruhe fand der Granitlenin im märkischen Sand allerdings nicht; immer wieder gruben Unbekannte dort und versuchten, seine Teile zu finden. Selbst rund zwanzig Jahre später vermochte er noch Stoff für Kontroversen zu liefern. Als eine Dauerausstellung in der Zitadelle Spandau konzipiert wurde, in der zahlreiche in Berlin eingemottete Denkmäler ihren Platz finden sollten, wünschten die Ausstellungsmacher dafür auch den kolossalen Leninkopf zu exhumieren. Doch der Berliner Senat lehnte zunächst ab, weil der Altrevolutionär ihm immer noch zu heiß schien, und die Grünen brachten sogar den Umweltschutz dagegen in Stellung: Hatten sich dort nicht die selten gewordenen Zauneidechsen eingenistet? Schließlich fand Lenins Kopf 2015 dann doch den Weg nach Spandau und wird nun dort in trauter Eintracht mit mehr oder minder ramponierten Figuren der ehemaligen Siegesallee und anderen Kandidaten mit verblichenem Ruhm präsentiert.

Die übrigen großen Lenindenkmäler, die ihn meist als Vollfiguren zeigten, mussten ebenfalls 1991-93 ihre Plätze verlassen mit Ausnahme von Potsdam und Schwerin, einmal abgesehen von jenen auf Kasernengelände, das in diesen Jahren noch russisch war. Dabei geschah dies meist ohne viel Aufhebens. In Gera und Riesa ging man am mildesten mit ihnen um, indem man sie vom zentralen Platz weg an eine ruhige und abgelegene Ecke der Stadt verschob. Drei Lenindenkmäler kamen nach ihrer Demontage noch ein bisschen in der Welt herum: Leipzigs Lenin wurde an einen Privatmann verschenkt, der ihn sich in den Vorgarten stellte und dann jahrelang am Haupteingang einer russischen Diskothek in München als Hingucker präsentierte, Merseburg verkaufte seinen 9 Meter hohen Bronzelenin an einen niederländischen Unternehmer, der ihn als Kuriosität herumreichte und dann in einem niederländischen Spa platzierte, und Dresden verschenkte seinen 120 Tonnen schweren Lenin aus rotem Granit an einen schwäbischen Grabsteinfabrikanten, wobei der Kopf im Jahr 2004 vier Wochen lang auf einem Tieflader durch die verschiedenste Städte Europas tourte. Der Lenin aus Eisleben kam ins Deutsche Historische Museum nach Berlin, und die Standbilder in Halle-Neustadt, Neuruppin, Naumburg und Stendal wurden aus der Öffentlichkeit ganz entfernt. In Potsdam wurde die Lenin-Statue 2004 während Neubautätigkeiten vorübergehend eingelagert, woraufhin die CDU im Stadtrat 2006 einen Beschluss durchsetzte, ihn nicht wieder aufzustellen. Dagegen scheiterte die CDU im selben Jahr in Schwerin knapp mit dem Antrag, die letzte öffentlich in einer deutschen Stadt stehende Leninstatue zu entfernen. Im Übrigen zog auch die russische Botschaft in Berlin ihr Lenindenkmal 1992 aus dem Vorhof in den Innenhof zurück. Den ins schwäbische Gundelfingen geratenen Dresdner Lenin versuchten die Erben 2017 zu versteigern, aber vergeblich; keiner wollte ihn haben.

Karl Marx hatte, mit Blick auf seinen Nachruhm glücklicherweise, keine Gelegenheit gehabt, seine Visionen selbst in die Realität umzusetzen. So konnte sich die Legende halten, seine an sich gute Idee des Sozialismus hätten andere vermurkst. Dementsprechend sah sich das pathosfreie Marx-Engels-Denkmal in Berlin nicht ernsthaft gefährdet, sondern die beiden älteren Herren mussten nur etwas beiseite rücken. In Chemnitz diskutierte man zwar nach der Wende über den Abriss des sieben Meter hohen Marx-Kopfes im Stadtzentrum, ließ das markante Wahrzeichen dann aber stehen. Dagegen musste der Verfasser des *Kapitals* allerdings 1995 in Neubrandenburg einem kapitalistischen Kaufhausbau weichen und wurde etwas später ganz eingelagert; der Antrag der Partei *Die Linke* 2015, ihn wieder aufzustellen, blieb erfolglos. Eine heftige Debatte entbrannte 2008 über das große Bronzerelief mit Marxgesicht über dem Eingang der Leipziger Universität; es hatte den offiziellen Titel „Karl Marx und das revolutionäre weltverändernde Wesen seiner Lehre“. Mit 14 Metern Breite war es nicht nur die größte Erinnerung an Marx, sondern befand sich auch genau dort, wo Ulbricht 1968 die unversehrte gotische Paulinerkirche für den Neubau der Universität sprengen ließ, sollte also ein Symbol für den Sieg des Marxismus/Leninismus sein, insbesondere auch über die Religion. 2006 musste es abgenommen werden, da das Hauptgebäude der Uni abgerissen und neu gebaut wurde. An diesem Symbol brachen die Gegensätze ostdeutscher Biographien voll auf. Für die Wiederaufstellung am alten Ort waren vor allem die sächsische Wissenschaftsministerin und ehemalige DDR-Lehrerin Stange, die seinerzeit in ihrer Dissertation mehr Marx im DDR-Schulunterricht gefordert hatte, und Leipzigs Linke-Chef Külow, der als Stasi-Informant noch 1989 eine Studentin bei der Geheimpolizei denunziert hatte. Dagegen bezeichnete der Leipziger Schriftsteller Erich Loest, der unter Ulbricht wegen „konterrevolutionärer Gruppenbildung“ sieben Jahre im berüchtigten Zuchthaus Bautzen II gesessen hatte, die Idee einer Wiederaufstellung als eine „Schande für die Stadt des freiheitlichen Aufbruchs von 1989“ und als Demütigung für alle, „die unter dem Klassenkampfregime gelitten oder zu seiner friedlichen Überwindung beigetragen haben“.[55] Er forderte, das Monumentalrelief bei den Trümmern der Paulinerkirche am Stadtrand abzuladen. Auf seine Seite schlug sich mit dem ehemaligen Gewandhauschef Kurt Masur auch ein Prominenter der Leipziger

Montagsdemonstrationen. Schließlich einigte man sich auf den Kompromiss, die Platte abseits des Stadtzentrums auf dem Gelände der früheren Sporthochschule aufzustellen und mit einer Erläuterungstafel zu versehen. Auch bei kleineren Marx-Denkmälern zeigte sich ein gemischtes Bild. Während Marx in Mühlhausen weichen musste, durfte er in Dessau bleiben, während er in Neuruppin schon vier Jahre, nachdem er eingelagert worden war, an anderem Ort wieder aufgestellt wurde, geschah dies in Jena erst 2017.

Als schwierig erwies sich der Umgang mit der Erinnerung an Ernst Thälmann. Einerseits war der ehemalige KPD-Vorsitzende Opfer, und „Teddy" war als kommunistische Heldenfigur gerade den Jugendlichen als Vorbild angepriesen worden, andererseits hatte er aber jenen, welche die KPD auf Stalinkurs getrimmt hatten, als Aushängeschild gedient und die Demokratie von Weimar bekämpft. Erst 1986 hatte Thälmann in Berlin-Prenzlauer Berg ein monumentales Bronzedenkmal von 15 Meter Breite erhalten, das vom sowjetischen Künstler Lew Kerbel in grobem Propagandastil gestaltet war. Gleich nach der Wende wurden zwei Bronzetafeln mit Zitaten von Honecker und Thälmann entfernt, und es begann eine Diskussion über den Abriss des Denkmals. Auf Empfehlung der vom Berliner Senat gebildeten Experten-Kommission zum Umgang mit DDR-Denkmälern beschloss die Prenzlauer Bezirksverordnetenversammlung 1993 den Abbruch, der dann aber mangels Geld doch nicht durchgeführt wurde. Verschiedene Vorschläge, wie man das Areal umgestalten könnte, mündeten schließlich in Ratlosigkeit. Die Anlage wurde dem Verfall überlassen, immer wieder erhoben vereinzelte Stimmen die Forderung nach einem Abriss. Zeitweise lieferten sich Neonazis und eine Handvoll aufrechter Altkommunisten ein Wettrennen im Beschmieren und Reinigen des Monuments. Diese Uneindeutigkeit zeigte sich auch bei den zahlreichen kleineren Thälmann-Denkmäler in anderen Städten. Eine ganze Reihe von ihnen blieben stehen (z. B. Dresden, Halle, Leipzig, Stralsund, Templin, Torgau, Weimar und Wittenberge), andere wurden hingegen Anfang der 90er Jahre demontiert und eingelagert (z. B. Bautzen, Eisenach, Freiberg/Sachsen, Löbau und Penig) oder auch von Anhängern aus Angst vor Zerstörung „in Sicherheit gebracht" (Dessau). In Magdeburg wurde Thälmann erst 1992 demontiert und dann doch 1997 wieder aufgestellt, aber an einem anderem Ort.

Rosa Luxemburg war dagegen viel weniger kontrovers. Bei ihrem Denkmal in Zwickau, wo sie zwei Monate wegen Majestätsbeleidigung im Zuchthaus gesessen hatte, brauchte nur das aggressive Lenin-Zitat durch das Luxemburg-Zitat „Freiheit ist immer Freiheit des anders Denkenden" ersetzt zu werden, um sie von einer Galionsfigur der KPD/SED zur Fürsprecherin der Oppositionsbewegung von 1989 umzudeuten (wohl deshalb gab es in der DDR fast keine Denkmäler für diese Frau, die sich doch als Märtyrerin zur Verehrung angeboten hätte).

Die zahlreichen kleineren Gedenksteine und -tafeln für Wilhelm Pieck, der als Präsident das väterliche Aushängeschild für die Diktatur Ulbrichts abgegeben hatte und auch bei politischen Todesurteilen sein Begnadigungsrecht nicht ausgeübt hatte, wurden Anfang der 90er Jahre alle abgeräumt, ebenso das aus mehreren Edelstahlstelen bestehende Pieck-Denkmal in Jena. Nur das monumentale Denkmal in seiner Geburtsstadt Guben blieb erhalten. Auch die Gedenksteine und -tafeln für Otto Grotewohl, der als Vorsitzender der Ost-SPD diese 1946 in die Zwangsvereinigung mit der KPD geführt hatte, verschwanden nach der Wende weitgehend. Selbstverständlich baute man auch rasch das nicht öffentliche Standbild von Feliks Dserschinski im Innenhof des Ministeriums für Staatssicherheit ab. Es galt jenem Mann, der ab 1917 in Russland die Tscheka leitete, den Geheimdienst zur Verfolgung von „Konterrevolutionären", und der für Millionen von Opfern des roten Terrors verantwortlich war. Außerdem hatte man in der DDR nicht nur für prominente Köpfe des Kommunismus Denkmäler geschaffen (natürlich nicht für den 1971 in Ungnade gefallenen Ulbricht), sondern auch eine Vielzahl von kleinen örtlichen Gedenksteinen und -tafeln für Anhänger der Arbeiterbewegung, die im Laufe der ersten Hälfte des 20. Jahrhunderts bei politischen Auseinandersetzungen umgekommen waren. Manches davon wurde von der Welle, mit Erinnerungen an die kommunistische Zeit aufzuräumen, mit erfasst, und sei es von Souvenierjägern, vieles blieb ebenso bestehen.

Außer den Denkmälern für einzelne Personen gab es auch jene für Personengruppen und Ereignisse. Die zahlreichen lokalen *Denkmäler für die Opfer des Faschismus*, die es in der DDR in den meisten Gemeinden gab, wurden im Regelfall von den Gemeindeverwaltungen nicht entfernt. Dagegen hatten verständlicherweise jene Denkmäler, die sich auf den Unterdrückungsapparat der SED-Herrschaft bezogen, die geringste Chance bestehen zu bleiben. Sofort nach der Wende geriet das große Denkmal in heftigste Kritik, das im Volkspark Prenzlauer Berg in Berlin für die *Kampfgruppen der Arbeiterklasse* errichtet worden war, welche der SED bei Unruhen als Bürgerkriegsmiliz dienen sollten. Der Versuch, es unter Weinranken verschwinden zu lassen, scheiterte, weil die Pflanzen bald von Unbekannten zerstört wurden. Die Bezirksverordnetenversammlung Prenzlauer Berg beschloss dann 1991 den Abriss, denn es sei „untragbar, daß eine solche Organisation, die inhumanen und undemokratischen Zwecken diente, weiterhin durch ein öffentliches Denkmal repräsentiert wird".[56] Auch das in Berlin stehende Denkmal für die Grenzsoldaten, die beim Verhindern von Fluchtversuchen umgekommen waren, wurde beseitigt.

Denkmäler zu einzelnen Ereignissen hatten ein unterschiedliches Schicksal. Das Denkmal für die Bodenreform in Merseburg und das Denkmal für die (Zwangs-)Vereinigung von SPD und KPD zur SED in Dresden wurden demontiert. Die Keramische Säule in Schwerin, welche die Geschichte aus marxistischer Sicht interpretierte, kam ins Museum. Unangetastet blieben dagegen die Denkmäler, welche die DDR im Volkspark Friedrichshain in Berlin den (kommunistischen) Spanienkämpfern des spanischen Bürgerkriegs und den revolutionären Matrosen von 1918 errichtet hatte. Das Denkmal zum 50. Jahrestag der Oktoberrevolution in Halle schaffte es knapp der Zerstörung zu entkommen. Es handelt sich um eine über 20 Meter hohe dünne, sich dynamisch windende Betonplatte als „Flamme der Revolution" im Zentrum der Stadt. Aufgrund der abstrakten Form ist ihre Aussage nicht so offensichtlich, so dass sie oft auch als Fahne (fehl-)interpretiert wird, was ihr wohl das Überleben erleichterte. 1994 stellte die Telekom, die direkt daneben ihre neue Telefonschaltzentrale baute, den Antrag auf Abriss und bot an, die Kosten zu übernehmen. Es kam zu einer langen öffentlichen Diskussion über Abbruch oder Erhalt, wobei das Landesdenkmalamt sich nachdrücklich für den Verbleib aussprach. Am Ende stimmte der Stadtrat 1996 mit nur einer Stimme Mehrheit gegen die Zerstörung.

Davon, dass ein Bildersturm flächendeckend die Denkmäler der DDR entsorgt hätte, kann also keine Rede sein. Denkmäler, welche die Auseinandersetzungen Anfang der 90er Jahre überstanden hatten, blieben im Regelfall dauerhaft stehen. Oft wurden sie langfristig dem Verfall und Wildwuchs überlassen. In Ausnahmefällen konnte es allerdings vorkommen, dass sie Jahre später von Baumaßnahmen aus einem ganz anderen, nicht ideologischen Kontext berührt wurden und nun neue Diskussionen aufbrachen, in denen sie sich zur Disposition gestellt sahen. So wurden zwei prominente Großdenkmäler aus DDR-Zeiten noch ein beziehungsweise zwei Jahrzehnte später von einer neuen Abrissdiskussion erfasst, mit unterschiedlichem Ausgang. In Halle stand seit 1971 auf dem Riebeckplatz das 15 Meter hohe „Monument der revolutionären Arbeiterbewegung", das deren Sieg durch vier hochgereckte Betonfäuste symbolisierte und mit Jahreszahlen an revolutionäre Ereignisse der letzten eineinhalb Jahrhunderte erinnerte. Indem man nach der Wende die Jahreszahlen 1953 und 1989 ergänzte, war es elegant der neuen Zeit angepasst. Als jedoch 2003 der Platz aus Gründen des Verkehrs und der Ästhetik neugestaltet wurde, konnte es dort nicht bleiben, und eine Verlegung hätte hohe Kosten verursacht. So benutzte die CDU/SPD-Mehrheit im Stadtrat diese Gelegenheit, das stadtbildprägende Objekt ganz abtragen zu lassen. In Guben zeigte das monumentale Pieck-Denkmal schließlich derartige Betonschäden, dass die Stadtverordneten 2013/14 diskutieren mussten, ob sie viel Geld für die Sanierung ausgeben woll-

Das „Monument der revolutionären Arbeiterbewegung" in Halle a. S.

ten oder, wie die CDU wünschte, die Erinnerung an den umstrittenen Politiker jetzt lieber ganz entsorgen sollten. Pieck hatte Glück und wurde restauriert.

Eine besondere Gruppe von Denkmälern stellen die Ehrenmäler für gefallene Soldaten der Roten Armee dar, mit deren Errichtung die Sowjetunion schon 1945 begonnen hatte. Neben einigen monumentalen zentralen Gedenkstätten handelt es sich um eine große Zahl lokaler Denkmäler, häufig in Verbindung mit Soldatengräbern. Im Vertrag mit der Sowjetunion über gute Nachbarschaft hat die Bundesrepublik sich im November 1990 im Zusammenhang mit dem Abzug der sowjetischen Truppen aus Ostdeutschland verpflichtet, diese zu erhalten. Manche werden durch die Initiative einzelner Bürger auch weiter gepflegt, viele gerieten im Laufe der Zeit durch Desinteresse in einen schlechten Zustand und wurden auch Objekte von Schmierereien, vermutlich meist von Neonazis. Als die Bild-Zeitung 2014 eine Kampagne startete, als Demonstration gegen das militärische Eingreifen der Russen in der Ukraine die beiden Panzer vom sowjetischen Siegesmal im Zentrum Berlins zu entfernen, gab es von der Bundesregierung mit Verweis auf den Vertrag ein klares Nein. Die Gemeinden Neustrelitz und Friesack konnten 1995/97 trotz des Vertrags ihre sowjetischen Ehrenmale in Absprache mit den Russen beseitigen. Als hingegen die Stadtverordnetenversammlung von Treuenbrietzen 1998 entsprechendes an den Russen vorbei versuchte, scheiterte sie, weil die PDS das Verwaltungsgericht und die russische Botschaft dagegen mobilisierte. Nicht unter diesen vertraglichen Schutz fielen die Panzer auf einem Denkmalssockel, die in verschiedenen Orten an den Sieg der Roten Armee 1945 erinnerten - sie waren nicht von den Russen, sondern erst wesentlich später von den Deutschen aufgestellt worden. Nach der Wende wurden sie bis auf wenige Ausnahmen abgeräumt. Das Panzerdenkmal in Kleinmachnow bei Berlin war allerdings tatsächlich 1946 von den Russen errichtet worden, die ihren Panzer dann beim Abzug 1990 mitnahmen.

Zur symbolischen Präsenz der Herrschaft der SED im Stadtbild gehörten nicht nur die politischen Denkmäler, sondern auch ihre repräsentativen Regierungsbauten. Mit dem Bau des Staatsratsgebäudes (1962-64), des Außenministeriums (1964-67) und schließlich des Palastes der Republik (1973-76), alle drei um den Marx-Engels-Platz als Staatsforum der DDR herum gruppiert, hatte die Führung der DDR einen zentralen Bereich Berlins nach und nach architektonisch neu besetzt. Nachdem der Bundestag im Juni 1991 mit knapper Mehrheit beschlossen hatte, den Bundestag und die wesentlichen Bundesministerien von Bonn nach Berlin zu verlegen, begann das Bundesbauministerium zu planen, wo sich diese unterbringen ließen. Anders als im kriegszerstörten Deutschland nach 1945, wo man über jeden noch heilen Nutzbau froh war, auch wenn ihn die Nationalsozialisten errichtet oder verwendet hatten, fühlte man sich jetzt in der Bundesregierung wohlhabend und meinte es sich leisten zu können, die Vergangenheit der in Bonn verhassten DDR-Führung beiseite zu schieben. Das Ende 1992 von Bauministerin Schwaetzer präsentierte Konzept für den Umzug nach Berlin sah vor, im Zentrum Berlins fünf wichtige Gebäude abreißen zu lassen: den Palast der Republik (Sitz der Volkskammer, dem Scheinparlament der DDR), den Sitz des Staatsrats (d. h. des kollektive Staatsoberhaupts), das Außenministerium, den Sitz des Zentralkomitees der SED (also des eigentlichen Machtzentrums im Staat) und das *Haus der Ministerien.* Die Gebäude galten als durch die kommunistische Diktatur politisch kontaminiert, und Gutachten hatten, wie gewünscht, bescheinigt, dass sie für die Ansprüche moderner Büronutzungen ungeeignet seien.

In Berlin gab es einen Aufschrei, da man sich dort überrollt fühlte. Jetzt setzte ein langjähriger und komplizierter Diskussionsprozess der verschiedenen politischen Gremien, der Architektenszene und der allgemeinen Öffentlichkeit über die Frage von Abbruch und Neubau im Zentrum Berlins ein. Dabei schrumpften die ursprünglichen Abrisspläne schrittweise zusammen. Im März 1993 einigte sich der Gemeinsame Ausschuss von Bundesregierung und Berliner Senat darauf, dass der Palast der Republik und das Außenministerium beseitigt werden sollten und das Staatsratsgebäude zur Disposition stand; auf dieser Basis wurde dann ein internationaler Architektenwettbewerb zur Neugestaltung der Spreeinsel ausgeschrieben. Der ehemalige Sitz des ZK der SED und das ehemalige Haus der Ministerien waren jetzt ausgeklammert - hier handelte es sich auch nicht um Neubauten der DDR, sondern um das ehemalige Reichsbankgebäude beziehungsweise das ehemalige Reichsluftfahrtministerium, beide schon im Dritten Reich erbaut. Nun erblühten die von Bundeskanzler Kohl versprochenen „blühenden Landschaften“ in Ostdeutschland nicht so rasch wie erhofft, stattdessen wucherten die Kosten der Vereinigung wie Unkraut. Damit entstand der Druck, bei den teuren Neubauplanungen auf die Bremse zu treten. Noch bevor der Wettbewerb Spreeinsel beendet war, forderte der Haushaltsausschuss des Bundestags im Februar 1994, außer für das Bundeskanzleramt gar keine Neubauten zu errichten. Bundesbauminister Toepfer, Ende 1994 ins Amt gekommen, musste nicht nur die veränderte Finanzsituation im Blick haben, sondern war im Unterschied zu seiner Vorgängerin auch dafür, die Geschichte wichtiger Gebäude zu würdigen und mit ihr reflektiert umzugehen. Obwohl Außenminister Kinkel dafür kämpfte, sein neues Außenministerium an den Platz des Staatsratsgebäudes zu bauen, entschied Töpfer 1995, dass dieser mit großem Aufwand gebaute und durchaus qualitätvolle Bau erhalten bleibt. Kinkel bekam für sein Auswärtiges Amt das ehemalige Reichsbankgebäude, dessen Erhalt damit ebenfalls endgültig gesichert war. Das DDR-Außenministerium wurde 1995/96 abgetragen, ohne dass dies große Emotionen auslöste; es war ein zwar brauchbarer, aber städtebaulich farbloser Hochhauskasten. Überdies war inzwischen die Idee aufgekommen, an seiner Stelle Schinkels Bauakademie von 1836 zu rekonstruieren, damit hier das Stadtbild aus Vor-DDR-Zeit wiederauflebte.

Heftigste Kontroversen entzündeten sich darüber, ob der Palast der Republik abgerissen werden sollte. Nun waren in diesem Prestigeobjekt der DDR große Mengen Spritzasbest verbaut worden, obwohl das zum Zeitpunkt seiner Errichtung in der DDR bereits verboten war. Als ein bautechnisches Gutachten diese Tatsache enthüllte, zog die letzte Volkskammer der DDR im September 1990 mitten in den Beratungen über den Einigungsvertrag hektisch aus dem Palast aus, der sofort geschlossen wurde. Eigentlich lagen die Asbestwerte unterhalb der Grenzwerte und das Gebäude wäre mit einigem Aufwand sanierbar gewesen. Sie lieferten den Gegnern des Palastes aber die Handhabe, ihn nicht nur als ideologisch verseucht, sondern auch noch als asbestverseucht anzuprangern. Die ganzen 90er Jahre über wurde über das Schicksal des großen Gebäudes in der Mitte Berlins diskutiert, das währenddessen ungenutzt stand. Viele Argumente waren eher vorgeschoben. Eigentlich war der Palast architektonisch nicht schlecht, zwar nicht aufregend, aber besser als vieles andere an moderner Architektur. Aber darum ging es nicht wirklich, sondern er geriet zur Projektionsfläche von gegensätzlichen Gefühlslagen. Der Palast der Republik beanspruchte in doppelter Weise ein „Haus des Volkes" zu sein, einerseits indem er dessen Willen politisch über die Volkskammer repräsentierte, was diese aber als

Palast der Republik in Berlin 1981

Feigenblatt der SED-Diktatur tatsächlich in keiner Weise tat, und andererseits indem er ein vielfältiges Angebot zur Freizeitgestaltung bereithielt, was er durchaus in einer für die DDR einzigartigen Weise zu bieten hatte. Bundeskanzler Kohl und die Berliner CDU hatten den Palast frühzeitig weghaben wollen. Sie und die anderen westdeutschen Gegner hatten ihn nie persönlich genutzt, sondern nur über die Medien wahrgenommen als einen Ort, wo die SED ihre Herrschaft inszenierte; seine gesellschaftliche Rolle für das Alltagsleben der Bürger kannten sie nicht. Viele Regimekritiker der späten DDR lehnten ihn ebenfalls ab, weil er für sie untrennbar mit der kümmerlichen, scheindemokratischen Volkskammer verknüpft war. Auf der anderen Seite sahen Anhänger der ehemaligen SED, jetzt PDS, ihre sozialistischen Wertvorstellungen in Bausch und Bogen verdammt und verteidigten das glitzernde Bauwerk, das Honecker bei seiner Einweihung als Beweis für die Leistungskraft der sozialistischen Gesellschaft gepriesen hatte. Für zahlreiche DDR-Bürger war der Palast mit angenehmen Erinnerungen an Konzerte, private Feiern und persönliche Begegnungen verbunden, um so mehr als die DDR sonst eher eine gastronomische Brachlandschaft darstellte.

Auf Seiten der Palastgegner startete 1992 eine private Initiative mit der Idee, anstelle des DDR-Baus den Baukörper des Hohenzollernschlosses mit der barocken Fassade zu rekonstruieren. Um dafür Werbung zu machen, installierte sie im Sommer 1993 eine Attrappe der Schlossfassade auf den Platz, und auch in den folgenden Jahren entfaltete sie eine intensive Lobbyarbeit. Auf der anderen Seite initiierten auch die Verteidiger der baulichen DDR-Vergangenheit verschiedenste Aktionen. 1997 ließ sich Gregor Gysi, der Vorsitzende der PDS-Bundestagsfraktion, von einem Kran auf das Dach des Palastes hieven und entrollte ein Transparent zur Rettung, bis die Feuerwehr ihn Stunden später herunterholte. Ende November 1998 begann die Asbestsanierung als völlige Entkernung bis auf den Rohbau, die sich über vier Jahre hinzog. Aber immer noch wurde die äußere Hülle bewahrt und die ganze Inneneinrichtung eingelagert. Letztlich war eine definitive Entscheidung fällig. Um sie einzufädeln, berief man eine internationale Expertenkommission *Historische Mitte Berlins*, die 2001 wunschgemäß den Neubau des Schlosses anstelle des Palastes empfahl. Dem schloss sich die Mehrheit des Bundestags im folgenden Jahr an. Trotzdem kam es auch nach Ende der Asbestsanierung noch nicht gleich zum Abbruch, sondern zu einer Zwischennutzung. Zwei Jahre lang diente das entkernte Gebäude verschiedenen kulturellen Veranstaltungen. Erst nachdem der Bundestag 2006 noch einmal seinen Beschluss zum Abriss bekräftigt hatte, verschwand der Palast der Republik dann bis 2008 endgültig von der Bildfläche. Das große DDR-Staatswappen von der Fassade kam ins *Haus der Geschichte* in Bonn, die kupferfarbenen Glasscheiben wurden kostenlos an Künstler abgegeben, ein

Teil der Porzellan-Wandverkleidung des Palastrestaurants gelangte in den Sitzungssaal des Finanzministeriums (das damit nicht nur aus NS-Architektur bestand), und das Stahlskelett des Gebäudes wurde wiederverwertet in Motorblöcken des VW-Golf-VI und im Burj Khalifa in Dubai, dem höchsten Gebäude der Welt.

Wie eine späte, auf Provinzformat verkleinerte Replik der Berliner Zentrumsdebatten wirken die ideologischen Auseinandersetzungen, die 2016/17 in Potsdam hochkochten. Hier hatten die Stadtverordneten schon vor längerer Zeit beschlossen, das historische Stadtzentrum um den Alten Markt möglichst wiederherzustellen. Dazu gehörte nicht nur die Rekonstruktion des von den Kommunisten abgerissenen Stadtschlosses, sondern eben auch die Beseitigung stadtbildprägender Bauten der DDR-Moderne im Umfeld des Alten Marktes. Den noch unvollendeten Theaterneubau, den letzten Teil der DDR-Zentrumsbildung, hatte man gleich 1991 wieder abgetragen. Jetzt stritt man vor allem um das 1969 als sozialistische Stadtkrone errichtete Hotelhochhaus im ehemaligen Lustgarten und um die ab 1970 gebaute Fachhochschule. Ersteres war architektonisch ziemlich mäßig, aber als ehemaliges Interhotel für viele ältere Potsdamer mit der Erinnerung an ein bisschen Luxus im DDR-Alltag verbunden, letzteres ragte in die Fläche des zu rekonstruierenden Alten Markts hinein und war sanierungsbedürftig, zeigte aber eine grazil gestaltete Fassade. Doch um Ästhetik ging es hier nicht, sondern um die Bewahrung oder eben Auslöschung von Erinnerungen an die DDR im Stadtbild. Im Jahr 2012 wollte ein westdeutscher Unternehmer das Hotel auf eigene Kosten zurückbauen und durch ein Kunstmuseum ersetzen. Bei Potsdams Prominenz, vielfach aus Westdeutschland zugezogen, fand er dafür Unterstützung, doch die Linke als Vertreterin der Ostalgie mobilisierte breiten Widerstand dagegen, so dass er das Projekt aufgab. 2016 beschlossen die Stadtverordneten, das Hotel anzukaufen und ebenso wie die Fachhochschule wegreißen zu lassen. Dagegen machte ein Bürgerbegehren Stimmung, das mit Unterstützung der Linken in kürzester Zeit 14 742 Stimmen sammelte. Der angestrebte Bürgerentscheid gegen die Zerstörung von DDR-Bauten in Potsdams Zentrum wurde dann zwar vom Verwaltungsgericht für unzulässig erklärt, aber die Politiker zeigten angesichts dieses Widerstands trotzdem Wirkung, wenigstens teilweise. Das Hotel blieb stehen, die Fachhochschule wurde 2018 abgeräumt.

In den Jahren nach der Wiedervereinigung gingen in verschiedenen ostdeutschen Städten auch einige andere markante Bauten der 1960er und 70er Jahre dem Stadtbild verloren, und bei etlichen Ostdeutschen stieg das Gefühl auf, dass die Westdeutschen überhaupt das architektonische Erbe der DDR-Zeit beseitigen wollten. Sie empfanden es als Angriff auf die eigene Identität. Heftige Kontroversen und öffentliche Proteste entzündeten sich besonders bei Solitärbauten für gastronomische und kulturelle Nutzungen und bei Warenhäusern, die in der DDR-Zeit als Bausteine der Stadtgestaltung eingesetzt worden waren. Dies geschah beispielsweise beim Abbruch des Centrum-Warenhauses in Dresden 2007 und des Konsument-Kaufhauses am Brühl in Leipzig 2010, beides mit ihren glitzernden Aluminiumfassaden markante Bauten, ebenso beim Abriss der Großgaststätte Ahornblatt auf der Spreeinsel in Berlin im Jahr 2000, die es mit ihrer kühn geschwungenen Dachkonstruktion sogar auf die Briefmarken geschafft hatte. Auch die Planungen zur Neugestaltung des Alexanderplatzes, der in den 60er Jahren als zentraler Ort großstädtischen Lebens in Ost-Berlin mit dem Anspruch einer sozialistischen Platzgestaltung angelegt worden war, passten in dieses Bild. Hier hatte sich 1993 im städtebaulichen Wettbewerb das Konzept des Architekten Kollhoff durchgesetzt, die bestehende Bebauung weitgehend wegzureißen und ihm durch dreizehn riesige Hochhäuser eine völlig neue Struktur zu geben, die der Stadt weltstädtisches Cityflair verleihen sollte. Beim Abbruch des Hauptgebäudes der Leipziger Universität im Jahr 2007 mag insgeheim auch mitgeschwungen haben, dass die Kommunisten hierfür seinerzeit mit der Paulinerkirche wertvolle mittelalterliche Bausubstanz geopfert hatten. Aber steckte hinter dem Ganzen wirklich ein allgemeiner „Drang, das DDR-Unrechtssystem auch physisch auslöschen zu wollen“[57], indem man seine Architektur zerstört, wie der Bauhaus-Direktor Philipp Oswalt meinte? Vor dem Hintergrund der Erfahrung, wie in den 90er Jahren Betriebe der ehemaligen DDR, die bisher leistungsfähig erschienen, von westdeutschen Firmen übernommen und abgewickelt wurden und wie in führenden Stellen in Staatsapparat und Bildungswesen bisherige Amtsinhaber durch Westdeutsche ersetzt wurden, mochte diese Einordnung verständlich erscheinen. Tatsächlich lagen die Dinge nicht so einfach. Auch in Westdeutschland war in den 90er Jahren die Architektur der Moderne aus den 60er und 70er Jahren noch nicht als denkmalschutzwürdig anerkannt, ja seit der Jahrhundertwende sahen sich viele bedeutendere Funktions- und Bürobauten geradezu von einer Abrisswelle erfasst, und ebenso machten sich auch in westdeutschen Städten an vielen Stellen Bestrebungen bemerkbar, Elemente des historischen Stadtbildes wiederzugewinnen. Ein spezielles Merkmal der neuen Bundesländer ist hierin also durchaus nicht zu sehen. Spezifisch für Ostdeutschland war dagegen die Tatsache, dass die Einführung von D-Mark und Marktwirtschaft einen massiven wirtschaftlichen Umbruch mit sich brachte, durch den auch etliche markante Gebäude in den Innenstädten funktionslos und zur Disposition gestellt wurden, weil bisherige Freizeitnutzungen oder Verwaltungsbedarfe verloren gingen, und dass zugleich die hereindrängenden Neuinvestitionen attraktive innerstädtische Lagen suchten. Nun war dieser Strukturwandel in den Jahren nach der Wende durchaus von Seiten der Westdeutschen wie auch vieler Ostdeutscher, die schnell die Kurve zu bekommen versuchten, mit einer mentalen Abwertung, ja Diffamierung von allem verbunden, was nach DDR roch. In dieser Pauschalität handelte es sich aber um ein vorübergehendes Phänomen. Die ideologisch vergifteten Debatten wurden mit der Zeit sachlicher, und der Städtebau der DDR wurde zunehmend differenzierter betrachtet. Nach der Jahrhundertwende sahen sich viele zunächst gefährdete Bauten nicht nur letztlich doch erhalten, sondern auch aufwendig saniert.[58] Es war symptomatisch, dass man die Abrissplanungen für den Alexanderplatz in Berlin 2015 deutlich zurücknahm.

Ohne Nutzen kein Unterhalt

Klöster im Überfluss (I): Luther und die Folgen

Eigentlich war es eine ganz mittelalterliche Frage, mit welcher der Augustinermönch Martin Luther, zugleich Theologieprofessor im kursächsischen Wittenberg, rang: Wie bekomme ich einen gnädigen Gott? Doch Luther gelangte zu einer neuen, geradezu revolutionären Antwort, und als eine Konsequenz daraus erklärte er 1521 die Existenz von Mönchen und Nonnen für einen Irrweg. Allein Gottes Gnade und der Glaube an Christus würden den Menschen vor Gott rechtfertigen, während klösterliches Leben und andere gute Taten dabei nicht helfen würden; durch die Taufe seien alle Menschen gewissermaßen Priester geworden, so dass es eines besonderen geweihten Standes nicht bedürfe, und schließlich gelte als verlässliche Glaubensquelle nur die Bibel, und dort stehe nichts von klösterlichem Leben. Das war das Totenglöcklein für die mönchische Existenz, jedenfalls in jenen Gegenden Deutschlands, die sich Luthers Lehre zuwandten.

Knapp 2000 Klöster gab es in Deutschland um das Jahr 1500. Als Folge von Luthers Denkanstößen wurden davon im Laufe des zweiten und dritten Viertels des 16. Jahrhunderts etwa 1040 Klöster aufgehoben. So wie die von Luther losgetretene Reformation im Ganzen als chaotischer Umbruch verlief, so auch das Schicksal der Klöster während der Reformation. Manche verödeten rasch, weil die Mönche fortliefen, in anderen hingegen wehrten die Insassen sich hartnäckig gegen Veränderungen. Besonders Nonnen sträubten sich, denn während Mönche neue Existenzmöglichkeiten als Gemeindepfarrer oder Lateinschullehrer finden konnten, gab es diese Chancen für Nonnen nicht, und ohne Mitgift hatten sie auch keine Aussicht auf eine standesgemäße Ehe. In den Sturmjahren der Reformation vollzog sich der Bruch manchmal gewaltsam, besonders im Jahre 1525, als der „Gemeine Mann“ mancherorts die Klöster stürmte, dort Altäre, Bilder und Bibliotheken als Ausdruck des alten Glaubens zerstörte, Vorräte plünderte und die Mönche vertrieb; so beispielsweise in mehreren Klöstern in Thüringen und in Stralsund. Anderswo führten Stadtrat oder Landesfürst die Inbesitznahme der Klöster im Laufe der Jahre als geordnete Verwaltungsmaßnahme durch, bei der alles sorgfältig inventarisiert wurde. Oft kam die Verweltlichung der Klöster auch erst zur Jahrhundertmitte, weil der neue Glaube im Stadtrat erst allmählich die Oberhand gewann oder Prozesse vor Gericht sich jahrelang hinzogen. Vielfach durften Mönche und Nonnen noch bis zu ihrem Tod im Kloster wohnen bleiben, so dass dieses Kopf um Kopf ausstarb, was über Jahrzehnte andauern konnte. Wenn der laufende Bauunterhalt dabei ebenso dahinschwand, konnte es vorkommen, dass die Anlage um die letzten Insassen herum verfiel, ihnen im wahrsten Sinne des Wortes die Dachbalken über dem Kopf zusammenbrachen. Letzteres galt erst recht für Klosteranlagen, die nach dem Ersterben des klösterlichen Lebens für eine längere Übergangszeit ungenutzt leer standen.

Auf diese Weise verloren nun eine Fülle von größeren und kleineren Klostergebäuden in kurzer Zeit ihre bisherige Aufgabe und Daseinsberechtigung. Zusammen mit den Burgen des Adels stellten sie die größten und von der Bauweise her solidesten Bauwerke im Lande dar, außerdem waren sie künstlerisch eher anspruchsvoller als die Adelssitze gestaltet. Überwiegend zeigten sie ein gotisches Erscheinungsbild, nur eine Minderzahl war noch romanisch geprägt. Was sollte man nun mit den vielen Klöstern anfangen? Luther formulierte dazu schon 1523 in seiner *Kastenordnung* Grundsätze, da sonst „etliche geizige Wänste würden solche geistlichen Güter zu sich reißen".[59] Die Feldklöster auf dem Lande, also vor allem jene der Benediktiner und Zisterzienser, sollten die Landesfürsten übernehmen, und aus den Klöstern der Bettelorden in den Städten, d. h. der Franziskaner und Dominikaner, „wären gute Schulen für Knaben und Maidlein zu machen". Mit den restlichen Gütern und Einkünften sollten die Städte einen „gemeinen Kasten" bilden, d. h. einen Sozialfonds, aus daraus Menschen zu unterstützen, die wegen Krankheit oder Alter nicht arbeiten konnten. In jenen Gebieten, die den lutherischen Glauben annahmen, wurden diese Grundsätze richtungsweisend, wenn auch mit einigen Einschränkungen.

Eine ganze Reihe von Nonnenklöstern wurden unter dem teilweise massiven Druck des Landadels in evangelische Damenstifte umgewandelt. Hier setzten die Frauen das Gemeinschaftsleben fort, allerdings ohne klösterliche Abgeschlossenheit und in lutherischem Glauben, und indem der Schleier religiöser Praktiken zunehmend ausdünnte, wurden diese Einrichtungen als das sichtbar, was sie immer schon gewesen waren: Versorgungseinrichtungen für unverheiratete Töchter des Landadels (und städtischer Patrizier), die ihnen eine standesgemäße Lebensführung ermöglichten. Sie fanden sich insbesondere in den Territorien der Welfen (das östliche Niedersachsen), Holstein, Mecklenburg, Brandenburg und Pommern. Von ihnen bestanden 62 noch über den Dreißigjährigen Krieg hinaus, eine Reihe existiert sogar noch heute. Angesichts der steigenden Ansprüche an Wohnlichkeit wurden ihre Wohnbereiche meist im Laufe des 18. Jahrhunderts stark umgebaut oder neu gebaut, angesichts der eher begrenzten materiellen Mittel aber als zurückhaltende Backsteinbauten. Überhaupt blieb teilweise in der Gesamtanlage beträchtliche gotische Bausubstanz erhalten, und bei einigen bewahrte sich ein recht altertümliches Erscheinungsbild.

Luthers Empfehlung, Klöster zu verwenden, um Schulen einzurichten, wurde an vielen Orten aufgenommen, nicht nur von Stadtobrigkeiten, sondern auch von manchen Fürsten die in Landklöstern „Fürstenschulen“ für den Nachwuchs an Beamten und Pfarrern errichteten. Teilweise legte man bestehende kleine Schulen in die Klostergebäude zusammen, aber insgesamt stieg im 16. Jahrhundert die Nachfrage nach schulischer Bildung, nicht zuletzt durch die Ausbreitung von Erzeugnissen des Buchdrucks, die Anfänge staatlicher Verwaltung und die Übersetzung der Bibel in die deutsche Sprache. Im Laufe des 16., 17. und 18. Jahrhunderts wurden diese alten Klostergebäude dann immer wieder durch kleinere Umbauten im Inneren verändert, um sie neuen Bedürfnissen des Schulbetriebs anzupassen, oder durch Anbauten ergänzt, aber im Großen und Ganzen blieben sie als gotische Anlagen bis gegen 1800 in hohem Maße erhalten. In einigen wenigen Fällen gilt das bis heute, so in Maulbronn und Bebenhausen in Württemberg, Zeitz und (Schul-)Pforta (früher Kursachsen). Wo die Nutzung als Schule aufgegeben wurde und sich keine neue Nachnutzung fand, überlebten die Klostergebäude dann nicht. So schloss im ehemaligen Zisterzienserkloster Walkenried am Rande des Harzes die Schule 1668, woraufhin Klausurgebäude und Kirche ab 1682 schrittweise immer weiter abgerissen und ihre Steine anderenorts für Neubauten verwertet wurden. In der Kirchenruine errichtete man mehrere Gehöfte. Von dem ehemaligen Zisterzienserkloster Heilsbronn (Franken) wurden, nachdem 1736 die Fürstenschule wegverlegt worden war, die einzelnen Gebäudeteile an verschiedenste Interessenten verkauft, die sie in den folgenden Jahrzehnten weitgehend niederlegten. Nur die romanische Klosterkirche überstand als Pfarrkirche bis heute.

In einzelne Klostergebäude zogen Universitäten ein. Hier scheint der Veränderungsdruck auf die Bauwerke etwas größer gewesen zu sein, jedenfalls zog die Universität Kiel 1766 aus dem ehemaligen Franziskanerkloster aus, legte es weitgehend nieder und baute aus dem Abbruchmaterial neu, und als in Göttingen 1737 aus dem Pädagogicum im ehemaligen Dominikanerkloster eine Universität wurde, riss man den Kreuzgang ab, um breitere Hörsäle zu gewinnen. Auch einige andere Universitäten ersetzten ihre gotischen Gebäude schon vor 1800 durch einen Neubau, so Mainz 1615, Freiburg 1682-1750 und Greifswald 1591 und 1747.

Die Idee eines „gemeinen Kastens“ wurde in vielen Städten über Luther hinausgeführt, indem nicht nur Finanzmittel zur Unterstützung verwendet wurden, sondern auch Klostergebäude, um darin Hospitäler einzurichten.

Während auf diese Weise eine beträchtliche Zahl meist spätgotischer Klosterbauten einigermaßen durch die frühe Neuzeit kam, traf diese dann in den ersten Jahrzehnten des 19. Jahrhunderts eine Abrisswelle. Das erfasste zunächst einmal die Kirchen. Die Schulen und Spitäler in den ehemaligen Klöstern hatten von diesen Kirchen geerbt, die zwar zu bestimmten Gelegenheiten genutzt wurden, aber nicht zu ihrem Kernaufgabenfeld gehörten und für die dementsprechend oft nur das Nötigste in den Bauunterhalt investiert wurde, manchmal auch weniger als das. Vereinzelt fielen diese Kirchen schon vor 1800 zusammen, während die Klausurgebäude weiter als Gymnasium oder Hospital genutzt wurden. Die Kirche des ehemaligen Franziskanerklosters in Flensburg stürzte sogar schon 1579 ein, etwa zeitgleich die des Prämonstratenserklosters in Stade, das Kirchendach des Franziskanerklosters in Zerbst brach 1680 herunter und die Kirche des ehemaligen Klarissenklosters in Esslingen krachte 1704 zusammen. Meist wurden die weiter verfallenden Ruinen im Laufe der Jahrzehnte abgeräumt. In Zerbst ließ man sie allerdings einfach stehen, so dass sich dort direkt neben dem Konventsgebäude mit dem „Gymnasium illustre" 1798 innerhalb der verfallenen Umfassungsmauern der ehemaligen Klosterkirche ein „Baumgarten, Holz-, Mist- und Schuttplatz" befand, wie der Rektor schrieb, bis diese Ruine dann 1803/71 in einen Erweiterungsbau der Schule einbezogen wurde. Um 1800 herum waren dann tatsächlich viele von diesen Schul- und Hospitalkirchen in einem ziemlich dürftigen Zustand. Hinzu kam, dass die Französische Revolution den kirchenkritischen Ideen der Aufklärung massive Schubkraft verliehen hatte, so dass eigene Kirchen bei Schulen und Hospitälern jetzt auch nicht mehr zweckmäßig erschienen. Außerdem waren in der Zeit der französischen Besatzungsherrschaft sehr viele Kirchen als Magazin, Lazarett oder für andere militärische Aufgaben zweckentfremdet worden; während man die Gemeindekirchen danach renovierte und wieder als solche in Betrieb nahm, sah man den Aufwand für die Wiederherstellung der gemeindelosen Nebenkirchen, die jetzt erst recht baufällig waren, oft als nicht mehr lohnend an. Als Folge davon wurden jetzt eine ganze Anzahl von diesen früheren Klosterkirchen abgerissen. Beispiele für den Abbruch solcher ehemaliger Klosterkirchen sind die Franziskanerkirche in Greifswald 1793, die Maria-Magdalenen-Kirche in Hamburg 1807, die Franziskanerkirche in Leonberg 1811, die Kirche des Burgklosters in Lübeck 1818, des Johannisklosters in Hamburg 1829, des Dominikanerklosters in Rostock 1831 und des Langhauses der Franziskanerkirche in Esslingen 1840, ebenso die Kirchen gotischer Hospitäler wie des Heiligen-Geist-Hospitals in Rostock 1818, des Heiligen-Geist-Hospitals in Hamburg 1831 und des St. Elisabeth-Hospitals in Nordhausen 1835. Bei der Franziskanerkirche in Esslingen und der Johanniskirche in Hamburg, beides durchaus bedeutende gotische Bauten, erhoben sich auch schon Einsprüche gegen diese Abrisspolitik. In Hamburg verfasste Senator Martin Hudtwalcker eine Schrift, dabei mehr vom aufkommenden Pietismus als vom Denkmalsgedanken motiviert, in der er in einem fiktiven Streitgespräch zwischen einem aufrechten Christen und einem überheblichen Rationalisten für den Erhalt der Kirche

Franziskanerkloster in Zerbst. Die Konventsgebäude wurden ab 1532 durch das Gymnasium (später zeitweise Universität) genutzt. Die Kirche war nach der Reformation zunächst Lager für Getreide und Geschütze, dann Verfall und 1680 Einsturz; ihre Ruine blieb aber neben der Universität stehen. Bild von 1841.

plädierte und auch Auszüge aus zwei Gutachten wiedergab, welche die Baufälligkeit der Kirche bestritten; vorsichtshalber ließ er diese Parteinahme anonym in Lübeck veröffentlichen, um den Hamburger Zensor zu umgehen. Erfolg hatte Hudtwalcker nicht. In Esslingen konnten heftige Proteste dreißig Jahre später immerhin die Pläne zu Fall bringen, auch noch den Chor niederzureißen.

Die Abrisswelle erfasste auch die aus dem Mittelalter stammenden Hospitalbauten selbst, sowohl die ehemaligen Klöster als auch die von vornherein als Hospital errichteten. Seit langem ging man davon aus, dass sogenannte Miasmen Krankheiten verursachen würden, insbesondere Ausdünstungen von Boden und Wasser, dumpfe Luft und üble Gerüche; von einer Infektion durch Bakterien und Viren war noch nichts bekannt. Neu war nun in den ersten Jahrzehnten des 19. Jahrhunderts, dass man anfing zu versuchen, durch gesteigerte

Hygiene diesen vermuteten Krankheitsursachen entgegenzuwirken und dementsprechend Wohnverhältnisse kritisch in den Blick nahm. Hospitäler wurden inspiziert und die alten Anlagen jetzt oft als nicht länger tragbar empfunden. Das Magdalenen Hospital in Münster wurde 1821 als ein „wüstes, finsteres, dumpfiges Gebäude" geschildert.[60] In Bremen untersuchte die Cholera-Deputation 1831 das Hospital im ehemaligen Johanniskloster uns stellte fest, „dass der von der Hausdiele ausgehende ... Hauptgang und der kleine Nebengang desselben ebenfalls sehr mit Menschen überfüllt und keiner gehörigen Lüftung fähig" seien und empfahlen „durch Wegräumung des ganzen alten Klosters ... jene Gefahren und Nachtheile" zu beseitigen und überhaupt für das ganze Quartier „an die Stelle winklicher und unreinlicher Gänge, luftige und von den bisherigen sumpfigen Dünsten befreite Straßen und Wohnungen zu schaffen."[61] Nicht nur mit der beginnenden Hygienebewegung sahen sich die Hospitäler konfrontiert, sondern der medizinische Fortschritt stellte das hergebrachte Konzept multifunktionaler Hospitäler überhaupt in Frage. Seit dem Mittelalter brachte man dort kranke, pflegebedürftige und anderweitig betreuungsbedürftige Personen, die nicht von Verwandten betreut werden konnten, meist aus ärmeren Kreisen, dauerhaft in einer betont christlich orientierten Lebensgemeinschaft unter. Jetzt entstand das Konzept des modernen Krankenhauses einerseits, das akut Kranke aufnahm, um sie nach begrenzter Zeit wieder geheilt zu entlassen, und das dafür eigene Ärzte und Operationssäle hatte und allen sozialen Schichten diente, und andererseits des moderne Alters- und Pflegeheimes als reinem Wohnheim, ferner gelegentlich noch von Spezialeinrichtungen für psychisch Kranke, den sogenannten „Tollen" und „Irren". Teilweise wurden Spitäler jetzt erheblich umgebaut, teilweise konnten die aus dem 13.-16. Jahrhundert stammenden Bauten den neuen Anforderungen aber auch nicht mehr gerecht werden, so dass in den Jahrzehnten nach den napoleonischen Kriegen etliche Neubauten von Krankenhäusern entstanden.

In Frankfurt am Main wurde das aus den 1460er Jahren stammende Heiligengeisthospital samt Kirche 1840 komplett abgebrochen, nachdem 1835-39 der Neubau eines wesentlich größeren Krankenhauses errichtet worden war, obwohl die Mehrheit des Senats die Bestrebungen der Anhänger der Denkmalidee unter Führung des Stadtbibliothekars Johann Friedrich Böhmer unterstützte. Ebenso wurde in Heilbronn 1862/71 das Katharinenspital abgetragen, nachdem 1831-34 und 1864 Krankenhausneubauten errichtet worden waren. Beispiele für einen Abriss von Hospitalgebäuden aus dem 15. und 16. Jahrhundert, die durch neue Altersheimbauten ersetzt wurden, sind das Heiligengeisthospital in Berlin (Abriss 1818-25, Neubau 1828) und das Hospital *Zum Grauen Kloster* im ehemaligen Franziskanerkloster in Greifswald (Abriss 1819-27, Neubau auf dem alten Gelände 1843-45), ebenso in Hamburg das Heiligengeisthospital

(Abriss und Neubau am selben Ort 1833) und das Hospital im ehemaligen Maria-Magdalenen-Kloster (Abriss 1839, nachdem 1837-39 ein Neubau an anderer Stelle entstanden war). Das ebenfalls ins Mittelalter zurückreichende Heiligengeisthospital Münchens wurde ab 1823 schrittweise abgetragen, um dem Viktualienmarkt mehr Platz zu schaffen, zumal 1813 das Allgemeine Krankenhaus errichtet worden war. Auch das ebenso alte Leprosenhaus in Schwabing wurde 1819 geschlossen und später beseitigt. Die Liste der seit langem als Hospital genutzten mittelalterlichen Gebäude, die in diesen Jahrzehnten abgebrochen wurden, lässt sich fortsetzen mit dem Katharinenhospital in Esslingen 1811 und dem Magdalenenhospital in Münster 1828, den ehemaligen Franziskanerklöstern in Leonberg um 1820, Goslar 1823, Bremen 1834 und Brandenburg (schrittweise bis 1865) sowie den ehemaligen Dominikanerklöstern in Neuruppin 1816 und Tangermünde nach dem Verkauf an einen Privatmann 1829. Nur wenige als Hospital genutzte gotische Gebäude konnten sich bis heute weitgehend erhalten; zu diesen Ausnahmen gehört das Heiliggeisthospital in Lübeck mit seiner prachtvollen Schaufassade und das große ehemalige Zisterzienserkloster im hessischen Haina.

Auch bei ehemaligen gotischen Klöstern, die seit der Reformation Bildungszwecken dienten, wurden die Klausurgebäude im 19. Jahrhudert verstärkt abgebrochen, und das sogar über die ersten Jahrzehnte hinaus. Die Leipziger Universität, die von 1540 an hauptsächlich in dem großen Komplex des Dominikanerklosters untergebracht war und diesen bis Ende des 18. Jahrhunderts wenig verändert hatte, riss diesen in zwei Schüben 1830 und 1890 bis auf die Paulinerkirche vollständig ab und ersetzte ihn durch große Neubauten. In Greifswald opferte die Universität 1853-59 die noch erhaltenen Teile des Schwarzen Klosters für neue Universitätsbauten, obwohl der preußische Landeskonservator dagegen Einspruch erhoben hatte. Auch in Marburg legte die Universität 1873 ihr mittelalterliches Klausurgebäude bis auf die Universitätskirche komplett nieder und führte einen Neubau auf, der bemerkenswerterweise neugotisch gehalten war und sich sogar am alten Klostergrundriss orientierte. Dies wirkt schon fast wie ein Ausdruck von schlechtem Gewissen, denn eigentlich galten gotische Bauten in dieser Zeit in gebildeten Kreisen bereits als schutzwürdig. Nun erzeugten die stark gewachsene Studentenzahlen zweifellos Handlungsdruck, aber das Interesse am Mittelalter war eben auch durchaus selektiv. Es richtete sich vor allem auf markante und eindrucksvolle Bauten, träumte überhaupt von einem prächtigen Mittelalter, und das boten die Fassaden der innerstädtischen Klöster nun kaum. Als romantische Stimmungsträger konnten sie erst recht nicht dienen. Sie waren in die Straßenfronten integriert, die Klausurgebäude ohnehin mehr zum Innenhof gewandt, und die Franziskaner und Dominikaner hatten meist auch bewusst eher nach außen schlicht ge-

Dominikanerkloster St. Pauli in Leipzig. Nach der Reformation ab 1540 durch die Universität genutzt, wobei sich das gotische Erscheinungsbild bis zum Abriss weitgehend erhielt (im Bild: hinterer Paulinerhof vor 1830).

baut, um ihrem Charakter als Bettelorden zu entsprechen. Die Universitätsneubauten waren nicht nur größer und technisch moderner, sondern auch weitaus repräsentativer als die aus dem Mittelalter ererbte Bausubstanz. Ebenso wurden die ehemaligen Klostergebäude der beiden Kleinuniversitäten Rinteln und Duisburg, die schon 1809 beziehungsweise 1818 wegen Studentenmangel geschlossen worden waren, um 1875 bzw. 1890 abgebrochen. Das bislang als Schule genutzte ehemalige Franziskanerkloster in Halle/Saale ging 1820 an die Universität über, die es acht Jahre später abtragen und durch einen Neubau ersetzen ließ.

Auch etliche gotische Klöster, die seit der Reformation rund dreihundert Jahre lang als städtische Gymnasien genutzt worden waren, wurden jetzt abgerissen und durch einen Neubau ersetzt, z. B. das Franziskanerkloster in Frankfurt a. M. 1833, das Franziskanerkloster in Torgau 1836, das Karmeliterkloster in Stettin 1838/39, das Johanneum im Johanniskloster in Hamburg 1840, die Franziskanerklöster in Löbau und in Görlitz beide im Jahr 1854 (diese immerhin unter Erhalt der Kirchen) und die Franziskanerklöster in Ulm 1879 und

Quedlinburg 1890 sowie das Dominikanerkloster in Minden 1880. Manchmal handelte es sich auch um Teilabbrüche. So wurde 1867 vom Franziskanerkloster in Hof an der Saale die Hälfte der ehemaligen Klausur niedergelegt und durch einen Neubau ersetzt und der übrige Teil zunehmend überbaut, 1873 riss man in Lübeck den größten Teil der Konventsgebäude des Katharineums ab und überbaute das Areal mit neugotischen Schulgebäuden, und 1879 ersetzte man in Wismar die schulisch genutzten Teile des Schwarzen Klosters weitgehend durch einen Neubau der Bürgerschule, der nur den Kirchenchor übrig ließ, dieser jetzt oben als Aula und unten als Turnhalle genutzt. Das seit 1544 als Schule dienende Franziskanerkloster in Heilbronn wurde nicht nur im 19. Jahrhundert viermal umgebaut, sondern hier brach man sogar noch 1925 den alten Kreuzgang ab, um aus dem Innenhof eine Turnhalle zu machen.

Innerstädtische Klöster, die nach der Reformation nicht als Bildungseinrichtung oder Hospital, sondern für andere Zwecke genutzt wurden, unterlagen meist einem stärkeren Verschleiß und hatten kaum Chancen, bis ins 20. Jahrhundert zu überdauern. Das soll hier an einigen ausgewählten Beispielen verdeutlicht werden, vor allem aus Nürnberg und Eisenach. In Nürnberg übernahm der Stadtrat 1525 sieben Klöster. Die gotischen Bauten von Franziskanerkloster und Ägidienkloster, als Findelhaus bzw. als Gymnasium genutzt, fielen 1671 bzw. 1696 weitgehend Brandkatastrophen zum Opfer. Das Dominikanerkloster, das Ratsbibliothek und Dienstwohnungen aufgenommen hatte, wurde nach einem Teileinsturz der Kirche 1807 abgetragen. Das Karmelitenkloster kam als Lagergebäude herunter, wurde 1696 an die Thurn- und Taxissche Post verpachtet und musste 1817 für den Neubau der Königlichen Post weichen. Das Augustinerkloster diente dem Stadt- und Landalmosenamt, ab 1821 der ersten Nürnberger Sparkasse und dann auch Schulzwecken, bis es 1872 abgerissen wurde und ein Gerichtsgebäude an seine Stelle trat, und das Klarissenkloster wurde als Leihhaus genutzt, bis man es 1892 abbrach. Nur das Kartäuserkloster überdauerte, wo nach einer Zeit als Militärlager 1857 das Germanische Nationalmuseum einzog. Auch in Eisenach verloren mit der Reformation sieben Gebäudekomplexe ihre klösterlichen Nutzungen, und Schritt für Schritt verschwanden sie im Laufe der nächsten 400 Jahre weitgehend. Das St. Elisabeth-Kloster wurde gleich nach seiner Aufhebung nur noch als Steinbruch benutzt, und die Stiftskirche der Augustiner Chorherren, die größte und bedeutendste Kirche der Stadt, auch als Dom bezeichnet, wurde bei den Reformationsunruhen weitgehend zerstört, die Ruine dann 1690 beseitigt. Das Franziskanerkloster brach man schon 1597 ab, um für die Erweiterung der herzoglichen Residenz Platz zu schaffen, während das Katharinenkloster erst als Zeughaus, dann als Kornspeicher und schließlich als Komödienhaus diente; als man dafür Dachbalken entfernte, stürzte die Kirche 1720 ein und wurde abgeräumt. Das Nikolaikloster verpachtete die Stadt verschiedentlich an Privatleute, und im 18. Jahrhundert beherbergte die Kirche eine Textilmanufaktur, während die übrigen Gebäude weitgehend beseitigt wurden. Das Kartäuserkloster diente im 18. Jahrhundert als Zucht- und Waisenhaus und im 19. Jahrhundert als Strafanstalt, bis es Anfang des 20. Jahrhunderts abgerissen wurde. Im Dominikanerkloster brachte man in der einen Hälfte das Gymnasium, in der anderen das Gefängnis unter, bis schließlich die erhaltenen Teile im Schulneubau von 1877 aufgingen. Auch das Franziskanerkloster in Meiningen repräsentiert ein solches Schicksal. Während die Kirche 1681-1703 als Archiv und dann wieder als Kirche genutzt wurde, war das Konventsgebäude 1555-1806 Hospital, zugleich 1703-88 Waisenhaus und seit 1776 Schullehrerseminar und 1799 Industrieanstalt. 1803 schrieb der Hofprediger Emmrich: „Kehrt man von diesem Spaziergang wieder in die Stadt zurück, so beleidigt das Auge rechter Hand am Tor der Anblick des alten, 1239 erbauten und 1242 eingeweihten, durch mehrere Feuersbrünste fast schwarz geräucherten Barfüßer-Mönchsklosters."[62] 1817 wurden Klausur und die Reste der Kirche niedergelegt, nur der Nordflügel blieb noch aufrecht und diente ab 1818 als Getreidemagazin und 1833 als Armen-Suppen-Anstalt, bis er 1844-52 durch einen Totalumbau, der einem Abriss gleichkam, zum Montierungslager der herzoglichen Truppen wurde. Das Franziskanerkloster in Dresden wurde schon im Laufe des 17. und 18. Jahrhunderts schrittweise immer weiter abgebrochen, so dass nach 1820 nur noch die Kirche übrig blieb, wobei man es in diesen Jahrhunderten wechselnd als Zeughaus, Salzlager, Küferei, Brauerei, Pferdestall und Waschhaus verwendete. Als Zeughaus dienten auch das Franziskanerkloster in Göttingen und der Komplex des Dominikanerklosters in Braunschweig; die verfallenen Gebäude des ersteren mussten 1820 dem Wilhelmplatz weichen, wogegen letzteres erst 1903 beseitigt wurde, um an seiner Stelle Staatsministerium und Staatsbank zu errichten.

Klosteranlagen auf dem Lande, die von den Landesfürsten übernommen und dann mit den dazugehörigen Ländereien als Domäne, auch als Amt oder Kammergut bezeichnet, also als Grundherrschaft und Landwirtschaftsbetrieb geführt wurden, erging es nicht besser als jenen in den Städten, im Gegenteil. Für die Amtsverwaltung war nicht viel Raum erforderlich, und im Unterschied zu den Wirtschaftsgebäuden waren Klausurgebäude und Kirche für wirtschaftliche Nutzungen nur mäßig geeignet, am ehesten noch größere Räumlichkeiten als Lagerräume. Oft standen sie einfach Jahrzehnte lang leer, nur hin und wieder notdürftig ausgebessert und langfristig dem schleichenden Verfall preisgegeben, schließlich oft als Baustoffreservoir ausgeschlachtet. Meist ist dieses schrittweise Verschwinden schlecht dokumentiert und für uns nur punktuell nachvollziehbar. Der zeitliche Verlauf war durchaus unterschiedlich. Bei der ehemaligen Zisterzienserabtei Altzella, die bald nur noch Landwirtschaftsbetrieb ohne Amtssitz war, begann der Abriss der Klausurgebäude schon 1554, um Steine für den Bau des Amtsschlosses und des Hospitals in Nossen zu gewinnen. 1583 verkaufte dann die Kirchengemeinde die Klosterkirche als Abbruchmaterial an ein Bauunternehmen, wobei sogar die kurfürstliche Grablege der Wettiner ruiniert wurde; nur der Westgiebel der Kirche blieb stehen. 1797 riss man dann auch diesen nieder. Im Falle des ehemaligen Zisterzienserklosters Eldena erfolgte der Niedergang erst später. Nachdem es im Dreißigjährigen Krieg ziemlich mitgenommen worden war, trugen die seitdem in Vorpommern regierenden Schweden 1638, 1665, 1678 und 1684 große Teile ab, um mit den Steinen die Küstenschanze vor der Ryckmündung sowie die Befestigungen von Stralsund und Greifswald zu reparieren und zu verstärken. Die Universität Greifswald, in deren Besitz die Anlage gekommen war, nutzte sie dann selbst, um Baumaterial für das Amtshaus in Eldena und Professorenhäuser in Greifswald zu gewinnen. 1728 und 1733-35 ließ sie dafür den ganzen Chor und den nördlichen Querhausarm abtragen. Etwa 50 000 bis 60 000 Ziegelsteine wurden damals der Anlage entnommen. Im Jahr 1800 entschied der akademische Senat der Universität, die Klosterruine schrittweise gänzlich abzutragen, so wie es der Bedarf erforderte; man schätzte, dabei „gewiß gegen die 2 Millionen gute brauchbare Steine" zu gewinnen, „so wie sie in unseren Ziegeleyen nicht mehr gebrannt werden".[63] Die Zeit um 1800 neigte auch in etlichen anderen Fällen dazu, mit den Resten aufzuräumen. Das betraf beispielsweise die weiträumigen Anlagen der Zisterzienserklöster Disibodenberg und Eußerthal, die 1768-1830 bzw. 1793-1821 weitgehend abgebrochen wurden, wie auch kleinere, etwa das Augustinerinnenkloster in Neustadt/Holstein (1780-1826) oder das Prämonstratenser-Nonnen-Kloster in Lauffen am Neckar (ab 1807). Wo die Domänennutzung im Laufe der Zeit aufgegeben worden war und noch nennenswerte Ruinen zurückgelassen hatte, fanden die Romantiker dann jene verwilderten Gemäuer vor, die sie nun als malerische Stimmungsträger entdeckten. Gern besuchte Stätten dieser Art reichten vom pommerschen Eldena über das oldenburgische Hude, das thüringische Paulinzella und das sächsische Altzella bis zum pfälzischen Disibodenberg. Meist wirkten die Reste der mittelalterlichen Klöster aber nicht sonderlich romantisch, sondern waren verbaut und wurden wirtschaftlich genutzt, etwa nach dem Muster: die Schweine im Kreuzgang, das Getreide in der Kirche und die Kartoffeln in der Krypta. Oft waren von den mittelalterlichen Bauten überhaupt nur klägliche Reste übrig, und in etlichen Fällen war vom ehemaligen Kloster im frühen 19. Jahrhundert gar nichts mehr zu sehen, sondern man hätte bestenfalls durch Grabungen noch Grundmauern aufdecken können, wie zum Beispiel bei dem durchaus größeren Benediktinerinnenkloster in Buxtehude-Altkloster oder den Zisterzienserklöstern in Hiddensee, Klosternaundorf und Frauensee (Thüringen).

Von einer ganzen Reihe von Klöstern sind zwar die Kirchen bis heute erhalten, während von den übrigen Gebäuden nichts die Zeiten überlebt hat ist, und zwar deshalb, weil die Mönchskirchen zu Pfarrkirchen umgewandelt wurden. Auf diese Weise blieben sogar mehrere Klosterkirchen aus romanischer Zeit bestehen, so jene der Benediktinerklöster in Bursfelde, Bürgel, Münchaurach und Münchsteinach, verstümmelt auch in Reinsdorf und Oldenstadt/Uelzen, und die der Augustiner-Chorherren in Bad Segeberg. Auch manche gotische Zisterzienser(innen)kirche überdauerte auf diese Weise das Verschwinden der übrigen Klostergebäude, etwa in Himmelpfort (Brandenburg), Kapellendorf bei Weimar, Kelbra, Krummin, Langendorf/Sachsen, Lilienthal bei Bremen und Sonnenkamp in Neukloster. In Ausnahmefällen war es nicht die Funktion als Pfarrkirche, sondern als Grablege, welche Klosterkirchen bewahrte, während die Klausurgebäude untergingen; diese Rolle hatten die gotischen Kirchen in Doberan für die Herzöge von Mecklenburg, in Barby für die Grafen von Barby und in Bordesholm für die Professoren der Universität Kiel. Im Übrigen kam es auch in Städten vor, dass Klosterkirchen als Pfarrkirchen bis heute überdauerten, während die zugehörigen Klostergebäude bis Mitte des 19. Jahrhunderts abgerissen wurden. Das gilt für die Franziskanerkirchen in Hildesheim, Wetzlar, Cottbus, Rothenburg ob der Tauber und Neuenburg am Rhein oder auch die Thomaskirche des Augustiner Chorherrenstifts in Leipzig, an der die Tradition des Chorsingens in der Stiftskirche durch die Schüler der Klosterschule bis heute gepflegt wird in Gestalt des Thomanerchors.

Einen Sonderfall stellte Erfurt dar, nicht nur weil hier von 1530 an beide Konfessionen gleichberechtigt nebeneinander bestehen durften, sondern weil die Stadt bei Beginn der Reformation mit 36 Kirchen eine der kirchenreichsten Städte Mitteleuropas war. Es gab in der großen Bischofsstadt nicht nur 11 Klöster, sondern auch 4 Stiftskirchen und 21 Pfarrkirchen. Man hatte die Stadt 1182 in ungewöhnlich viele Pfarreien eingeteilt, und deren Kirchen hatten dementsprechend meist eher Dorfkirchenformat. So machte man jetzt die drei großen Bettelordenskirchen zu neuen Pfarrkirchen und legte etliche Gemeinden zusammen. Hier blieben jetzt fast alle Klosterkirchen erhalten, aber dafür wurden seit 1525 eine ganze Reihe der kleinen Pfarrkirchen kaum noch oder gar nicht mehr benutzt und verfielen. 13 von ihnen hat man bis ins frühe 19. Jahrhundert abgetragen, wobei in fünf Fällen immerhin die Türme erhalten blieben. Um Baumaterial für den Festungsbau zu gewinnen, rissen die Schweden 1632 die Georgskirche, im Folgejahr die Moritzkirche und 1647 die Albanikirche ab. Nachdem 1660 die Bartholomäuskirche und 1736 Martinikirche und Paulskirche Bränden zum Opfer gefallen waren, wurden auch deren Brandruinen beseitigt. Die Servatiuskirche brach man 1716 ab, nachdem sie eingestürzt war, und die Ruinen der Gotthardtkirche und der Nikolaikirche wurden 1740 bzw. 1744 abgeräumt. Weitere ehemalige Pfarrkirchen fielen dann dem Aufräumen Anfang des 19. Jahrhunderts zum Opfer: Vitikirche 1809, Benediktikirche 1810, Matthiaskirche 1818 und Johanneskirche 1819.

Die verschiedenen Formen von Nachnutzungen führten also teilweise zu langwierigen Geschichten von Verfall, Teilabriss und schrittweisem Verschwinden, vollständig oder bis auf wenige verbaute Reste, die sich vom 16. Jahrhundert oft bis weit ins 19. Jahrhundert hinzogen. Für viele Klosteranlagen kam aber schon in den Jahrzehnten direkt nach der Reformation das Aus. Ein Grund dafür war der Zugriff der Landesherren, in deren Besitz sie geraten waren, die ihr fürstliches Repräsentationsbedürfnis befriedigen wollten. Dafür mussten etliche Klostergebäude als Baustofflieferant herhalten, um an anderer Stelle Schlösser zu errichten oder auszubauen. Herzog Ulrich von Mecklenburg ließ 1559 Kloster Marienehe fast vollständig abbrechen, um das Schloss in Güstrow zu erbauen. Die Grafen von Schwarzburg entnahmen ab 1574 Sandsteinquader aus dem Kloster Paulinzella, um die Burg in Gehren zum Schloss umzubauen, so dass die große romanische Kirche heute als Ruine dasteht. Kurfürst August von Sachsen ließ 1578 die Klausur der Zisterzienserklosters Plötzky für den Neubau eines Schlosses in Gommern weitgehend abtragen. Andere Klöster wurden komplett abgerissen, um dann an derselben Stelle ein neues Residenzschloss aufzurichten. Anstoß dazu gab vor allem das Entstehen von fürstlichen Nebenlinien durch Erbteilungen. Als das Herzogtum Schleswig-Holstein 1544 unter drei Brüder aufgeteilt wurde, ließ der Gottorfer Herzog Adolf das Zisterzienserinnenkloster Reinbek und das Franziskanerkloster Husum niederreißen und dort in den 1570er Jahren Nebenresidenzen errichten, und als etwas später Herzog Johann der Jüngere die Sonderburger Nebenlinie gründete, ließ er die beiden Zisterzienserklöster Rudekloster und Reinfeld und das Kartäuserkloster Ahrensbök niederlegen und dort aus dem Material Renaissanceschlösser errichten. Die Grundmauern und die Mönchsgräber des Rudeklosters versanken im aufgestauten See rund um das neue Wasserschloss Glücksburg, wo man die Position der großen Anlage 2005 durch geomagnetische Untersuchungen im Schlamm des Seegrundes wiederfand. In Husum geht der lilafarbene Blütenteppich von Millionen von Krokussen im Schlosspark, dem ehemaligen Klostergarten, möglicherweise auf den Versuch der Mönche zurück, Krokusse zur Safrangewinnung anzubauen. Im Herzogtum Mecklenburg wurde die Zisterzienserinnenabtei Ivenack abgetragen, damit auf ihren Grundmauern um 1590 ein Schloss errichtet werden konnte als Residenz für Sigismund August, der von seinem Vater wegen seines „blöden" Geistes von der Erbfolge ausgeschlossen worden war. Noch 1676 sprengte man die Benediktinerabtei in Saalfeld an der Saale einschließlich der romanischen Basilika zugunsten eines Schlossbaus, als Sachsen-Gotha unter die sieben Söhne des verstorbenen Herzogs aufgeteilt wurde und Bedarf nach einer zusätzlichen Residenz bestand. Im nahegelegenen Coburg hatte das Franziskanerkloster schon 1543 einem Schlossbau weichen müssen, als Herzog Johann Ernst seine Hofhaltung von der hochgelegenen Veste in die Stadt verlegte. Noch häufiger war die sparsamere Variante, die Klostergebäude zu einem Schloss umzubauen, was einem Teilabriss gleichkam, bei dem große Teile des Klosters verschwanden. Meist ging es den Renaissancefürsten darum, sich auf diese Weise mit mäßigem Aufwand ein einigermaßen repräsentatives Jagdschloss oder einen Sommersitz zu schaffen. Gleich nach der Aufhebung des Klosters begann Herzog Moritz von Sachsen das Benediktinerkloster in Chemnitz umzubauen und der Kurfürst von Sachsen Kloster Ichtershausen, der Graf von Ostfriesland Kloster Ihlow und der Fürst von Anhalt Kloster Ballenstedt. Oft lagen aber auch Jahre des Verfalls dazwischen. In den 1560er Jahren bauten zwei Linien der Welfen die Zisterzienserklöster in Osterrode und Scharnebeck in Schlösser um, gegen 1580 der Herzog von Pommern das Kloster Neuenkamp und der Herzog von Schleswig-Holstein-Gottorf Cismar, und Anfang des 17. Jahrhunderts traf dies Goseck (Kurfürst von Sachsen), Dargun (Mecklenburg-Güstrow), Stadtilm (Graf von Schwarzburg) und Ilsenburg (Graf von Stolberg-Wernigerode) und noch 1643 Rastede (Graf von Oldenburg).

Für manche Klöster fand sich nach ihrer Aufhebung gar keine neue Verwendung, sie waren schlicht überflüssig und wurden deshalb schon Mitte des 16. Jahrhunderts abgerissen. An die Stelle der Franziskanerklöster in Aschersleben, Celle und weitgehend auch in Burg bei Magdeburg traten neue Wohnhäuser. Auch eine ganze Reihe andere Stadtmagistrate, in deren Besitz Klöster gelangt waren, beseitigten diese Mitte des 16. Jahrhunderts; das betraf beispielsweise die Benediktinerklöster in Leipzig (Nonnen), Pegau und Homburg (im Besitz von Langensalza), die größten Teile der Franziskanerklöster in Schwäbisch Hall und Mühlhausen in Thüringen, die Zisterzienserinnenklöster Eisenberg, Aschersleben und Beuditz (im Besitz der Stadt Weißenfels) und das Karmelitenkloster in Schweinfurt. Auch das Brigittenkloster in Stralsund wurde 1554 abgeräumt; Bürgermeister Sastrow schrieb dazu, man habe „in Zerbrechung des Closters in den heimlichen Gemechern, auch sonst, Kinderkopffe, auch woll gantze Corperlein vorsteckt unnd vorgraben befunden",[64] was er auf mangelnde Keuschheit der Nonnen zurückführt, aber vielleicht ist das auch nur üble Nachrede. In Greifswald stritten Stadtrat und Universität, wer die Kirche des Dominikanerklosters abtragen und das gewonnene Baumaterial verwenden dürfe; als man sich 1558 geeinigt hatte, stürzte die Kirche größtenteils von selbst zusammen. Ungewöhnlich war der Fall der Klosteranlagen Schönau im

Odenwald und Otterberg, welche die Kurfürsten von der Pfalz 1562 beziehungsweise 1579 calvinistischen Glaubensflüchtlingen aus Wallonien überließen; diese legten sie dann in der Folgezeit weitgehend nieder und erbauten sich daraus ihre Siedlungen. Das Zisterzienserinnenkloster Harvestehude bei Hamburg wurde schon im Jahr der Aufhebung 1530 von den Hamburger Bürgern sofort dem Erdboden gleich gemacht, weil es sich als Widerstandsnest des katholischen Katholizismus gegen die neue Lehre erwiesen hatte, und ähnliches galt wohl für den Abriss des Dominikanerklosters in Schleswig ein Jahr früher. Vor allem außerhalb der Städte gelegene Klöster, die nach ihrer Aufhebung nicht mehr genutzt wurden, brach man nicht immer gleich gänzlich ab, sondern nutzte sie über lange Zeit hinweg immer wieder als Steinbruch. Manchmal haben sich dort noch bis heute Ruinenreste erhalten, beispielsweise vom Zisterzienserinnenkloster Nimbschen, aus dem auch Luthers Frau stammte und dessen Ruinen 1810/12 weitgehend abgeräumt wurden. Manchmal erinnert dort heute auch nichts mehr an das einstige Kloster, so beim dem Prämonstratenserstift St. Marien auf dem Harlungerberg bei Brandenburg, aus dem immer wieder Material entnommen wurde, vor allem um den Dom und andere Gebäude zu reparieren; als letztes wurde die Kirche 1722 auf Befehl des preußischen Königs gesprengt, um aus dem damit gewonnenen Baumaterial das Militärwaisenhaus in Potsdam zu errichten. Sogar die Kenntnis der genauen Lage konnte verloren gehen, wie in Markssußtra/Thüringen, wo man dann 2011 bei Ausschachtungen für die Erweiterung des Rewe-Marktes die Grundmauern des 1551 aufgehobenen Zisterzienserinnenklosters überraschend wiederentdeckte.

In einigen Fällen trugen militärische Auseinandersetzungen dazu bei, dass Klosterbauten untergingen. Schon in den gewaltsamen Konflikten der Reformationsjahre verschwanden mehrere Klöster vollständig, und zwar ohne direkten militärischen Kampfhandlungen zum Opfer zu fallen. Die zur lutherischen Lehre übergetretenen Städte Bremen, Goslar und Braunschweig beseitigten Klöster auf Anhöhen unmittelbar vor der Stadt, damit die katholischen Fürsten, Herzog Heinrich von Braunschweig-Wolfenbüttel und der Erzbischof von Bremen, sich dort nicht bei einer Belagerung verschanzen und die Stadt von dort beschießen konnten. Hier rückten Scharen von Bürgern mit Hacken und Beilen an, um die Anlagen dem Erdboden gleich zu machen. In Bremen traf es 1523 das Pauluskloster, in Goslar 1527 die beiden Stifte auf dem Georgenberg und dem Petersberg und in Braunschweig 1545 das Cyriacusstift. Dabei hatten die Stifte als große und reiche Anlagen wohl auch den Hass der armen Leute in der Stadt auf sich gezogen. Aus einer ähnlichen Motivation heraus wurde 1554 im mecklenburgischen Erbfolgekrieg das Franziskanerkloster in Schwerin abgetragen, damit der Gegner nicht von dort aus das Schloss beschießen konnte, und der Erzbischof von Bremen gab 1536 das Kloster Hude zum Abbruch frei, damit es nicht zum Stützpunkt seines konkurrierenden Nachbarfürsten wurde, des Grafen von Oldenburg.

Vor allem durch die hin und her wogenden Kampfhandlungen in den Jahrzehnten des Dreißigjährigen Kriegs wurden etliche Klöster dauerhaft zu Ruinen, meist von der Soldateska angezündet, sei es aus Rache für verweigerte Tributzahlungen oder um die Vorräte nicht in die Hände des Gegners fallen zu lassen. Hatten diese Anlagen seit der Reformation noch irgendeine Form von Nachnutzung gefunden, so wurden sie jetzt nicht wieder aufgebaut, sondern bis in die ersten Jahrzehnte des 19. Jahrhunderts nur noch zur Baustoffgewinnung ausgeschlachtet. Heute sind hier meist mehr oder weniger geringe Reste zu sehen. Beispiele sind das Zisterzienser-Nonnenkloster Marienpforte bei Boitzenburg, dessen Reste seit 2005 als Kulisse für Freilichttheater dienen, das Benediktinerkloster St. Georgen im Schwarzwald, das sogar noch nach dem Stadtbrand von 1865 für den Wiederaufbau von Lorenzkirche und Rathaus weiter heruntergerissen wurde, obwohl sich Pfarrer Martini für den Erhalt der Ruinen engagierte, das Nonnenkloster Rupertsberg bei Bingen, in dem im 12. Jahrhundert die gelehrte Hildegard von Bingen wirkte und dessen letzte oberirdische Reste 1857 für den Bau einer Bahnlinie gesprengt wurden, andere Benediktinerklöster wie Gronau und Hasungen, Zisterzienserklöster von Herrenalb (Baden) bis Stolpe (Vorpommern) und auch das bis in karolingische Zeit zurückreichende Kloster Lorsch. Keiner der nachfolgenden Kriege des 17. und 18. Jahrhunderts zerstörte ähnlich viele Klöster, doch zwei bedeutende Ruinen von Benediktinerklöstern gehen auch auf deren Kosten. Französische Truppen setzten im Pfälzischen Erbfolgekrieg 1692 Hirsau und im Siebenjährigen Krieg 1761 Hersfeld in Brand. Beide dienten danach nur noch als Steinbruch, wobei Hersfeld heute die größte romanische Kirchenruine nördlich der Alpen darstellt. Zugleich wurde an ihnen deutlich, wie schwierig es war, die bisherige Abrisspolitik im 19. Jahrhundert zu überwinden. Die Regierung in Stuttgart verbot 1803 die Eröffnung eines neuen Steinbruchs in Calw, solange nicht vorher die Steine aus der nahen und zum Abbruch bestimmten Klosterruine Hirsau verbraucht wurden, wogegen fünf Jahre später der württembergische König Friedrich anordnete, „daß von den schönen Ruinen des Klosters Hirsau ... nichts mehr abgebrochen oder verändert werden dürfte.“[65] Trotzdem entfernte der Pächter des Geländes weiterhin Steine von der Anlage, und erst um 1845 setzen Maßnahmen zur Sicherung der Ruine ein. Für Hersfeld erhielt 1828 der kurhessische Landbaumeister Leonhard Müller den Befehl, zur Verhütung von Unfällen die schadhaften Teile der Ruine zu beseitigen; er besah sich das Ganze gründlich und nutzte dann die hierfür bewilligten Mittel stattdessen, um den einsturzgefährdeten Chor zu reparieren, sensibilisierte überhaupt in der Folgezeit Obrigkeit und Ortsansässige dafür, in dem verfallenen Gemäuer einen historischen Wert zu sehen. Schließlich fielen ehemalige Klöster auch ganz normalen Brandunglücken zum Opfer, nach denen sie nicht wieder aufgebaut, sondern weitgehend zum Abbruch freigegeben wurden. Das konnte im Rahmen eines allgemeinen Stadtbrandes passieren (z. B. die Klöster der Zisterzienser in Grünhain 1536 und Bad Berka 1608 und der Franziskaner in Stade 1659), aber ebenso nur das einzelne Kloster betreffen: Kloster Wörschweiler ging 1614 in Flammen auf, als ein Knecht Schlangen ausräuchern wollte (andere Beispiele sind die Klöster der Augustiner in Gartz/Oder 1578, Franziskaner in Bautzen 1598 und Annaberg 1604, der Dominikanerinnen in Kirchheim unter Teck 1626 und der Prämonstratenser in Gramzow 1714). Diesen Fällen von Kriegs- und Brandkatastrophen ist gemeinsam, dass die Klostergebäude nach der Reformation Nachnutzungen gefunden hatten. Sie wurden genutzt, weil sie nun einmal existierten, als Neubauten speziell für diese Nutzungen, meist wirtschaftlicher Art, hätte man aber nie so aufwendige Bauwerke errichtet. Laufende Instandhaltungsmaßnahmen waren hier noch sinnvoll, aber waren die Gebäude erst einmal weitgehend zerstört, rechnete sich ein Wiederaufbau nicht mehr, so dass sie zu Steinbrüchen verkamen.

Einen gesonderten Blick verdient noch die Grafschaft Ostfriesland. Hier gab es am Vorabend der Reformation etwa 30 Klöster und Stifte und damit vielleicht die höchste Dichte überhaupt in Deutschland. Das lag daran, dass sich in dieser abgelegenen Region herrschaftliche Strukturen erst viel später als in anderen Gegenden Deutschlands etablierten und die Klöster deshalb als öffentliche Institutionen besonders wichtig waren. Heute erhebt sich in dem platten Land nirgendwo mehr der geringste Rest eines Klosters über den Boden, und auch die Erinnerung daran ist weitgehend ausgelöscht. Die Klosterarchive mit ihren Urkunden und Dokumenten wurden von den Grafen in der Reformation gezielt vernichtet, von einer Ausnahme abgesehen gibt uns auch keinerlei Bild eine Vorstellung, wie diese Klöster einst ausgesehen haben. Ab 1528 lösten die Grafen Enno II. und Johann alle Klöster schrittweise auf und brachten sie samt ihren Besitzungen in ihre Verfügungsgewalt, und im Laufe der nächsten hundert Jahre verschwanden sie weitgehend von der Bildfläche, bis Ende des 18. Jahrhunderts auch der Rest. Nur die Franziskanerkirche in Emden überdauerte noch länger. Teilweise wurden sie schon bei kriegerischen Auseinandersetzungen Ennos II. zerstört, einige Anlagen hat man bei Kämpfen Ende des 16. Jahrhunderts heruntergerissen, damit sich dort nicht die gegnerischen Truppen festsetzen konnten, vieles verfiel mangels Nutzung. In dem baustoffarmen Land wurden die Ziegelsteine der Ruinen dann gründlich verwertet, sei es vom Grafen für den Ausbau der Befestigungsanlagen in Aurich und Stickhausen, sei es von den Bauern.

Klöster im Überfluss (II): Die Folgen von Aufklärung und Machtstreben

Es war ein Schock für die Mönche der landständischen Klöster in Bayern, als 1803 überall im Land überfallartig Staatskommissare an den Klosterpforten klingelten, Geheimbefehle des Kurfürsten zur Auflösung des Klosters präsentierten, die ganze Anlage unter staatliche Verwaltung nahmen und begannen, alle vorhandenen Wertsachen zu inventarisieren. Den Klosterinsassen wurde eröffnet, dass sie über eine neue Existenz nachdenken müssten. Nicht viel anders erlebten es die Klosterinsassen im benachbarten Württemberg. Teilweise erschienen die Kommissare auch in Begleitung von Militär.

So wie die Welle der Reformation Anfang des 16. Jahrhunderts den Klöstern im protestantisch werdenden Raum ihre Funktion geraubt hatte, so erfasste in den ersten Jahren des 19. Jahrhunderts eine zweite Welle der Säkularisation auch die Klöster und Stifte im katholisch gebliebenen Teil Deutschlands. Auch sie verloren jetzt ihre Aufgabe, erneut fand sich nicht für alle Klosteranlagen eine Nachnutzung, und auch neue Aufgaben für Gebäude, die einst für einen anderen Zweck errichtet worden waren, bedeuteten oft starke Umbauten und den Abriss einzelner Teile. Vielfach waren die Nachnutzungen nicht nachhaltig, so dass der Abriss dann mit einiger Verspätung doch noch folgte. Diesmal traf es im Wesentlichen Bauten aus der Zeit des Barock, jedenfalls was die Konventsgebäude betraf.

Auch jetzt war der Umbruch Teil viel umfassenderer Wandlungen. Im Laufe des 18. Jahrhunderts verbreiteten sich unter den Gebildeten immer mehr die Gedanken der Aufklärung. Vernunft und Nützlichkeit waren ihre zentralen Begriffe, der geistig mündige und im weltlichen Leben aktive, arbeitende Bürger gab ihr Leitbild ab. Was sich nicht vernünftigen innerweltlichen Erklärungen fügte wie Wunderglaube, die Auferstehung Jesu, ewige Höllenstrafen und der Teufel, das galt den Aufklärern zunehmend als Aberglaube. Betroffen waren hiervon Wallfahrten zu Wallfahrtskirchen, die mit einem speziellen Wunder verbunden waren, und besonders richtete sich die aufgeklärte Kritik gegen Bettelmönche, denen jetzt vorgeworfen wurde, das einfache Volk mit Aberglauben zu infizieren und damit den Fortschritt zu behindern. Überhaupt verblassten bei den Anhängern der Aufklärung die kirchlichen Bindungen. Zum Leitbild nützlicher Arbeit passte der Müßiggang der Mönche und Nonnen schlecht, weder das Leben in Wohlstand hinter den Klostermauern der reichen Benediktinerabteien noch Armut und Bettelei der Bettelmönche. Auch die Ausübung weltlicher Herrschaft durch Bischöfe und reichsständische Abteien wirkte zunehmend überholt.

Diese weltanschaulichen Positionen verbanden sich nun mit den handfesten Machtinteressen absolutistischer Fürsten, ihre Souveränität und Finanzkraft zu stärken. Kaiser Joseph II. hob in Österreich 1782-87 Hunderte von Klöstern auf, was aber im Gebiet des heutigen Deutschland nur einige wenige kleine Besitzungen ganz im Südwesten betraf. Graf Maximilian von Montgelas, ab 1799 leitender Minister in Bayern, hatte für seinen Fürsten schon 1789 ein geheimes Gutachten verfasst, in dem er empfahl, einen Großteil des geistlichen Besitzes zu verstaatlichen. Die Kriege der folgenden Jahre ruinierten den bayerischen Staatshaushalt endgültig, so dass der Kurfürst 1802 anordnete, zunächst alle nichtständischen Klöster in Bayern zu verstaatlichen, also vor allem die der Bettelorden. Der entscheidende Anschub zur reichsweiten Säkularisierung der Klöster kam dann von den Franzosen. 1794 besetzte Frankreich das linksrheinische Gebiet Deutschlands, welches es 1801 auch staatsrechtlich annektierte. Ein Jahr später verstaatlichte die französische Regierung alle Klöster in diesem Gebiet, um die Staatsfinanzen zu verbessern. Damit jene Reichsfürsten, die linksrheinische Herrschaftsgebiete an Frankreich verloren hatten, entschädigt werden konnten, setzte der Reichstag eine Kommission ein, die nach vielem Hin- und Herfeilschen und massiver Einflussnahme Frankreichs im Februar 1803 ein Ergebnis verkündete, den sogenannten Reichsdeputationshauptschluss. Dabei hatten die mächtigen und einflussreichen Reichsfürsten ordentlich zugelangt; sie bekamen mehr, als sie verloren hatten, und zugleich erreichten sie, dass ihr bisher oft zerrissenes Staatsgebiet zu geschlossenen Territorien arrondiert wurde. Dafür wurden alle reichsunmittelbaren Herrschaftsgebiete geistlicher Herren aufgehoben und einem der bestehenden Fürsten zugeschlagen, jene von Bischöfen ebenso wie von Reichsabteien, außerdem die Herrschaftsgebiete der meisten Reichsstädte und vieler kleinerer weltlicher Herren. Auf Betreiben Bayerns kam überdies ganz am Schluss der Verhandlungen der § 35 in den Text, demzufolge die Monarchen sich auch das Vermögen aller Klöster, Stifte und Domkapitel innerhalb ihres Territoriums aneignen durften. Pfarrkirchen blieben davon unberührt.

Betroffen waren 22 geistliche Reichsfürsten und 44 Reichsabteien sowie Hunderte von landsässige Abteien, Stiften und Klöstern. Im linksrheinischen, französisch besetzten Deutschland mussten die Mönche und Nonnen die Klöster innerhalb von 10 Tagen verlassen. Der verstaatlichte Kirchenbesitz wurde in den folgenden Jahren weitgehend öffentlich versteigert. Von den deutschen Staaten gingen Bayern und Württemberg am raschesten und rücksichtslosigsten vor, während Preußen sich in seinen neu erworbenen katholischen Gebieten gemäßigter verhielt, auch um die neuen Untertanen nicht gleich zu verprellen, und sich auch mehr Zeit ließ. In weiten Gebieten zwischen Niederrhein und Unterelbe erfolgte die Säkularisierung in den Jahren 1810-13, als diese Teil des französischen Satellitenstaates Westphalen oder direkt von Frankreich annektiert waren. In Bayern war Montgelas die treibende Kraft, von aufgeklärten Überzeugungen ebenso motiviert wie von bayerischem Machtstaatsdenken, der in Max Joseph einen seinen Ideen zugeneigten Monarchen hatte. In Württemberg war mit Friedrich (I.), einem selbstherrlichen absolutistischen Machtmenschen, der Monarch selbst der Motor der Umwälzung.

Die Säkularisierung war kein blindes Wüten von Kirchenhassern, wie katholische Kirchenkreise noch im 20. Jahrhundert klagten, sondern eine rational kalkulierende Verwertung von Vermögensmassen, durchgeführt von Verwaltungsbeamten, die von der Aufklärung geprägt waren und denen jahrhundertealte Klostertraditionen eben nichts mehr bedeuteten. Wertvolle Buchbestände und Gemälde wurden in die Sammlungen der Herrscher übernommen, manche Bücher auch an Universitäten und Gymnasien abgegeben, die Masse der (religiösen) Druckschriften als Altpapier verkauft. Die Ländereien wurden verpachtet oder verkauft, die Gebäude für öffentliche Zwecke genutzt, verpachtet oder an private Nutzer versteigert. Natürlich drückte das riesige Angebot massiv den Preis. Klöster und Stiftskirchen, für die sich gar keine neuen Nutzungen finden ließen, verkauften die Behörden dann als Baustoff auf Abbruch. Von den fast 500 Klöstern in Bayern wurden 59 Kirchen und 41 Klosteranlagen vollständig abgerissen sowie 8 Kirchen und 64 Klostergebäude teilweise. In Württemberg wurden 9,6 % der säkularisierten Klöster ohne Nachnutzung abgetragen oder dem Verfall preisgegeben. Darunter befanden sich auch einige durchaus eindrucksvolle, aus heutiger Sicht künstlerisch bedeutende Anlagen.

Die Bevölkerung nahm den Untergang des Klosterlebens weitgehend gleichgültig hin. Trauer und Klagen gab es am ehesten über das Verschwinden der Bettelmönche, die beim einfachen Volk beliebt waren, weil sie einen volksnahen Predigtstil pflegten, sich mit Almosengeben, Suppenküchen und geistlichem Beistand für Kranke und Sterbende um die Menschen kümmerten und überhaupt wegen ihrer einfachen Lebensweise. Dagegen wurden die Benediktiner und Zisterzienser eher als reiche Grundherren wahrgenommen. Nur selten engagierten Bürger sich konkret für den Erhalt einer abrissgefährdeten Kirche oder Klosteranlage.

Nirgendwo in Deutschland gab es eine derartige Anhäufung von Klöstern wie im „hilligen Köln“, dem Zentrum des katholischen Deutschlands. Der Spruch, dass in der Stadt am Rhein ein Drittel der Bevölkerung arbeite, ein Drittel bete und ein Drittel bettele, entsprach zwar nicht der Realität, spiegelte aber durchaus die Stimmung im vorrevolutionären Köln wieder, wo die Entwicklung seit dem 16. Jahrhundert weitgehend stehengeblieben war. Bei rund 44 000 Einwohnern zählte man neben dem Dom 11 Stifte, 69 Klöster und 17 Pfarrkirchen, ferner zahlreiche Beginenkonvente, Hospitalkirchen und Kapellen. Es handelte sich überwiegend um Bauten aus dem Mittelalter. Nach der Säkularisation brauchte niemand mehr eine derartige Vielzahl an Kirchen, und so war hier der Umbruch im Stadtbild durch die Säkularisation stärker als in jeder anderen deutschen Stadt. Als 1794 die französischen Truppen nahten, und zwar jene der kirchenfeindlichen Jakobinerregierung, flohen Prälaten und Adel über den Rhein. Wenige Tage vor dem französischen Einmarsch folgte ihnen auch der Domschatz. Die Franzosen beschlagnahmten viele Kirchen und Klöster und benutzten sie, um ihre Truppen unterzubringen samt Pferden und Vorräten. Abgerissen wurde aber zunächst nichts. Als Napoleon Bonaparte für die neuen Departements Frankreichs 1802 definitiv die Aufhebung der Stifte und Klöster anordnete, setzte der Bischof eine Kommission ein, welche die Zahl der neuen Pfarrgemeinden auf 20 festlegte und über das Schicksal der einzelnen Kirchen entschied. Ihr gehörte auch Ferdinand Franz Wallraf an, ein ehemaliger Universitätsprofessor und eifriger Kunstsammler. Er kaufte nicht nur zahlreiche der jetzt auf den Kunstmarkt geworfenen Ausstattungsgegenstände aus den profanierten Kirchen auf und legte damit den Grundstock zu den Kölner Museen, sondern lenkte bei der Auswahl, welche Kirchen als Pfarrkirchen zu erhaltenden waren, den Blick auch auf Alter, historische Bedeutung und architektonische Qualität. So blieben mit Ausnahme von St. Maria ad Gradus, die unmittelbar hinter dem Dom lag, alle Stiftskirchen erhalten, ebenso die beiden größten Klosterkirchen. Sie waren durchweg deutlich größer als die meist eher kleinen Pfarr- und Klosterkirchen, und durch diese Entscheidung bewahrte Köln sich eine einzigartige Ansammlung bedeutender romanischer Bauwerke. Allerdings wurden fast immer die zugehörigen Stiftsgebäude abgebrochen und ebenso die oft noch aus staufischer Zeit stammenden Kreuzgänge. Meist geschah dies schon in den nächsten Jahren, allerdings wurde der Kreuzgang von St. Severin wurde erst 1863 und bei St. Maria im Kapitol noch Ende des 19. Jahrhunderts abgerissen.

Für die Rettung der bedeutenden Stiftskirchen gab man in Köln 11 der bisherigen Pfarrkirchen auf, und auch für die meisten Klöster fand sich keine dauerhafte Nachnutzung. Die nicht mehr benötigten Kirchen und Klöster wurden öffentlich versteigert und von den erwerbenden Bürgern meist niedergelegt. Eine erste Abrisswelle in den Jahren 1805-10 erfasste die Frauenklöster St. Apern, St. Gertrud, St. Reinold und Mariagarten, die Klöster der Augustiner-Eremiten und der Kreuzbrüder, ebenso die Klosterkirchen der Dominikaner, Karmeliten, Klarissen und Weißen Frauen, der Johanniter- und der Deutschordenskommende, außerdem die Pfarrkirchen St. Paul, St. Christoph, St. Lupus und Maria Magdalena. Von der Pfarrkirche St. Brigida wurde ein Teil noch einige Jahre für eine Trassmühle verwendet, und ihr eng an St. Martin angebauter Turm diente noch einige Jahrzehnte als Orgeltreppe. Die Pfarrkirche St.

Laurenz folgte 1818. Um die Kirchen zu beseitigen wurden die Pfeiler untergraben, mit Balken abgestützt und dann Feuer gelegt; nach dem Einsturz zerschlug man die Trümmer. Die Grundstücke wurden danach meist für Wohnbebauung oder Straßendurchbrüche genutzt.

Zu einer zweiten Abrisswelle kam es in Köln 1825-29; hier war es zunächst zu Nachnutzungen gekommen, z. B. als Lager, die sich aber nicht als langfristig erwiesen. Ihr fielen die Frauenklöster Dreifaltigkeit, Mariä Empfängnis, Maria in Bethlehem und Zur Zelle, die Männerklöster Herrenleichnam und der Alexianer und die Pfarrkirchen St. Jakob, St. Johann Evangelista und St. Maria im Pesch zum Opfer. Wo die Nachnutzung ehemaliger Klöster länger anhielt, zogen sich die Abrisse das ganze 19. Jahrhundert hindurch hin. Das als Stärkefabrik genutzte Kloster Sion wurde 1833 durch einen Fabrikneubau ersetzt, das der jüdischen Gemeinde überlassenen Frauenkloster Maria im Tempel 1859 durch einen Synagogenneubau und das zur Ursulaschule umgebaute Ignatiuskloster 1869 durch einen Schulneubau. Die mittelalterlichen Klostergebäude von Cäcilien, als Hospital genutzt, wurden 1843 nach dem Neubau des Bürgerhospitals beseitigt. Agathenkloster und Dominikanerkloster brach man

Dominikanerkloster in Köln. Die gotische Kirche wurde 1804 als überflüssig abgerissen. Die barocken Konventsgebäude wurden ab 1799 als Kaserne benutzt, erst von den Franzosen und dann von den Preußen, und 1889 abgebrochen, als modernere Kasernenbauten entstanden waren.

Franziskanerkirche St. Antonius in München

1865 bzw. 1889 ab, nachdem sie bis dahin als Kasernen gedient hatten. St. Nikolaus musste 1845 einem Wohnhaus weichen und die große Barockanlage der Franziskaner 1855 weitgehend dem Bau des Wallraf-Richartz-Museums. Das Klarissenkloster diente sogar noch das ganze Jahrhundert hindurch als Gefängnis, bis es 1904/07 für ein neues Polizeidienstgebäude niedergelegt wurde.

Während die Verluste im Stadtbild durch die Säkularisation in Köln also letztlich stark von pragmatischen Erfordernissen und einem durchaus angemes senen Blick für unterschiedliche historische Bedeutung geprägt waren, schwang beim Ablauf der Säkularisation in München, einst die Hauptstadt der Gegenreformation, auch ideologischer Eifer der Aufklärung mit, ja geradezu Hass auf die Bettelorden. 1802 wollte die Regierung Montgelas die beiden Bettelordensklöster nicht nur als überflüssig auflösen, sondern überhaupt jede Erinnerung an sie auslöschen, und zwar so rasch wie möglich. Nun waren die Franziskaner und Kapuziner als Bettelmönche beim einfachen Volk beliebt. Das Franziskanerkloster, das Zentrum der Münchner Volksfrömmigkeit, konnte aufgrund reicher Schenkungen mit 25 Altären aufwarten. Es besaß mit einer angeblichen Reliquie, dem Oberarmknochen des heiligen Antonius von Padua, noch ein besonderes religiöses „Schmankerl“, und die Kapuziner verwahrten in ihrer Gruft ein Marienbild, aus dem der heilige Lorenz von Brindisi gesprochen haben soll und das deshalb als wundertätig verehrt wurde. Aus Sicht der aufgeklärten Regierungskreise war das alles schrecklicher Aberglaube, nach ihrer

Überzeugung verdummten die Bettelmönche mit ihrem Einfluss auf den Volksunterricht die einfachen Leute und behinderten die Erziehung des Volkes zu nützlicher Arbeit. Um Unruhen zu vermeiden wurden die Franziskanermönche schon einen Tag, nachdem die Aufhebung verkündet worden war, am 4. März in aller Frühe um drei Uhr morgens abgeholt und unter Militärbegleitung in ein Aussterbekloster nach Ingolstadt verfrachtet. Nach der Aufhebung kamen aus der Bevölkerung viele Bittschriften an den Kurfürsten, die darum baten, ihnen die Bettelorden zu belassen, doch umsonst. Die Regierung ließ das Franziskanerkloster schon im Herbst 1802 abreißen, aus Angst vor Unruhen vorsichtshalber unter Polizeischutz, und die Überreste als Baumaterial verkaufen. Polizeidirektor Baumgartner notierte als Augenzeuge: „Es war ein majestätischer Anblick, als nach eingeworfenem Gewölbe die Säulen des Hauptschiffes auf der einen Seite auf einmal umgestürzt wurden, welche dann die Gewölbe des Seitenschiffes einschlugen, die Massen ganz langsam sich lösten und übereinander herabstürzten."[66] Die so entstandene Freifläche diente zwei Jahrzehnte lang als Exerzierplatz der Münchener Garnison, am Rande wurde das Königliche Hof- und Nationaltheater gebaut. Für die Aufklärer bedeutete das den Wandel vom Aberglauben zum Musenort; als das Theater 1823 bis auf die Grundmauern abbrannte, sahen fromme Gemüter darin hingegen eine Strafe des Himmels. Das Kapuzinerkloster wurde 1803 abgetragen, sein angeblich wundertätiges Marienbild in aller Stille als normales Kunstwerk in die Gemäldegalerie des Kurfürsten eingegliedert. Das noch sehr mittelalterliche Ridlerkloster riss man 1803 ebenfalls ab, während das gleichfalls bis ins Mittelalter zurückreichende Klarissenkloster, das 1805 auf Abbruch versteigert werden sollte, dann nach Protesten aus der Bevölkerung doch noch als Armenbeschäftigungsanstalt erhalten blieb. Vier barocke Klosteranlagen überdauerten die Säkularisierung noch eine mehr oder minder lange Zeit, bis sie ebenfalls verschwanden: Das Maximilianskloster des Krankenpflegeordens der Barmherzigen Brüder existierte als weltliches Allgemeines Krankenhaus weiter und wurde dann 1808-13 weitgehend für einen Krankenhausneubau beseitigt, das Kloster der Karmelitinnen diente als Pfand- und Leihhaus, bis es 1877 abgetragen wurde, das Kloster der Elisabethinerinnen wurde vom Heiligen-Geist-Hospital genutzt und erst abgerissen, als dieses 1904 in einen Neubau an anderem Ort umzog, und das als Gefängnis benutzte Paulanerkloster ging 1902 weitgehend im Neubau des Amtsgerichts München auf.

Blickt man auf die deutsche Klosterlandschaft nach der Säkularisierung im Ganzen, so findet man je nach Art der Nachnutzung recht unterschiedliche Schicksale. Am schonendsten erwies es sich, wenn Klosteranlagen in den Besitz einer Adelsfamilie kamen und diese sie dann langfristig als repräsentative Residenz nutzte, teilweise bis heute. Beispiele sind Amorbach (Fürsten von

Leiningen), Sankt Emmeran in Regensburg (Fürsten von Thurn und Taxis), Corvey (Herzöge von Ratibor), Banz (Herzöge in Bayern) und Cappenberg (Freiherrn vom Stein). Prunkvolle Konventsbauten der Barockzeit ähnelten ohnehin schon Schlössern und ließen sich relativ leicht in echte Schlösser verwandeln. Doch auch bei einer solchen Residenzfunktion konnte es zu baulichen Verlusten kommen, insbesondere die Kirche als überflüssig beseitigt werden (so Theres 1809, Varlar 1821, Bentlage 1828). Nur in Arnsburg ging dies noch weiter, indem die Grafen von Solms zwar den größten Teil der Barockbauten als Schloss nutzten, aber seit 1811 den frühgotischen Klausurbereich und die spätromanische Basilika abbrachen, bis die hessisch-darmstädtische Regierung dagegen einschritt. So entstand hier neben dem Schloss eine romantisch verwildernde Ruinenlandschaft. Im Fall der Benediktinerabtei Tegernsee war die Schlosslösung eine verspätete Rettung wenigstens eines Teils der riesigen Barockanlage. Eigentlich modern gebaut, aber in einer abgelegenen Ecke angesiedelt, ließ sich dieses Kloster nur schwer verkaufen. Es ging 1805 für 44 000 Gulden an den Grafen von Drechsel, der sofort den ganzen Westteil des Klosters abbrechen ließ und Kupferdach, Bleirohre und Steine verkaufte, womit er angeblich den Kaufpreis wieder hereinbekam. Nach diesem Elend kam es dann etwas märchenhaft, allerdings für die Staatskasse auch etwas teuer. Bei einem Familienausflug verliebte sich die bayerische Königin in die idyllisch am See vor der Alpenkulisse gelegene Klosterhälfte, worauf Max Joseph sie 1816 auf seine private Rechnung als künftige Sommerresidenz kaufte - für 180 000 Gulden.

Viel häufiger wurden Klöster zu Verwahrungsanstalten gemacht. Dabei ging es nur vereinzelt um hergebrachte Spitäler, sondern durch die Ideen der Aufklärung entstand um 1800 ein neuartiger Bedarf an Anstalten. Mit der Humanisierung des Strafvollzugs, der jetzt von Körperstrafen wie Brandmarken, Hand abhacken, Ohr einschlitzen und Hinrichten umstellte auf Haftstrafen, brauchte man Gefängnisse („Zuchthäuser"). Mit dem Aufkommen der Psychologie entdeckte man Menschen mit massiven psychischen Problemen als pflegebedürftige, vielleicht sogar heilbare Kranke und erfand für sie „Irrenanstalten" (man war begrifflich von heutiger Empathie und politischer Korrektheit weit entfernt). Mit der Propagierung bürgerlicher Arbeitsmoral unterdrückte man nicht nur Betteln und Landstreicherei, sondern schuf mit Arbeitshäusern auch Alter nativen, wo asoziale Arme unterhalten, aber auch diszipliniert werden sollten. Für diese neuen Ideen kamen die frei werdenden Klosteranlagen gerade recht, denn sie waren mit ihrer Kombination von großen Gemeinschaftsräumen mit vielen kleinen Einzelräumen dafür gut geeignet, auch durch die Geschlossenheit ihrer Anlage und weil sie oft etwas abseits lagen. Manchmal wechselten die Funktionen auch: Kloster Niedernburg in Passau wurde 1815 „Besserungs- und

Beschäftigungsanstalt" der Polizei (zur Erziehung „asozialer Elemente" durch Arbeit), 1822 „Irrenanstalt" und 1826 Taubstummenheim. Die große spätbarocke Abtei Brauweiler bei Köln wurde 1811 „Bettlerdepot", 1815 „Arbeitsanstalt", was später Gefängnis bedeutete, und 1969-78 Psychiatrie. Die Innendekoration wurde bei dieser Nutzung als Verwahrungsanstalten im Laufe der Zeit natürlich ruiniert, und manche Umbauten entstellten das Innere auch. Im Benediktinerkloster in Siegburg wurde die Krypta der Kirche 1825 zur Badeanstalt der Irrenanstalt eingerichtet. Das äußere Erscheinungsbild blieb dagegen langfristig gewahrt. Besonders bei Krankenhausbetrieb konnte es vorkommen, dass Klöster im späten 19. Jahrhundert doch noch durch Neubauten ersetzt wurden (Augustiner-Eremiten in Konstanz, Marsberg im Sauerland um 1870, Altmünsterkloster in Mainz 1895, Elisabethinnen in Aachen 1910), aber überwiegend haben sich als Verwahrungsanstalten genutzte Barockanlagen in der Grundstruktur bis heute erhalten.

Mehrere Dutzend von barocken Klöstern wurden nach der Säkularisation als Kasernen verwendet, vor allem in Bayern und Württemberg, teils damit die Staatsgewalt in den neu erworbenen Gebieten präsent war, teils um die in der Zeit der napoleonischen Kriege vergrößerten Armeen überhaupt unterbringen zu können. Die ruhige Abgeschiedenheit der Mönche wich Säbelklappern und dem Wiederhall der Stiefeltritte. Als man in dem Jahrzehnt nach dem Ende dieser Kriegsphase 1815 abrüstete, gab man eine Reihe dieser Standorten wieder auf, vor allem die kleineren. Obwohl die Klöster für Kasernen etwas weniger geeignet waren als für Verwahrungsanstalten, dauerte diese Nutzung jahrzehntelang an. Die Kirche diente meist als Magazin oder Pferdestall. Erst als im späten 19. Jahrhundert zunehmend moderne Kasernen gebaut wurden, gab man eine Reihe von Klosterkasernen auf; manche wurden verkauft, einige auch abgerissen und durch Kasernenneubauten ersetzt. Letzteres traf 1862 die Deutschordenskommende in Nürnberg, 1863 das Kloster der Franziskaner-Conventualen in Münster, 1874 Zum Heiligen Grab in Bamberg, 1907 die Anlage der Welschnonnen in Bonn und 1912 St. Maximin in Trier. Als die kaiserliche Armee 1919 auf die kleine Reichswehr schrumpfte, gab sie fast alle immer noch genutzte Klosterkasernen auf. Im Regelfall fanden diese ehemaligen Klöster nach dem Ende ihrer Militärzeit andere Nachnutzungen. Auch kleinere Klosteranlagen des 17. und 18. Jahrhunderts in Städten, meist Bettelordensklöster, in die nach der Säkularisierung Schulen einzogen, blieben im Regelfall erhalten, wenngleich durch Umbauten verändert.

Viel schlechter stand es um Klöster, die mit der Säkularisierung zu Domänen wurden, also als Gutsbetriebe bewirtschaftet wurden, sei es als verpachteter Staatsbesitz oder nach einem Verkauf an einen privaten Unternehmer. Hier interessierte primär die landwirtschaftliche Nutzfläche, und der klösterliche

Gebäudebestand war für einen solchen Gutsbetrieb im Regelfall zu groß. So wurden meist im Laufe der ersten drei Jahrzehnte des 19. Jahrhunderts relevante Teile der Anlage abgebrochen. Teilweise riss man fast nur die Kirchen ab, so schon 1805-18 in Böddeken bei Paderborn, Ewig im Sauerland, Hardehausen im Weserbergland, im unterfränkischen Heidenfeld und die große romanische Basilika von Stift Riechenberg bei Goslar, teilweise blieben aber auch die Kirchen erhalten und die übrigen Klostergebäude verschwanden mehr oder minder weitgehend (z. B Liesborn, Zella im Eichsfeld, St. Burchardi in Halberstadt, Marienberg in Bocholt, Welver in Westfalen), und in manchen Fällen gingen sowohl die Kirche wie erhebliche Teile vor allem der Klausurgebäude verloren (z. B. im bayerischen Weihenstephan, in Benden und Graefenthal am Niederrhein und in Kentrop und Scheda in Westfalen).

Nicht besser erging es Klöstern, in die Fabriken einzogen. Die Regierungen hatten wahrgenommen, dass in Großbritannien Fabriken entstanden waren, und strebten an, solche auch in ihrem Land anzusiedeln. Für geräumige und leerstehende Klostergebäude einen „Entrepeneur" zu suchen schien ein sinnvolles Instrument der Wirtschaftsförderung zu sein, war aber alles andere als leicht. Die Regierungen hofften auf längerfristigen Nutzen für Staatsfinanzen und Arbeitsplätze und sahen zugleich die Chance, große Anlagen sinnvoll als Ganzes loszuwerden. So kam man Interessenten beim Kaufpreis öfters ziemlich weit entgegen. Für die Klostergebäude bedeutete es aber oft den Ruin, nicht sofort, aber mittelfristig. Das Schicksal der folgenden sechs badischen Klöster spiegelt dieses anschaulich wieder. Der große barocke Abteikomplex Ettenheimmünster wurde ab 1804 als Zichorienfabrik (zur Herstellung von Kaffee-Ersatz) genutzt und nach deren Pleite 1811 als Tabakfabrik; als auch diese 1828 ihren Betrieb als unrentabel einstellte, verkaufte man die Kirche und große Teile der Anlage auf Abbruch. Der Plan, in den übriggebliebenen Teilen eine Irrenanstalt einzurichten, zerschlug sich, und so wurden 1866 auch die restlichen Gebäude beseitigt. In der schlossartigen Benediktinerabtei Schwarzach richteten die Brüder Bleuler 1804 eine Seidenmanufaktur ein, und 1812 wurde ihr Betrieb durch die Zuckersiederei und Tabakfabrik der Brüder Humann ersetzt. Schon 1824 verkauften diese die Gebäude Stück für Stück an Schwarzacher Bürger, und in den 1840er Jahren wurde der größte Teil der Klosteranlage abgerissen; nur die spätromanische Basilika blieb als Pfarrkirche erhalten. Im Zisterzienserstift Wonnental richteten zwei Unternehmer 1807 ebenfalls eine Zichorienfabrik ein. Sie trugen die Kirche ab, um aus dem Material eine Zichorienmühle zu bauen. Nach Zahlungsschwierigkeiten versuchten sie es mit einer Rübenzuckerfabrik, was aber ebenfalls scheiterte, so dass sie nach 1812 den größten Teil der Anlage auf Abbruch verkauften. Auch im Benediktinerinnenkloster Frauenalb richteten sich seit 1819 Fabriken ein, darunter eine Brauerei. Doch auch hier waren die Verhältnisse wenig stabil; nach mehreren Besitzerwechseln und mehreren Bränden war die Anlage 1853 eine Ruine und wurde zum großen Teil abgeräumt. Noch kurzlebiger war der Versuch der Kaufmannsfrau Christiane Kylius, 1817 in der gepachteten Benediktinerabtei Schuttern eine Baumwollspinnerei und Türkischrotfärberei einzurichten. Es handelte sich um eine schlossartige Anlage vom Format einer Kleinresidenz, allein die Klausur wies rund hundert Räume auf. Doch schon nach wenigen Jahren war die Firma Pleite, und die Domänenverwaltung, die keinen neuen Nutzer fand, verkaufte die prächtige Anlage mühsam Stück für Stück. Die Teile wurden weitgehend abgerissen und als Baustoff verwendet, so dass heute fast nur noch die barocke Kirche als Pfarrkirche übrig ist. Nur unwesentlich besser erging es dem Damenstift Günterstal bei Freiburg. Auch hier entstand eine Textilfabrik, die nach fünf Jahren in Konkurs ging, und unter dem neuen Besitzer brannten Kloster und Kirche 1829 weitgehend ab; Gerüchte behaupteten, der Eigentümer habe selbst gezündelt. Jedenfalls wurde nur die Hälfte wieder aufgebaut und als Brauerei weiter betrieben.

Gelegentlich konnte sich die industrielle Nutzung auch wesentlich länger halten, so die Baumwollweberei im württembergischen Kloster Urspring von 1832 bis 1907 und die Eisengießerei im saarländischen Bredelar sogar von 1842 bis 1931; der erste Hochofen wurde hier im Kirchenschiff errichtet. Doch während dieser langen Nutzung hatten Teilabrisse, Um- und Neubauten von der ursprünglichen Klostersubstand nicht mehr viel übrig gelassen. Im Damenstift Herford hielt sich die Baumwollindustrie von 1810 bis 1900 im alten Abteigebäude, das dann aber 1913 für den Neubau von Rathaus und Markthalle niedergelegt wurde. Es gab allerdings auch Fälle, wo die Klosteranlagen einige Jahrzehnte Fabriknutzung überstanden, auf die andere Nachnutzungen folgten, die teilweise sogar ihre alte Aufgabe als Kloster zurückgewannen, und weitgehend bis heute erhalten blieben. Beispiele sind St. Blasien im Schwarzwald, Bronnbach, Schaftlarn und Reichenbach am Regen. Dazu gehört auch das mainfränkische Oberzell, wo zwar die Kirchtürme dem Schornstein für das Kesselhaus zum Opfer fielen, als 1838 eine Dampfmaschine in den Kirchenchor kam, aber inzwischen wurden die Zwiebeltürme wieder aufgebaut.

Zum größten Fehlschlag bei dem Versuch, Klöster sinnvoll zur Industrieansiedlung nutzen, wurden die Verträge der bayerischen Regierung mit der schweizerischen Firma Meyer aus Aargau, die aus politischen Gründen ihre Seidenproduktion nach Bayern verlegen wollte. Im Jahr 1803 verkaufte die Regierung ihnen die Klöster Geisenfeld und Wolznach, welche die Meyers aber schon ein Jahr später weiterverkauften; Wolznach wurde im nächsten Jahr von dem neuen Besitzer abgerissen und für den Bau anderer Gebäude verwendet. Obwohl es schon erste Warnungen gab, verkauften der Kurfürst und Mont-

Kloster Polling

gelas, überzeugt von der „bekannten Solidität des Meyerschen Hauses", 1804 auch die Klöster Polling, Rottenbuch und Steingaden an die Meyers, alle drei große Barockanlagen, und zwar statt des Schätzwerts von 195 000 Gulden für bloße 120 000 Gulden. Doch die von Montgelas erhoffte und mit den Käufern vereinbarte Industrieansiedlung kam nicht zustande, und stattdessen plünderten die Meyers die Klöster aus, trugen 1805-07 den größten Teil der Gebäude von Rottenbuch und Polling ab und verscherbelten das Material. Die Spezialklosterkommission empörte sich 1813 über „diese ausländischen Lumpen", welche „die schönen spottfeil acquirirten Klöster ruiniert"[67] hatten. Steingaden kaufte der bayerische Staat 1816 zurück, ließ das Kloster aber trotzdem drei Jahre später ebenfalls weitgehend abbrechen.

In zahlreichen Fällen wurde die Stifts- und Klosterkirche zur Pfarrkirche umgewidmet. Das rettete die Klosterkirche, aber meist bedeutete es die Zerstörung der bisherigen Pfarrkirche, die kleiner und weit weniger prächtig ausgestattet war; zwei Pfarrkirchen wurden nicht benötigt und waren im Unterhalt zu teuer. Ein Überblick über die Zahl der Pfarrkirchen, die hierdurch in ganz Deutschland in den Jahren nach der Säkularisierung untergingen, lässt sich nicht gewinnen; außer den bereits für Köln genannten Fällen gehörten dazu unter anderem auch die Pfarrkirche St. Martin in Bonn (der Name ging auf das bisherige Cassius-Stift über), St. Jakob in Passau, St. Martin in Bamberg, St. Jakobi in Polling, St. Ulrich in Rottenbuch, St. Maria in Weingarten, St. Clemens in Werden, St. Leonhard in Salem, die Pfarrkirchen im bayerischen Niederalteich, Thierhaupten, Benediktbeuren und Rott am Inn, im hessischen Seligenstadt und in Bedburg an der Erft. Es war ein Ausnahmefall, dass im sauerländischen Grafschaft die Gemeinde es 1807 und erneut 1830 ablehnte, die prachtvolle barocke Klosterkirche zu übernehmen, da diese ihr im Unterhalt zu teuer war, so dass sie schließlich 1832 abgerissen wurde und die bescheidenere Pfarrkirche bestehen blieb. Die Stiftskirchen, an denen bisher ein Kollegiatstift aus Chorherren bestanden hatte, blieben im Regelfall als Pfarrkirchen erhalten. Die Chorherren hatten teilweise in Wohnhäusern in der Nachbarschaft gewohnt, die jetzt verkauft wurden, teilweise bestanden für sie aber auch Anbauten an die Kirche, oft als Klausur um einen Kreuzgang herum, die jetzt überflüssig wurden und nicht immer eine neue Nutzung fanden. So hat man manche dann im frühen 19. Jahrhundert beseitigt, nicht nur in Köln, sondern verloren gingen auf diese Weise auch die Kreuzgänge beispielsweise von St. Florian in Koblenz, St. Stephan in Passau, St. Mauritius in Münster, St. Blasius in Braunschweig, St. Martin in Heiligenstadt, Johannes Baptist in Baindt, dem Reichsstift Gandersheim und noch 1860 von St. Martini in Minden. Klosterkirchen, die zu Pfarrkirchen wurden, sind manchmal fast das Einzige, was vom Kloster erhalten blieb, weil beinahe der ganze übrige Baubestand des Klosters im frühen 19. Jahrhundert als funktionslos abgebrochen wurde. Das gilt sowohl für alte, noch gotisch geprägte Klausuranlagen (z. B. Dominikanerinnen in Lemgo) wie für an sich moderne große Barockkomplexe, die aber für eine neue Nutzung zu abgelegen und zu groß waren, z. B. das erst vor kurzem vollendete Benediktinerkloster Elchingen (bis 1840) und die meisten Konventsgebäude im oberbayerischen Baumburg (1812) und von Marienfeld im Münsterland (1829). Nicht ganz so extrem erwischte es eine Reihe weitläufiger Barockklöster, von denen einzelne Teile an verschiedene private Bieter verkauft wurden und wo neben der Klosterkirche als Pfarrkirche auch noch beträchtliche weitere Gebäudeteile in unterschiedlichster Weise genutzt und erhalten blieben, große Teile der Anlage aber auch in der ersten Hälfte des 19. Jahrhunderts abgebrochen wurden. Das traf auf die Klöster Raitenhaslach, Rott am Inn, Rohr und Weyarn in Bayern zu wie auch auf das niederrheinische Kloster Kamp.

Zu schweren Substanzverlusten kam es auch bei Klöstern, die in der Säkularisationsepoche das Pech hatten, von einem Großfeuer zerstört zu werden. In einer Zeit, in der es ein Überangebot an Klöstern gab, investierte niemand in den Wiederaufbau schwer geschädigter Anlagen; was einmal massiv beschädigt war, diente nur noch als Steinbruch. In Bayern traf es mit der großen Barockanlage Niederalteich das reichste Kloster Bayerns, mit der großen Barockkirche der Abtei Münsterschwarzach ein Hauptwerk des Architekten Balthasar Neumann und mit Langheim ein weiteres prunkvolles Kloster der Barockzeit. Vom Zisterzienserkloster Langheim wurden schon 1802 weite Teile durch einen Großbrand zerstört, woraufhin man nach der Säkularisation die brandgeschädigten Gebäude samt Kirche abriss und nur noch klägliche Überreste erhalten blieben. Die Kirche der Abtei Münsterschwarzach geriet 1810 durch einen Blitz in Brand, zerfiel dann und wurde schließlich mit den angrenzenden Gebäuden abgeräumt, wogegen die Klausur weitgehend stehen blieb. Drei Jahre später löste auch in Niederalteich ein Blitzeinschlag einen Brand aus, woraufhin große Teile der Anlage abgebrochen wurden; die erhalten gebliebenen waren ebenso wie in Niederalteich an verschiedene Privatleute verkauft worden. Auch den Kirchturm des badischen Prämonstratenserklosters Allerheiligen erwischte 1804 ein Blitz, durch den große Teile der Klausur abbrannten. Da es angesichts der abgelegenen Lage in einem Hochtal des Schwarzwaldes keine sinnvolle Verwendung gab, wurde die Klausur 1816 als Steinbruch freigegeben und war bald bis auf die Grundmauern abgetragen. Die zur Ruine zerfallende gotische Kirche stand bald üppig überwuchert da. Die einsame Ruine, oberhalb einer Felsenschlucht mit Wasserfällen gelegen, wurde dann von den Romantikern entdeckt, und ab 1840 bemühte sich Forstmeister Ernst Ludwig Mittermeier, angeblich ein unehelicher Sohn des verstorbenen Großherzogs, sie touristisch zu erschließen und bekannt zu machen, durchaus mit Erfolg (1878 kam auch Mark Twain vorbei und erwähnte es in seinem Reisebuch). Auch die große gotische Kirche des Klosters Altenberg im Bergischen Land verwandelte sich nach einem Großbrand von 1815, bei dem die Klausur fast völlig zerstört wurde, in eine romantische Kirchenruine.

Viele Klöster wurden in den ersten Jahrzehnten des 19. Jahrhunderts fast ganz beseitigt, weil sie einfach niemand brauchen konnte, auch ihre Kirche nicht. Das betraf vor allem die Klöster in den Städten, also besonders jene der Bettelorden Franziskaner, Dominikaner und Kapuziner. Sie waren meist kleiner, im Erscheinungsbild wenig repräsentativ, und ihre innerstädtischen Lagen waren auch für eine neue Bebauung interessant oder sie wurden genutzt, um Plätze und Straßenzüge zu verbreitern. Es sind zu viele, um sie hier einzeln anzuführen. Gelegentlich traf das Schicksal des Totalverlusts aber auch durchaus eindrucksvolle Stiftskirchen. Das konnte der Fall sein, wenn diese das Pech hatten direkt neben einem Dom zu liegen und dementsprechend ohne ihr Kollegiatstift keine Funktion mehr hatten und abgebrochen wurden, so direkt nach der Säkularisierung St. Maria ad Gradus in Mainz, die romanische Basilika St. Andreas in Freising und St. Maria ad Gradus in Köln sowie sogar noch 1875 der schon 1805 profanierte sogenannte Alte Dom in Münster. Die hochgotische Kirche des Severistifts auf dem Erfurter Domberg hatte dagegen unwahrscheinliches Glück. Sie wurde zwar 1811 zum Abriss ausgeschrieben, aber es fand sich einfach kein Käufer. So steht sie noch heute direkt neben dem Dom. Keine weitere Verwendung fand auch die Stiftskirche St. Simon und Judas in Goslar, wegen ihrer Größe auch als Goslarer Dom bezeichnet. Als sie im Jahr 1051 im Areal der Königspfalz geweiht wurde, war sie die größte romanische

Kirche östlich des Rheins. Im 17. und 18. Jahrhundert bildete das katholisch gebliebene Stift dann einen Fremdkörper im protestantischen Umland und konnte die Kirche auch nur noch notdürftig unterhalten. Nachdem das Stift im Jahr 1803 aufgehoben worden war, stand das große Bauwerk leer. Bald galt es als einsturzgefährdet - die langen Risse im nördlichen Giebel waren bis zu 24 cm breit. Da die verarmte Stadt Goslar weder Geld noch Aufgaben für den einst prächtigen Bau hatte, der bis zum Schluss seinen romanischen Gesamteindruck bewahrte, sah sie keine andere Lösung, als ihn 1819 für ganze 1504 Reichstaler auf Abbruch an einen Maurer zu verkaufen. Nur das Nordportal mit Vorhalle blieb erhalten. Wenigstens hat der mit der Überwachung des Abrisses beauftragte Maschinenbauinspektor Mühlenpfordt noch eine ausführliche Beschreibung und Zeichnungen angefertigt.

Vereinzelt wurden auch Klosteranlagen auf dem Lande von vornherein zum vollständigen Abriss von Konventsgebäuden und Kirche vorgesehen, weil sich keine Nachnutzung finden ließ; meist waren sie zu groß und verkehrsungünstig gelegen. Für Brauereien, Mühlen, Bäckereien und andere zum Kloster gehörende Wirtschaftsbetriebe fanden sich örtliche Käufer, welche daran interessiert waren sie weiter zu betreiben, die Kirche und Klausur hingegen sahen diese Käufer nur als Baustoffvorrat an. Die 1716-33 für 80 000 Gulden erbaute Klosterkirche in Fultenbach bei Dillingen wurde zusammen mit den Konventsgebäuden für bloße 1200 Gulden von einem Weinhändler ersteigert, der beides 1811 niederreißen ließ. Kloster Heisterbach im Siebengebirge besaß mit seiner spätromanischen Kirche eine der größten Zisterzienserkirchen in Deutschland, außerdem zwei Kreuzgänge und umfangreiche barocke Gebäude. Zum Versteigerungstermin der Abtei im Oktober 1804, der in Zeitungen im Großherzogtum Berg, in Bayern, Frankfurt, Hamburg und sogar im niederländischen Haarlem annonciert worden war, erschien kein einziger potentieller Käufer. Mit Mühe konnte die Regierung dann einzelne Teile an verschiedene Verkäufer losschlagen, die Alte Abtei 1805, die Kirche 1809 und die Neue Abtei 1810. Die Erwerber begannen jeweils kurz darauf mit dem Abbruch. Die Steine der Kirche dienten dazu, den Nordkanal zwischen Venlo und Neuss zu bauen und dann auch zum Festungsbau in Koblenz. Nachdem das Gebiet an Preußen gekommen war, wurde der Regierungsdirektor Sotzmann, der Kontakte zu den Frühromantikern hatte, bei einer Wanderung auf die Ruinenreste der Klosterkirche aufmerksam und erreichte, dass der Oberpräsident der Rheinprovinz 1818 weitere Zerstörungen verbot. Doch da war nur noch ein kleiner Rest der Chorrundung erhalten. Ein neuer Besitzer bezog diesen 1827 in einen englischen Landschaftsgarten ein, der sich seitdem an der Stelle des Klosters erstreckt. Dem oberbayerischen Kloster Wessobrunn mit seinem prachtvollen Barockstuck erging es nur wenig besser. Als in der Stadt Weilheim 1810 rund hundert Häuser abbrannten, gab der König das Kloster den Bürgern zur Baustoffgewinnung für den Wiederaufbau der Stadt frei, und innerhalb kurzer Zeit waren die Klosterkirche und rund zwei Drittel der Abteigebäude verschwunden. Kloster Himmerod in der Eifel wurde von den Franzosen 1803 an einen Hüttenbesitzer verkauft, der nur daran interessiert war, das Kupferdach der Kirche abzudecken und zu verwerten. Die nachfolgenden Besitzer entnahmen drei Jahrzehnte lang immer mehr Steine und Holz aus der Barockanlage, bis schließlich nur noch das Pförtnerhaus unversehrt war. Das westfälische Kloster Rengering wurde seit 1813 abgebrochen, nachdem es während des Leerstands zunehmend verfallen war. „Böse Menschen“ hatten Türen, Fenster und Dielen gestohlen; der eingesetzte Wächter war machtlos und mochte über die Täter keine Angaben machen, da sie ihn „mit Todtschlagen“ bedroht hätten.[68] Die badische Regierung konnte für Kloster Tennebach ebenfalls keine neue Verwendung finden, ließ es leer stehen und verfallen. Schließlich entschloss sich der Großherzog 1829 zum Abriss; Steine der frühgotischen Klosterkirche wurde beim Bau der Ludwigskirche in Freiburg integriert, die barocken Klausurgebäude abgetragen und ihre Steine vielfach in den umliegenden Gemeinden verbaut.

Einen Sonderfall stellten Wallfahrtskirchen dar. Über ihr Schicksal bestimmte nicht einfach das ökonomische Kalkül, sondern hier kochten Emotionen auf, die Abneigung der Aufklärer im Staatsapparat gegen volkstümlichen Aberglauben ebenso wie die Anhänglichkeit religiös gebundener einfacher Leute an liebgewonnenes religiöses Brauchtum. Die Wallfahrtskirche Unserer Lieben Frau im Kloster Maria Stern zu Taxa wurde noch im Jahr der Aufhebung 1802 durch einen zupackenden Aufhebungskommissar als „Brutstätte des Aberglaubens“ samt Kloster zerstört. Den Anstoß zum Wallfahrtsbetrieb und Kirchenbau hatte hier ein 1618 gelegtes Hühnerei gegeben, auf dem die Menschen den Kopf Marias in einem Strahlenkranz zu erblicken glaubten und es deshalb als Wunder verehrten, für Aufklärer ein Grausen. Ebenso wurde die Wallfahrtskirche Maria Eldern bei Ottobeuren 1806 auf Befehl von Regierungsstellen einschließlich der umliegenden Klostergebäude vollständig dem Erdboden gleichgemacht. Andere Wallfahrtskirchen schloss man zwar zunächst, aber hier engagierten sich Bürgerinitiativen für den Erhalt, und nach einem mehrjährigen Ringen mit den Behörden blieben diese Kirchen dann doch bestehen. Bei der Wallfahrtskirche Marienberg bei Raitenhaslach betrieben Pfarrer und Landrichter die Zerstörung. Sie schoben Baufälligkeit vor, und bei der Entweihung spottete der Landrichter in der Kirche, demonstrativ Pfeife rauchend, das sei doch ein schöner Tanzplatz für die Bauern. Diese wollten sich allerdings ihre Kirche nicht rauben lassen, schickten mehrfach Bittgesuche nach München an Regierung, Ministerium und bischöfliches Ordinariat und ließen sich sogar durch

Verhaftungen nicht in ihrem Kampf für ihre Kirche beirren. Schließlich gelang es ihnen, Kronprinz Ludwig zu mobilisieren, der kein Freund der Aufklärung war. Dieser inspizierte 1814 die Kirche bis in den Dachstuhl hinein, fand keine Spuren von Baufälligkeit und ließ den Abbruchbefehl zurücknehmen. Auch bei der Wallfahrtskirche Maria Ecker bei Seeon kam es nach der Schließung 1804 zu einem zähen Ringen um den Abriss; es zog sich über acht Jahre hin, bis der der König den Zerstörungsbefehl aufhob. Gegen den Versuch, einen Ort der Volksfrömmigkeit zu beseitigen, erhoben sich hier nicht nur mehrfache Bittgesuche von Seiten der Gemeindemitglieder, sondern auch einzelne Stimmen aus dem Behördenapparat, z. B. von der Königlichen Salinenforstinspektion Reichenhall in ihrer Eigenschaft als Steuermessungs-Lokalkommission mit dem Argument, der Kirchturm würde als trigonometrischer Punkt der Landes- und Steuervermessung benötigt - vorgeschobenes Argument oder aufgeklärtes Nützlichkeitsdenken? Auch für die romanische Augsburger Perlachkirche, von deren Gnadenbild „Maria Knotenlöserin" Menschen Hilfe bei der Lösung ihrer Probleme erhofften, konnten Bürger erreichen, dass der geplante Abbruch nicht durchgeführt und die Wallfahrtskirche wieder geöffnet wurde. Dass die Wieskirche bei Steingaden, ein Meisterwerk der Kirchenbaukunst des Rokoko, ebenfalls vom Abriss bedroht gewesen sei, ist allerdings Legende. Hier sprach sich der Aufhebungskommissar sogar ausdrücklich dafür aus, die Wallfahrt beizubehalten, und zwar mit einem rationalen Argument, das den ökonomischen Nutzen im Blick hatte: sie sei in dieser ärmlichen Gegend eine wichtige Einkommensquelle.

Die bedeutendsten Kirchen in Deutschland waren die Domkirchen, hier verstanden als Domkirchen im eigentlichen Sinn, also Bischofssitze, nicht jene anderen großen Kirchen, die umgangssprachlich manchmal ebenfalls Dom genannt werden. Kamen wenigstens diese Großbauten, die fast immer aus dem Mittelalter stammten, unbeschadet durch die Säkularisation? Als die Franzosen 1794 das linksrheinische Deutschland besetzten, flüchteten die Bischöfe, die alle zugleich Reichsfürsten waren, über den Rhein. Die Domkirchen verloren ihre Funktion und dienten den Franzosen einige Jahre als Lagerhallen oder Pferdeställe. Als das linksrheinische Gebiet 1801 rechtsverbindlich Teil Frankreichs wurde und Napoleon die Bistümer hier neu organisierte, wurden die Domkirchen in Köln, Worms und Trier Pfarrkirche beziehungsweise wieder Domkirche. Für das zur unbedeutenden Landstadt herabgesunkene Worms war der Dom als Pfarrkirche allerdings viel zu groß, der Unterhalt kaum finanzierbar. Hier brach man 1818-21 drei Kreuzgangflügel ab, 1830 auch den letzten und zwei Jahre später ebenso das Kapitelhaus, dies alles war jetzt überflüssig. Die Intervention des Oberbaurats Georg Moller im Jahr 1828, wenigstens den letzten Kreuzgangflügel wegen der Bedeutung für Kunst und Altertum zu erhalten, blieb fruchtlos.

Weit dramatischer verliefen die Konflikte um die Domkirchen in Mainz und Speyer. Beide waren durch die Kriegsereignisse 1793/94 beschädigt worden, in beiden hatten die revolutionären Franzosen die Inneneinrichtung ruiniert. Der französische Präfekt des neu eingerichteten Departements, Jean Bon St. André, wollte beide Bauwerke dem Erdboden gleich machen und die Baumassen versteigern. Er hatte als überzeugter Revolutionär im Nationalkonvent für die Hinrichtung König Ludwigs XVI. gestimmt und war ein führendes Mitglied im Wohlfahrtsausschuss gewesen, dem Herrschaftsorgan der Jakobiner-Diktatur. Dabei handelte er unter dem Einfluss des französischen Architekten Pierre Henrion in Mainz, der in seiner kirchenfeindlichen Gesinnung den Abriss betrieb. Auf der anderen Seite standen Joseph Ludwig Colmar, Bischof des 1802 neu gegründeten Bistums Mainz, zu dem auch Speyer gehörte, und die deutschen Stadtvertretungen dieser beiden Städte. Henrion forderte in einem Gutachten zum Dom von Speyer: „Darum soll der ganze Dom - das Schiff mit seinen Kreuzgewölben, die Seitenhallen, die Kapellen zur Rechten und zur Linken, der Königschor, die Seitenchöre, die Hauptkuppel mit den östlichen Türmen, die Taufkapelle, die Sakristei, das Kapitelshaus und der Kreuzgang niedergeschlagen, die Dächer abgetragen, die Gewölbe eingebrochen, die Pfeiler gestürzt und die massiven Mauern mit Brecheisen niedergeworfen oder mit Schießpulver auseinandergesprengt werden.“[69] Beide Domkirchen hatten mit dem französischen Einmarsch ihre alte Funktion verloren und waren damit zum Spielball geworden in einem Ringen, bei dem auf der einen Seite radikaler Atheismus und französischer Nationalismus standen und auf der anderen katholische ebenso wie lokale Identität, Traditionsbewusstsein und auch praktische Bedürfnisse. Als Grablege von acht römisch-deutschen Königen und Kaisern des hohen Mittelalters zog der Dom von Speyer nicht nur antichristliche, sondern auch antimonarchische und antideutsche Ressentiments auf sich. Natürlich hantierte man auch mit vorgeschobenen Argumenten. Henrion behauptete, der Wiederaufbau sei viel zu teuer und beide Kirchen zeigten „einen schlechten gotischen Geschmack“. Dagegen argumentierte die Stadtvertretung von Mainz im Nützlichkeitsduktus, dass sie „der großen Kirche als eines dem Commerz dienenden Gebäudes“[70] bedürfe, und Colmar präsentierte eine Schätzung, dass die Abbruchkosten des Mainzer Doms höher seien als die Wiederaufbaukosten. In Henrions Gutachten zum Speyrer Dom werden aber dann auch die ideologischen Motive enthüllt, wenn er ironisch fragt, ob „die Gebeine dieser alten Kaiser sich weniger geehrt fühlen, wenn sie auf dem allgemeinen Leichenacker unter anderen ehrlichen Leuten zur Ruhe gebracht werden?“, wenn er schreibt, dass einen Wiederaufbau „die französische Nation nicht dulden“ werde, und fordert: „Das Portal des Münsters aber mit den drei Toren ... sollen stehen bleiben, um den Haupteingang zum neuen Waffenplatze, den man an der Stelle des Domes anlegen wird, und zugleich und hauptsächlich einen Triumphbogen zu bilden, der den Ruhm des französischen Volkes bezeuge“, ferner vorschlägt: „Die beiden Standbilder - Papst Stephan und der hl. Benedikt -, welche man über dem Portale am Fuße der Seitentürme erblickt, werden das eine in das Bild der Minerva und das andere in jenes der Göttin des Überflusses umgearbeitet werden“, schließlich sogar wünscht: „aus der Muttergottes aber, welche mit dem Jesuskinde auf dem Arme in einer Blende der halbrunden Kuppel thront, soll man einen Napoleon machen.“ 1801 begann Bischof Colmar mit dem Präfekten um den Erhalt des Mainzer Doms zu ringen. Gegen die Altrevolutionäre in der Provinz, zu denen auch noch die Domänendirektoren in Mainz und Speyer gehörten, wandte Colmar sich um Hilfe an die Machtzentrale in Paris; dort hatte Napoleon Bonaparte als Erster Konsul inzwischen mit dem Konkordat von 1801 den Ausgleich mit der katholischen Kirche gesucht, um seine Macht zu festigen. Es gelang Colmar schließlich, Kultusminister Portalis und auch Napoleon für seine Position zu gewinnen. Im November 1803 erhielt der Präfekt des Rheindepartements die Anweisung aus Paris, den Mainzer Dom an den Bischof zu übergeben. Die Wiederaufbauarbeiten zogen sich allerdings noch bis 1831 hin. Nach dieser Niederlage der Abrissfreunde zettelte Henrion dasselbe Gezerre für den Dom von Speyer an. Jetzt ging es nicht um einen potentiellen Bischofssitz, sondern um den teuren Wiederaufbau einer großen Kirche für eine kleine Stadt. In diesem Fall konnte Jean Bon St. André den Finanzminister auf seine Seite ziehen, der wegen der hohen Kosten anordnete, mit der Zerstörung zu beginnen. Doch Colmar nutzte erneut seine Kontakte zu Portalis und gab sich als treuer Gefolgsmann Napoleons. Als einer der wenigen hohen Geistlichen nahm er an dessen Kaiserkrönung teil und bekundete auch im französischen Nationalkonzil seine Zustimmung zu wichtigen Staatsakten, die nicht im Interesse der römischen Papstkir che lagen. Was war hier echte Überzeugung, was Opportunismus, was vorgetäuscht zum Nutzen kirchlicher und lokaler Interessen? Jedenfalls gelang es Colmar, das Blatt noch einmal zu wenden und im November 1806 die Zustimmung für den Erhalt des Doms zu erwirken, vor allem indem er das Finanzargument entkräftete. Dafür gab er die drei Kirchen der Kapuziner, Jesuiten und Minoriten zum Abbruch frei, um durch das hierbei gewonnene Baumaterial den Wiederaufbau des Domes billiger zu machen. Der Kaiserdom von Speyer wurde aber dadurch gerettet. Er ist heute das größte erhaltene romanische Bauwerk Europas.

Der Reichsdeputationshauptschluss von 1803 löste für die katholischen Domkirchen keine vergleichbaren Gefährdungen aus. In Münster überlegte man vorübergehend, den St.-Paulus-Dom abzureißen und stattdessen die unmittelbar daneben stehende kleine Jakobikirche als neuen Dom zu benutzen, weil sie im Unterhalt billiger war, brach dann aber 1812 doch die Jakobikirche ab. Dass die bayerische Regierung vorgesehen habe, den Dom von Freising zu beseitigen, ist als Legende widerlegt. Formal galt auch die barocke Kirche des Augustiner-Chorherren-Stifts auf der Insel Chiemsee im Süden Bayerns als Bischofskirche, dessen Bischof aber nicht die sonst übliche Machtstellung hatte und ständig in Salzburg lebte. Nach dem Verkauf des Klosters an einen Unternehmer wurde die eher kleine Kirche durch das Einreißen von Türmen und Chor verstümmelt und das Langhaus zur Brauerei umfunktioniert.

Auf den ersten Blick wirkt es erstaunlich, dass die Säkularisation auch zwei romanisch/gotische Domkirchen in Norddeutschland betraf, die schon mit der Reformation protestantisch geworden waren. Das Erzbistum Hamburg-Bremen war ein Sonderfall gewesen, indem es zwei Domkirchen besessen hatte, die obendrein beide nicht im weltlichen Herrschaftsgebiet des Erzbischofs lagen, sondern in den Freien Städten Hamburg und Bremen. Als Folge der Reformation gab es hier schon lange keine Erzbischof mehr. Das erzbischöfliche Herrschaftsgebiet war zum weltlichen Herzogtum geworden und schließlich an das Kurfürstentum Hannover gelangt, und damit wurden die beiden Domfreiheiten, das heißt die kleinen Bezirke mit den Domkirchen und den Wohnhäusern der Domherren, zu Fremdkörpern einer auswärtigen Macht innerhalb der Hansestädte. Im Reichsdeputationshauptschluss vereinbarte man dann 1803, dieses althergebrachte Relikt zu bereinigen und die Domfreiheiten an die beiden Städte zu übergeben. Nun war es beiden Domkirchen schon seit längerer Zeit alles andere als gut gegangen. In Bremen hatte sich die Stadt dem reformierten Glaubensbekenntnis zugewandt, während das Domkapitel lutherisch wurde. Da der Senat andersgläubigen Gottesdienst nicht dulden wollte, blieb der Dom von 1532 bis 1638 geschlossen. In den Bauunterhalt wurde kaum investiert, das Bauwerk verfiel, 1638 stürzte sogar der Südturm zusammen. Daraufhin erzwang das Domkapitel die Öffnung des Doms, und als Haus der Domgemeinde schleppte sich das baufällige Gemäuer durch die Zeiten. Nachdem es an die Stadt Bremen gekommen war, wurde diese Gemeinde nach einigen Querelen anerkannt und schließlich ab 1888 die Domkirche grundlegend erneuert. Der Hamburger Dom war letztlich noch schlechter dran. Er hatte keine eigene Domgemeinde, und das Domkapitel tat am Ende des 18. Jahrhunderts alles, um die Domkirche funktionslos, ja für die Bürger zum Ärgernis zu machen. Die Häuser in der Domfreiheit, also in bester Lage in der dichtgedrängten Stadt, waren teilweise verfallen. Bei Umbauten beseitigten die Domherren 1782 das 1330 errichtete Grabmal für Papst Benedikt V., der im Jahr 965 hier beigesetzt worden war (er war nach seiner Absetzung aus dem

Domkirche in Hamburg

warmen Rom in das nasskühle Hamburg am Rande der damaligen christlichen Welt verbannt worden). Außerdem wurde nach dem Tode des Dompredigers 1790 die Zahl der Predigten drastisch eingeschränkt, und diese wurden nur noch von theologischem Hilfspersonal wahrgenommen. Nachdem 1762 die „moderne“ barocke Michaeliskirche mit ihrem hellen, übersichtlichen Kirchenraum eingeweiht worden war, nahm man überdies die düstere Domkirche, in der Lettner und Säulen die Sicht verstellten, erst recht als antiquiert wahr.

Als der Dom an Hamburg kam, beschloss der Senat schon im nächsten Jahr den Abriss, der 1803/05 Stück für Stück durchgeführt wurde. Keinerlei Proteste erhoben sich gegen den Verlust dieses bedeutenden Bauwerks. Selbst der letzte Vorsitzende des Domkapitels, Domherr Friedrich Johann Lorenz Meyer, ein gebildeter Aufklärer mit Sympathien für die Französische Revolution, schrieb 1804: „Der Plan zur Wegräumung der Domkirche ist gefaßt und entworfen ... Die Vorteile, welche für den Staat, bei der jetzigen Beengung der Stadt, und dem daraus entstehenden Mangel an Bauplätzen, aus der Wegräumung des kolossalen, an sich nutzlosen Kirchengebäudes zur Benutzung entstehen werden, sind einleuchtend.“[71] Die neue Wertschätzung mittelalterlicher

Gotik kam für den Hamburger Dom drei Jahrzehnte zu spät. So geriet der Hamburger Dom zur einzigen Bischofskirche, die in Deutschland im Laufe der letzten sechs Jahrhunderte als Totalverlust zu verbuchen ist. Wenn die Hamburger heute „auf den Dom“ gehen, so meinen sie den Jahrmarkt, der ursprünglich um die Domkirche herum entstand, inzwischen an einen anderen Ort verlegt ist und heute mit Geisterbahn und Zuckerwatte lockt. Er lässt niemanden mehr an eine Bischofskirche denken. Das Volksfest lebt, die Kirche ist verschwunden.

Der Schwund der Gläubigen

Die Sprengung der Matthäus-Kirche in Dortmund-Körne und der Abriss von St. Marianus in Bardowick markierten 1997 den Auftakt, es folgten der Abriss von St. Petrus Canisius in Düsseldorf-Unterbilk 1999 sowie St. Bernhard in Essen-Bergeborbeck und der Heiligen-Geist-Kirche in Remscheid-Klausen im Jahr 2000. Dann rollte die Abrisswelle deutscher Pfarrkirchen richtig los:

2003 wurden das Gemeindezentrum in Hannover-Bornum und die Kirche Kostbares Blut Christi in Dörentrup abgetragen, im Jahr 2004 waren die Martin-Luther-Kirche in Berlin-Gesundbrunnen und St. Lukas in Fredenbeck dran,

2005 erwischte es St. Johannes in Hamburg-Volksdorf, die Lukas-Kirche in Leverkusen-Rheindorf, St. Raphael in Berlin-Gatow, die Heilandskirche in Frankfurt-Bornheim, St. Josef in Mettlach-Keuchingen, St. Josef in Kellinghusen, St. Hedwig in Freden und St. Johannes Capistran in Berlin-Tempelhof,

2006 kam der Abrissbagger zur Paul-Gerhardt-Kirche in Leverkusen-Rheindorf und zur Markuskirche in Dormagen-Horrem, zu St. Ansgar in Lübeck-Schlutup, St. Raphael in Eystrup und der Heiligen-Geist-Kirche in St. Wendel,

2007 wurden abgebrochen St. Thomas Morus in Bochum-Langendreer, St. Martin in Witten-Herbede, St. Konrad in Düsseldorf-Flingern, Christi Auferstehung in Neviges, St. Barbara in Herten-Paschenberg, St. Michael in Bad Laasphe-Feudingen und St. Johannes Evangelist in Garbsen,

2008 ereilte das gleiche Schicksal die Heiligengeistkirche in Hamburg-Barmbek, die Rimbert-Kirche in Hamburg-Billstedt, das Dietrich-Bonhoeffer-Haus in Witten-Herbede, Herz Jesu in Essen-Frintrop, Christus König in Gelsenkirchen-Buer, St. Hildegard am Ruhrpark in Oberhausen, St. Johannes in Bielefeld-Senne und St. Bonifatius in Dortmund-Schüren,

und 2009 war es eine noch größere Anzahl mit der Messiaskirche in Hannover-Groß-Buchholz, der Lukaskirche in Köln-Flittard, St. Clemens in Duisburg-Kaßlerfeld, St. Eligius in Essen-Steele, St. Antonius in Lüdenscheid-

Dickenberg, Maria Hilf in Hessisch Lichtenau, Christ König in Kiel-Neumühlen, Herz Maria in Hemmingen-Arnum, St. Hedwig in Hohenkirchen, St. Paulus in Kamp-Lintford, Heilig Blut in Dinslaken, die neue St. Anna-Kirche in Kleve-Materborn, St. Johannes der Täufer in Bad Hönningen-Ariendorf, die Auferstehungskirche in Sailauf, St. Pius X. und St. Barbara in Salzgitter-Flachstöckheim und St. Jakobus der Jüngere in Ronnenburg-Weetzen.

In den folgenden Jahren ging es jedes Jahr so weiter. In den nicht einmal zwei Jahrzehnten von 1995 bis 2014 wurden von den rund 45 000 evangelischen und katholischen Kirchen in Deutschland an die tausend Kirchen geschlossen, weil sie überflüssig geworden waren, und davon wurden insgesamt 102 evangelische und 88 katholische Gotteshäuser abgerissen, weil sich keine Nachnutzung finden ließ. Die Welle erfasste beide Konfessionen in gleicher Weise, sie betraf aber vor allem Norddeutschland und das Ruhrgebiet, weit weniger die Regionen südlich der Mainlinie.

Wie konnte es dazu kommen? Keine Sturmjahre der Reformation, keine revolutionären Brüche waren die Ursache, sondern diesmal lag es an schleichenden Strukturveränderungen. In den ersten drei Jahrzehnten der Bundesrepublik wurde eine Vielzahl neuer Kirchen errichtet. Mit den Flüchtlingen und Vertriebenen aus den verlorengegangenen Ostgebieten stieg an manchen Orten die Einwohnerzahl beträchtlich, und als die wachsende Automobilisierung die Orte ins Umland ausufern ließ, galt es auch diese Neubausiedlungen geistlich zu versorgen. In den 60er Jahren setzte indessen auch eine innere Auszehrung der beiden großen Volkskirchen ein. Immer mehr verloren sie ihre emotionale Bindekraft, dem allgemeinen Zeitgeist mit seiner Tendenz zur Individualisierung und Pluralisierung sowie dem steigenden Wohlstand geschuldet. Der Sprecher des katholischen Ruhrbistums konstatierte 2007: „Der Glaube in dieser Gesellschaft ist regelrecht verdunstet. Über die Folgen darf sich niemand wundern.“[72] Kirchenaustritte ließen die Mitgliederzahlen der Großkirchen ständig weiter schrumpfen, und der Brauch des Kirchenbesuchs bröckelte und bröckelte. 1956 hatte das Erzbistum Köln 1 144 547 Kirchgänger gezählt, 2006 waren es nur noch 290 962.[73] Das Raumangebot der Kirchengebäude geriet an vielen Orten angesichts schwindender Nutzermenge zu einer ungemütlichen Leere, und mit der schwindenden Mitgliederzahl entwickelte sich schließlich auch das Kirchensteueraufkommen zum Problem. So gerieten die Kirchen im Laufe der 90er Jahre in eine schwere Krise, und die Verantwortlichen mussten sich eingestehen, dass sie weder weiterhin so viel Gottesdienstraum brauchten noch alle Kirchen dauerhaft unterhalten konnten. Für die katholische Kirche kam hinzu, dass es zunehmend an Priestern fehlte, um alle Gotteshäuser seelsorgerisch bedienen zu können (Zölibat gilt eben in der Spaßgesellschaft nicht als besonders cool). Also wurden Gemeinden zusammengelegt, die nun über mehrere Kirchen verfügten. Damit kam das Thema Kirchenschließungen auf den Tisch. Am stärksten traf es das Ruhrgebiet, wo die Abwanderungen infolge der Krise der Montanindustrie das Problem verschärften. Hier reagierte die katholische Kirchenleitung radikaler als in jeder anderen Diözese. Bischof Genn gab 2006 für das Bistum Essen einen Umstrukturierungsplan bekannt, nach dem die 259 Pfarreien zu 43 Großpfarreien zu fusionieren und 96 von 368 Kirchen zu schließen waren. Er hatte sich dabei von der Unternehmensberatung McKinsey beraten lassen, die weiß, wie man einen Laden auf Effizienz trimmt.

Wo Pfarrkirchen aufgegeben wurden und nicht innerkirchlich als Gemeindesaal, für Kirchenverwaltung oder Caritas genutzt werden konnten, stellte sich das Problem, eine geeignete Nachnutzung zu finden. Am liebsten überließ man sie anderen Christen, d. h. vor allem Gemeinden der orthodoxen Kirchen. Wo sich das nicht ergab, bevorzugte man kulturelle, soziale oder andere öffentliche Nachnutzungen, öfter als Kindergarten, aber auch als Heimatmuseum (St. Petrus in Elze), Jugendherberge (Martin-Luther-Kirche in Wolfsburg), Schulaula (St. Laurentius in Bocholt) oder für die Lebensmittelausgabe an Bedürftige durch Tafeln (Heilige Familie in Oberhausen). Gelegentlich baute man auch Kirchen zu Wohngebäuden um, was ihr Innenleben aber drastisch verfremdete. Gottes Haus kommerziellen Zwecken zu überlassen war eine Option, welche die Kirchen nur mit spitzen Fingern anfassten. Ein Tanzstudio (Herz Jesu Kirche in Katlenburg) und ein Ausstellungsraum eines Klavierhändlers (St. Peter in Mönchengladbach-Waldhausen) gingen gerade noch. Dass die Kirche im brandenburgischen Milow zur Sparkassenfiliale wurde und der Geldautomat dort hinkam, wo vorher der Altar gestanden hatte, galt als höchst problematisch (hatte nicht Jesus die Geldwechsler aus dem Tempel vertrieben?). Allerdings wäre sie sonst abgerissen worden zugunsten des Parkplatzes eines Supermarktes, was heftige Proteste gerade noch verhindern konnten. Vergnügungsstätten waren gar nicht vorstellbar, und an Sekten und Nichtchristen mochte man die Gotteshäuser eigentlich auch nicht überlassen. Die Protestanten konnten sich in wenigen Ausnahmefällen gerade noch dazu durchringen, sie den Juden als Synagoge weiterzureichen, aber beide Großkirchen schlossen kategorisch aus, sie jener Glaubensgemeinschaft preiszugeben, die durch ihre wachsende Zahl tatsächlich einen echten Bedarf an zusätzlichen Gebetsräumen hatte, nämlich den Muslimen. Zu groß war die Furcht, dass der Wechsel vom Kreuz zur Mondsichel als eine zumindest irritierende Symbolik wahrgenommen würde. Zwar gibt es in der Geschichte etliche Fälle, in denen christliche Kirchen zu Moscheen und Moscheen zu christlichen Kirchen geworden sind; die Umwandlung der Hagia Sophia in Istanbul 1453 und der Großen Moschee in Cordoba

1236 sind nur die prominentesten Beispiele dafür. Als Vorbild taugen diese allerdings kaum, denn stets waren sie Folge einer Eroberung mit Feuer und Schwert, Symbol des Triumphes über die besiegte Religion. Dass die Kapernaum-Kirche in Hamburg-Horn ab 2013 mit Geld aus Kuwait zur Moschee umgebaut wurde, war sozusagen eine Panne; sie war vorher an einen Kaufmann veräußert worden, der sie dann weiterverscherbelte, ohne dass die evangelische Kirche darauf noch Einfluss nehmen konnte.

Bevor es also zu einer imageschädigenden Nachnutzung oder unerwünschten Symbolik kam, ließ man lieber den Abbruchunternehmer kommen. Natürlich löste das in den Gemeinden Traurigkeit aus, waren doch Kirchen mit Emotionen und Erinnerungen verknüpft. Auch gab es Unverständnis in jenen Kirchenkreisen, deren Denken den ökonomischen Zwängen dieser Welt entrückt ist, und Bedenken wegen der Bedeutung von Kirchen als Dominanten im Ortsbild. Nachdrücklicher, echter Widerstand beschränkte sich allerdings auf Einzelfälle. Gleich zu Beginn der Abrisswelle gab es bemerkenswerte Auseinandersetzungen um die Matthäuskirche in Frankfurt, die nach der Kriegszerstörung in schlichten, modernen Formen wieder aufgebaut worden war. Sie lag mitten im Stadtzentrum und sah sich dort zunehmend von immer neuen Bürohochhäusern umstellt, während sich auf den 600 Sitzplätzen allmählich im Schnitt nur noch 30 Leute zur Andacht einfanden. So beschloss der Evangelische Regionalverband im Jahr 2002, die Kirche abzureißen und das Grundstück teuer für eine Büroimmobilie zu verkaufen. Doch die öffentliche Meinung und die Gemeinde probten den Aufstand. Musste man nicht dieses Zentrum christlicher Basisarbeit gerade inmitten der glänzenden Fassaden der Welt von Kapital und Kommerz erhalten? Schließlich konnten sie erreichen, dass zwar ein weiteres Hochhaus auf das Kirchengelände hart hinter die Kirche gestellt wurde, die Kirche selbst aber stehen blieb, wenn auch optisch zum Zwerg degradiert.

Welche Kirche sollte nun aufgegeben werden, wenn eine Gemeinde über mehrere verfügte? Es war ein allgemeiner, kaum hinterfragter Konsens, dass die älteste Kirche als die wertvollste galt. Kirchenbauten des Historismus standen inzwischen vielfach auch unter Denkmalschutz, jene aus älteren Epochen ohnehin. Kirchen aus der Zeit nach dem Zweiten Weltkrieg konnten sich dagegen nicht dieses Schutzes erfreuen, einige herausragende Sonderfälle ausgenommen. Von ganz wenigen Ausnahmen abgesehen gehörten die bis 2015 abgerissenen Kirchen den Baujahren 1950-77 an. Nur zwei der niedergelegten Kirchen stammten aus der Zeit vor dem Ersten Weltkrieg, die Heiligengeistkirche in Hamburg-Barmbek und St. Josef in Essen-Kupferdreh (geweiht 1903 beziehungsweise 1904, Abriss 2008 bzw. 2015). Von der Christuskirche in Köln-Neustadt beseitigte man zwar 2014 das Kirchenschiff, ein schlichtes Produkt des Wiederaufbaus der kriegszerstörten Kirche von 1951, ließ aber den neugotischen Kirchturm von 1894 stehen. Die Marienkirche in Bochum-Mitte, 1872 geweiht und 2002 profaniert, war auch ein Abrisskandidat des Bistums Essen. Eine tragfähige Kirchengemeinde war ihr abhanden gekommen, und das Denkmalschutzamt hielt den neugotischen Bau für nicht schutzwürdig. Trotzdem erhob sich hier gegen den Abriss massiver Protest von Bürgern, da der aufragende Turm eine städtebauliche Dominante darstellte, womit Bochum nicht gerade gesegnet ist. Nach jahrelangem Gezerre konnte die Stadt, trotz erheblicher Finanzierungsschwierigkeiten, 2012 den Bau eines Musikzentrums beginnen, in das die Kirche integriert wurde.

Wenn die noch bis in die 60er Jahre geschmähten Bauten des Historismus in der Kirchenschließungswelle ungleich besser wegkamen als jene der Nachkriegszeit, so lag das auch daran, dass viele Kirchengebäude der 60er und 70er Jahre mehr oder minder vom damals modischen Baustil des Brutalismus geprägt waren, der demonstrativ unverputzten Beton zur Schau stellte. Mochten die Architekten es seinerzeit als Ausdruck von Ehrlichkeit verkaufen, Material und Konstruktion unverkleidet vorzuzeigen, und war der Begriff auch eigentlich vom französischen béton brute (roher Beton, also Sichtbeton) abgeleitet, inwischen wurde der Brutalismus als brutal im Sinne ästhetischer Gewaltsamkeit empfunden, war zu einem weithin geradezu verhassten Stil geworden. Architektenfachkreise lobten zwar die kreative Leistung mancher Betonarchitektur, aber die Herzen der Gemeindemitglieder wärmte ihre Ästhetik nicht. Hinzu kam als weiteres Problem etlicher moderner Kirchenbauten, dass sie jetzt im Alter von 40 bis 50 Jahren einen aufwendigen Sanierungsbedarf aufwiesen. Hier rächte sich zu sparsame Bauunterhaltung, aber hieran war auch die moderne Architektur nicht ganz unschuldig. Die Neigung von Architekten zu originellen Dachkonstruktionen förderte manchmal Undichtigkeiten, und moderne Baumaterialien wie Stahlbeton und Dachträger aus Leimbindern reagierten empfindlich auf Feuchtigkeit.

Der Denkmalschutz, sofern er überhaupt ins Spiel kam, erwies sich als wenig hilfreich. Als die Kirche St. Raphael im Berliner Vorort Gatow an einen Projektentwickler verkauft worden war, der sie zu einem Supermarkt umbauen wollte, versuchten Bürger dies zu verhindern, indem sie sich dafür stark machten, dieses Werk des bedeutenden Kirchen-Architekten Rudolf Schwarz unter Denkmalschutz zu stellen. Der Landesdenkmalrat wollte am 8. Juli 2005 darüber beraten, doch der Eigentümer kam dem eiligst zuvor; einen Tag vor der Sitzung machte der Abrissbagger das Kirchengebäude gänzlich platt. Die Friedenskirche in Schleswig-Friedensberg und die Corvinuskirche in Hannover wurden 2005 bzw. 2013 sogar trotz Denkmalschutzes abgebrochen. In Geldern konnte der Denkmalschutz beim Umbau des Geländes von St. Adelheid in eine

Anlage für betreutes Wohnen 2012 gerade einmal erreichen, dass die Glasfassade erhalten blieb.

Wo Kirchen am Anfang des 21. Jahrhunderts verschwanden, folgten auf dem frei gewordenen Gelände meist Bauten für normales Wohnen, öfters auch Altersheime, aber gelegentlich waren es auch Supermärkte (außer St. Raphael auch die Paul-Gerhardt-Kirchen in Herne-Pantringshof und in Leverkusen-Rheindorf), und an die Stelle der Martin-Luther-Kirche in Berlin trat nicht mehr als nur der schlichte Parkplatz eines Supermarktes.

Wo sind die Burgen abgeblieben?

Gerade einmal zwei Burgen haben sich in Deutschland in einem weitgehend mittelalterlichen Erscheinungsbild erhalten, die Marksburg am Mittelrhein und Burg Eltz im Moselgebiet. Alle anderen sind im Laufe der Jahrhunderte entweder weitgehend umgebaut worden, zur Ruine zerfallen oder ganz verschwunden. Tillmanns Burgenlexikon versuchte sämtliche zu erfassen; es verzeichnet für den deutschen Sprachraum etwa 5900 völlig verschwundene Burgen, ca. 6500 Burgruinen und Burgreste sowie ca. 6600 Schlösser, von denen ein beträchtlicher Teil Reste aus der Burgenzeit enthält.[74] Warum sind von diesen vielen Burgen bestenfalls noch Ruinenreste vorhanden, oft auch gar nichts mehr? Das vielleicht Überraschende: Kriege waren hierfür nicht entscheidend. Zwar wurden viele Burgen bei Kämpfen zerstört, manche auch mehrfach, aber Standorte, die man weiter brauchte, baute man auch immer wieder auf. Nur wo Burgenstandorte ihre Funktion verloren hatten, gab man sie dauerhaft auf.

Der Anfang des 16. Jahrhunderts bedeutete für die Geschichte der Burgen einen Einschnitt. Die aus dem Mittelalter stammenden Bauwerke sahen sich jetzt mit deutlich veränderten Funktionsanforderungen konfrontiert. Im Mittelalter war Burgenbau zunächst eine Sache des Königs sowie der wenigen Herzöge und Markgrafen gewesen. Im weiteren Verlauf des Mittelalters errichteten dann auch Grafen und schließlich auch niedere Adlige Burgen, und außerdem bauten die Landesherren immer mehr Burgen als Stützpunkte, um ihr Machtgebiet intensiver zu kontrollieren. Somit nahm die Zahl der Burgen vom 11. bis zum 15. Jahrhudert ständig weiter zu. Zugleich wurden zahlreiche Burgen auch schon im Laufe des Mittelalters aufgegeben, weil ihre Besitzer in der Machtkonkurrenz der Adelsgeschlechter anderen unterlagen, ausstarben oder ihre Machtgebiete sich verschoben. Von Burgen, die schon im Mittelalter endgültig aufgegeben wurden, ist im Regelfall kein aufgehendes, also oberhalb des Erdbodens sichtbares Mauerwerk vorhanden; geblieben sind bestenfalls Geländeunebenheiten oder höchstens archäologisch nachweisbare Fundamentreste.

Angesichts der recht rudimentären Schriftlichkeit jener Zeit ist über ihr Schicksal meist fast nichts hinreichend Konkretes bekannt. Wir beschränken uns deshalb für das Mittelalter auf die größten und repräsentativsten Anlagen, die Königspfalzen, und auf Stadtburgen.

Wie ein Wanderzirkus zog der römisch-deutsche König im hohen Mittelalter mit einem umfangreichen Gefolge durch das Reich, um Herrschaft durch persönliche Präsenz auszuüben. Für den Aufenthalt seines Hofes verfügte er im 10. bis 12. Jahrhundert über ein Netz von Königspfalzen. Diese wiesen auf einem größeren, eher leicht befestigten Areal eine Reihe einzeln stehender Gebäude auf, von denen das wichtigste jeweils der repräsentative, zwei- bis dreigeschossige Palas mit einem Saal für öffentliche Regierungshandlungen war. Seit Kaiser Friedrich II. im Jahr 1220 nach Italien entschwand, war die Stellung des römisch-deutschen Kaisers bzw. Königs gegenüber den sich formierenden Territorialfürsten dann deutlich geschwächt, sein Wirkungskreis stark reduziert. Die Pfalzen sahen den König immer seltener in ihren Mauern und verloren damit allmählich ihre Funktion, und bis etwa 1400 gerieten sie alle in fremde Hände, im Regelfall entweder an ehemals königsnahe Städte, die sich jetzt zu Reichsstädten verselbständigten, oder an Territorialfürsten. In manchen Städten verschwanden diese Pfalzen Anfang des 13. Jahrhunderts; sie wurden abgebrochen und nach und nach überbaut, ohne dass wir die näheren Umstände kennen. In Frankfurt am Main, Ulm und Dortmund wissen wir heute nicht einmal, an welcher Stelle in der Stadt die Pfalz gelegen hat; auch archäologische Untersuchungen konnten hierzu bisher keine Erkenntnisse erbringen. Zwei prächtig ausgebaute Pfalzen der Stauferzeit, im elsässischen Hagenau und in Wimpfen am Neckar, gerieten durch mehrere Hände ebenfalls in den Besitz der Städte. Die über 200 Meter lange Pfalz in Wimpfen wurde im 14. Jahrhundert nach einer Brandkatastrophe aufgegeben und weitgehend abgerissen; vom Palas blieb Mauerwerk mit einer Arkadenreihe hoch über dem Fluss. Die Kaiserpfalz Hagenau wurde 1687 auf Befehl des französischen Königs Ludwig XIV. dem Erdboden gleich gemacht; die Steine verwendeten die Franzosen, um am Rhein die Grenzfestung Fort-Louis zu errichten, die seinerseits schon 25 Jahre später geschleift werden musste. Auch in Aachen und Duisburg verschwand die Pfalz im späten Mittelalter zugunsten der städtischen Bebauung, allerdings blieben hier in den Rathäusern aus dem 14. Jahrhundert Reste der Palasmauern erhalten. Nur in Nürnberg und Goslar nutzten die Städte längerfristig wesentliche Teile der Kaiserpfalzen und bewahrten diese dadurch bis heute. In Nürnberg war der römisch-deutsche König auch das ganze späte Mittelalter hindurch wiederholt präsent, und die Kaiserpfalz wurde als Burg in die Stadtbefestigung integriert und von den Nürnbergern weiter verwendet; so kam sie weitgehend durch die Jahrhunderte. In Goslar nutzte die Stadt den Saal des Palas bis ins 15.

Jahrhundert als städtischen Versammlungsort und Gerichtsstätte, während die übrige Pfalzbebauung verging. In der frühen Neuzeit erschien das ehemalige Kaiserhaus hierfür nicht mehr geeignet, es diente nur noch als Lagerraum vor allem für Holz und Kohle, seine Wände wurden instabil und ausgeflickt, und die Erinnerung an seine einstige Aufgabe verflüchtigte sich. 1865 brachen große Teile der Rückwand ein. Obwohl mehrere Veröffentlichungen seit zwanzig Jahren erneut bewusst machten, dass es sich bei dem verfallenden Bau um den kulturhistorisch bedeutenden ehemaligen Palas der hochmittelterlichen Kaiserpfalz handelte und bei den Gebildeten derartige Monumente inzwischen geschätzt wurden, wollte der Rat der Stadt Goslar das Ganze abreißen, weil es ihm an Geld zur Reparatur fehlte. Gerettet wurde der Bau dann durch die Regierung des Königreichs Hannover, die ihn ankaufte und die Restaurierung in die Wege leitete. Wo Königspfalzen nicht an die Städte, sondern an Landesherren fielen, sah ihr Schicksal auch nicht günstiger aus. Die großen Pfalzen in Ingelheim und Gelnhausen gab man um 1400 dem Verfall preis; erstere wurde in der Folgezeit gänzlich von der Besiedlung überdeckt, ohne mehr als einige Grundmauern unter der Erdoberfläche zu hinterlassen, von letzterer blieben immerhin deutlich sichtbare Ruinen übrig. Königspfalzen, die von den Landesfürsten nicht aufgegeben, sondern weiter genutzt wurden, hielten sich zwar länger, aber gerade wegen der fortgesetzten Nutzung ebenfalls nicht bis heute. In Bamberg und im thüringischen Altenburg wurden die romanischen Bauten in der Renaissance durch „moderne“ Schlösser ersetzt. Die Pfalzen in Kaiserswerth bei Düsseldorf, Kaiserslautern und Worms wurden von den Landesherren besonders im 16. Jahrhundert weiter aus- und umgebaut, dann aber in den Kriegen Ludwigs XIV. 1689 und 1702/03 völlig zerstört. Bei den beiden ersten wurde die mittelalterliche Bausubstanz danach bis auf geringe Ruinenreste abgetragen, was sich bis ins frühe 19. Jahrhundert hinzog, letztere wurde durch ein barockes Bischofspalais ersetzt.

Auch Burgen der Stadtherren verschwanden aus dem Stadtbild teilweise vollständig, weil sie durch die politischen Entwicklungen ihre Funktion verloren. Als im 13. Jahrhundert in einer Gesellschaft aus Bauern und Adligen städtisches Leben aufblühte, strebten in etlichen Orten die neuen städtischen Eliten danach, als städtische Gemeinschaft sich selbst zu verwalten und die Macht ihres Stadtherrn zurückzudrängen. Damit geriet die Burg des Stadtherrn in oder neben der Stadt, Symbol und Sitz seiner Machtpräsenz, zum Konfliktobjekt. Oft lassen die dürftigen Quellen uns nicht erkennen, wie die Stadtburg verschwand, manchmal gab es aber auch einen bewussten Akt der Zerstörung durch die Bürgerschaft. Dabei nutzten die Bürger gerne Schwächesituationen ihres Stadtherrn aus, wie sich an den folgenden drei Situationen zeigt. Vorreiter war Lübeck. Graf Adolf von Holstein hatte sein Land und damit auch die Burg in Lübeck an die Dänen verloren, doch als die dänische Herrschaft dann 1225 mit der Gefangenname des dänischen Königs und seines Statthalters zusammenbrach, ergriffen die Lübecker die Chance, die Burg in ihren Besitz zu bringen, zu beseitigen und ein Kloster an ihre Stelle zu setzen. Auch von einigen Königspfalzen wissen wir, dass sie auf diese Weise verschwanden. Als sich mit dem überraschenden Tod des letzten staufischen Kaisers in Italien 1250 die Kaisermacht verflüchtigte und ein Vierteljahrhundert lang in Deutschland keine machtvoll agierenden Könige präsent waren, bot dieses für einige Städte die Gelegenheit, die von königlichen Dienstleuten verwalteten Burgen zu stürmen und zu zerstören. Die eidgenössischen Städte Winterthur (um 1264), Bern (um 1268) und Zürich entledigten sich dabei der Kontrolle ebenso wie die thüringischen Städte Mühlhausen 1256 und Nordhausen 1277. Hier akzeptierte der König das Ergebnis, die untergegangenen Burgen gerieten in Vergessenheit. Anders in Oppenheim am Rhein: Zweimal rissen die Bürger die Königsburg nieder, zweimal ließ König Rudolf sie wieder aufbauen. Die welfischen Herzöge in Niedersachsen machten ähnliche Erfahrungen. Als sie während des Lüneburger Erbfolgekriegs geschwächt waren, zerstörten im Jahre 1371 aufständische Bürger Lüneburgs die landesherrliche Burg auf dem Kalkberg, und im selben Jahr musste der Herzog auch den Bürgern von Hannover zugestehen, seine Burg Lauenrode in der Neustadt abzubrechen. Die Göttinger Bürger eroberten 1397 die welfische Stadtburg und ebneten sie gründlich ein.

Städte, die Bischöfe als Stadtherren hatten, stellten eine besondere Konstellation dar. Verschiedentlich errichteten im hohen Mittelalter reiche Bischöfe neben ihrem Dom einen Palas nach dem Vorbild der Kaiserpfalzen, allerdings unbefestigt. Im Laufe des 13. und 14. Jahrhunderts verlegten sie angesichts des Autonomiestrebens der städtischen Gemeinschaft ihre Hauptresidenz auf eine Burg 20 bis 40 Kilometer entfernt, blieben der Stadt aber durch die Domkirche weiter verbunden und unterhielten deshalb dort auch weiterhin ein Absteigequartier. Dass der Konflikt so eskalierte wie in Mainz, wo die Bürger zwischen 1273 und 1276 die Bischofspfalz zerstörten, war eine Ausnahme. Eher kam es vor, dass die Bischöfe ihren Stadtsitz kaum noch nutzen, ihn dementsprechend zwar über die Jahrhunderte noch leidlich in Stand hielten, aber nichts mehr in seine Modernisierung investierten. Unter diesen Bedingungen konnten sich romanische Pfalzbauten länger in ihren mittelalterlichen Formen erhalten als irgendwo sonst. Aber auch das reichte nicht aus, auch nur einen von ihnen bis heute zu bewahren. Der 1163 in Köln von Erzbischof Rainald von Dassel, dem seinerzeit mächtigsten geistlichen Fürsten und engsten Berater Kaiser Friedrich Barbarossas, begonnene dreistöckige Palas war mit 80 Meter Länge einer der größten überhaupt. Baufällig geworden stürzte er 1674 teilweise ein und wurde dann bis auf die Kapelle abgeräumt. Die im Kern mittelalterlich gebliebene

Bischofspfalz in Speyer wurde 1689 im Pfälzischen Erbfolgekrieg zerstört. In Bremen und Konstanz konnten sich die Bischofspfalzen in weitgehend spätmittelalterlichen Zustand sogar bis Anfang des 19. Jahrhunderts erhalten, doch dann ereilte auch sie der Abriss, weil man sie nicht mehr brauchte. In Bremen geschah dies 1816 nach der Säkularisierung und in Konstanz 1830 nach der Aufhebung des Bistums.

Worin bestand nun der Einschnitt zu Anfang des 16. Jahrhunderts? Als um 1500 brauchbare Belagerungsgeschütze aufkamen, konnten die Burgmauern ihnen nicht mehr Stand halten; Burgen waren überholt, wurden verlassen, verfielen und wurden abgebrochen, so die verbreitete Meinung. Doch die Realität war deutlich vielfältiger. Viele Burgstandorte wurden auch die frühe Neuzeit hindurch, also von 1500 bis 1800, durchaus weiter genutzt, wurden also keineswegs als funktionslos aufgegeben. Dabei muss man sich bewusst machen, dass spätmittelalterliche Burgen multifunktionale Anlagen waren, die im Wesentlichen drei Aufgaben vereinten: Verteidigung, Wohnen und Verwaltung. Gegen Kanonen war Verteidigung durch Burgmauern nicht mehr möglich, und da gleichzeitig der allgemeine Landfrieden durchgesetzt, also der ständige Kleinkrieg in Form von Fehden verboten wurde, war Verteidigungsbereitschaft für den niederen Adel zugleich auch nicht mehr nötig. Etliche landesherrliche Burgen behielten indessen ihre militärische Funktion, und um sie den neuen Erfordernissen anzupassen, verstärkten die Fürsten sie im 16. Jahrhundert mit Geschütztürmen und stärkeren Toranlagen, schließlich im 17. Jahrhundert durch Erdwälle mit eckigen Bastionen als Geschützplattformen. Sie wurden zu Festungen. Das galt für die Residenzen der kleineren Territorien ebenso wie für spezielle Landesfestungen als rein militärische Anlagen in größeren Territorien, für Burgen in der Ebene ebenso wie für solche in Höhenlage. Beispiele für letztere sind Königstein in Sachsen und Königstein im Taunus, Ehrenbreitstein über Koblenz und Oberhaus über Passau sowie die württembergischen Landesfestungen. Da der erforderliche Aufwand immer weiter anstieg, konzentrierte er sich auf immer weniger Standorte; die übrigen Anlagen verloren ihren militärischen Charakter. Aber noch im Dreißigjährigen Krieg zwischen 1618 und 1648 waren Burgen umkämpft. Zwar konnte man sie im Prinzip mit einer Handvoll Belagerungsgeschütze rasch zusammenschießen, aber Artillerie war erst in begrenzter Zahl vorhanden, und gegen die vielen kleineren Infanterie- und Kavallerieeinheiten, die plündern die Lande durchstreiften, war eine Burg mit ein bis zwei Dutzend Mann Besatzung durchaus ein Posten von militärischem Wert.

Wo nun die Verteidigungsfunktion verschwand, blieb aber, zumindest zunächst, die Wohnfunktion, sei es als landesherrliche Residenz oder als Wohnsitz des niederen Adels, und außerdem die Rolle als Verwaltungssitz, von wo ein

Amtmann sich im Namen des Landesherrn um Verwaltung, Steuereinziehung und Gericht kümmerte, sozusagen eine Kombination von Landratsamt, Polizeiposten und Amtsgericht, nur für einen kleineren Raum als einen heutigen Landkreis. Nachdem die Landesherren im Laufe des 16. Jahrhunderts weitgehend an einem Ort sesshaft geworden waren, wandelten sich diese Residenzen mit dem jetzt stark steigenden Raumbedarf durch Um- und Ausbauten zu größeren Schlössern. Die nur noch als reine Amtssitze dienenden Burgen, bei denen der Landesherr jetzt kaum mehr vorbeikam, waren dagegen für den Bedarf der Amtleute eher zu groß, so dass diese sich auf die Nutzung von Wohn- und Wirtschaftstrakt beschränkten, während Ringmauern, Türme und andere Nebengebäude hier verfielen.

Für Residenzen ebenso wie für Amtsburgen galt, dass Höhenlagen, die man im Mittelalter für Burgen ausschließlich wegen der besseren Verteidigung gewählt hatte, jetzt zunehmend als lästig empfunden wurden, mussten doch alle Versorgungsgüter mühselig hochgekarrt werden. Der Sitz des herzoglichen Amtmanns auf der Harzburg wurde 1573 auf den Wirtschaftshof im Tal verlegt und dort ein Amtshaus errichtet, „da auf der hohen alten Harzburg schwerlich Haushaltung zu führen gewesen."[75] Während Standorte spätmittelalterlicher Wasserburgen im Laufe der frühen Neuzeit nur in ganz wenigen Fällen aufgegeben wurden, sah dies mit Höhenburgen völlig anders aus. Der Umzug vom Berg in die Ebene ließ immer mehr Burgen funktionslos zurück. Diese Umorientierung zog sich über einen beträchtlichen Zeitraum hin, wie schon wenige Beispiele von Fürstenresidenzen zeigen. Schon Mitte des 16. Jahrhunderts verlegten der Herzog von Württemberg seine Stuttgarter Residenz vom Rotenberg in das *Alte Schloss* und der Herzog von Sachsen von der Feste Coburg oberhalb der Stadt in das neu errichtete Schloss in der Stadt, hingegen verlegten die Bischöfe von Eichstätt und Würzburg erst 1719/44 beziehungsweise 1725 ihren Sitz von der Burg-Festung oberhalb der Stadt in ein neues Residenzschloss im Tal. Nur ganz wenige kleinere Landesherren blieben bis ins 19. Jahrhundert auf dem Berg sitzen, so die Fürsten von Hohenzollern in Sigmaringen und die Fürsten von Hohenlohe in Langenburg. Bei den Amtssitzen ließ sich der Schritt von der Bergspitze an den Bergfuß ebenso beobachten.

Dass eine Burg ihre Funktion verlor, bedeutete nun meist nicht, dass sie konsequent abgeräumt worden wäre. Anders als bebaubares Land in oder bei dichtgedrängten Städten waren Berglagen ökonomisch weitgehend wertlos, niemand wollte dort siedeln oder einen Acker betreiben. Bis zu den Umwälzungen, welche die Französische Revolution mit sich brachte und die das Feudalsystem beiseite fegten, ergab sich das Interesse an einer Burg außerdem teilweise auch aus der Rechtslage. Selbst für Burgruinen galt noch, was Zedlers Universallexikon 1743 schrieb: „Schloß, Arx, Castrum, Chateau, ein Fürstliches

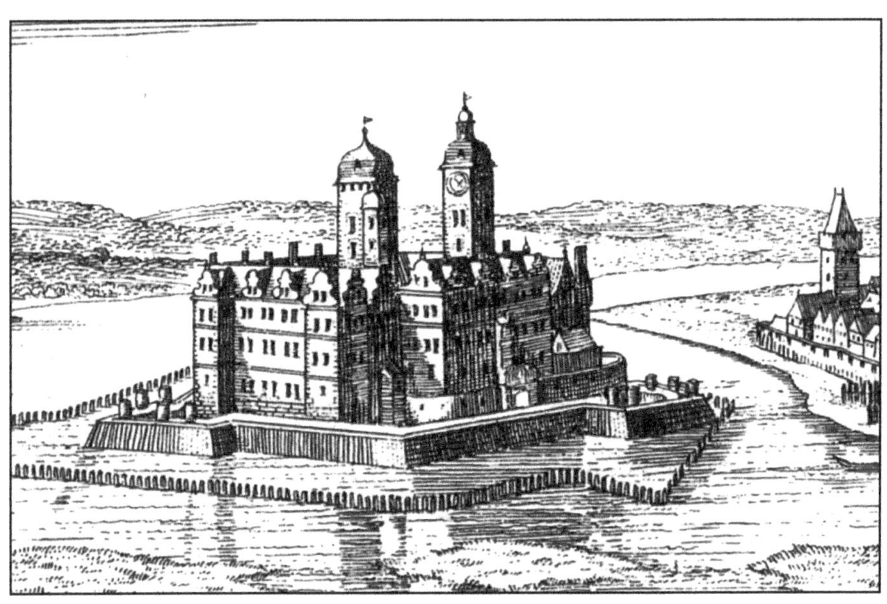

Residenz der Herzöge von Pommern in Wolgast, Zustand 1652.

oder Herren-Hauß, mit Mauren und Thoren, oder mit Graben und Brücken versehen. Dergleichen Häuser haben allezeit gewisse Herrlichkeiten und Gerechtigkeiten, die ihnen ankleben, und mit ihnen veräussert werden."[76]

Im Folgenden begrenzen wir den Blick auf die Burgen und Schlösser von Landesherren; grundlegende Entwicklungen finden sich bei den Sitzen des niederen Adels in ähnlicher Weise wieder, nur im Regelfall in kleinerem Maßstab.

Sieht man genauer hin, entdeckt man doch ein vielfältiges Spektrum an Ursachen und Verläufen, warum und wie etliche Burgen und Schlösser im Laufe der frühen Neuzeit funktionslos wurden und dann mehr oder minder verschwanden. In manchen Fällen wurden selbst Regierungssitze, die im Flachland lagen, in der frühen Neuzeit beseitigt, wenn sie überflüssig geworden waren, beispielsweise weil sie verlegt wurden. Im Erzbistum/Herzogtum Bremen und im Herzogtum Pommern geschah dies durch die Schweden, unter deren Herrschaft diese beiden Territorien mit dem Ende des Dreißigjährigen Kriegs 1648 gekommen waren. Nachdem der Regierungssitz von Bremervörde nach Stade an der Elbe verlegt worden war, wurde der alte Sitz der Erzbischöfe, den diese von einer Wasserburg zum Renaissanceschloss mit Bastionen ausgebaut hatten, inzwischen von Kriegsschäden gezeichnet, 1682 fast vollständig abgetragen. Die Residenz der pommerschen Herzöge in Wolgast, wo auf einer Insel in der

Peene aus einer Burg ab 1492 eines der bedeutendsten norddeutschen Renaissanceschlösser entstanden war, wurde von dem schwedischen Generalgouverneur zunächst weiter genutzt. Als 1675 eine Kanonenkugel das Pulvermagazin des Schlosses erwischte, so dass es großenteils zerstört wurde, verlegte die schwedisch-pommersche Regierung ihren Sitz nach Stettin. An dem aufgegebenen Standort Wolgast wurde die Schlossruine dann bis 1820 hin Schritt für Schritt abgerissen; das Material verwendete man beispielsweise um Wolgast nach dem Stadtbrand von 1713 wieder aufzubauen. Von beiden Schlössern ist heute nichts mehr sichtbar, ebensowenig von Schloss Christiansburg im hessischen Kleinern. Die Fürsten von Waldeck und Pyrmont verlegten ihre Residenz von Kleinern nach Arolsen und ließen sich dort seit 1710 ihr Mini-Versailles bauen; obwohl sie dafür wahrscheinlich Baumaterial aus dem Abbruch des Renaissanceschlosses Christiansburg verwendeten, waren sie dadurch am Ende völlig überschuldet. In Lauenburg an der Elbe und im thüringischen Arnstadt blieb vom Residenzschloss immerhin noch der Turm erhalten. Die Herzöge von Sachsen-Lauenburg zogen von Lauenburg nach Ratzeburg um, nachdem ihnen 1616 das Schloss in Lauenburg abgebrannt war; den geplanten Wiederaufbau verhinderte der Dreißigjährige Krieg. Auch in Arnstadt, wo eine Linie der Grafen von Schwarzburg residierte, war an die Stelle der Burg im 16. Jahrhundert ein vierflügeliges Wasserschloss getreten. Als Graf Anton Günther II. 1716 starb, verlegt man die Residenz nach Sondershausen. Schloss Neideck in Arnstadt stand leer und verfiel. Das Kupferdach wurde abgenommen, um Münzen daraus zu prägen, so dass 1748 an verschiedenen Stellen die durchgemorschten Decken einfielen, 1735 riss man Teile ab, um aus dem Material im Schlossgarten das Neue Palais als Witwensitz zu errichten, und 1779 stürzten dann auch die Schlossmauern teilweise zusammen. Schloss Rietberg an der oberen Ems wurde überflüssig, als die Grafschaft 1699 an die mährische Familie Kaunitz fiel, so dass die Landesherren nicht mehr in der Grafschaft residierten, und dann 1745 auch noch die Regierung der Grafschaft nach Haus Münte verlegt wurde. So verfiel die vierflügelige Anlage der Weserrenaissance im Laufe des 18. Jahrhunderts, bis der Fürst schließlich 1802 entschied, das marode Gebäude restlos abbrechen zu lassen.

In ähnlicher Weise konnten Schlösser in der frühen Neuzeit überflüssig werden, wenn bei einer Dynastie, die sich in mehrere Linien aufgespalten hatte, das Herrschaftsgebiet zweier Linien auf dem Erbwege wieder in eine Hand zusammenkam. Oft wurden die ehemaligen Residenzen weiter verwendet als Sitz eines Amtsmanns oder auch als zeitweiliger Witwensitz, aber manchmal reichte es auch dazu nicht, wie mehrere Beispiele aus dem Flachland zeigen. Als 1762 die Plöner Linie des Herzogtums Schleswig-Holstein ausstarb, fiel ihr Besitz an die königliche Linie des Herzogtums (d. h. den König von Dänemark). Diese ließ die Renaissanceschlösser in Ahrensbök und Reinfeld 1765 beziehungsweise 1775 und Schloss Rethwisch 1785 abreißen; nur das Plöner Schloss blieb bestehen. Bei dem Streben des Königs nach einem dänischen Gesamtstaat, der alle Teilgebiete Schleswig-Holsteins und Dänemark in einer Hand zusammenfasst, waren diese Schlösser praktisch überflüssig, und überdies waren sie als Erinnerung an die Zeit der kleinststaatlichen Zersplitterung auch politisch unerwünscht. Nicht besser erging es den Fürstensitzen von zwei kleineren nordwestdeutschen Territorien, deren Dynastien ganz ausstarben. Die Residenz der Herzöge von Sachsen-Lauenburg in Ratzeburg wurde schon ein Jahr nach dem Tod des letzten Herzogs im Jahre 1689 fast gänzlich niedergelegt. Die neuen Herren, die Welfen des Fürstentums Lüneburg, verwendeten das Abbruchmaterial, um die Stadt Ratzeburg zur Festung auszubauen und so die Neuerwerbung gegen den (durch Holstein) benachbarten dänischen König zu sichern. Sie bewirkten damit aber eher das Gegenteil. Drei Jahre später legte der verärgerte Dänenkönig mit einem dreitägigen Bombardement alles in Trümmer. Als der Graf von Delmenhorst 1657 vom Pferd stürzte und daran verstarb, fiel seine Grafschaft auf dem Erbwege an die Grafen von Oldenburg und zwanzig Jahre später an den König von Dänemark. Die Residenz in Delmenhorst, im 16. Jahrhundert von der Burg zum befestigten Renaissanceschloss ausgebaut, verfiel als nutzlos; Pläne, sie zur Festung auszubauen, blieben auf dem Papier. Als der dänische König die Grafschaft schließlich an das Kurfürstentum Hannover verpfändete, wurde das Schloss ab 1711 abgebrochen und das Material verkauft. Nur der Blaue Turm blieb noch bis 1787 als Gefängnis stehen. Ebenso spurlos verschwunden ist das durchaus beachtliche Renaissanceschloss im saarländischen Ottweiler, dessen vier Flügel sich zum Innenhof hin auf allen vier Geschossen mit Laubengängen öffneten. Nachdem die Linie Nassau-Ottweiler ausgestorben war, fiel es an Nassau-Usingen und dann an Nassau-Saarbrücken, wurde vorübergehend noch einmal als Witwensitz genutzt und dann 1753 gesprengt, weil keine Verwendung mehr bestand. Eher kleinere, noch weitgehend auf dem Bauzustand des mittelalterlichen Grafensitzes verbliebene Anlagen traf es in Salzderheldern und Dannenberg, als die Celler Linie der Welfen 1596 den Besitz der Grubenhagener Linie (mit Sitz in Salzderheldern) und 1671 den der Dannenberger Linie erbte. Beide Burgen wurden seitdem nur noch wenig genutzt und im Laufe des 18. Jahrhunderts nach und nach weitgehend beseitigt.

Besonders Brandenburg-Preußen ging recht rabiat mit Burgen um in jenen Territorien, die im Laufe der Zeit an das Haus Hohenzollern fielen. Das waren in der ersten Hälfte des 17. Jahrhunderts mehrere kleinere Territorien in Westdeutschland, 1720 Vorpommern, 1744 Ostfriesland und 1772 mit der ersten polnischen Teilung Westpreußen. Dazu mag auch beigetragen haben, dass König Friedrich Wilhelm I. pragmatisch und auf Sparsamkeit bedacht war, noch mehr dass sein Nachfolger Friedrich II. unter dem Einfluss der Aufklärung, ihrem Rationalismus und Nützlichkeitsstreben, überhaupt ihrer Distanz zu Traditionen stand. Die Schwanenburg in Kleve, die Burgen Ravensberg und Tecklenburg, alle drei im Mittelalter Sitze der hiernach benannten Grafschaften, sowie die Sparrenburg in Bielefeld wurden bis ins späte 17. Jahrhundert militärisch genutzt und die Befestigungen dieser Höhenburgen dafür weiter ausgebaut. Dann kam das Ende. Burg Ravensberg, nach schweren Kriegsschäden nur noch Amtssitz, ließ der König 1733 bis auf Bergfried und Kirche abtragen, um aus den Steinen Wohnhäuser errichten zu lassen, und Burg Tecklenburg wurde 1744 als Steinbruch freigegeben. Die Sparrenburg diente von etwa 1740 bis 1877 nur noch als Gefängnis, wobei 1743 ein Großteil der baufälligen Gebäude abgebrochen wurde und 1775 auch die Steine der Außenmauer, um daraus die 55er Kaserne in der Stadt zu errichten. Auf der Schwanenburg ließ die preußische Regierung 1771 den staufischen Palas niederreißen, weitere Teile folgten. Die Burg Mark (heute in Hamm-Uentrop), als Sitz der Grafen von der Mark angelegt, war schon im 16. Jahrhundert stark heruntergekommen und diente nach 1616 nur noch als Gefängnis, wurde dann immer häufiger als Steinbruch benutzt, bis schließlich 1772-74 General von Woltersdorff die noch vorhandenen Gebäudereste abreißen und aus den rund 130 Wagenladungen Steine in Hamm eine Kaserne erbauen ließ. Auch die zum Renaissanceschloss ausgebaute Burg Emden, in der bis 1595 die Grafen von Ostfriesland residiert hatten, ließen die Preußen 1765 restlos beseitigen zugunsten von Kasernen, die hier auf demselben Gelände entstanden. Mit der Wasserburg Ruppin fiel 1788 ein weiterer ehemaliger Grafensitz der Steineverwertung zum Opfer, als in der Stadt Neuruppin 386 Bürgerhäuser abgebrannt waren, das heißt die Stadt fast ganz wieder aufgebaut werden musste. Mit dem Aussterben der Grafen von Ruppin war sie 1524 an Brandenburg gefallen und das nächste Jahrhundert zunächst als Amtsburg weiter verwendet worden, bis der Verfall einsetzte. Ebenso wie in Emden sind hier keinerlei Ruinenreste erhalten, im Unterschied zu den vorher genannten Höhenburgen. Einige Amtsburgen in den westlichen Territorien ließ der preußische König schon 1709-23 fast gänzlich abbrechen, so die früher ravensbergische Burg Vlotho und im ehemaligen Fürstbistum Minden die Schalksburg und Burg Reineberg, alles Höhenburgen, deren Unterhalt nicht mehr lohnte. Ab 1730 ließ er die brandenburgische Festung Bärenkasten bei Oderberg als überflüssig abreißen, und das in Verfall geratene Jagdschloss der pommerschen Herzöge in Ueckermünde reduzierte er 1735 von vier auf einen Flügel. Als mit der ersten polnischen Teilung westpreußische Burgen des früheren Deutschen Ordens an Preußen kamen, sah man diese heruntergekommenen Anlagen nur als Steinbrüche an und begann sie größtenteils abzutragen, so die Burgen in Graudenz, Schlochau, Kulm (Althaus), Schönsee und Strasburg. Ganz allgemein strebte die preußische Verwaltung danach, die Ressourcen dieser neuen Region intensiver zu nutzen. In einigen Fällen konnten Anfang des 19. Jahrhunderts in Westpreußen wenigstens einige landschaftsprägende Bergfriede vor dem Abbruch bewahrt werden, weil die Herrscher für sie intervenierten, so Königin Marie Luise in Graudenz und Schlochau und König Friedrich Wilhelm IV. in Strasburg. Auch für die größte Burganlage des Deutschen Ordens, die Marienburg an der Nogat, stand zunächst der Abriss zwecks Ziegelgewinnung zur Debatte. Hier entschied König Friedrich II. dann aber, sie zu erhalten und als Kaserne und Militärmagazin zu nutzen, wofür Hoch- und Mittelschloss kräftig umgebaut wurden - die meisten Gewölbe zerschlagen, der Kreuzgang im Inneren des Hochschlosses und andere Bauteile beseitigt, das Sommerremter horizontal und vertikal unterteilt. Die ehemaligen Ordensburgen in Ostpreußen waren in besserem Zustand und wurden eher für neue Nutzungen umgebaut, besonders für Gefängnisse, aber auch hier gab es jetzt mit den Burgen in Brandenburg und Balga Verluste.

Die genannten preußischen Beispiele befanden sich bereits alle nicht mehr in bester Verfassung, aber es kam in Einzelfällen auch vor, dass Festungen abgerissen wurden, die in durchaus gutem Zustand waren, und zwar nicht im Zusammenhang mit kriegerischen Kampfhandlungen, sondern in Friedenszeiten und durch ihren eigenen Landesherrn. Ein Motiv dafür konnte die Angst sein, feindliche Kräfte könnten sich dort festsetzen und den Nutzen der Festung gegen einen selbst wenden. So ließ der Kurfürst von Trier 1654 seine Burg Hammerstein schleifen, nachdem sich dort ab 1646 jahrelang erst spanische und dann lothringische Söldner festgesetzt hatten und mit ihren Raubzügen die Umgebung in Schrecken versetzten. 1680 sprengte der Bischof von Münster seine Wasserburg in Bevergern aus Furcht, die Niederländer könnten sie besetzen. Im Falle der Festung Mansfeld im Harzvorland ging es dagegen ums Geld. Der Stammsitz der Grafen von Mansfeld war zum Schloss mit starken Bastionen ausgebaut worden und konnte im Dreißigjährigen Krieg fünf Belagerungen überstehen, ohne erstürmt zu werden. Nachdem endlich Frieden eingekehrt war, waren die Ständevertreter der Grafschaft Mansfeld weder bereit noch in der Lage, hohe Beträge für den Unterhalt der Festung zu zahlen, und die Grafen waren sowieso völlig überschuldet. Als der Administrator des Erzbistums Magdeburg mit Zwangsmaßnahmen Geld für die Instandsetzung einzutreiben versuchte, kam es zu langwierigen Auseinandersetzungen auf dem obersächsischen Kreistag, der Versammlung der thüringisch-sächsisch-brandenburgischen Reichsstände. Schließlich beschloss der Kreistag die Festung zu schleifen, was 1674 seinerseits immerhin über 12 000 Taler verschlang. Dasselbe Schicksal traf aber auch kleinere Festungen, die im 17. Jahrhundert mit Bastionen aus Erdwällen umgürtet worden waren, sich dann aber im Wettlauf zwischen den steigenden Angriffskräften und den Abwehranlagen um die Mitte des 18. Jahrhunderts als zu klein und schwach erwiesen, um weiter mithalten zu können. Sie einfach dem Verfall zu überlassen, konnte im Kriegsfall aber auch riskant werden, weshalb sie konsequent geschleift wurden. So beseitigte Preußen nach dem Anfall Ostfrieslands dort mehrere Festungen, insbesondere Leerort und Stickhausen ab 1749 sowie Friedeburg und Esens 1763/64, ebenso der Bischof von Münster ab 1771 die Zitadelle Vechta. Aus ähnlichen Sicherheitserwägungen heraus entschieden sich einige Monarchen, Schlösser, die durchaus weiter verwendet wurden und noch heute stehen, von den frühbarocken Bastionen zu befreien, welche keine Sicherheit mehr produzieren konnten, sondern eher militärische Gefährdungen auf sich zogen. In den 1770er und 80er Jahren geschah dies bei den Residenzen der Fürsten von Schaumburg-Lippe in Bückeburg und der Herzöge von Sachsen-Gotha in Gotha sowie bei den Schlössern der Welfen in Gifhorn und Celle, in den 1820er Jahren mit Schloss Jever und ab 1848 mit Schloss Gottorf bei Schleswig.

Dass der Schritt von der mittelalterlichen Verteidigungslage auf einer Anhöhe, vor allem wenn es sich um einem steilen Felsen handelte, zum Amts- und Adelssitz in der Ebene im Laufe der frühen Neuzeit viele Burgen funktionslos zurückließ, ist schon erwähnt worden. Hierfür gibt es eine Fülle von Beispielen, und oft, wenn auch keineswegs immer, war dies mit ihrem Untergang verbunden. Burg Giebichenstein, gut einen Kilometer von Halle entfernt auf einem steilen Porphyrfelsen errichtet, erlebte diesen Schritt hinunter sogar gleich doppelt. 1503 verlegte der Erzbischof von Magdeburg seine Residenz von der Höhenburg in die Stadt Halle, wo er sich ein festes Schloss hatte bauen lassen, die Moritzburg. Giebichenstein diente seitdem als Amtsburg, wobei sich die Nutzung immer mehr von der Oberburg in die Unterburg verlagerte. Die Oberburg verfiel allmählich, und nach einem Brand im Jahr 1636 wurde sie aufgegeben und als Steinbruch ausgeschlachtet, so dass heute nur noch die Grundmauern übrig sind, während an der Ostseite der Unterburg 1706 für den Amtmann ein zeitgemäßes Herrenhaus errichtet wurde.

Beide Varianten, der kleine Schritt Richtung Bergfuß und der etwas größere in die Stadt im Tal, finden sich auch an anderen Orten. Burg Polle an der Weser, einst Sitz der Grafen von Everstein und dann Amtsburg, erhielt 1656 ein großes Amtshaus in der Unterburg, nachdem die Oberburg 1641 von den Schweden zerstört und dann preisgegeben worden war, und in der Schalksburg bei Porta setzte man das Haus für den Drost 1708 direkt neben das Torhaus zur Unterburg und trug dann in den nächsten Jahren die Burg ab. Auch in Segeberg war der Schritt kaum größer, als Heinrich Rantzau, seit 1556 Statthalter des dänischen Königs für Schleswig-Holstein, nicht länger in der auf steilem

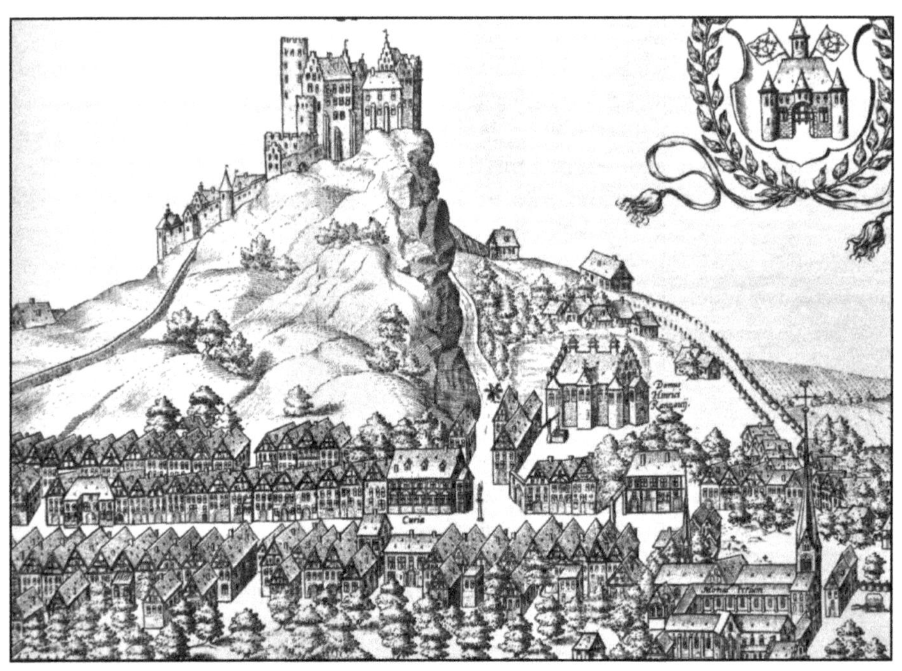

Die Burg der holsteinischen Herzöge (und dann dänischen Könige) in Segeberg. Das große Haus rechts im Bild ist das Stadtpalais, das der Statthalter des dänischen Königs sich um 1555 erbaute.

Kalkfelsen thronenden Siegesburg wohnen mochte und sich ein bequemes Stadtpalais am Fuße des Burgberges erbaute. Allerdings richtete er die Burg für gelegentliche Aufenthalte des dänischen Königs noch einmal wieder her. Nachdem schwedische Truppen sie dann im Dreißigjährigen Krieg 1644 weitgehend zertrümmert hatten, wurde sie nicht wieder aufgebaut. Inzwischen ist nicht nur die Burg vollständig verschwunden, sondern auch ein großer Teil des Kalkbergs selbst der Steingewinnung zum Opfer gefallen.

Den Schritt in die Stadt machte der Markgraf von Baden schon 1479, als er seine Residenz von Burg Hohenbaden am felsigen Westhang des Battert oberhalb von Baden(-Baden) in das in der Stadt neu erbaute Schloss verlegte. Hohenbaden diente weiter als Witwensitz und bis 1529 noch als Archiv, aber nach einem Brand wurde Hohenbaden dann 1597 nur noch als „das burgstadel des alt abgeenden schlosses ob der stadt Baden“[77] bezeichnet. Im thüringischen Arnstadt errichteten die Grafen von Schwarzburg sich 1533-60 ein Wasserschloss, und nach dem Umzug hierher blieben auf der Käfernburg auf dem

Schlossberg zunächst noch Behörden. Im Dreißigjährigen Krieg begann sie zu zerfallen, und 1661 ließen die Grafen die Käfernburg größtenteils abbrechen, um mit den Steinen ihr Schloss in der Stadt weiter auszubauen, so dass heute fast nichts mehr von der Burg vorhanden ist. Die Reichsmarschälle und Grafen von Pappenheim verlegten ihre Residenz 1593 in das neue Stadtschloss, renovierten aber trotzdem ab 1609 ihre Burg oberhalb von Pappenheim aufwendig. Erst nach Kriegszerstörungen durch die Franzosen im Jahre 1703 wurde die Höhenburg ganz aufgegeben, verfiel rasch und wurde Anfang des 19. Jahrhunderts bis auf wenige Reste abgeräumt. Ähnlich geschah es mit vielen Amtsburgen, oft wurde hier der Sitz aber nicht in eine Stadt, sondern auf einen Gutshof im Tal zu Fuße des Burgberges verlegt.

Manchmal war der Schritt von der Höhenburg in die Ebene auch ein größerer Sprung als nur an den Bergfuß, indem der Sitz gleich ein paar Kilometer weiter verlegt wurde. Heidelberg ist das bekannteste Beispiel. Hier hatten die Kurfürsten von der Pfalz ihre Residenz oberhalb der Stadt am Main im 16. Jahrhundert von einer Burg zu einem der bedeutendsten Renaissanceschlösser in Deutschland ausgebaut, verbunden mit zeitgemäßen Befestigungen. Im Pfälzischen Erbfolgekrieg zerstörten französische Truppen diese Pracht, selbst die sieben Meter mächtigen Mauern des Dicken Turmes wurden gesprengt. Kurfürst Johann Wilhelm wich auf seine Zweitresidenz in Düsseldorf aus. Pläne der Jahre 1696-98, in der Talöffnung zur Rheinebene großzügig neu zu bauen und dafür Teile des Heidelberger Schlosses abzubrechen, wurden nicht verwirklicht, weil sie zu teuer waren, und so ließ Johann Wilhelm das Schloss ab 1699 für vorübergehende Aufenthalte teilweise reparieren. Sein Nachfolger Carl Philipp begann dann 1718 damit, das Heidelberger Schloss als Hauptresidenz wieder aufzubauen. Eine große Rampe war geplant, um bequem mit Kutschen hinauffahren zu können. Als der Kurfürst allerdings 1720 mit den Heidelberger Protestanten in Streit geriet, weil er deren Heiliggeistkirche auch für die Katholiken nutzen wollte, verlegte er die Residenz kurzentschlossen nach Mannheim in die oberrheinische Tiefebene und baute dort großzügig neu. Der Kirchenstreit war wohl mehr Anlass als Ursache. Mochte der Blick auf das Schloss am Hang vom gegenüberliegenden Höhenpfad über das enge Maintal hinweg im 19. Jahrhundert die Romantiker begeistern, ein „modernes“ Barockschloss, für das inzwischen die raumgreifende Anlage von Versailles europaweit die Standards setzte, war an der steilen Hanglage oberhalb Heidelbergs nicht zu verwirklichen. Immerhin plante selbst im Jahre 1764 Kurfürst Karl Theodor noch einmal, die Heidelberger Gemäuer zu seinem Absteigequartier wieder herzurichten, nahm aber davon Abstand, als der Blitz zweimal in den Saalbau einschlug und ihn in Brand setzte. Stattdessen begann er 1767, Quader vom

Schloss abzufahren für die neue Sommerresidenz in Schwetzingen. Weitere Abbrüche folgten.

In den meisten Fällen war der neue Standort aber nicht einmal halb so weit entfernt. Die Grafen von Gleichen und die Grafen von Wied verlegten ihre Residenz von ihrer Höhenburg jeweils nur etwa sechs Kilometer weiter; erstere zogen 1599 von Burg Gleichen bei Gotha nach Schloss Ehrenstein in Ohrdruf, letztere 1653 von Burg Altwied in die neu gegründete Stadt Neuwied direkt am Rhein. Beide Burgen wurden anschließend dem Verfall preisgegeben. Letztere wurde wahrscheinlich 1760 beim Bau von Schloss Monrepos als Materiallieferant geplündert, erstere wollte Napoleon sprengen, um Baumaterial zu gewinnen, was aber der Erfurter Universitätsrektor Placidus Muth 1808 in einem persönlichen Gespräch mit dem Kaiser verhindern konnte, so dass hier umfängliche Ruinen erhalten blieben. Manchmal dauerte es aber auch ziemlich lange, bis man sich endlich zur Verlegung entschloss, wie die folgenden zwei Beispiele von Amtsburgen zeigen, beide auf Bergspornen gelegen. Burg Tautenberg diente bis 1776 als kursächsischer Amtssitz, dann wurde dieser ins drei Kilometer entfernte Frauenpriesnitz verlegt und die Burg in den nächsten Jahren bis auf wenige Reste abgebrochen, um daraus das neue Justiz- und Rentamt in Frauenpriesnitz zu erbauen. Burg Hohenstein im Taunus, im 15. Jahrhundert Residenz einer Linie der Grafen von Katzenelnbogen, war zwar seit dem Dreißigjährigen Krieg teilweise ruinös, aber trotzdem wurde erst 1729 die Amtsverwaltung in das 10 Kilometer entfernte Schwalbach verlegt und die Burg noch bis 1778 weiter baulich unterhalten; erst dann gab man sie auf. 1864 stürzte der zerfallende Palas von der steilen Höhe ins Aartal hinab.

Oft war der Funktionsverlust ein schrittweiser Prozess, ein Herabstufen und Reduzieren auf geringerwertige Aufgaben, kein schlagartiges Ende. Burg Calenberg beispielsweise, welche von jener Linie der Welfen, die später zu Kurfürsten von Hannover aufstiegen, als ihr Stammsitz angesehen wurde, war Anfang des 16. Jahrhunderts mit Schanzen und 17 Kanonen zur Festung ausgebaut worden. Überdies diente sie als regionaler Verwaltungssitz und Unterkunft für gelegentliche Aufenthalte des Herzogs. Nachdem sie 1584 an die Wolfenbüttler Linie der Welfen gefallen war, die mit ihr nicht mehr viel anfangen konnte, geschah nichts mehr für die Instandhaltung. Schon 1608 wagte man die Dächer nicht mehr neu zu decken aus Angst, die maroden Dachbalken könnten brechen. Trotzdem wurde sie im Dreißigjährigen Krieg umkämpft und konnte zwei Mal für mehrere Wochen der Belagerung trotzen. Obwohl ziemlich ruiniert, wurden Schloss und Festung nach dem Dreißigjährigen Krieg noch einmal instand gesetzt und dienten als Amtshaus, Garnison und wiederholt auch als Gefängnis. 1679 versuchte der Herzog sogar, dort eine Glasmanufaktur einzurichten mit Glasmachern aus Norditalien, allerdings ohne dauernden Erfolg. Da die Festung militärisch überholt war, ordnete der Herzog 1690 ihren Abbruch an; bis 1706 wurden 4000 Dachsteine, größere Mengen Holz und 95 Fuder Bruchsteine abtransportiert. Nur ein kleiner Teil des Komplexes blieb noch länger als Gefängnis in Betrieb, bis dieser schließlich 1765 ebenfalls abgerissen und durch einen Neubau ersetzt wurde.

Überhaupt war es oft die letzte Aufgabe einer ansonsten nicht mehr brauchbaren Burg, in Teilen noch als Gefängnis zu dienen. Die Welfen nutzten dazu auch Burg Scharzfels am Rand des Harzes, die im Mittelalter auf einem zwanzig Meter hohen Dolomitfelsen errichtet worden war. Wegen der steilen Felswände wurde sie als uneinnehmbar angesehen und kam sogar heil durch den Dreißigjährigen Krieg, aber aufgrund dieser adlerhorstartigen Enge war sie für einen zeitgenössischen Ausbau ungeeignet, dagegen schon eher als ausbruchssicheres Gefängnis. Das kam dem Kurfürsten in der Königsmarck-Affäre gerade recht. 1694 fand die jahrelange heimliche Liebesbeziehung der Gemahlin des Erbprinzen mit dem sächsischen General Philipp Christof Graf von Königsmarck ihr blutiges Ende. Der Graf wurde in Hannover im kurfürstlichen Schloss heimlich ermordet und galt offiziell als verschollen, die Prinzessin kam für den Rest ihres Lebens unter Hausarrest auf Schloss Ahlden, und ihr düpierter Gemahl wurde später Kurfürst von Hannover und dann König von England. Die Kammerfrau Eleonore von dem Knesebeck, die über dreihundert Liebesbriefe zwischen den heimlichen Verliebten geschmuggelt hatte, kam als gefährliche Mitwisserin auf Burg Scharzfels, für lebenslänglich, wie der Kurfürst dachte. Er irrte allerdings. Zwei Jahre später engagierten ihre Verwandtschaft einen Dachdecker für ein waghalsiges Unternehmen. Er erklomm Fels und Mauer und seilte sich zusammen mit Eleonora wieder ab, die so entfloh. Im Siebenjährigen Krieg sprengten dann die Franzosen 1761 Burg Scharzfels, die seitdem unbeachtet als Ruine dalag, bis die Romantiker die verwitterten Reste des Burgfelsens entdeckten und ab 1839 zur Kulisse verschiedener Feste machten.

An vielen anderen Orten waren große Teile der Burg längst Ruine, während im dumpfen Kellergewölbe oder im dick gemauerten Bergfried noch Gefangene ein trübes Leben fristeten. Die Nürburg in der Eifel, um deren Ruine sich seit 1927 die bekannte Rennstrecke windet, war schon am Ende des Dreißigjährigen Kriegs stark zerfallen und wurde 1689 von französischen Truppen endgültig zerstört, ihr Turm diente aber noch bis 1752 als Gefängnis, und in der 1697 von den Franzosen zerstörten Burg Ortenberg in Mittelbaden wurde der Unterbau des Bergfrieds noch bis 1760 als Gefängnis verwendet. Der Burg Waldeck rettete die Gefängnisnutzung die Existenz; nachdem die Grafen von Waldeck ihre Residenz 1655 von der Höhenburg in das neue Schloss in Arolsen verlegt hatten, nutzte man Burg Waldeck als Festung und Getreidelager und dann ab 1734 als Gefängnis, und zwar bis 1868, als der Denkmalschutzgedanke seine Wirkung zeigte. Die Nachnutzung als Lager für Zehntabgaben in Naturalien findet sich auch in anderen Fällen. Burg Forchtenberg oberhalb der gleichnamigen Stadt, eine Amtsburg der Fürsten von Hohenlohe, wurde im Dreißigjährigen Krieg zerstört; während seitdem oberhalb der Erde nur noch Ruinen aufragten und zunehmend abgebrochen wurden, lagerten in dem rund 60 Meter langen Kellergewölbe bis 1806 die Fässer mit dem Zehntwein. Ähnlich wurde ein Keller der südbadischen Burg Rötteln noch lange als Weinkeller verwendet, nachdem die Franzosen 1678 die Burg in eine Ruine verwandelt hatten und der Amtssitz von dort nach Lörrach verlegt worden war. Zu den letzten geringwertigen Nachnutzungen zählte auch, wenn wir über Neu-Eberstein bei Baden-Baden hören, dass dort Ende des 18. Jahrhunderts in der Burgruine einige arme Tagelöhner hausten sowie ein Nagelschmied, der seine Werkstatt im ehemaligen Rittersaal eingerichtet hatte und seine Kohlen im Turm lagerte.

Wenn eine Höhenburg in der frühen Neuzeit zur Ruine und verlassen wurde, bedeutete das oft keineswegs, dass jeder sich hier einfach bedienen durfte. Auch als Steinbruch hatte sie noch ihren Wert, materiell und manchmal auch ideell als Bezugsort von Feudalrechten. Wie weit entsprechende Verbote der Herrschaften sich in der Praxis umsetzen ließen, ist für uns schwer erkennbar. Einzelne verstreute Quellen zeigen jedenfalls, dass hier durchaus Konfliktpotential lag. Für das Jahr 1702 erwähnen die Stadtratsprotokolle von Germersheim, dass ein Bürger zu einem Bußgeld verurteilt wurde, weil er „Zieglein vom schloß“[78] geholt hatte (heute ist von der einstigen Burg nur noch der Straßenname *Schlossstraße* erhalten). 1709 wurde für die brandenburgischen Burgruine Angermünde das Stehlen von Steinen bei Androhung von 50 Talern Strafe verboten (von der Burg ist ebenfalls heute nichts mehr zu sehen), und 1743 wurde in Blaubeuren der Forstmeister Martin angeklagt, er habe Steine von Burgruine Hohengerhausen wegführen lassen. An etlichen Orten finden sich anscheinend Steine aus ehemaligen Höhenburgen in den Häusern der Bauern und Bürger verbaut, ob gekauft oder durch Selbstbedienung organisiert, lässt sich kaum sagen. Dagegen sind eine Reihe von Fällen dokumentiert, in denen die Landesherren selbst ihre Burgen, eher Burgruinen, in großem Stil als Steinbruch ausbeuteten. Die Herzöge von Württemberg benutzten die im Dreißigjährigen Krieg ruinierte Festung Honberg als Steinelieferant, als sie 1696 die Hüttenwerke Ludwigstal errichteten, sie ließen 1724 Teile der ehemaligen Reichsburg Grüningen in Markgröningen abtragen und die Steine nach Ludwigsburg karren, wo sie zwischen 1704 und 1733 eine der größten barocken Schlossanlagen Deutschlands errichteten, und im Jahr 1762 wurden auf ihren Befehl Teile der aufgegebenen Festung Hohenurach abgebrochen, um das Jagdschloss Grafeneck auszubauen. Nach dem Stadtbrand von Weinsberg 1707 erlaubten sie den Bürgern, sich aus der Burgruine oberhalb ihrer Stadt Bruchsteine für den Wiederaufbau zu holen; dabei sollten die wertvollen behauenen Quadersteine an Ort und Stelle verbleiben, was die Bürger aber wenig scherte. Auch andere Verwendungen kamen vor. Markgraf Friedrich VI. von Baden-Durlach verkaufte 1671 die Steine der auf einer Vulkankuppe liegenden Burg Höhingen, die 1638 durch ihre eigene Besatzung in Brand gesetzt worden war, an die Franzosen zum Bau der Festung Neu-Breisach. Aus der Burg Trifels, auf einem steilen Felsen oberhalb von Anweiler gelegen und im hohen Mittelalter zeitweise Aufbewahrungsort der Reichskleinodien, aber 1635 endgültig aufgegeben, ließ der Herzog von Pfalz-Zweibrücken 1670 eine Marmorsäule, 40 Sandsteinsäulen sowie Marmorplatten für die Kirche in Anweiler holen, und 1706 überließ die Regierung in Zweibrücken die Ruine dann der Stadt Anweiler als Steinbruch. Die Duburg oberhalb von Flensburg, die den dänischen Königen (als Herzögen von Schleswig-Holstein) noch in der ersten Hälfte des 17. Jahrhunderts mehrfach als Absteigequartier gedient hatte, wurde nach 1697 dem Verfall preisgegeben. Nachdem 1719 ein Teil eingestürzt war, verfügte König Friedrich IV. den Abbruch; einen Teil des Materials schenkte er zum Bau des Waisenhauses in Flensburg 1724, ein Teil diente zwei Jahre später dazu die Kirche in Adelby zu erweitern. Der allerletzte Rest wurde aber erst im Jahr 1900 beseitigt; heute ist nichts mehr von der Anlage zu sehen.

Wie an den erwähnten Fällen schon anklang, lieferte im 16. und 17. Jahrhundert oft eine Kriegszerstörung den Impuls, eine Höhenburg aufzugeben. Solange es die Burg noch gab, lohnten auch Reparaturen, wenn aber ein fast gänzlicher Neubau erforderlich war, errichtete man ihn jetzt besser gleich in der Ebene. Drei Kriege waren es vor allem, die hier einen großen Schub brachten. Das erste war die Revolution der Bauern im Jahre 1525, zeitgenössisch als Bauernkrieg bezeichnet, während der besonders in Thüringen, Franken und Schwaben viele Burgen in Flammen aufgingen. Der „Gemeine Mann“, wie er damals genannt wurde, erstrebte eine Gesellschaft ohne adlige Herren, ohne grundherrschaftliche Ausbeutung durch Frondienste und Abgaben. Die festen Burgen, in denen der Adel trutzig oberhalb der Dörfer mit den schlichten Holzhäusern der einfachen Leute thronte, waren ebenso wie das Reiten hoch zu Ross auch symbolischer Ausdruck der Herrenrolle. Daher forderten die Bauern, dass der Adel zu ihnen herab ins Dorf ziehe und sich mit ihnen gemein mache, daher der zerstörerische Hass der Bauern auf die Burgen. Die fränkischen Bauern forderten in ihrer Feldordnung vom April: „Welcher vom Adel in diese christliche Bruderschaft zu komen begert, sole und muß bewilligen, seine Schloss und Befestigung abbrechen zu lassen, oder solle Macht haben. solchs in ainer gelegen furderlichen Zeit selbst zu tun ... Das Geschutz, so er in seiner Gewar des Sloss hat, solle er dem hellen Haufen antworten.“[79] Die Erhebung der revolutionären Bauern wurde niedergeschlagen, einige der zerstörten Burgen wieder aufgebaut, aber viele blieben Ruine. Im Dreißigjährigen Krieg, der zwischen 1618 und 1648 fast alle deutschen Landschaften erfasste, zerstörten die hin- und herziehenden Heere mehr Burgen und Schlösser als in jedem anderen Krieg. In Pommern, Mecklenburg und Holstein waren es 203, in der Mark Brandenburg 48, in Meißen 96, in Schlesien 118, in der Pfalz 109, in Franken 44, in Thüringen und dem Vogtland 68, in den Stiften Merseburg, Halle, Magdeburg, Halberstadt und Hildesheim 217, in Braunschweig, Lüneburg und im Erzbistum Bremen 50, in den Bistümern Osnabrück, Minden, Paderborn, Fulda und Würzburg 228, in Westfalen 119 und in den Stiften Köln, Metz und Trier 327. Die Herrschaftssitze in der Ebene wurden im Regelfall wieder aufgebaut, jene auf Berglagen nur zum geringeren Teil. Die dritte Zerstörungswelle brachte das Eroberungsstreben König Ludwigs XIV. von Frankreich. Unter dem Vorwand, seine Schwägerin Liselotte habe Erbansprüche auf die Kurpfalz, ließ er 1688 französische Truppen in die Rheinpfalz, das kurtrierische Moselgebiet und Baden einmarschieren. Auf dem Rückzug vernichteten die französischen Truppen 1689/90 fast alle bis dahin noch ganz oder halbwegs funktionsfähigen Höhenburgen in dieser Region, von denen es in der Mittelgebirgslandschaft mit ihren zahlreichen Kuppen und den Steilhängen an Flusstälern reichlich gab. Kaum eine wurde davon anschließend wieder aufgebaut. Dabei ergaben sich diese Zerstörungen nicht aus dem lokalen Kampfgeschehen, sondern erfolgten auf ausdrücklichen Befehl des französischen Kriegsministers Louvois beziehungsweise Ludwigs und wurden von den kommandierenden Offizieren nur widerstrebend ausgeführt; den Standards damaliger Kriegführung entsprach eine solche systematische Politik der Entfestigung einer ganzen Region nicht. So wie damals zu einer Festung ein Glacis als freies Vorfeld gehörte, schuf die französische Regierung eine entfestigte Zone vor dem französischen Festungsgürtel, als ob Frankreich als Ganzes eine Festung wäre. Zu den Burgen und Burgschlössern, die 1689/90 gesprengt oder angezündet wurden und die seitdem Ruine waren, zumindest bis weit ins 19. Jahrhundert hinein, gehören im Hunsrück Kastellaun, Stromberg, Simmern und Baldenau, in der Eifel die Nürburg und Nideggen, am Mittelrhein Hammerstein, Stahlberg, Lahneck, Reichenstein, Schönburg, Sooneck, Ehrenfels und Fürstenberg bei Bingen, an der Mosel Cochem, Beilstein, Bischofstein und Winneburg, an der Nahe Ebernburg, Rheingrafenstein, Schloßböckelheim und Kauzenburg, im weiteren Umland der Nahe Bolanden, Altgenbaumburg, Landsberg über Obermoschel, Alzey, Lewenstein, Randeck und Lauterecken, im Pfälzer Wald Madenburg, Landeck, Blumenstein, Wegelnburg, Fleckenstein, die drei Dahner Burgen, Lemberg, die Oberburg Falkenberg, Kropsburg, das Hambacher Schloss, Winzingen, Elmstein, Neidenfels, Wachtenburg, Altleiningen und Neuleiningen, Nanstein und Battenberg, am Oberrhein Schloss Landskron bei Oppenheim und noch weiter östlich Rüsselsheim sowie in Südbaden Festung Hochburg bei Emmendingen und Hohengeroldseck, und dabei ist diese ganze Aufzählung ohne Anspruch auf Vollständigkeit. Vier Jahre später folgte, wie schon erwähnt, das Heidelberger Schloss. Die meisten dieser Ruinen wurden rund eineinhalb Jahrhundert lang wiederholt als Steinbruch betrachtet und stückweise abgebrochen, und der natürliche Zerfall durch die Witterungseinflüsse tat ein Übriges. Heute sind mehr oder minder reduzierte Ruinen übrig.

Sogar noch im frühen 18. Jahrhundert wurden Burgen als militärisch wichtige Objekte umkämpft und nach den Kampfhandlungen gezielt zerstört, nicht viele, aber darunter einige recht bemerkenswerte Höhenburgen. Es handelte sich um Anlagen im Besitz kleinerer Reichsstände, von denen sie im 16. und 17. Jahrhundert zu größeren befestigten Schlössern ausgebaut worden waren, und die jetzt im Kampfgebiet der französischen Expansionskriege lagen. Im Spanischen Erbfolgekrieg wurden sowohl die Saffenburg der Grafen von der Mark-Schleiden oberhalb des Ahrtals wie die Hohenburg der Grafen von Nassau-Saarbrücken am Westrand des Pfälzer Waldes geschleift. Beide hatten die Franzosen 1676/1679 und erneut 1702/1705 erobert; erstere wurde 1704 von Artilleristen aus Jülich zerstört und anschließend von den Einwohnern des Ortes abgerissen, damit sich die Franzosen hier nicht wieder festsetzen konnten, letztere mussten die Franzosen nach den Bestimmungen des Friedensvertrags 1714 selbst zerstören. Von beiden ist nur noch wenig Mauerwerk erhalten. Die Grevenburg auf einem steilen Felsen an strategisch wichtiger Lage an der mittleren Mosel und die Kyrburg oberhalb des Nahetals wurden beide im Jahre 1681 von den Truppen Ludwigs XIV. erobert und ihre Befestigungen in den nächsten Jahren von den Franzosen großzügig ausgebaut, dann aber nach dem Frieden von Rijswijk teilweise geschleift. Die Grevenburg nahmen die Franzosen im Spanischen Erbfolgekrieg abermals in Besitz, verstärkten sie durch neue Befestigungen und räumten sie bei Friedensschluss wieder. Im Polnischen Erbfolgekrieg eroberten die Franzosen beide Festungen noch einmal und sprengten sie dann 1734, als sie sich zurückziehen mussten. Der Amtmann der Kyrburg stellte verärgert fest, dass die Einwohner des unterhalb gelegenen Ortes Kirn sich auf den Straßen über die Zerstörung freuten - für sie bedeutete es die Hoffnung auf ein Ende der Belästigung durch militärische Auseinandersetzungen. Während die Ruinen der Kyrburg heute die Kulisse für Events bieten, ist von der Grevenburg fast nichts geblieben - der Doppelbogen, der den malerischen Vordergrund für den weiten Blick vom hohen Felsen über die Moselschleife bietet, ist eine Rekonstruktion der Zeit um 1900. Die letzte Anlage, die ein ähnliches Schicksal ereilte, war die Residenz der Grafen von Nassau im südhessischen Dillenburg. Auch hier war die mittelalterliche Burg im 16. und 17. Jahrhundert aufwendig zum befestigten Schloss ausgebaut worden. Als die Belagerung durch französische Truppen ihm im Siebenjährigen Krieg schwer zugesetzt hatte, ließ die nassauische Regierung 1768, fünf Jahre nach Kriegsende, die Festung aus Furcht vor dem Elend einer neuen Belagerung schleifen. Alle oberirdischen Teile wurden abgetragen und das Material verwendet, um in der Stadt neue Häuser zu bauen und um die unterirdischen Kasematten weitgehend zu verfüllen, die zu den größten dieser Zeit überhaupt zählten (letztere wurden seit 1930 teilweise wieder freigelegt).

Die Zerstörung von Burgen und Schlössern, die schleichend oder plötzlich ihre Aufgabe verloren hatten, war mit dem Ende des 18.Jahrhunderts noch nicht vorbei, ganz im Gegenteil: gerade die ersten vier Jahrzehnte des 19. Jahrhunderts erlebten eine neue Abrisswelle. Dafür gab es verschiedene Ursachen, die alle direkt oder indirekt mit der Französischen Revolution zusammenhingen.

Als die Truppen des revolutionären Frankreich 1792 im Westen Deutschlands einmarschierten, hatten die Burg-Festungen eigentlich alle ihren militärischen Wert bereits verloren, im Unterschied zu ganzen Festungsstädten. Rheinfels am Mittelrhein und Königstein im Taunus, beides Burgen, die man bis in die 1670er Jahre hinein militärisch modernisiert hatte, wurden von den Franzosen 1792/94 eingenommen und 1796 gesprengt; niemand kam auf die Idee, in ihnen danach etwas anderes als einen Steinbruch zu sehen. Nur die bis weit ins 18. Jahrhundert ausgebaute Festung Ehrenbreitstein gegenüber von Koblenz, von den Franzosen 1801 geschleift, wurde nach dem Krieg noch einmal aufgebaut. Auch die württembergischen Landesfestungen Hohenneuffen und Hohentwiel, beide auf mächtigen Felskuppen gelegen, fanden jetzt ihr Ende, ohne noch eine militärische Rolle zu spielen. Hohenneuffen, im Ausbauzustand des 16. Jahrhunderts stehen geblieben, wurde 1796 als veraltet aufgegeben und dann zum Abbruch freigegeben, Hohentwiel, immerhin noch bis 1735 weiter modernisiert, übergab der Kommandant im Mai 1800 kampflos an die Franzosen. Der Kommandant und seine Offiziere wurden kurz darauf wegen der Kapitulation vor ein Kriegsgericht gestellt und zum Tod durch Erschießen verurteilt, die Festung von den Franzosen im folgenden Jahr gründlich zerstört. Die Bevölkerung freute sich über das anfallende Baumaterial. Auch die bayerische Festung Rothenberg in der Fränkischen Alb, bis 1741 ausgebaut, spielte militärisch keine Rolle mehr, sondern diente nur noch als Gefängnis, sie galt als „bayrische Bastille“. Hier begann das Ausschlachten für Baumaterial 1839; das Kupferblech der Festung fand sich auf dem 1844 begonnenen Nürnberger Hauptbahnhof wieder.

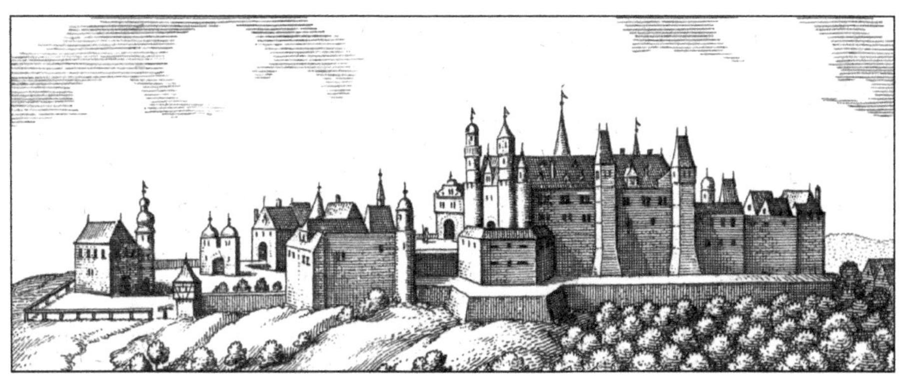

Der Sitz der Pfalzgrafen von Pfalz- Birkenfeld in Birkenfeld 1645.

Nachdem die Franzosen 1794 das gesamte deutsche Gebiet links des Rheins besetzt hatten, richteten sie dort eine französische Zivilverwaltung ein und annektierten das Gebiet vier Jahre später auch formal, womit die Herrschaftsgewalt der Reichsstände, die wohlweislich alle geflohen waren, faktisch endete. Während die Franzosen privaten Grundbesitz nicht antasteten, wurde der Besitz der Reichsstände sofort zu französischem Nationaleigentum erklärt. Sofern sie nicht schon während der Eroberung revolutionärem Zorn zum Opfer fielen, wie bereits geschildert, wurden die Residenzen der kleinen Reichsstände, die abseits der größeren Städte lagen, jetzt überflüssig. Die Franzosen versteigerten sie 1804 und 1807 (Burg Pyrmont 1810). Burg Birkenfeld, vor allem im 17. Jahrhundert Residenz der Pfalzgrafen von Pfalz-Birkenfeld und von diesen zum Schloss ausgebaut, ging an einen Pariser Kaufmann, das barocke Jagdschloss Herzogsfreude bei Bonn, das die Kölner Kurfürsten errichtet, aber noch nie betreten hatten, ersteigerte ein Bonner Dachdecker für 3500 Francs. Beide Schlösser wurden als Baustofflager ausgeschlachtet, so dass nach wenigen Jahren fast nichts mehr vorhanden war. Von den Residenzen der Wild- und Rheingrafen wurde Burg Grumbach schon 1798 fast gänzlich abgebrochen, die zum Barockschloss ausgebaute Höhenburg in Dhaun ergatterte ein französischer Unterpräfekt für 1200 Francs und begann ebenfalls gleich mit dem Abtragen brauchbarer Teile. Das dreiflügelige Barockschloss in Gaugrehweiler, für dessen Bau und Hofhaltung Rheingraf Karl Magnus sich so sehr überschuldet hatte, dass er von Kaiser Joseph II. zu zehn Jahren Gefängnis verurteilt worden war, erbrachte immerhin 15 000 Francs; außer der Pflasterung des Ehrenhofes ist auch hier kein Stein mehr sichtbar. Die Burgen Pyrmont und Olbrück, beide im Besitz der Grafen Waldbott von Bassenheim, wurden ebenfalls auf Abbruch versteigert, und die Barockresidenz der Fürsten von Nassau-Weilburg in

Kirchheimbolanden ersteigerte ein Textilfabrikant aus Mühlheim an der Ruhr, ließ zwei Drittel abreißen und machte den Rest zu seiner Privatwohnung. Die Residenz der Herzöge von Arenberg in der Eifel, von der Höhenburg zum Barockschloss ausgebaut, wurde 1803 für 3025 Francs versteigert. Hier jedoch ersteigerte der blinde Herzog Ludwig Engelbert, der vom Schloss mit seinem Namen nicht lassen mochte, es von Brüssel aus über einen Strohmann selbst zurück. Der Vertrauensmann des Herzogs, der in der Franzosenzeit auf dem einsamen Schloss alleine die Stellung halten sollte, konnte aber nicht verhindern, dass Leute aus der Umgebung nachts vor allem Dachblei und Holzteile entfernten und stahlen, das Schloss überhaupt verfiel. Resigniert verkaufte der Herzog schließlich 1813 an den Eisenhüttenbesitzer Poensgen die Erlaubnis, das Schloss weitgehend niederzulegen und als Baumaterial abzufahren; das große Eingangstor mit dem Arenberger Wappen durfte aber nicht angetastet werden. Als mit den französischen Niederlagen 1814 die Franzosenherrschaft endete, wurde der Abriss gestoppt. In den folgenden Jahren ließ der Herzog nicht wieder aufbauen, schlug aber ebenso gute Verkaufsangebote aus, so dass die Ruine immer mehr verfiel und von Wald überwuchert wurde.

Im Vergleich dazu kamen die großzügigen Barockresidenzen der geistlichen Fürsten, die alle in Städten mit zentralen Funktionen lagen, wesentlich besser durch die unruhigen Zeiten der Revolution und Napoleons. Durch die Expansion des revolutionären Frankreich wurden alle geistlichen Fürstentümer aufgehoben, linksrheinisch 1794 durch die Franzosen selbst, im ganzen übrigen Deutschland 1803 durch den Reichsdeputationshauptschluss des Reichstags. Damit verloren diese Residenzen ihre Aufgabe. Während der bis 1815 andauernden Kriegsjahre sahen sie sich dann oft als Lazarett, Lager, Kaserne und zu ähnlichen Zwecken gebraucht. Dabei war die prunkvolle Einrichtung bald ruiniert und verloren, aber immerhin blieben die Gebäude selbst erhalten. Für alle fanden sich bald nach dem Krieg neue Nachnutzungen; die Gebäude dienten beispielsweise als Universität (Bonn), Sitz des preußischen Oberpräsidenten bzw. der bayerischen Bezirksregierung (Koblenz, Münster und Augsburg), als Kaserne (Paderborn und Trier) oder Nebenresidenz des neuen Landesherrn (Bamberg und Bruchsal). Keines dieser Residenzschlösser war als Verlust zu verbuchen. Noch weniger gingen die Residenzen jener kleiner Reichsstände rechts des Rheins verloren, die 1806 in die größeren Staaten eingegliedert wurden; sie blieben unverändert die Wohnsitze dieser Adelsfamilien, nur jetzt mit privatem Charakter.

Anders sah es mit einer Reihe kleinerer Burgen und Schlössern vor allem in Süddeutschland aus, die im 18. Jahrhundert als regionale Amtssitze gedient hatten. Württemberg, Bayern und Baden erhielten 1803 und 1806 zahlreiche Kleinterritorien zugeschlagen, die sie verwaltungsmäßig integrieren mussten.

Die Verwaltungsebene der bisherigen sehr kleinteiligen Ämter wurde daher völlig neu organisiert und durch eine geringere Zahl neugeschnittener Bezirksämter/Oberämter/Landgerichte ersetzt. Dabei wurden eine Reihe der alten Amtssitze überflüssig, und für manche fand sich keine neue Verwendung, so dass man sie in den nächsten Jahren auf Abbruch verkaufe. Dieses Schicksal traf beispielsweise in Württemberg Burg Schomburg bei Wangen und die Schlösser Ochsenburg und Justingen, in Bayern Burg Neudeck bei Birnbach, Schloss Helfenberg in der Oberpfalz, das einst der bayerische Feldherr Tilly zu einem Barockschloss umgebaut hatte, und Schloss Reichenberg bei Pfarrkirchen sowie auch in Baden die Burgfestung Dilsberg. Es waren allesamt ursprünglich Burgen in traditioneller Höhenlage, die im Laufe der Jahrhunderte mehr oder minder umgebaut worden waren und jetzt ganz oder weitgehend abgebrochen wurden.

Überhaupt wehte seit der Französischen Revolution ein anderer Zeitgeist, der die Traditionsverhaftheit des Ancien Régime verachtete, der alte Feudalrechte abschnitt und überhaupt Veraltetes aufräumen und beseitigen wollte. Stattdessen orientierte er sich daran, was nützlich war, besonders was sich ökonomisch rechnete. Wie weit das ging, zeigte sich an der Burg Württemberg auf dem Rotenberg bei Stuttgart, eine kleinere Anlage, die aber als im Jahre 1083 gegründete Stammburg der Herzöge, dann Könige von Württemberg galt. Sie hatte also einen dynastischen Gemütswert, aber keinen praktischen Nutzen mehr, wenn man davon absieht, dass von dort eine Feuerwache in die Runde blickte. 1819 ordnete König Wilhelm an, die Burg restlos abzubrechen und an ihrer Stelle eine Grabkapelle für seine kürzlich jung verstorbene Gemahlin Katharina zu errichten.

Vor allem traf der veränderte Zeitgeist Burgruinen, die man jetzt vielfach nur noch als störenden alten Plunder ansah, nützlich nur noch als Baustoffquelle. Daran waren Regierungen aus allen Ecken Deutschlands beteiligt. Beispielsweise gab Preußen 1825 die Burg im westfälischen Werl und die Sachsenburg an der Thüringer Pforte zum Abtragen frei, versteigerte 1835 die pfälzische Burg Lichtenberg auf Abbruch und ließ auch die Wasserburg in Wittstock an der Dosse, einst Sitz der Bischöfe von Havelberg, abreißen. Das Großherzogtum Berg verkaufte 1812 Burg Beilstein auf Abbruch, im Jahr 1839 ließen Kurhessen die Amöneburg und Nassau Burg Tringenstein niederreißen. Bayern ordnete 1812 den Abriss der oberpfälzischen Burg Hohenfels und 1816 von Burg Rothenfels im Allgäu an, Württemberg verkaufte 1820 Burg Konzenberg auf Abbruch, der endgültig 1838 erfolgte, und der Großherzog von Baden stimmte 1829 der Beseitigung von Burg Schiltach zu, nachdem die Domänenverwaltung die zusammenstürzende Anlage als Sicherheitsrisiko eingestuft hatte.

Vereinzelt fielen auch Schlösser der Renaissance oder des Barock, für die sich keine angemessene Nutzung mehr fand, dem Abriss zum Opfer. Von zwei recht bemerkenswerten Barockschlössern ist heute nicht mehr die geringste Spur vorhanden. Das eine war Schloss Philippsburg, das der Trierer Kurfürst Philipp Christoph von Sötern sich 1626-32 als neue Residenz am Rheinufer gegenüber von Koblenz errichten ließ, als ihm seine bisherige Residenz in Trier mit Blick auf das expansive Frankreich zu unsicher geworden war. Es verband die neue Idee des Ehrenhofes, der in der Mitte lag und sich zum Rhein hin öffnete, mit dem bisherigen Konzept des geschlossenen Vierflügelbaus, das rechts und links davon umgesetzt wurde. Bis ins späte 18. Jahrhundert wurde die prunkvolle Innenausstattung weiter ergänzt. Der dreigeschossige Bau gehörte zu den großen deutschen Fürstenresidenzen des Absolutismus; erhalten sind aber nur die im 18. Jahrhundert ergänzend hinzu gebauten Verwaltungsgebäude. Vielleicht war der Prachtbau etwas zu schnell hochgezogen worden auf Kosten der Solidität, offenbar fürchtete Kurfürst Clemens Wenzeslaus eine Gefährdung durch Felsstürze von dem steil hinter dem Schloss aufragenden Massiv, auf dem die Festung Ehrenbreitstein lagerte, und hatte wohl auch höhere Ansprüche an Wohnlichkeit, als sie ein im Frühbarock konzipiertes Haus zu bieten vermochte. Jedenfalls zog er 1778 aus und begann auf der anderen Rheinseite in Koblenz eine neue Residenz zu bauen. Die Räume von Schloss

Schloss Philippsburg gegenüber Koblenz

Philippsburg wurden in den nächsten Jahren teilweise an Fabrikbesitzer vermietet, teilweise standen sie leer, insgesamt verfiel die Anlage zusehends. Als die Truppen des revolutionären Frankreich die Festung Ehrenbreitstein monatelang belagerten, eroberten und 1801 sprengten, stürzten reichlich umherfliegende Trümmerteile auf das darunterliegende Schloss Philippsburg. Es wurde im selben Jahr abgebrochen. Völlig aus dem Rahmen fiel Schloss Salzdahlum, das die Wolfenbüttler Linie der welfischen Herzöge sich von 1688 an nach französischen und italienischen Vorbildern als Sommerresidenz errichten ließ, um hinsichtlich fürstlicher Repräsentation mit der hannoverschen Linie und anderen Standesgenossen mithalten zu können. Leider reichten die Finanzen nicht, so dass es nur als Fachwerkbau errichtet wurde, aber verputzt und so bemalt, dass es soliden Stein vortäuschte. Wahrscheinlich war es in Deutschland der größte Fachwerkbau seiner Zeit, denn Fachwerk war zwar für Bürgerhäuser und Wirtschaftsbauten verbreitet, galt aber für Schlösser als nicht standesgemäß. Immerhin besaß es einen weitläufigen Barockgarten, Opernhaus und Räume für Festlichkeiten und auch Säle zur Präsentation der herzoglichen Gemäldegalerie. Durch dieses Streben, mehr zu scheinen als er sich leisten konnte, hinterließ sein Erbauer nicht nur ein ganz ungewöhnliches Gebäude, sondern auch eine Million Taler Schulden. Seine Nachfolger konnten den Unterhalt bald erst recht nicht mehr aufbringen, und die Leichtbauweise hatte dem Zahn der Zeit weniger entgegenzusetzen als steinerne Massivbauten. Als die ganze Region nach dem Einmarsch der Franzosen in Jérômes Königreich Westfalen aufging, ordnete dieser 1811 an, die verwilderten Anlage abzuräumen, nachdem Versuche sie zu verkaufen gescheitert waren.

In den Jahren um 1840 herum endete diese Abrisswelle. Die neue Wertschätzung von Bauwerken aus dem Mittelalter, zumindest soweit man romantisches Ruinenflair an ihnen finden konnte, hatte im Laufe der 30er Jahre die Obrigkeiten allgemein erreicht. Ebenso trugen dazu auch verschiedenste Privatinitiativen bei. Eine der bemerkenswertesten Figuren dabei war Friedrich Gustav Habel, ein Konservativer „vom alten Schrot und Korn und grundehrlicher Überzeugungstreue“ sowie Gegner „neumodischer Theorien“, wie Wilhelm Heinrich Riehl 1848 schrieb[80], er hatte reich geerbt und konnte sich ganz seinem Interesse an Altertumsdingen widmen. Er startete nicht nur Ausgrabungen römischer Kastelle, sondern kaufte auch mehrere Burgruinen, um sie vor weiterer Zerstörung zu bewahren: 1832 Eppstein im Taunus, 1833 Gutenfels am Rhein, 1834 Burg Maus und 1836 Burg Reichenberg. Wo die Ausschlachtung von Burgruinen als Steinbruch sich über einen längeren Zeitraum hinzog, wurde er in dieser Zeit gestoppt; je nach Stand der Dinge blieben so größere oder kleinere Reste erhalten. Als die ehemals pfälzische Amtsburg Boxberg, die seit der Verlegung des Amtssitzes in die Stadt im Tal im Jahre 1748 verfallen war,

1854 an einen Maurermeister verkauft und von diesem als Steinbruch verwertet wurde, war sie vielleicht die letzte deutlich burgartig aussehende Anlage, der dieses Schicksal wiederfuhr. In den nächsten Jahrzehnten fielen sehr vereinzelt einige kleinere Schlösser des 17./18. Jahrhunderts dem Abriss zum Opfer, weil sie ohne hinreichende Verwendung durch unzureichenden Bauunterhalt baufällig geworden waren oder weil ihre Besitzer sich wirtschaftlich nicht mehr halten konnten. Dieses waren aber Barockbauten, die damals grundsätzlich noch nicht wieder zu Ehren gekommen und meist eher unscheinbar waren.

Noch in den 1890er Jahren erfuhren zwei Anlagen, die beide auf eine um 1300 herum gegründete Wasserburg in Stadtrandlage zurückgingen, eine Diskussion über ihren Abbruch, und zwar mit völlig verschiedenem Ergebnis. Das Alte Schloss in Gießen war bis ins 19. Jahrhundert u. a. als Residenz der Landgrafen von Hessen, Witwensitz oder Sitz des Hofgerichts genutzt worden. Die im Kern mittelalterliche Gebäudegruppe um einen engen Burghof war dabei im Laufe der Jahrhunderte baulich stark verändert worden, trotzdem im Ganzen kleinteilig und „malerisch“ geblieben, aber schließlich auch vernachlässigt. Die Abrisspläne von 1891 wurden nicht umgesetzt, stattdessen überformte man ab 1903 die Gebäude im historistischen Neurenaissancestil, wonach das Oberhessische Museum dort einzog. Ganz anders in Leipzig. Am Stadtrand war die Pleißenburg 1551 als Renaissancezitadelle neu errichtet worden. Nachdem ihr Festungsstatus 1763 aufgehoben worden war, wurden dort u. a. Kunstakademie, Chemielabor und Baugewerkschule untergebracht. Auf den Turm kam 1794 die Sternwarte, und schließlich diente das Ganze seit 1830 als Kaserne, für die man entsprechende Ergänzungsbauten anlegte. 1895 kaufte die Stadt Leipzig das Grundstück, beseitigte die gesamte Bebauung vollständig und errichtete auf dem Areal ab 1908 das monumentale Neue Rathaus. Es kam also offenbar nicht einfach auf den Altertumswert an, sondern in erheblichem Maße auf das malerische Erscheinungsbild, das man sich in Gießen nun erst recht schön baute, während die Pleißenburg anscheinend zu militärisch und modern wirkte, um romantische Sympathien einzufangen.

Der Denkmalwert alter Burgen und Schlösser war seitdem eigentlich unbestritten. Gewisse Gefährdungen für ihren Bestand gab es seitdem trotzdem. In den Jahrzehnten nach dem Zweiten Weltkrieg zog in der Bundesrepublik eine latente Bedrohung für die zahlreichen kleineren Schlösser, Burgschlösser und Herrenhäuser in Privatbesitz herauf, weil ihre Funktion als ländlicher Wohnsitz zunehmend erschüttert wurde. Da die Löhne für Dienstpersonal und Bauhandwerkerleistungen viel stärker anstiegen als die Einkünfte aus Land- und Forstwirtschaft, wurde es für viele Privateigentümer immer schwieriger, den laufenden Gebäudeunterhalt dieser großen Uraltimmobilien zu finanzieren; bei immer mehr reichten die eigenen Vermögenseinkünfte dafür nicht mehr aus.

Oft versuchten Eigentümer dieses Defizit auszugleichen, indem sie ihre Wohnsitze partiell für Touristen öffneten und für Events vermieteten, in steigender Zahl sahen sie sich auch gezwungen, ihre Wohnsitze aufzugeben und an Hotelbetreiber, Firmen mit Interesse an einer Tagungsstätte und ähnlichen Nutzungen zu verkaufen - sofern sich denn überhaupt welche fanden. Allerdings kam es nur in Ausnahmefällen zu einem Abriss wie im Falle von Schloss Monrepos bei Altwied. Dieses fackelten die Fürsten von Wied 1969 ab, genauer gesagt ließen sie es mit 400 Litern Benzin und Öl durch die örtliche Feuerwehr abfackeln, die das seltene Ereignis für eine Großübung nutzte. Das Barockschloss Monrepos hatte bis 1918 als Sommersitz der fürstlichen Familie gedient und war danach nur noch selten genutzt worden. In den 1960er Jahren fehlte nicht nur den Fürsten das Geld, um den Reparaturstau zu bewältigen, sondern für den breitgelagerten weißen Bau fehlte auch die kunsthistorische Wertschätzung, da das äußere Erscheinungsbild 1844/45 durch erhebliche Umbauten historistisch überformt worden war.

In der DDR erging es den Schlössern und Herrenhäusern, welche die Bodenreform überstanden hatten, nicht besser, im Gegenteil. Wo anstatt der früheren Gutsbesitzerfamilien Kitas, Altenheime, Krankenhäuser, LPG-Verwaltungen usw. eingezogen waren oder mehrere Landarbeiterfamilien das große Gebäude in Kleinwohnungen aufgeteilt hatten, war zwar grundsätzlich der Erhalt der Gebäude gesichert, aber die neuen Nutzungsanforderungen brachten entstellende Ein- und Umbauten, überhaupt einen ziemlichen Verschleiß mit sich. Hinzu kamen Materialknappheit, Mangel an Handwerksbetrieben und fehlendes Verantwortungsgefühl in der kommunistischen Zentralverwaltungswirtschaft, was oft zu einer fortschreitenden Verschlechterung des Bauzustands führte, erst recht, wenn man eine Nutzung aufgab. So wurden die Landwirtschaftlichen Produktionsgenossenschaften im Laufe der Zeit zu größeren Betriebseinheiten zusammengelegt und dann teilweise die heruntergewirtschafteten ehemaligen Herrenhäuser und Gutsscheunen aufgegeben und dem Verfall überlassen. Auch im Laufe der vier Jahrzehnte DDR wurden also wiederholt ländliche Schlösser und Herrenhäuser abgerissen. Für die Zeit von 1950 bis 1990 schätzt man für Brandenburg 39 Verluste, für Sachsen 80 Objekte. Nach dem Ende der DDR 1990 kamen dann unerwartet ganz neue Gefährdungen auf die alten Gebäude zu. Zahlreiche DDR-typische Nutzungen zogen aus: Die LPGs wurden aufgelöst, Krankenhäuser und Altenheime konnten die gestiegenen Ansprüche dort nicht mehr verwirklichen, kommunale Kulturhäuser wurden aufgegeben. Innerhalb weniger Jahre stand ein sehr großer Teil der ländlichen Schlösser und Herrenhäuser in den neuen Bundesländern ungenutzt leer und sah sich dem Verfall und der illegalen Ausplünderung überlassen. Neue Nachnutzungen ließen sich nicht so leicht finden - der Sanierungsaufwand war meist hoch, die zuständigen Verwaltungen waren mit der Fülle der über sie hereinbrechenden Aufgaben überfordert, und der Streit um Rückgabeansprüche enteigneter Alteigentümer sorgte an manchen Orten zunächst für zusätzliche Blockaden. Die ursprüngliche Konstellation, in der die Einnahmen aus einem umfangreichen Großgrundbesitz die Unterhaltskosten für den Adelssitz trugen, der in seinem Mittelpunkt lag, war 1945 durch die Bodenreform zerstört worden; zu ihr gab es kein Zurück. Trotzdem wurde im Laufe der nächsten Jahre der größere Teil dieser historischen Bauwerke privatisiert. Das konnte die Rettung durch einen engagierten und historisch interessierten Investor bedeuten, und es konnte in den Händen eines Spekulanten, der es nur auf den Grundbesitz und staatliche Zuschüsse abgesehen hatte, den endgültigen Ruin zur Folge haben. Eine Bilanz, wie viel vom Bestand an historischen Herrensitzen durch diese Umbruchphase letztlich verlorenging, ist noch nicht gezogen.

Von der Stadtbefestigung zur offenen Stadt

Im späten Mittelalter und in der frühen Neuzeit war es für eine Stadt normal, von Befestigungsanlagen umgürtet zu sein, es war geradezu das augenfälligste Merkmal, welches sie von Dörfern unterschied. Jedenfalls galt das für Deutschland angesichts seiner staatlichen Zersplitterung, während im absolutistischen Frankreich die Städte im Regelfall offen waren, nachdem man Anfang des 17. Jahrhunderts Hunderte von Stadtmauern beseitigt hatte, ebenso in England, das auf das Meer als Sicherheitswall vertrauen konnte. Der Kameralwissenschaftler Johann Heinrich Gottlob Justi schrieb noch 1758: „Die Verwahrung [= Befestigung] ist das wesentliche Kennzeichen einer Stadt, ohne welche man keinen Ort eine Stadt nennen kann, wenn er auch noch so groß und schön gebauet seyn sollte."[81] Heute ist nur noch in wenigen, meist kleineren Städten etwas davon zu sehen, und wenn überhaupt, dann sind es auch nur Fragmente. Wo sind diese Befestigungsanlagen geblieben?

Hier muss man sich zunächst einmal grundlegende politische Rahmenbedingungen bewusst machen. Solange es die spätmittelterlichen Kleinkriege des Fehdewesens gab, folgte eine Stadtbefestigung aus dem Selbsterhaltungstrieb einer jeden Stadt, sie war Angelegenheit der sich selbst verwaltenden Stadtgemeinde. Im 16. Jahrhundert endete das Fehdewesen; Befestigungen, die für größere Kriege militärisch Sinn gaben, waren seit dem 17. Jahrhundert, von einigen wenigen großen Stadtstaaten abgesehen, Sache der Fürsten, nicht mehr der einzelnen Städte. Die Fürstenstaaten waren die frühe Neuzeit hindurch undemokratische Machtstaaten, die sich in der Machtkonkurrenz zu anderen Staaten sahen, hierbei ihre Position verbessern wollten oder auch bedroht fühlten. Im Grunde galt das auch für das Deutsche Reich bis zum Ersten Weltkrieg hin. Dadurch hatten militärische Belange eine hohe Priorität. Für die Städte bedeutete das konkret: Solange die führenden Militärs die Staatsführung, also im Regelfall den Monarchen, davon überzeugten, dass die Befestigungsanlagen einer Stadt militärisch erforderlich waren, blieben diese erhalten, egal was die Bürger dazu meinten, ob sie ihnen erwünscht oder unbequem und zu gefährlich waren. Erst wenn die Befestigungen militärtechnisch nicht mehr sinnvoll erschienen, stellte sich die Frage, ob und wieweit sie beseitigt werden sollten, sofern nicht der Zwang eines überlegenen politischen Konkurrenten für die Zerstörung sorgte.

Nun gab es über vier Jahrhunderte hin militärtechnisch ein Wettrüsten zwischen steigender Angriffskraft und daraufhin verstärktem Befestigungsaufwand. Dabei reduzierte sich mit den stark steigenden Befestigungskosten die Zahl der Orte, für die man sich diese leisten konnte, immer drastischer. Dieser Konzentrationsprozess wurde verstärkt durch strategische Überlegungen und politische Zwänge. Die wehrtechnische Eskalation stellte sich im Einzelnen folgendermaßen dar. Gegen Sturmleitern, Rammböcke und Steinschleudern halfen im Mittelalter steinerne Stadtmauern mit verstärkten Tortürmen. Zur Abwehr von Belagerungsgeschützen kamen ab 1500 Geschütztürme und halbrunde Rondelle mit Kanonen hinzu, und angesichts der steigenden Artilleriekraft baute man seit Ende des 16. Jahrhunderts dicke Erdwälle mit fünfeckigen Bastionen, von denen aus Geschütze das Vorfeld bestreichen konnten. Ende des 17. Jahrhunderts gab es im römisch-deutschen Reich etwa 90 nach aktuellem Stand befestigte Städte, rund 90 weitere gut befestigte, deren Befestigungen eher dem Niveau des späten 16. Jahrhunderts entsprachen, und schätzungsweise 1000 Städte, die auf dem Stand mittelalterlicher Stadtmauern geblieben waren. Mit dem Wachsen der Heeresstärken entstand die Vorstellung, dass Festungen sich nur halten könnten, wenn sie eine größere Zahl an Soldaten aufnehmen. Dementsprechend war das Konzept des befestigten Schlosses nach dem Dreißigjährigen Krieg überholt, und als starke Festungen konnten nur noch ganze Festungsstädte gelten. Sie dienten weniger zum Schutz ihrer Bürger, sondern als strategische Punkte für den Staat im Ganzen (von den vier großen Stadtstaaten abgesehen). Mit dem weiteren Anstieg des Umfangs von Truppen und Artillerie wuchsen auch hier die Ansprüche im Laufe des 18. Jahrhunderts immer weiter. Einige wenige Festungen wurden auch noch nach den napoleonischen Kriegen nach neuen Konzepten deutlich weiter ausgebaut, vor allem in den 1840er und 50er Jahren, und zwar die Bundesfestungen Mainz, Ulm und Rastatt, in Bayern Ingolstadt und Germersheim und in Preußen Koblenz, Köln, Minden, Torgau, Magdeburg, Königsberg und Posen. Daneben blieben noch einige ältere Festungen als zweitklassige Anlagen weiter in Betrieb. Doch um 1860 machten die

Angriffswaffen einen neuen Technologiesprung, als Hinterlader mit gezogenem Lauf und Langgranaten aufkamen anstelle von Vorderladern mit Vollkugeln, wodurch sich Reichweite und Treffgenauigkeit deutlich erhöhten. Daraufhin erhielten in den 1870er und 80er Jahren Königsberg und Posen im Osten, Magdeburg und Ingolstadt sowie im Westen Köln, Straßburg und Metz einen zusätzlichen Ring von Außenforts, welcher der befestigten Stadt um mehrere Kilometer vorgelagert war. Doch auch dieser wurde schon um 1890 stark entwertet, als Brisanzgranaten eingeführt wurden, die wesentlich zerstörerischer waren. Für Köln und Mainz begann man daraufhin ab 1905 mit dem Bau eines noch weiter außen liegenden Rings von Stellungen in Betonbunkern. Der Erste Weltkrieg setzte dann einen Schlusspunkt hinter den Bau von befestigten Städten.

Erkunden wir zunächst, wie man im Laufe des 18. und 19. Jahrhunderts mit jenen Bastionsbefestigungen umging, die jeweils bis kurz zuvor noch als militärisch relevant gegolten hatten, und wenden uns anschließend dem Verbleib der mittelalterlichen Stadtmauern zu, die militärisch schon lange überholt waren.

Nachdem man im Laufe des 17. Jahrhunderts Unsummen ausgegeben hatte, um zahlreiche Städte mit dicken Erdwällen und Bastionen zu befestigen, setzte im Laufe des 18. Jahrhunderts eine rückläufige Entwicklung ein, zunächst zaghaft, dann forciert durch die Erfahrungen des Siebenjährigen Kriegs. Die ersten wichtigen Städte, die dauerhaft ihre Befestigung mit Bastionen verloren, waren Bonn und Wismar. Dem Kölner Kurfürsten, im Spanischen Erbfolgekrieg ein Bündnispartner Frankreichs, hatten die Preußen 1704 die Befestigungen Rheinbergs niedergelegt, und im Frieden von Utrecht 1713 wurde ihm auf niederländischen Druck auferlegt, die Befestigungsanlagen Bonns zu beseitigen, was in den folgenden Jahren teilweise auch geschah, vollständig erst in den 1820er Jahren. Wismar war von den Schweden als ihr Hauptstützpunkt in Norddeutschland zu einer Festung von europäischer Bedeutung ausgebaut worden, die 18 Bastionen und fast 700 Kanonen aufwies. Im Nordischen Krieg eroberten dänisch-preußische Truppen die Festung, schleiften die Festungsanlagen 1717/18 und gaben die Stadt nur gegen die vertragliche Zusicherung zurück, dass sie nicht erneut befestigt würde. Ebenfalls im Nordischen Krieg ließ der dänische König 1714 die holstein-gottorfische Festungsstadt Tönning an der Eider entfestigen, die er dann behielt, und die Schweden gaben mit den Ende des Nordischen Kriegs Greifswald als Festung auf. In Freiburg im Breisgau, das Ludwig XIV. zu einer der stärksten deutschen Festungen ausgebaut hatte, zerstörten die Franzosen diese gründlichst, bevor sie die Stadt 1745 an Österreich zurückgaben. Niemand hatte ein Interesse, sie wieder aufzubauen, die dreimal von den Franzosen massiv belagerten und eroberten Freiburger Bürger am wenigsten. Nicht militärstrategisch, sondern ganz zivil motiviert war hingegen in den 1740er Jahren der Einstieg in den Prozess der Entfestigung von Berlin, Hannover und Leipzig. Die Einwohnerzahl von Brandenburg-Preußens Hauptstadt Berlins wuchs 1648 bis 1750 von 6000 auf 113 000 Menschen an. Als die Stadt nach Westen erheblich erweitert wurde, indem man ab 1674 die Dorotheenstadt und ab 1691 die Friedrichstadt anlegte, konnten diese neuen Stadtteile nicht mit den älteren Stadtteilen zusammenwachsen, solange ein breiter Festungsgürtel dazwischen lag. So wurde dieser ab etwa 1740 schrittweise wieder eingeebnet. Die Anlage der Ägidienneustadt in Hannover war mehr von der Hoffnung auf Zuzug neuer Bürger getragen; im Bereich des Ägidientores rasierte man dafür seit 1748 den Wall und schüttete den Graben auf. In der Handels- und Messestadt Leipzig blieb zwar der Wall im engeren Sinne noch unangetastet, aber ab 1702 legte man die Gräben davor trocken, schuf dort Promenaden zum Spazierengehen und bepflanzte die Außenseite des Walls mit Obstbäumen, Linden und Buchen, ganz abgesehen von der Bebauung des Glacis mit Vorstädten. Das bedeutete eine schleichende Entmilitarisierung der Festungsanlagen, zu denen notwendig ein freies Schussfeld gehörte. In anderer Weise blieben in Dresden Wall und Bastion zwar an der Außenseite unangetastet, wurden aber durch die Erweiterung des Schlossbezirks um ein repräsentatives Event- und Vergnügungsareal (den sogenannten Zwinger), Hofkirche und Schlossplatz seit 1716 gewissermaßen von der Innenseite her angeknabbert, um dafür Platz zu schaffen.

Der bis 1763 andauernde Siebenjährige Krieg brachte dann böse Überraschungen. Angesichts der gestiegenen Truppenstärken ließen sich schwächere Festungsstädte nicht halten. Überdies stellten kleinere Reichsstände fest, dass ihre Festungsstädte ohne ein nennenswertes stehendes Heer, das die mächtigen Fürsten sich Ende des 17. Jahrhunderts zugelegt hatten, weitgehend militärisch wertlos waren, vielmehr den Kugelhagel der feindlichen Truppen auf sich zogen und den Einwohnern nur Elend brachten. Vor dem Hintergrund dieser Erfahrungen räumte der preußische König Friedrich II. nach Kriegsende auf. Nachdem er Anklam und Demmin in Vorpommern entfestigt hatte (1761/62 bzw. ab 1763), ließ er 1763/64 in den preußischen Westgebieten die Bastionärbefestigungen von Geldern, Moers, Hamm, Lippstadt und Minden beseitigen, ebenso ab 1767 von Peitz in der Lausitz und nach der Ersten polnischen Teilung 1772 auch von Elbing. Die übrigen preußischen Festungen blieben bestehen. Auch verschiedene andere Fürsten reagierten. Um keine neue Verwüstung seiner Residenzstadt zu erleben, ließ der Fürstbischof von Münster die zerstörten Befestigungen Münsters ab 1764 zügig abtragen und errichtete sich auf dem Platz der abgeräumten Zitadelle ein offenes Barockschloss. Ebenso schleifte der Landgraf von Hessen 1769-79 die zerstörten Festungsanlagen Kassels und nutzte das freiwerdende Gelände, um seine Residenzstadt im Sinne der Aufklärung moderner und schöner auszubauen, unter anderem mit dem ersten öffentlichen Museum in Deutschland. Der dänische König gab 1765 Befehl, die Befestigungsanlagen seines abgelegenen Außenpostens Oldenburg (i. O.) zu beseitigen. Der Kurfürst von Hannover ließ es langsamer angehen; zwar fiel gleich mit Kriegsende die Entscheidung, die Befestigungen von Hannover, Göttingen und Celle zu schleifen, die Arbeiten kamen aber nicht zuletzt wegen der hohen Kosten erst nach 1780 richtig in Gang und zogen sich dann bis in die 1820er Jahre hin. Dabei entsprach es ganz dem Wunsche des aufgeklärten Bürgertums, der Stadt „die fürchterliche Gestalt einer Festung zu nehmen und die Festungswerke in andere den Musen mehr anstehende Verschönerungen zu verwandeln", wie der Göttinger Professor Pütter 1765 schrieb.[82] Auch im benachbarten Herzogtum Braunschweig-Wolfenbüttel wurde die „Walldemolierung" der Residenzstadt Braunschweig zwar schon 1769 beschlossen, wirklich entschieden aber erst ab 1803 angegangen. Für die beiden größten Städten Kursachsens entschied der Kurfürst bereits 1763, die Befestigungsanlagen zu schleifen, aber so schnell ging es auch hier nicht. In Leipzig legte man die Wallanlagen von 1784 an schrittweise nieder. In Dresden forcierte der Premierminister Graf Brühl die Pläne sogar schon vor Kriegsende. Er war dafür berüchtigt, dass er die Gunst seines Monarchen ausnutzte, um sich die eigenen Taschen zu füllen und einen verschwenderischen Lebensstil zu leisten. So auch hier: Brühl hatte sich fast ein Viertel des Festungsgeländes schenken lassen, das bei einer Entfestigung zu wertvollem Bauland geworden wäre. Der Tod Brühls und seines Monarchen noch im Jahre 1763 verhinderten dann aber die Ausführung; sie wurde erst 1809 auf Drängen Napoleons ernsthaft in Angriff genommen. In Bayern wurden nur die Befestigungsanlagen von Regensburg seit 1779 demoliert. Die Festungswälle Münchens verwandelten sich zwar in blühende Obst- und Gemüsegärten, doch erst 1791 schlug der Kurfürst unter dem Einfluss aufgeklärter Berater mit dem Umbau des Neuhauser Tores die erste Lücke in die Befestigung. Dass dies den Einstieg in die Entfestigung bedeuten sollte, wagte er angesichts der Widerstände der Münchener Eliten bis 1796 aber nicht öffentlich zuzugeben. Erst unter dem Eindruck der militärischen Erfolge Frankreichs konnte die Entfestigung Münchens ab 1800 gezielt umgesetzt werden.

Überhaupt traten dann die Kriege Napoleons eine neue Entfestigungswelle deutscher Städte los. Zum Teil waren sie vom Sieger diktiert. Nachdem die Franzosen 1794 das Rheinland besetzt hatten, klärte der Frieden von Lunéville die Verhältnisse: Das linksrheinische Gebiet wurde Teil Frankreichs, das dafür die rechtsrheinisch besetzten befestigten Städte räumte, die dann im Zustand zum Zeitpunkt der Räumung bleiben sollten. Vor der Räumung wurden auf Anordnung Napoleons die Befestigungen der Städte Kehl (gegenüber von

Straßburg), Philippsburg (nahe Speyer) und Düsseldorf gesprengt (ferner, wie schon erwähnt, die Festung Ehrenbreitstein gegenüber Koblenz). Aus deutscher Sicht waren diese, an strategisch wichtigen Rheinübergängen gelegen, Bollwerke gegen französische Einfälle gewesen. Für die Befestigungen Düsseldorfs und Philippsburgs bedeutete es das endgültige Aus. In Philippsburg, das schon in den Kriegen Ludwigs XIV. heftig umkämpft und dementsprechend stark als Befestigung ausgebaut worden war, erinnert nichts mehr an das Residenzschloss der Bischöfe von Speyer und die Bollwerke um die kleine Stadt. Kehl befestigte die Franzosen seit 1808 neu, hier brachte dann der Frieden von 1814 die definitive Entfestigung, und zwar nachdem die Stadt in den gut eineinhalb Jahrhunderten zuvor vierzehnmal den Besitzer gewechselt hatte und die Befestigungen dabei fünfmal zerstört und ebenso oft wieder hergestellt worden waren. Ein neuer Schub erfolgte, als Preußen beim Einmarsch der französischen Truppen 1806 militärisch rasch zusammenbrach. In den daraufhin besetzten Gebieten ließ Napoleon 1806-08 eine Reihe weiterer Stadtbefestigungen schleifen: in Kurhessen, das vergeblich versucht hatte, neutral zu bleiben, Hanau und die völlig veraltete Befestigung von Ziegenhain, an der Weser die eher kleinen Festungen Hameln, Rinteln und Nienburg sowie in Schlesien Breslau und Brieg. Vom siegreichen Gegner auferlegt war auch die Schleifung der Bastionen des dänischen Glückstadt an der Elbe im Jahr 1814, da Dänemark als Parteigänger Napoleons am Ende auf der falschen Seite stand.

Der Eindruck der französischen Siege gab darüber hinaus Impulse, Entfestigungen von deutscher Seite selbst in Angriff zu nehmen. Es war wohl auch den militärischen Vorstößen der französischen Truppen weit über den Rhein hinaus zuzuschreiben, wenn ab 1798 im württembergischen Schorndorf und im braunschweigischen Wolfenbüttel sowie ab 1805 auch in Gießen (zu Hessen-Darmstadt) die Befestigungen demoliert wurden. Für Mannheim, das als kurpfälzische Residenz stark befestigt worden war, ordnete der Kurfürst ebenfalls 1798 die Schleifung an; umgesetzt wurde dies dann in den nächsten Jahren unter französischer Besatzung. Die Frage, ob man die eigenen Stadtbefestigungen nicht besser selbst beseitigen sollte, stellte sich vor allem für die vier großen Reichsstädte, die auch noch nach 1803 weiter existierten und zugleich durch Bastionsbefestigungen geschützt waren, nämlich Frankfurt am Main, Bremen, Hamburg und Lübeck. Gerade diese großen Städte besaßen bedeutende und aufwendig ausgebaute Wallanlagen. Sie mussten sich aber eingestehen, dass im Unterschied zum über eineinhalb Jahrhunderte zurückliegenden Dreißigjährigen Krieg ihre Bürgermilizen jetzt zur Verteidigung nicht mehr geeignet waren, jedenfalls nicht gegen die Armee des französischen Kaisers. Teilweise waren die Wälle nach der längeren Friedenszeit auch nicht mehr im besten Zustand; auf Frankfurts Wällen wuchsen Obst- und Maulbeerbäume, und in Bremen hatte man Windmühlen darauf gesetzt. In Frankfurt, das 1792 und 1796 dreimal von fremden Truppen besetzt wurde, begann der Senat 1802 Planungen, wie sich eine Demolierung der Festungsanlagen organisieren ließe. Dabei schreckten aber die hohen Kosten ab, die Diskussion zog sich über 20 Monate hin, und das Werk begann dann mit täglich gerade einmal 50-60 Arbeitern. Erst als Frankfurt 1806 seine Selbständigkeit verlor und dem Territorium des Fürstprimas Dalberg zugeschlagen wurde, ging die neue Regierung mit Energie an die Sache und konnte sie 1812 im Wesentlichen abschließen, wobei man sogar die Kosten durch die Grundstücksverkäufe wieder hereinbekam. Hocherfreut schrieb Goethes Mutter 1808 an ihren Sohn: „Die alten Wälle sind abgetragen die alten Thore eingerißen und die gantze Stadt ein Parck man glaubt es sey Feerrey - man weiß gar nicht mehr wie es sonst aus gesehen hat - unsere alten Perücken hätten so was biß an Jüngsten Tag nicht zu wegen gebracht - bey dem kleinsten Sonnenblick sind die Menschen ohne Zahl vor den Thoren Christen - Juden - pele mele alles durcheinander in der schönsten Ordnung es ist der rührenste Anblick den man mit Augen sehen kan.“[83] Die drei großen Hansestädte gingen entschlossener vor. Hamburg führte die wesentliche Entfestigung in den Jahren 1804-10 durch und betrachtete sie nebenbei als Arbeitsbeschaffungsmaßnahme, was angesichts der negativen Auswirkungen des britisch-französischen Wirtschaftskriegs für den Hamburger Handel durchaus erwünscht war. Hier finanzierte der Senat die Maßnahmen zum großen Teil dadurch, dass man die Geschütze zerschlug und die 280 000 Pfund Metall verkaufte. In Bremen erfolgte die Entfestigung im Wesentlichen 1803-11, in Lübeck 1804-06. Nachdem die Arbeiten durch den weiteren Kriegsverlauf unterbrochen worden waren, wurden sie in Hamburg von 1820 an zu Ende geführt, und in Lübeck setzte sich das Abtragen der Wälle noch in den 1830er bis 1890er Jahren fort, bedingt nicht zuletzt durch die Erfordernisse des Eisenbahnbaus.

Wo im späten 18. und im frühen 19. Jahrhundert Bastionärbefestigungen unbrauchbar gemacht wurden, gestalte man sie im Regelfall nach den Prinzipien des englischen Landschaftsgartens um, der in seiner ungezwungen, lockeren und bewusst natürlichen Art so ziemlich das Gegenteil zu den geometrisch konstruierten Bastionen darstellte und damals beim Bürgertum als Naherholungszone beliebt war, insbesondere für den Sonntagsspaziergang. Dabei ging man unterschiedlich intensiv vor. Mancherorts wurden die Bollwerke fast ganz eingeebnet und die Gräben verfüllt, zumindest wurden aber die eckigen Bastionen zu begrünten Hügeln gerundet und die Gräben zu geschwungenen Teichen umgeformt, in jedem Falle Bäume gepflanzt und Alleen angelegt. Im späten 19. Jahrhundert verschwand diese Naherholungszone oft wieder, wenn dort repräsentative öffentliche Gebäude und Ringstraßen angelegt wurden. In manchen

Städten lassen sich die ehemaligen Bastionen und das Gartenkonzept des frühen 19. Jahrhunderts noch gut erkennen, beispielsweise in Braunschweig und Bremen, in anderen wie München ist davon praktisch nichts mehr zu sehen.

Mit den 1860er Jahren rollte die nächste Schleifungswelle heran, begründet durch die Leistungssteigerung der Artillerie. Dass Bayern 1838 die alte Festung Forchheim, die es mit der Säkularisierung vom Bistum Bamberg geerbt hatte, aufgab und ebenso die Dänen 1852 Rendsburg entfestigten, nachdem sie es vier Jahre vorher im Krieg nicht hatten halten können, hatte hiermit noch nichts zu tun. Entscheidend war der preußische Schießversuch im Rahmen der großen Belagerungsübung 1860 an der ein Jahr zuvor aufgegebenen Festung Jülich. Unter den Augen (und Ohren) von Prinzregent, Generalstabschef und Kriegsminister demonstrierten die neuen Geschütze an den Wällen von Jülich ihre Effizienz. Die Ergebnisse wurden zeichnerisch und fotografisch genauestens dokumentiert, die Presse berichtete direkt, und die Firma Krupp nutzte den Erfolg in Jülich, um international für ihre Kanonen zu werben. Der Verlauf des preußisch-österreichischen Krieges 1866 und des deutsch-französischen Krieges 1870/71 bestätigte die verheerende Wirkung der neuen Geschütze. Die bayerische Regierung reagierte darauf, indem sie 1866 Augsburg, Würzburg und das rheinpfälzische Landau aus der Festungseigenschaft entließ. Aber auch die Städte selbst wurden aktiv. Festungsstadt zu sein bedeutete, dass die Wallanlagen und Tore unter der Kontrolle des Festungskommandanten standen, man also nicht Herr im eigenen Hause war, und große Flächen im Vorfeld der Befestigung nicht oder nur beschränkt bebaut werden durften. 1869 forderten alle norddeutschen Festungsstädte in einer gemeinsamen Petition an das preußische Abgeordnetenhaus, die Kontrollen zu lockern. Es gab aus Sicht der Städte aber auch wirtschaftliche Aspekte. Selbst eine Stadt wie Stade an der Elbe erbat schon seit 1852 vom (damals noch hannoverschen) Kriegsministerium, die Festungsanlagen loswerden zu können, da sich nur so die Wachstumschancen durch die beginnende Industrialisierung nutzen ließen. Erst recht galt für Städte wie Köln und Mainz, dass sie sich im Korsett der alten Befestigungen eingezwängt sahen und dort seit Ende der 50er Jahre fast nicht mehr wachsen konnten, während das Gewerbe in den Vorstädten wucherte. Es gab aber auch gegenteilige Interessen. Der Magistrat von Jülich bat 1860, nach Beseitigung der Festung wenigstens eine Garnison in der Stadt zu belassen, da die Nachfrage durch das Militär für die kleine Stadt ohne Industrie ein wesentlicher Wirtschaftsfaktor war. In Köln bremsten die Grundbesitzer, denn so wie die drangvolle Enge in der Stadt die Bodenpreise hochgetrieben hatte, rechneten sie bei einer Öffnung der Stadt mit deren Verfall. Nachdem Stade 1867 vorangegangen war, wurden 1873 die Festungen Minden, Erfurt, Wittenberg, Stralsund, Stettin, Kolberg, Graudenz und Cosel aufgehoben, es folgten 1877 Glatz, 1886 Wesel,

1887 Saarlouis und 1889 Torgau. Die Städte Köln und Magdeburg blieben zwar weiter Festungen, aber immerhin wurde der innere Mauerring 1881 bzw. 1888 als Festungsteil aufgegeben, während das Militär in größerem Abstand um die Stadt herum einen neuen Fortgürtel errichtete, der den gestiegenen Reichweiten der Geschütze Rechnung tragen sollte. In ähnlicher Weise wurde in Mainz 1904 der innere Festungsring zum Abtragen freigegeben. Doch es dauerte nicht lange, da löste die Einführung der Brisanzgranaten die nächste Entfestigungswelle aus. Jetzt wurden Rastatt 1890, Danzig 1895, Ulm 1899, Glogau 1903, Königsberg und Küstrin 1910 sowie Ingolstadt und Germersheim 1913 als Festung aufgegeben, so dass auch hier der Abbau der Wallanlagen beginnen konnte.

Eine Stadt als Festung aufgeben bedeutete in den Jahrzehnten zwischen der Mitte des 19. Jahrhunderts und dem Ersten Weltkrieg, dass die Bebauungsbeschränkungen für das Vorfeld entfielen und der Stadtmagistrat über die Wallanlagen frei verfügen konnte. Dafür musste er letztere allerdings erst einmal dem Kriegsministerium abkaufen. Das waren im Verhältnis zur Größe der städtischen Haushalte erhebliche Kosten, und die Aufwendungen für die umfangreichen Erdarbeiten des (teilweisen) Einebnens kamen noch obendrauf. Deshalb gingen der Entfestigungen meist jahrelange Verhandlungen des Magistrats mit dem Kriegsministerium voraus, in denen um den Preis gerungen wurde. Ulm musste 1901 einen Kaufpreis von 3 882 980 Mark akzeptieren, die in Jahresraten von 194 000 Mark abzubezahlen waren; die letzte Rate zahlte die Stadt 1923 mit billigem Inflationsgeld. Im Falle von Köln war es nicht ohne Pikanterie, dass die Stadt hier ihre Stadtmauer ankaufte, die sie doch vor Jahrhunderten mit eigenem Geld selbst errichtet hatte; manchem Bürger stieß das sauer auf. Trotzdem war es für das Kölner Stadtsäckel ein gutes Geschäft. Die Stadt Köln kaufte nicht nur die Stadtmauer, sondern reichlich Vorfeldgelände dazu an, insgesamt 450 Hektar, zahlte dafür 11 794 000 Mark und bekam durch den Verkauf als Bauland die doppelte Summe wieder herein. Die Entfestigungsarbeiten zogen sich oft über zwanzig, dreißig Jahre hin. Besonders die im 19. Jahrhundert noch weiter ausgebauten Festungen waren großangelegte, komplexe Systeme aus einer Vielzahl einzelner Bauwerke bis hin zu den weit vorgelagerten Außenwerken. Wie konsequent die Befestigungsanlagen beseitigt wurden, war je nach örtlichen Gegebenheiten unterschiedlich. Erhebliche Teile sind noch heute sichtbar, beispielsweise in Forchheim, wo die wirtschaftliche Dynamik und damit der Veränderungsdruck relativ gering war, sowie in Ingolstadt, Ulm und Germersheim, wo die Entfestigung erst relativ spät einsetzte. Hingegen sind in Erfurt und Minden fast keine Spuren der Festungszeit mehr zu erkennen. In vielen anderen ehemaligen Festungsstädten dieser Zeit sind verstreut einzelne Kasematten, Graben- und Mauerpartien, Depots oder Kasernenbauten erhalten geblieben.

Der letzte Akt des Entfestigungstheaters kam mit dem Versailler Vertrag von 1919. In Artikel 180 erlegten die Siegermächte des Ersten Weltkriegs Deutschland auf, im Westen bis zu einer Linie 50 Kilometer östlich des Rheins alle Festungen zu zerstören, was natürlich dem französischen Sicherheitsinteresse dienen sollte, außerdem im Interesse der Briten bestimmte Verteidigungsanlagen an der Küste, während militärische Anlagen an der Süd- und Ostgrenze davon unberührt blieben. Die Arbeiten wurden unter Regie der Interalliierten Militärkontrollkommission, die in der Realität französisch dominiert war, im Wesentlichen 1920-22 durchgeführt, zum großen Teil durch Sprengung. Die Deutschen mussten die Zerstörungen bezahlen. Das Zerstörungswerk betraf vor allem die Festungssysteme von Koblenz, Mainz, Köln und Germersheim sowie die noch übriggebliebenen Reste der Festungen Rastatt und Wesel. Die neueren Betonbunker wurden möglichst alle unbrauchbar gemacht, aber man zerstörte auch viele ältere Anlagen, die teilweise schon seit 1890 nicht mehr als Festung dienten und militärisch wertlos waren. Betroffen waren überwiegend vielteilige, komplexe Systeme. Sie wurden nicht komplett vernichtet, nicht zuletzt weil die deutschen Behörden darum rangen, die Liste der Abrissobjekte zu verringern, schon ganz einfach aus Kostengründen. Im Bereich der ehemaligen Festungsanlagen, deren Reste oft auch übererdet wurden, legten die Städte teilweise im Laufe der 20er Jahre unter dem Einfluss der Volksparkidee öffentliche Grünanlagen und Sportplätze an. Sie sollten ein Gegengewicht gegen die oft kritisierten „Steinwüsten" der Großstadt schaffen und in der demokratischen Weimarer Republik allen Bevölkerungsgruppen eine Gelegenheit zu aktiver Erholung in gesunder Natur und frischer Luft bieten. Die noch erhaltenen Bauten ließ man in den nächsten Jahrzehnten teilweise verfallen, manche nutzte man auch als Lager, Vereinslokal oder für andere Zwecke. Die vielen Mauern, Minengänge, Böschungen, Schleusen usw., die man einfach verschüttete, bereiten noch heute des Öfteren Überraschungen für Baggerführer und Gärtner.

Von dem Schicksal der barocken Bastionärbefestigungen und der Festungsbauten des 19. Jahrhunderts deutlich zu unterscheiden ist die Frage nach dem Verbleib der mittelalterlichen Stadtmauern und ihrer Tore. Auch dort, wo man im 17. Jahrhundert aufwendige Erdwälle errichtete, legte man diese meist außen um die alten Stadtmauern herum und ließ sie dahinter stehen. Die alten Stadttore wurden oft durch vorgesetzte äußere Tore ergänzt. Dass Berlin seine Stadtmauer schon ab 1680 beseitigte, war ungewöhnlich; eher betrachteten Stadtobrigkeiten sie als eine gewisse Verteidigungsreserve, falls die modernen Befestigungen punktuell durchbrochen wurden. Das überzeugte allerdings nicht jeden, wie man am Beispiel Bremens sieht. Hier stellte man 1729 fest, „dass schon wieder sehr viele Löcher und Thüren durch die Mauer auf den Wall hinaus gemacht seien, ja gar welche so groß, dass man mit Wagen und Pferd hineinfahren könne.“[84] Der auf eine heile Stadtmauer erpichte Rat der Stadt ließ daraufhin zahlreiche Pforten wieder schließen. In Greifswald hingegen sah der Rat der Stadt es lockerer; man tat nichts gegen den Verfall der Stadtmauer, die dann im Laufe des 18. Jahrhunderts an einigen Stellen einstürzte, und an anderen Stellen erlaubte man sogar ihren Abbruch.

Wenn im 18. Jahrhundert Wälle und Bastionen geschleift wurden, ließ man die alte Stadtmauer weiter bestehen. Für sie galt dann dasselbe wie für die vielen meist kleineren Städte, die mit dem 16. Jahrhundert auf diesem Stand stehen geblieben waren: Mauer und Tore hatten zwar ihre militärische Funktion verloren, aber sie hatten weiter eine polizeiliche und fiskalische Aufgabe. In einer Zeit, in der es außer Nachtwächtern und Torwachen kaum Polizei gab und obendrein auch noch keine öffentliche Straßenbeleuchtung, dienten Kontrollen an den Stadttoren dazu, Bettler, Landstreicher und Gesindel jeder Art mög-

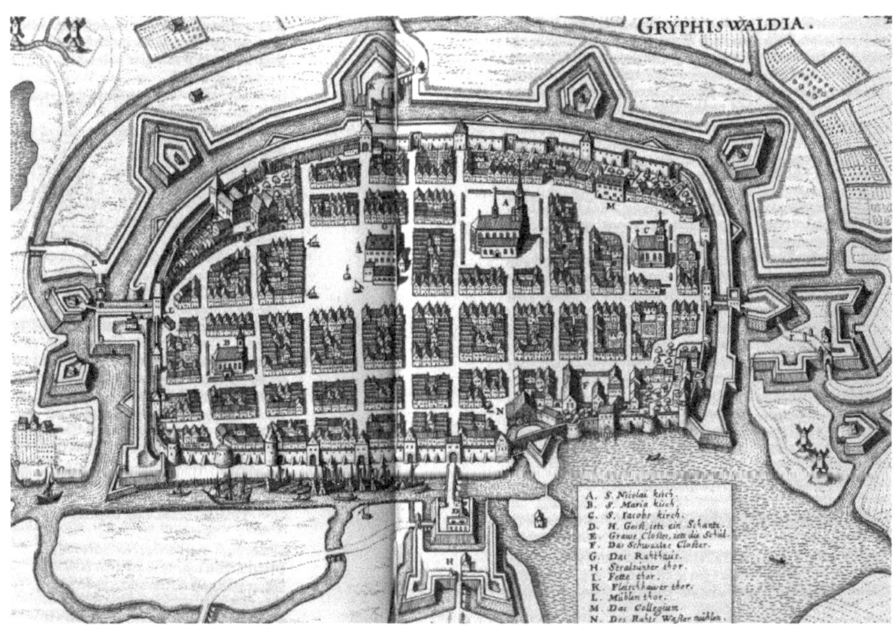

Greifswald 1652. Gut zu sehen sind die mittelalterliche Stadtmauer und die davorgesetzten Bastionen des frühen 17. Jahrhunderts, ebenso die geknickten Zufahrten durch die Toranlagen. Abbruch von Mauer und Bastionen erfolgte schrittweise im Laufe des 19. Jahrhunderts. Die Stadttore wurden 1800, 1813, 1817 und 1867 abgebrochen, der Beschluss zum Abbruch des letzten Mauerturms 1868 wurde nach Intervention des preußischen Staatskonservators nicht mehr umgesetzt.

lichst aus der Stadt herauszuhalten. Diese Kontrollen waren in der ersten Hälfte des 19. Jahrhunderts sogar intensiver als im Jahrhundert zuvor, da Reisende jetzt Pässe besitzen und dort vorweisen mussten. Nachts waren die Stadttore geschlossen; dieses praktizierte man in Bremen bis 1848, Hamburg bis 1860 und Frankfurt am Main ebenso wie Lübeck bis 1864. Die Vorstädte der großen Städte, in denen man sozusagen nachts ausgesperrt war, hatten dementsprechend ein schlechtes Image, dorthin waren die schmutzigen Gewerbe abgeschoben und dort wohnte nur, wer es sich in der Stadt nicht leisten konnte. Außerdem wurde an den Stadttoren im 18. Jahrhundert die Akzise kassiert, der Idee nach eine Frühform indirekter Steuer auf Waren des Massenbedarfs, vor allem Lebensmittel. Aus steuertechnischen Gründen erhob man sie an jener Stelle, wo diese Waren von den ländlichen Produzenten in die Stadt gebracht wurden. Ihre Fortsetzung fand die Akzise in Preußen in der 1820 eingeführten Mahl- und Schlachtsteuer, die bis 1865/75 existierte. Aus diesem Grund wurde Berlin, nachdem die mittelalterliche Stadtmauer beseitigt worden war, von einer neu errichteten Akzisemauer umgeben, die dann ein etwa sieben Mal so großes Gebiet einschloss, dafür aber größtenteils nur als Holzpalisaden bestand. Wo in den Jahrzehnten um 1800 herum die mittelalterlichen Stadttore oder Festungstore entfernt wurden, errichtete man neue Kontrollpunkte. Von diesen meist im klassizistischen Stil errichteten Bauten ist fast nichts erhalten. Das Brandenburger Tor in Berlin und die Propyläen in München als repräsentative Eingänge in die Stadt waren zwei untypische Ausnahmen; alle anderen klassizistischen Stadttore waren wesentlich bescheidener, und normalerweise handelte es sich überhaupt nur um architektonisch schlichte Wach- und Zollhäuschen mit einem Gitter über die Straße. In der Mitte des 19. Jahrhunderts wurden sie funktionslos und verschwanden, sowohl weil das Steuersystem sich änderte als auch weil mit dem Vordringen liberaler Gedanken allmählich die Vorstellung überholt war, dass die Stadtväter abends die Stadttore abschließen wie ein Hausvater die Haustür.

Warum setzte nun in den Jahrzehnten um die Wende vom 18. zum 19. Jahrhundert eine Abrisswelle ein, der die meisten mittelalterlichen Stadttore und Stadtmauern zum Opfer fielen? Ihre militärische Funktion hatten sie schon längst verloren, und die nichtmilitärischen Aufgaben der Stadttore ließen sich also, wenn es sein musste, auch anders bewältigen; ab der Jahrhundertmitte entfielen auch diese. Der Druck, die Stadttore nicht einfach stehen zu lassen, kam vor allem durch den aus- und eingehenden Straßenverkehr. Die Zahl der Frachtwagen nahm zu, nicht zuletzt durch die Chaussierung der bisher eher Schlammpisten gleichenden Landstraßen, durch den 1834 gegründeten Deutschen Zollverein und durch die Anfänge der Industrialisierung. Zugleich waren die Frachtwagen auch größer geworden als im 16. Jahrhundert. Erst recht, wenn mittelalterliches Tor und frühneuzeitliches Vortor im Winkel zueinander standen und dies zu einer geknickten Durchfahrt in der Toranlage führte, war jetzt für große Wagen oft kaum noch durchzukommen. In Görlitz, wo hochbeladene Fuhrwerke öfters im niedrigen Neißetor steckenblieben und man das Straßenpflaster herausreißen musste, um sie wieder flott zu bekommen, soll Bürgermeister Demiani einen solchen Zwischenfall während des Besuchs von Regierungsvertretern aus Berlin inszeniert haben, um von dort 1836 die Genehmigung zum Abbruch des Tores zu bekommen. Die Stadtmauer selbst begann man auf breiter Front im Regelfall im großen Umfang erst niederzulegen, nachdem die Tordurchlässe bereits verbreitert worden waren, und dies zog sich meist auch wesentlich länger hin. Die Stadtmauern gerieten in den meisten Städten überdies auch dadurch unter Druck, dass man einfach mehr Durchgänge brauchte, um die wachsenden Vorstädte, die neuen Fabriken vor den Stadtmauern und den Bahnhof an die Altstadt anzubinden, und nicht zuletzt wurden sie auch gern als Baustoffreservoir genutzt.

Auf Deutschland als Ganzes gesehen zog der Abbruch der mittelalterlichen Stadttore und -mauern sich über mehr als ein Jahrhundert hin, allerdings mit einem deutlichen Schwerpunkt in der ersten Hälfte des 19. Jahrhunderts. Dass die Stadt Herford Ende des 18. Jahrhunderts Teile der mittelalterlichen Stadtmauer als Baumaterial an ihre Bürger verkaufte, um die verschuldete Stadtkasse zu sanieren, war die Ausnahme. Als die fränkische Reichsstadt Weißenburg 1801 denselben Weg einschlug, schadete es ihrer Stadtmauer wenig, da sich angesichts der allgemeinen Finanzdepression kaum Käufer fanden. Hannover und Göttingen waren ungewöhnlich früh dran; Hannover brach die Tore der inneren Stadtmauer schon 1741-97 ab, und in Göttingen wurden die vier Stadttore 1770-88 niedergerissen. Hier ging die Initiative von der Regierung des Kurfürstentums aus, das in Personalunion mit Großbritannien verbunden war; anscheinend wehte hier ein wenig der Geist der offeneren Briten herüber. Auf diese Vorläufer folgte dann die große Abrisswelle. Kiel beseitigte seine sechs Stadttore zwischen 1783 und 1845, Lübeck entfernte 1783-1849 seine mittelalterliche Stadtmauer, die hinter den Bastionen an der Innenseite der Trave erhalten war, und dabei zwei seiner vier Stadttore, und in Bremen verschwanden im Zuge der Entfestigung des Bastionssystems 1802-04 auch alle sechs mittelalterlichen Stadttore (die zwei barocken Tore folgten 1825 und 1861). Halle an der Saale zerstörte seine vier Stadttore 1817 bis 1831, Leipzig trug die mittelalterlichen Haupttore 1822-31 ab, während manche Nebentore noch länger bestanden, wenn sie kein Verkehrshindernis waren. In Tübingen wurden zwischen 1805 und 1831 alle fünf Tore abgerissen und ebenso der größte Teil der Stadtmauer, größere Abschnitte blieben nur als Teil von Gebäuden erhalten. Bochum gab seine fünf Stadttore zwischen etwa 1810 und 1842 auf, Cottbus verlor seine fünf alten Stadttore zwischen 1810 und 1862, Ulm entledigte sich seiner vier Tore zwischen 1827 und 1860, und in Kempten im Allgäu verschwanden die neun Tortürme zwischen 1810 und 1876. Aachen und Mühlhausen in Thüringen, beides ehemals bedeutende Reichsstädte, hatten aus dem Mittelalter jede nicht nur einen, sondern zwei lange Mauerringe. In Aachen begann der Abbruch der mittelalterlichen Stadttore des äußeren Mauerrings 1799 auf Befehl Napoleon Bonapartes; von den 11 Stadttoren wurden in rascher Folge bis 1829 neun niedergerissen. Dagegen zog sich der Abbau der 5,3 Kilometer langen Stadtmauer das ganze Jahrhundert über hin, bis um 1900 herum schließlich nur noch wenig übrig war. Die Stadttore des inneren Mauerrings wurden vollständig beseitigt. Von dem doppelten Mauerring Mühlhausens fielen von den 7 inneren und den 9 äußeren Stadttoren alle bis auf das innere und äußere Frauentor (1791-1850 bzw. 1808-1873). Erst recht verschwand hier die 6,5 Kilometer lange äußere Stadtmauer vollständig, während in die innere Stadtmauer erst 1867 die erste Bresche geschlagen wurde und 2,2 der einst 2,8 Kilometer bis heute erhalten blieben. Spät dran waren Trier, das nach der Aufhebung der Mahl- und Schlachtsteuer 1875 seine vier alten Tore innerhalb weniger Monate abriss, woraufhin dann bis 1900 auch fast die ganze Stadtmauer verschwand. Ähnliches galt für Köln, wo nach der Freigabe der alten Stadtmauer durch das Militär 1882/83 sofort fünf mittelalterliche Stadttore beseitigt wurden, denen 1889 und 1894 zwei weitere folgten, so dass nur drei bis heute stehen blieben. Wo Kleinstädte hingegen verträumt abseits der modernen Dynamik von steigendem Verkehr und Industrialisierung liegen blieben und das gesamte Wirtschaftsleben stagnierte, der Veränderungsdruck also geringer war, konnten sich größere Teile der mittelalterlichen Stadtbefestigung erhalten, bis dann Ende des 19. Jahrhunderts Heimat- und Verschönerungsvereine anfingen, das noch Vorhandene bewusst zu bewahren, in Ausnahmefällen sogar fast alles. Als Ergebnis dieser Entwicklung sind umfangreichere Reste mittelalterlicher Stadtbefestigungen heute fast nur noch in Kleinstädten zu finden. Extremfälle sind Rothenburg ob der Tauber, Dinkelsbühl und das mecklenburgische Neubrandenburg, wo alle vier bzw. fünf Stadttore sowie fast die ganze Stadtmauer aus dem Mittelalter bis heute überdauerten.

Gab es niemanden, der diesen ganzen Eingriffen in die äußeren Schutzsysteme entgegentrat, die das Erscheinungsbild der Städte so tiefgreifend veränderten? Zwar verfügte für Bayern 1826 eine Ministerialverordnung König Ludwigs I. und für Preußen 1830 eine Allerhöchste Kabinettsorder den Schutz mittelalterlicher Stadttore und Stadtmauern, wobei sich hier in der Motivation noch Denkmalsgedanke und Sicherheitsaspekt vermischten, aber sie waren im Grunde das Papier nicht wert, auf dem sie standen, wie die eben genannten Beispiele zeigen. Selbst als der preußische Kronprinz Friedrich Wilhelm 1828 in

Person dagegen intervenierte, dass in Halle an der Saale das Steintor heruntergerissen werden sollte, worin er von Schinkel unterstützt wurde, konnte er sich gegen die Provinzregierung und den Magistrat der Stadt nicht durchsetzen; 1831 wurde der Turm abgetragen. Die erste erfolgreiche Intervention gegen den Abbruch von Stadttoren war jene Ludwigs I. in München 1823, damals noch als Kronprinz. Die Stadtplanung verfolgte zu dieser Zeit die Idee, die vier mittelalterlichen Haupttore abzureißen und durch offene Ehrenpforten im zeitgenössischen klassizistischen Stil zu ersetzen, wobei sich dieses Projekt aus Geldmangel über fast zwei Jahrzehnte hinzog. Die alten Tore bestanden jeweils aus einem großen Hauptturm und zwei vorgelagerten Flankentürmen zur Verstärkung. 1810 wurde der Hauptturm des Sendlingertores abgerissen, 1817 legte man das Schwabingertor ganz nieder, und zugleich drohte dieses Schicksal auch dem Isar- und dem Karlstor. Der Kronprinz schrieb daraufhin an den Innenminister: „... so erfuhr ich heute daß dem Münchner Isarthor wo nicht dem ganzen, doch seinem mittlern Thurme Gefahr drohe, daß solche nicht verwirklicht werde, darum wende ich mich abermals an Sie, ich kann nicht genug sagen wie leid es mir thäte wenn etwas von diesen Thore niedergerissen würde, [mehrfach unterstrichen] München hat ohnehin so wenig altes mehr aufzuweisen; der Kronprinz kann nur Wünsche ausdrüken, daß aber dieses ein recht inniger Wunsch von mir ist dessen seyen Sie überzeugt."[85] Das Isartor blieb bis heute erhalten, das Karlstor verlor seinen Hauptturm 1857, nachdem er durch ein Explosionsunglück beschädigt worden war. Aber es ging Ludwig nicht um originale Denkmäler aus dem Mittelalter, sondern um ein idealisiertes Mittelalter und um Herrschaftslegitimierung der Wittelsbacherdynastie. 1833-35 ließ er das Isartor umbauen: Das mittelalterlich unregelmäßige Gefüge von Toröffnungen und Fenstern verschwand zugunsten einer symmetrischen Neuordnung, und die Feldseite des Tores erhielt ein rund 20 Meter breites Fries aufgemalt, das den Einzug Kaisers Ludwigs des Bayern nach dem Sieg über seinen Gegenkönig im Jahre 1322 zeigt.

Beides waren isolierte Vorläufer. Die Idee des Denkmalschutzes begann bei mittelalterlichen Stadttoren erst im Laufe der 1860er, 70er und 80er Jahre zu greifen, also rund vier Jahrzehnte später als bei Burgen und Burgruinen, wahrscheinlich weil ihm hier ein massiver Druck von Interessen der Wirtschaft, insbesondere des Verkehrs, und des Alltagslebens überhaupt entgegenstand. Bei ordinären Mauerabschnitten, die im Vergleich zu den bewusst gestalteten, oft repräsentativen Stadttoren eher unscheinbar waren, griff der Schutzgedanke meist überhaupt erst um 1900 herum. Als man in Ulm 1860 das letzte der vier Stadttore, das Neutor beseitigen wollte, einen wenig gestalteten und recht mittelalterlich wirkenden Bau, gab es zwar erhebliche Proteste, die sich aber nicht durchsetzen konnten. Ebenso wenig Erfolg hatten die Proteste des Malers

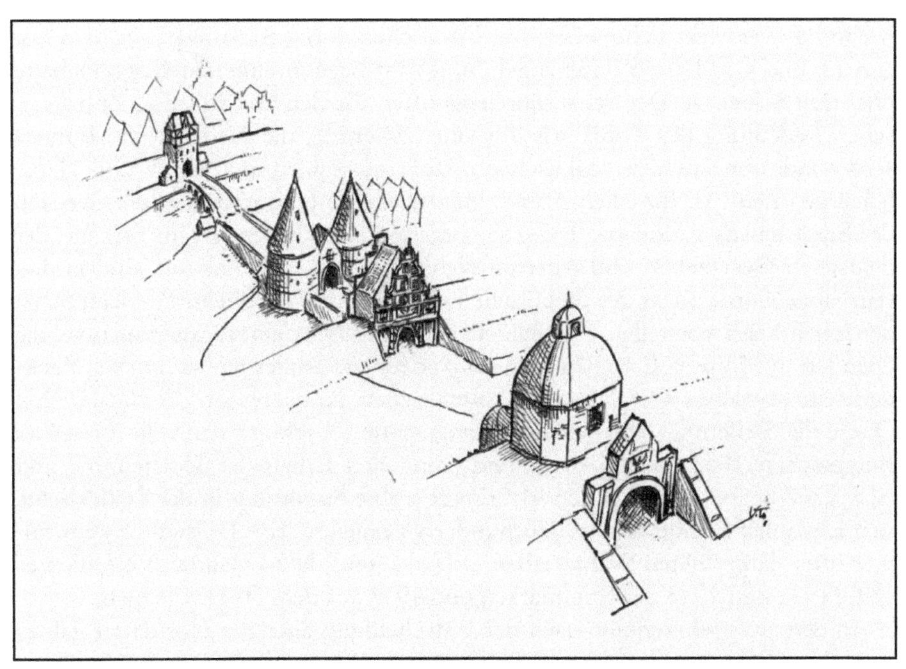

Eine der aufwendigsten Toranlagen: die Holstentore in Lübeck. Von links nach rechts: das Tor in der mittelalterlichen Stadtmauer (1794 abgebrochen), vor dem Stadtgraben mittleres Holstentor (1469/78, Abrissantrag 1818/20 abgelehnt, nach zehnjähriger Diskussion Abriss 1863 knapp vermieden) und Vortor des mittleren Holstentores (1585 fertig, 1853 abgerissen), äußeres Holstentor im Bastionsring (1621 errichtet, 1808 abgerissen).

Theodor Blätterbauer mit Karikaturen und Versen in Liegnitz, als man 1860 daran ging, fast den gesamten verbliebenen Rest der Stadtmauer abzubrechen.

Der Umschwung kam erst mit der Debatte über den Abriss des (mittleren) Holstentors in Lübeck. Nun handelte es sich bei diesem breitgelagerten spätgotischen Bau von 1469/78 mit seinen beiden dicken Rundtürmen und dem aufwendigen Fassadenschmuck um eines der eindrucksvollsten und größten unter den mittelalterlichen Stadttoren in Deutschland. Anträge der Baukommission auf Abbruch 1818 und 1820 waren am Stadtbaumeister gescheitert, und 1821 wurde es von Künstlern entdeckt und seitdem wiederholt als Zeugnis altdeutscher Vergangenheit und einstiger Größe der Hansezeit abgebildet. Als Lübeck Bahnanschluss erhielt und man für den Bahnhof das Vortor des mittleren Holstentores, einen prächtigen Renaissancebau, 1853 abtrug, wurde der spätgotische Bau verstärkt sichtbar. Es war inzwischen durch Sackungen aus dem Lot geraten und von Rissen durchzogen, und jetzt begann eine jahrelange Debatte über sein Schicksal. Der Senat, durchaus offen für den Gedanken einer historischen Bedeutung des Tores, war für eine Sanierung, die Mehrheit der Bürgerschaft indessen, an den praktischen Erfordernissen von Verkehr und Haushaltslage orientiert, für einen Abriss. Diese Debatte fand weit über die Grenzen der Stadt hinaus Resonanz. 1854/55 sprach sich auch der Gesamtverband der deutschen Geschichts- und Altertumsvereine für einen Erhalt aus, und in diesem Sinne wurde sogar der preußische König Friedrich Wilhelm IV. beim Senat der freien Stadt vorstellig. 1858 bildete sich in Lübeck eine Bürgerinitiative, die Spenden in Höhe von 12 825 Kurantmark für die Sanierung sammelte. Nachdem ein statisches Gutachten des preußischen Konservators Ferdinand von Quast die Sanierungsfähigkeit bescheinigt hatte, beschloss dann die Lübecker Bürgerschaft 1863 die Reparatur und damit den Erhalt des Holstentors, und zwar ganz knapp mit 42 gegen 41 Stimmen. Die Stimmung in der Stadt drehte sich allmählich. Ende des 19. Jahrhunderts avancierte das Holstentor zum immer öfter dargestellten Wahrzeichen Lübecks, und deutschlandweit erschien es 1897, 1931 und 1948 auf Briefmarken und 1958 auf dem 50-DM-Schein.

In den zwei Jahrzehnten nach der Entscheidung über das Holstentor gab es in mehreren größeren Städten Debatten, bei denen die Fans mittelalterlicher Stadttore sich zumindest teilweise durchsetzen konnten. In Aachen diskutierten die Stadtverordneten 1879 stundenlag darüber, das heruntergekommene Ponttor, das sich noch mit Vortürmen erhalten hatte, abzubrechen, wobei sich die Anhänger des Erhalts knapp durchsetzen konnten. In Frankfurt waren nach der Entfestigung des frühen 19. Jahrhunderts von den alten Stadttoren noch der Eschenheimer Turm und der Kuhhirtenturm übriggeblieben; für ersteren debattierten die Stadtverordneten im Jahre 1864 über den Abriss, für letzteren 1884. Beide blieben stehen.

Bemerkenswert waren die Debatten in Augsburg, Nürnberg und Köln. Alle drei Städte hatten im 15. und 16. Jahrhundert zu den zehn größten deutschen Städten gehört (wie auch Lübeck), und dementsprechend waren in dieser Zeit umfangreiche Stadtmauern erbaut worden. Während in anderen Städten dieser Größenordnung die mittelalterlichen Stadttore bereits weitgehend verschwunden waren, hatte hier die Klassifizierung der Städte als Festungen die Stadtentwicklung in dieser Hinsicht stillgelegt und damit das ganze Thema in eine Zeit vertagt, in der sich das öffentliche Bewusstsein zu wandeln begann. Augsburg beseitigte zwischen 1860 und 1885 acht seiner zwölf äußeren Stadttore. Erhalten blieben mit Jakobertor und Vogeltor die beiden einzigen, die noch ein durchgehend mittelalterliches Aussehen zeigten, während alle anderen in der Spätrenaissance deutlich überarbeitet worden waren, und erhalten blieben ferner das Rote Tor, das besonders eindrucksvoll war, und außerdem das Wertachbrucker Tor, das sich relativ leicht freistellen und damit umfahren ließ. Um zwei Tore gab es in Augsburg heftige Kontroversen. 1871 hatte eine Petition den Abriss des Jakobertores gefordert, was der Stadtrat dann nach längerem Zögern fünf Jahre später auch beschloss. Nun regte sich indessen Widerstand von der Gegenseite, woraufhin der Stadtrat den Beschluss 1881 widerrief und stattdessen für die eine Fahrtrichtung einen Straßendurchbruch neben dem Tor anlegen ließ. Beim Frauentor war eine solche Lösung wegen der engen Straßensituation nicht möglich; hier hätte man die direkt angrenzenden Häuser abbrechen müssen, so dass der bis auf das Jahr 1143 zurückgehende Torturm trotz deutlicher Bürgerproteste 1884 zerstört wurde.

Nürnberg wurde ebenso wie Augsburg 1866 aus der Zwangsjacke der Festungseigenschaft befreit. Die 1450 vollendete, schon seinerzeit mit ihren vielen Türmen als eindrucksvoll empfundene Stadtmauer Nürnbergs war zuletzt um 1600 etwas modernisiert worden. Sie blieb also weitgehend ohne barocken Ausbau und hatte dementsprechend ein weitgehend mittelalterliches Erscheinungsbild bewahrt, so wie sich überhaupt das ganze Stadtbild der einst stolzen Reichsstadt in der Zeit wirtschaftlicher Stagnation wenig änderte. Militärisch war die Mauer längst wertlos, Nürnberg seit 1806 nur noch formal Festung. Während die Romantiker Nürnbergs gotische Kirchen und Brunnen neu entdeckten, worauf bald ein entsprechender Tourismus einsetzte, blieb die Stadtmauer bis zur Jahrhundertmitte fast unbeachtet. Die fünf Kilometer lange Stadtmauer besaß nur sieben Tore, und als immer mehr Gewerbebetriebe, Bahnhof und Krankenhaus in den wachsenden Vorstädten entstanden, forderten Bürgerinitiativen mehr Verkehrsverbindungen zwischen Altstadt und Vorstädten. So wurden 1848-66 sieben weitere Toröffnungen durchgebrochen. Als König Ludwig II. 1866 die Festungseigenschaft aufhob, machte der Monarch, der Träumen von einem romantisch idealisierten Mittelalter zugetan war, dabei den Vorbehalt, „daß jede Veränderung an den Stadtmauern und Thürmen ... von vorgängiger allerhöchster Genehmigung abhängig bleibe."[86] Daraufhin begann eine über ein Vierteljahrhundert andauernde Auseinandersetzung um die Nürnberger Stadtmauer, die auch außerhalb der Stadt beachtet wurde. Dass es dabei um mehr als nur die Stadtmauer ging, macht der Generalkonservator der Altertümer und Kunstdenkmale Bayerns 1869 gegenüber dem König deutlich: „Die Stadt Nürnberg ist die einzige Stadt Deutschlands, welche in ihrem Totaleindrucke den Charakter früherer schöner Zeiten in einer seltenen Reinheit bewahrt hat. Die altehrwürdigen Umfassungsmauern mit ihren mächtigen Dürer-Thürmen und der Unzahl kleiner Thürmchen, längs welcher sich breite Epheuwände emporranken, die hochanstehenden Giebelhäuser im Innern mit ihren Erkern und Statuen, die prachtvollen alten Gotteshäuser, die einzelnen

Monumente, Brunnen und Brücken, über welche schon die edlen Patrizier des 15ten Jahrhunderts dahingeschritten sind - kurz alles, was Nürnberg birgt, muthet uns späte Nachkömmlinge wie späte Bekannte aus einer ruhm- und kunstreichen Zeit an, in welcher Nürnberg mit Recht als die erste Stadt Deutschlands dastand."[87] In der Stadt selbst sah man das weitgehend anders. Als der Antrag des Magistrats, die Bastionen am Wöhrdertor, einen Engpass an einer Hauptverkehrsader, beseitigen zu dürfen, damit die Arbeiter besser zu den Fabriken gelangen können, vom König 1870 zunächst abgelehnt wurde, klagte der Magistrat: „Das frische pulsirende Leben soll dem kalten, todten Stein geopfert werden."[88] Die Regierungsstellen wichen schrittweise zurück; 1869-72 wurden die ersten beiden Breschen in die Stadtmauern geschlagen. 1875 beschloss das Kollegium der Gemeindebevollmächtigten, rund zwei Drittel der Stadtmauer niederzulegen, was von der Kreisregierung bis 1877 weitgehend genehmigt wurde. Doch in den 80er Jahren entdeckten Künstler in den türmereichen Mauerpartien, überwucherten Gräben und Bastionen eine Vielzahl von malerischen Motiven, und die öffentliche Meinung in der Stadt veränderte sich. Die Abrisspläne wurden nur noch in kleinen Teilen umgesetzt, und die Mauern und Türme waren seit Mitte der 80er Jahre nicht mehr gefährdet. In den folgenden Jahren setzte der bayerische Generalkonservator sich dafür ein, auch die Gräben vor den Mauern und damit das Gesamtbild zu erhalten, was aber nur zum Teil Erfolg hatte. So wurde Nürnberg zur einzigen Großstadt mit einer umfangreich erhaltenen mittelalterlichen Stadtmauer.

Köln besaß bis in diese Zeit ein vergleichbar eindrucksvolles Erbe mittelalterlichen Befestigungsbaus, aber in der Stadt am Rhein war der Druck der Modernisierungskräfte stärker als in Nürnberg. Im Jahr 1878 ergab eine Zählung, dass sich jeden Tag durchschnittlich 65 000 Fußgänger, 10 000 Fuhrwerke und 500 Reiter durch die engen, von einer Ausnahme abgesehen einspurigen, also keinen Gegenverkehr zulassenden Tore quälten; hinzu kamen noch knapp 10 000 Passagiere der Pferdebahnen, die wegen der Gewundenheit der Tordurchfahrten nur halb so lang sein konnten wie in anderen Städten. Als die Stadt 1881 ihren mittelalterlichen Mauerring vom preußischen Staat erwarb, begann man ihn bereits einen Tag nach der Übergabe abzutragen. Die Sprengung von Halbturm 32 machte den Anfang, als Volksfest mit freudigen Reden und Karnevalsaufzug gefeiert, und wer die entsprechenden Eintrittskarten kaufte, konnte dem Ereignis ganz nahe sein. Oberbürgermeister Becker erklärte in seiner Festrede: „Was jene bauen mußten, damit Köln groß wurde, das müssen wir sprengen, damit Köln nicht klein werde."[89] Innerhalb von vier Jahren wurde die gesamte Stadtmauer bis auf drei doppeltürmige Torburgen und ansonsten nur geringe Reste abgerissen. Unbedingt nötig wäre das nicht gewesen, wie der Nürnberger Professor Rudolf Bergau in einem Gutachten im Auftrag des preußischen Kultusministeriums meinte, auch große Straßendurchbrüche neben den Toren hätten eine Lösung sein können. Aber die Kölner Stadtverordneten hätten am liebsten alles beseitigt. Der Kölner Verein der Altertumsfreunde stand mit seiner Forderung, mehr von den Zeugnissen der Vergangenheit zu bewahren, auf verlorenem Posten. Die Gegner der Mauer hatten Rückenwind vom größten Teil der Zeitungen, und auch die meisten Bürger sahen die alten Befestigungen mehr als einengendes preußisches Bollwerk an und nicht als Zeugnis der eigenen mittelalterlichen Geschichte. Auf Initiative des preußischen Staatskonservators hatte die Regierung in Berlin den Kölnern aber im Kaufvertrag immerhin die Auflage gemacht, wenigstens Severinstor, Eigelsteintor und Gereonstor zu erhalten, letzteres die am besten erhaltene und als Wehrbau interessanteste Anlage. Während des Jahres 1881 erhoben sich dann in Köln Stimmen, auch das Hahnentor zu erhalten, weil es im Unterschied zu den anderen etwas Bauschmuck aufzuweisen hatte. Diese konnten sich dann im letzten Moment durchsetzen - die Absperrungen für den Abriss standen schon. Da die Stadtverordneten aber kein viertes Stadttor erhalten wollten, musste nun das Gereonstor dran glauben. Die erhaltenen Torburgen wurden, aller angrenzenden Mauerzüge verlustig, als Solitäre auf isolierten Inseln platziert, die der zunehmende Großstadtverkehr umfloss, so wie man es schon in München mit dem Isartor und in Lübeck mit dem Holstentor gemacht hatte.

Anders als die Großstädte, wo die Vorstellung von historischen Denkmalen in bildungsbürgerlichen Kreisen angekommen war und diese sich in der zweiten Hälfte des 19. Jahrhunderts teilweise für ihren Erhalt engagierten, waren kleinstädtischen Milieus davon in dieser Zeit noch unberührt. Wenn es dort zu Debatten über Abriss oder Erhalt von mittelalterlichen Stadtoren kam, waren diese ganz pragmatisch orientiert. In Xanten, das 1821 und 1825 schon zwei Tore abgetragen hatte, lehnte der Stadtrat 1843 den Abbruch des Klever Tores ab, da es zu diesem Zeitpunkt noch als Arresthaus gebraucht wurde (es steht noch heute, inzwischen komfortabler mit Ferienappartements ausgestattet). In Wismar konnte sich 1870 der Stadtrat, der das Poeler Tor als monumentales Bauwerk erhalten wollte, so wie man es mit vergleichbaren Tortürmen auch Rostock und Lübeck mache, nicht durchsetzen; die Neue Wismarsche Zeitung machte Stimmung mit Blick auf die Unfallgefahr der engen Tordurchfahrt, und der Bürgerausschuss setzte den Abriss durch. In Reutlingen blieben von den sieben Stadtoren das Tübinger Tor und das Gartentor erhalten. Letzteres war ungefährdet, weil kein Verkehr hindurchging, ersteres war umstritten. Die Anwohner forderten zwischen 1860 und 1890 wiederholt, das finstere und baufällige „Glomb" wegzureißen, da es die Stadterweiterung behindere und nachts als Pissoir benutzt würde, die Gegenseite war für den Erhalt des Torturmes, weil der Türmer im Brandfalle das Feuersignal gab und man den Glockenschlag der Turmuhr brauche (Taschen- und Armbanduhr waren noch unüblich).

Wenn in Kleinstädten mittelalterliche Stadttore bewusst als historische Denkmale erhalten wurden, ging das in diesen Jahrzehnten zurück auf eine Intervention der übergeordneten Behörden gegen die Interessen der lokalen Honoratioren, welche die Sache rein von Wirtschafts- und Alltagsfragen her betrachteten. 1868 konnte der preußische Staatskonservator von Quast erreichen, dass in Greifswald der Beschluss der Stadtverordneten, mit dem Fangenturm den letzten Rest der mittelalterlichen Stadtbefestigung zu beseitigen, nicht umgesetzt wurde, wogegen er sich 1875 in Trier vergeblich für den Erhalt der mittelalterlichen Türme einsetzte. In Memmingen verhinderte eine Intervention des bayerischen Prinzregenten Luitpold 1891, dass das Kempter Tor abgerissen wurde; die noch übrigen Tore und Türme blieben seitdem erhalten. In Jüterbog versuchte man oberschlau zu sein, indem man 1886 das Zinnaer Tor als Verkehrshindernis einfach ohne Genehmigung der Regierung abtrug. Das ließ diese sich aber nicht bieten und verdonnerte die Stadt dazu, das Tor 1889 wieder aufzubauen. In Düsseldorf war man noch dreister. Obwohl die preußische Regierung 1877 und 1893 ausdrücklich verboten hatte, das Berger Tor zu zerstören, das als einziges die Schleifung der Festungswerke längere Zeit überstanden hatte, ließ die Stadtverwaltung 1895 den Abbruch beginnen. Die Mitglieder des örtlichen Geschichtsvereins erreichten einen Abbruchstop, und auf Vorschlag des Provinzialkonservators genehmigte die Regierung dann die Niederlegung des inzwischen stark beschädigten Tores mit der Auflage, es an anderer Stelle wieder aufzubauen. So baute dann die Stadtverwaltung das Tor ab - aber vertragswidrig nie wieder auf. Ganz korrekt und umso langwieriger verlief hingegen der Streit um Flensburgs letztes Stadttor. Zwischen 1837 und 1874 hatte man schon fünf Stadttore abgerissen, und 1881 sammelten die Anlieger des backsteingotischen Nordertores 5250 Mark, damit dieses Verkehrshindernis endlich beseitigt würde. Die Stadtvertretung war dafür, der Magistrat war dagegen, und beide Seiten bestellten Gutachter, die wunschgemäß die eigenen Position untermauerten. Abbruchanträge der Stadt wurden 1885 und erneut 1888 vom Regierungspräsidenten in Schleswig abgelehnt, weil das Tor einen „künstlerisch wertvollen Anblick biete“; bei den Stadtverordneten löste dieser Satz schlicht Gelächter aus. Eine Verwaltungsgerichtsklage der Stadt gegen die Ablehnung ging 1903 zu ihren Ungunsten aus, und schließlich bequemte man sich 1914 dazu, das heruntergekommene Bauwerk zu restaurieren. Die Stadtverwaltung von Andernach scheiterte mit dem Antrag, das Rheintor zu entfernen, 1894 am Einspruch des Provinzialkonservators. Hier kam es fünf Jahre später zu der Kompromisslösung, zur Vergrößerung der Durchfahrt einen höheren Bogen auszubrechen. Zu dieser Maßnahme griff man im Übrigen auch an anderen Orten. Schon 1850 hatte man in Lübeck die beiden Torbögen des reich verzierten Burgtores erweitert, in München brach man 1861 in das Karlstor und 1906 in das Sendlinger Tor vergrößerte Torbögen hinein, ebenso 1907/11 in das Georgentor in Dresden, so dass diese seitdem seltsam verfremdet wirken.

Wie auch immer man mit den aufkommenden Verkehrsproblemen umging, ob mit einer Vergrößerung der Durchfahrt, einem Mauerdurchbruch neben dem Tor für eine weitere Fahrspur oder zumindest für Fußgänger, völliger Freistellung des dann gänzlich umfahrenen Tores oder komplettem Abriss - die ursprüngliche Situation mittelalterlicher Stadttore ließ sich im Laufe des 19. Jahrhunderts nur in sehr kleinstädtischen, verkehrsarmen Ecken unverändert bewahren.

Im Unterschied zu den mittelalterlichen Stadttoren weinte den dicken Erdwällen und kanonenbestandenen Bastionen der frühen Neuzeit niemand eine Träne nach. Sie waren gewaltige Platzfresser, wo doch Baugrund in prosperierenden Städten spürbar knapper und damit teurer wurde, und im Laufe des 19. Jahrhunderts hemmten sie zunehmend die wirtschaftliche Expansion. Außerdem brachten sie den normalen Bürgern im Kriegsfalle eher Gefahren durch weitreichenden Artilleriebeschuss als Nutzen. Barocke Wälle und Bastionen und erst recht solche aus dem 19. Jahrhundert waren kein Sehnsuchtsort romantischer Empfindungen - zu geometrisch, gerade und glatt, zu rational konstruiert, überhaupt Ausdruck von absolutistischem Machtstaat und militärischer Ordnung. So atmeten sie in gewisser Weise den Geist der Moderne und waren eher das Gegenteil zu einem idealisierten Mittelalter. Der erste, der sich nachdrücklich und erfolgreich dafür einsetzte, auch sie als historische Zeugnisse zu erhalten, und dazu noch für eine erst im frühen 19. Jahrhundert errichtete Festungsanlage, war ausgerechnet ein amerikanischer General, Henry Tureman Allen, seit 1919 Kommandeur der amerikanischen Besatzungstruppen im Rheinland. Vielleicht spielte dabei eine Rolle, dass „historisch alt" für Amerikaner mangels weit zurückreichender Traditionen etwas anders definiert ist als für Europäer. Jedenfalls konnte er bei dem französischen Marschall Foch durchsetzen, dass die Festung Ehrenbreitstein, die hoch über dem Rhein gegenüber Koblenz lagert, entgegen den ursprünglichen Absichten der Franzosen nicht aufgrund des Versailler Vertrags zerstört wurde.

Schon einige Jahre zuvor hatte es einen Versuch gegeben, Festungsreste vor der Zerstörung zu bewahren, der in bemerkenswerter Weise scheiterte. Es handelte sich um die Befestigung von Landau in der Pfalz, die von Vauban, dem großen Festungsbaumeister Ludwigs XIV., 1688/91 errichtet worden war und von der Stadt Landau ab 1872 Stück für Stück geschleift wurde. Als der Magistrat 1911 beschloss, einen der letzten Wallreste zu beseitigen, um für einen Schulbau Platz zu machen, erhoben Anhänger des neu aufgekommenen Heimatschutzgedankens aus dem fernen München Protest. Sie erreichten, dass der oberste bayerische Denkmalschützer sich in dieser Sache engagierte, weil es sich um das einzige Werk des „genialen Festungsbaumeisters“ Vauban in Bayern handele, und das bayerische Innenministerium verbot, den Abriss fortzusetzen. Den Lokalpolitikern fehlte dafür jedes Verständnis; ein Magistratsmitglied erklärte, „in der Belagerungsgeschichte der Stadt habe der Wall keine große Rolle gespielt, außer dass er bis in die Mitte des vorigen Jahrhunderts die Abortanlage für die Soldaten gebildet habe“.[90] Mit Ausbruch des Ersten Weltkriegs nahm der Magistrat einen neuen Anlauf; unter dem Einfluss der nationalistischen Kriegspropaganda hieß es dort jetzt: „Im Banne der gewaltsamen Ereignisse besinnt sich das deutsche Volk mehr und mehr der deutschen Eigenart und im Bewusstsein der nationalen Kraft setzt das Streben ein alles Fremde, das uns anhaftet, abzustreifen. Mit Recht darf daher auch die Bürgerschaft unserer Stadt, stolz auf die Größe unserer Nation, verlangen, daß auch der letzte Rest falle, der an eine Zeit französischer Willkür und Gewaltherrschaft erinnert.“[91] Doch die Bezirksregierung stand zum Denkmalschutz. Erst nach Kriegsende wurde Vaubans Wallrest 1919 im Rahmen von Arbeitsbeschaffungsmaßnahmen abgetragen - mit Genehmigung ausgerechnet durch die französischen Besatzungsbehörden. Erst recht erfasste die Denkmalschutzidee Befestigungsanlagen des 19. Jahrhunderts noch lange nicht. In Ulm, das außerhalb der Bestimmungen des Versailler Vertrags lag, der hier dementsprechend keine zerstörerischen Folgen hatte, sprengten die Alliierten 1945-47 fast alle Betonbauten des äußeren Rings. Auch die Festungsbauten der ersten Hälfte des 19. Jahrhunderts ließ man in den ersten Jahrzehnten nach dem Zweiten Weltkrieg weiter verfallen, ohne dass sich jemand für sie interessierte. Noch in den 1960er Jahren wurden weitere Teile abgerissen, so das große Festungsbauwerk Kavalier Spreti in Ingolstadt, das gut erhaltene Mombacher Tor in Mainz, beides um mehr Platz für den wachsenden Autoverkehr zu schaffen, und die Reduits der Festen Alexander und Kaiser Franz in Koblenz. Mitte der 70er Jahre setzten dann Bestrebungen ein, die noch erhaltenen Reste der einst großen Festungsanlagen zu bewahren.

Die verlassenen Gehäuse der Industrie

„Lost places“ aufzuspüren, die verfallenden Gebäude von aufgegebenen Industrieanlagen und anderen gewerblichen Einrichtungen mit ihrem morbiden Charme, zugigen Hallen mit zersprungenen Fenstern und vor sich hin rostenden Rohren zu erkunden, hat mancher als Abenteuer in der modernen Stadt entdeckt. Entsprechende Internetseiten präsentieren den Interessierten Serien von Fotos davon. Viele lost places sind aber auch soweit abgeräumt und gänzlich verloren, dass heute gar nichts mehr zu sehen ist. Rund eineinhalb Jahrhunderte, nachdem die Stadtbefestigungen aufgegeben und weitgehend beseitigt worden waren, verlor in den deutschen Städten erneut ein umfangreicher Baubestand mit teilweise größeren Arealen seine bisherigen Funktionen, und vieles davon verfiel dem Abriss. Diesmal traf es Industrieanlagen. Nun ist überhaupt industrielle Produktion einer stärkeren Veränderungsdynamik unterworfen als Wohnen oder erst recht als Gottesdienst, und dementsprechend ist auch ihr Gebäudebestand in viel höherem Maße gefährdet. Die Anlagen der frühen Industrialisierung aus dem 19. Jahrhundert waren im Laufe der Zeit eine nach der anderen auch wieder aufgegeben worden und verschwunden. Nicht anders hatte die Konkurrenz durch Dampfmaschinen und dann Elektromotoren während des Kaiserreichs und der Weimarer Republik die zahlreichen vorindustriellen Windmühlen und Wassermühlen überflüssig gemacht, von denen sich dann nur noch wenige als Landmarken erhalten haben, nicht zuletzt unter dem Einfluss der Heimatschutzidee. In Schleswig-Holstein steht heute noch etwa ein Zehntel der um 1900 vorhandenen Mühlen. Dieser Abbruchprozess bestand aus einer Fülle kleiner Einzelaktionen, die zwar letztlich zu einem Gesamtergebnis geführt hat, der aber keine näher rekonstruierbare Struktur aufwies.

Für die letzten Jahrzehnte lassen sich dagegen durchaus mehrere Ursachen erkennen, die zusammenflossen und in den Jahrzehnten von etwa 1960 an bis heute immer mehr industrielle Anlagen „arbeitslos" werden ließen. Das war zum Teil einfach durch neue Techniken bedingt, besonders im Verkehrswesen. Seeschiffe wurden immer größer und transportierten Stückgüter zunehmend in Containern, so dass enge und flachere Hafenteile und traditionelle Stückgutanlagen aufgegeben werden mussten und der Hafenverkehr sich flussab verlagerte, in Bremen sogar bis Bremerhaven. Busse ersetzten Straßenbahnen, wodurch sich alle Straßenbahndepots leerten, und Lastwagen schnappten der Bahn im Fernverkehr einen immer größeren Teil der Ladung weg, so dass schließlich etliche Güterbahnhöfe aufgegeben wurden. Indem man die Netze der Wasserversorgung auf Pumpbetrieb umstellte, wurden auch die Wassertürme überflüssig, deren hochgelegene Wasserbehälter bis dahin für den nötigen Druck im Leitungssystem gesorgt hatten.

Nicht rein technisch bedingt war der Prozess der Suburbanisierung von Industrie, der besonders bei Brauereien und anderen Betrieben der Nahrungsmittelindustrie sichtbar wurde. Viele aus der Kaiserzeit stammenden Fabrikgebäude dieser Branchen waren dafür ausgelegt, dass die Produktion auf fünf und mehr Stockwerken stattfand, wogegen neue Produktionsverfahren, bei denen die Produktionsprozesse in einer Ebene verknüpft waren, große und ebenerdige Flachbauten erforderten. Einst in den Jahrzehnten vor dem Ersten Weltkrieg auf der grünen Wiese angrenzend an die schon bestehende städtische Bebauung errichtet, waren diese Industriebetriebe im Laufe der Zeit mit der Flächenexpansion der Städte zu innerstädtischen Lagen geworden. Hier hatten die Betriebe keine Chance, das Betriebsgelände zu vergrößern, und ihr Liefer- und Zulieferverkehr steckte immer öfter im Stau. Außerdem galt auch städtebaulich die enge Nachbarschaft des Wohnens mit dem Lärm und den Emissionen von industrieller Produktion und Schwerlastverkehr zunehmend als Problem. Als Lösung wurde dann oft gesehen, die Betriebe ins Umland zu verlagern. Ähnliches galt für Betriebe der Metallverarbeitung und für die kommunalen Schlachthöfe.

Durch Firmenfusionen mindestens ebenso sehr wie durch neue Produktionstechniken bestimmt war der Konzentrationsprozess auf wenige große Standorte, in dessen Verlauf kleinere Betriebseinheiten schrittweise aufgegeben wurden. Dieses ließ sich ebenfalls bei Brauereien, Margarine-, Zucker- und Schokoladenfabriken beobachten, aber auch bei Druckereien und der Montanindustrie im Ruhrgebiet.

Hinzu kamen Kräfte von außerhalb, vor allem die Globalisierung. Als um 1960 herum billiges Erdöl aus dem Nahen Osten den deutschen Energiemarkt eroberte, setzte im Ruhrgebiet das Zechensterben ein. 1958 bis 1968 wurden dort von den 128 Bergwerken 78 stillgelegt. Später kam die Konkurrenz durch billigere Importkohle aus Übersee hinzu. 2018 wurde der Ruhrbergbau angesichts der Konkurrenz aus dem Ausland ganz eingestellt, was im Aachener Revier schon 1997 und im Saarrevier 2012 erfolgte. Und die Globalisierung traf nicht nur den Kohlenbergbau. Nachdem einige asiatische Länder auf Basis ihrer billigen Arbeitskräfte eine exportorientierte Textilindustrie aufgebaut hatten, mussten zwischen 1965 und 2015 etwa 90 % der deutschen Textilindustrie aufgegeben werden. In den 70er und 80er Jahren erfasste die Globalisierungskrise auch die Stahlindustrie und die Werften, da Japan und dann Südkorea in diesen Bereichen große Kapazitäten geschaffen hatten und immer größere Weltmarktanteile eroberten, während in Deutschland Produktionsstandorte schließen mussten. Die exportorientierte Industrialisierung Chinas verschärfte das Problem für diese Branchen dann in späteren Jahren noch weiter.

Überdies verursachte der Zusammenbruch des Kommunismus 1990 eine weitere Welle von Leerständen, als infolge der Wiedervereinigung der DDR mit der Bundesrepublik große Teile der ostdeutschen Industrie ihre Absatzmärkte verloren.

Was bedeuteten diese allgemeinen Veränderungen nun für die Bauten von Industrie, Bergbau und Verkehr? Industrieanlagen, in denen nicht mehr produziert wurde, standen als Industriebrache leer. An den verlassenen Gebäuden fing mit der Zeit die Witterung an zu nagen, nicht anders als früher an einer aufgegebenen Burg, und überdies begann der Rost an Kesseln, Rohrleitungen und Stahlträgern zu fressen. In abgelegeneren Regionen verharrten die Anlagen lange in diesem Zustand, ohne durch Neubauten ersetzt zu werden, da neuen Produktionen eine gute Verkehrsanbindung wichtig ist. Ebenso langwierig waren oft die Brachen der Montanindustrie im Ruhrgebiet, sei es, weil die Montanindustrie die Brachflächen nicht frei gab oder weil das Ruß-Staub-Rost-Image es für die Städte mühselig machte, neue Betriebe anzuziehen. In dynamischen Wirtschaftszentren sah es hingegen anders aus. Nachdem die Expansion der Großstädte in die Fläche in den 60er und 70er Jahren viel Landschaft im Umland verbraucht hatte, begannen sich seit Anfang der 80er Jahre eine zunehmende Zahl von Untersuchungen und Initiativen mit der Frage zu befassen, wie man die Flächen der innerstädtischen Gewerbebrachen neu nutzen könnte. Als Normalfall galt dabei, zumindest zunächst, die vorhandene Gewerbebebauung abzureißen. Sie bestand oft aus einem Konglomerat verschiedenartiger Baukörper aus mehreren Jahrzenten, das sich nur mit ziemlichem Aufwand hätte differenziert überplanen lassen, und die hohe Spezialisierung vieler Gebäude sperrte sich gegen andere Nutzungen. Überhaupt genossen vergraute Fabrikhallen und angerostete Eisenkonstruktionen nicht das positive Image gemütlicher alter Windmühlen. Die Vorstellung davon, was als historisches Denkmal bewahrenswert sei, begann sich allerdings gerade auf weitere Objekte auszuweiten, und so erhob sich in manchen Fällen nun doch die Frage, ob neue Nutzung des Geländes immer zwangsläufig Abbruch der bestehenden Bauten bedeuten musste oder ob sich nicht auch alte Substanz mit neuen Funktionen füllen ließ. Dabei trat zutage, dass das Streben, alte Bauwerke nicht zu zerstören, aus zwei ganz verschiedenen Motivationen gespeist wurde, die sich gelegentlich sogar in die Quere kamen. Einerseits ging es um das Interesse an prägenden Elementen des Stadtbildes, wobei das Bildungsbürgertum gerade sein Herz für die aufwendig gestalteten Fassaden der Kaiserzeit entdeckt hatte, andererseits ging es um das Interesse von Technikgeschichte und Geschichte der Arbeit an Denkmalen alter Produktionsprozesse. Nun waren Fabrikgebäude der Kaiserzeit oft recht solide gebaut, und das aufsteigende Unternehmertum jener Zeit demonstrierte seinen sozialen Anspruch unter dem Einfluss eines noch halbständischen Repräsentationsdenkens oft zur Straße hin durch eine aufwendige Fassadengliederung. Manches „Fabrikschloss" zierte dann sogar den Firmenbriefkopf. Jetzt entdeckte man, dass sich einige dieser Gebäude für Wohnungen, Eventlokations, Ateliers der Kreativwirtschaft oder als Ausstellungsfläche verfügbar machen ließen, doch dabei blieb dann von der alten Produktionstechnik nichts mehr übrig. Wo neue Nutzungen einzogen, war für alte Maschinen kein Platz. Überhaupt ließ der mehr oder minder intensive Umbau für diese neuen Zwecke und nach neuen technischen Standards bis hin zum Brandschutz vom Alten vielfach kaum mehr als die sorgfältig restaurierte Fassade stehen. Produktionstechnik zu bewahren erwies sich als sehr schwer. Anders als bei denkmalgeschützten Kirchen und Wohngebäuden, die ihre Funktion seit langer Zeit unverändert beibehalten, interessiert Denkmalschutz sich für technische Anlagen erst, wenn diese ihre wirtschaftliche Funktion verloren haben; ihr Denkmalwert liegt ja gerade darin, Dokument einer vergangenen Produktionsweise zu sein. Ins Technikmuseum ließen sich nur einzelne ausgewählte Objekte verfrachten, die auch nicht zu groß sein durften. Nur in Ausnahmefällen konnte man Fabrikationsanlagen als Ganzes zum Museum erklären, also mit allen originalen Maschinen, Rohrsystemen, Fördereinrichtungen usw., und nicht nur die entleerte Gebäudehülle für Ausstellungen erhalten. Von technischen Großanlagen blieb deshalb eigentlich noch am meisten erhalten, wenn man sie als kontrollierte Ruinen verfallen ließ, also eben gerade keine Nachnutzung stattfand.

Je nach Branchen und damit der Art der Baulichkeiten sowie nach Betriebsgrößen bestanden aber auch beträchtliche Unterschiede, war das Bild facettenreicher, als es diese Bemerkungen zu allgemeinen Ursachen und Trends vermuten lassen. Eine besondere Gruppe bildeten die hochaufragenden Bauwerke, die als weithin sichtbare Landmarken wirkten. Um 1900 war die deutsche Industriestadt eine Stadt der Schornsteine. Vor der Industrialisierung reckten sich die Kirchtürme markant über die Dächer der Bürgerhäuser hinaus, jetzt standen sie in einem Wald von hohen Fabrikschornsteinen, deren Qualm die großen Städte in einen permanenten Dunst hüllte. Nichts ist von ihnen geblieben. Im Laufe des 20. Jahrhunderts wurden die Schornsteine schrittweise immer weniger, bis sie am Jahrhundertende wieder ganz aus der Stadtkulisse verschwunden waren. Das hatte mehrere Gründe. In den 1920er Jahren begann der Strom aus den städtischen Elektrizitätswerken die dezentralen Dampfkraftantriebe der einzelnen Fabriken zu ersetzen, seit den 1960er Jahren ging die Produktion der rauchspuckenden Schwerindustrie zurück, und hinzu kam die Zentralisierung auf wenige Hochschornsteine sowie die Rauchgasreinigung. Da Schornsteine zu nichts anderem zu gebrauchen waren und nur Kosten für die Standsicherheit verursachten, wurden sie beseitigt; niemand weinte den Dreckschleudern eine Träne nach.

Schon eher mit Wehmut sahen die Bürger in Hamburg und Bremen hingegen die Hochbauten der Werften verschwinden, die mit der Identität der beiden Städte eng verbunden waren. In Hamburg fiel der Blick von den St.-Pauli-Landungsbrücken über die Elbe ab 1870 auf eine zweieinhalb Kilometer lange Front von Werften am gegenüberliegenden Ufer, die, nach den Demontagen durch die Alliierten in den späten 40er Jahren wieder aufgebaut, mit den Gerüsten ihren Helgen ein einprägsames Hafenpanorama boten. Mit dem Werftensterben verschwand dieser Anblick in den 80er Jahren weitgehend, und Freiflächen und niedrig hingeduckte Nachnutzungen, unter anderem für Musicals, traten an die Stelle. Ebenso wurden in den 90er Jahren in Bremen die weithin sichtbaren Portalkräne der Werften in Gröpelingen und Vegesack nach dem Konkurs der Werften demontiert.

Ganz anders erging es den Wassertürmen. In den fünf Jahrzehnten vor dem Ersten Weltkrieg hatten alle größeren und kleineren Städte ein Netz zentraler Wasserversorgung mit einem meist weithin sichtbaren Wasserturm errichtet. Diese waren mehr oder minder historistisch dekoriert, manche durchaus ein stolzes Zeichen des kommunalen Ingenieurbaus. Schon in der Zeit zwischen den beiden Weltkriegen gab man einzelne Wassertürme auf, wenn man Wassernetze verschiedener Gemeinden zusammenschaltete. Überflüssig gewordene Wassertürme wurde dann abgerissen, z. B. in Berlin Lichtenberg, Reinickendorf, Spandau I und Spandau II (1925-36), in Hamburg-Finkenwerder (1934) und Wuppertal-Hahnerberg (1939). Dass der mächtige Wasserturm im Hamburger Stadtpark 1930 nicht zerstört, sondern in ein Planetarium umgewandelt wurde, war eine seltene Ausnahme; der aufwendig gestaltete Zylinder besaß allerdings auch eine herausgehobene städtebauliche Stellung. In den vier Jahrzehnten nach 1950 nahmen dann elektrische Pumpen einem Wasserturm nach dem anderen die Arbeit ab. Oft ließ man sie zunächst noch jahrelang stehen, teilweise auch als Notreserve. Doch immer mehr von ihnen wurden abgebrochen, beispielsweise in Berlin jene von Pankow, Rosenthal und Lichterfelde (1959-72), in Hamburg in Wandsbek, Winterhude (Am Waisenhaus) und Altenwerder (1953-65), im Nordwesten in Rendsburg und Bad Oldesloe (beide 1974), der Drei-Kaiser-Wasserturm in Wuppertal (1966) und der Turm in Mannheim-Rheinau (1976). 1976/77, ein Jahr nach dem Europäischen Denkmalschutzjahr, kippte dann plötzlich die Stimmung zugunsten der alten Wassertürme. An verschiedenen Orten setzten sich lokale Bürgerinitiativen oder Heimatvereine dafür ein, sie zu erhalten. Teilweise wurden sie darin vom Denkmalschutzamt unterstützt. Den großen Lichtscheider Wasserturm in Wuppertal konnte das nicht retten; er wurde 1977 gesprengt, was jetzt immerhin ein landesweites Echo fand. In einer Reihe von Fällen erreichten die Bürger hingegen, dass der bereits bestehende Abrissbeschluss in diesen Monaten zurückgenommen wurde. Der Wasserturm von Plön wurde so zum ersten bewusst vor seiner Zerstörung bewahrten technischen Baudenkmal in Schleswig-Holstein, und ebenso gehörten dazu die Türme in Hamburg-Rothenburgsort, Bremerhaven-Geestemünde, Mannheim-Wallstadt und Darmstadt (Dornheimer Brücke). Danach wurde kein größerer kommunaler Wasserturm mehr abgerissen. Stattdessen bemühte man sich jetzt, die Bauwerke für Nachnutzungen an private

Interessenten zu verkaufen. Mittelgroße Wassertürme gingen meist an Individualisten, die ihn sich zum originellen Wohnhaus umbauten, obwohl die Türme mit ihrem schmalen und meist fensterlosen Schaft dafür eigentlich nicht sonderlich gut geeignet waren. Sie fanden aber auch eine neue Aufgabe als Jugendzentrum (Berlin-Kreuzberg), Galerie (Essen-Steele) oder Sitz des Narrenmuseums im badischen Rheinfelden. Dabei wurden die technischen Innereien im Regelfall entfernt, so dass die Anlage nur als Landmarke, aber nicht als technisches Denkmal erhalten blieb. Bei sehr großen Wassertürmen war es hingegen schwer, eine Nachnutzung zu finden; in Köln (am Griechenmarkt) und Hamburg-Sternschanze erfolgte nach jahrzehntelangem Leerstand schließlich der Umbau zu Hotels. Aufs Ganze gesehen blieben so die meisten kommunalen Wassertürme erhalten, für die durchweg kleineren und nicht so ansehnlichen von Fabriken und der Bahn gilt das hingegen weniger.

Alte Fabrikanlagen der Nahrungs- und Genussmittelindustrie, von Textilindustrie, Maschinenbau und Elektroindustrie kannten drei grundverschiedene Gebäudetypen, die oft miteinander kombiniert waren: die fünf- bis siebengeschossigen Ziegelbauten, in denen auf mehreren Etagen produziert wurde, ebenerdige Flachbauten über ausgedehnte Grundflächen mit Scheddächern zur ausreichenden Belichtung, in denen sich die Maschinen aneinanderreihten, und große, hohe Hallen zur Montage. Hinzu kamen teilweise separate Verwaltungsgebäude. Während leerstehende Scheddachbauten eigentlich nie Interessenten fanden, sah dies mit den übrigen teilweise anders aus. Die ersten Impulse, ehemalige Fabrikgebäude für neue Zwecke umzunutzen, waren dabei keineswegs von kulturhistorischem Interesse an diesen Gebäuden geleitet, sondern kamen aus der Alternativbewegung. Diese suchte für ihre Projekte einfach Räumlichkeiten, die billig und groß waren. Die Pioniere waren zwei Privatleute, welche die 1899 errichtete, jetzt leerstehende Halle einer kleinen Maschinenbaufabrik in Hamburg-Altona 1971 pachteten und dort ein alternatives Kultur- und Stadtteilzentrum einrichteten. Im Geiste der 68er-Bewegung sollte es Kultur aus dem elitären Umfeld herausholen und in der *Fabrik* für alle erlebbar machen. 1978 gründeten Jugendgruppen in einer ehemaligen Honigfabrik in Hamburg-Wilhelmsburg ein selbstverwaltetes Jugendzentrum, und als 1979 in Hamburg die Schiffsschraubenfabrik Zeise Pleite ging, griff ein Verein, der Räume für eine selbstverwaltete Filmförderung suchte, zu. Die *Fabrik* in Altona wurde zum Vorbild für viele alternative Kulturzentren in anderen deutschen Städten. Das Interesse der Alternativbewegung am Erhalt alter Fabriken konnte aber auch recht konfliktträchtig verlaufen; vor allem die Auseinandersetzungen um die Kölner Stollwerck-Fabrik produzierten bundesweit Schlagzeilen. Nachdem Stollwerck die Schokoladenherstellung 1975 in ein neues Werk in Porz verlegt hatte, sollten die alten Gebäude auf dem 5,5 ha großen innerstädtischen Fabrikgelände, wo Stollwerck seit 1839 produziert hatte, weitgehend beseitigt werden, um neue Wohnungen zu bauen. Diese Abrisspläne der Stadtverwaltung trafen allerdings auf den Widerstand der Bürgerinitiative BISA. Inspiriert von der Idee des „Loft-living", die von New York über London herüberwehte, wo sich zunächst Künstler und Freiberufler in ehemaligen Fabriken günstigen Wohn- und Atelierraum mit reichlich Platz verschafft hatten, forderte die BISA den ganzen Fabrikkomplex zu erhalten. Ihr schwebte ein selbstverwaltetes Projekt mit Ersatzwohnraum für Geringverdiener aus dem umliegenden sanierungsreifen Severinsviertel vor, und zwar zu günstigen Preisen, indem die zukünftigen Bewohner den Umbau der Stollwerck-Gebäude zu Wohn-, Arbeits- und Kulturräumen selbst in die Hand nehmen sollten. Die Konfrontation zwischen dem Leitbild einer technokratischen Stadtplanung von oben und der Vision von einem Modell selbstbestimmter und solidarischer Stadtentwicklung führte zu einem längeren Gezerre zwischen BISA und Politikern. Schließlich ließ der Oberstadtdirektor im Mai 1980 die Abrissbagger anrollen, um das Konzept der Ratsfraktionen für das Stollwerckgelände durchzusetzen. Doch 600 Aktivisten, meist junge Leute aus ganz Köln und auch von außerhalb, kamen ihnen zuvor; sie besetzten am Vorabend die Fabrik und verbarrikadierten sich nach dem Motto: „Macht Stollwerck zum Bollwerk". Die einem autonomen Lebensstil verschriebene Besetzerszene wurde allerdings auch zum Magneten für Obdachlose und andere Randgruppen, und nach fast zwei Monaten rückten die Besetzer gegen eine Reihe von Zugeständnissen ab. Große Teile der Fabrikgebäude dienten dann in den folgenden Jahren Künstlern für ihre Arbeit und Ausstellungen und entwickelten sich damit zu einem Brennpunkt der Kölner Kunstszene. 1987 war damit Schluss; bis auf den sogenannten Annoriegel, in dem Sozialwohnungen entstanden, wurde fast die ganze Fabrik doch abgebrochen und mit Wohnungen neu bebaut.

Auch die ersten Bemühungen von Denkmalschutzinteressierten um ehemalige Fabrikgebäude waren nicht ohne Dramatik. 1970 ließ die Stadtverwaltung von Wermelskirchen bei Köln das klassizistische Gebäude, in dem die erste Ultramarinfabrik der späteren Bayer-Werke entstanden war, wenige Stunden nach Erscheinen der Morgenzeitung abreißen, nachdem der Landeskonservator sich, anstatt die erbetene Zustimmung zu erteilen, am Vortage auf einer Pressekonferenz für den Erhalt ausgesprochen hatte. Ebenso versuchte der Stadtrat von Bendorf 1973 die Gießhalle der ehemaligen Sayner Eisenhütte, ein 1824 in Form einer Basilika errichtetes Gebäude aus Gußeisen, ohne Genehmigung des Landeskonservators beseitigen zu lassen. Doch der bestellte Abbruchunternehmer verständigte einen verwandten Architekturprofessor und dieser mobilisierte die Presse, so dass die ganze Aktion platzte. Eine Bürgerinitiative konnte dann den Erhalt erreichen. Signalwirkung weit über den Ort hinaus hatte der

Kampf um die Ravensberger Spinnerei in Bielefeld. Ihr Hauptgebäude, 1862 fertiggestellt, war mit seinen Elementen englischer Tudorgotik ein Musterbeispiel für ein „Fabrikschloss" und überdies der Ausgangspunkt der Bielefelder Textilindustrie. Bei Überprüfungen in den Jahren 1963 und 1967 hatte der Landeskonservator hier noch nichts Denkmalwürdiges entdecken können, so dass die Stadt anfing, eine großzügige Straßenkreuzung genau auf den Standort der Spinnerei zu planen. 1972 begann sich das Blatt zu wenden: Eine kleine Bürgerinitiative erhob Einspruch und erreichte, dass der Landeskonservator die Spinnerei jetzt unter Denkmalschutz stellte. In jahrelangem Ringen mit der Stadt konnte sie dann durchsetzen, dass die wesentlichen Gebäude der Spinnerei erhalten blieben und ab 1980 für die Zwecke der Volkshochschule umgebaut wurden.

Die Beispiele von alten Fabrikgebäuden mit neuen Nutzungen vermehrten sich, und sie wurden von Kommunalpolitikern und Städteplanern bald gerne als erfolgreiche Projekte publiziert; die Mehrheit der Fabrikschicksale repräsentierten sie hingegen nicht. Die größten Chancen, mit neuer Nachnutzung erhalten zu werden, hatten kleinere und noch aus dem Kaiserreich stammende Anlagen, am liebsten mit repräsentativer historistischer Fassade, während große Fabrikkomplexe bestenfalls in Teilen bewahrt werden konnten. Die richtigen Relationen von Erhalt und Abriss zeigt ein Rundblick über eine Reihe von Brauereien, die alle bis ins 19. Jahrhundert zurückreichten und bei denen die innerstädtischen Produktionsstätten in den letzten Jahrzehnten aufgegeben wurden. 1979 sahen sich sowohl die Adler-Brauerei in Wuppertal als auch die Lindenbrauerei in Unna vom Abriss bedroht, und in beiden Fällen versuchte eine Bürgerinitiative dies zu verhindern und in den Gebäuden stattdessen ein Kulturzentrum einzurichten. Obwohl die Adler-Brauerei, mit ihrer auffälligen Fassade exponiert am Wupperufer gelegen, auch dem Landeskonservator als gut erhaltenes Industrieensemble des späten 19. Jahrhunderts erhaltenswert erschien, wurde sie 1980 abgebrochen, während sich in Unna nach jahrelangem Ringen die Idee eines Kulturzentrums schließlich durchsetzen konnte. In den Hinterlassenschaften der Germania-Brauerei in Münster und der Schultheiss-Brauerei in Berlin (Produktionseinstellung 1984 bzw. 1987) quartierten sich zunächst verschiedenste Nachnutzungen ein, bis schließlich zwar ein Großteil abgerissen, aber ausgewählte denkmalgeschützte Teile erhalten wurden. In Münster musste fast alles bis auf den weithin sichtbaren Germaniaturm 2006 dem Germania-Campus für Studenten weichen, und auf dem Schultheiss-Gelände entstand 2015 ein Einkaufszentrum, in das mehrere denkmalgeschützte Teile der Brauerei integriert wurden. Ähnlich blieb am alten Standort der Dortmunder Union-Brauerei (Produktionsende 1994) der markante Turm des Gär- und Lagerkellers mit dem weithin leuchtenden U an der Spitze stehen und wurde neu genutzt, ebenso von Tucher Bräu in Nürnberg (2008) das denkmalgeschützte Sudhaus, während man alle übrigen Gebäude beseitigte. An anderen alten Brauereistandorten verschwanden die Gebäude fast vollständig zugunsten einer neuen Wohnbebauung, worüber auch gelegentliche Alibi-Fassadenreste nicht hinwegtäuschen können, beispielsweise die Lindener Aktien-Brauerei in Hannover (Produktionseinstellung 1997), in Hamburg die Elbschloss-Brauerei (1997), Bavaria-St. Pauli (2003) und Holsten in Hamburg-Altona (geplant für 2019), Henninger Bräu in Frankfurt (2000) und Paulaner in München (2014).

Gerade besonders große Industriekomplexe hatten keine Chance, nach der Produktionsaufgabe weitgehend erhalten zu werden, erst recht ihre jüngere Bausubstanz, wie drei große Industriestandorte aus Hannover zeigen, an denen die Produktion bis in die Mitte des 19. Jahrhunderts zurückreichte und die zwischen 1973 und 1999 ihren Betrieb einstellten. Der erste war die Döhrener Wollwäscherei und -kämmerei, die nach teilweisen Zerstörungen im Zweiten Weltkrieg wieder aufgebaut worden war und die man jetzt fast gänzlich beseitigte, um eine Neubausiedlung mit rund 1000 Wohneinheiten zu errichten. Nur ganz wenige Gebäude wurden hier bewahrt, vereinzelten Zitaten gleich, vor allem der zinnenbekrönte Uhrtum von 1909. Nicht anders erging es den Continental Gummiwerken in Hannover-Limmer, die 2008-12 fast gänzlich abgebrochen wurden. Fast nur der auffällige Wasserturm mit dem gelben Contizylinder blieb als Erinnerung an eine untergegangene Industrietradition stehen, während selbst denkmalgeschützte Backsteinbauten der Kaiserzeit dem Erdboden gleich gemacht wurden, da sie zu stark mit Giften aus der Gummiproduktion belastet waren. Auf dem 30 ha großen Gelände der hannoverschen Maschinenbaufabrik Hanomag hatte man schon um 1900 herum die meisten Fabrikgebäude durch Neubauten ersetzt; die meisten wurden nach dem Konkurs von 1983 an verschiedene Interessenten verkauft und in den folgenden Jahren abgebrochen. Nachdem ein großer Teil des Geländes lange brach gelegen hatte, begann man ab 2008 die noch erhaltenen Gebäude für verschiedene gewerbliche Nutzungen zu sanieren. Anderenorts sah es ähnlich aus. So wurde in Düsseldorf zwar in der 1895 gegründeten Lakritzfabrik Edmund Münster, einem mittelgroßen Gebäudekomplex, aus dem seit 1931 auch der Kaubonbon MAOAM kam, nach der Produktionsverlagerung 1990 ein Creativ-Center mit Ateliers und Büros eingerichtet, hingegen entstand auf dem 30 ha große Gelände der Gerresheimer Glasfabrik (zeitweise die größte Glashütte der Welt, geschlossen 2005) ein neues Stadtquartier mit 1400 Wohnungen, das „Glasmacherviertel". In diesem erinnern nur noch drei vereinzelte Gebäude an die industrielle Vergangenheit, darunter der markante leuchtende Glasturm mit dem Gerrix-Logo. Es war unter den großen Unternehmen eine Ausnahme, wenn von der *Norddeutschen Wollkämmerei & Kammgarnspinnerei* in Delmenhorst bei Bremen, die

1930 fast 20 000 Beschäftigte gehabt hatte, über das Produktionsende hinaus (endgültig 1981) wirklich umfangreiche kaiserzeitliche Fabrikgebäude stehen blieben. Noch 1978 hielt die zuständige Denkmalbehörde nur einen kleinen Teil der Anlagen für denkmalwürdig, wenige Jahre später bezeichnete sie die Nordwolle als ein einzigartiges Industriedenkmal von europäischem Rang. Die Entscheidungsträger tendierten in den 80er Jahren zum Abriss, und 1990 wurden die riesigen Scheddachhallen beseitigt und ihr Areal mit Reihenhäusern und Gartenhofhäusern neu bebaut. Doch dann besann man sich eines anderen, füllte den Kernbereich der weitgehend erhaltenen alten Backsteinbauten mit neuem Leben in Gestalt von Fabrik- und Stadtmuseum, Volkshochschule, Technologiezentrum, Büros usw. und präsentierte diese Revitalisierung stolz als Außenstandort der in Hannover stattfindenden Weltausstellung EXPO 2000.

Für die Anlagen der Montanindustrie, also der Steinkohlenbergwerke und der Eisen- und Stahlindustrie vor allem im Ruhrgebiet, waren bei einer Schließung die Chancen für eine neuartige Nutzung viel geringer als bei den eben angeführten Branchen, die Wahrscheinlichkeit des Abrisses entsprechend noch größer. Es handelte sich um Großindustrie mit weitläufigen Ensembles zwischen 30 und 200 ha, viel mehr als ein einzelner Interessent mit einer neuen Nutzungsidee verdauen konnte. Die Böden waren vielfach mit starken Vergiftungen belastet, bei Zechen auch mit dem Risiko von Bergschäden, also Sackungen durch unterirdische Hohlräume. Außerdem handelte es sich zum großen Teil auch gar nicht um gemauerte Gebäude, in deren Räumen sich neue Nutzungen etablieren konnten, sondern um frei stehende hochspezialisierte Großtechnik; das gilt für stählerne Fördergerüste der Zechen ebenso wie für Stahlwerke mit ihren überkuppelten Hochöfen, dem Gewirr der Rohrleitungen und den genieteten Zylindern der Gasometer.

Im Ruhrbergbau war es in der Zeit zwischen den Weltkriegen selbstverständlich, dass nach der Schließung einer Zeche die Tagesanlagen oberhalb der Erde ganz oder zumindest weitgehend niedergelegt und die unterirdischen Schächte im Regelfall verfüllt wurden. Zu den oberirdischen Teilen gehörten außer den Fördertürmen auch Kessel- und Maschinenhäuser, Lohnhallen und Waschkauen (um als Bergmann nach der Schicht wieder straßenfähig zu werden), gegebenenfalls auch Kokereien und Brikettfabriken. Als in den 60er Jahren die große Schließungswelle über die Ruhrzechen hereinbrach, bestand diese Abbruchmentalität unverändert weiter, ja wurde durch bergbehördliche Auflagen noch verstärkt. Auch die Tagesanlagen der 1966 endgültig stillgelegten Zeche Zollern II/IV in Dortmund-Bövinghausen sollten beseitigt werden, um mit der Ansiedlung von neuem Gewerbe wieder dringend benötigte Arbeitsplätze zu schaffen. Hier regte sich indessen zum ersten Mal Widerstand. Der Direktor der Werkkunstschule Dortmund, Hans-Paul Koellmann, engagierte sich ausdauernd dafür, die 1902 errichtete Maschinenhalle zu erhalten, einen für ihre Zeit modernen Bau, nicht mehr gemauert, sondern als Stahlfachwerk mit Glasfronten konstruiert und mit einem Jugendstilportal geschmückt. Doch noch im Februar 1969 winkte das zuständige Denkmalschutzamt ab, und im Oktober wurde die Halle zum Abbruch ausgeschrieben. Der Schrottwert wurde auf 215 000 DM taxiert. Aber es kam anders. Mit einem dringlichen Schreiben an den Ministerpräsidenten von Nordrhein-Westfalen konnte ein kleiner Kreis von Kunstinteressierten erreichen, dass der Landeskonservator die Halle aufgrund der Intervention des Ministerpräsidenten doch noch rechtzeitig unter Denkmalschutz stellte. Zum ersten Mal wurde ein technisches Bauwerk des Ruhrgebiets als denkmalwürdig anerkannt, allerdings wäre dies ohne das bisschen Jugendstilornament zu diesem Zeitpunkt so nicht gelaufen. Das Ruhrgebietsimage von Rauch, Ruß und Kohlenstaub ließ seine spezifischen Merkmale nicht attraktiv erscheinen; auch Unternehmensleitungen saßen traditionell meist lieber im vornehmeren Düsseldorf als direkt im Ruhrpott. Als 1971 in Dortmund die Zeche Germania geschlossen wurde und die Idee aufkam, nach dem Abtragen der übrigen Anlage das 71 Meter hohe und 850 t schwere Fördergerüst von 1944 vor dem Deutschen Bergbaumuseum in Bochum aufzustellen, war die Stadtverwaltung in Bochum keineswegs erfreut. In Bochum, das seinen Aufstieg im 19. Jahrhundert der Montanindustrie zu verdanken hatte, waren gerade auch die letzten Zechen geschlossen worden, ihre Fördergerüste weitgehend verschwunden, und man hoffte vom Image der Bergbaustadt loszukommen und nicht zuletzt durch die Gründung der Universität und des Opel-Werkes zu neuen Ufern aufzubrechen. Ein weithin sichtbares Symbol des sterbenden Bergbaus passte nicht dazu. Erst unter dem Druck der Presse gaben die Lokalpolitiker dann nach. Noch mehr sperrte die Bochumer Stadtverwaltung sich jahrelang gegen die Initiative von Bürgern, den 1877 errichteten Malakowturm der bereits weitgehend abgerissenen Zeche Julius Philipp in Bochum-Wiemelhausen zu erhalten. Er stellte ein besonders wuchtiges Exemplar dieser ruhrgebietstypischen Gattung gemauerter Fördertürme aus der zweiten Hälfte des 19. Jahrhunderts dar, die sich in einen historistischen Festungs-Look kleideten und ihren (Spitz)Namen wohl nach dem russischen Fort Malakow bei Sewastopol hatten. Der Kultusminister erklärte ihn schließlich gegen den Willen der Stadtverwaltung zum Baudenkmal.

Im Laufe der 80er und 90er Jahre setzte sich dann allmählich die Bereitschaft durch, auf dem Weg zu einem neuen Ruhrgebiet auch Zeugnisse der verschwindenden Montanepoche nicht nur als übel beleumdete Altlast anzusehen, sondern sie als Architekturkulisse, Landmarke oder auch Technikdenkmal zu bewahren. Mit der 1986 stillgelegten Zeche Zollverein (Schacht XII) in Essen, an deren Stelle die Stadtverwaltung zunächst eine Müllkippe plante, wurde sogar ein ganzer Gebäudekomplex komplett erhalten. Die 1932 in Betrieb genommene Anlage, zwar sachlich-funktionale Industriearchitektur, aber zugleich mit ästhetischem Anspruch, galt architekturgeschichtlich als Gipfel des Zechenbaus im Ruhrgebiet und wurde 2001 sogar zum UNESCO-Kulturerbe erklärt. Vor allem in den 90er Jahren unternahm man massive Anstrengungen, das Image des Ruhrgebiets als graue Malocherregion mit niedergehenden Altindustrien zu überwinden, um es als Standort für neue Firmen attraktiv zu machen, und dazu gehörte jetzt auch, höher qualifizierten Arbeitskräften eine zeitgemäße Lebensqualität bieten zu können. Dafür sollten Kultur, Freizeiteinrichtungen und Events die Städte im Ruhrgebiet aufwerten, und zu diesem Zweck instrumentalisierte man nun auch einzelne Relikte der Montanzeit. Einige graue Technikriesen fanden sich jetzt mit bunten Lichtinstallationen in Szene gesetzt, und viele erhaltene Industriegebäude wurden mit ihrem rauen Charme zur modischen Hülle für die neuen Kulturaktivitäten. Manchmal wurde die alte industrielle Bausubstanz dabei auch ästhetisierend verfremdet. Die Kohlenwäsche von Zeche Maximilian in Hamm bekam 1984 als Aussichtskanzel einen gläsernen Elefantenkopf angebaut, auf das Fördergerüst der Zeche Minister Achenbach in Lünen setzte man ein ufoförmiges Büro, das sogenannte Colani-Ei, und der Turm von Zeche Nordstern in Gelsenkirchen wurde gläsern aufgestockt und 2010 mit einer riesigen Herkulesfigur von Markus Lüpertz getoppt. Auch die Gebäude von Zeche Zollverein wurden für kulturelle Nutzungen erheblich verändert; in das Kesselhaus kam ein schickes Designmuseum, wobei das technische Inventar weitgehend ausgeräumt wurde und vier der fünf Kessel aufgeschnitten und zu Ausstellungskabinen umfunktioniert wurden, in die Kohlenwäsche zog das Ruhrmuseum ein, und Kokerei, Maschinenhaus und Elektrowerkstatt wurden zu Räumen für Kunstausstellungen. Denkmale der Technikgeschichte und Arbeitswelt sind diese genannten Beispiele aber nur begrenzt. Überhaupt soll man sich durch die schlagzeilenträchtigen Nachnutzungsprojekte nicht täuschen; die Abbrüche setzten sich bis über die Jahrhundertwende fort. Der größte Teil der ehemaligen Tagesanlagen der Zechen ist beseitigt worden. An ihrer Stelle entstanden öffentliche Parkanlagen, Wohngebiete und neue Gewerbegebiete. Auf dem Gelände der ehemaligen Zeche Kaiserstuhl in Dortmund steht ein Einkaufszentrum und auf jenem der Zeche Mathias in Essen die Universität. Es waren einzelne ausgewählte Bauwerke, die stehen blieben, hier eine Waschkaue oder Lohnhalle, dort ein Fördergerüst oder Malakowturm. Die aufragenden Bauten beließ man als prägende Landmarke, als Beispiel für eine bestimmte technologische Entwicklungsstufe oder als Aussichtsturm, während die erhaltenen Gebäude nun oft für Veranstaltungen aller Art dienten, von Theater (Zeche Consolidation in Gelsenkirchen) über Ausstellungen, Lesungen und Konzerte bis zur Diskothek (letzteres bei den Zechen

Rheinpreußen in Moers und Minister Stein in Dortmund). Das Erhaltene sind Inseln der Erinnerung im Meer des Verschwindens und Vergessens. Von den einst vermutlich 100 Malakowtürmen im Ruhrgebiet stehen nur noch 14.

Ebenso wie die Zechen waren auch die Stahlwerke überwiegend im Ruhrgebiet konzentriert. Nachdem schon seit Ende der 60er Jahre einzelne Hochöfen stillgelegt worden waren, wurden in den zwanzig Jahren zwischen 1981 und 2001 ganze Eisen- und Stahlwerke endgültig geschlossen, zumindest große Areale davon für industrielle Nutzung komplett aufgegeben. Nun war der Rückgang der Eisen- und Stahlindustrie nicht dermaßen dramatisch wie bei Bergbau und Textilindustrie; von 1970 schrumpfte die Stahlproduktion in Deutschland (heutige Grenzen) bis 2012 von 50,5 auf 42,7 Millionen Tonnen, die Beschäftigtenzahl immerhin von 288 000 auf 99 000. Bei den aufgegebenen Betrieben handelte es sich um eine überschaubare Zahl, doch dafür waren es eine Reihe von außerordentlich großen Anlagen. An diesen Standorten war meist etwa eineinhalb Jahrhunderte lang durchgehend Eisen und Stahl produziert und verarbeitet worden, der Einschnitt und die Herausforderung auch für die Stadtplanung jetzt von besonderer Dimension. Bei citynahen Flächen waren die Stadtplaner froh, hier neue Entwicklungsperspektiven zu gewinnen, das Interesse neu zu bebauen hoch; dementsprechend wurden die Anlagen der Montanindustrie hier fast komplett abgeräumt. In Düsseldorf machten auf einem Industrieareal direkt hinter dem Hauptbahnhof das Thyssen Stahlwerk (schon 1958), die Mannesmann Röhrenwerke und die Vereinigten Kesselwerke dicht, worauf man dort die City Ost als neuen Dienstleistungsstandort entwickelte. In ähnlicher Weise eröffnete Gelsenkirchen 1995 auf der Fläche der Gussstahl- und Eisenwerke nahe dem Hauptbahnhof einen Wissenschaftspark für Firmen mit sanften Technologien sowie ein Naherholungsgelände. In Oberhausen ließ die Gutehoffnungshütte 143 ha Industriebrache zurück. Die Stadt projektierte hier die Neue Mitte Oberhausen: 1996 eröffnete das riesige Einkaufszentrum CentrO, und mehrere Einrichtungen für Freizeitaktivitäten folgten. Pläne, von den ganzen Anlagen der Gutehoffnungshütte wenigstens das moderne Stahlwerk museal zu erhalten, scheiterten letztlich an der Finanzierung, so dass es 2006 ebenfalls abgerissen wurde. Stehen blieb in Oberhausen als größeres Gebäude nur der riesige Gasometer. Vier Jahre wurde in der Öffentlichkeit unter breiter Bürgerbeteiligung kontrovers diskutiert, was man mit dem 117 Meter hohen und 68 Meter dicken Zylinder anfangen sollte. Die Idee der Firma Coca Cola, ihn rot und weiß anzumalen und zu einer riesigen Coladose zu machen, fand zwar erheblichen Zuspruch, konnte sich aber nicht durchsetzen. Schließlich entschied der Stadtrat 1992 mit nur einer Stimme Mehrheit gegen den Abriss und ließ ihn zur Ausstellungshalle umbauen. Dafür bekam er den Gasometer von der Ruhrkohle AG nicht nur geschenkt, sondern noch 1,8 Millionen DM, die für den Abbruch fällig gewesen wären, als Zugabe. Auch Saarbrücken nutzte seine Chancen, die City zu erweitern, als die ARBED-Saarstahl 1982 die Roheisenerzeugung in der Burbacher Hütte, d. h. 60 von 100 ha des Montangeländes in der Stadt aufgab. Die Stadt baute 1993-99 alles ab und entwickelte mit den *Saarterrassen* einen neuen Stadtteil mit Schwerpunkt auf Dienstleistungen und Neuen Medien.

Aufgegebene Eisen- und Stahlwerke in randlicheren Lagen räumte man meist ebenso ab, dort aber um Platz für neue Gewerbegebiete zu schaffen. Auch dabei blieb von der Montanzeit nichts mehr übrig. Das Stahlwerk von Krupp-Hoesch in Duisburg-Rheinhausen wurde zum Symbol für die Stahlkrise. Das direkt am Rhein gelegenen Werk, in dem 1960 noch 16 000 Menschen gearbeitet hatten, machte 1987/88 bundesweit Schlagzeilen, als die Arbeiter mit einer Fülle von Aktionen gegen die Schließung protestierten, unter anderem mit einer spektakulären Besetzung der Rheinbrücke; letztlich alles vergeblich, wie

Stahlwerk Duisburg-Rheinhausen 1974.

sich 1993 zeigte. Danach wurde die 265 ha große Fläche, damals die größte Industriebrache Westdeutschlands, planiert und darauf das Logistikzentrum Logport errichtet. Als Thyssen-Krupp dann im Jahr 2001 im Nordosten Dortmunds die Westfalenhütte bis auf einen kleinen Bereich aufgab, entstand mit 450 ha eine noch größere Industriebrache. Ein Hochofen, ein 800 m langes Warmbreitbandwalzwerk, dazu Kräne, Brücken usw. wurden an eine chinesische Firma verkauft. Diese schickte fast 1000 Chinesen, welche die Anlagen in dreijähriger Arbeit sorgfältig demontierten, sie in 4000 Container verpackten und anschließend in Shanghai wieder aufbauten und neu in Betrieb nahmen. Auch die zurückgebliebenen Gebäude und Anlagen wurden fast gänzlich beseitigt. Auf einem Teil des Geländes entstand ab 2009 ein Logistikpark. Von zwei Hochofenwerken in Norddeutschland, der Ilseder Hütte bei Peine und jenem in Lübeck-Herrenwyk, blieb nach der Schließung Anfang der 80er Jahre ebenfalls fast nichts übrig; hier siedelte sich neues Gewerbe an. Bei der Henrichshütte in Hattingen, 1987-2004 schrittweise geschlossen, wurde Hochofen II 1990 auch demontiert und nach China verkauft, und auf 75 ha entstand eine Gewerbefläche mit zahlreichen neuen Mittel- und Kleinbetrieben in neuen Gebäuden. Immerhin wurden hier auf 7 ha Teile des Hüttenwerks als Freilichtmuseum erhalten.

Teilweise bestand aber auch gar kein großes Interesse, die Flächen ehemaliger Eisen- und Stahlwerke neu zu nutzen. Beim Hoesch-Stahlwerk in Dortmund-Hörde konnten die Chinesen genauso alles Verwertbare einpacken und mitnehmen. Anschließend wurde der Teil Phoenix-Ost 2003 komplett abgerissen, und an seiner Stelle legte man einfach einen Naherholungspark mit einem großen See an, während im Teil Phoenix-West die Hälfte des Geländes als Phoenix-Park zur Grünanlage wurde, zugleich aber zwei Hochöfen mit Nebengebäuden als Denkmal stehen blieben und in einem Teilbereich Unternehmen der Mikro- und Nanotechnologie aufbauen konnten. Als in Bochum 1985 Krupp das Stahlwerk an der Westseite der Innenstadt dicht machte, schien sich auch hier ein attraktives Stadtviertel entwickeln zu lassen. Fast alle Baulichkeiten wurde beseitigt, ausgenommen die 1902 als Ausstellungshalle errichtete Jahrhunderthalle. Mit dem Westpark schuf man ringsherum ein grünes Naherholungsgelände, doch die erhoffte Ansiedlung von neuen Arbeitsplätzen mochte nicht recht in Gang kommen. Im saarländischen Neunkirchen entstand auf dem Gelände des 1982 geschlossenen alten Eisenwerks ebenfalls nur ein Erholungspark, in dem 2 der 6 Hochöfen und ausgestellte alte Maschinenteile noch an die Vergangenheit erinnern (nebenan produziert das moderne OBM-Stahlwerk weiter). Als 1985 im Norden Duisburgs Thyssen 1982/85 die noch verbliebenen drei Hochöfen ausblies, galt es in der Stadtverwaltung anfangs als ausgemacht, dass man auch dieses Werk plattmachen müsse. Hier konnten

Interessengemeinschaften von Bürgern indessen erreichen, dass die vielfältigen Werksanlagen nicht abgebrochen wurden, und ab 1992 entwickelten Stadt und Bundesland im Rahmen der Internationalen Bauausstellung Emscher Park das 200 ha große Gelände nach dem Konzept eines Landschaftsparks, d. h. sie überließen die Anlagen weitgehend einfach sich selbst, ohne sie groß für neue Nutzungen oder museal-didaktisch aufzubereiten. Im größten Teil durfte die wildwachsende Natur sich frei ausbreiten. Bei den stählernen Anlagen setzte man darauf, dass sie angesichts der massiven Konstruktion nicht so rasch verfallen würden. Das Gewirr der Rohre, Kessel und Gleisanlagen konnten Spurensucher erkunden, im wassergefüllten Gasometer durften Taucher sich vergnügen und im Erzbunker wurden die wild entstandenen Kletteraktivitäten legalisiert.

Zwei bemerkenswerte Sonderfälle sollen noch erwähnt werden, die beide einen besonderen Bezug zu den Weltkriegen haben. Im saarländischen Völklingen, woher im Ersten Weltkrieg 90 % der deutschen Stahlhelme kamen, legte die Saarstahl-AG die sich über 7,5 ha erstreckenden Anlagen der Roheisenproduktion 1986 still, während sie auf den übrigen 250 ha weiter produzierte. Hier riss man nichts ab, nicht zuletzt aus Kostengründen, sondern stellte die stillgelegten Eisenwerke rasch unter Denkmalschutz und erschloss sie für Besichtigungen. Kein anderes Hüttenwerk auf der Welt ist so vollständig erhalten. Ganz anders die ehemalige Kruppsche Gussstahlfabrik in Essen, die in zwei Weltkriegen und davor die führende Waffenschmiede des Deutschen Reiches gewesen war. Das 230 ha große Fabrikgelände am Westrand der Innenstadt war im Zweiten Weltkrieg durch den Bombenhagel zu zwei Dritteln zerstört worden, und anschließend demontierten die Besatzungsmächten die noch verwendungsfähigen Teile größtenteils (und stellten die Firmenleitung in den Nürnberger Kriegsverbrecherprozessen vor Gericht). Danach wurde die Fabrik nicht wieder aufgebaut, sondern lag Jahrzehnte lang weitgehend brach. Nur einen kleinen Teil des unzugänglichen Geländes gab Krupp in den 50er Jahren für Gewerbeansiedlung frei. Zufälligerweise war der Eingangsbereich zur Krupp-Welt inmitten der Kriegszerstörungen und danach erhalten geblieben. Die hier gelegene große Halle der 8. Mechanischen Werkstatt von 1901 mit ihrer kräftig strukturierten Backsteinfassade diente seit 1996 als Musical-Theater, und in das gegenüber gelegene ehemalige Press- und Hammerwerk setzte IKEA ein Parkhaus (nachdem es das ganze Innenleben entfernt hatte). Erst im Jahr 2007 begann man, das inzwischen völlig freigeräumte Krupp-Gelände ganz neu zu bebauen.

Durchaus andere Perspektiven boten sich bei alten Hafenbereichen. Dass kleinteilige, innenliegende Hafenareale durch die Veränderungen der Verkehrstechnik und der Art des Güteraufkommens zunehmend verödeten, war ein weltweit auftretendes Thema. Nachdem in den USA in den 70er Jahren Boston und in Europa in den 80er Jahren London vorangegangen waren, begannen sich die Planer auch in westdeutschen Städten zu fragen, wie man heruntergekommenen Hafenteile revitalisieren könnte. Sieht man auf den eigentlichen Startschuss, den Beschluss eines Masterplanes, so ergriff als erstes 1989 Düsseldorf mit seinem Konzept des Medienhafens die Initiative, es folgten 1992/92 Duisburg (Innenhafen) und Frankfurt (Westhafen), 1998/99 Köln (Rheinauhafen), Hamburg und Bremerhaven und schließlich 2003 auch Bremen, dazu kam (ohne eine Gesamtplanung) der Binnenhafen Hamburg-Harburg. Natürlich waren die Dimensionen der Projekte recht verschieden. In Frankfurt, Düsseldorf und Köln handelte es sich um überschaubare Binnenhafenareale von 12 bis 26 ha, bei dem Duisburger Innenhafen ging es immerhin um 89 ha, wogegen das Planungsgebiet der neuen Hafen-City in Hamburg sich über 188 ha erstreckte und das der neuen Überseestadt in Bremen sogar über 288 ha. Das Rezept dieser Revitalisierungsprojekte, die sich jeweils über mindestens zwei Jahrzehnte hinzogen, war jedoch im Kern bei allen gleich. Es handelte sich um innenstadtnahe Gebiete in Großstädten, die durch die Lage am Wasser das Potential für eine besondere stadtlandschaftliche Attraktivität boten, für Einheimische ebenso wie für Touristen. Hier wurden vor allem Büros für Dienstleistungen geschaffen, in zweiter Linie auch neuer Wohnraum, das Ganze oft ergänzt durch Gastronomie, einzelne Museen und andere kulturelle Einrichtungen und am besten noch dekoriert mit einzelnen alten Kränen und ein bisschen Marina aus Sportbooten. Was sollte nun mit der bestehenden Bebauung geschehen? Große Speicher und Mühlengebäude aus der Kaiserzeit mit ihrer historistischen Fassadengestaltung, sofern sie denn überhaupt die Kriegszerstörungen überstanden hatten, ließ man jetzt im Regelfall stehen und füllte sie mit neuem Leben. Gerade die Firmen der sogenannten Kreativen nahmen das Ambiente mit Gusseisensäulen und wuchtigen Holzbalken gerne an. Große und architektonisch markante Bauten aus der Zwischenkriegszeit nutzte man teilweise ebenso neu. Hingegen wurden die schmucklosen Stahlbetonbauten der Nachkriegszeit fast immer gesprengt, und die schlichten niedrigen Sortierschuppen machte man bis auf ganz wenige Ausnahmen platt. Aufs Ganze gesehen überwogen eindeutig die Neubauten, in Frankfurt und Hamburg blieb sogar fast nichts von der Vorbebauung erhalten (die ab 1885 errichtete große Speicherstadt in Hamburg rechnete nicht zum Planungsgebiet).

Ebenfalls um 1990 herum begann die Bundesbahn Güterbahnhöfe, die sie angesichts verschwindender Nachfrage geschlossen hatte, aufzugeben. In manchen Großstädten wurden damit innenstadtnahe Areale beträchtlicher Größe verfügbar, z. B. der Hauptgüterbahnhof Frankfurt und der Zentralgüterbahnhof in Köln-Gereon. Die Gleisanlagen, Lagerschuppen und Betriebswerke mussten hier den Neubauten für Dienstleistungen und Wohnen fast komplett weichen; ihnen wurde kein Wert für das Stadtbild zugemessen.

Während das bisher Gesagte für das Gebiet der alten Bundesrepublik galt, so überfiel das Abrissproblem die Industrie in den neuen Bundesländern viel überraschender und heftiger. Die friedliche Revolution in der DDR Ende 1989, genauer die darauf folgende Wirtschafts- und Währungsunion mit Westdeutschland im Juli 1990, führte hier zu einer dramatischen Deindustrialisierung. Beinahe schlagartig kauften die DDR-Bürger jetzt fast nur noch die attraktiveren West-Waren, und auch der Export in den Ostblock-Binnenmarkt brach weg, da er die Handelspartner jetzt harte DM-Devisen kostete. Auf diese Weise verlor die ostdeutsche Industrie den größten Teil ihres Absatzmarktes, und dementsprechend brach ihre Produktion von Anfang 1990 bis Mitte 1991 um 65 % ein. Eine wenig attraktive Produktpalette und stark überalterte, ja verschlissene Produktionsanlagen mit geringer Produktivität bei gleichzeitig stark steigenden Reallöhnen ruinierten ihre Wettbewerbsfähigkeit. Die staatlichen Industriebetriebe wurden über die Treuhandanstalt bis 1994 privatisiert, d. h. weitgehend an westdeutsche Unternehmen verkauft, die diese Produktionskapazitäten oft gar nicht brauchten und stilllegten. Innerhalb weniger Jahre stand ein beträchtlicher Teil der ostdeutschen Industriegebäude leer. Der Aufbau neuer Gewerbebetriebe lief nur zögerlich an, und Investoren hatten wenig Interesse, sich in die alten und heruntergekommenen Gehäuse zu setzen, sie wollten lieber auf beräumten Flächen ganz ohne Altlasten starten. Hier kamen die Gemeinden ihnen gerne entgegen, denn angesichts der hohen Arbeitslosigkeit war jeder Investor, der neue Arbeitsplätze versprach, heiß umworben. Außerdem gab es für Abbrüche auch noch Subventionen aus ABM-Mitteln. Nur vereinzelt versuchte der Denkmalschutz dazwischen zu treten, aber angesichts der extremen Umbruchdynamik und der weit verbreiteten Abwertung von Relikten der sozialistischen Mangelwirtschaft hatte er bei alten Fabrikgebäuden einen schlechten Stand, zumal es für ihn mit vielen „klassischen“ Objekten schon alle Hände voll zu tun gab. So kam es zu einer Abrisswelle von Industriebauten in der ehemaligen DDR. In den Jahren 1991 bis 2002 wurde in den neuen Bundesländern etwa zweieinhalb mal soviel Bestand an Industrie- und Gewerbebau zerstört wie in Westdeutschland.

Besonders betroffen waren die älteren Gebäude aus der Zeit vor dem Zweiten Weltkrieg, von deren Bestand in diesem Zeitraum in Thüringen und Sachsen-Anhalt 46 % verschwanden, in Sachsen 42 %, Mecklenburg-Vorpommern 35 % und Brandenburg 34 %[92]. Es ist bemerkenswert, in welchem Umfang in der DDR sogar immer noch in Fabrikgebäuden aus der Kaiserzeit produziert worden war. Durch die geringere Dynamik der kommunistischen Zentralverwaltungswirtschaft und durch den Mangel an Abbruch- und Baukapazität hatten sie sich in Ostdeutschland in stärkerem Maße erhalten als in Westdeutschland. Jetzt fielen etliche davon plötzlich dem Abriss zum Opfer. In Halle an der Saale gehörten dazu in den Jahren 2002-08 unter anderem die Schokoladenfabrik Most, eine der ersten Schokoladenfabriken in Deutschland, der 1862 in gelbem Backstein errichtete Komplex der Zuckerraffinerie, die Karamelfabrik (Beesener Straße), die Dampfbrotfabrik (Merseburger Straße) und die Diamaltfabrik (Halle-Diemitz). Es war eher die Ausnahme, dass eine alte Fabrik unter Denkmalschutz stand und jetzt für Büros und Veranstaltungen umgebaut wurde. Herausragendes Beispiel ist die Yenidze in Dresden, die 1908 als größte deutsche Zigarettenfabrik errichtet wurde und sich nach wie vor wie eine große Kuppelmoschee stadtbildprägend über die Häuser erhebt, begleitet von ihrem als Minarett getarnten Schornstein.

Natürlich differierte die Konstellation in den neuen Bundesländern je nach Art der Bauwerke und Lage erheblich, wobei bestimmte aus Westdeutschland bekannte Muster wieder begegnen. Drei Beispiele verdeutlichen die Spannweite. In Erfurt befindet sich in zentraler Lage direkt hinter dem Dom der Brühl, das erste Industriegebiet der Stadt. Hier wurde die industrielle Nutzung 1990 gänzlich beendet, ein Großteil der Fabriken beseitigt und ein ganz neuer Stadtteil mit Theater, Spielkasino, Büros und Wohnungen errichtet, wobei einige alte Industriebauten als erhaltenswert galten und Nachnutzungen fanden. Auf dem etwa 600 ha großen Gelände der Chemieindustrie in Bitterfeld, aus der etwa 80 % der Chemieprodukte der DDR stammten, wurden die Anlagen größtenteils stillgelegt und zurückgebaut. Sie waren veraltet und zugleich für eine katastrophale Vergiftung der Umgebung verantwortlich; der stinkende „Silbersee" bei Wolfen mit seinen massiven Schwermetallablagerungen wurde zum Synonym für Umweltsünden in der DDR. Ganze fünf Bauten stellte man in Bitterfeld unter Denkmalschutz. Auf den beräumten Flächen bauten westdeutsche Firmen dann eine neue Chemieindustrie auf. Schließlich das Gebiet des Braunkohlentagebaus zwischen Dessau, Bitterfeld und Wittenberg; dieses hatte zusammen mit großen Kraftwerken für die nötige Energie gesorgt, aber ebenso für extreme Umweltbelastungen. Die landschaftsfressenden Tagebaue wurden jetzt weitgehend renaturiert. Im ehemaligen Tagebau Golpa-Nord allerdings bewahrte man fünf Riesengeräte des Tagebaus vor der geplanten Verschrottung, indem man sie als originelle Kulisse für eine Veranstaltungsarena arrangierte. Bestrebungen von verschiedener Seite, das benachbarte und 1994 stillgelegte Großkraftwerk Vockerode als Industriedenkmal zu erhalten, scheiterten hingegen letztlich. Im Jahr 2001 wurden die vier Schornsteine, die als Landmarke 140 Meter hoch aus der flachen Landschaft emporragten, gesprengt und wesentliche Teile des Kraftwerks niedergelegt.

Die Soldaten gehen - wer kommt?

Der politische Umbruch um 1990 bedeutete auch für eine große Zahl von Kasernen einen Verlust ihrer bisherigen Funktion, und zwar im gesamten Bundesgebiet und in einem viel größeren Maße als am Ende der beiden Weltkriege. Durch die Vorgaben des Versailler Vertrags von 1919 hatte das deutsche Heer von 761 000 Mann (Friedensstärke im April 1914) auf 100 000 Mann schrumpfen müssen. Auch damals wurden zahlreiche Kasernen überflüssig, die man dann für Polizeizwecke, als Notwohnungen, Jugendherbergen, Lagerhallen oder anders nutzte; zu Abrissen kam es indessen in dieser Zeit der Knappheit kaum. Mit der Kapitulation der Wehrmacht im Mai 1945 wurden die deutschen Streitkräfte sogar vollständig aufgelöst, aber in den umfangreichen Besatzungstruppen fanden die Wehrmachtskasernen rasch neue Nutzer. Ganz anders sah es in dem Vierteljahrhundert nach Ende des Kalten Kriegs aus, als sich niemand mehr einen neuen Krieg in Mitteleuropa vorstellen konnte und man gerne die Rüstungslasten erleichterte. Die Bundeswehr, die sich aufgrund der Wiedervereinigung die ostdeutsche Nationale Volksarmee eingegliedert hatte und danach 1990 im Oktober 585 000 Soldaten zählte, schrumpfte bis 2015 auf 180 000 Soldaten. Sie gab in dieser Zeit um die 300 Kasernen auf. Die Sowjetunion musste auf Grund des Zwei-plus-vier-Vertrags bis 1994 ihre 380 000 Soldaten vom Territorium der ehemaligen DDR abziehen, und die Summe der in Westdeutschland stationierten amerikanischen, britischen, französischen, belgischen, niederländischen und kanadischen Streitkräfte reduzierte sich 1990 bis 2016 von 397 000 auf 41 000 Soldaten. So wurden in den Jahren nach 1990 eine große Zahl von Kasernenbauten verlassen, fast 100 alleine in Nordrhein-Westfalen.

Für die Frage, wie man jetzt mit den betroffenen Kasernen umging, war bedeutsam, dass sie drei ganz unterschiedlichen Bauphasen angehörten. Zunächst waren in den Jahrzehnten des deutschen Kaiserreiches in großem Umfang Kasernen gebaut worden. Damit kamen die Soldaten aus der beengten und teilweise zerstreuten Unterbringung in ehemaligen Klöstern, Festungen und angemieteten Gebäuden heraus und konnten nun in weiträumigere, speziell für diesen Bedarf errichtete Gebäudekomplexe umziehen, die jetzt den zeitgenössischen Standards an sanitären Anlagen und hygienischen Küchenverhältnissen entsprachen und ausreichend Platz für den gestiegenen Raumbedarf von Ausrüstung und Fuhrpark aufwiesen. Die zweite Bauwelle fand 1935-39 statt, als mit der nationalsozialistischen Wiederaufrüstung überall in Deutschland neue Kasernen aus dem Boden schossen. Sie war zwar kurz, stellte aber trotzdem ein riesiges Bauprogramm von mehreren Hunderten Kasernen dar. Als schließlich ab 1955 die Bundeswehr aufgestellt wurde, mussten noch einmal rund zwei

Jahrzehnte lang neue Kasernen errichtet werden, da die ehemaligen Wehrmachtskasernen zum großen Teil durch ausländische Truppen belegt waren.

Die vom Militär geräumten Kasernenkomplexe wurden der *Bundesanstalt für Immobilienaufgabe* übertragen und dann verkauft. Einige Städte, die bedeutende Garnisonsstandorte mit mehreren Kasernen gewesen waren, gerieten dadurch unerwartet an beträchtliche Flächen. In Neu-Ulm waren es 140 ha, in Osnabrück 160 ha, Augsburg und Münster jeweils 200 ha und Mannheim und Trier sogar jeweils über 300 ha. Welche Möglichkeiten waren vorstellbar, diese Flächen neu zu nutzen? Durch Stadtplaner, kommunale Entwicklungsgesellschaften, Wettbewerbe und private Projektentwickler wurden vielfältige Ideen produziert, darunter etliche Pläne und Hoffnungen, die sich dann auch wieder zerschlugen. Das Ganze war ein Prozess, der sich seit etwa 1995 über gut zwei Jahrzehnte hinzog. Zwischen dem Auszug der Soldaten und der endgültigen Entscheidung über die weitere Verwendung lagen oft Jahre des Leerstands und Verfalls, teilweise mit zerstörerischem Vandalismus, an manchen Orten auch Jahre der Zwischennutzung, z. B. Mitte der 90er Jahre und dann erneut zwanzig Jahre später als Flüchtlingsunterkünfte.

Da Bauten des Historismus inzwischen als Baudenkmäler etabliert waren, standen die Kasernen der Kaiserzeit durchweg unter Denkmalschutz, zumindest ihre mit repräsentativen Fassaden versehenen Hauptgebäude. Als Nachnutzungen fanden sich Hochschulen (z. B. Hindenburgkaserne in Ansbach, Von-Einem-Kaserne in Münster, Caprivikaserne in Osnabrück, Emilienkaserne in Lippe), aber auch Landesbehörden (Grenadierkaserne Karlsruhe) oder ein Film- und Medienzentrum (Reinhardtkaserne Ludwigsburg). Die Baustruktur mit langen Fluren und Gemeinschaftssanitäreinrichtungen war dafür besonders geeignet, und die übrige Fläche des Kasernengeländes wurde meist mit modernen Ergänzungsbauten nachverdichtet. Gelegentlich hat man kaiserzeitliche Kasernengelände auch zu neuen Wohnquartieren umgebaut, teilweise verbunden mit Dienstleistungen und Kleingewerbe, wobei dann das ganze Gelände in starkem Maße neu bebaut und auch die erhaltenen kaiserzeitlichen Gebäude im Inneren stark umgeformt wurden. Die Konversion der Loretto-Kaserne in der Tübinger Südstadt und der Prinz-Karl-Kaserne in Augsburg wurden als hochgelobte Modellprojekte entwickelt, und im Norden verwandelte sich der Marinestützpunkt Flensburg-Mürwik in eine schicke Marina.

Kasernen aus der Nazizeit sahen sich weniger wohlwollend behandelt. Für NS-Bauten begann in den 90er Jahren gerade erst die Diskussion, ob sie vielleicht auch denkmalwürdig sein könnten, und besonders Militärbauten der Nazis wurden meist als besonders kulturlos und hässlich empfunden. Es wirkt paradox: während sie den Zweiten Weltkrieg weitgehend unzerstört überstanden hatten und fast alle bis 1990 erhalten geblieben waren, brach jetzt die Abrisswelle über sie herein. Die Wehrmacht hatte die Kasernen ursprünglich am Stadtrand gebaut (weshalb die Bombennächte des Weltkriegs ihnen wenig angetan hatten), aber mit der Suburbanisierung in der Zeit der Bundesrepublik waren sie in die Städte hineingewachsen und bildeten jetzt Fremdkörper in relativ innenstadtnahen Lagen. In den größeren Städten bestand angesichts stark gestiegener Bodenpreise und Mieten ein erheblicher Druck, diese Flächen neu zu nutzen, vor allem um den Wohnungsmarkt zu entlasten. So wurden viele Wehrmachtskasernen aus den 30er Jahren fast gänzlich abgerissen und auf dem freigeräumten Gelände neue Wohnquartiere errichtet, überwiegend Einfamilienhäuser und Reihenhäuser, aber auch Geschosswohnungsbau, gelegentlich auch als Projekte mit experimentellen Wohnformen. Die Fälle ziehen sich quer durch die ganze Republik, z. B. in Süddeutschland Funkkaserne und Prinz-Eugen-Kaserne in München, Sheridan-Kaserne Augsburg, Nibelungenkaserne in Regensburg, Grenadierkaserne Stuttgart, Flakkaserne und Krabbenlochkaserne in Ludwigsburg, Mudrakaserne Karlsruhe, Ludendorff-Kaserne Kornwestheim, Ludendorff-Kaserne Heilbronn und Gendarmeriekaserne Mannheim, in Westdeutschland Ruhrland-Kaserne Essen, Reitzensteinkaserne in Düsseldorf und Scharnhorst-Kaserne in Lingen sowie in Norddeutschland Roselies-Kaserne und Heinrich-der-Löwe-Kaserne Braunschweig, Caspari-Kaserne Delmenhorst, Graf-Goltz-Kaserne, Boehn-Kaserne, Lettow-Vorbeck-Kaserne und Röttiger-Kaserne in Hamburg und die Kaserne auf der Freiheit in Schleswig. Nur selten entstand an der Stelle abgebrochener Wehrmachtskasernen etwas anderes als Wohnbebauung; Beispiele sind ein Klinikum und Facharztzentrum auf dem Gelände der Ledebur-Kaserne in Hildesheim und ein Gewerbepark an Stelle der Schlieffen-Kaserne in Heilbronn sowie der Argonnen-Kaserne in Hamm. Völlig aus dem Rahmen fiel es, dass die Bauten der Rheinau-Kaserne in Mannheim einem Landschaftsschutzgebiet wichen. Hier konkurrierten zunächst die Pläne für ein Mercedes-Service-Center oder Logistikzentrum mit dem Engagement der Naturschutzbehörden für Zauneidechsen, blauflügelige Ödlandschrecke und Sandthymian. Letztere konnten sich schließlich durchsetzen, als in Mannheim reichlich anderes Militärgelände verfügbar wurde. An einigen städtischen Standorten wurden aber von den Kasernen der 30er Jahre auch nur die Bauten des technischen Bereichs, also vor allem für Fahrzeuge, beseitigt und diese Fläche neu bebaut, hingegen Mannschaftsunterkünfte und Stabsgebäude weiter genutzt und teilweise unter Denkmalschutz gestellt. Hier zogen dann Behörden ein (z. B. Raffler-Kaserne in Regensburg, Luftwaffenbekleidungsamt in Bielefeld und die SS-Kaserne in Nürnberg, wo das Bundesamt für Flüchtlinge unterkam), andere dienten jetzt Universitäten und Fachhochschulen (z. B. Roland-Kaserne in Bremen, Saarburg-Kaserne in Wuppertal, Scharnhorst-Kaserne in Lüneburg, Rumbecke-Kaserne in Soest und die Kaserne Kirschenallee in Potsdam). In der Wuppertaler Sagan-Kaserne etablierte sich ein Technologiezentrum, und im Heeresverpflegungsamt in Münster zogen verschiedene Dienstleistungsbetriebe und das Staatsarchiv ein. Bei manchen Wehrmachtskasernen wurden die Unterkünfte auch zu Wohnungen umgebaut, so in der Von-Goeben-Kaserne in Stade, Churchill-Barracks (ehemalige Flakkaserne) in Lippstadt, Wrexham-Barracks (Pionierkaserne) Mühlheim/Ruhr, Portsmouth-Kaserne (Artilleriekaserne) Münster, Kaserne Klerken in Köln, Hindenburg-Kaserne in Kassel und Trave-Kaserne in Lübeck.

Schwierig wurde es gelegentlich, wo es nicht nur um pragmatische Nutzungsmöglichkeiten des ehemaligen Kasernengeländes ging, sondern wo die Idee des Denkmalschutzes und ideologische Auseinandersetzungen mit dem Nationalsozialismus mit ins Spiel kamen. Das Stabsgebäude der Karlsruher Mudra-Kaserne und die Waffenmeisterei der Caspari-Kaserne in Delmenhorst wurden zunächst unter Denkmalschutz gestellt, dann aber 2006 bzw. 2008 trotzdem abgerissen. Während es hier mehr um einen pragmatischen Nutzungsdruck ging, sorgten in Hamburg gleich drei Fälle für politischen Diskussionsstoff. Am Torbau der Graf-Goltz-Kaserne zeigten Reliefs von 1939 den deutschen Einmarsch in Prag und die Eroberung von Brest-Litowsk. Während das Denkmalschutzamt den Torbau als Geschichtsdokument erhalten wollte, sah der Investor darin eine Zumutung für die friedlichen Bewohner des auf dem Kasernengelände neu entwickelten Wohnquartiers, und der von den Grünen gestellte Stadtentwicklungssenator hatte Angst vor einem künftigen Treffpunkt von Rechtsradikalen. Nach jahrelanger Diskussion wurde der Torbau 1999 entfernt. Auch bei der Lettow-Vorbeck-Kaserne, welche in der NS-Zeit die Erinnerung an die deutsche Kolonialvergangenheit aufrecht erhalten sollte, waren die Reliefs am Torbau das Problem. Sie zeigten Askaris, also schwarze Kolonialsoldaten, und sollten deren Treue und Gehorsam gegenüber ihren weißen Herren zum Ausdruck bringen. Man verlagerte sie 2003 auf ein Areal mit dem nahegelegenen Denkmal für die deutsche Kolonialtruppe, woran sich Proteste und langwierige Diskussionen über einen angemessenen Umgang mit dem ursprünglich kolonialrevisionistischen Erbe entzündeten. Bei dem Gebäude des Generalkommandos in Hamburg, dem einzigen namhaften öffentlichen Gebäude der NS-Zeit in Hamburg, erzielte der Denkmalschutz einen Scheinsieg: Die Fassade und der Festsaal blieben erhalten, dahinter wurde alles abgerissen und dort ab 2012 Luxuswohnungen errichtet. So gelangt man nun durch den herrischen Pfeilerportikus von 1937, auf dem unverändert zwei Nazi-Adler hocken, in eine der teuersten Wohnanlagen Deutschlands. Es wirkte wie eine geheime Rache der sozialdemokratisch geführten Behörden an diesem elitären Investorenprojekt im vornehmen Stadtteil Harvestehude, wenn sie 2015 direkt daneben eine Asylbewerberunterkunft einquartierten. Hingegen wurde in Heidelberg die Großdeutschlandkaserne schon 1992 unter Denkmalschutz gestellt, und zwar gerade wegen ihrer besonders aufwendigen kriegsverherrlichenden Ikonographie. Diese hatte die Jahrzehnte, als hier das Hauptquartier der amerikanischen Streitkräfte in Europa saß, unbeschadet überwintert. Die SS-Kaserne in Nürnberg wollten die Lokalpolitiker zunächst am liebsten beseitigen lassen, um Platz für neuen Wohnraum und Gewerbe zu gewinnen, doch das Denkmalschutzamt stellte den palastartigen Bau als besonders bedeutenden NS-Bau unter Schutz. Hier tauchten jetzt die Hakenkreuzbänder im Mosaikfußboden des Festsaals wieder auf, welche die Amerikaner während ihrer Nutzungszeit im wahrsten Sinne des Wortes einfach unter den Teppich gekehrt hatten. Ein gläserner Kantinenanbau versuchte die steinerne Monumentalität der NS-Architektur zu kontrastieren, wenigstens ein bisschen. Während es bei diesen Bauten um die besondere Gestaltung ging, war es beim SS-Truppenlager des früheren Konzentrationslagers Sachsenhausen die besondere Örtlichkeit. Nachdem die NVA die Gebäude verlassen hatte, wünschte die Stadt Oranienburg das Gelände für die weitere Stadtentwicklung zu nutzen. Bei dem 1992 ausgeschriebenen städtebaulichen Wettbewerb schlug der us-amerikanische und jüdischstämmige Architekt Daniel Libeskind entgegen der Wettbewerbsaufgabe vor, die Gebäude bis auf die Grundmauern abzubrechen und das Gelände als einen „Unort" unter Wasser zu setzen. In einem komplizierten Diskussionsprozess gelangte man dann zu einem Kompromiss, bei dem einige Gebäude erhalten blieben; dort zog die Polizeifachschule ein. Schließlich tauchte im Jahr 2005 auch die ehemalige NS-Ordensburg Vogelsang in der Eifel gut erhalten aus dem militärischen Sperrgebiet der abziehenden Belgier auf, einst begonnen, um im nationalsozialistischen Geiste fanatischen Führungsnachwuchs für die NSDAP zu erziehen. Das über eine riesige Fläche verteilte Gebäudeensemble ist weniger monumentale Imponierarchitektur als weitgehend in die Landschaft eingepasste Heimatschutzarchitektur, die aber im Detail einiges an kraftstrotzendem Figurenschmuck bietet. In der mehrjährigen Debatte darüber, was man damit anfangen solle, gingen die Meinungen weit auseinander. Der Vorsitzende des Zentralrates der Juden, Paul Spiegel, schlug vor, Vogelsang bewusst verfallen und dadurch als Ruine zum Mahnmal werden zu lassen, und der ehemalige NRW-Innenminister Hirsch forderte, aus politischen Gründen soviel wie möglich davon abzureißen; dagegen stand der Wunsch der Experten, die zu großen Teilen schon 1989 unter Denkmalschutz gestellte Anlage als einzigartiges Dokument zu erhalten, und der NRW-Bauministers Vesper brachte die noch weitergehende Idee ins Spiel, hier die Ausstellung *Verbrechen der Wehrmacht* dauerhaft zu zeigen. Schließlich entschied man sich, das Ganze mit hohem Aufwand zu einem internationalen Veranstaltungs- und Tagungsort umzugestalten.

Im Unterschied zu den Kasernen aus der Zeit vor dem Zweiten Weltkrieg kam niemand auf die Idee, die von der Bundeswehr errichteten Kasernenbauten für schutzwürdig zu halten. Überdies waren die weitgehend um 1960 herum errichteten Kasernenbauten auch von recht mäßiger Bauqualität. Insofern stellte sich den Abrissplanungen niemand in den Weg. Anders als die älteren Kasernen waren die Neubauten der Bundeswehr in Klein- und Mittelstädten entstanden, sowohl um aus militärischen Gründen Truppenkonzentrationen zu vermeiden als auch um strukturschwache Regionen durch die Zivilarbeitsplätze und die Nachfrage der Garnisonen nach Gütern und Dienstleistungen wirtschaftlich zu fördern. Hier gab es jetzt kaum den Druck, einen teuer gewordenen Wohnungsmarkt durch Wohnungsbau auf Kasernenflächen zu entlasten. Stattdessen bestand vielmehr die Sorge um den Verlust von Arbeitsplätzen und damit das Interesse, auf ehemaligem Kasernengelände Gewerbebetriebe anzusiedeln. Etliche dieser Kasernen verschwanden (fast) völlig von der Bildfläche. Die neuen gewerblichen Nutzungen reichten von einem schicken Messe- und Veranstaltungsgelände (Ritter-von-Scheuring-Kaserne in Passau) über ein Zentrum für Gerontotechnik (Bernhard-Hülsmann-Kaserne Iserlohn) und ein Logistikzentrum (Markgrafen-Kaserne in Bayreuth) bis zur schlichten Fahrzeugabstellanlage (die abgelegene Niedersachsenkaserne bei Dörverden). Andere bundesdeutsche Kasernen machten aber auch Wohngebieten Platz, vor allem mit Einfamilienhäusern (z. B. Friesland-Kaserne in Varel, Herzog-Albrecht-Kaserne im schwäbischen Münsingen, Reichswaldkaserne im niederrheinischen Goch und Ritter-von-Leeb-Kaserne in Landsberg am Lech). Ebenso kam es vor, dass nur Teile der Kasernenanlagen abgebrochen und andere neu genutzt wurden, allerdings genau anders herum als bei den älteren Kasernen. Hier wurden überwiegend die Unterkunftsgebäude abgerissen und deren Areal für meist flächenaufwendiges Gewerbe neu bebaut, während in einen beträchtlichen Teil der Panzerhallen, sonstigen Garagen und Werkstattgebäude Gewerbebetriebe einzogen. Dies geschah vor allem bei Kasernen im ländlichen Raum wie der Sauerlandkaserne in Oedingen, der Prinz-Eugen-Kaserne in Külsheim, der Oberfeldwebel-Schreiber-Kaserne in Immendingen, der Sachsenwald-Kaserne in Elmenhorst, der Eberhard-Finckh-Kaserne bei Engstingen (Schwäbische Alb) und der Prinz-Eugen-Kaserne bei Arolsen.

Schrumpfende Städte

Etwa 1997/98 gab es für Stadtplaner, Wohnungswirtschaft und Kommunalpolitiker in den neuen Bundesländern ein böses Erwachen. Nachdem die Planwirtschaft der DDR sich in den 70er und 80er Jahren trotz allem Bemühen schwer getan hatte, den Bedarf an modernem Wohnraum zu decken, standen jetzt plötzlich immer mehr Wohnungen leer. Man begann in Fachkreisen darüber zu diskutieren, den Leerstand zu beseitigen, indem man ihn abriss. Genau genommen scheute die Wohnungswirtschaft sich oft, von Abriss zu reden, lieber sprach sie von „Strukturanpassung“ bei „Angebotsüberhang“ und „schwachem Standort“, redete über „vom Markt nehmen nicht vermietbarer Bestände“ und „Rückbau“. Die Massenmedien, die mit Katastrophenmeldungen Geld verdienen, begannen Horrorszenarien von toten Vierteln und Entvölkerung zu verbreiten, illustriert mit Bildern von Wohngebäuden mit vernagelten oder hohläugigen Fenstern und verwahrlostem öffentlichen Raum. Nachdem die Stadtplaner in einigen besonders betroffenen Städten bereits Abrissprogramme angeschoben hatten, initiierte die Bundesregierung das Bund-Länder-Programm mit dem unanschaulichen Namen *Stadtumbau Ost*. Dieses sollte im Laufe der Jahre 2002 bis 2009 insgesamt 2,5 Milliarden Euro bereitstellen, um durch Wohnungsabrisse den ostdeutschen Wohnungsmarkt wieder ins Gleichgewicht zu bringen und die durch massive Abwanderung gefährdeten Stadtquartiere zu stabilisieren. Zum ersten Mal wurde die ersatzlose Vernichtung von Wohnraum mit Steuergeld bezuschusst.

Wie konnte es dazu kommen? Nach der Wiedervereinigung boomte der Wohnungsbau, weitgehend organisiert von westdeutschen Investoren und angefacht von Subventionen aus dem Bundeshaushalt. Zwischen 1990 und 2000 wurden in Ostdeutschland etwa 340 000 Ein- und Zweifamilienhäuser gebaut, für viele Ostdeutsche ein endlich erfüllter Traum, aus den Mietwohnungen in ein eigenes Haus in den Vororten ziehen zu können, eine Art nachholende Suburbanisierung. Dazu entstanden noch etwa 440 000 Wohnungen im Geschosswohnungsbau neu, und außerdem wurden eine beträchtliche Zahl von Wohnungen, die schon am Ende der DDR leergestanden hatten, jetzt saniert und wieder an den Markt gebracht. Gleichzeitig mit diesem Anstieg des verfügbaren Wohnraumes ließ die rasche Deindustrialisierung immer mehr Arbeitsplätze verschwinden; viele Ostdeutsche gaben die Hoffnung auf die vom Kanzler versprochenen „blühenden Landschaften“ auf und sahen für sich im Osten keine Lebensperspektiven mehr. Durch Abwanderung in den Westen verloren die neuen Bundesländer von 1990 bis 2000 über 1,3 Millionen Einwohner mehr als sie durch Zuwanderung gewannen, und im nächsten Jahrzehnt waren es noch einmal fast eine Million Menschen. Diese Trends bedeuteten zusammen genommen, dass auf dem ostdeutschen Wohnungsmarkt Angebot und Nachfrage rasant auseinander liefen. Immer mehr Wohnungen standen leer. Nun brauchen Wohnungsgesellschaften etwa fünf vermietete Wohnungen, um einen Leerstand, der weiter Kosten verursacht, mit durchschleppen zu können, d. h. ab etwa 15-20 % Leerstand drohte ihnen der Konkurs. Eine Expertenkommission der Bundesregierung zum „Wohnungswirtschaftlichen Strukturwandel in den neuen Ländern“ konstatierte im Jahr 2000 eine Million leerstehende Wohnungen, d. h. eine Leerstandsquote von 13 % der Wohnungen. In einigen Städten spitzte sich die Situation auch stärker zu, so dass hier noch deutlich höhere Werte auftraten, beispielsweise in Suhl 17 %, Hoyerswerda 18 %, Halle a. S. 19 %, Magdeburg 21 % und Wolfen sogar 24 %.

Die Leerstände konzentrierten sich in den Städte auf zwei Bereiche: den noch aus der Kaiserzeit stammenden Bestand in den Innenstädten, der wegen viel zu geringer Instandhaltungsaufwendungen während der DDR-Zeit vielfach in schlechtem Zustand war, und die Plattenbausiedlungen in den Außenbereichen, deren Wohnungen demgegenüber in der Ausstattung moderner waren. Wo sollten die Abrissbagger nun schwerpunktmäßig abräumen? Die Baupolitiker und Experten sahen die Situation fast immer durch die westdeutsche Brille: Innenstädte mit abwechslungsreichen Bauformen, historistischen Fassaden und urbaner Dichte der geschlossenen Straßenfronten galten als höherwertig, die erdrückenden Baumassen von Großwohnsiedlungen mit ihrer monotonen Ästhetik industrieller Serienproduktion hingegen als Fehlentwicklung, eine Anhäufung von „Arbeiterschließfächern“ mit dem Mief der untergegangenen DDR, deren sozialistische Gleichheitsidee sich auch in immer gleichen Wohnungsgrundrissen konkretisierte. Die Planer waren sich sicher, dass die Bewohner niedergerissener Plattenbauten in die sanierten Altstädte umziehen würden. Der industrielle Wohnungsbau der DDR wurde pauschal schlechtgeredet. „Da hilft nur noch Dynamit“, überschrieb das Magazin *Der Spiegel* im Jahr 2000 seinen Artikel zu dem Thema.[93] Die Bewohner der Plattenbauten sahen die Sache oft durchaus etwas anders. In den Innenstädten gab es oft viel Lärm und wenig Parkplätze, wogegen die Plattenbausiedlungen ruhiges Wohnen mit reichlichen, wenn auch eher ungestalteten Grünzügen boten. Sanierte Altstadtwohnungen waren auch teurer als das Wohnen im Plattenbau. Nüchtern rechnende Köpfe der Wohnungswirtschaft stellten fest, dass die Sanierungskosten für Plattenbauten wesentlich geringer waren als für Altbauten, und darüber hinaus konnte man sie mit Wärmeisolierung einpacken und damit energetisch verbessern, was bei den Stuckfassaden der Altbauten nicht denkbar war, schon gar nicht, wenn sie unter Denkmalschutz fielen. Es kam aber noch ein ganz anderes Problem hinzu. Im Rahmen des Förderprogramms abgerissen werden konnte nur dort, wo die Eigentümer mitmachten. Nun hatte jeder Vermieter in einem Stadtteil ein Interesse daran, dass die anderen Vermieter Häuser aus ihrem Bestand beseitigten, bis der Überhang verschwunden war und die Mieten sich stabilisierten, während ein Abbruch für ihn selbst einen Verlust bedeutete. In innerstädtischen Stadtteilen mit einer Vielzahl von Kleinbesitzern, von denen jeder hoffte, der glückliche Trittbrettfahrer zu werden, war deshalb mit einer Marktbereinigung kaum in Gang zu kommen. Einfacher ging es bei den großen Plattenbausiedlungen einer Stadt, die sich im Besitz weniger großer Wohnungsgesellschaften oder der Stadt selbst befanden. Diese ließen sich stadtplanerisch leichter unter einen Hut bekommen und hatten genug Masse, um Vermögensverluste in ihrer Bilanz verkraften zu können. Große Wohnungsbaugesellschaften hatten auch die Möglichkeit, Mietern aus Abrissobjekten im eigenen Wohnungsbestand Alternativen anzubieten und sie damit zu halten. Die Folge war, dass der mit öffentlichen Mitteln geförderte Rückbau zu 90 % die „Platte" erfasste.

In den Innenstädten wurde im Laufe der 90er Jahre eifrig saniert, doch nicht überall und gleichzeitig. Das Nebeneinander von top sanierter Fassade und Leerstandsruine war bald ein häufiges Bild. Ein gewisser Restteil in wenig attraktiven Stadtvierteln oder ungünstigen Lagen, vor allem an verkehrsreichen Straßen, wurde letztlich nicht erfasst. So gingen auch in den Innenstädten die Abbrüche weiter, durchaus selbst von Wohngebäuden unter Denkmalschutz. Teilweise verfügte die Bauaufsicht den Abriss, manches stürzte auch von alleine ein. Leipzig, die zweitgrößte Stadt der ehemaligen DDR, spiegelte die zwiespältige Situation in besonderer Weise wieder. Vom Leipziger Osten waren von der SED 60 % zur flächenhaften Zerstörung vorgesehen gewesen, um dieses kaiserzeitliche Wohngebiet durch Plattenbauten zu ersetzen. Im November 1989 machte das DDR-Fernsehen mit dem eindringlichen Film *Ist Leipzig noch zu retten?* den Verfall der historischen Bausubstanz mit bis dahin ungewöhnlicher Ehrlichkeit öffentlich. Im Januar 1990 gab die Leipziger Volksbaukonferenz für ganz Ostdeutschland ein Signal, die zerstörerische Altstadtpolitik der SED zu beenden. Mindestens zwei Drittel der Altbauten Leipzigs wurden im folgenden Jahrzehnt durch Sanierung gerettet. Doch es ging auch nicht ohne Verluste; von der Wende bis 2006 wurden in Leipzig 446 Baudenkmale abgerissen. Der Leipziger Stadtbaurat Lütke Daldrup prägte 2001 mit Blick auf den von hohem Leerstand geplagten Leipziger Osten das Schlagwort von der „perforierten Stadt", das in Fachkreisen rasch die Runde machte. Es brachte eine Betrachtungsweise auf den Begriff, die das Leitbild der geschlossenen Straßenfronten als nicht mehr zu halten aufgab und stattdessen in deren Durchlöcherung neue Chancen für eine bessere Lebensqualität sah, sei es durch mehr Grün, neue Spielplätze oder zusätzliche PKW-Stellplätze.

Wie sollte man nun mit den Plattenbausiedlungen umgehen? Hier wurde immer eine Doppelstrategie gefahren, einerseits den Wohnungsbestand zu verringern, andererseits bestehen bleibende Wohnungen zu sanieren und aufzuwerten, indem man ihre Ausstattung verbesserte, die Wohnungsschnitte vielfältiger machte und fehlende Fahrstühle ergänzte, ferner im Wohnumfeld das Angebot an Infrastruktur ausbaute sowie die Grünanlagen ansprechender gestaltete. Die Mittel des Programms Stadtumbau Ost wurden zu etwa gleichen

Teilen ausgegeben, um Abrisse zu fördern wie auch um erhaltenswerte Quartiere aufzuwerten, in den Innenstädten ebenso wie bei Plattenbausiedlungen. Nun verteilten sich die Leerstände innerhalb der Großwohnsiedlungen durchaus ungleichmäßig. Sie häuften sich vor allem in den oberen Stockwerken der fünf- bis sechsgeschossigen Bauten ohne Fahrstuhl sowie in den anonymen Hochhäusern, besonders den noch nicht sanierten. In den einzelnen Plattenbausiedlungen ging man damit unterschiedlich um. Komplizierte Umsetzungsprozesse waren es in jedem Fall, an denen Stadtverwaltungen, Wohnungsgesellschaften, externe Berater und in verschiedenen Formen von Gesprächsrunden auch die Mieter beteiligt waren.

Die drei größten Ansammlungen von industriell gefertigten Plattenbauten entstanden in der DDR als Trabentensiedlung Marzahn/Hellerdorf im Nordosten Berlins mit über 60 000 Wohnungen, in Leipzig-Grünau am Westrand Leipzigs und mit der ganz neu gegründeten Stadt Halle-Neustadt. Marzahn verlor 1995-2005 rund 38 000 Einwohner, d. h. 28 %, und von 1990-2012 reduzierten sich die 93 000 Einwohner von Halle-Neustadt und die 85 000 von Leipzig-Grünau sogar um jeweils 52 %. In Marzahn/Hellersdorf entfielen fast 60 % des Bestandes auf Hochhäuser mit mindestens 11 Geschossen, weshalb man sich hier vor allem bemühte, die erdrückende Massen des Hochhausgebirges aufzulockern. Die 4500 Wohnungen, die man von 2002-10 verschwinden ließ, lagen bevorzugt in unsanierten Hochhäusern, die z. T. Stück für Stück bis auf 3-6 Geschosse zurückgebaut, z. T. vollständig abgerissen wurden. Im Bereich der Ahrensfelder Terrassen im Norden Marzahns wurde dadurch nicht nur die Dichte um drei Viertel reduziert, sondern man versuchte damit zugleich ein abwechslungsreicheres Siedlungsbild zu schaffen, indem man die Hochhäuser auf unterschiedliche Höhen heruntersetzte. Nachdem dieser Bereich ursprünglich vom Berliner Senat für den flächigen Totalabriss vorgesehen gewesen war, entstand hier ein Projekt, das bundesweit als Muster für den kreativen Umbau von Plattenbausiedlungen Beachtung fand. Allerdings war dieser Teilrückbau recht aufwendig und damit teuer, weshalb man ihn in Marzahn nach 2005 nicht weiter verfolgte. In der Siedlung Leipzig-Grünau, welche die Hauptlast der Marktanpassung des Leipziger Wohnungsbestands zu schultern hatte, legte man dagegen flächenhaft den Außenbereich nieder, um das Zentrum der Trabantensiedlung zu stabilisieren. Bis 2013 wurden in Grünau 7600 der 35 000 Wohnungen beseitigt, wobei die 16geschossigen Punkthochhäuser ganz verschwanden. Auch in Halle-Neustadt brach man vor allem Hochhäuser ab, aber ausgerechnet die stadtbildprägenden fünf 18geschossigen Hochhausscheiben im Zentrum, die bald weitgehend leer standen und verwahrlosten, blieben wegen unklarer Eigentumsverhältnisse stehen. Die zweitgrößte Plattenbausiedlung Halles, Halle-Silberhöhe, verlor noch mehr Wohnungen; hier wurden bis 2013 sogar 6000 von den 15 000 Wohnungen abgerissen, da die Bevölkerung auf nur noch ein Drittel zusammenschrumpfte. Silberhöhe sollte zur „Waldstadt" werden, die nicht nur entdichtet, sondern auch vom Rand her aufgeforstet wurde.

Besonders stark betroffen waren von dem ostdeutschen Schrumpfungsprozess nach der Wiedervereinigung jene Mittelstädte, die in den Jahrzehnten der sozialistischen Planwirtschaft in hohem Tempo zu wichtigen Industriezentren der DDR ausgebaut worden waren, deren Schicksal aber damit ganz an einem oder wenigen Großkombinaten hing. Sie hatten nur kleine alte Stadtkerne oder waren, wie Halle-Neustadt und Eisenhüttenstadt, überhaupt völlig neu gegründet. So entstanden hier für diese Industriekombinate Arbeiterstädte in Gestalt von sozialistischen Großwohnsiedlungen. Dem raschen Wachstum in der DDR-Zeit entsprach in diesen Fällen nach dem Zusammenbruch der DDR-Industrie ein dramatisches Schrumpfen. Dabei handelte es sich in der Chemieregion um Halle außer um Halle-Neustadt auch noch um Wolfen, während die anderen betroffenen Städte alle entlang der Grenze zu Polen lagen von Schwedt im Norden über Eisenhüttenstadt als neuem Stahlstandort, Guben (Chemiefaserkombinat) bis zur Braunkohleveredelung und -verstromung in der Lausitz (Weißwasser und Hoyerswerda). Von 1990 bis 2012 betrugen die Einwohnerverluste in Schwedt 37 % von 49 400 Einwohnern, in Guben 45 % von 33 000, Eisenhüttenstadt 46 % von 50 500, Weißwasser 51 % von 35 400, Hoyerswerda 54 % von 64 900 und in Wolfen sogar 59 % von 43 900 Einwohnern. Schwedt begann 1998 als erste ostdeutsche Stadt mit dem Abriss von Plattenbauten. Bis 2014 verschwanden durch Abbruch in Guben fast 3000 Wohnungen, in Weißwasser 4000, in Wolfen 5400 (von 13 600), in Schwedt und Eisenhüttenstadt jeweils rund 6000. In Hoyerswerda-Neustadt waren es bis 2012 von den 16 500 Wohneinheiten der einstigen sozialistischen Planstadt 8500 Wohnungen. Für diese Größenordnungen reichte es nicht aus, durch die punktuelle Entnahme einzelner Baukörper zu entdichten, sondern hier wurden Siedlungen flächenhaft beseitigt. Davon erhoffte man sich auch den Vorteil, die nicht mehr benötigte Infrastruktur wie Wasser-, Abwasser- und Fernwärmeleitungen sowie Buslinien und Läden in diesem Bereich ganz stilllegen zu können. Die Auswahl der Abrisskandidaten orientierte sich hierbei nur begrenzt daran, wo die Leerstände am höchsten waren, sondern ging stark von stadtplanerischen Gesichtspunkten aus. Tendenziell begann man mit den Abbrüchen in den äußeren Siedlungsbereichen, um von außen nach innen zu schrumpfen, wo der Wohnungsbestand durch Sanierungen aufgewertet wurde. Das war insofern leicht schizophren, als dadurch ausgerechnet die jüngsten und modernsten Plattenbauten, die erst im Laufe der 80er Jahre errichtet worden waren, als erstes daran glauben mussten. In Eisenhüttenstadt, das ab 1950 mit großem Propagandaaufwand als sozialistische Musterstadt aufgebaut worden war, bestand der Stadtkern aus Wohnbauten der 50er Jahre, also im Stil der Stalinzeit vor Beginn der Plattenbauweise. Er stellte das größte Ensemble an Architektur der 50er Jahre in der DDR dar und wurde unter Denkmalschutz gestellt. Eigentlich hatte er die Modernisierung noch viel nötiger als die späteren Plattenbauten, was der Denkmalschutz aber nicht gerade erleichterte. Am Rand von Schwedt wurden ebenso wie in Halle-Silberhöhe wurden freiwerdende ehemalige Siedlungsflächen aufgeforstet, in Weißwasser legte man eher offene Landschaften mit Wiesen und Solitärgehölzen an.

Um 2013 herum ebbte die große Abrisswelle ab. Die Abwanderung aus den neuen Bundesländern in die westlichen war stark zurückgegangen, und die großen Mengeneffekte durch den Rückbau in Großwohnsiedlungen im ersten Jahrzehnt waren jetzt nicht mehr möglich. Stadtumbau wurde kleinteiliger und komplizierter. Von 2002 bis 2011 wurden im Rahmen des Programms Stadtumbau Ost 299 800 Wohnungen abgerissen. Dadurch verringerte sich der Wohnungsleerstand in den neuen Bundesländern von 14 auf 12 %, d. h. es wurde zumindest der Druck aufgefangen, den das weitere Schrumpfen der ostdeutschen Bevölkerung auf den Wohnungsmarkt ausübte. In einigen dynamischen Großstädten begann die Bevölkerung auch wieder zu wachsen, am frühesten in Leipzig, dann auch beispielsweise in Dresden, Potsdam und Erfurt. Als um die neue Dynamik Leipzigs, die zunächst alle überraschte, in den überregionalen Medien viel Wind gemacht wurde, fiel einem Blogger 2012 das ironische Wortspiel „Hypezig“ ein, das rasch die Runde machte. Aber auch in Marzahn, das von der verkehrsgünstigen Lage zum Zentrum der Hauptstadt Berlin profitierte, begann ab 2013 sogar wieder der Neubau von Wohnungen für zuziehende Einwohner. Aufs Ganze gesehen blieben diese Großstädte indessen Inseln im ostdeutschen Meer schrumpfender Gemeinden.

Angestoßen durch die Erfahrungen in Ostdeutschland legte die Bundesregierung im Jahr 2004 auch ein Förderprogramm Stadtumbau West auf. Hier ging es aber primär darum, Ortskerne und Innenstädte ebenso wie Wohnquartiere, in denen sich ärmere Bevölkerung konzentriert hatte, zu modernisieren, sowie für die anfallenden Industriebrachen und aufgegebenen Kasernenflächen neue Nutzungen zu schaffen. Ersatzloser Abriss spielte indessen nur eine ganz untergeordnete Rolle. Er kam nur in wenigen Städten vor, die von einem massiven Niedergang von Altindustrien gebeutelt waren und deren Einwohnerzahl durch Abwanderung schrumpfte, vor allem im nördlichen Ruhrgebiet, in Bremen und Bremerhaven. Mit ostdeutschen Dimensionen war dabei nur ein einziger Fall vergleichbar, die Großwohnsiedlung Osterholz-Tenever, ein Betongebirge, das um 1970 herum am Stadtrand von Bremen hochgezogen worden war. Von den 2600 Wohneinheiten wurden hier 1999-2009 rund 1000 abgebrochen. Es handelte sich allerdings um einen Sonderfall, wo eine langjährige

Zwangsverwaltung eines Großteils der Anlage nach einem Konkurs zu Vernachlässigung, Verwahrlosung und zu einem extremen Leerstand geführt hatte. Ansonsten kam es vereinzelt und in deutlich kleinerem Rahmen dazu, dass Hochhäuser aus der Zeit der Großsiedlungseuphorie beseitigt oder auf mäßige Geschosszahl gestutzt wurden, beispielsweise in Bremerhaven (Bürgerpark-Süd) und im Ruhrgebiet in Gelsenkirchen (Tossehof) und Oer-Erkenschwick (Schillerpark). Da solche Wohnsilos in Westdeutschland inzwischen als inhumane Betonklötze verschrien waren, konzentrierte sich hier ärmere Bevölkerung, was das Image weiter verschlechterte und eine Abwärtsspirale in Gang setzte, die unter den Bedingungen einer insgesamt schrumpfenden Stadt zu hohen Leerständen eskalierte.

Abwanderung bedrängte in Ostdeutschland nicht nur Städte, sondern zehrte ebenso Dörfer aus, und schleichend erfasste dieses Problem ab der Jahrhundertwende auch dünn besiedelte Gebiete in Westdeutschland. Dieses Abwanderungsproblem hat ein anderes Gesicht, aber es könnte ebenfalls langfristig zu ersatzlosen Abrissen von Wohnraum führen. Wirtschaftliches Wachstum setzt Innovationen voraus, und die finden vor allem in den Großstädten mit ihren vielfältigen Kontakten, der differenzierten Infrastruktur und einer bunten Kulturszene statt. Dort konzentrieren sich die Arbeitsplätze immer mehr, und dorthin wandern junge Menschen aus dem übrigen Raum und erst recht Migranten aus dem Ausland. Ländliche Räume beginnen sich zu entleeren, in Westdeutschland vor allem der Ostrand und Norden Bayerns, Gebiete im Südosten Niedersachsens, in Nordhessen und im Saargebiet sowie Bereiche an der Nordseeküste. Die Infrastruktur der Nahversorgung dünnt mangels Nachfrage aus, was die Binnenwanderung nur noch verstärkt. In kleinen Gemeinden kommt es zur Überalterung, dann findet ein Haus nach dem anderen keine Bewohner mehr, zunächst einzelne, vielleicht in Zukunft zahlreiche. In Westdeutschland wurde das Problem von den Lokalpolitikern zunächst verdrängt, in Ostdeutschland ist es schon länger offenkundig. In Thüringen standen im Jahr 2017 von 600 000 Gebäuden 45 000 leer. Rezepte, die realisierbar sind und auch von den betroffenen Menschen in den verödenden Gemeinden akzeptiert werden, sind bisher nicht in Sicht.

Durch die Konkurrenz verdrängt

City contra Altstadt

1894 berichtete die Süddeutsche Bauzeitung über einen „Wandelbilder-Abend“, der dem interessierten Münchener Publikum mittels eines neuartigen Geräts, einer Art Epidiaskop, anschaulich das dramatische Ausmaß des „großen Wechsels in der Physiognomie der Städte“ vor Augen führte; dabei projizierte der Fotograf Traut neben aktuellen Fotografien alte Stiche und Fotographien aus den Sammlungen des Stadtmuseums, um den Wandel der letzten Jahrzehnte deutlich zu machen.[94] Drei Jahre später erschien das Buch *Alt-München in Bild und Wort* von Aufleger und Trautmann, das mit seinen Lichtdrucktafeln den „Verlust von Alt-München“ zum Ausdruck brachte.[95] Etwa gleichzeitig schrieb Mark Twain, der 1892 Berlin besuchte, über die deutsche Hauptstadt: „It is a new city; the newest I have ever seen. Chicago would seem venerable beside it; for there are many old-looking districts in Chicago, but not many in Berlin. The main mass of the city looks as if it had been built last week, the rest of it has a just perceptibly graver tone, and looks as if it might be six or even eight months old.”[96]

Nun hat Marc Twain manche altertümlichen Ecken Berlins nicht recht im Blick gehabt, und Berlin wies als boomende Hauptstadt des Deutschen Reiches eine besondere Dynamik auf, doch mehr oder minder erlebten alle deutschen Großstädte in den drei Jahrzehnten vor dem Ersten Weltkrieg im Stadtzentrum einschneidende Veränderungen, durch die immer mehr alte Bauwerke verschwanden. Nicht der Vernichtungswille politischer Gegner, nicht das schnöde Nutzloswerden machten dabei alten Bauwerken den Garaus, sondern überlegene Konkurrenz verdrängte sie. Dieser Konkurrenzdruck entstand aus der Dynamik des Industrialisierungsprozesses. Dabei waren es nicht die neuen Fabriken, für die Unternehmer sich meist lieber billigen Baugrund am Stadtrand suchten, sondern es waren die Dienstleistungen, die ins Stadtzentrum drängten. Sie hatten das Geld, um Altbesitzer aufzukaufen, trieben damit die Bodenpreise in zentralen Lagen in die Höhe, so dass Mietwohnungen sich hier nicht mehr rechneten, und ersetzten die alten Gebäude durch neuartige Bauwerke. Noch Anfang des 19. Jahrhunderts waren selbst die größten deutschen Städte überwiegend mit Handwerkerhäusern gefüllt gewesen, und an zentralen Plätzen und Hauptstraßen konzentrierten sich die repräsentativen Kaufmannshäuser und Adelspalais. Stube, Werkstatt und Verkauf des Handwerkers, ebenso Wohnräume, Kontor und Lager des Kaufmanns waren unter einem Dach vereint gewesen. Jetzt entmischten sich die Funktionen räumlich, und in jenen Straßenzügen, wo die Dienstleistungen Übergewicht gewannen, entstand eine seit dem Ersten Weltkrieg so genannte City.

Diese Dynamik war zum Teil Folge der privatkapitalistischen Marktwirtschaft, in der das Wechselspiel von Angebot und Nachfrage auch die Bodenpreise machte, aber eben nur zum Teil. Dienstleistungen und Verkehr nahmen mit der Industrialisierung in jedem Falle zu, auch unter nichtkapitalistischen Bedingungen, und das Problem zu eng werdender Straßen konnten die einzelnen Privatleute nicht lösen, sondern sie bedurften hierzu der steuernden Hand der Stadtverwaltungen. Diese begleiteten den durch die Marktkräfte angeschobenen Prozess der Citybildung mehr als dass sie die Stadtentwicklung hier kraft eigener Vision geformt hätten. Das war natürlich auch Ausdruck der politischen Machtverhältnisse, in denen die großbürgerlichen Geschäftsinteressen sich in die Entscheidungsprozesse der Stadtverwaltungen sehr gut einbringen konnten, aber letztlich gab es niemanden, der eine grundsätzliche Alternativvision besessen hätte. Alle gingen als selbstverständlich davon aus, dass der Bereich des historischen Stadtzentrums mehr oder minder auch weiterhin das Zentrum der modernen Stadt bleiben müsse. Die Alternative wäre ja auch nicht gewesen, Bausubstanz und Erscheinungsbild der frühneuzeitlichen Stadt einfach in einem status quo zu konservieren, sondern ein völlig neues modernes Zentrum an ganz anderer Stelle zu errichten, das dann die Wirtschaftsaktivitäten aus der bisherigen Stadt abgesaugt und diese als ausgezehrte Hülle zurückgelassen hätte. Die Altstadt wäre dann bestenfalls museal geworden, eher mangels Erwerbschancen zerfallen und zum Slum verkommen.

Der expandierende tertiäre Sektor brauchte Räumlichkeiten, die sich im bisherigen Baubestand nicht finden ließen, weder von der traditionellen Raumstruktur noch vom Umfang her. Das führte zur Zerstörung der bisherigen Bebauung, und dabei sprengten die neuen Baukörper vielfach überhaupt den Maßstab des überkommenen Stadtgefüges. Warum machten die Dienstleistungen nun in diesen Jahrzehnten plötzlich im Zentrum der Großstädte soviel mehr Platzbedarf geltend? Einen Teil trug die öffentliche Hand dazu bei. Mit dem Aufbau einer städtischen Leistungsverwaltung an Stelle der alten Honoratiorenkollegien reichte der Platz in den alten Rathäusern nicht mehr aus. In München wurde ab 1865 die ganze Nordseite des Marienplatzes abgerissen, um das Neue Rathaus ins Stadtzentrum wuchten zu können, und auch für das Rote Rathaus in Berlin musste 1860 ein Straßenblock mit mehreren teilweise bis ins Mittelalter zurückreichenden Häusern weichen. In Stuttgart opferte man 1899 für den Rathausneubau am Marktplatz 20 Häuser, in Duisburg waren es 25 im Jahre 1897. Mit dem Aufschwung von Briefverkehr und Paketversand, Telegrafie und dann auch Telefon klotzte die Reichspost großmaßstäbliche Gebäude in die Stadtzentren. Im Interesse des städtischen Bürgertums errichteten Länder und Kommunen für den Kulturbetrieb ab Mitte des Jahrhunderts Theater, Museen und auch Opernhäuser, die es als eigenständige Einrichtungen, d. h. separat vom Herrscherhof bisher so kaum gegeben hatte. Hinzu kamen andere öffentliche Gebäude wie beispielsweise Gerichte. In Köln wurde 1901 für den Bau der Markthalle am Heumarkt das kleinparzellierte Marktviertel mit 70 Häusern vollständig abgebrochen.

Auch die palastartigen Grand Hotels stellten einen neuen Bautyp dar. In Berlin repräsentierte ihn als erstes 1875 der *Kaiserhof* am Zietenplatz, für den ein 9925 m^2 großer Baublock mit 13 Vorderhäusern an den Straßenfronten beseitigt wurde. Sie übertrafen die bisherigen Gasthöfe, die sich in normalen Wohnhäusern befanden und weder fließend Wasser noch elektrisches Licht kannten, nicht nur an Größe und Komfort, sondern sie boten auch öffentliche Festsäle für die Bälle, Diners und anderen Feiern der Wohlhabenden, welche diese bis gegen Ende des Jahrhunderts in den privaten Salons ihrer Stadtpalais abgehalten hatten. Es war wie ein Symbol für diesen Wandel, als 1906 in Berlin gegen umfangreiche Proteste das Palais des Grafen von Redern abgetragen wurde, dessen Salons in der ersten Hälfte des 19. Jahrhunderts der Mittelpunkt des künstlerischen Lebens in Berlin gewesen waren, und dann an seiner Stelle das Luxushotel Adlon entstand. Auch der Denkmalschutzstatus half dem allgemein bekannten Palais nichts gegen den entschiedenen Willen Kaiser Wilhelms II., dass sein Berlin in Sachen Luxushotels mit anderen Metropolen gleich ziehen kann.

Hinzu kamen die Bauten für den Einzelhandel. Mit dem Aufkommen von Konsumgütern aus Fabriken zerfiel die Verbindung von Herstellung und Verkauf im Handwerksbetrieb, und erst recht endete die hauswirtschaftliche Eigenproduktion. Stattdessen breiteten sich Einzelhandelsgeschäfte aus, welche die massenhafte Fabrikproduktion an den Konsumenten brachten. Das galt um so mehr, als die Einwohnerzahl der Großstädte rasch wuchs und überhaupt die Kaufkraft des Durchschnittshaushalts mit der Industrialisierung langfristig stieg. In die Fassaden bestehender Häuser in den Hauptstraßen wurden im Erdgeschoss große Schaufensterfronten hineingebrochen, um durch die Warenpräsentation im aufkommenden Wettbewerb mithalten zu können. Während dabei zunächst noch in den oberen Etagen das Wohnen erhalten blieb, wurden diese Häuser von 1880 an zunehmend durch reine Geschäftshäuser ersetzt, die oft zwei oder drei Grundstücke zusammenfassten, und schließlich kamen am Jahrhundertende neben den Spezialgeschäften auch große Warenhäuser auf, die erst recht viel Platz beanspruchten. Das erste in Deutschland eigens zu diesem Zweck erbaute Haus eröffneten 1894 die Brüder Wertheim in der Berliner Oranienstraße. In München wurde 1891 eine Gruppe von vier im Kern noch mittelalterlichen Häusern beseitigt und durch das Hotel Oberpollinger ersetzt, und als dieses bald floppte, wurde es mit zwei Nachbarhäusern abgerissen und auf dem Areal 1905 der Neubau des Warenhauses Oberpollinger eröffnet. Um in Berlin-Charlottenburg das pompöse Warenhaus KaDeWe zu errichten, brach man 1905 acht Mietshäuser ab, die erst zwölf Jahre zuvor errichtet worden waren. Das Warenhaus Wertheim in der Leipziger Straße in Berlin begann 1896 mit den Hausnummern 131/32 und fraß dann für seine Erweiterungen schrittweise ein benachbartes Grundstück nach dem anderen, bis es 1927 von Nummer 131 bis 137 und in die Tiefe bis zur dahinterliegenden Voßstraße reichte. Schon 1920 bedeckte es 27 000 m² Grundstücksfläche und reichte damit fast an die Grundstücksfläche des Berliner Schlosses mit seinen 30 000 m² heran. Konkurrent Tietz am Alexanderplatz kam auf 10 600 m² Grundstücksfläche.

Auch Banken begannen ihre Geschäfte zunächst in bestehenden Gebäuden, und als ihr Geschäftsvolumen mit der Industrialisierung gewaltig expandierte, errichteten sie zahlreiche repräsentative Neubauten, für welche Wohngebäude Platz machen mussten. Die Deutsche Bank kaufte für ihre Zentrale in Berlin von 1876 bis 1912 ein Nachbargrundstück nach dem anderen auf und bebaute es neu, bis sich ihr Baukomplex 1920 über 20 100 m² in drei Häuserblocks erstreckte. Schließlich kamen als neuer Typ die reinen Bürohäuser hinzu. Das traditionelle Kaufmannshaus wurde für die mit dem Umfang der Geschäfte steigenden Ansprüche zu klein. Die Kaufleute zogen in ihre neuen Villen in der Vorstadt, für die flächenaufwendigen Warenlager entstanden spezielle Speicher, die nicht direkt in der teuren City liegen mussten, und für die Schreibarbeit im Kontor entwickelte man Kontorhäuser, in denen Firmen Bürofläche mieten konnten. Das erste Kontorhaus entstand 1885, der Dovenhof in Hamburg, dem dort bis zum Kriegsausbruch über 100 weitere folgten. Wenige Jahre vor Kriegsausbruch traten die ersten auch in Berlin auf.

Vorreiter bei der Citybildung war seit den 1840er Jahren Hamburg, gefolgt von Berlin und Breslau ab etwa 1860, in Leipzig und Dresden setzte sie in den 70er Jahren ein, in Frankfurt, München und Köln um 1890 und im Laufe der 90er Jahre dann auch in etlichen anderen Großstädten. Dass die Dienstleistungen sich im Zentrum breit machten, ließ sich nicht nur am Straßenbild, sondern ebenso an der sinkenden Einwohnerzahl der inneren Stadtteile erkennen. In den inneren Stadtteilen Berlins, also Alt--Berlin, Cölln, Neucölln und Friedrichswerder, sank die Einwohnerzahl zwischen 1864 und 1900 von 65 900 auf 35 600 ab, in der Innenstadt Breslaus 1860-1913 von 70 500 auf 44 700, in Hamburg (Stadtteile Altstadt und Neustadt) 1880-1913 von 170 900 auf 91 100 Einwohner, ähnlich zwischen 1871 und 1905 im Stadtkern Dresdens von 30 900 auf 20 900 und Leipzigs von 26 200 auf 14 600; hingegen schrumpfte die Innenstadt in München nur von 49 200 auf 40 200 Einwohner. Am weitesten vorangeschritten war die Citybildung bei Ausbruch des Ersten Weltkriegs in Berlin, das durch die Rolle als Hauptstadt des Deutschen Reiches ab 1871 wichtige Impulse erhielt, und in Hamburg, der zweitgrößten Stadt Deutschlands, dessen Hafen für die entstehende deutsche Volkswirtschaft das Tor zur überseeischen Welt bedeutete, sowie auch in Frankfurt am Main. In den führenden Großstädten hatte ein ganzes Netz von Straßenzügen Citycharakter angenommen, während dieser in kleineren Großstädten nur einzelne Straßenzüge prägte.

An welcher Stelle der alten Stadt setzte diese Verdrängung und Beseitigung des Alten nun an? Prinzipiell gab es mehrere Varianten. Naheliegend war es, dass sich die neuen Dienstleistungen an der alten Hauptstraße durch die Altstadt konzentrierten. Indem sie Kunden, Warenlieferungen und Bürobeschäftigte anzogen, entstand allerdings ein Verkehr, dem die Breite der alten Straßenzüge nicht gewachsen war, zumal Verengungen durch einzelne vorspringende Häuser und Straßenkrümmungen den Verkehrsfluss hemmten. Straßenbahnen, Pferdedroschken, Frachtfuhrwerke, Fahrräder und Fußgänger füllten die Straßen; Autos spielten vor dem Ersten Weltkrieg noch keine Rolle. Viele Stadtverwaltungen versuchten die Straßen zu verbreitern, indem sie sich des preußischen Fluchtliniengesetzes von 1875 bedienten; über eine andere planungsrechtliche Handhabe konnten sie nicht verfügen. Waren vom Magistrat für einen Straßenzug geradlinige, weiter zurückliegende Fluchtlinien festgelegt, mussten die Hausbesitzer bei einem Neubau mit der Straßenfront auf diese rote Linie im Stadtplan zurückweichen und durften an ihrem bestehenden Haus auch keine wesentlichen Veränderungen mehr vornehmen. Das führte dazu, dass man dann bestehende Gebäude nicht mehr für die neuen Geschäftszwecke umbaute, sondern lieber gleich ganz abriss und neu errichtete. Je nachdem, wie stark die wirtschaftliche Dynamik war, rückte also im Laufe der Jahrzehnte ein Haus nach dem anderen zurück, was die Besitzer der noch verbliebenen, nun zum vorspringenden Verkehrshindernis gewordenen zunehmend unter Druck setzte, es den Neubauten gleich zu tun. Der ganze Prozess blieb aber eine stückweise Anpassung durch die individuellen Entscheidungen der privaten Hauseigentümer, und dabei konnten einzelne eigensinnige Personen das Gesamtergebnis auch ziemlich beeinträchtigen. Die Kleinteiligkeit des Straßenbildes mit seinen vor- und zurücktretenden Häusern und Vorbauten, Knicken und Ausbuchtungen sowie dem Wechsel der schmalen Häuserfronten, also genau das, was die Anhänger der Heimatschutzbewegung als malerisch empfanden, wich damit einem gleichmäßigeren, geschäftsmäßigen Straßenbild breiterer und höherer Häuser. Die meisten Zeitgenossen begrüßten das als Fortschritt.

Leichter als in den bis aufs Mittelalter zurückgehenden Straßenzügen war der anschwellende Verkehr in den neueren, von der (absolutistischen) Monarchie planmäßig angelegten Stadterweiterungen mit geraderen und breiteren

Straßen zu bewältigen, die deshalb für die entstehende Geschäftswelt attraktiv waren. Das gleiche galt für die jetzt erstmals bebauten Areale zwischen der Altstadt und den neuen Bahnhöfen, wenn diese nicht direkt an den Altstadtrand anschlossen. Das konnte dazu führen, dass die City eher am Rand der Altstadt entstand als dass sie sich in diese hineinfraß. Überhaupt war der (Haupt-)Bahnhof fast immer Bezugspunkt der Citybildung; so führten die Straßenzüge, in denen die Bauten des tertiären Sektors den alten Baubestand als erstes verdrängten, zu ihm hin oder wiesen zumindest in seine Richtung.

Ausgesprochen mühsam und teuer wurde es, wenn eine innerstädtisch entstehende City nicht nur in bestehenden Straßenzügen eine neue Bebauung verursachte, sondern wenn die Stadtmagistrate versuchten, für das mit der Geschäftstätigkeit steigende Verkehrsaufkommen quer durch die eng bebaute Altstadt ganz neue Straßenzüge hindurchzubrechen. Dafür mussten auf der geplanten Trasse ein Grundstück nach dem anderen mit Steuergeldern aufgekauft und dann der alte Baubestand beseitigt werden. Das traf nicht nur Bürgerhäuser und Adelspalais, sondern in Einzelfällen sogar Kirchen. In Berlin riss man 1881 die barocke Gertraudenkirche für den Ausbau des Verkehrsnetzes nieder; an ihrer Stelle entstand eine ovale Verkehrsinsel. In Frankfurt am Main fiel 1874 die gotische Johanniterkirche einem Straßendurchbruch zum Opfer. Der preußische Generalkonservator blieb mit seinem Einspruch erfolglos und konnte nur erreichen, dass sie vorher wenigstens fotografiert und vermessen wurde. In Bremen riss man noch 1888 das Kirchenschiff der aus dem 13. Jahrhundert stammenden Kirche des ehemaligen Katharinenklosters ab, um ein Geschäftshaus zu errichten; nur der Chor blieb als verstümmelter Rest stehen. Die beiden letztgenannten Kirchenbauten waren allerdings schon seit längerer Zeit profaniert. Als weitere Möglichkeit für neue Gebäude des tertiären Sektors boten sich in manchen Städten die Flächen der ehemaligen Stadtbefestigung an, wenn hier eine Ringstraße angelegt wurde. Man nutzte diese meist bereits in öffentlicher Hand befindlichen Flächen vor allem für große öffentliche Gebäude, während es die Geschäftshäuser stärker dorthin zog, wo sie gut erreichbar waren, also an die Verkehrsknotenpunkte der Stadt zog, die mit dem neuen Netz von Straßenbahnen und U-Bahnen entstanden.

Die unterschiedlichen Ausgangsbedingungen der einzelnen Städte führten nun zu einer Reihe von Besonderheiten im Prozess der Citybildung, durch die dann auch die Zahl der Abrisse größer oder kleiner war. In den größten Städten entstand die City ganz innerhalb des schon vorhandenen alten Stadtgebietes. Ziemlich schlagartig setzte sie in Hamburg ein, was zunächst sogar ganz ohne Abbrüche möglich war. Im Jahre 1842 waren beim Großen Brand 1749 Häuser, d. h. ein Viertel der Stadt in Schutt und Asche gesunken, und beim raschen Wiederaufbau entstanden anstelle der Fachwerkhäuser moderne Steingebäude an begradigten Straßen, die im Bereich Neuer Wall, Alsterarkaden und Jungfernstieg/Bergstraße durchgehende Ladenfronten nach dem Vorbild von London und Paris aufwiesen und mit Sillems Bazar auch das erste deutsche Einkaufszentrum. Die neuen drei- bis viergeschossigen Gebäude waren überdies geeignet, sich in den folgenden Jahrzehnten ganz mit Büros zu füllen, nachdem die Kaufleute ihre Wohnsitze aus der Altstadt heraus verlagert hatten. Trotzdem setzte um 1880 in Hamburg eine neue Bauwelle ein, in deren Verlauf an etlichen Straßen im Stadtzentrum durch private Initiative noch deutlich größere Baukörper entstanden für Geschäftshäuser, Hotels und jetzt auch als reine Kontorhäuser. Ihnen fielen nicht nur frühneuzeitliche Fachwerkhäuser zum Opfer, sondern auch beträchtliche Teile der erst wenige Jahrzehnte zuvor errichteten Nach-Brand-Bebauung. Öffentliche Bauten verursachten diese Abrisse nur zum geringen Teil, weil man diese großenteils an der Ringstraße auf dem Gelände der ehemaligen Wallanlagen platzierte. Überdies forcierten Straßendurchbrüche die Ausweitung der City. Schon 1877-88 wurden im Norden die Colonnaden durchgebrochen, um eine gerade Verbindung vom Rathausmarkt Richtung Dammtor zu gewinnen, und zwar als Projekt einer privaten Firma. Während sich hier im Erdgeschoss eine durchgehende Arkadenreihe mit Läden, darüber aber Wohnungen befanden, wurde der deutlich größere Straßendurchbruch Mönckebergstraße vom Senat gezielt als Prototyp einer modernen Großstadtstraße konzipiert, an der man nur große Kaufhäuser mit repräsentativen Fassaden, spezialisierte Einzelhandelsgeschäfte und Büros errichtete. Die 30 Meter breite Straße verband Hauptbahnhof und Rathausmarkt und wurde rasch zur zentralen Achse mit pulsierendem Geschäftsleben. Doch 1907/08 hatte man hierfür zunächst in großem Umfang Bestehendes wegreißen müssen, und zwar sowohl kleinteilige Fachwerkquartiere der einfachen Leute in der östlichen Hälfte, die Teil eines größeren Sanierungsgebiets waren, als auch in der westlichen Hälfte an sich moderne, erst nach 1842 errichtete Bauten.

In Berlin unterschied sich die Entwicklung in der bis ins Mittelalter zurückreichenden Altstadt (also vom Friedrichswerder über die Spreeinsel bis zum Alexanderplatz) von jener in den Neustädten, die ab 1688 angelegt worden waren, Dorotheenstadt (von Unter den Linden bis zur Spree) und Friedrichstadt (um die südliche Friedrichstraße herum). Die beiden im Laufe des 18. Jahrhunderts bebauten Barockstadtteile wiesen ein gitterförmiges Straßennetz auf, und hier liefen am Westrand im Potsdamer und im Anhalter Bahnhof auch die wichtigen Fernzugverbindungen auf, zu denen 1882 der S-Bahnhof Friedrichstraße im Norden hinzukam. So wundert es nicht, dass die Citybildung hier ansetzte, vor allem an der nordsüdlich verlaufenden Friedrichstraße und den rechtwinklig dazu liegenden Straßen Unter den Linden und Leipziger Straße. In diesen beiden Stadtteilen wurde der größte Teil der Bebauung in den drei Jahrzehnten vor Ausbruch des Ersten Weltkriegs ausgetauscht. Diese Zerstörung traf allerdings kaum die Adelspalais an der Wilhelmstraße im Westen, in denen sich die preußische und dann die Reichsregierung sowie Botschaften breit machten, erst recht nicht die 1740-1840 im östlichen Teil der Linden entstandenen Prunkbauten des Staates, dafür umso mehr die vornehme barocke und klassizistische Wohnbebauung dieser Stadtteile. An ihre Stelle traten Geschäftshäuser, Hotels und Bürobauten, höher und durch das Zusammenlegen von zwei oder drei Parzellen auch breiter als die beseitigte Vorbebauung. Im Bereich der Linden selbst spielten Hotels eine große Rolle, an der Leipziger Straße als belebtester Einkaufsstraße Berlins große Kaufhäuser, und in dem Raum dazwischen verdrängten die Neubauten von Banken, Versicherungen und Zeitungsverlagen die alte Wohnbebauung. Die ganzen Abbrüche und Neubauten geschahen in relativ kurzer Zeit als Summierung einer Vielzahl von unkoordinierten privaten Initiativen; städtebauliche Planung, überhaupt eine Vision, wohin das Ganze laufen sollte oder würde, gab es nicht. Der Hobrecht-Plan von 1862 für die Umgebung Berlins konzipierte zwar ein Straßennetz für jene Stadtteile, die in den folgenden Jahrzehnten auf Äckern und Wiesen neu entstanden, beschäftigte sich aber nicht mit dem Stadtumbau der bereits bestehenden Stadt. Die engen Straßen der Altstadt waren im Vergleich mit den barocken Neustädten für die neuen Ansprüche sperriger, so dass der Einzelhandel hier hinter die aufstrebende City im Westen zurückfiel, und deshalb spielte hier der Eingriff der öffentlichen Hand eine wesentliche Rolle. Auf dem Weg Berlins zur Metropole einer europäischen Großmacht, die anfing sich an Wien, London und Paris zu messen, begannen die herrschenden Kreise sich des kleinstädtischen Ambientes der Altstadt zu schämen. Die als rückständig angesehenen Verhältnisse sollten verschwinden und einer modernen City weichen, was allerdings im Kaiserreich nur begrenzt gelang. Der Berliner Stadtbaurat James Hobrecht sprach von „einem gewissen Abbruchs-Fanatismus, der aus einer allgemeinen Geringschätzung des bei uns nun einmal Bestehenden hervorgeht. Es lässt sich jene Neigung auf eine Schwäche, auf ein innerlich mangelndes Selbstbewußtsein zurückführen, welches der stete Begleiter kleinstaatlichen, nationalen *second-hand* Lebens ist, das uns bis vor 2 Jahrzehnten beschert war. ... Alles was von dort [Paris oder London] kommt [findet] man schön.“ Zu dieser Schwäche gehöre auch, „dass man das, was bei uns ist und besteht, nicht achtet und stets bereit ist, es zu opfern, - entweder nichts an seine Stelle zu setzen, da nichts doch den Vorzug hat, kein häßlicher Gegenstand zu sein, oder etwas an seine Stelle zu setzen, das etwa *on the top of a foreign fashion* sein könnte.“[97] In die Altstadt setzte der Staat zwischen 1858 und 1905 eine Reihe öffentlicher Gebäude hinein, für deren maßstabssprengende Großkomplexe jeweils mehrere alte Häuser weichen mussten; so Stadtgerichtserweiterung, Börse, neues Rathaus, Zentralmarkthallen, Hauptpost, Land- und Amtsgericht und Stadthaus. Diese Komplexe umfassten etwa 200 historische Grundstücke, deren Bebauung niedergelegt wurde. Überdies fraß die Reichsbank sich immer mehr in den Altbaubestand hinein. Der Hauptverkehr durch die Altstadt verlief von der Leipziger Straße über die Route Gertraudenstraße/Mühlendamm/Molkenmarkt/-Spandauer Straße/Königstraße (heute Rathausstraße) zum Alexanderplatz. Auch hier wurden Altbauten von Privatleuten aufgekauft und zugunsten neuer Geschäftsbauten abgerissen, aber der geknickte und unregelmäßige, oft enge Straßenverlauf war dem anschwellenden Verkehr nicht mehr gewachsen. Zur Entlastung ließ der Magistrat deshalb 1877-87 parallel dazu mit der Kaiser-Wilhelm-Straße (heute Karl-Liebknecht-Straße) einen Straßendurchbruch in östlicher Verlängerung der Linden bis zur Münzstraße anlegen, wofür rund 70 Grundstücke angekauft und ihre Häuser abgebrochen werden mussten; dass dabei eher armselige, teilweise verrufene Kleine-Leute-Viertel zerstört wurden, war den Stadtplanern nur erwünscht. Als Cityerweiterung nach Osten konzipiert, verlief die Neubebauung an diesem Durchbruch indessen nur zäh. Da sich auch die erhoffte Verkehrsentlastung der alten Route nicht einstellte, riss man 1886-98 von Gertraudenstraße, Mühlendamm, Spandauer Straße und Westteil der Königsstraße große Teile der einengenden Bebauung weg, um sie zu verbreitern. Dass dabei auch die 1777/80 errichteten Königskolonnaden beseitigt werden sollten, löste eine heftige öffentliche Debatte aus. Ein Artikel aus der Neuen Preußischen Zeitung spiegelt treffend die vorherrschende Stimmung wieder: „Um alles in der Welt möchten wir wohl die Königskolonnaden erhalten wissen, schon um zu zeigen, daß hier einmal vor hundert Jahren Berlin aus und zu Ende gewesen ist. Aber der gigantisch angewachsene Verkehr, der überall die alten Hüllen gesprengt hat, spottet aller Gefühlsgründe und Liebhabereien. Der Verkehr war ein Wohltäter der Reichshauptstadt, insofern er unter dem morschen Gerümpel und dem Schmutz der Jahrhunderte gewaltig aufgeräumt und Luft und Licht geschaffen hat. Andererseits ist er ein grausamer Gebieter, der keinen Respekt vor den Baudenkmalen hat, die ihm im Wege stehen. Nun empfinden wir wieder einmal einen peinlichen Zwiespalt zwischen Pietät und Vernunft, da die Erwägungen umlaufen über die Erhaltung der Königskolonnaden am Alexanderplatz. ... Lange genug hat man sich gegen die Antastung eines unserer schönsten Baudenkmäler gesträubt, doch die Not drückt uns schließlich die Spitzhacke in die Hand.“[98] Schließlich entschied 1910 Kaiser Wilhelm persönlich, die Königskolonnaden abzutragen (und im Kleistpark wieder aufzubauen); es folgte an ihrer Stelle allerdings keine nennenswerte Straßenverbreiterung, sondern Wertheim baute dort sein neues Kaufhaus.

In Frankfurt am Main spielte der Unterschied zwischen historischer Alt- und Neustadt ebenfalls eine Rolle, auch hier kamen entscheidende Impulse vom Bahnhof her. Die fünf am westlichen Stadtrand gelegenen Kopfbahnhöfe wurden 1888 durch den weiter westlich gelegenen neuen Hauptbahnhof ersetzt, und im daraufhin entstehenden Bahnhofsviertel rings um die westliche Kaiserstraße konzentrierte sich rasch eine moderne Geschäftswelt. Dies geschah zwar weitgehend auf ehemaligem Gleisgelände, aber es setzte die bisherige Stadt unter Anpassungsdruck, sowohl die Altstadt direkt am Main, deren Fläche schon im hohen Mittelalter bebaut war, als auch die hieran nördlich angrenzende, ab dem 15. Jahrhundert bebaute Neustadt. Ziel des Magistrats war es, die bestehenden Stadtteile wirtschaftlich lebensfähig zu halten, und das ging nicht ohne erhebliche Abrisse. Breiteste Straße war die Zeil, die nördlich des Altstadtrandes von Westen nach Osten verlief und im 18. Jahrhundert durch etliche Palais zur vornehmsten Straße der Stadt geworden war. Um sie besser mit dem Anlagenring im Bereich des ehemaligen Festungsgürtels zu verbinden, wurden mehrere Durchbruchstraßen angelegt: schon 1872/73 (östliche) Kaiserstraße/Friedensstraße über den Roßmarkt zu den Bahnhöfen, 1881 die Neue Zeil als Verlängerung nach Osten, 1890 die Schillerstraße nach Norden und 1893 die Goethestraße zum Opernplatz im Nordwesten. Für die Neue Zeil wurden 50 Häuser geopfert, für die Goethestraße 60. Die Zeil sah sich durch einen Bauboom völlig umgekrempelt. Zwischen 1895 und 1914 wurden hier auf 75 % aller Grundstücke die Häuser abgebrochen, um mit Kaufhäusern oder gemischt genutzten Geschäftshäusern neu bebaut zu werden. Dabei ging die gesamte repräsentative Bebauung aus der Zeit des Barock und Klassizismus verloren. Die enge, verwinkelte Altstadt begann dagegen ins Abseits der anschwellenden Verkehrsströme und Geschäftsaktivitäten zu geraten. Schon 1893 richtete sich eine Massenpetition mit 1200 Unterschriften, meist aus dem wirtschaftlich besser gestellten Bürgertum, an den Bürgermeister und forderte, vom Hauptbahnhof her einen Straßenzug nach Osten quer durch die ganze Altstadt zu schlagen, um mehr Verkehr und damit Kunden hineinzubringen. Das war hier im Herzen der Altstadt wesentlich schwieriger als die Straßendurchbrüche in der weniger dicht bebauten Neustadt, und in die kontroverse Diskussion um die Trassenführung mischten sich auch die Stimmen derer, die das malerische alte Stadtbild möglichst erhalten wollten. Das Projekt schleppte sich hin, und nachdem die Bethmannstraße erweitert und die Battonnstraße angelegt worden waren, wurden 1904/05 über hundert Altstadthäuser beseitigt, um vom Paulsplatz her am Römerplatz vorbei nach Osten die Braubachstraße durchbrechen zu können. Eigentlich war sie als reine Geschäftsstraße geplant, doch die Nachfrage war nur schleppend, und so wurden zur Bebauung dann auch Wohnhäuser zugelassen.

Auch die Messestadt Leipzig erlebte eine starke wirtschaftliche Dynamik. Ihr von alters her weitgehend gitterartiges Straßennetz war indessen den neuen

Erfordernissen relativ gut angepasst, so dass sich am Straßenverlauf wenig änderte, aber die Bausubstanz der Altstadt wurde in diesen Jahrzehnten weitgehend niedergelegt und durch neue, größere Gebäude ersetzt, das Wohnen größtenteils durch Cityfunktionen verdrängt. Dabei ging es nicht nur um die üblichen Geschäftshäuser, Banken und Hotels sowie die Erweiterungsbauten für die Universität, sondern als Leipziger Besonderheit traten die großformatigen Messehäuser hinzu. Leipzig war in der frühen Neuzeit die führende deutsche Messestadt gewesen und besaß dementsprechend zahlreiche beeindruckende Kaufmannshäuser mit großen Speicherkapazitäten, doch das Messeprinzip des direkten Warenverkaufs war angesichts des starken Anstiegs von Warenvielfalt und Produktionsmengen um 1890 überholt. Als Ersatz erfand Leipzig die Mustermesse, auf der nur Warenmuster präsentiert wurden, dies aber für Handeltreibende aus der ganzen Welt. Hierfür waren nun Messehäuser mit Ausstellungsflächen in völlig neuer Größenordnung nötig, und diese konnte man sich nur dort vorstellen, wo seit Jahrhunderten der Großhandel stattfand, eben im Zentrum der Stadt. Von 1893 bis 1918 wurden 21 Messepaläste errichtet, für die jeweils mehrere Parzellen zusammengefasst und die bestehenden Häuser abgebrochen wurden. Dreizehn Gebäude legte man 1908 für den Handelshof nieder, jeweils elf 1912 für den Dresdner Hof und 1927 für den Petershof. Mitte des 19. Jahrhunderts gab es in Leipzig noch 750 Gebäude in der Altstadt, im Jahre 1900 waren es nur noch 225.

Köln hatte nicht nur die flächenmäßig größte vorindustrielle Altstadt aller deutschen Städte, sondern war auch bis in die 1880er Jahre durch den Festungsgürtel eingeschnürt. Die Citybildung vollzog sich deshalb hier vor dem Ersten Weltkrieg komplett innerhalb des Altstadtbereichs. Nur in Köln wurde sogar der Hauptbahnhof und die dazugehörige Bahntrasse in die Altstadt hinein geschlagen, was entsprechende Zerstörungen unvermeidlich machte, hart am Dom vorbei auf die Rheinbrücke zu, die bei ihrer Einweihung 1859 die einzige feste Rheinüberquerung in ganz Deutschland war. In den 1890er Jahren wandelte sich dann die vom Zentralbahnhof und Dom nach Süden verlaufende Hohe Straße, der alte Hauptstraßenzug, zur Geschäftsstraße. In kürzester Zeit wurden hier praktisch alle Häuser abgerissen und neu gebaut, um Geschäfte einrichten zu können, wobei sich die Wohnbevölkerung in zwanzig Jahren fast halbierte. Ähnliches war in zwei westlich davon quer hierzu verlaufenden Straßen, der Schildergasse und der Breiten Straße, zu beobachten. Da es Köln an einer West-Ost-Querung fehlte, wurde als östliche Verlängerung der Schildergasse 1907-13 die Gürzenichstraße durch die bestehende Bebauung durchgebrochen, so dass ein durchgehender Straßenzug vom Hahnentor über Neumarkt und Heumarkt bis zum Rhein entstand, wo man dann in seiner Verlängerung die zweite feste Rheinbrücke anlegte. Dabei riss man auch ganze Platz-

Die Hohe Straße in Köln um 1850.

wände weg, sowohl die Nordseite des Neumarkts als auch rings um den Heumarkt, um neuen Geschäftshäusern Platz zu machen. Hier musste die Kleinteiligkeit der alten Stadt neuen Blockstrukturen weichen, z. B. am Kreuzungsbereich zur Hohen Straße für das Großkaufhaus Tietz und das neue Stadthaus, dem zweiten Rathaus. Nördlich des Neumarkts zur Breiten Straße hin wurde die Bebauung dann 1911-14 durch ein Geschäftshausviertel mit fünf großen Kauf- und Bürohäusern ersetzt.

In einigen kleineren Großstädten war es bis zum Ersten Weltkrieg in ähnli cher Weise im Wesentlichen der zentrale Straßenzug innerhalb der Altstadt, der Citycharakter annahm und wo die bestehende Bausubstanz starkem Abriss und Neubau unterlag. In Nürnberg wurde die vom Zentrum zum Bahnhof führende Königstraße zur wichtigsten Geschäfts- und Hotelstraße. In Lübeck konzentrierten sich die neue Geschäftswelt und große öffentliche Bauten an dem von Norden nach Süden durch die Stadt führende Straßenzug Burgstraße/König-

Die Hohe Straße in Köln 1913.

straße/Mühlenstraße, dazu die vom Markt nach Westen Richtung Bahnhof abzweigende Holstenstraße.

In Halle an der Saale nahm der ebenfalls durch die ganze Stadt führende Straßenzug Große Ulrichstraße/Leipziger Straße Citycharakter an und in Dortmund der die Stadt von Westen nach Osten querende Hellweg. In Dortmund brach man ergänzend die Hansa-Straße vom Bahnhof, am Nordrand gelegen, nach Süden durch die ganze Altstadt durch. Dabei bekam die Stadtverwaltung das Kunststück hin, das Geld, das sie zum Ankauf der Grundstücke aufwenden musste, nach Anlage der neuen Straße durch den Verkauf der Restflächen wieder einzunehmen; allerdings war die Bebauung der in der frühen Neuzeit stagnierenden Stadt nicht allzu dicht gewesen. In Halle wurde bei der Citybildung die Bebauung fast völlig ausgetauscht; die kleinstädtischen, schlichten ein- bis zweigeschossigen Häuser, noch mit einzelnen Scheunen und Lagerhäusern durchsetzt, verschwanden zugunsten einer großstädtischen Bebauung mit vier bis fünf Geschossen, wobei sich der schmale Straßenzug durch das Zurücktreten auf die neuen Fluchtlinien erheblich verbreiterte. An Breslaus riesigem Hauptmarkt, dem Ring, wurden zwei Drittel der durchaus repräsentativen Bürgerhäuser beseitigt und durch ganz auf Handel und Dienstleistungen spezialisierte Gebäude ersetzt.

In Lübeck und Nürnberg war die Abrissdynamik dagegen weniger stark, denn hier fanden sich viele durchaus ansehnliche große Steinhäuser aus der Blütezeit dieser Städte im 15. und 16. Jahrhundert, die auch für neue Ge schäftsnutzungen geeignet waren. Gerade in diesen beiden Städten erhoben sich auch deutliche Widerstände gegen fremdartig wirkende Neubauten. Sie forderten, dass diese sich im Baustil dem stadtbildprägenden Bestand aus der früheren Blütezeit anpassen, also möglichst „hanseatisch“ oder „fränkisch“ beziehungsweise „altdeutsch“ sein sollten.

Auch in München konzentrierte sich die entstehende Geschäftswelt an den alten Hauptstraßenzügen, die sich am Marienplatz kreuzten, also Neuhauser Straße/Kaufinger Straße/Tal von Westen nach Osten sowie Sendlinger Straße/Theatiner Straße. Schritt für Schritt wurde hier die alte Bebauung abgerissen oder doch so total umgebaut und aufgestockt, dass die Straßenfronten bald völlig anders aussahen. Während die mittelalterlichen oder frühneuzeitlichen Bürgerhäuser auf schmalen, aber tiefen Grundstücken, den sogenannten „Münchner Leichentüchern“, standen, fassten die breiteren Neubauten meist mehrere zusammen. In die vornehmen Adelspalais im Kreuzviertel zogen vielfach Banken ein, welche die Barockbauten dann nach einiger Zeit abbrachen und durch größere Neubauten im historistischen Stil ersetzten. Die Randbebauung des Marienplatzes, dem Zentrum Münchens, wurde bis zum Ersten Weltkrieg fast völlig abgetragen und neu aufgeführt. Eine Münchner Spezialität waren die großen Bierpaläste der Münchner Brauereien, der erste 1896 errichtet von Pschorrbräu mit 1500 Sitzplätzen. Diese entstanden meist nach weitgehendem Abriss der Brauereigebäude in der Altstadt, nachdem die Produktion in die neuen Vorstädte verlegt worden war. Ein Stadterweiterungswettbewerb brachte 1892 gut ein Dutzend Konzepte zur Umgestaltung der Innenstadt, die zur Bewältigung des stark angeschwollenen Verkehrs jede Menge Vorschläge für Straßendurchbrüche auf den Tisch legten. Tatsächlich wurde dagegen der Verlauf des Münchner Straßennetzes bis zum Ersten Weltkrieg nur minimal verändert, allerdings eine Reihe enger Altstadtgassen aufgeweitet, was natürlich bedeutete, dass die Häuser von zumindest einer Straßenseite verloren gingen. Im Kreise der Stadtplaner war man seit Ende der 90er Jahre aber zunehmend bestrebt, die gewohnten stadträumlichen Perspektiven nicht zu verlieren, die „malerischen“ Straßen- und Platzbilder der Heimatstadt zu bewahren. So scheiterte das Projekt, die Theatinerstraße zu verbreitern, in den städtischen und staatlichen Baukommissionen an stadtbild- und denkmalpflegerischen Einwänden. In gewisser Weise vom Abrissdruck entlastet wurde die Münchener Altstadt insofern, dass die Stadt im Laufe des 19. Jahrhunderts zwar ein enormes Bauprogramm der Monarchie für Verwaltungs- und Kulturbauten erlebte, dieses sich aber in den ab 1825 außerhalb der Altstadt neu angelegten Arealen der Maxvorstadt und der repräsentativen Ludwigstraße verwirklichte, die Altstadt also ungeschoren ließ. In einer solchen, seit 1805 realisierten spätabsolutistischen Stadterweiterung konzentrierte sich im Falle von Stuttgart und Düsseldorf überhaupt der weitaus größte Teil der um 1900 herum entstehenden Geschäftscity. In beiden Städten handelte es sich um eine rund einen Kilometer lange, gradlinige Straße, welche die Altstadt randlich berührte und auch Bezug zum Bahnhof hatte, die Königstraße beziehungsweise Königsallee. In Düsseldorf war diese zunächst als repräsentative Wohnstraße im Bereich der planierten Bastionen angelegt worden, bis das Wohnen durch die Dienstleistungen verdrängt wurde. In Stuttgart hatte der König sie von Anfang an als Prachtstraße mit repräsentativen öffentlichen Gebäuden konzipiert. Die Abrisse hielten sich hier in Grenzen, erst recht in der kleinen, verwinkelten Altstadt; nur an deren Umfassungsstraße siedelten sich ebenfalls verstärkt Geschäfte an (Eberhardstraße in Stuttgart bzw. heutige Heinrich-Heine-Allee in Düsseldorf).

Wo der Bahnhof nicht unmittelbar am Rand der Altstadt, sondern ein Stück entfernt angelegt wurde, entwickelte sich die City von zwei Stellen her, am Bahnhofsvorplatz in Richtung Stadt und in der traditionellen Hauptstraße durch die Altstadt. Das ließ sich beispielsweise in Dresden, Bremen, Augsburg und ähnlich auch in Erfurt beobachten. Die Hotel- und Geschäftsbauten vom Bahnhof her gingen zu Lasten von ehemaligem Befestigungsgelände, von Gärten und kleinteiliger Vorstadtbebauung. In Bremen und Augsburg war allerdings ein Straßendurchbruch im Altstadtbereich nötig, um dann den Anschluss an den alten Hauptstraßenzug herzustellen (heutige Bürgermeister-Smidt-Straße bzw. Bürgermeister-Fischer-Straße). Zu bedeutenderen Verlusten kam es in Dresden, als man an der Hauptstraße der Altstadt, der Wilsdruffer Straße, die Bürgerhäuser der Südseite wegriss, um sie zu verbreitern, und sie überdies 1886/88 durch einen Straßendurchbruch vom Altmarkt zum Pirnaischen Platz verlängerte, dem allein 46 renaissancezeitliche und barocke Häuser zum Opfer fielen. In Hannover entwickelte sich die City sogar zunächst ausschließlich in der Bahnhofsvorstadt (Ernst-August-Vorstadt), vor allem rund um die am Altstadtrand liegende Straßenkreuzung am Kröpcke herum, in deren näherer Umgebung auch einige Altstadthäuser zugunsten von Kaufhäusern abgebrochen wurden. Damit die verwinkelte Altstadt Hannovers nicht gänzlich in den Schatten der modernen Dynamik geriet, schlug man 1879-98 in Verlängerung der Bahnhofsstraße eine neue Straße von Norden quer durch die gesamte, durchaus dicht bebaute Altstadt bis zur Leine, die bald zu beiden Seiten überwiegend mit Geschäftshäusern bebaute Karmarschstraße. Dafür wurden auch das Ständehaus und etliche ansehnliche Bürgerhäuser zerstört. Zunächst hatten sich große Widerstände gegen dieses Projekt erhoben, das bemerkenswerterweise nicht von der Stadt selbst, sondern von einer privaten Gesellschaft betrieben und finanziert wurde.

Eine Besonderheit der Tertiärisierung, die ein deutschlandweit in jeder Hinsicht einzigartiges Abbruchprojekt auslöste, stellte in Hamburg der mit dem Weg zum Welthandel extrem steigende Bedarf nach Speicherplatz für Waren dar. Der Trend, die Speicher aus der Verbindung mit Wohnen und Kontor im Kaufmannshaus herauszulösen, wurde noch forciert, als Hamburg 1888 dem Schutzzollgebiet des Deutschen Reiches beitrat und nur noch ein begrenztes Gebiet als Freihafen zugestanden bekam; dort durften weiterhin Waren zollfrei gelagert werden, aber es war kein Wohnen zulässig. Als Standort für die neu zu errichtende Speicherstadt wurde die direkt südlich der Stadt liegende Kehrwieder-Wandrahm-Halbinsel gewählt, die sich von den Kontoren in der City aus gut zu Fuß erreichen ließ. Diese Halbinsel war nun aber dicht bebaut, der Kehrwieder mit einfachen Fachwerkhäusern für Arbeiter, die ihr Einkommen im angrenzenden Hafen fanden, der Wandrahm dagegen mit Kaufmannshäusern, teilweise repräsentativen Bauten der Barockzeit. 1883-85 wurden auf dem 26 ha großen Gelände die Bebauung komplett abgerissen, 930 Häuser, die der Senat zuvor aufgekauft hatte. 19 000 Menschen wurden einfach informiert, dass sie ihre Wohnungen zu verlassen hatten; sie konnten dann sehen, wo sie unterkamen. Niemand interessierte sich für ihr Schicksal, geschweige denn dass sie bei der Suche nach neuen Wohnzungen unterstützt worden wären. Trotzdem gab es keinerlei Proteste und Widerstände, selbst von den stets oppositionellen Sozialdemokraten nicht. Angesichts der Größe und Opfer des Projekts staunt man über das Tempo, mit dem es umgesetzt wurde; so etwas scheint heute nur noch in China möglich, aber nicht mehr in Deutschland. Es war eben eine Zeit, in der keine Bürgerinitiativen und Verwaltungsgerichtsprozesse dazwischengrätschten, man war im Kaiserreich autoritäres Durchregieren von oben gewohnt und akzeptierte es. Im Übrigen bestimmten Fortschrittsglaube und Aufbruchstimmung des Bürgertums den öffentlichen Diskurs. Nur der Kunsthallendirektor Alfred Lichtwark maulte ein paar Jahre später über die Freie und Hansestadt Hamburg als „Freie und Abrissstadt“. Sie „hätte die Stadt der Renaissance sein können, des Barock und des Rokoko. Doch alle diese Schätze wurden stets begeistert dem Kommerz geopfert.“ Eine durchdachte Alternative hatte er natürlich nicht anzubieten. Auch Bremen baute in dieser Zeit neue Speicher im Hafen, allerdings ohne dass sich die Abbruchfrage hier in gleicher

Weise gestellt hätte, da diese Speicher von der Stadt aus ein Stück weiter weserabwärts lagen.

Mit der Revolution Ende des Jahres 1918 fühlten sich nicht nur Künstler von den Zwängen der kaiserzeitlichen Gesellschaft befreit und wagten Neues zu denken und auszuprobieren, sondern auch Stadtplaner. Beides galt vor allem für Berlin, dem Hotspot der Moderne im Deutschland der 20er Jahre. Waren im kaiserzeitlichen Berlin die Gebäudehöhen auf fünf Geschosse und eine Traufhöhe von 22 Metern beschränkt, so träumten Stadtplaner jetzt von Hochhäusern. Sie blickten seit Mitte der 20er Jahre nicht nur nach Paris und London, sondern auch nach New York, wo die „Wolkenkratzer" hochschossen und der Automobilverkehr die Straßen füllte. Den bereits angelaufenen Prozess der Citybildung unterstützen, die zu engen Altstädte für die kommenden Autoströme öffnen - das bestimmte die Diskussion der Stadtplaner in der Zeit der

Berlin, Areal um die Friedrichstraße: Vorschlag des Architekten Ludwig Hilberseimer 1929, die Bebauung flächendeckend zu beseitigen und dort eine moderne City in Gestalt von Hochhausscheiben hinzusetzen (Fotomontage des Architekten).

Weimarer Republik. Revolutionärer Bruch bedeutete zugleich die Entwertung des Alten, und das hieß städtebaulich, dass die Bereitschaft bestehende Bauten abzureißen im Vergleich zur Kaiserzeit weiter stieg. Der Berliner Oberbürgermeister Gustav Böß meinte: „Je mehr der Verkehr gesteigert wird, desto stärker wird das Geschäftsleben befruchtet. Je früher Berlin an diese Aufgaben herangeht, desto leichter und billiger wird diese Lösung sein. Man darf nicht vor einem Niederreißen und Zerstören zurückschrecken, mag auch das Bestehende gefühlsmäßig wertvoll sein."[99] In demselben Sinne schrieb der Berliner Stadtbaurat Martin Wagner: „Die Furcht und die Ehrfurcht vor dem Alten macht uns schwach, lähmt und tötet. ... Wir wollen so leben, wie Friedrich der Große durch seine Bauten Berlin leben ließ, der Altes zerbrach, um Neues an seine Stelle zu setzen."[100]

Für Berlin fehlte es nicht an städtebaulichen Visionen. Die Zeitschriften *Städtebau* und *Wasmuths Monatshefte für Baukunst* veranstalteten 1925 einen Wettbewerb mit der Frage: „Wie soll Berlins Hauptstraße `Unter den Linden´ sich im Laufe des 20. Jahrhunderts gestalten?" Der erste Preis ging an C. van Eesteren, dessen Entwurf vorsah, die Altbebauung zwischen Brandenburger Tor und Staatsbibliothek vollständig wegzureißen und den Straßenzug komplett neu zu bebauen, unter anderem mit einem dominierenden Hochhaus. Der am Bauhaus lehrende Architekt Ludwig Hilberseimer schlug 1929 vor, die Baublöcke rechts und links der Friedrichstraße von der Leipziger Straße bis zu den Linden vollständig auszuradieren und dort achtzehn Hochhausscheiben hinzupflanzen, um eine moderne City zu schaffen, ohne jede Rücksicht auf bestehende Straßen, Plätze und Grundstücke. Ein 1929 ausgeschriebener Wettbewerb, wie durch Erweiterungsbauten mehr Arbeitsräume für die Reichstagsabgeordneten geschaffen werden könnten, ergab Entwürfe, die meist vorsahen, hierfür das Alsenviertel im Spreebogen nördlich des Reichstags abzubrechen, teilweise ebenfalls für Hochhausbebauung. In demselben Jahr forderte Martin Wagner auch sechs Architekten auf, Wettbewerbsentwürfe für die Umgestaltung des Alexanderplatzes zu einem „Weltstadtplatz" einzureichen, der dem für die Zukunft erwarteten Verkehrsaufkommen angepasst ist. Alle Entwürfe sahen für das ganze Areal einen Kahlschlag vor, um die Platzwände aus einem Guss neu aufzubauen. Dabei ging Wagner davon aus, dass die große Dynamik der Moderne das Neugebaute nach einer Generation schon wieder mit der Frage nach Abrissnotwendigkeiten konfrontieren würde. „Der Verkehrsfachmann muß sich die Verkehrskapazität eines Weltstadtplatzes errechnen und diese Kapazität auf einen Verkehrszuwachs für die nächsten 25 Jahre einstellen. ... Mit dem Hinweis auf die beschränkte Lebensdauer eines Weltstadtplatzes ist auch zugleich angedeutet, daß die den Platz umgebenden Bauten keine bleibenden wirtschaftlichen und architektonischen Werte besitzen."[101] Die historisch gewachsene unregelmäßige Form, das aus Sicht von Traditionalisten „malerische“ Stadtbild sollte symmetrischer Ordnung weichen. Der Neubau des Alexanderplatzes war aus Wagners Sicht als Auftakt gedacht, um der Tendenz entgegenzuwirken, dass die City sich in Berlin immer weiter nach Westen verlagerte. Die Idee war, die weitgehend aus dem 18. Jahrhundert stammende südliche Altstadt weitgehend abzubrechen und hier eine breite Verkehrsachse für den Autoverkehr anzulegen, welche die Königstraße entlastet und zugleich Anknüpfungspunkt für eine weitere Citybildung wird. Schon 1926 hatte sich hierfür der City-Ausschuss unter Federführung des Vereins Berliner Kaufleute und Industrieller gegründet, und in demselben Jahr hatte Verkehrsstadtrat Ernst Reuter mit geheimen Planungen begonnen. Der Antrag, hierfür einen Wettbewerb auszuschreiben, wurde allerdings im März 1931 von der Stadtverordnetenversammlung gestoppt.

Es fehlte also nicht an hochfliegenden Plänen für Berlin, die alle großflächig Altes abreißen wollten. Getragen wurden sie von einer Koalition von Sozialdemokraten (wie Wagner und Reuter), die den Traditionen generell zumindest kritisch gegenüberstanden, Architekten des Neuen Bauens, die sich gerne an letztlich menschenfeindlichen, maschinenartigen Großprojekten berauschten, und profitorientierten Kapitalinteressen (im City-Ausschuss). Aber alle diese Pläne blieben Luftschlösser, von denen nichts umgesetzt wurde, vom Alexanderplatz einmal abgesehen, wo man schon vor dem Wettbewerb begonnen hatte, etliche Gebäude zu beseitigen und dadurch für mehr Platz zu sorgen. Die wirtschaftlichen Möglichkeiten in der Zeit der Weimarer Republik waren diesen Visionen nicht gewachsen. Am Anfang Inflationsjahre, am Ende Weltwirtschaftskrise, dazwischen nur wenige Jahre der Prosperität; es fehlte an Steuergeldern in den öffentlichen Kassen und auch an Zeit. Nun vermehrten sich die Kaufhäuser, Büros und Dienstleistungsbetriebe in Berlin auch in den 20er Jahren auf Kosten älterer Bauten durchaus weiter, verstärkt jetzt auch am Kurfürstendamm. Was wirklich abgebrochen und neu gebaut wurde, war aber nicht der kommunalen Planung zu verdanken, sondern der kleinteiligen Privatinitiative.

Die Entwicklung in anderen deutschen Großstädten in den 20er Jahren wirkt teilweise wie ein Echo auf die Debatten in Berlin. Nicht realisierte Hochhausprojekte zu Lasten des Alten gab es auch anderswo. In Breslau schlug Stadtbaurat Max Berg vor, für den gestiegenen Bürobedarf der Stadtverwaltung ein Hochhaus an den Marktplatz zu setzen und dafür die Tuchhallen und Bürgerhäuser zu opfern, und in Erfurt sollte am Bahnhofsplatz ein Bürohochhaus ein heruntergekommenes Altbauquartier ersetzen. Daraus wurde nichts, aber oft genug setzte sich der Kommerz von sich aus gegen das Alte durch. Als in Dresden der Kaufhauskomplex Alsberg 1928 erweitert werden sollte und dafür mehrere Häuser mit Erkern in Gotik und Barock weichen mussten, konnte der

Denkmalschutz nur erreichen, dass von diesen „gute photographische Aufnahmen für das Stadtmuseum“ gemacht werden sollten.

In Leipzig war man sensibler. Um den noch vorhandenen barocken Baubestand der Innenstadt vom Abrissdruck der expandierenden City zu entlasten, präsentierte Stadtbaurat Hubert Ritter 1927 das Konzept einer Ringcity, das vorsah, den weiteren Bedarf der City in der Ringanlage im Bereich der ehemaligen Befestigungsanlagen zu realisieren. Nach den ersten beiden Hochhausbau-

Hamburg, südliche Altstadt 1929. Die Häuser des Gängeviertels im Sanierungsgebiet südliche Altstadt wurden flächendeckend abgerissen und seit 1925 durch großdimensionierte Kontorhäuser (Bürobauten) ersetzt.

ten stoppte aber die Weltwirtschaftskrise die weitere Umsetzung dieses Konzepts. Im Ergebnis ähnlich dieser Idee, aber ohne steuernde Planung breitete sich in den 20er Jahren in Köln die City entlang der Ringstraße aus, indem dort Versicherungen und Unternehmensverwaltungen ihre Bürobauten errichteten und dafür Teile der repräsentativen Wohnbebauung der Gründerzeit zerstört wurde, besonders am Kaiser-Wilhelm-Ring.

Umfangreicher Bürobau im Rahmen kommunaler Planung fand in den 20er Jahren vor allem in Hamburg statt, wo die Abbrüche im Sanierungsgebiet südliche Altstadt, die der Weltkrieg unterbrochen hatte, bis 1936 zu Ende geführt wurden und dort ab 1925 ein Kontorhausviertel entstand.

Wirtschaftswachstum fordert Opfer

Sturheit traf auf Sturheit. Am 21. Februar 1974 stürmten 2500 Polizisten in Frankfurt am Main überraschend den von Hausbesetzern illegal besetzten Block Schumannstraße/Bockenheimer Straße, der dem Unternehmer Ignatz Bubis gehörte. Danach wurden die vier Häuser sofort von Baggern zerstört. Über eine anschließende Demonstration von 10 000 Sympathisanten der Hausbesetzer schrieb die *Bild am Sonntag* „Bei der bisher blutigsten Straßenschlacht flogen Molotow-Cocktails, wurden Polizeibeamte mit Eisenstangen zusammengeschlagen und mit bleigefüllten Bambusstangen, auf denen Bajonette aufgepflanzt waren, niedergestochen. Mindestens 30 Polizisten wurden verletzt. Fünf von ihnen liegen im Krankenhaus. Auch zahlreiche Demonstranten wurden in die Hospitäler eingeliefert.“[102] Während die Bild-Zeitung reißerisch „Kriminelle Politrocker und ultralinke Studenten“ am Werk sah, verortete die Hausbesetzerszene die Bösewichte in vulgärmarxistischer Sicht woanders: „Die Transformation des Westends vom bourgeoisen Wohn- in ein kapitalstrukturiertes Geschäftsviertel ... läuft beileibe nicht mehr anarchisch ab. Die Stadt hat im Gegenteil die Zerstörung der Innenstadt und des Westends systematisch gefördert - so wie sie in Zukunft noch die Zerstörung anderer citynaher Stadtteile fördern wird ... denn genau das soll Frankfurt werden: Ballungszentrum des internationalen Finanzkapitals.“[103]

Dass Häuser so spektakulär abgerissen wurden, dass Auseinandersetzungen um den Erhalt von Häusern dermaßen eskalieren ist höchst ungewöhnlich. Die tieferliegenden Ursachen waren indessen nicht nur in Frankfurt ein Thema, sondern auch in anderen dynamisch wachsenden Metropolen Westdeutschlands. Insbesondere der Bedarf nach Büroraum expandierte stark. Das zeigte sich schon beim Wiederaufbau nach dem Krieg, und erst recht seit Ende der 50er Jahre drangen Büronutzungen auch über die Innenstadt hinaus in angrenzende bürgerliche Wohnviertel ein, die während des Kaiserreiches als Stadterweiterungsgebiete entstanden waren. Diese waren durchweg wesentlich besser durch den Weltkrieg gekommen als die alten Stadtkerne. Während Rechtsanwälte, Treuhandgesellschaften, Werbefirmen oder Verlage sich in bestehenden Villen einquartieren und die Wohnbevölkerung dort verdrängen konnten, ohne dabei das Stadtbild zu zerstören, benötigten Versicherungen, Banken und Industrieverwaltungen großmaßstäbliche Gebäude. Diese Expansionsdynamik traf dann um 1970 herum auf einen sich wandelnden Zeitgeist, zu dem die linke Kapitalismuskritik an den großen Konzernen und Spekulanten infolge der 68er-Bewegung ebenso gehörte wie die Neubewertung des Bauerbes aus der Kaiserzeit, und damit entstand reichlich Konfliktpotential. Die politisch Verantwortlichen gingen mit diesem mancherorts mit mehr, anderenorts mit weniger Geschick um.

In Frankfurt, das durch die Ansiedlung der Bundesbank für Großbanken und Versicherungen besonders attraktiv wurde, richtete sich dieser Druck auf das nordwestlich der Oper gelegene Westend rechts und links der Bockenheimer Landstraße, ein im 19. Jahrhundert mit Villen und gutbürgerlichen Mietshäusern bebautes, durchgrüntes Wohngebiet, inzwischen mit einer eher kleinbürgerlichen Einwohnerschaft. Die Stadtverwaltung, die mit Blick auf die städtischen Steuereinnahmen an kräftigem Wirtschaftswachstum interessiert war, meinte diesen Trend akzeptieren zu müssen, ja planungsrechtlich unterstützen zu sollen. Seit 1961 betrachtete sie intern das Westend als Cityerweiterungsgebiet. Die Stadtplanung entwickelte zwar zur Entlastung ab 1962 zugleich am Südrand Frankfurts auf unbebauten Flächen die Bürostadt Niederrad, aber diesem Standort fehlte es an guter Verkehrsanbindung und überhaupt an Image, so dass er von den großen Firmen lange nicht recht angenommen wurde. Indem die Stadtverwaltung das Westend zum Cityerweiterungsgebiet erklärte, löste sie eine Dynamik aus, die sie bis 1979 nicht wieder eingefangen bekam. Eine überschaubare Gruppe von rund 30 ortskundigen Unternehmern kaufte jetzt in Westend im großen Stil Grundstücke auf, um darauf als Projektentwickler Bürohochhäuser zu bauen und diese dann zu vermieten, seltener zu verkaufen, manchmal auch um als Spekulant einfach die rasant im Wert steigenden Grundstücke weiterzuverkaufen. Nun bezeichnete der Bebauungsplan von 1961 das Westend als Wohngebiet, aber die Bauverwaltung erteilte diesen Personen für ihre Hochhausprojekte laufend Ausnahmegenehmigungen, eine Frankfurter Besonderheit, die rechtlich eigentlich nicht zulässig war. Gute Hinterzimmerkontakte der Beteiligten, Kredite der Frankfurter Großbanken an die Projektentwickler sowie Parteispenden von Projektentwicklern und Bauwirtschaft an die im Magistrat vertretenen Parteien ebneten dieser Dynamik den Weg. Sie lief als Entscheidungsprozess an Stadtvertretung und Öffentlichkeit völlig vorbei und führte dazu, dass die gut erhaltene Bebauung im Westend immer mehr zerstört wurde. Dabei bedienten die Projektentwickler sich skandalöser Methoden, um aus den erworbenen Objekten zügig die Mieter zu vertreiben. Sie reichten von Wuchermieten über das Abstellen von Strom, Heizung und Wasser und Zerstörungen in den Gebäuden bis hin zum Einsatz bezahlter Schlägertrupps. Innerhalb von zehn Jahren wurde mindestens die Hälfte der bisherigen Wohnbevölkerung aus dem Stadtteil vertrieben. Die entmieteten Häuser ließen die Projektentwickler leer stehen oder quartierten italienische und türkische Arbeitsmigranten ein, damals Gastarbeiter genannt, damit sie möglichst rasch verfielen oder verschlissen wurden, um sie dann abzureißen. Vom ehemals großbürgerlichen Straßenbild der Bockenheimer Landstraße blieb fast nichts erhalten, und auch viele Nebenstraßen wurden von der Zerstörungswelle erfasst.

Mit den Studentenunruhen der 68er-Bewegung verbreitete sich dann in der Öffentlichkeit eine kritische Sicht auf die Verhältnisse in vielen Bereichen der Gesellschaft. Die Immobilienunternehmer sahen sich jetzt weithin als Spekulanten angefeindet. Linke Studenten, welche die über hundert Jahre alten Schriften von Karl Marx als Quelle der Weisheit ansahen, glaubten in den Ereignissen im Westend einen Beleg dafür zu sehen, dass der Staat ganz im Sinne von Marx nur ein geschäftsführender Ausschuss des Großkapitals gegen die Interessen der Bevölkerung sei. Die zerstörerische Wirkung des Hochhausbaus galt ihnen als anschauliches Symbol dafür. 1969 gründete sich im Westend eine Bürgerinitiative, die *Aktionsgemeinschaft Westend*, die sich gegen die weitere Zerstörung von Wohnraum im Westend wandte und in weiten Teilen der Öffentlichkeit Sympathien gewinnen konnte. Unter dem Einfluss der Neubewertung der historistischen Architektur setzten bildungsbürgerliche Teile der Bürgerinitiative durch, dass sich der Denkmalschutz des Westends annahm. Ab 1970 kam es wiederholt zur Besetzung leerstehender Häuser, angeführt von politisierenden Studenten, die nach dem Zerfall der APO im universitätsnahen Westend ein neues Feld für den antikapitalistischen Kampf suchten. Die Besetzer waren vor allem Studenten und arme Familien, die einfach dringend billigen Wohnraum brauchten. Der Frankfurter Magistrat unter dem rechthaberischen Oberbürgermeister Rudi Arndt agierte ziemlich verständnislos und unflexibel. Die gewaltsamen Auseinandersetzungen um die besetzten Häuser zogen sich bis 1974 hin. Der Konflikt entspannte sich erst, als mit der Wirtschaftskrise nach 1974 etliche Bauprojekte nicht weitergeführt wurden, 1975 ein neuer Bebauungsplan für das Westend beschlossen wurde und die Parteien im Rathaus 1979 versprachen, im Westend keine weiteren Hochhäuser zuzulassen. Die als Spekulanten und wegen ihrer gewaltsamen Praktiken angegriffenen Immobilienunternehmer, überwiegend Juden, versuchten diese Angriffe als gegen das

Kollektiv der Juden gerichteten Antisemitismus zu diskreditieren. Als 1985 in Frankfurt das von Rainer Werner Fassbinder geschriebene provozierende Theaterstück *Der Müll, die Stadt und der Tod* uraufgeführt werden sollte, in der eine von den Auseinandersetzungen im Frankfurter Westend inspirierte Figur eines reichen jüdischen Immobilienspekulanten vorkommt, glaubte Bubis sich darin wiederzuerkennen und besetzte zusammen mit anderen Mitgliedern der jüdischen Gemeinde die Bühne. Die Aufführung musste abgebrochen werden. Die nächsten 24 Jahre wagte in Deutschland kein Theater, das Stück aufzuführen (und zwar nicht deshalb, weil es einfach ziemlich mäßig ist). Die im Westend noch bestehenden Bürgerhäuser wurden im Laufe der 80er Jahre zunehmend saniert. Die Verdrängung der Wohnbevölkerung durch Büros setzte sich hinter den schick werdenden Fassaden mit den Jahren fort, die Zerstörung der Häuser indessen nicht.

Ebenfalls im Kräftefeld der Wirtschaftsdynamik der Rhein-Main-Region lag der Konflikt um die City-Ost in Wiesbaden. Die Stadt war 1945 Landeshauptstadt geworden und wurde damit aus der Beschaulichkeit der ehemaligen Kur- und Bäderstadt aufgeweckt. Hier gingen allerdings die Stadtplaner voran, nicht die Marktkräfte. Im Auftrag des Magistrats präsentierte der Stadtplaner Ernst May 1962 einen Generalplan zur städtebaulichen Entwicklung Wiesbadens. Dieser sah unter anderem vor, das in der Kaiserzeit entstandene Villengebiet östlich der Innenstadt zwischen Parkstraße, Paulinenstraße und Gustav-Stresemann-Ring flächendeckend abzureißen und an seine Stelle eine Bürostadt *City-Ost* bauen. May hatte sich in den 20er Jahren als Baudezernent in Frankfurt mit funktionalistischen und möglichst industriell vorgefertigten Siedlungen einen Namen gemacht und 1930-33 als Chefingenieur des Wohnungsbaus in der Sowjetunion Massenwohnungsbau in Großwohnsiedlungen geplant. Jetzt schlug er Wiesbaden vor, die sozialstrukturell „veraltete Villenbebauung“[104] durch 18-20stöckige Punkthochhäuser und 10stöckige Scheibenhochhäuser zu ersetzen. Dabei wären bis zu 150 historistische Villen zerstört worden. Diese Planungen wurden zunächst von Politik und Öffentlichkeit allgemein akzeptiert. Als dann Immobilienunternehmer, besonders aus dem nahen Frankfurt, begannen, Villen aufzukaufen und Dächer zu zerstören, Jugendstilfenster zu zerschlagen und das Innere zu demolieren, um Abbruchgenehmigungen zu erzwingen (auch Ignaz Bubis zerstörte hier eine Villa ohne Genehmigung), erhob sich allerdings breiter Widerstand; er reichte von den linken Jungsozialisten bis zum konservativen Bildungsbürgertum und formierte sich auch als Bürgerinitiative. Die Jusos konnten sich 1971 innerhalb der örtlichen SPD durchsetzen, erhielten bei den Kommunalwahlen viel Rückendeckung und stellten 1973 den Stadtrat für Stadtentwicklung. Damit waren die City-Ost-Planungen tot. In der Folgezeit wurde ein großer Teil der Villen unter Denkmalschutz gestellt.

Das Grundproblem war ein gemeinsames, es gewann in den wichtigen deutschen Zentren aber recht unterschiedliche Gestalt. Im zuvor eher behäbigen Bonn entfaltete sich, seitdem es Bundeshauptstadt geworden war, erst recht ein rasant steigender Bedarf nach Büroraum. Dieser führte nicht nur zu zahlreichen Neubauten am Stadtrand, sondern drängte auch in das an die Innenstadt nach Süden angrenzende Viertel, die Südstadt. Um 1900 herum als gutbürgerliches Wohngebiet mit Reihenvillen erbaut und gut erhalten, sah es sich jetzt von Cityfunktionen unterwandert. Ein tiefgreifender Eingriff ins Stadtbild erfolgte dabei allerdings nur in der Nordecke, wo sich die Versicherung Deutscher Herold 1950 breit gemacht hatte und sich nach einiger Zeit anschickte, schrittweise die Häuser eines ganzen Straßenkarrees aufzukaufen, abzureißen und ihren Baukomplex dorthin auszudehnen. Als sie dabei ab 1969 auf den Widerstand einer Bürgerinitiative traf, versuchte der Deutsche Herold diese listig auszutricksen und Druck auf das Stadtparlament auszuüben. Mit scheindemokratischem Gestus rief er 1974 unter der Überschrift „Bonner Bürger planen mit" zu einer Abstimmung darüber auf, welcher Entwurf für die Erweiterungsplanung der Konzernzentrale am besten sei, und lockte dabei mit Preisen im Gesamtwert von 10 000 DM. Mit dieser schrägen Methode provozierte er allerdings einen heftigen Widerstand, dem sich auch ein Großteil der Professoren der Bonner Universität und der Bund deutscher Architekten anschlossen. Das geschah ausgerechnet 1975, dem Jahr der Eröffnungsfeier des Europäischen Denkmalschutzjahres in Bonn! Hier konnten jetzt auch die Politiker nicht anders, als für den Erhalt des noch Bestehenden einzutreten, wenn sie nicht ihre Glaubwürdigkeit ramponieren wollten.

Hamburg hatte schon durch die Abrisspolitik seit Ende des 19. Jahrhunderts und durch die schweren Luftbombardements im Zweiten Weltkrieg den größten Teil seiner vorindustriellen Bausubstanz verloren. Bereits 1958/59 sorgte der Platzbedarf für neue Bürogebäude am Rand der Innenstadt für zwei weitere Verlustfälle, und zwar gerade unter den ältesten erhaltenen Wohnhäusern. Der eine war eine repräsentative klassizistische Häuserzeile an der Esplanade, 1827-30 als Teil der Prachtstraße nach Londoner Vorbild erbaut und für Hamburger Verhältnisse eher eine Rarität, die zugunsten von drei Punkthochhäusern abgebrochen wurde. Jahrelang war zuvor innerhalb des Denkmalsrates und in der Politik diskutiert worden, ob man diese unter Denkmalschutz stehenden Bauten opfern sollte, und erstaunlicherweise sprach sich gerade Hamburgs oberster Denkmalpfleger dafür aus, weil er sich von den neuen Glaskästen mehr Qualität erhoffte. Bei dem anderen Fall handelte es sich um ein malerisches Fachwerkquartier nördlich des Valentinskamps, wie es dies sonst in Hamburg fast nicht mehr gab, das für ein Bürohochhaus des Unilever-Konzerns niedergelegt wurde. Die dort vorhandene Prostitution erledigte man so auf elegante Weise gleich mit. Schon vor dem Zweiten Weltkrieg hatte der Bürobedarf der City nach Norden über den Wallring hinaus gegriffen, hinein in den Süden der gründerzeitlichen Villenviertel des Stadtteils Rotherbaum, wo nun repräsentative Villen für Bürokästen weichen mussten. Dieser Trend setzte sich nach dem Wiederaufbau zunächst fort. Hier gelang es vorausschauender Stadtplanung dann aber bald, ihn für die Villenstadtteile Rotherbaum und das noch weiter nördliche Harvestehude weitgehend zu stoppen, jedenfalls was Abrisse anging, weniger hinsichtlich der Umwandlung bestehender Wohnhäuser in Büros. Die Lösung bestand darin, von 1959 an zur Entlastung sechs Kilometer weiter nördlich auf einem großen Gelände die City Nord zu entwickeln und damit Konzernen ein Alternativangebot für große Bürobauten zu machen, das auch gut angenommen wurde. Hier mussten nur Schrebergärten und Behelfsheime geopfert werden. Ab Anfang der 80er Jahre setzte man dieses Konzept mit der City Süd in Hammerbrook fort, hier auf einer seit den Kriegszerstörungen nicht wieder aufgebauten Brache. Neben der City Nord sollte in Hamburg noch eine City West aufgebaut werden, so 1969 der Vorschlag der Oppositionspartei CDU, den die Baubehörde aufgriff. In Ottensen, direkt westlich des Altonaer Bahnhofs, sollte eine Ansammlung von 20- bis 30stöckigen Hochhäusern mit hohem Büroanteil, aber auch Kaufhäusern und Wohnungen entstehen, die durch eine breite Erschließungsstraße an einen nahen Autobahnzubringer angeschlossen sein sollten. Im Unterschied zu den anderen beiden City-Entlastungsbereichen ging es dabei um ein Gebiet, das eng bebaut war. Es handelte sich weitgehend um einfache Mietshäuser der späten Kaiserzeit mit vielen Arbeitern, Rentnern und Kleingewerbe, die seit langem als Sanierungsgebiet galten und dementsprechend nicht mehr gepflegt wurden. Sie sollten für die projektierte City West weitgehend flächendeckend beseitigt werden. Aber linke Studenten, die hier billige Unterkünfte gefunden hatten, organisierten zusammen mit Alteingesessenen verschiedene Arbeitskreise und Initiativen, demonstrierten und wurden als Jusos in der SPD aktiv. Unter diesem Druck von unten und durch die Wirtschaftskrise infolge des Ölpreisschocks verendeten die City-West Pläne dann 1974; Abriss und Neubebauung waren über erste Anfänge nicht hinausgekommen. Die Wochenzeitung *Zeit* startete 1973 mit dem *Unternehmen Mottenburg* ein Modellprojekt, Altbauten gemeinsam mit Mietern, Architekten, Behörden und Wohnungsbauunternehmen zu sanieren. Trotz allem Konfliktpotential - von Frankfurter Gewaltmethoden war man in Hamburg auf beiden Seiten weit entfernt. Das galt erst recht für die Pläne, die Hamburg Messe nach Westen zu erweitern und dafür große Teile des dort angrenzenden Karolinenviertels abzureißen, ebenfalls ein spätkaiserzeitliches Stadterweiterungsgebiet mit einfacher Bebauung. Angesichts dieser Planungen kaufte die Stadt dort seit den 50er Jahren Immobilien auf, und 1964 wurde ein Wettbewerb für ein *Kongress- und Messezentrum Hamburg* ausgelobt, der die komplette Beseitigung des Karolinenviertels und der Gnadenkirche voraussetzte. Schon wenig später plante man dann aber um und errichtete das Kongresszentrum in Grünflächen am Dammtor. Die Aufkaufpolitik wurde allerdings fortgesetzt, da die Messeleitung die Erweiterungsperspektive nicht aufgab. Erst als 1987 der Sohn des Staatsrats der Baubehörde dort als Spekulant zwei Häuser für einen Spottpreis kaufte, die Bewohner vertrieb und damit eine Hausbesetzung mit polizeilichen Räumungen provozierte, gab der Senat die Idee der Messerweiterung in das Karolinenviertel hinein endgültig auf; er hatte mit den Hausbesetzungen in der Hafenstraße schon genug Ärger.

Auch Düsseldorf, 1946 Landeshauptstadt geworden, bot dem stark anwachsenden Bedarf nach Bürobauten Flächen außerhalb der Wohngebiete an, um die kaiserzeitlichen Stadterweiterungsgebiete vom Abrissdruck zu bewahren. Dies erfolgte seit 1961 nördlich der Innenstadt am Kennedydamm und linksrheinisch mit Düsseldorf-Seestern, dann ab 1980 auf ehemaligem Industriegelände östlich des Hauptbahnhofs in Oberbilk und südlich der City auf ehemaligem Hafengelände. Trotzdem drang die City vor allem in den 70er Jahren nach Süden in die Friedrichstadt vor, wofür einige Wohnhäuser des 19. Jahrhunderts weichen mussten. Zu Konflikten vergleichbarer Intensität kam es hier indessen nicht.

Deutlich schwieriger wurde es in München. Nicht zuletzt die Umsiedlung mehrerer großer Konzerne von Berlin in die Isarstadt nach dem Zweiten Weltkrieg hatte hier für neue Wirtschaftsdynamik gesorgt, und getragen vom Fortschrittsoptimismus der frühen 60er Jahre formulierte die Stadtverwaltung 1963 mit dem Stadtentwicklungsplan und dem darauf aufbauenden Generalverkehrsplan (1963) und Flächennutzungsplan (1965) Perspektiven für eine wachsende Metropole. Unter anderem sollte ein mehrspurig ausgebauter Altstadtring den Straßenverkehr um die Altstadt herum am Fließen halten. Zugleich wurden einige Stadterweiterungsgebiete des 19. Jahrhunderts vom Wohngebiet zum Kerngebiet erklärt und damit dort dem bereits angelaufenen Prozess der Ausbreitung tertiärer Nutzungen der Weg geebnet, insbesondere Maxvorstadt und Westend im Westen und Lehel und Haidhausen im Osten. Die Verbreiterung des östlichen Altstadtrings brachte etliche Abbrüche von Wohnhäusern im Lehel mit sich. Während man auch in München die Entscheidungen des Rathauses bisher im Allgemeinen unhinterfragt hingenommen hatte, entzündeten sich hier jetzt an zwei Punkten heftige Proteste: im Jahr 1963 an der Idee, zur Verbreiterung des Altstadtrings auch die südliche Platzwand des Viktualienmarkts wegzureißen, und 1966 an der Untertunnelung des Prinz-Carl-Palais durch den Altstadtring. Es waren bildungsbürgerliche Kreise, die hiergegen Unterschriftensammlungen und Protestveranstaltungen organisierten und eine breite Unterstützung in der Presse fanden. Sie waren nicht persönlich in ihren Wohngebieten betroffen, sondern es ging ihnen darum, vertraute Identifikationspunkte im heimatlichen Stadtbild zu bewahren. Beim Viktualienmarkt, der als Reservat Alt-Münchner Gemütlichkeit galt und auch touristisch bedeutsam war, hatten sie Erfolg, beim Prinz-Carl-Palais am Südrand des Englischen Gartens setzte die Stadtplanung indessen ihre Vorstellungen stur um. Dem noblen frühklassizistischen Bau wurde mit der Untertunnelung das Kellergeschoss abrasiert, aus dem er seitdem Wagenkolonnen ausspuckt. Nachdem das Palais als Sitz des bayerischen Ministerpräsidenten aufwendig restauriert worden war, mochte Franz Josef Strauß dann allerdings doch nicht dort amtieren, da ihm angesichts des RAF-Terrorismus der späten 70er Jahre der Tunnel ein zu großes Sicherheitsrisiko zu sein schien. In der Maxvorstadt und im Lehel löste die Einstufung als Kerngebiet eine Welle von Zweckentfremdungen von Wohnungen zu Büros, von Aufkäufen und Abrissen aus. In beiden Stadtteilen bildeten sich daraufhin 1970 Bürgerinitiativen, um das Wohnen in ihrem Stadtteil gegen die vordringende Tertiärisierung zu verteidigen. Der Münchner Oberbürgermeister Vogel, der schon 1968 flexibel reagiert hatte, indem er das Münchner Forum als öffentliche Diskussionsplattform für Stadtplanungsfragen institutionalisiert hatte, schätzte das politisch Machbare realistisch ein. Die neuen Kerngebietsausweisungen wurden zurückgenommen, und der neue Stadtentwicklungsplan von 1975 versuchte das Investitionsinteresse für tertiäre Arbeitsplätze in die äußeren Stadtbereiche umzulenken. Dass an der Isar 1975 eine Reihe von Bürgerhäusern mit prächtigen historistischen Fassaden abgerissen wurden, um dem wuchtigen Bau des Europäischen Patentamtes mit seiner kühlen bläulichen Fassade Platz zu machen, wurde dadurch aber nicht verhindert.

Während also die Gefährdung von Wohnbebauung durch den expandierenden tertiären Sektor in den 1960er und 70er Jahren in den Metropolen, in denen Citybildung schon vor dem Ersten Weltkrieg stattgefunden hatte, vor allem dem steigenden Bedarf an Bürofläche geschuldet war, spielte diese in Mittelstädten nur eine untergeordnete Rolle. Hier stellte der Versuch, eine Einkaufscity aufzubauen, das Hauptproblem für den Baubestand dar. Mit dem Weg zum Massenkonsum und der Ausbreitung von Autos entstand der Druck auf größere Mittelstädte, ihr Geschäftsgebiet zu erweitern und so zu platzieren, dass es auch aus dem Umland mit dem Auto zu erreichen war. Dieses Denken wurde noch gefördert durch die landesweite Raumordnungsplanung, die ab 1968 einzelne Städte als höherrangige zentrale Orte klassifizierte, welche ein Umland mit versorgen sollten. Das bedeutete nicht nur, dass man jetzt auch hier massenhaft große Schaufensterfronten in bestehende Häuser hineinbrach, sondern vor allem, dass die großen Kaufhauskonzerne daran interessiert waren, Filialen in die Innenstädte hineinzuklotzen. Sie fanden dafür bei den Stadtverwaltungen ein offenes Ohr, da diese oft fürchteten, dass die Kaufkraft sonst in konkurrierende Nachbarstädte abfließen würde (nicht zu Unrecht - mit dem Auto waren die Konsumenten mobil geworden). Große Kaufhäuser mit Vollsortiment, die oft noch Parkhäuser und neue oder verbreiterte Verkehrsanschlüsse nach sich zogen, mussten aber in den kleinteilig bebauten Mittelstädten maßstabssprengend wirken und waren nicht ohne Abriss alter Bausubstanz zu realisieren. Das galt um so mehr, als die Stadtkerne der Mittelstädte im Unterschied zu jenen der Großstädte im Regelfall weitgehend ohne Kriegsschäden durch den Weltkrieg gekommen waren.

In Oldenburg (i. O.), das von einer gemächlichen Behördenstadt zum Einkaufszentrum Nordwestniedersachsens werden sollte, wurden 1959-67 in der Innenstadt sechs Kaufhäuser gebaut - Hertie, Kepa, Horten, Brenningmeyer, Neckermann und Woolworth wollten alle dabei sein. Dazu kamen ein Parkhaus und mehrere Straßenerweiterungen zur besseren verkehrsmäßigen Erschließung. Die Folge war, dass sich der Stadtgrundriss erheblich veränderte und zahlreiche klassizistische und gründerzeitliche, teilweise auch barocke Bauten abgerissen wurden, insbesondere im Bereich der Schlossfreiheit. Als Hertie in Flensburg seinen Betonklotz ins Herz der Altstadt setzte, wurde dafür nicht nur ein Ensemble ansprechender klassizistischer Bauten beseitigt, sondern 1964 sogar der Gebäudekomplex des Rathauses vernichtet, im Kern ein alter, 1852 umgebauter Kaufmannshof. Schräg gegenüber machte sich dort Karstadt breit, und auch an einer Reihe anderer Stellen wurde historisch Wertvolles geopfert. Als sich am Südermarkt die Bank für Gemeinwirtschaft etablierte und dafür 1971 zwei Bürgerhäuser weichen mussten, gab es Proteste: Das Eckhaus Nr. 11, ein Kaufmannshaus aus dem 16. Jahrhundert mit aufwendiger Backsteinfassade, galt als eines der hervorragenden Baudenkmale der Stadt. Viel nutzte es nicht. Die Fassade wurde zwar erhalten, aber einfach dem neuen Stahlbetonbau vorgeklebt, mit blinden Fenstern und einem buchstäblich ins Leere führenden Portal. In Wolfenbüttel war man etwas später dran. Hier wollte Karstadt ein Warenhaus in die gut erhaltene Fachwerkstadt setzen, schräg gegenüber dem Schloss, wofür sieben Fachwerkhäuser niederlegelegt werden mussten. In diesem Fall löste das Denkmalschutzjahr 1975 zwar eine breite Protestbewegung dagegen aus, die den massigen Bau aber nicht verhindern konnte. Als er 1977 fertiggestellt wurde, malte man zur Besänftigung am Kopfende auf die Betonfassade das Fachwerk des untergangenen Hauses auf. In Hattingen verzichtete man auf solches Mimikry; Karstadt präsentierte sich dort als rauer Sichtbetonkasten, wofür 1970/72 das Altstadtquartier Klein Langenberg abgerissen wurde. Rund 60 kleine, weitgehend heruntergekommene Fachwerkhäuser verschwanden dabei. Ebenso wirkt der 1976/78 in Goslar in die Altstadt hineingeklotzte Karstadt als Fremdkörper inmitten der kleinteiligen Fachwerkumgebung, wobei hier ein ganzer Häuserblock mit Häusern aus der Zeit zwischen dem Stadtbrand 1780 den dem Ersten Weltkrieg weichen musste. Auch Lübeck kann man hier nennen; zwar hatten die Bomben des Weltkriegs im zentralen Bereich der Altstadt eine Trümmerzone geschaffen, in der in den Wiederaufbaujahren eine moderne City entstand, aber bald expandierte die City darüber hinaus. 1968-75 wurden für die Neubauten der Kaufhäuser C&A, Karstadt, Anny Friede und Frentzen jeweils mehrere im Kern bis ins Mittelalter zurückreichende Bürgerhäuser abgebrochen. Unter den Großstädten ist hier auch Essen bemerkenswert; dort verkauften die Stadtväter 1963 ihr neugotisches, nach dem Krieg mühsam wieder aufgebautes Rathaus für 15 Millionen Mark an den Wertheim-Konzern, damit dieser an seiner Stelle ein Kaufhaus bauen konnte. Die Stadtverwaltung musste sich danach erst einmal auf verschiedene Gebäude verteilen, bis 1979 ein Rathausneubau zur Verfügung stand. Der schmucklose Konsumtempel von Wertheim war übrigens 20 Jahre nach der Eröffnung pleite und verschwand wieder spurlos aus dem Stadtbild.

Während in den genannten Fällen einzelne Gebäudegruppen betroffen waren und primär die privaten Firmen aktiv wurden, aufkauften und beseitigten, gingen die Eingriffe in manchen Mittelstädten noch einen Schritt weiter, wenn die Stadtverwaltungen aktiv wurden und sich ein ganzes modernes Zentrum mit Großstadtflair leisten wollten. Heilbronn beschloss 1970, im Stadtzentrum zwei Einkaufszentren nebst mehreren Hoch- und Tiefgaragen anzulegen. Dafür sprengte man 1972 am Wollhausplatz das 1891 errichtete und nach dem Krieg wieder aufgebaute Stadtbad. Dort entstand dann das Wollhauscenter in nacktem Sichtbeton. Das zweite repräsentative Bauwerk Heilbronns, das 1912 im Jugendstil errichtete und ebenfalls nach dem Krieg wieder aufgebaute Theater am Berliner Platz, hatte man schon 1970 gesprengt, allerdings ließ das Einkaufszentrum, das dort entstehen sollte, noch lange auf sich warten. Offenbach am Main, das schon 1944 durch einen Bombenangriff weite Teile der Altstadt verloren hatte, räumte in den 60er Jahren auch noch den Rest davon weitgehend weg, um dort die Berliner Straße mit neuem Rathaus (1971 fertig), Kaufhäusern und Parkhäusern anzulegen.

Einige Mittelstädte übertrafen diese Eingriffe noch, indem sie den Schritt zur Einkaufscity mit einer von der Stadtplanung gesteuerten Flächensanierung der Altstadt verbanden, also dem flächenhaften Abriss ganzer Stadtviertel, um „funktionelle Defizite" zu beseitigen und auf den freigeräumten Flächen dem modernen Einkaufen und Autoverkehr Bahn zu brechen. Zerstörerisch wirkte dies vor allem dort, wo Städte damit relativ früh begannen und noch eine Atmosphäre halb-obrigkeitlichen Verwaltungshandelns bestand, das von der lokalen Öffentlichkeit noch unkritisch begleitet wurde oder das sich zumindest nichts sagen lassen wollte. 1964 begannen Bagger in Bad Godesberg damit, praktisch die gesamte Altstadt platt zu machen, das verwinkelte „Knolleveedel" der Handwerker und kleinen Leute unterhalb der Burgruine. 1970-80 wurden dort am Hang die Steinmassen des Altstadt-Centers aufgetürmt und auch die übrige Altstadt vollständig neu bebaut. Die Kommunalpolitiker hatten die Sanierung in den 60er Jahren weitgehend einstimmig beschlossen, Widerstände aus der Bevölkerung gab es kaum. Anders lief es in Hameln an der Weser. Um die Stadt als Einzelhandelsstandort zu stärken und die Verkehrserschließung zu verbessern, erklärte der Stadtrat 1964 die Altstadt zum Sanierungsgebiet und beauftragte die Stadtplanungsfirma GEWOS mit einer Untersuchung. 1967 stimmte der Stadtrat den Vorschlägen der GEWOS zum Umbau der Altstadt zu; dass er das begründende Gutachten noch gar nicht kannte, störte ihn nicht. Die Vorschläge sahen unter anderem vor, zwei Kaufhäuser und vier Parkhäuser sowie Erschließungsstraßen zu bauen und ein Viertel der 677 Vorderhäuser der beschaulichen Kleinbürgerhäuser abzureißen. 30 Stadträte stimmten dafür, nur die drei Vertreter der NPD sprachen sich dagegen aus, „die historische Altstadt zu einem wesentlichen Teil zu zerstören."[105] Vom Bundesbauministerium wurde das Projekt zum „Modellfall Nr. 1" für die Sanierung einer kompletten Altstadt erklärt und in Fachkreisen bundesweit als solcher positiv aufgenommen. Die tonangebenden Kreise der Stadt unterstützten die Planungen, und selbst der Landeskonservator sprach sich nicht dagegen aus, sondern meinte, „man könne ... nicht davon ausgehen, daß ein Stadtbild unter allen Umständen zu erhalten sei, entscheidend sei die Funktionsfähigkeit."[106] Zwar bildete sich 1968 eine Bürgerinitiative gegen diese Abbruchpläne, die das alte Stadtbild erhalten wollte, sie blieb aber jahrelang isoliert und einflusslos und wurde von der Verwaltung als „Ewiggestrige"[107] abqualifiziert, zumal ihr Vorsitzender ein NPD-Ratsherr war. Als ab 1972 in Hameln fast täglich alte Häuser abgerissen wurden, so dass bis 1975 etwa ein Fünftel der Gebäude verschwunden war und sich fast die Hälfte der Einwohner aus der Altstadt vertrieben fanden, schaffte die Bürgerinitiative es durch ihre Pressearbeit dann doch noch, dass jetzt mehrere überörtliche Medien kritische Berichte über die Stadtzerstörungen in Hameln lieferten. Die Verantwortlichen in Hameln waren ganz überrascht, glaubten sie doch dem Fortschritt Bahn zu brechen. Unter dem Eindruck der negativen Berichterstattung und angesichts der gedämpften Wachstumsaussichten nach der Ölkrise schwenkten sie dann um. 1975 verringerte man die für Handel, Dienstleistungen und Parken geplanten Flächen, gab die Politik der Flächensanierung weitgehend auf und begann, alte Häuser unter Erhalt der Objekte zu sanieren.

Auch in Detmold und Osnabrück betraten Politiker und Verwaltung erst den Weg der Zerstörung von Teilen der Altstadt und revidierte ihn dann nach Protesten. In Detmold beschloss man 1968, den Straßenring um die Altstadt wesentlich zu verbreitern, und erklärte 1972 die östliche Altstadt zum Sanierungsgebiet, um sie zum Geschäftszentrum mit zwei Kaufhäusern und größeren Flächen für expandierende Geschäfte ausbauen zu können. Beides war nur über erhebliche flächenhafte Abrisse zu erreichen. Der Landeskonservator hatte keine Einwände, da er die Masse der Innenstadtbebauung als denkmalpflegerisch uninteressant ansah. Als die Abbrüche zunahmen und die Planungen 1972 im Detail veröffentlicht wurden, entstand eine massive Welle von Protesten der Betroffenen, die jetzt erkannten, dass sie aus ihren Wohnquartieren vertrieben werden sollten. Mit der Konjunkturschwäche sank die private Investitionsbereitschaft, und der Landeskonservator erklärte nun mehr Objekte für schutzwürdig. 1974 stellte man auf eine erhaltende Sanierung der bestehenden Objekte um. Die Kaufhäuser waren bereits gebaut (wie in Hameln auch), aber der Ausbau der Trassen für den Verkehr wurde in Detmold nicht mehr wie ursprünglich geplant weitergeführt. In Osnabrück war 1970 das Erneuerungskonzept der GEWOS, das in der Altstadt erhebliche flächenhafte Abrisse vorsah, um breite Erschließungsstraßen mit Parkhäusern und attraktivere Geschäftshäuser anlegen zu können, vom Stadtrat im Prinzip gebilligt worden. Als massiver Widerstand von Bürgerinitiativen aufbrach, stoppte der Rat die Sanierung 1972 zunächst, setzte sie nach der Kommunalwahl dieses Jahres aber in abgespeckter Form fort. Man fand zu etlichen Kompromisslösungen. Allerdings eskalierten die Auseinandersetzungen um Abbrüche für Straßenerweiterungen 1975, als Jugendliche ein Haus in der Lortzigstraße besetzten, um seine Vernichtung zu verhindern, und die Stadtverwaltung es mit großem Polizeiaufgebot räumen ließ und sich dabei rechtswidrig über eine aufschiebende Anordnung des Verwaltungsgerichts hinwegsetzte. Es war eine Überreaktion in einer Zeit, als man sich in der Provinz mit bestimmten Formen außerparlamentarischer Aktionen noch schwer tat (die Hausbesetzer waren nicht nur langhaarig, sondern der Vorsitzende der in einer *Arbeitsgemeinschaft Sanierung und Stadtplanung* zusammengeschlossenen Sanierungsgegner war auch Mitglied des sektenhaften Kommunistischen Bundes Westdeutschland).

Im hessischen Marburg sah die Konstellation etwas anders aus, blieben die Schäden geringer. Hier bewirkte das Streben nach einer modernen Einkaufscity keine Zerstörungen in der historischen Altstadt. Da diese in ausgeprägter Hanglage am Schlossberg lag, bestanden dort ohnehin keine Expansionsmöglichkeiten für den tertiären Sektor, und die alten Fachwerkensembles hatten in Marburg auch ihre Freunde im Bildungsbürgertum. Deshalb sollte die Geschäftsstadt nach dem Beschluss der Stadtvertretung in der Südstadt errichtet werden, die im 19. Jahrhundert angelegt worden war. Für den Bau des Kaufhauses Horten und der Erweiterung eines weiteren Kaufhauses riss man dort 1972/73 das neugotische Gymnasium Philippinum und die Stadtsäle von 1887 ab. Beide Kaufhäuser mussten schon 1981 beziehungsweise 1983 wieder schließen, weil man den Bedarf dann doch überschätzt hatte. Großangelegte Pläne von 1969 für eine autogerechte Erschließung der Südstadt zogen weitere Abbrüche nach sich, wurden aber letztlich nur ansatzweise verwirklicht.

Die Beispiele zeigen, dass es auch beim Entstehen einer Einkaufscity in den Mittelstädten für das Ergebnis sehr auf lokale Besonderheiten ankam, insbesondere wie weit die Abrissplanungen schon vor 1975 umgesetzt worden sind oder in der Trendwende mehr oder minder steckenblieben. Um 1975 klappten die weitreichenden Konzeptionen der Stadtplaner für die Entwicklung der Stadtkerne in den größeren Städten reihenweise wie Kartenhäuser zusammen. Damit war der Druck, die Einzelhandelsfläche in den Innenstädten auf Kosten der bestehenden Bebauung zu erhöhen, aber nicht verschwunden, zumindest nicht in den Großstädten. Er kam in den folgenden Jahrzehnten nur nicht mehr ganz so grobschlächtig daher, sondern bahnte sich oft in etwas subtilerer Weise Bahn. Symptomatisch für den Umschlag der Stimmung ist der Vergleich des Schicksals von zwei örtlich prominenten Kaufhäusern. 1969 wurde in München das Roman-Mayr-Kaufhaus, ein attraktiver Jugendstilbau am Marienplatz direkt gegenüber dem Rathaus, zerstört und dafür dort ein *Kaufhof* mit einer glatten Fassade aus abweisenden Granitplatten hingesetzt. Zehn Jahre später brach man in Düsseldorf das *Carsch-Haus* ab; hier nummerierte und registrierte man jetzt sorgfältig die 4800 Steine der neoklassizistischen Sandstein-Fassade, um sie dann dem 1984 eröffneten Neubau wieder vorzuhängen.

Nachdem die historistische Architektur der Kaiserzeit Mitte der 1970er Jahre auch als schutzwürdig anerkannt worden war, entstanden in verschiedenen Städten Kompromissprojekte, bei denen sich der Einzelhandel in gefragten innerstädtischen Lagen neues Terrain eroberte, dabei aber repräsentative Fassaden nicht angetastet wurden, um das vertraute Stadtbild wenigstens äußerlich zu erhalten. In Hamburg griff man dazu die Idee der Passagen auf, bei der ein bis fünf Dutzend Einzelhandelsgeschäfte und Restaurants hinter die Fassade des alten Gebäudes in dessen Erdgeschoss- und Hofbereich hineingebaut wurden. Vorreiter war 1971 die Alte Post von 1842, deren Turm einst für den optischen Zeigertelegraphen vor Einführung der Telegraphie errichtet worden war, gefolgt 1978-80 vom Kontorhaus *Kaufmannshaus*, dem ehemaligen Luxushotel *Hamburger Hof* sowie dem *Hanse-Viertel* hinter einer ganzen Gebäudegruppe. Zu dieser Lösung griff man auch in einigen anderen Städten. In Köln baute man 1982 die *Kreishausgalerie* hinter der Jugendstilfassade des ehemaligen Kreishauses und in Braunschweig 1983 die *Burgpassage* hinter der denkmalgeschützten Front eines ehemaligen Verlags. Spätere Projekte dieser Art mit Anspruch auf mondänes Shoppen waren 1999-2003 in München der umfangreiche Komplex der *Fünf Höfe* und 2015 in Hamburg die *Kaisergalerie*. Das alles ging nicht ohne Abbrüche bestehender Bausubstanz, aber eben hinter den Fassaden.

Diese Eingriffe steigerten sich noch deutlich, als seit Ende der 90er Jahre die straff geführten und erheblich größeren Einkaufszentren, die sich bis dahin Standorte auf der grünen Wiese oder in äußeren Stadtteilen gesucht hatten, in innerstädtische Standorte drängten, gesteuert vor allem durch die Planer des Betreiberkonzerns ECE. Sofern man nicht die bestehenden Gebäude für den Neubau ganz beseitigte, wurde dort, wo der Denkmalschutz im Wege stand, für ein mehrgeschossiges Einkaufszentrum zumindest das Gebäude hinter der Fassade komplett abgerissen. Vom Ziel des Denkmalschutzes, Geschichte zu bewahren, blieb dabei nicht viel übrig, vielmehr instrumentalisierten hier jetzt die Centerbetreiber die Gemütswerte historischer Kulissen, um die Attraktivität ihrer ansonsten funktionalistischen Konsumtempel zu steigern. Nachdem schon 1988 der Olivandenhof in Köln für ein Einkaufszentrum völlig entkernt worden war, wurde in Karlsruhe 2001 die Hauptpost für ein Einkaufszentrum total ausgeschabt und 2003 für das Einkaufszentrum Ettlinger Tor unter anderem das Kammertheater abgebrochen, dessen Fassade am Rondellplatz sich dann wie ein Zitat in der breiten Centerfassade eingefügt fand. In Stuttgart integrierte man 2006 den Königsbau in ein Einkaufszentrum, einen breitgelagerten spätklassizistischen Bau von 1860, dessen monumentale Kolonnaden als Gegenpol zum Schloss konzipiert waren und dessen Obergeschoss ursprünglich die Festräume des Königshofes behaust hatte. In Saarbrücken wurde 2008 für die Europa-Galerie jenes historische Gebäude völlig entkernt, in dem von 1880 bis 1971 die königliche Bergwerksdirektion und ihre Nachfolger residiert hatten, ein von florentinischen Renaissancepalazzi inspirierter Prachtbau, den die Proteste von Bürgern und Denkmalschützern Anfang der 70er Jahre vor dem Abriss gerettet hatten. Ebenfalls im Jahr 2008 wurde in Hameln das ehemalige Kreishaus bis auf die Fassade am Pferdemarkt abgetragen, hinter der sich seitdem das für die kleine Stadt riesige Einkaufszentrum Stadtgalerie versteckt. Die Idee, ein modernes Einkaufszentrum in das Herz der Stadt zu setzen, war so anziehend, dass einige Stadtverwaltungen sogar planten, ihr in den 1960er oder 70er Jahren errichtetes Rathaus preiszugeben, um dafür Platz zu schaffen. In Leverkusen wurde dieses 2008 auch umgesetzt; die Stadtverwaltung logiert seitdem oberhalb der neuen *Rathaus-Galerie* bei der ECE zur Untermiete. Hingegen scheiterte in Minden ein entsprechender Beschluss des Stadtrats 2007 an einem Bürgerentscheid, und in Reutlingen wurden solche Planungen 2010 durch eine konzertierte Aktion von Heimathistorikern, Architekten und Kunsthistorikern gestoppt.

Der Versuch, das Mitte der 70er Jahre aufkommende Bestreben, die Erscheinung markanter alter Bauten im Stadtbild zu bewahren, mit den Anforderungen des sich weiterentwickelnden Wirtschaftslebens zu „versöhnen“, indem man prominente alte Bauten völlig entkernt und nur noch als historischen Mantel für neue Nutzungen stehen lässt, blieb nicht auf Einkaufszentren beschränkt. Dies zeigen einige Beispiele ganz verschiedenartiger Objekte. Das 1793-1870 in Heiligendamm an der Ostsee errichtete klassizistische Ensemble weißer Villen für Hotel- und Kurbetrieb, das in der Kaiserzeit als vornehmstes deutsches Seebad galt und unter dem DDR-Sozialismus arg herunterkam, wurde ab 1996 von einem Investor so kräftig aufpoliert, dass es 2007 als Hotelkomplex für die Show des internationalen G8-Gipfeltreffens dienen konnte. Hinter den Fassaden blieb dabei von der alten Substanz fast nichts erhalten. In Köln sieht man vom Rheinufer aus zwar weiter die repräsentative Sandsteinfassade der 1913 fertiggestellten Reichsbahndirektion und die 1928 gebaute langgestreckte Fassade der Rheinhallen der Messe, doch wurde erstere hundert Jahre später für einen modernen Bürobau völlig entkernt und letztere ebenso ab 2006 für Büros und für ein modernes Sendezentrum der Fernsehsender der RTL-Gruppe. In Hamburg scheint der seit 2007 errichtete Prestigebau der gläsernen Elbphilharmonie auf dem massiven Backsteinklotz des Kaispeichers A zu stehen, der 1963 in exponierter Hafenlage für Kakao und Kaffee errichtet worden war, doch tatsächlich blieb auch bei diesem Projekt nichts außer den Außenmauern stehen.

Die Opfer diktatorischer Machtdemonstration

Es war europaweit ein Traum der Mächtigen, Macht nicht nur zu haben, sondern sie auch darzustellen in der Stadt, sie dem Stadtbild aufzuprägen in dauerhaftem Stein. Der Traum begann, als die Herrscher sich mehr als zuvor in der europäischen Geschichte über den Adel erhoben, vom einfachen Volk ganz zu schweigen, die Mitbestimmungsrechte der Ständevertretungen beseitigten und begannen, weitgehend alleine zu regieren. Politisch war es das System des Absolutismus, seine künstlerischen Ausdrucksformen bezeichneten Kunsthistoriker später als Barock. Man sah den Monarchen im Zentrum, auf das alles zulief, und seine Umgebung wie eine Art Theater, wo er sich mit seinem Gefolge den Untertanen gegenüber präsentierte. Städtebaulich dienten dazu drei Elemente: die repräsentative, respektheischende Fassade zunächst des Schlosses, dann mit Zunahme der Verwaltung Anfang des 19. Jahrhunderts auch anderer Regierungs- und Amtsgebäude, als zweites der von anspruchsvollen Bauten gefasste Platz, vor allem vor dem Schloss, und außerdem die Sichtachse. Gerade das

Konzept der Achsen war dann im Städtebau der Nationalsozialisten und Kommunisten von zerstörerischer Wirkung, hatte aber einen ganz harmlosen Ursprung. Inspiriert von dem Interesse der Malerei an der Perspektive und der Neigung des Barock zu geometrischer Ordnung waren Sichtachsen schnurgerade, breite Schneisen, die Sichtverbindungen über lange Distanzen boten, idealerweise mit dem Schloss als dem einen Endpunkt und einem Obelisken oder einer anderen gebauten Markierung am anderen Ende. Im 18. Jahrhundert dienten Achsen primär der Strukturierung des weitläufigen Schlossparks, nicht der Stadt; das Netz der gewundenen Straßen und Gassen des ererbten Stadtgrundrisses blieb hiervon unberührt. Selbst in Paris wurden der auf den Louvre bezogene Champs Elysées und die auf das Invalidenhotel bezogenen Sichtachsen außerhalb der Stadtmauern angelegt. Nur bei einigen der sehr wenigen auf freiem Feld neu gegründeten Städten wie Versailles und Karlsruhe waren die auf das Schloss gerichteten Sichtachsen von Anfang an Strukturelement des Stadtgrundrisses, doch beide Städte waren nur klein. Erst mit dem Ausbau von Paris unter Napoleon, von St. Petersburg ab Ende des 18. Jahrhunderts und von Washington nach den Plänen von 1791 wurden große Achsen zum Strukturelement von Hauptstädten. Diese Idee machte Schule und wurde ein Konzept machtpolitisch geprägten Städtebaus, das bis weit ins 20. Jahrhundert hinein praktiziert wurde. Anfang des 19. Jahrhunderts wuchs den Achsen noch eine weitere Aufgabe zu, indem sie nun auch zur Bühne wurden für das Staatszeremoniell marschierender Paraden. Die Praxis römischer Feldherren und Kaiser, zusammen mit ihren siegreichen Truppen im Triumphzug in Rom einzuziehen, hatte zusammen mit dem Römischen Reich sein Ende gefunden. Die stehenden Heere des 18. Jahrhunderts kannten zwar die Parade, bei denen die Truppen in breiter Frontlinie antraten, meist auf offenen Plätzen außerhalb, seltener innerhalb der Stadt, bei denen der Befehlshaber die Frontlinie inspizierend abritt, es gab in dieser Zeit aber nicht die paradierende Marschkolonne. Erst Napoleon griff wieder auf die Römerzeit zurück, nicht nur mit den Titeln Erster Konsul und Imperator, mit der Ikonographie seiner Bildpropaganda und dem Bau des Arc de Triomphe in Paris, sondern auch indem er Siegesparaden abhielt und dabei an der Spitze seiner Truppenkolonne durch die Stadt zog. Anfang des 19. Jahrhunderts kam dann die uns heute geläufige Variante auf, bei der Monarchen oder Generäle bei Paraden nicht mehr den Truppen vorweg ritten, sondern am Straßenrand stehend die Parade der vorbeimarschierenden Soldaten abnahmen, das Defilee. Dass die vorhandenen Achsen sich seit dem Ende des 19. Jahrhunderts auch noch als hilfreich erwiesen, den anschwellenden Straßenverkehr zu bewältigen, war ein Nebeneffekt, nicht ihr eigentlicher Zweck.

Was bedeuten diese Ideen von Machtrepräsentation im Städtebau nun für die deutschen Städte, wieweit führten sie zur Zerstörung bereits bestehender

Bebauung? Höfe der Barockzeit ergingen sich zwar gerne in großartigen Ideen, aber in der Realität deutscher Mittel- und Kleinstaaten des 18. Jahrhunderts blieben die Folgen doch recht überschaubar. Absolutistisches Repräsentationsbedürfnis und wachsende Größe des Hofstaats führten dazu, dass der Platzbedarf des Residenzkomplexes in der Hauptstadt stieg. Trotzdem hielt sich der Abbruch bürgerlicher Wohnhäuser sehr im Rahmen. Schlösser lagen meist am Stadtrand, teilweise seit der Renaissance praktisch neben der Stadt, so dass ihr Ausbau die Bürgerhäuser nicht berührte. In Berlin, Kassel und Schwerin ist dies deutlich zu sehen. In Mannheim riss man die im Pfälzischen Erbfolgekrieg stark beschädigte Zitadelle ab, um auf ihrem Platz ab 1720 die raumgreifende Schlossanlage zu errichten, und in Münster schleifte man 1764 die Zitadelle und baute dort das neue Residenzschloss. In Dresden fand die Erweiterung des Residenzbereiches durch den Zwinger, einem architektonisch umrahmtem Festplatz, von 1716 an auf ehemaligem Wallgelände statt. In Kassel gab es zwar ab 1700 ambitionierte Bauprojekte, aber erst nach der Schleifung der Festungswälle um die Altstadt 1764 wurde in diesem Bereich zwischen Altstadt und Oberneustadt mit der Anlage von Königsplatz und Friedrichsplatz die Residenz weiter ausgebaut. In Würzburg und Stuttgart legte man seit 1719 bzw. 1746 den Neubau der Residenz ohnehin jenseits der alten Stadtmauer auf offenem Gelände an. Schwieriger war es in Hannover und Braunschweig, weil hier die Residenz mitten in eine Stadt hineinverlegt wurde, wo es vorher noch keinen Herrschaftssitz gegeben hatte. Hierzu baute man ein Klostergebäude schrittweise zum herzoglichen Schloss um, in Hannover seit 1637, in Braunschweig ab 1718. Dabei mussten auch benachbarte Bürgerhäuser aufgekauft und abgerissen werden, allein 42 Wohnhäuser im Jahr 1680 in Hannover auf der gegenüberliegenden Seite der Leine, um im Vorfeld der Residenz eine Schlossfreiheit zu schaffen. Am stärksten kam es in München zum Abbruch von Bürgerhäusern, weil sich der Residenzkomplex in der Stadt von der Mitte des 16. bis zur Mitte des 19. Jahrhunderts Schritt für Schritt weiter ausdehnte. Als Herzog Wilhelm V. sich mit der Herzog-Max-Burg auch noch eine Zweitresidenz innerhalb der Stadt anlegen ließ, wurden dafür 58 überwiegend im bürgerlichen Besitz befindliche Parzellen aufgekauft und ihre Bebauung beseitigt.

Die Anlage von städtebaulichen Sichtachsen erfolgte dann durch die Monarchien im Wesentlichen auf offenem Gelände außerhalb der bisherigen städtischen Bebauung. Das galt sowohl für die schon im 18. Jahrhundert entstehenden Achsen in den Hauptstädten jener beiden Kurfürsten, die um 1700 eine Königskrone errangen (*Hauptstraße* in Dresden-Neustadt und *Unter den Linden* in Berlin), und es galt auch für die Anfang des 19. Jahrhunderts angelegten Achsen in den Hauptstädten jener deutschen Fürsten, die erst in der napoleonischen Zeit im Rang zu Königen oder Großherzögen aufgestiegen waren und dieses nun im Stadtbild demonstrieren mussten. Letzteres wird sichtbar in München (Ludwigstraße ab 1816, Maximilianstraße ab 1852), Stuttgart (Verlängerung der Königstraße nach Norden ab 1806), Hannover (Waterlooplatz ab 1826), Karlsruhe (Verlängerung der Schlossstraße nach Süden ab 1815, wobei allerdings die hundert Jahre zuvor erbaute Konkordienkirche abgetragen werden musste), Darmstadt (Rheinstraße ab 1809) und in Miniaturformen sogar in Schwerin und Oldenburg.

Diese alles in allem eher gemäßigte Handhabung änderte sich grundlegend, als 1933 die Nationalsozialisten an die Macht kamen und von den barocken Konzepten Achse und Repräsentationsfassade Besitz ergriffen. Größenwahn kennzeichnete nicht nur ihre außenpolitischen Ambitionen, sondern auch ihre städtebaulichen Visionen. 1937 wurde das *Gesetz über die Neugestaltung deutscher Städte* erlassen, das zunächst vier „Führerstädte" zum repräsentativen Umbau vorsah, allen voran die Reichshauptstadt Berlin, außerdem Hamburg, München und Nürnberg. In den folgenden Jahren wurden schrittweise rund drei Dutzend weitere Städte einbezogen, überwiegend Gauhauptstädte. Als schließlich die Kriegsführung alle verfügbaren Ressourcen beanspruchte, wurden die begonnenen Arbeiten 1942 eingestellt. Bei diesen Umbauplanungen ging es nicht um den Ausbau des Citybereichs oder um die Sanierung von qualitativ unzureichenden Wohngebieten, sondern, wie schon im Absolutismus, um die Selbstdarstellung des politischen Systems. Auch die Förderung des Verkehrsflusses war nur ein Nebeneffekt. Nun bekamen Städteachsen eine weitere Funktion, seit Politik im ausgehenden 19. Jahrhundert nicht mehr nur Sache der Oberschichten und des Bürgertums war, sondern breiteste Kreise der Bevölkerung politisch erwachten und die Teilnahme forderten. Der Eintritt der Massen in die Politik war nicht nur die abstrakte Zahl der Wähler, sondern er war im Verständnis der Zeit auch sinnlich wahrnehmbar als Massendemonstration auf Plätzen und Straßen. Die Kommunisten ebenso wie die extreme Rechte stellten ihr politisches Mobilisierungspotential in den 20er und 30er Jahren europaweit durch Aufmärsche auf den Straßen zur Schau. Die Intellektuellen diskutierten seit Le Bons Buch *Psychologie der Massen*[108] über die „Vermassung" der Gesellschaft als Signatur der Zeit. Die Nationalsozialisten trieben dieses Phänomen auf die Spitze, indem sie den publikumswirksamen Vorbeimarsch breiter Kolonnen uniformierter Körper und Wagen aufwendig inszenierten, gleichermaßen als Demonstration ihrer Macht nach innen und außen wie auch als Symbolisierung der Einheit von Führung und Volk (freie Wahlen als Quelle der Legitimität gab es ja nicht mehr). Hierfür sollte der entsprechende städtebauliche Rahmen in Gestalt großer Achsen geschaffen werden. Die Nazis nahmen auch die im barocken Schlossbau entwickelte Idee der Herrschaftsarchitektur in Gestalt breit gelagerter, stark gegliederter Baufronten auf, und da es jetzt nicht nur den Staatsapparat, sondern auch noch einen wuchernden Parteiapparat gab, fand man doppelt soviel Anlass zum Bauen. Nun hatten sich die großen Städte mit der Industrialisierung gewaltig in die Fläche ausgedehnt, und wenn man eine große Straßenachse mit Anschluss an die Herrschaftsbauten im Stadtzentrum haben wollte, konnte man sie jetzt nur in die bereits bebaute Stadt hineinbrechen. Hitler bewunderte die großen Straßendurchbrüche, die Georges Haussmann 1853 bis 1870 auf Befehl Napoleons III. in Paris realisiert hatte und hielt ihn für den größten Städtebauer der Geschichte. Die Vision städtebaulicher Herrschaftsdemonstration bedeutete also bei den Nationalsozialisten im Unterschied zu jener des Absolutismus beträchtliche Zerstörungen in der Stadt.

Die Nazis waren nicht zimperlich bei allem, was ihnen in die Quere kam, weder bei politischen Gegnern noch bei bestehenden Häusern. In Berlin rissen sie schon 1935 bis 1938 von den 534 bebauten Grundstücken Alt-Berlins bei insgesamt 120 die Bebauung ab, vor allem für Verwaltungsgebäude (u. a. den Bau der Reichsbank) und das geplante Altstadtforum im Bereich des Molkenmarkts. Dieses setzte tendenziell die Ideen aus der Zeit der Weimarer Republik zum Ausbau der City fort. Doch das war erst der Auftakt. 1937 ernannte Hitler den erst 31jährigen Architekten Albert Speer zum *Generalbauinspektor für die Reichshauptstadt Berlin*, und zwar mit reichlich Sondervollmachten. Als der Berliner Oberbürgermeister sich 1940 beschwerte, dass er von Speer beiseite gedrängt wurde, ließ Hitler den OB absetzen. Zugleich machte Hitler, der sich als junger Mann zweimal erfolglos um einen Studienplatz an der Kunstakademie in Wien beworben hatte und zeitlebens an Architektur und Kunst interessiert war, die Berliner Repräsentationsachsen zu seiner Herzensangelegenheit. Immer wieder entschied er Detailfragen persönlich. Kernstück war die Nord-Süd-Achse mit vorwiegend staatlichen Repräsentationsbauten vom Nordbahnhof nach Süden bis zum Spreebogen, wo eine monumentale *Halle des Volkes* errichtet werden sollte, und von dort weiter fast sieben Kilometer genau direkt nach Süden bis zum Südbahnhof in Höhe des Tempelhofer Feldes. Ergänzt werden sollte sie durch eine West-Ost-Achse auf der schon weitgehend vorhandenen Trasse vom Brandenburger Tor aus sowohl nach Westen als auch nach Osten über die Kaiser-Wilhelm-Straße und deren Verlängerung über den Alexanderplatz hinaus mit einem Durchbruch nach Nordosten; dabei sollte die Randbebauung langfristig weitgehend niedergelegt und neu errichtet werden. Wichtig war es Hitler, Paris zu übertrumpfen. Mit 120 Meter Breite sollte die Nord-Süd-Achse 20 Meter breiter sein als der Champs Elysées, der 117 Meter hohe Triumphbogen sollte den „nur" 49 Meter hohen Arc de Triomphe Napoleons in den Schatten stellen. Dabei ging es nur um gewaltig dimensionierte architektonische Machtgesten, um Überwältigungsarchitektur, nicht um funktionale Erfordernisse. Wie in der 290 Meter hohen Halle des Volkes mit einem Innenraum von 250 Metern Durchmesser Sicht und Akustik funktionieren sollten, bleibt ebenso rätselhaft wie die Frage, womit das Gebäude des Reichsmarschallamts mit seinen 350 Metern Fassadenlänge gefüllt werden sollte. Im Sommer 1938 begann man damit, im Spreebogen die intakte Bausubstanz flächenhaft abzubrechen, um für die Halle des Volkes Platz zu schaffen, da diese das größte Bauwerk der Welt werden sollte und dementsprechend eine längere Bauzeit zu kalkulieren war. Speer hätte am liebsten auch den Reichstag beseitigt, der ohnehin direkt neben der Halle des Volkes optisch zum Zwerg geschrumpft wäre, doch in diesem Fall war Hitler dagegen. Auch nördlich des Landwehrkanals und in der Nähe des geplanten Südbahnhofs setzten die Abrissarbeiten 1938 ein. Da dieser Ablauf Speer zu langwierig war, ließ er 1940 prüfen, ob man nicht mit Sprengungen schneller vorankommen könne. Die Planung vom März 1941 kalkulierte, dass für die Nord-Süd-Achse (einschließlich der Verlängerungen bis zum Autobahnring) 45 451 Wohnungen vernichtet werden mussten (davon 10 013 für den Bedarf der Reichsbahn) und für die Ost-West-Achse weitere 6693. Das bedeutet, dass sich mittelfristig rund 150 000 bis 200 000 Menschen nach einer neuen Wohnung umsehen mussten. Den nötigen Ersatzwohnraum zu schaffen war aber nicht ganz einfach, zumal man schon 1937 von einem Fehlbestand von 100 000 Wohnungen in Berlin ausgegangen war, der sich auch nur langsam abbaute, da die Kapazitäten der Baubranche durch die Anforderungen von Staatsapparat und Partei weitgehend ausgelastet waren. Zur Lösung schlug Speer im September 1938 in einer Besprechung mit dem Stadtplanungsamt vor, „die erforderlichen Großwohnungen durch zwangsweise Ausmietung von Juden freizumachen.“[109] Der Protokollant fügte hinzu: „Dieser Vorschlag ist streng vertraulich zu behandeln, da Professor Speer zunächst die Auffassung des Führers erkunden will.“ Am 9. November verschärfte das reichsweite Pogrom der sogenannten „Reichskristallnacht“ die Schritt für Schritt gesteigerte Ausgrenzungspolitik gegenüber den Juden für jedermann sichtbar. Zunächst wurden überwiegend Wohnungen von emigrierten Juden als Ersatzwohnungen genutzt, ab Frühjahr wurden Wohnungen von Juden durch die Gestapo zwangsweise geräumt. In seiner detailreichen Autobiographie, die er 1946-66 verfasste, konnte Speer sich dann allerdings an die Verknüpfung seiner Baupläne mit der Judenverfolgung nicht mehr erinnern. Wer über das Zerstörerische seiner Visionen für Berlin urteilt, sollte sich allerdings auch an die in den 20er Jahren entworfenen Ideen zur Umgestaltung Berlins erinnern, deren Rücksichtslosigkeit gegenüber der bestehenden Bebauung kaum weniger groß war. Im Unterschied zu ihnen verschonte Speers große Hauptachse sogar die historisch wertvollere Altstadt, da sie westlich davon verlief. Auch die Motive unterschieden sich. Die Visionen der 20er Jahre waren entweder funktional durch den wachsenden Citybedarf und insbesondere den aufkommenden Autoverkehr bedingt oder sie waren Ausdruck der Verachtung gegenüber den historistischen Bauten durch eine arrogante Moderne; den Nazis ging es dagegen darum, für ihre Imponierarchitektur Platz zu schaffen. Während die Abriss- und Umgestaltungsideen der 20er Jahre Papier blieben und nicht den Weg in die Realisierung fanden, wurden die nationalsozialistischen Umgestaltungspläne für Berlin tatsächlich begonnen. Allerdings sind sie über Zerstörungen kaum hinausgekommen. Immerhin wurden die Tunnelanlagen des Schienennahverkehrs zur Unterfahrung der Spree bereits so weit fertig, dass sie sich beim Einmarsch der Roten Armee als Panzergräben verwenden ließen.

Auch in München war von den Nazis eine 120 Meter breite Achse geplant, und zwar vom Rand der Altstadt am Karlsplatz nach Westen zum 2,5 Kilometer entfernten neuen Hauptbahnhof und noch etwa einmal so lang darüber hinaus. Da sie weitgehend auf bisherigen Gleisanlagen angelegt werden sollte, wären die Abbrüche nicht so umfangreich gewesen wie in Berlin; man kalkulierte mit etwa 7000 Wohnungen. Zu dem für 1945 geplanten Baubeginn kam es dann nicht mehr. Große Umbaupläne, für die ganze Viertel zerstört werden sollten, gab es auch für die Maxvorstadt, wo sich die Bauten der Partei immer mehr ausbreiteten. Hier traten durchaus die ersten Verluste ein. Dazu gehörte auch das 1828-31 für Herzog Max errichtete Palais, ein prunkvoll ausgestatteter klassizistischer Bau, in dem die spätere österreichischen Kaiserin Elisabeth („Sissy“) aufgewachsen war; trotz scharfer Kritik des Denkmalamtes wurde es 1937 auf Befehl Hitlers abgerissen. Auch die 1833 eingeweihte Matthäuskirche, die erste protestantische Kirche Altbayerns, wurde 1938 auf Befehl von Gauleiter Wagner zerstört, vermutlich da sich der evangelische Landesbischof gegen die Gleichschaltung der Kirche sträubte. In Hamburg bestanden Planungen für ein Gauforum am Altonaer Elbufer, von dem eine 1,5 Kilometer lange Achse mit großformatiger Randbebauung nach Norden zum neuen Altonaer Bahnhof führen sollte. Ergänzend war eine Elbuferhochstraße zum Wallring hin mit einer kolossalen Gebäudereihung vorgesehen. Das Altonaer Rathaus und die klassizistische Prachtstraße Palmaille wären dafür geopfert worden, und rund 15 000 Wohnungen wären in Altona durch die erforderlichen Abbrüche verloren gegangen. Begonnen wurde davon nichts, von Grundstückskäufen abgesehen. In Nürnberg wurden die Ausbaupläne dagegen in viel höherem Maße als in den anderen Führerstädten verwirklicht. Da das Reichsparteitagsgelände außerhalb der Stadt lag, war der Zerstörungseffekt hier allerdings relativ gering.

In den übrigen zum Umbau vorgesehenen Städten waren im Regelfall ein Gauforum mit wuchtigen Repräsentationsbauten von Staat und Partei, ein großer Aufmarschplatz und eine große Straßenachse als Kernbestand vorgesehen.

In Köln wurden 1938/39 zwischen Neumarkt und Heumarkt zahlreiche spätmittelalterliche, barocke und klassizistische Bauten weggerissen, um eine schnurgerade West-Ost-Achse vom Hahnentor bis zur Deutzer Brücke durchzubrechen. Für das riesige Gauforum am rechtsrheinischen Ufer gegenüber dem Dom sollten dreiviertel der Arbeiterquartiere Deutz und Kalk weichen, doch dazu kam es nicht mehr. Die Gauforen gelangten alle über Planungen nicht hinaus, ausgenommen jenes in Weimar, das einigermaßen realisiert wurde. Dafür beseitigte man in der Jakobsvorstadt 139 Häuser (mit 462 Wohnungen). Weitergehende Abrisse für andere Neubauten blieben im Planungsstadium. Der Aufmarschplatz der Nazis im Weimarer Gauforum, der 1945 vom Adolf-Hitler-Platz zum Karl-Marx-Platz mutierte, wurde von den Kommunisten der DDR für ihre Aufmärsche weiterbenutzt, und seit 2005 befindet sich in einem Teil des Gauforums ein *Shopping- und Erlebniscenter*. In Dresden berechneten die Nazis 1941 die Zahl der für die Neugestaltung abzubrechenden Wohnungen auf 2600, und mit den ersten Zerstörungen wurde auch schon vor dem Krieg begonnen.

Kommunisten und Nationalsozialisten hielten sich zwar gegenseitig für so verschieden wie Feuer und Wasser, aber aus Sicht pluralistischer Demokratien wiesen beide die Merkmale totalitärer Diktaturen auf. Diese zweite Sichtweise betraf nicht nur die Missachtung bürgerlicher Freiheiten, sondern gemeinsame Merkmale zeigten sich auch im Städtebau. Auch die Kommunisten in der DDR waren Kinder des Massenzeitalters und verstanden sich als Vertreter des Volkswillens, ohne zu dem Risiko bereit zu sein, dass dieser Volkswille in freien Wahlen gelegentlich einmal für Überraschungen sorgt. Auch die Führung der SED legte nicht zuletzt deshalb Wert darauf, den Anschein der Zustimmung der Massen durch kraftvolle, aber strikt von der Partei gelenkte Massenveranstaltungen zu demonstrieren, zumal ihr großer Bruder in Moskau es ebenso hielt, welcher der kleinen DDR besonders in den 50er Jahren deutlich vorgab, wo es längs geht. 1950 übernahm die SED die Grundprinzipien des Städtebaus aus der Sowjetunion. Das bedeutete unter anderem, dass die Hauptstadt Ost-Berlin und zumindest die größeren der 14 Bezirkshauptstädte eine „Magistrale" für „Fließdemonstrationen" (Vorbeimarsch), einen „Zentralen Platz" auch für „Standdemonstrationen" und eine turmartige Höhendominante aufweisen sollten. Letztere waren von großer politischer Bedeutung, denn sie sollten die Überlegenheit des Sozialismus als optische Dominanten im Stadtbild demonstrieren, womit sie natürlich in Konflikt gerieten zu den konkurrierenden Höhendominanten älterer, aus kommunistischer Sicht überwundener gesellschaftlicher Kräfte, d. h. konkret den über die Dächer herausragenden Kirchtürmen. Auf Basis der Zahl der kalkulierten Demonstranten berechneten die Stadtplaner dann die erforderliche Breite der Magistrale und die Größe des

Zentralen Platzes. Auch hier ging es wie bei den Nazis nicht um den Autoverkehr, sondern um die Inszenierung von politischem Massenkult; so viel Autoverkehr, dass er die Magistralen wirklich gefüllt hätte, entstand angesichts der Lieferengpässe bei Trabis bis zum Ende der DDR überhaupt nicht. Repräsentative Bauten von Partei und Staat sollten den Zentralen Platz rahmen, der in den 50er Jahren zunächst nur an wenigen Tagen im Jahr mit Aufmärschen und Kundgebungen gefüllt war und auf dem in der übrigen Zeit ungemütliche Leere gähnte (im Laufe der Zeit diente er dann meist zunehmend ganz profan als Parkplatz). Wo diesen raumfressenden Bedürfnissen zur Machtdemonstration Bauwerke im Weg standen, welche die Kommunisten primär als Ausdruck einer überwundenen Gesellschaftsordnung ansahen, wurden diese beseitigt, ja teilweise platzierte die SED ihre Neuschöpfungen gezielt so, dass dadurch Residenzschlösser der Hohenzollern und Kirchen zerstört wurden. Der mit der Roten Armee im Hintergrund politisch gewonnene Kampf um die Macht im Staat sollte auch städtebaulich gewonnen werden.

Für Berlin entschied sich 1950 das Grundkonzept. Die Frankfurter Allee in Friedrichshain wurde als Stalinallee zur ersten Magistrale in der DDR ausgebaut, die auch zum Gedenkmarsch zu den Gräbern der Gründerfiguren der kommunistischen Partei und anderer prominenter Sozialisten auf dem Friedhof Friedrichsfelde dienen konnte. Der Zentrale Platz sollte unabhängig davon im Bereich des Lustgartens entstehen, d. h. dem Areal zwischen Altem Museum und Schloss, das schon in den 20er Jahren vielfach politischen Massenkundgebungen vor allem der Arbeiterbewegung gedient hatte und 1935 von den Nationalsozialisten zum Aufmarschplatz ausgebaut worden war. Zur zweiten und zentralen Magistrale, die den Lustgarten tangierte, sollte die Trasse vom Brandenburger Tor über Unter den Linden und Karl-Liebknecht-Straße zum Alexanderplatz werden, also die schon von Speer begonnene Ost-West-Achse. Die magistralenartige Leipziger Straße im Süden des Stadtzentrums, die sich vor dem Krieg zur Haupteinkaufsstraße entwickelt hatte, blieb dagegen nach der Enttrümmerung lange weitgehend von Brachflächen gesäumt und wurde erst in den 70er Jahren als Verkehrsachse neu bebaut. 1952 beschloss der Ministerrat auch für Dresden, Leipzig, Rostock und Magdeburg die Lage des Zentralen Platzes. Für die genannten Städte mussten die Generalplanungen dem Ministerrat vorgelegt werden, und wichtige Entscheidungen behielt sich das Politbüro der SED vor. Letztlich entscheidend für die Durchsetzung der Konzeption von Magistralen und Zentralen Plätzen war SED-Parteichef Walter Ulbricht persönlich, der nicht weniger als Hitler in Details der Neubauplanungen eingriff. Als Erich Honecker 1971 Ulbricht ablöste und die Priorität im Städtebau auf den Wohnungsbau verlagerte, als außerdem wenig später die Folgen der internationalen Energiekrise für das Wirtschaftswachstum hinzu traten, da verebbte der

Machtgestus im ostdeutschen Städtebau. Die Ensemble der Herrschaftsarchitektur blieben teilweise unvollendet.

Was bedeutete das für die vorhandenen Baulichkeiten? In Berlin wurde die 1,7 Kilometer lange Stalinallee ab 1952 als nationales Prestigeprojekt errichtet, als „erste sozialistische Straße" (und ausgerechnet hier erhoben sich die Bauarbeiter am 17. Juni 1953 zum Aufstand gegen das SED-Regime). Für die Verbreiterung auf 90 Meter und die komplett neu errichtete Randbebauung mussten in großem Umfang Flächen freigeräumt werden, was im Wesentlichen stark kriegszerstörte Wohnbebauung der Kaiserzeit traf. Ebenso wurde in der Stadtmitte der Bereich an der Karl-Liebknecht-Straße bis hin zur Rathausstraße gänzlich abgeräumt, die zerstörten ebenso wie die unzerstörten Partien, auch erstere durchweg mit noch aufrecht stehenden Wänden. Das betraf beispielsweise selbst die 1863 errichtete Börse gegenüber dem Dom, deren gut erhaltene Fassade mit ihrer imposanten Säulenreihe man zunächst in Neubauten einbeziehen wollte, dann aber 1958 doch abbrach. In diesem zentralen Bereich wurden nur die gotische Marienkirche, die durch die geplante Höhendominante locker überragt werden konnte, und das Rote Rathaus wiederhergestellt. Von den ganzen Bebauungsplänen für ein zentrales Band an diesem Magistralenabschnitt wurde allerdings 1965-73 nur der Fernsehturm als Höhendominante und die nördliche und südliche Randbebauung des Areals mit Wohnhausscheiben realisiert, so dass die Marienkirche verloren auf einer weiträumigen, zugigen Grünfläche übrig blieb.

Am kompliziertesten gestaltete sich in Berlin die Anlage des Zentralen Platzes. Im Sommer 1950 kalkulierte man, dass die Fläche des Lustgartens für eine Standdemonstration von 140 000 Personen ausreichte, aber ihre Kapazität sollte auf deutlich über 300 000 Personen erhöht werden. Das Areal musste also deutlich vergrößert werden, und das ging nur, indem man den Dom an seiner Nordostseite und das Stadtschloss an seiner Südseite abriss oder zumindest eine von beiden Ruinen. Beide waren im Krieg ausgebrannt, Dächer und Decken beziehungsweise Gewölbe eingestürzt, die Außenmauern aber weitgehend intakt, das Ganze mit Blick auf das Stadtbild wiederaufbaufähig. Kunsthistorisch betrachtet hatte der 1894-1905 erbaute Dom die schlechteren Karten. Er war ein besonders protziges Beispiel für den allseits verachteten Historismus, während das Schloss in seinen wesentlichen Partien aus der Barockzeit stammte und seine Stadtfassade ebenso wie sein großer Hof um 1700 von dem bedeutenden Architekten Andreas Schlüter gestaltet waren, es überhaupt als bedeutendster norddeutscher Barockbau gelten konnte. Politisch betrachtet war der Dom Nationaldenkmal für die Reichsgründung, einst Staatsfesthaus Kaiser Wilhelms II. und die Krypta Grablege der Hohenzollerndynastie. Das Schloss war indessen politisch noch stärker profiliert; über Jahrhunderte hatte es der

Hohenzollerndynastie als Hauptsitz gedient, und in den Augen der führenden Kommunisten verbanden sich damit preußischer Militarismus und Imperialismus, Unterdrückung von Demokratie und insbesondere auch der Arbeiterbewegung.

Im Oktober 1949 drehten die Russen vor und im Schloss den Film *Der Fall Berlins*, wobei durch das echte Geschützfeuer rund 200 Fensterscheiben des Schlosses zu Bruch gingen und die Soldaten im Schloss randalierten. Immerhin stellte ein fachliches Gutachten im Juli 1950 fest: „Die Außenmauern des Berliner Schlosses, soweit dieses von Andreas Schlüter stammt, sind im wesentlichen erhalten. Die meterdicken Mauern können auch noch in Jahrzehnten stehen. ... Der berühmte Schlüterhof ist ebenfalls in seiner Fassade erhalten. ... Im obersten Stockwerk an der Schlossplatzseite befand sich der Elisabethsaal mit reichen figürlichen Stuckdekorationen von der Hand Schlüters. ... Der Elisabethsaal müßte entweder mit einem Notdach versehen werden, oder es müßte über den Figuren ein schmales Holzschutzdach angebracht werden. ... Der zur Schlossfreiheit gelegene Teil des Schlosses stammt von Eosander von Göthe. Es ist der einzige Teil, wo die Schlossfassade durch 2 Bombentreffer stärker beschädigt ist, doch befinden sich diese Schäden an Stellen, die unschwer zu restaurieren sind, da sie keine besonderen Schmuckteile tragen. Die eine Hälfte des Teils an der Schlossfreiheit mit dem Weißen Saal ist soweit erhalten, daß heute noch die Sammlungen des Kunstgewerbemuseums (Schlossmuseum) darin untergebracht sind. ... Nach dieser Sicherung kann der Neuausbau des Schlosses zu einem neuen Verwendungszweck späteren Jahrzehnten überlassen bleiben.“[110] Doch auf den Erhaltungszustand kam es nicht an. Für die SED-Führung ging es nicht um Kunstgeschichte, sondern um Politik. Parteichef Ulbricht erklärte im Juli 1950 auf dem III. Parteitag des SED: „Das Zentrum der Stadt soll sein charakteristisches Bild durch monumentale Gebäude und eine architektonische Komposition erhalten, die der Bedeutung der Hauptstadt Deutschlands gerecht wird. ... Das Zentrum unserer Hauptstadt, der Lustgarten und das Gebiet der jetzigen Schlossruine, muß zu dem großen Demonstrationsplatz werden, auf dem Kampfwillen und Aufbauwille unseres Volkes Ausdruck finden können.“[111] Das Politbüro der Partei beschloss daraufhin im August den Abriss des Schlosses, der Ministerrat bekräftigte dies wenige Tage später und bewilligte sechs Millionen Mark für die Abbruchkosten, und die Volkskammer schloss sich dem an. Die Sowjetunion nahm auf diese Entscheidung keinerlei Einfluss. Viele Kunsthistoriker und Architekten versuchten den Abriss durch öffentlichen Widerspruch und Eingaben an die Verantwortlichen doch noch in letzter Minute zu verhindern; dass es gleichzeitig aus Westdeutschland wütende Pressekommentare hagelte, schwächte ihre Position allerdings eher.

Ruine des Berliner Stadtschlosses 1947. Schlösser in Westdeutschland in diesem Zustand sind (mit einer Ausnahme) im Äußeren wieder aufgebaut worden.

Von September bis Dezember 1950 wurde das Berliner Stadtschloss mit 13 000 Kilogramm Dynamit gesprengt. Baustadtrat Arnold Munter erinnerte sich später über den Beginn des Zerstörungswerks: „Da ich ziemlich dicht dabei sein wollte, habe ich mit dem Sprengmeister abgemacht, daß ich mich hinter dem Kaiser-Wilhelm-Denkmal, das dort noch stand, einem mächtigen Bronzeklotz, verstecken durfte, um so, aus der Deckung heraus, die Sprengung zu beobachten, ... denn es mußte mit mächtigen Mengen Dynamit gearbeitet werden, die Grundmauern des Stadtschlosses waren bis zu fünf Meter dick. Die erste Sprengung erschütterte den Boden mächtig. Als die hochgeschleuderten Steinmassen und der Staub sich wieder etwas gelegt hatten, näherte ich mich der Sprengstelle. Auf einmal kam ein Auto angefahren, sowjetische Offiziere, alarmiert von der Explosion, sprangen heraus, kamen auf mich zu und protestierten: Warum sprengst du Schloss? Wir haben Kreml auch nicht gesprengt nach Revolution."[112] Aber Ulbricht hatte des Öfteren die Neigung, als Musterschüler den Lehrmeister aus Moskau übertreffen zu wollen (was der Führung im Kreml ziemlich auf die Nerven ging). Nur das Portal IV, von dessen Balkon Karl Liebknecht am 9. November 1918 nach der Proklamation der sozialistischen Republik eine Rede gehalten hatte, wurde vorher ausgebaut und dann 1963 wie eine Reliquie in die Front des Staatsratsgebäudes integriert. Aus einem Teil des Schutts errichtete man am Ostrand des Platzes eine Tribüne für 3000 Repräsentanten und Ehrengäste, die pünktlich zur 1.-Mai-Demonstration 1951 fertig wurde. Dabei zogen in einer achtstündigen Veranstaltung rund eine Million Teilnehmer an der Tribüne vorbei und traten gewissermaßen symbolisch den Grund des Schlosses mit Füßen. Zugleich wurden die Fläche vom Lustgarten bis zum Schlossareal als Ganzes zum Karl-Marx-Platz umbenannt.

Der Dom blieb erst einmal stehen. Sprengen konnte man ihn nicht wegen der Nähe zu den Museen, und ihn Stück für Stück abzutragen hätte Unsummen gekostet. Wäre er nach dem Schloss auch noch verschwunden, wäre überdies der Zentrale Platz zur unbegrenzten riesigen Freifläche ohne jede architektonische Rahmung ausgeufert. So blieb es bei der Ruine mit kirchlichem Notbetrieb in der Krypta. Auch bei dem 1958 durchgeführten Ideenwettbewerb zur Umgestaltung des Stadtzentrums schlugen einige Einsender erneut den Abbruch des Domes vor. Als der Karl-Marx-Platz dann wieder neue Gestalt annahm, indem Mitte der 60er Jahre an seinem Süd- und Westrand das Staatsratsgebäude und das Außenministerium entstanden und 1972 beschlossen wurde, an seiner Nordostseite auf ehemaligem Schlossgelände den Palast der Republik zu errichten, konnte auch der Dom nicht länger traurige Ruine bleiben. Da die Beseitigung eines so prominenten Kirchenbauwerks jetzt nach Honeckers Amtsantritt nicht mehr in Frage kam, beschloss der Ministerrat 1972 seinen Wiederaufbau. Er wurde ab 1975 durchgeführt, und zwar mit Geld vom eigentlich verhassten Klassenfeind im Westen, der Bundesregierung und der EKD - die Entspannungspolitik machte es möglich. Dabei stellte man zu Zeiten der DDR fast nur das Äußere wieder her, denn benötigt wurde das Bauwerk eigentlich von niemandem. So rätselte auch die Domgemeinde zunächst, was sie mit dem größten Teil des riesigen Raumvolumens eigentlich anfangen sollte, wie Manfred Stolpe, der Leiter des Sekretariats des Bundes der Evangelischen Kirchen in der DDR, später erinnerte: „Vielleicht könnte man in der Halle unter der Kuppel eine Art Badeanstalt einbauen - so war es der riesigen lutherischen Kirche im damaligen Leningrad ergangen. Oder ... einen Aufnahmeraum für den VEB Deutsche Schallplatte? Eine Konzerthalle oder einen Tagungsraum? ... Eine kirchliche Zentralbibliothek oder Räume für die Spielgruppe der Volksmission. Ein Museum möglicherweise und der Kirchliche Kunstdienst. ... Die Ideenvielfalt war groß.“[113] Schließlich wurde es doch wieder ein Gottesdienstraum. Die an der Nordseite angebaute Denkmalskirche, eine Gedenkhalle für die Hohenzollern und die Reichseinigung, welche den Krieg unbeschadet überstanden hatte, ließen die Kommunisten allerdings 1975 sprengen. Der Bau des Außenministeriums forderte im Übrigen ein anderes kunsthistorisch prominentes Opfer: die

Bauakademie. Ab 1951 hatte man den ausgebrannten Bau zunächst wieder aufgebaut, dann aber 1961/62 trotz zahlreicher Proteste doch zugunsten der Hochhausscheibe abgerissen. Es handelte sich um ein Spätwerk Schinkels von 1836, der hier den funktionalen Ziegelbau der englischen Industriearchitektur zum ersten Mal auf einen Behördenbau an herausgehobenem Ort übertrug und damit richtungsweisend wurde für zahlreiche preußische Verwaltungs-, Schul-, Krankenhaus-, Kasernen- und Gefängnisbauten in der zweiten Jahrhunderthälfte. Eben damit zog dieser Bau anscheinend politische Animositäten auf sich, denn an preußische Anstalten, insbesondere Gefängnisse und Kasernen, hatten manche Mitglieder der SED-Führung ausgesprochen schlechte Erinnerungen.

1953 legte Ulbricht den Grundstein für die zweite Magistrale der DDR, die Lange Straße in Rostock. Die vorhandenen Straßen wurden zu einem neuen, 60 Meter breiten Straßenzug aufgeweitet, die durch britische Luftangriffe weitgehend zerstörte Bebauung aus zwei- bis dreigeschossigen traufständigen Häusern in diesem Bereich komplett abgebrochen und durch langgestreckte, fünf- und mehrgeschossige Baublöcke längs der Magistrale ersetzt. 1959/60 verursachte dieses Projekt weitere Abrisse. Jetzt wurden auch die teilzerstörten, aber inzwischen gesicherten Bauten an der Nordseite des Neuen Marktes im Osten der Altstadt beseitigt, damit der Demonstrationszug von der Langen Straße auf diesen Zentralen Platz durchmarschieren konnte, und auch den mächtigen Turm der Jakobikirche sprengten die Kommunisten. Die Jakobikirche war die prächtigste der vier gotischen Hauptkirchen Rostocks gewesen. Sie brannte zwar schon im Krieg aus, das Gewölbe des Mittelschiffs stürzte aber erst 1947 zusammen, als die Russen einen benachbarten Luftschutz-Großbunker ohne Rücksicht auf die Umgebung sprengten. Der hohe Kirchturm direkt hinter der neuen Randbebauung der „Ersten sozialistischen Straße" in Rostock war aus Sicht der Rostocker SED die falsche Höhendominante; er musste deshalb fallen. In den Zeitungen lancierte Leserzuschriften sollten ein Einverständnis der Bevölkerung suggerieren. Das Kirchengelände machte man zum *Klaus-Störtebeker-Park* mit Imbissbuden.

Noch rabiater als in Rostock setzten die Kommunisten ihr Magistralenkonzept von 1951 an in Magdeburg durch. Der Breite Weg wurde als wesentlich verbreiterte Nord-Süd-Magistrale wieder aufgebaut, und zusätzlich schlug man eine West-Ost-Magistrale (heutige Ernst-Reuter-Allee) durch die Altstadt, wobei der überkommene, kleinteilige Stadtgrundriss völlig überschrieben wurde. Am Schnittpunkt beider Achsen sollte der Zentrale Platz für den Aufmarsch von 150 000 Menschen entstehen, östlich davon ein 120 Meter hohes *Haus des Volkes* als neue Höhendominante. Nun war zwar Magdeburgs Altstadt durch Luftangriffe zu 90 % zerstört, aber die Ruinen der Kirchen erhoben sich nach wie vor deutlich aus dem Trümmermeer. Auf der Fläche des geplanten

Zentralen Platzes standen zwei gotische Kirchenruinen, St. Ulrich und Levin, von der die Umfassungsmauern und die hochaufragende Doppelturmfassade stehen geblieben waren, und die Heilig-Geist-Kirche, in der seit 1950 wieder Gottesdienste stattfanden. Beide haben die Kommunisten 1956 bzw. 1959 gesprengt. Das zentrale Turmhochhaus wurde allerdings mangels Ressourcen nie gebaut. Auf der nach dem Untergang der SED-Macht erst recht öden Fläche des Zentralen Platzes entstand 1997 die Konsumwelt eines Einkaufscentrums. Als man 1960 begann, den Nordabschnitt der Nord-Süd-Magistrale wieder aufzubauen, fanden die Kommunisten auch die hier liegende Ruine der Katharinenkirche störend. Obwohl ihr Wiederaufbau zunächst zugesagt worden war, wurde sie plötzlich ebenfalls abgebrochen, angesichts der heftigen Proteste 1964 zunächst nur das Kirchenschiff, dann im Folgejahr doch auch das spätromanische Westwerk von 1230. An ihre Stelle setzte man das *Haus der Lehrer* als sozialistische Hochhausdominante.

Auch in Dresden begann der Aufbau der sozialistischen Machtarchitektur mit einer Grundsteinlegung durch Ulbricht, und zwar 1953 für den Ausbau des Altmarkts zum Zentralen Platz. 1948-50 war zunächst im Gespräch gewesen, den Theaterplatz zum Aufmarschplatz für Großdemonstrationen umzugestalten und dafür die umstehenden Ruinen von Residenzschloss, Oper und Gemäldegalerie abzutragen, doch dann hatte man sich für den Altmarkt entschieden. Die Denkmalpfleger hatten sich nachdrücklich dafür eingesetzt das Schloss zu erhalten und gezielt neue Nutzungen hineingelegt, um es bis auf Weiteres unentbehrlich zu machen; so diente es nicht nur zur Lagerung von Bergungsgut, sondern jetzt auch als Kohlenkeller und ab 1949 zur Champignonzucht. Der Altmarkt wurde auf die dreifache Fläche vergrößert, die weitgehend kriegszerstörte umgebende Bebauung dabei vollständig abgeräumt, worunter auch die Ruine des Altstädter Rathauses fiel. 1953-56 erhielt er an seiner West- und Ostseite neue Platzwände. Dabei wurde sogar die am Altmarkt gelegene Kreuzkirche wieder aufgebaut. Hierzu waren die Kommunisten nur bereit, weil das Kulturhaus, als Demonstration der Macht der Arbeiterklasse gegenüber der Reaktion auf der Nordseite des Altmarktes geplant, mit 140 Metern Höhe ihre Türme deutlich übertreffen und das *Hotel am Ring* den Blick von der zentralen Prager Straße auf die Kreuzkirche verstellen würde. Das erwies sich später als Planungsunfall, da das Konzept für das Kulturhaus, als es 1966 realisiert wurde, inzwischen auf einen Flachbau eingeschrumpft war und der Hotelbau überhaupt nicht ausgeführt wurde. Der Straßenzug Wilsdruffer Straße/Johannstraße, der an der Nordseite des Altmarkts vorbei führte und die Altstadt von Westen nach Osten durchschnitt, wurde als Magistrale drastisch von 20 auf 61 Meter verbreitert; dafür räumte man die ganzen nördlichen Anliegergrundstücke ab und bebaute sie nicht wieder neu. Am Westende der Magistrale erhob sich am Postplatz die Sophienkirche, der einzige bis ins Mittelalter zurückreichende Bau Dresdens, der im 19. Jahrhundert eine neugotische Doppelturmfassade erhalten hatte. Zehn Jahre lang stritten die lokalen Eliten, ob die Ruine mit den ihr Umfeld dominierenden schlanken Türmen abgebrochen werden sollte. Nach einem Abrissbeschluss der örtlichen SED-Führung 1958 gab es zahlreiche Protestbriefe an die zuständigen Stellen. Die Entscheidung fiel letztlich durch Ulbricht persönlich; bei einem Besuch Dresdens 1961 nahm er die Sophienkirche eigenhändig aus dem Stadtmodell heraus. Am Platz des abgeräumten Gotteshauses wurde eine Großgaststätte errichtet. Als im Bereich der Grüfte unter der Kirche, in denen im Laufe der Jahrhunderte zahlreiche Adlige und reiche Bürger bestattet worden waren, 1964 die Baugrube für diesen sogenannten „Fresswürfel“ ausgebaggert wurde, erfassten die Baggerschaufeln auch Skelette und reiche Grabbeigaben und zerteilten teilweise sogar mumifizierte Tote. Alles wurde zusammen mit dem Bauschutt abgefahren.

Anders als in Berlin, Magdeburg und Dresden gab es in Leipzig keine ausgedehnten Flächenzerstörungen in der Altstadt. Nun brauchte man hier aber auch keine Achsen in die Altstadt schlagen, denn man konnte den bereits vorhandenen breiten Promenadenring als Ringmagistrale verwenden und den großen Augustusplatz, auf dem schon die Nazis zahlreiche Aufmärsche und Kundgebungen veranstaltet hatten, unter dem neuen Namen Karl-Marx-Platz zum Zentralen Platz erklären. Die Kommunisten kalkulierten, dass er groß genug war, um bei Standdemonstrationen bis zu 200 000 Menschen zu fassen und bei Fließdemonstrationen vier Stunden lang in 40er Reihen stündlich 70 000 Menschen an den Tribünen vorbeidefilieren zu lassen. Allerdings gab es einige Abrisse, um die Ringmagistrale zu verbreitern und Kirchen aus ihrer unmittelbaren Nähe zu verdrängen, was 1954 die Ruinen der Propsteikirche aus dem Jahre 1845 traf. 1963 wurde auch der Kirchturm der kleinen Johanniskirche am Johannisplatz etwas östlich des Karl-Marx-Platzes gesprengt; nachdem man das kriegszerstörte Kirchenschiff schon 1949 abgeräumt hatte, war der gut erhaltene Turm isoliert übriggeblieben. Denkmalpfleger, die sich für das barocke Restbauwerk eingesetzt hatten, wurden wegen angeblicher Nähe zu den Nazis diffamiert, der freigeräumte Platz schon einen Tag später mit Blumen bepflanzt. Als großes Problem erwies sich der Universitätsbereich an der Westseite des Karl-Marx-Platzes. Das repräsentative Hauptgebäude, das Augusteum, war wie etliche andere Universitätsgebäude stark kriegsbeschädigt, dagegen war die Universitätskirche St. Pauli unversehrt durch den Krieg gekommen. Ihr Innenraum zeigte noch weitgehend die Architektur des 13. Jahrhunderts und besaß eine reiche Ausstattung an Epitaphen und Skulpturen, während sie zum Karl-Marx-Platz hin eine neugotische Fassade aufwies. Für Ulbricht war eine auffällige Kirchenfront an einem Zentralen Platz undenkbar, und so beschloss das Politbüro der SED 1959, zwar das Augusteum wieder aufzubauen, aber die Paulinerkirche 45 Meter weiter nach Westen zu verschieben, um etwas anderes als Sichtblende dazwischenstellen zu können. Da eine solche Verschiebung technisch nicht realistisch war, setzte sich in der Partei bald der Wille fest, die Paulinerkirche vollständig abzubrechen, zumal den Kommunisten ein Versammlungsort von Christen mitten in der Karl-Marx-Universität als sozialistischer Kaderschmiede sowieso nicht passte. Die Universitätsleitung wünschte sich einen kompletten Neubau der Uni. Die Partei hatte mit ihren Vorstellungen durchaus Rückhalt bei marxistischen Wissenschaftlern, die antikirchlich eingestellt waren, und Teilen der Bevölkerung, die unter dem Einfluss der atheistischen Propaganda der Kommunisten standen. Auch die Idee eines Universitätshochhauses mit geschwungener Spitze als Ausdruck des Fortschrittsoptimismus fand durchaus Anklang. Auf der anderen Seite gab es im Fall der Paulinerkirche massive Proteste vor allem des Denkmalschutzes, beider Kirchen und der theologischen und der kunsthistorischen Fakultäten. Ein jahrelanges Ringen begann, das vor allem hinter den Kulissen stattfand. Die Partei verfolgte ihre Abrisspläne weiter, leugnete sie aber nach außen, überwachte Gottesdienstbesucher und versuchte Gegner einzuschüchtern. Die örtliche Parteileitung setzte für April 1964 die Sprengung der Paulinerkirche an, doch wurde dies nach einem Eingreifen von Kultusminister Hans Bentzien wieder abgeblasen. Der Fall der Paulinerkirche war in der DDR einzigartig, denn hier ging es nicht darum Ruinen zu beseitigen, die der Krieg hinterlassen hatte, sondern um die Zerstörung einer vollständig erhaltenen Kirche, es ging nicht um historistische Bauten aus der Zeit nach 1850, die kunsthistorisch als wertlos galten, sondern um eine gotische Hallenkirche von ausgeprägter kunsthistorischer und stadtgeschichtlicher Bedeutung, die überdies ein reges Leben an Gottesdiensten und Konzerten aufwies. Aber die SED ließ sich auf keine Kompromisse ein, beispielsweise nur die neugotische Fassade am Karl-Marx-Platz zu ersetzen. Schließlich wollte sie wahrscheinlich auch vor dem Hintergrund der während des sogenannten Prager Frühlings im Nachbarland aufblühenden Systemkritik zeigen, wer in der DDR der Herr im Hause war. Am 7. Mai 1968 beschloss das Politbüro unter Ulbrichts Vorsitz endgültig die Sprengung der Paulinerkirche und der angrenzenden Universitätsgebäude für einen Neubau der Universität. Innerhalb von zwei Wochen wurde diese Entscheidung in Leipzig von der mit SED-Kadern durchsetzten Universitätsleitung und von der Stadtverordnetenversammlung abgenickt. Jetzt gab es gegen die Abbruchpläne auch öffentliche Demonstrationen, worauf die Polizei mit Verhaftungen reagierte. Für die Bergung von Ausstattungsstücken blieben gerade zwei Tage Zeit. In den Gräbern von rund 800 Adligen, Rektoren und anderen Honoratioren in der dreistöckigen Gruft unter der Kirche wurden heimlich die Grabbeigaben geplündert. Am 30. Mai wurde die Kirche gesprengt, abgesichert durch ein massives Aufgebot von Polizei und Staatssicherheit, in den nächsten Tagen eine Reihe von Universitätsbauten. Den Platz der Kirche überbaute man dann möglichst rasch mit dem neuen Hauptgebäude der Universität.

Es gab nur zwei weitere Fälle in der DDR, in denen politisch verursachte Kirchenabrisse intakte, betriebsfähige Kirchengebäude betrafen. In beiden Fällen handelte es sich um neugotische Bauten aus den Jahren um 1900, für die sich der Denkmalschutz nicht interessierte, nämlich die Christuskirche in Rostock und die Versöhnungskirche in Berlin. In Rostock plante die Stadtführung seit 1968 westlich des Kröpeliner Tors ein aufwendiges neues Stadtzentrum mit Hochbauten und einer Schnellstraße von der Südstadt nach Gehlsdorf. Dabei war die am Schröderplatz gelegene Christuskirche angeblich im Weg und sollte abgebrochen werden. Obwohl die Zentrumsplanungen schon 1970 mangels Ressourcen aufgegeben wurden, sprengten die Kommunisten die Christuskirche 1971 trotzdem; Proteste aus der Gemeinde waren chancenlos. Ihr Platz wurde bis 2012 nicht wieder bebaut. Die Versöhnungskirche in Ost-Berlin war nach Reparatur der Kriegsschäden 1950 wieder in Betrieb genommen worden. Sie hatte aber das Pech, hart an der Sektorengrenze zu liegen. Mit der Teilung Berlins verlor sie den größten Teil ihrer Gemeindemitglieder, erst recht mit dem Mauerbau 1961; die Berliner Mauer verlief nur zehn Meter vor dem Hauptportal der Kirche, die jetzt vom Staat geschlossen wurde. Später diente der Kirchturm den Grenztruppen der DDR als MG-Geschützstand. Schließlich gab die Kirchengemeinde das Kirchengebäude im Tausch für ein neues Grundstück auf, und „zur Schussfeldbereinigung" ließ die Regierung die Kirche 1985 sprengen.

In Potsdam kam der Aufbau eines sozialistischen Stadtzentrums mit Zentralem Platz und Magistrale überhaupt erst in den 60er Jahren in Gang, nachdem man die ganzen 50er Jahre über nur Pläne geschmiedet hatte. Dabei verband sich hier noch mehr als in Berlin der Schritt zu den typischen Elementen sozialistischer Machtarchitektur mit der gezielten Beseitigung der historischen Machtarchitektur eines alten, überwundenen politischen Systems. Mehr als jede andere Stadt war Potsdam einseitig durch das preußische Militär geprägt worden und galt den Kommunisten deshalb als Symbol des reaktionären preußisch-deutschen Militarismus, der letztlich den Weg zum Faschismus bereitet habe und Deutschland in zwei Weltkriege geführt habe. So einseitig diese Wahrnehmung auch war, sie kam nicht von ungefähr. Im alten Stadtzentrum lagen dicht nebeneinander das Hohenzollernschloss, das zweitwichtigste nach dem Berliner Stadtschloss, mehrere Kasernen, der Paradeplatz und die Garnisonkirche. Im Kaiserreich bestimmten die Soldaten der großen Garnison und Paraden das Stadtbild. Insbesondere die Garnisonkirche war zur Inkarnation des „preußischen Geistes" geworden. In ihrer Gruft standen die Särge König Friedrich Wilhelms I. (+ 1740), der als „Soldatenkönig" alles dem Aufbau einer großen Armee untergeordnet hatte, und seines Sohnes Friedrich II. (+ 1786), der hiermit in mehreren Kriegen Preußen zur Großmacht gemacht hatte. Im Laufe des 19. Jahrhunderts waren die Fahnen und Standarten der siegreichen Kriege von 1813-15, 1864, 1866 und 1870/71 in das Kirchenschiff aufgenommen worden, das damit zur Ruhmeshalle der preußischen Armee und zum Ort von Feier- und Gedenkveranstaltungen wurde. Schließlich inszenierten die Nazis in diesem Kirchenraum am 21. März 1933 den sogenannten „Tag von Potsdam", einen Festakt mit dem ehemaligen kaiserlichen Feldmarschall und jetzigen Reichspräsidenten von Hindenburg, dem neuen Kanzler Hitler und dem neugewählten Reichstag, der die Nationalsozialisten in eine Kontinuität zu altpreußischen Traditionen rücken sollte.

Nach einem britischen Luftangriff im April 1945 waren die Gebäude des Stadtzentrums zerstört, Schloss und Garnisonkirche ausgebrannt, die Außenmauern aber weitgehend für einen Wiederaufbau geeignet. Schon 1946 setzte die Debatte über Wiederaufbau oder Abbruch des Schlosses ein, die sich die ganzen 50er Jahre über hinzog. Unter Kunsthistorikern, Stadtarchitekten und Denkmalschützern war der kunsthistorische Wert des dreiflügeligen Barockschlosses unstrittig, weshalb sie es für neue Zwecke wieder aufgebaut sehen wollten, wogegen die Kommunisten die Beseitigung forderten. 1949 entfachte die SED eine Propagandakampagne für den Abriss, und Richard Staimer, der Chef der brandenburgischen Polizei und Schwiegersohn von Präsident Pieck, wollte aus dem Trümmerschutt nebenan ein Polizeisportstadion bauen. Diese Anfechtung überstand das Schloss zwar, verfiel aber mangels Sicherungsmaßnahmen zusehends. 1959 entschied dann in Berlin das Politbüro der SED, das Schloss zu beseitigen, was die Potsdamer Stadtvertretung abnickte. Anfang 1960 wurde es gesprengt. An seiner Stelle legte man eine riesige Straßengabelung an, wo der von Osten über die Havelbrücke kommende Verkehr zum einen in die nach Norden führende Friedrich-Ebert-Straße, die stark verbreitert wurde, zum anderen in die nach Westen führende Breite Straße fließen konnte. Man hatte die neue Havelbrücke 1957 extra so angelegt, dass sie auf das Schloss zielte, um einen Sachzwang für die Vernichtung zu schaffen.

Die Breite Straße (in Wilhelm-Külz-Straße umbenannt) sollte zur Magistrale Potsdams ausgebaut werden. Nun wurde ihr Straßenbild vom Turm der Ruine der Garnisonkirche geprägt, in dem die evangelische Gemeinde 1950 eine kleine Notkapelle eingerichtet hatte. Als 1967 das Konzept für den Aufbau des neuen Stadtzentrums Ulbricht präsentiert wurde, erregte die Garnisonkirche bei der Stadtrundfahrt sein Missfallen: „Auf seine Frage, was die Ruine dort zu suchen habe, antwortete ihm der Stadtarchitekt Berg, die Kirche sei eine unverzichtbare Höhendominante im Stadtbild Potsdams. Ulbricht antwortete Berg daraufhin, dass er sich wohl eine neue Dominante werde suchen müssen."[114] Nachdem das Politbüro der SED die Sprengung der Kirchenruine beschlossen hatte, beschlossen dies auch die Stadtverordneten in Potsdam, bemerkenswerterweise entgegen der sonst in der DDR üblichen Praxis nicht einstimmig, sondern mit vier Gegenstimmen. 1968 wurde die Garnisonkirche vernichtet. An ihrer Stelle errichtete man im folgenden Jahr die Datenverarbeitungszentrale des Bezirks, ein Symbol der Moderne anstatt des alten Preußengeistes. An ihrer Außenwand prangte ein großes mehrteiliges Mosaik mit dem Thema: „Der Mensch bezwingt den Kosmos."

Als neue Höhendominante setztendie Kommunisten 1969 den Hochhaus klotz des Interhotels direkt neben dem verschwundenen Schloss in den ehemaligen Lustgarten der Könige. Um die Wilhelm-Külz-Straße dann zur Magistrale zu verbreitern, wurde 1975/76 fast ihre ganze Randbebauung abgebrochen,

Innenstadt von Schwerin. Vorentwurf eines Kollektivs unter Leitung von Hermann Henselmann zum Umbau zu einem sozialistischen Stadtzentrum mit Raum für Stand- und Fließdemonstrationen. Foto des Modells von 1968/69. Blick Richtung Westen auf das Zentrum zwischen Schlossinsel und Pfaffenteich, rechts von der Bildmitte der Dom.

wobei auch etliche unversehrte Wohnhäuser der Barockzeit untergingen.

Für die Bezirksstädte Suhl und Schwerin nahm man die Planungen für den Umbau zur sozialistischen Stadt erst spät auf, da beide im Krieg fast gar nicht zerstört worden waren. Im kleinen Suhl wurde der historische Stadtkern ab 1966 komplett abgerissen und neu bebaut, wobei Hochhäuser als Höhendominanten, Magistrale und Zentraler Platz nicht fehlen durften. Für Schwerin wurde 1968 für den ganzen Innenstadtbereich zwischen Burgsee und Pfaffenteich ein städtebaulicher Wettbewerb ausgeschrieben, bei dem nur 15 Bauwerke als erhaltenswert vorgegeben waren, darunter Dom, Schloss, Museum und Theater. Die eingereichten Entwürfe und die darauf aufbauende *Führungskonzeption Aufbau Stadtzentrum Schwerin* sahen in der Tat vor, die gesamte übrige Bausubstanz in diesem zentralen Gebiet der Stadt völlig zu beseitigen. Doch dazu kam es nicht mehr. 1971 stoppte der VIII. Parteitag alle derartigen Prestige- und Machtprojekte und legte das Schwergewicht der Baupolitik auf den Wohnungsbau.

Verschwundene Dörfer

„Es gibt große, ehrliche Katastrophen, die in der geradezu lächerlichen Form von kleinen Mitteilungen in die Zeitungen gelangen ... Denn weshalb haben Sie noch nichts von dem Dorfe Runstedt bei Merseburg gehört? Und wenn Sie es zufällig gehört haben, weshalb haben Sie es vergessen? Es wurde totgeschwiegen, bewußt oder unbewußt. ... Das Dorf Runstedt wurde von einem mächtigen Gegner vernichtet, jenem gewaltigen Unternehmen, das von unserer merkwürdigen technischen Begabung zeugt, dem Lande ohne Zweifel unermeßlichen Nutzen bringt ... und das dennoch, wie ein häßliches und notwendiges Geschwür, die Natur in Mitteldeutschland frißt ... Ich meine die Leunawerke. ... Runstedt ... war ein stattliches Dorf, mit zwei Rittergütern, vierundzwanzig Hofbesitzern, sieben Hausbesitzern ohne Grund, zweihundert Hektar Gesamtgemarkung, mit einer alten Kirche, deren Grundmauern noch aus dem Jahre 1350 stammten. ... Und der Bagger kommt, der große Bagger, wie ein Tank rollt er heran und untergräbt die steinernen Wurzeln der Häuser und stößt seine eisernen Zähne in die alte Erde und frißt Fleischklumpen aus ihrem lebendigen Leib. Und der graue Schutt rieselt über die grünen Felder, und die Häuser klaffen auseinander ... Schon taumelt die Kirche, schon neigt sich das Kreuz. ... Dann ergreift der Bagger die Kirche. Die bunten Scheiben zersplittern zuerst, die heiteren Filter der Sonne, mit wehmütigem Klirren. Dann lockern sich knirschend Steine und Ziegel, bröckeln ab, stürzen aus der Höhe mit dumpfem Schlag. Dann ist´s ein Trümmerhaufen, das Gotteshaus. ... Ein alter, triefäugiger Hund ... zottelt verlegen und wankend durch die Reste von Gärten ... Wo habe ich diesen Anblick schon erlebt? Im Kriege, im großen Kriege."[115] So beschrieb Joseph Roth 1930 in der Frankfurter Zeitung die Zerstörung des Dorfes Runstedt durch den Braunkohlentagebau. Es war eine seltene Stimme. Wo in den Großstädten Fachwerkhäuser der Altstadtviertel durch die moderne City zerstört wurden, registrierten heimatschutzbewegte Bildungsbürger und Künstler dieses Geschehen, wenn dagegen an der entlegenen Peripherie einzelne Dörfer der übermächtigen Konkurrenz von Wirtschaftskräften oder staatlichen Ansprüchen weichen mussten, lag dies im Schatten medialer Aufmerksamkeit. Die betroffene Dorfbevölkerung blieb im öffentlichen Diskurs jahrzehntelang sprachlos, erst recht, wenn sie wie in der Lausitz sorbischsprachig war.

In der Nähe von Runstedt war man bei Probebohrungen nach Kalisalz auf ein 100 Meter mächtiges Braunkohleflöz gestoßen, das man dann im Tagebau auszubeuten begann. 1929-31 wurde der Ort abgebrochen, weil er den Braunkohlenbaggern im Weg lag. Etwa zeitgleich wurden vier weitere Orte für den Braunkohlentagebau zerstört, Rusendorf 1927-32 und Gaumnitz 1932, beide bei Zeitz, Buchwalde bei Wittichenau in der Lausitz 1929-32 sowie ab 1928 allmählich auch Nachterstedt im nordöstlichen Harzvorland. Um die Wende zum 20. Jahrhundert hatte an verschiedenen Stellen der Abbau von Braunkohle im Tagebau begonnen, bei dem die ganze über dem Flöz liegende Deckschicht samt Feldern, Wäldern und eben auch Siedlungen abgeräumt wurde, um an die Kohle heranzukommen. Diese wurde für Briketts und vor allem zur Stromerzeugung verwertet. Die Elektrifizierung im Laufe der 1920er Jahre gab der Braunkohlengewinnung Auftrieb, erst Recht die Autarkiepolitik und Aufrüstung der Nationalsozialisten. Trotzdem wurden bis zum Zweiten Weltkrieg erst sehr wenige Orte aus diesem Grund abgebrochen, schon aus Kostengründen. Das änderte sich deutlich ab 1950. Da die DDR mit der deutschen Teilung von den Steinkohlenvorkommen an Ruhr und Saar abgeschnitten war, baute sie den Südosten forciert zum entscheidenden Energiezentrum ihrer Wirtschaft aus, und zwar mit Kraftwerken auf Basis der umliegenden Braunkohlentagebaue. Aber auch in Westdeutschland entwickelte man seit den 60er Jahren westlich von Köln den Braunkohlentagebau. Aus Orten, die in die zum Abbau vorgesehenen Flächen gerieten, setzte allmählich eine Abwanderung ein, da ihnen nun die langfristigen Perspektiven genommen waren. Alle Grundstücke und Gebäude wurden von den Braunkohlegesellschaften schrittweise aufgekauft, dann für die restlichen Bewohner in mehr oder minder größerer Entfernung neue Siedlungen gebaut und die Bevölkerung umgesiedelt, schließlich die leerstehenden Ortschaften platt gemacht. 1989 lagen in der DDR etwa 450 Orte mit fast 100 000 Einwohnern in „Bergbauschutzgebieten“, d. h. sie waren für den künftigen Tagebau vorgesehen und damit Abrisskandidaten. doch dazu kam es nicht mehr. Als das Gebiet der ehemaligen DDR nach der Wiedervereinigung an das europäische Stromnetz angeschlossen wurde, fuhr man die flächenfressende Braunkohlenförderung mit den emissionsstarken Kraftwerken in Ostdeutschland drastisch zurück und bemühte sich, die riesigen, von den Baggern ausgeräumten Löcher, die in der Landschaft zurückgeblieben waren, zu rekultivieren. An ernsthafte Widerstände der betroffenen Bevölkerung war n der DDR nicht zu denken gewesen, aber auch in Westdeutschland nahmen die Menschen den Verlust ihrer Heimat lange hin. Im Rheinischen Braunkohlenrevier erhoben sich dann im Laufe der 90er Jahre zunehmende Widerstände gegen den Tagebau, woraufhin die Landesregierung die für den weiteren Abbau vorgesehenen Flächen schrittweise verkleinerte. In den Jahrzehnten vom Zweiten Weltkrieg bis heute wurden im Mitteldeutschen Revier über 100, im Lausitzer Revier mehr als 70 und im Rheinischen Revier etwa 37 Orte für den Braunkohlentagebau zerstört. Insgesamt mussten dabei etwa 100 000 Menschen ihre Heimat verlassen und sich in anderen Orten ansiedeln, wovon 70 % auf die DDR entfielen. Die größten Orte, die dem Braunkohlentagebau zum Opfer fielen, waren 1977/80 Magdeborn mit 3200 Einwohnern, 1964 Zorbau mit 2300 und 1982/87 Eythra mit 2100 Einwohnern, alle in der Nähe von Leipzig und Merseburg gelegen. Im Regelfall handelte es sich aber bei den verschwundenen Ortschaften um Dörfer, die von der Landwirtschaft geprägt waren. Dabei fielen auch Kirchen und ländliche Adelssitze dem Tagebau zum Opfer. Im Rheinischen Revier wurden bis 2014 neun Kirchen zerstört. Mit Schloss Harff bei Bedburg sprengte man hier 1972 auch einen bedeutenden Adelssitz, der bis ins 19. Jahrhundert immer weiter ausgebaut worden war; sein Bergfried verriet bis zum Schluss den Ursprung in einer mittelalterlichen Wasserburg. Für den Tagebau Garzweiler II wurde mit dem Dorf Immerath 2018 ebenso dessen Pfarrkirche St. Lambertus, ein großer neoromanischer Bau, dem Erdboden gleich gemacht.

Noch weniger in den Medien als die Zerstörungen durch den Braunkohlentagebau war der von großer Geheimhaltung umgebene Uranbergbau in der DDR am Rand des Erzgebirges. Unter dem bewusst irreführenden Namen des Buntmetalls Wismut betrieb hier eine Deutsch-Sowjetische Aktiengesellschaft jahrzehntelang den viertgrößten Uranerzbergbau der Welt, der ausschließlich das sowjetische Atomprogramm mit dem spaltbaren Material versorgte und dafür im Tagebau die Erde durchwühlte. Fünf Dörfer, die im Wege lagen, wurden zwischen 1951 und 1968 abgerissen. Außerdem brach man 1953 die ganze Altstadt von Johanngeorgenstadt ab, da man fürchtete, dass sie sich nicht mit dem darunter voranschreitenden Bergbau vertrug; 3000 Menschen mussten deshalb umgesiedelt werden.

Ebenso hielt die SED-Führung verständlicherweise die zerstörerische Wirkung der innerdeutschen Grenze aus den Schlagzeilen heraus. Hier legte sie auf ihrer Seite eine fünf Kilometer breite Sperrzone an, um die Flucht aus dem sozialistischen Deutschland besser unterbinden zu können. In dieser Zone war die Freizügigkeit beschränkt, und in zwei Aktionen in den Jahren 1951 und 1961 ließen die Staatsorgane aus diesem Gebiet etwa 11 000 angeblich politisch unzuverlässige Personen ins Landesinnere deportieren. Mehr als dreißig kleinere Dörfer in unmittelbarer Grenznähe wurden nach und nach leergesiedelt und schließlich vollständig abgerissen, überwiegend in den 60er und 70er Jahren, dazu eine Reihe von Gutsbetrieben und Einzelhöfen. Hinzu kamen einige Orte am westlichen Ende der Grenze zur Tschechoslowakei, die ebenso zerstört und eingeebnet wurden. Das thüringische Dorf Billmuthausen mag hier als Beispiel dienen. In den Atlanten, Telefonbüchern und Verzeichnissen der DDR existierte der Ort bis 1990, um den Schein aufrecht zu erhalten, aber nicht in der Realität. 1951 flohen 34 Einwohner nach Bayern, um nicht deportiert zu werden. 1965 ließen die Behörden die alte Dorfkirche abreißen, nachts, damit es nebenan in Bayern nicht so auffiel, und während der Pfarrer auf Urlaubsreise war. 1977/78 wurden alle Häuser des Dorfes abgebrochen. Nur der Friedhof blieb.

Mehr noch als die Westgrenze der DDR fraßen die Truppenübungsplätze Dörfer. Um 1900 herum legte das Militär die ersten großen Truppenübungsplätze an, sinnvollerweise in möglichst dünnbesiedelten Arealen, also vor allem Heidelandschaften und Hochlagen der Mittelgebirge, wo die kargen Böden wenig landwirtschaftlichen Ertrag lieferten. Dabei mussten fast nur einzelne Höfe oder Mühlen aufgegeben werden. Mit der forcierten Aufrüstung der Wehrmacht durch die Nationalsozialisten änderte sich das Bild schlagartig. Nun beanspruchte das Militär wesentlich größere Truppenübungsplätze, nicht zuletzt da bewegliche Panzereinheiten raumgreifender trainierten. 1936-38 wurden eine Reihe bestehender Truppenübungsplätze stark erweitert und zusätzlich neue angelegt. Dies war jetzt nicht mehr möglich, ohne dass auch ganze Dörfer geopfert wurden. Bei der Erweiterung musste für den Truppenübungsplatz im schwäbischen Münsingen das Dorf Gruorn und beim Schießplatz in Meppen das Dorf Wahn, mit 1007 Einwohnern eines der größten im Emsland, geräumt werden. Für den unterfränkischen Truppenübungsplatz Hammelburg waren es zwei und bei den Übungsplätzen im sächsischen Königsbrück und im oberpfälzischen Grafenwöhr sogar jeweils sieben Dörfer, dazu eine Reihe von Einzelsiedlungen. Von den neu angelegten Truppenübungsplätzen verdrängten Colbitz-Letzlinger Heide in der Altmark drei Dörfer, Wildflecken in der Rhön sieben Dörfer, Bergen in der Lüneburger Heide acht Dörfer, dazu etliche weitere Einzelsiedlungen, und Baumholder in der Pfalz sogar 14 Dörfer und weitere Kleinsiedlungen. Für Bergen mussten 3650 und für Baumholder 4060 Menschen ausgesiedelt werden. Die leeren Dörfer wurden manchmal gesprengt und planiert, blieben überwiegend jedoch stehen, um als Geschützziel und zum Training für den Häuserkampf nach und nach „aufgebraucht“ zu werden. Nach dem Ende der Wehrmacht mit der Niederlage 1945 gab es in einigen Fällen Versuche, die mehr oder minder ruinierten Geisterdörfer wieder zu besiedeln, auch mit Vertriebenen und Flüchtlingen aus den verlorengegangenen deutschen Ostgebieten, doch diese fanden bald ihr Ende. Die Besatzungsmächte übernahmen gerne die schon bestehenden Truppenübungsplätze.

Schließlich wurden einige Dörfer auch zerstört, indem sie buchstäblich ertranken. Vor allem im Sauerland und im angrenzenden Bergischen Land ließen sich Talsperren manchmal nicht anlegen, ohne dass Siedlungen im neuen Stausee versanken. Die größten Opfer forderte die 1956-65 errichtete Biggetalsperre, durch die acht Dörfer und etliche kleinere Siedlungen geflutet wurden und 2550 Menschen gezwungen waren umzusiedeln. Die leergezogenen Gebäude wurden von Pionieren gesprengt. Weitere rund 1500 Menschen mussten in dieser Region beim Bau der Möhnetalsperre 1908-12, der Talsperre Hennesee 1952-55, der Wuppertalsperre 1962-87 und der Wiehltalsperre 1967-73 weichen, bevor ihre Siedlungen im Wasser verschwanden. Durch den ab 1913 aufgestauten Edertalsee in Nordhessen sahen sich 900 Menschen genötigt umziehen. Hier gingen drei Dörfer unter, die zuvor bis auf die Grundmauern abgetragen worden waren, nur von der gotischen Kirche in Berich wurden profilierte Mauerteile abgebaut und am neuen Standort wieder eingebaut. Anderswo war man rigoroser; beim Bau der Talsperre Pöhl im Vogtland 1958-64 haben die Kommunisten das gleichnamige Dorf samt Kirche und Schloss gesprengt.

Neue Ansprüche an alte Gehäuse

Kirchen stehen lange, aber nicht ewig

Betritt man heute eine alte Kirche, ist selten bewusst, dass oft an derselben Stelle einst ein Vorgängerbau gestanden hat, von dem nichts mehr zu sehen ist. Keine politische Gegnerschaft hat ihn vernichtet, er wurde nicht funktionslos und damit überflüssig, und er fiel auch nicht einer überlegenen Konkurrenz durch zahlungskräftige Unternehmen oder andere Funktionen zum Opfer - schließlich findet an demselben Ort unverändert Gottesdienst statt, nur eben in einem neueren Gebäude. Sieht man von den Verlusten durch Kriegs- und Brandkatastrophen einmal ab, muss es also andere Gründe gegeben haben, weshalb der Vorgängerbau beseitigt und durch einen neuen ersetzt wurde. Dasselbe Phänomen finden wir im Übrigen nicht nur bei Gebäuden für den kirchlichen Gottesdienstbedarf, sondern ebenso bei Verwaltungssitzen wie Burgen und Schlössern sowie Rathäusern und auch bei Wohnbauten.

Als erstes fällt der Blick auf Kirchen. Zwar haben sich die Anforderungen des religiösen Kultes an die dafür vorgesehenen Kirchengebäude im Laufe der Jahrhunderte verändert, allerdings viel weniger als alle anderen Bedürfnisse, für die Bauwerke errichtet worden sind. Wenn beispielsweise infolge der Reformationsideen im Laufe des 17. Jahrhunderts die Lettner weitgehend verschwanden, die in Dom- und Stiftskirchen Geistliche und Laien voneinander getrennt hatten, so berührte das nicht den Kirchenbau als Ganzes. Es ist also kein Zufall, dass es sich heutzutage bei den ältesten Bauwerken, die noch ihrer ursprünglichen Bestimmung dienen, um Kirchen handelt. Insofern ist es sinnvoll, bis ins Mittelalter zurückzublicken. Hier werden allerdings unsere Kenntnisse schnell dürftig, denn die verstreuten, knappen Notizen in Chroniken werfen nur ein sehr punktuelles Licht in diese frühen Zeiten, und die Interpretation von archäologische Ausgrabungen unterhalb der heutigen Kirchen ist mit einem guten Stück Vermutungen behaftet.

Wir konzentrieren uns deshalb für das Mittelalter auf die Domkirchen, weil die Überlieferung hier noch relativ am reichlichsten fließt. Es gab im Mittelalter auf dem Gebiet der heutigen Bundesrepublik rund 30 Bistümer und damit ebenso viele Domkirchen. Alle Bistümer im Gebiet der alten Bundesländer wurden bis zum Jahr 831 gegründet, also in der Spätantike und im frühen Mittelalter, jene in den neuen Bundesländern bis zum Jahre 1070. Mit Ausnahme von Trier, das schon in spätrömischer Kaiserzeit einen beachtlichen Dom erhalten hatte, der aber in den Kämpfen der Völkerwanderungszeit ruiniert wurde, waren die ersten Bischofskirchen in den alten Bundesländern Steinkirchen von Dorfkirchenformat oder auch nur einfache Holzkapellen, errichtet weitgehend in der Zeit des Frankenreiches. Hiervon ist nichts erhalten. Im 11. bis 12. Jahrhundert traten an ihre Stelle deutlich größere Domkirchen im romanischen Baustil. Idealtypisch betrachtet folgte im 13.-15. Jahrhundert die Phase der gotisch gestalteten Domkirchen.

Das Schicksal der romanischen Domkirchen war dabei durchaus unterschiedlich. Gut ein halbes Dutzend blieb weitgehend unverändert. Einige erlebten in der gotischen Zeit mehr oder minder umfangreiche An- und Umbauten, wobei die romanische Kirche aber im Kern erhalten blieb, so in Schleswig, Lübeck, Hamburg, Bremen, Merseburg und Konstanz. Eine Reihe romanischer Domkirchen gingen durch Brandkatastrophen verloren und wurden aus diesem Grunde durch einen gotischen Neubau ersetzt, nämlich Freising 1159, Bamberg 1185, Magdeburg 1207, Regensburg um 1250 und Verden 1268. Fast ein Drittel der romanische Domkirchen wurde jedoch schon im Mittelalter wieder abgeris-

Der sogenannte Hildebold-Dom in Köln aus dem 9. Jahrhundert. Rekonstruktion des romanischen Doms im Zustand um 1000

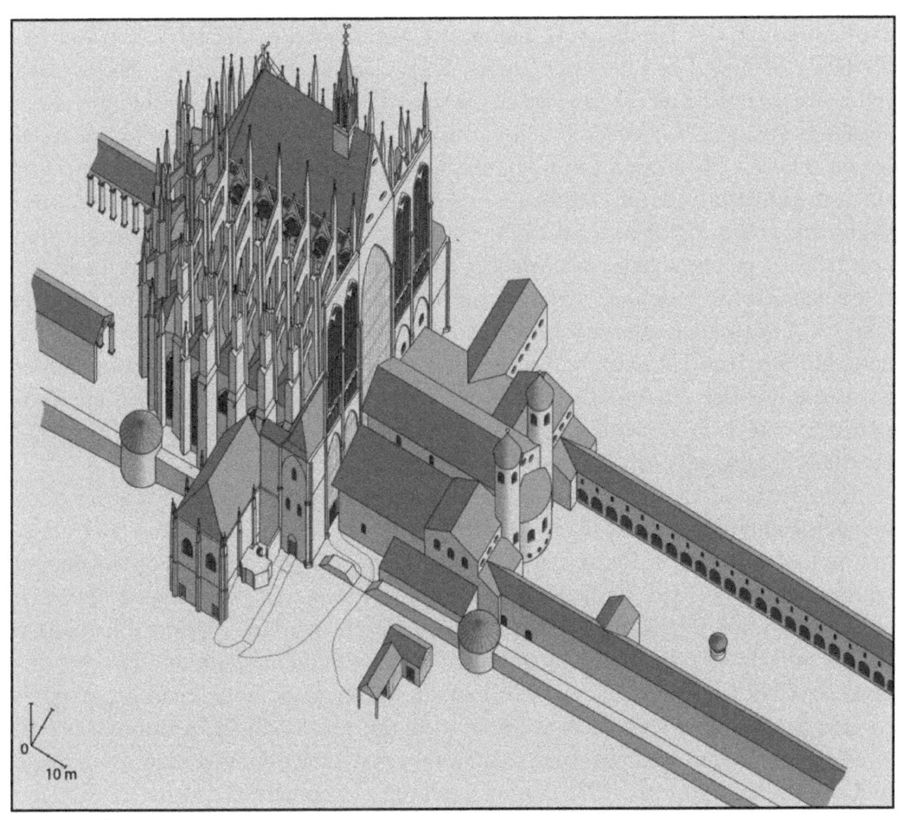

Kölner Dom, Rekonstruktion des Zustands um 1320. Ab 1248 vom Chor her schrittweise abgerissen und in gotischem Stil neu gebaut, seit 1530 Baustopp, 1842-80 zu Ende gebaut.

sen, und hier trat dann ein echter Neubau an ihre Stelle. Den Anfang machte Worms mit einem noch spätromanischen Neubau ab 1130, der auch nicht größer war als die erst hundert Jahre zuvor begonnene frühromanische Basilika, die parallel dazu abgetragen wurde. Wahrscheinlich erzwang hier zu geringe Standfestigkeit diesen Schritt.

Besonders wichtig war Köln. Der hier Mitte des 9. Jahrhunderts geweihte sogenannte Hildebold-Dom war zusammen mit der Klosterkirche in Fulda der mit Abstand eindrucksvollste deutsche Kirchenbau seiner Zeit. Als dann aber im 11. und 12. Jahrhundert in anderen Städten die großen romanischen Dombauten emporwuchsen, änderte sich dieser Eindruck, zumal die Basilika bei aller Größe relativ gedrungen war. Der karolingische Dom entsprach immer weniger dem Anspruch des Erzbischofs, einem der wichtigsten mittelalterlichen Reichsfürsten. Als dann 1164 die angeblichen Reliquien der Heiligen Drei Könige aus Italien in den Kölner Dom kamen, setzte ein Pilgerstrom ein, der ihn auch räumlich an seine Grenzen brachte. Im Jahr 1247 beschloss das Domkapitel daraufhin, den bisherigen Dom abzureißen und durch einen größeren und vor allem wesentlich höheren Neubau zu ersetzen, wobei man wie üblich im Osten beginnen wollte. Ein Vierteljahr bevor im August 1248 der Grundstein für den neuen Chor gelegt wurde, brannte der alte Dom ab. Einer späteren Quelle zufolge war hieran angeblich eine Panne beim Abbruch des Chores schuld. Als man die Chormauern unterhöhlte, mit Balken abstützte und diese dann anzündete, um ihn zum Einsturz zu bringen, sei das Feuer durch starken Wind außer Kontrolle geraten. Jedenfalls wurde das Längsschiff rasch einigermaßen repariert und erst nach Vollendung und Inbetriebnahme des gotischen Chores 1322 ebenfalls abgetragen, um für den Weiterbau Platz zu machen.

Konkurrenzdenken und gesteigertes Repräsentationsbedürfnis spielte auch im sächsischen Raum als Motiv für den Abriss eine Rolle. Nachdem der abgebrannte Magdeburger Dom seit 1209 deutlich größer und höher neu gebaut wurde, setzte bei den umliegenden Bistümern eine Art Dombau-Wettrüsten ein. Drei romanische Domkirchen wurden durch deutlich größere Neubauten ersetzt und dabei schrittweise abgetragen, nämlich Halberstadt ab 1239, Naumburg ab 1240 und Meißen von 1260 an. In Halberstadt hatte man sogar noch wenige Jahre zuvor viel Geld aufgewendet, um die Flachdecke durch ein Gewölbe zu ersetzen, weshalb man ausnahmsweise erst den Westbau niederlegte und erneuerte, dann ab 1260 den Westteil des Langhauses errichtete, dagegen erst ab 1350 den Chor im Osten abbrach und neu aufführte, was sich über neunzig Jahre hinzog, und dann erst den dazwischen noch übriggebliebenen Teil des romanischen Domes ebenfalls ersetzte. In Schwerin begann man im Jahr 1270 damit, den Chor des gotischen Domes zu errichten, obwohl der romanische Dom erst 1248 endgültig geweiht worden war. Hier war es der Blick auf die in den aufblühenden Hansestädten an der Ostseeküste, in Wismar, Rostock, Stralsund und Greifswald hochwachsenden großen Stadtkirchen, die den romanischen Dom optisch nicht mehr konkurrenzfähig erscheinen ließen. Außerdem war der alte Dom auch für den anschwellenden Wallfahrerstrom zu klein geworden, der 1222 begonnen hatte, als Graf Heinrich von Schwerin vom Kreuzzug aus Palästina eine Reliquie mitgebracht hatte, die angeblich einen Tropfen des Blutes von Jesus Christus enthielt. Als der Chor 1327 fertig war, wurde auch der restliche romanische Dom komplett abgerissen und neu aufgerichtet. Mit dem Chor beginnend etappenweise abgetragen und durch einen gotischen Neubau ersetzt wurden auch die romanischen Domkirchen in Passau ab 1300 und in Eichstätt ab 1350. Dieser zeitversetzte Abbruch des Vorgängerbaus war allgemein üblich, damit auch während der sich über viele Jahrzehnte hinziehenden Bauzeit immer eine betriebsfähige Teilkirche bestand. Nur in Münster konnte man es sich leisten, seit 1225 den romanischen Dom erst ganz zu beseitigen und dann zügig durch einen gotischen Neubau zu ersetzen, weil daneben noch der karolingische Vorgängerbau stand; dieser wurde dann 1377 ebenfalls abgebrochen.

Ähnlich wie bei den großen Domkirchen gab es auch bei den zahlreichen Kloster- und Stiftskirchen, sofern sie nicht überhaupt erst im 13. Jahrhundert gegründet wurden, in der gotischen Zeit beträchtliche Umbauten sowie Totalabrisse und gänzliche Neubauten. Teilweise blieben aber auch das ganze Mittelalter die ersten Bauten stehen, entweder weil man schon gleich zu Beginn recht aufwendig gebaut hatte oder weil die Finanzen für Neubauten nicht ausreichten. Außerdem gab es noch die Pfarrkirchen der Städte. Da fast alle Städte im hohen Mittelalter noch klein waren, sofern es sie überhaupt schon gab, und erst im Laufe des späten Mittelalters aufblühten, gehören die großen Stadtpfarrkirchen sämtlich der gotischen Bauepoche an. In den jeweils ältesten Gemeinden gingen ihnen meist Vorläuferbauten im Dorfkirchenformat voraus, oft auch nur aus Holz, über die wir nichts Näheres wissen. Als man in Hannover etwa 1330-66 die gotische Halle der Marktkirche errichtete, baute man sie um die kleine alte Kirche herum und gab diese erst 1349 zum Abbruch frei, als nicht nur der neue Chor, sondern auch Außenmauerwerk und Turmunterbau schon standen. Diese Praxis ist auch von Kirchenbauten an manchen anderen Orten überliefert. Konkurrenzdenken beim Kirchenbau war auch den Bürgern nicht fremd, wie man an den Hansestädten der Ostseeküste sieht. Als Lübeck 1251 begann, seine romanische Marienkirche zu einer gotischen Kirche mit Umgangschor umzubauen, wobei man die französische Gotik mangels Natursteinen mit Ziegelsteinen nachahmte und damit die Backsteingotik erfand, folgten Stralsund, Rostock und Wismar bald dem Lübecker Vorbild. Stralsund riss um 1270 den gerade erst fertiggestellten Chor der Nikolaikirche ab, um ihn neu zu errichten, Rostocks Marienkirche, 1279 fertig geworden, wurde schon 1290 ebenfalls nach dem neuen Muster umgebaut, und Wismar ersetzte bei seiner 1270 fertiggestellten Marienkirche 1320/53 den Chor und trug anschließend das Langhaus für einen Neubau ab.

Im 15. und 16. Jahrhundert kam es dann hingegen eher selten vor, dass eine Kirche abgerissen wurde, um sie durch einen Neubau zu ersetzen. In der Zeit zuvor hatte man genug große Kirchenbauprojekte begonnen, und mit der Reformation schwand überdies Anfang des 16. Jahrhunderts überhaupt die Motivation, Unsummen in den Kirchenbau zu investieren. Manche zu diesem Zeitpunkt noch unvollendete gotische Großprojekte wurden gar nicht mehr fertiggestellt. Da man vom Chor zur Westfront hin baute, blieben dann vor allem die

Türme hinter den Plänen zurück. Am Schleswiger Dom und am Ulmer Münster fehlten sie bis ins frühe 19. Jahrhundert ganz, und in Köln gehörte nach dem Baustopp der Kran auf dem halbvollendeten Südturm des Doms drei Jahrhunderte lang zur Stadtsilhouette. Bei aller Zurückhaltung mit Kirchenabbrüchen in diesen beiden Jahrhunderten gab es aber Ausnahmen, und bei zwei bemerkenswerten Fällen spielte fürstlicher Repräsentationswille eine entscheidende Rolle. In München wurde 1472 die spätromanische Marienkirche abgerissen, um einer deutlich größeren spätgotischen Hallenkirche Platz zu machen, der heutigen Frauenkirche. Dahinter stand nicht nur das gestiegene bürgerliche Selbstbewusstsein, sondern vor allem war diese Stadtpfarrkirche zugleich Hofkirche und Grablege der in München residierenden Wittelsbacher Herzöge. Im thüringischen Halle plante Anfang des 16. Jahrhunderts Kardinal Albrecht von Brandenburg, zugleich Kurfürst von Mainz und Erzbischof von Magdeburg, die Stadt zu einer ansehnlichen Renaissanceresidenz auszubauen. Dazu gehörte eines der eigentümlichsten Abriss- und Neubauprojekte. Am Marktplatz der Stadt standen zwei doppeltürmige Pfarrkirchen direkt hintereinander, die aus dem 11. Jahrhundert stammende Gertraudenkirche der Salzarbeiter und die ein paar Jahrzehnte jüngere Marienkirche der Kaufleute und Handwerker. Gegen den Widerstand der Bürger, welche es vor den Kosten grauste, setzte der Kardinal durch, dass 1529/30 beide Kirchenschiffe abgerissen wurden und zwischen die verbliebenen Turmpaare ein neues Kirchenschiff einer größeren Marienkirche errichtet wurde. Nebenbei gab Albrecht auch eine Reihe kleinerer Kapellen zur Vernichtung preis, um sie als Baumaterial auszuschlachten. Dass dann der Versuch, durch das offensive Vermarkten von Ablassbriefen Geld für Albrechts immensen Finanzbedarf einzutreiben, Luther zu seinen ersten Schritten zur Reformation provoziert hatte, sei hier nur am Rande erwähnt.

Ganz anders sah es im späten 17. und vor allem in der ersten Hälfte des 18. Jahrhunderts aus. Während von den großen Domkirchen jetzt keine in ihrem Bestand gefährdet war, erfasste eine ausgesprochene Abrisswelle die katholischen Klöster, um diese anschließend neu zu bauen, moderner, repräsentativer und größer. Dies galt vor allem für Bayern und Schwaben (sowie Österreich), weniger stark für Franken und das Rheinland. Es war eine Sache der reichen Klöster, die zugleich Grundherren über einen ausgedehnten Besitz waren, also vor allem den Mönchsorden der Benediktiner, Zisterzienser und Prämonstratenser zugehörten. Von denjenigen Klöstern, die sogar als reichsunmittelbar galten und ein eigenes (Mini-)Territorium regierten, versuchten fast alle, mittelalterliche Bauten zu beseitigen und durch Neubauten zu ersetzen, wenn die Finanzen es irgendwie zuließen. Es ist eine untypische Ausnahme unter den großen Klöstern, wenn in der Abtei Eberbach nahe Wiesbaden romanische und gotische Innenräume in großem Umfang erhalten blieben; deshalb konnte

1985/86 die Verfilmung von Umberto Ecos mittelalterlichem Klosterroman *Im Namen der Rose* hier den geeigneten Drehort finden. Der Erneuerungsdrang ging teilweise hart an die Grenze des Finanzierbaren, und oft waren die Baupläne noch hochfliegender als das, was dann tatsächlich realisiert wurde. Das Kloster Rott am Inn finanzierte die Kosten für den Neubau zu 90 % mit Krediten, und als der Neubau fertig war, galt das Kloster als bankrott und der Abt musste zurücktreten. Die eher armen Bettelordensklöster in den Städten wurden von dieser Abriss- und Neubauwelle kaum erfasst, es gab aber auch hier Beispiele, so die Franziskaner(innen)klöster in Gorheim, Laiz, Hamm, Rottenburg und Ravensburg und das Dominikanerkloster in Schwäbisch Gmünd.

Im Dreißigjährigen Krieg waren viele mittelalterliche Klöster massiv ausgeplündert worden und die Gebäude mangels laufendem Bauunterhalt in Verfall geraten, aber nur wenige waren wie Burgen durch Kampfhandlungen kriegszerstört. So bestand zwar ein hoher Reparaturbedarf, einen Grund, alles völlig neu zu bauen, lieferte dieser Zustand allerdings nicht. Schon eher boten die veränderten Wohnverhältnisse ein Motiv. Der gemeinsame Schlafsaal des hohen Mittelalters war schon Ende des späten Mittelalters aus der Mode gekommen und durch Einzelzellen ersetzt worden, und die Komfortansprüche der Barockzeit lagen nochmal um einiges höher. Bei Klöstern mit einem hohen Anteil von Mönchen aus der Oberschicht baute man jetzt Appartements. Vor allem war es der Geist herrschaftlicher Repräsentation, der in absolutistischer Zeit vom Fürstenschloss aus die Gesellschaft durchdrang, welcher die Klöster, die selbst eine Herrenrolle wahrnahmen, zur Nachahmung motivierte. Reichsäbte benötigten jetzt repräsentative Gästezimmer und Empfangsräume für den Verkehr mit benachbarten Fürsten. Die Konkurrenz zu anderen Klöstern spornte an, ebenso die Beispiele aus Architekturtraktaten und bautheoretischen Schriften. Das bedeutete, die mittelalterlichen Klosterbauten durch einen schlossartigen Baukomplex zu ersetzen, ebenso die alte Klosterkirche durch eine größere zu ersetzen oder sie doch zumindest in eine nach der Mode der Zeit gestylte Kirche zu verwandeln. Von den Ursprungsideen des Mönchtums, dem asketischen Verzicht und der Armut, entfernte man sich damit noch weiter als bisher. Die allgemeine wirtschaftliche Erholung in diesen Jahrzehnten machte derartige Neubauprojekte möglich. Priorität hatte dabei immer der Klausur- und Wohnbereich. In einer Reihe von Klöstern wurde dieser abgetragen und neu erbaut, während die romanische oder gotische Kirche unverändert weiter in Betrieb blieb, aber nie umgekehrt. Beispiele hierfür sind die Benediktinerklöster St. Emmeram in Regensburg, Schwarzach, Werden an der Ruhr, (Mönchen-)Gladbach, Liesborn und Herzebrock, die Zisterzienserklöster Langheim, Marienfeld im Münsterland und Heisterbach, die Prämonstratenserabtei Cappenberg und das Augustiner-Chorherrenstift Ewig. Bemerkenswerterweise liegen diese fast

Kloster Benediktbeuren 1644.

alle im mittelrheinischen und westfälischen Raum. Manche Klöster gingen bei der Modernisierung einen Schritt weiter, indem sie zwar den alten Kirchenbau stehen ließen, aber den Innenraum mit Stuck und Altären im Stil des Barock umdekorierten. Hierzu gehörten die Benediktinerklöster Ochsenhausen, Weihenstephan, Wessobrunn, Maria Laach, Tegernsee, Amorbach, Schwarzach und Scheyern, die Zisterzienserklöster Marienrode bei Hildesheim, Ebrach, Kaisheim und Salem, die Augustiner-Chorherren-Stifte Rottenbuch, Polling und St. Nikola bei Passau und auch das Prämonstratenserkloster Schussenried, fast alle in Süddeutschland gelegen. Eine Reihe von süddeutschen Klöstern ließen sogar die gesamte mittelalterliche Anlage abbrechen und sowohl Klausurgebäude wie Kirche neu errichten. So geschah es etwa bei den Benediktinern in Schuttern, Zwiefalten, St. Peter im Schwarzwald, Weingarten, Theres, Benediktbeuren, Weltenburg, Banz, Münsterschwarzach, Ottobeuren, Rott am Inn, Oberaltaich, Donauwörth und Schmerlenbach, den Prämonstratensern in Obermarchtal, Osterhofen, Schäftlarn, Weißenau bei Ravensburg und Ursberg sowie den Zisterziensern in Fürstenfeldbruck, Aldersbach und im schwäbischen Schöntal.

Gelegentlich tauchte das Argument auf, die alte Klosterkirche sei baufällig gewesen, doch wurde dieses sicherlich auch gerne instrumentalisiert. Die tatsächliche Situation ist schwer einzuschätzen, wie sich an der 791-817 über dem Grab des Apostels Bonifacius in Fulda erbauten Ratgar-Basilika zeigt. Diese war mit 98 Metern Länge zum Zeitpunkt ihrer Erbauung die größte Kirche nördlich der Alpen, d. h. sie war eigentlich maßlos; dass Ratgar alles kompromisslos seinem ehrgeizigen Bauprogramm unterordnete, provozierte eine Rebellion seiner Mönche, worauf er von Kaiser Ludwig dem Frommen abgesetzt wurde. Während in der Wahlkapitulation von 1678 nichts Negatives über den

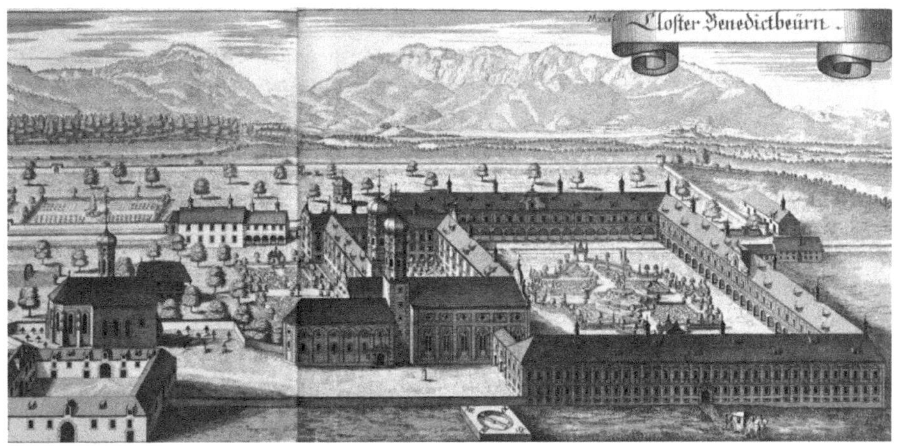

Kloster Benediktbeuren 1701 nach Abriss und Neubau von Kloster und Kirche 1669-86.

Bauzustand der alten Kirche enthalten ist, spricht jene von 1700 über „die sehr bawfällige hohe stiffts kirchen", die aber „auch künfftighin in wesentlichem baw erhalten" werden solle.[116] Der noch im selben Jahr bestellte Baumeister Dientzenhofer legte rasch ein Reparaturprogramm vor, bei dem er vorsah, alle tragenden Pfeiler auszuwechseln. Ein Gutachten eines weiteren Architekten hielt dies für illusorisch und meinte, man müsse auch alle Wände niederlegen, und schließlich wurde 1704 fast die ganze karolingische Kirche abgebrochen und auf den alten Fundamente eine neue errichtet. Sollen wir dem Abt des bayerischen Schäftlarn glauben, wenn er 1701 in einem Schreiben eingehend den schlechten Bauzustand seines Klosters schilderte? Schließlich handelte es sich dabei um ein Gesuch an den Kurfürsten mit der Bitte, eine Bausteuer erheben zu dürfen. Allerdings stürzte dann 1710 tatsächlich der Kirchturm ein, woraufhin man nicht nur das Kloster, sondern ab 1733 auch die Kirche völlig neu baute.

Überhaupt waren die Äbte bei den Neubauvisionen wohl oft der drängende Teil. In der Benediktinerabtei St. Peter im Schwarzwald erhielt die Kirche, nachdem das benachbarte Chorherrenstift St. Märgen 1716 infolge einer Brandkatastrophe einen kompletten Kirchenneubau begann, im Jahre 1717 wenigstens eine barocke Fassade vorgesetzt. Der neue Abt Ulrich Bürgin schlug dann 1722 dem Kapitel vor, doch ebenfalls die gesamte Kirche, die ruinös, eng und feucht sei, abzutragen und durch einen Neubau zu ersetzen. Gegen erhebliche Widerstände konnte der Abt sich durchsetzen, 1724 wurde abgerissen und der Neubau begonnen, viel größer als nötig. Der Nachhall des Widerstands währte lange; noch sechzig Jahre später erzählte man sich im Kloster, Abt Bürgi habe wegen der Kosten des Kirchenbaus die Zahl der Speisen für die Mönche herabgesetzt. Auch für das Zisterzienserkloster Fürstenfeldbruck wissen wir von solchen Auseinandersetzungen; der Abt wollte die aus seiner Sicht finstere und feuchte Kirche beseitigen, ein großer Teil des Konvents sie dagegen als altehrwürdig bewahren. 1718 wurde die frühgotische Kirche für einen Neubau zerstört.

Bei den mittelalterlichen Stadtpfarrkirchen bot sich ein völlig anderes Bild. Diese wurden in den ganzen Jahrhunderten zwischen 1525 und 1850 im Regelfall nicht angetastet, weder in Nord- noch in Süddeutschland. Einzelne barocke Kanzeln, Altäre oder Turmhauben gestalteten ihr Gesamtbild nicht grundlegend um, das also unverändert von der Gotik beherrscht wurde. Durch die spätmittelalterlichen Bauprojekte waren die Stadtgemeinden mit Kirchenraum gut versorgt, in protestantischen Städten, wo mit der Reformation noch Bettelordenskirchen hinzukamen, teilweise sogar überversorgt, zumal die weitaus meisten Städte im 17. und 18. Jahrhundert langfristig wenig wirtschaftliche Wachstumsdynamik aufwiesen und damit kaum steigende Einwohnerzahlen. Sofern Stadtkirchen nicht hier oder da durch Kriegseinwirkung oder Brandkatastrophen verloren gingen, gab es in dieser Zeit keinen Ersatzbedarf. In vereinzelten Fällen wurden mittelalterliche Stadtkirchen allerdings abgerissen und durch einen Neubau ersetzt, weil sie tatsächlich baufällig geworden waren. Das kann auf schwierigen Baugrund und auf mangelnden Bauunterhalt, besonders in Kriegszeiten, zurückzuführen sein. Solche Abbrüche mit anschließendem Neubau trafen unter anderem 1714 St. Johannes in Liegnitz, 1763 die Stadtkirche im hessischen Lauterbach und 1791 die Lamberti-Kirche in Oldenburg i. O., ebenso 1807 die große Marienkirche in Husum, „weil einige Steine im Turmgewölbe abbröckelten“.[117] Das gleiche Schicksal ereilte 1811 die Vicelinkirche in Neumünster, 1822 die romanische Basilika St. Lambertus in Essen-Rellinghausen, 1823 die Lambertikirche in Aurich, 1826 die große Altstädtische Kirche in Königsberg, 1837 St. Laurentius in Köpenick bei Berlin und 1843 die Paulskirche in Kamen (wobei der wuchtige romanische Westturm stehen blieb). In Münster brach man 1857 von St. Mauritius nur das romanische Langhaus wegen Einsturzgefahr ab und baute ein neues zwischen weiterhin mittelalterlichem Chor und Westturm. In Köln begann man 1859 die romanische St. Mauritius-Kirche abzutragen und legte zwei Jahre später den Grundstein für einen Neubau. Diese seit langem nur noch mangelhaft unterhaltene Kirche hatte schon 1830 ihren Hauptturm eingebüßt und war seit 1846 wegen des bedrohlichen Zustands baupolizeilich gesperrt, obwohl ein Gutachten sie 1845 als sanierungsfähig eingestuft hatte. Die Kölner Mauritius-Kirche war die letzte größere mittelalterliche Kirche, die in Deutschland abgerissen wurde, ohne Kriegsruine zu sein (mit Ausnahme der Paulinerkirche in Leipzig 1968). Die romanisch/gotische Marienkirche in Dortmund und die backsteingotische Johanniskirche in Stettin entgingen beide nur knapp der Zerstörung. Schon nach den napoleonischen Kriegen waren sie arg baufällig. An der Johanniskirche brachen 1832 Teile des Gewölbes herab, so dass sie geschlossen wurde. Die Marienkirche wurde 1828 wegen Baufälligkeit geschlossen, und als 1832 der Turm einzustürzen drohte, wurde sie in der Zeitung zur öffentlichen Versteigerung auf Abbruch ausgeschrieben. Nicht zuletzt dank einer Intervention des preußischen Kronprinzen Friedrich Wilhelm wurden beide aber in ihrer bisherigen Gestalt erneuert und gesichert. 1899 musste die Stettiner Johanniskirche dann erneut wegen Baufälligkeit baupolizeilich geschlossen werden, und jetzt beantragten Gemeinde und Konsistorium offiziell den Abriss, unterstützt von Teilen der Öffentlichkeit. Doch es gelang den Vertretern der Denkmalpflege, die wichtigen Repräsentanten des Regierungs- und Verwaltungsapparates auf ihre Seite zu ziehen. Nach einem Lokaltermin im Mai 1903, an dem auch der Oberpräsident der Provinz Pommern teilnahm, fiel die Entscheidung, die erforderlichen Sanierungsmaßnahmen einzuleiten. Dass das Gerede von Baufälligkeit romanischer und gotischer Kirchen nicht einfach nur ein Vorwand war, erkennt man an tatsächlich erfolgten Zusammenbrüchen an anderen Orten. Ohne dass die folgende Auflistung Anspruch auf Vollständigkeit erhebt, seien als Einstürze genannt der Reinoldikirchturm in Dortmund 1661, die Kirchturm von Kloster Irsee 1699, Teile der Servatiuskirche in Erfurt 1701, ein Gewölbe der romanischen Klosterkirche Osterhofen 1726, das Chorgewölbe der Kapellenkirche in Rottweil 1727, der Turm der Michaeliskirche in Fallersleben 1735, der Turm der Stadtkirche in Aalen 1765, die Kirche im westfälischen Wehdem 1801, die Stiftskirche in Rees 1817, der Südturm der Marienkirche in Frankfurt/Oder 1826 und der Westturm von St. Kunibert in Köln 1830. Solche Nachrichten hörten auf, als sich seit den 1830er Jahren bei den Verantwortlichen die Überzeugung vom Denkmalwert mittelalterlicher Kirchen ausbreitete und in den folgenden Jahrzehnten an vielen Orten umfangreiche Restaurierungsbemühungen einsetzten.

Es gab einige bemerkenswerte Sonderfälle, bei denen zur Baufälligkeit weitere Motive für den Abriss hinzutraten. In Frankfurt am Main brach man 1786 mit der gotischen Barfüßerkirche die evangelische Hauptkirche ab; ersetzt wurde sie durch den Bau der großen Paulskirche. Schon 1699 hatten sich Risse im Gewölbe gezeigt, und als diese erneut auftraten, wurde die Kirche zur Sicherheit 1782 geschlossen. In den städtischen Gremien gab es über das weitere Vorgehen kontroverse Diskussionen, auch unter Hinzuziehung auswärtiger Gutachter. Für die Entscheidung spielte dabei auch eine Rolle, dass die Kirche dunkel war und zwischen engen Gassen eingeklemmt lag. Eigentlich war diese ehemalige Franziskanerkirche als Hauptkirche einer bedeutenden protestantischen Handelsstadt überhaupt ziemlich ungeeignet; ihr war diese Rolle nur deshalb zugefallen, weil die größte Kirche der Stadt, der Bartholomäus-„Dom", nach der Reformation der kleinen katholischen Gemeinde geblieben war. Beim Berliner Dom und bei der Dresdner Frauenkirche trat zur allgemeinen Baufälligkeit das Interesse der Monarchen an einem würdigen Erscheinungsbild ihrer Hauptstadt, immerhin waren sie die beiden einzigen innerhalb Deutschlands residierenden Herrscher mit Königstitel. In Berlin war mit der Reformation die Dominikanerkirche an der Südseite des Schlosses zur Dom- und Schlosskirche geworden. Nach dem Regierungsantritt Friedrichs II. zeigten Untersuchungen, dass der Bau technisch kaum länger zu halten war, so dass Friedrich ihn 1747 abbrechen und durch einen Neubau im Lustgarten ersetzen ließ. Dieser fiel dabei keineswegs überdimensioniert aus, bedenkt man, dass Friedrich mit den Siegen im den ersten beiden Schlesischen Kriegen gerade eben die Mittelmacht Preußen in den Kreis der europäischen Großmächte gehoben hatte. Dem aufgeklärten König war Religion eben kein Herzensanliegen. In Dresden war den Bürgern die gotische Frauenkirche am Neumarkt zwar wichtig, nicht zuletzt weil sie zusammen mit ihrem Kirchhof als Grablege von Angehörigen des Adels und der bürgerlichen Oberschichten diente, doch ihr Bauzustand verschlechterte sich im Laufe des 17. Jahrhunderts immer weiter. 1722 musste man aus Sicherheitsgründen den Dachreiter mit den Glocken entfernen und Neubauplanungen beginnen, 1725 sogar Holzgerüste anbringen, um einen Einsturz zu verhindern. Die Kirche war aber für die wachsende Einwohnerschaft der Residenzstadt auch deutlich zu klein geworden, und der Kurfürst/König August der Starke wollte den angrenzenden Neumarkt repräsentativ umbauen, wozu das überbelegte Gräberfeld nicht mehr recht passen mochte. 1726 begann der Bau der neuen Frauenkirche, deren hochaufragende Kuppel zum Vergnügen des Herrschers auch das Stadtpanorama von der Elbfront her bereicherte, ein halbes Jahr später wurde die gedrungene alte Kirche abgetragen. In einigen Ausnahmefällen kam es auch vor, dass in Kleinstädten, die im Absolutismus zu Residenzstädten ausgebaut wurden, herrschaftlicher Repräsentationswille die durchaus noch brauchbare mittelalterliche Pfarrkirche abbrechen und durch eine neue und größere ersetzen ließ. So machten es 1608 die Herzöge von Braunschweig in Wolfenbüttel, 1707 die Grafen von Nassau in Weilburg und 1721 die Hohenzollern im preußischen Potsdam. Dabei ließ der Graf in Weilburg den massiven Kirchturm stehen, denn dort befand sich unter dem Dach der Wasserbehälter, dessen Druck die Wasserspiele im Schlosspark antrieb.

Neben den Dom-, Kloster- und Stadtpfarrkirchen standen die vielen kleinen Dorfkirchen, zu deren Kirchspiel mehrere Dörfer oder auch Kleinststädte gehörten. Die im Mittelalter, vor allem im 13. und 14. Jahrhundert errichteten

Steinkirchen waren im Laufe der Jahrhunderte zwischen 1500 und 1850 in recht unterschiedlichem Maß davon betroffen, für Ersatzbauten weichen zu müssen. Veränderungsdruck entstand auf sie vor allem dann, wenn die Bevölkerung wuchs und die Kapazität der Kirchen nicht mehr ausreichte. Drei Beispielregionen verdeutlichen die Spannbreite. Von den 92 mittelalterlichen Dorfkirchen im Herrschaftsgebiet der Stadt Erfurt blieben in dieser Zeit 20 weitgehend unverändert, 3 mussten wegen Kriegs- oder Brandzerstörung neu errichtet werden. 37 wurden in der Barockzeit umgebaut, ohne dass von Abriss und Totalneubau gesprochen werden kann. Hier ging es darum, durch den Einbau hölzerner Emporen und manchmal auch durch Anbauten für mehr Gottesdienstbesucher Platz zu schaffen. Außerdem wurden in der Barockzeit oft größere Fenster in die Wände gebrochen. Die schummrige Atmosphäre der kleinen Fenster mochte für den mittelalterlichen Liturgiebetrieb der Priester ausreichend gewesen sein, aber als sich im 17. Jahrhundert Gesangbücher für die seit der Reformation mitsingende Gemeinde ausbreiteten, war mehr Licht erwünscht. Zwischen 1696 und 1772 erhielten in der Erfurter Region 14 Kirchen neue Kirchenschiffe und 3 wurden komplett neu gebaut, 2 weitere waren damit schon um 1610 vorweggegangen, 3 weitere folgten noch um 1830.[118] Auf dem Gebiet des heutigen Bundeslandes Hamburg wurde hingegen ein deutlich höherer Anteil der Dorfkirchen abgebrochen und durch Neubauten ersetzt als im Erfurter Raum, und dies erfolgte auch zeitlich früher. Zu erklären ist dies wahrscheinlich damit, dass die Einwohnerzahl der Handelsstadt Hamburg und damit die Nachfrage nach frischen Nahrungsmitteln seit Mitte des 16. Jahrhunderts stark anstieg, so dass auch in den nahen Dörfern mehr Existenzmöglichkeiten entstanden, die Bevölkerung also wuchs. Von den 17 mittelalterlichen Dorfkirchen, meist im 13./14. Jahrhundert aus Findlingen erbaut, blieb hier keine im Wesentlichen unangetastet. 5 wurden zwischen 1745 und 1802 umgebaut, in 2 Fällen brach man das alte Kirchenschiff im 17. Jahrhundert ab und ersetzte es durch ein neues, und in 10 Dörfern wurde (fast) die ganze Kirche beseitigt und neu errichtet, davon 8 schon im 17. Jahrhundert.[119] Im Gebiet Groß-Berlins war die Abrissdynamik dagegen in der Zeit von 1500-1850 viel geringer. Von den über 40 steinernen Dorfkirchen, die im Mittelalter errichtet wurden, mussten im 17. und 18. Jahrhundert zwar 8 nach Zerstörung durch Krieg und Feuer neu gebaut werden, und viele erlebten mehr oder minder weitgehende Umbauten, aber für einen Neubau musste in dieser Zeit nur eine einzige Platz machen, und zwar jene in Buch 1731 für eine neue Schlosskirche.

In den Jahrzehnten des Kaiserreiches war das dramatische Anwachsen der großen Städte für die Kirchenstandorte die beherrschende Dynamik. Angetrieben von der Industrialisierung, bei der sich die aufkommenden Industriebetriebe an den günstigen Standorten konzentrierten, zog es zu diesen neuen Arbeitsplätzen dann in einer riesigen Binnenwanderung den Bevölkerungsüberschuss vom Lande. Wo die Städte in die Fläche wucherten, platzten bald die bestehenden Kirchspiele aus allen Nähten; viele wurden aufgeteilt und dementsprechend zusätzlich weitere Kirchen gebaut. Wahrscheinlich errichtete man in dem halben Jahrhundert vor dem Ersten Weltkrieg mehr neue Kirchen als in jedem anderen Zeitraum vergleichbarer Dauer. Teilweise wurden aber auch bestehende Kirchen abgerissen, um sie durch größere zu ersetzen. Da die großen romanischen und gotischen Dome und Stadtpfarrkirchen inzwischen als Kulturdenkmale akzeptiert waren, trafen solche Abbrüche entweder jüngere Kirchen, vor allem aus der Barockzeit, deren Baustil noch nichts galt, oder sie trafen kleine Kirchen, insbesondere einfache Dorfkirchen aus Feldsteinen, Fachwerk oder schlichtem, schmucklosem Mauerwerk, die von der Kunstgeschichte überhaupt nicht als Objekte künstlerischer Gestaltung ernst genommen wurden.

Im Bereich der Altstädte, also dem bis Ende des 18. Jahrhunderts von Befestigungen umgürteten Stadtgebiet, kam es während des Kaiserreiches nur ganz vereinzelt dazu, dass Pfarrkirchen niedergelegt wurden. Der mit Abstand prominentester Fall war der Berliner Dom, den Friedrich II. in barocken Formen hatte errichten lassen und der 1817-23 von Schinkel klassizistisch umgebaut worden war. Angesichts des rasanten Wachstums der Einwohnerzahl Berlins, dem politischen Aufstieg Preußens und der neuen Rolle Berlins als Hauptstadt des Deutschen Reiches war es nur natürlich, dass es nicht bei dem in seiner Größe doch eher bescheidenen Bau aus dem 18.Jahrhundert blieb. König Friedrich Wilhelm IV. ordnete 1842 an, den bisherigen Dom abzubrechen und durch einen neuen, größeren zu ersetzen. Doch über die Fundamente kamen die Arbeiten nicht hinaus; Geldmangel und schließlich die Revolution von 1848 ließen das Projekt absterben. Die Gründung des Norddeutschen Bundes unter Preußens Führung 1867 nach dem Sieg über Österreich lieferte dann einen neuen Impuls. Der neue Dom sollte jetzt auch ein Symbol des Dankes für die „herrlichen Siege“ und die Gründung des neuen Staates sein. König Wilhelm I. ließ einen Wettbewerb für einen Neubau ausschreiben, der immerhin 53 Entwürfe erbrachte, doch keiner befriedigte. So passierte erst einmal weiter nichts. Erst unter Kaiser Wilhelm II. wurde das Neubauprojekt realisiert; 1893 trug man den alten Dom ab, 1905 wurde der wesentlich größere und prunkvollere Neubau eingeweiht. Ansonsten ist für den Abriss von Altstadtkirchen in dieser Zeit nicht viel an Beispielen zu finden. In Bonn plante man, die aus dem Jahr 1730 stammende Pfarrkirche Stift Dietkirchen zu erweitern, wobei sich der Planungsprozess zum Komplettneubau mit Abbruch der bisherigen Kirche im Jahr 1881 auswuchs. Frankfurt fiel ziemlich aus dem Rahmen, indem es noch relativ spät zwei kleine spätgotische Pfarrkirchen zerstörten und durch größere

Neubauten ersetzte, die Dreikönigskirche in Sachsenhausen 1872 und die Peterskirche in der Neustadt 1895. Die Dreikönigskirche war schon 1821 vom Stadtbaumeister Heß in einem Gutachten für so baufällig eingeschätzt worden, dass eine Sanierung nicht mehr lohne, doch der Entscheidungsprozess zog sich dann mit mehreren weiteren Gutachten über Jahrzehnte hin. Für die Peterskirche begann man 1860 mit Planungen für eine Erweiterung, die dann aber auch hier nach Jahrzehnten dazu führte, keinen Stein auf dem anderen zu lassen. In beiden Fällen blieb der Einspruch des Konservators erfolglos.

Häufiger als Altstadtkirchen kamen in der Kaiserzeit Vorstadtkirchen in Abrissgefahr. An der kleinen Thomaskirche in der Löbervorstadt von Erfurt zeigt sich das Problem deutlich. Diese aus dem 14. Jahrhundert stammende Kirche hatte sich sogar ihr mittelalterliches Aussehen recht gut bewahrt. Die Thomasgemeinde wuchs aber im Laufe des 19. Jahrhunderts von etwa 700 auf 7500 Mitglieder an, und während es sich ursprünglich, wie bei Vorstädten üblich, um eine Arme-Leute-Gegend handelte, unter anderem von Gerbern (= Löbern), die reichlich stinkende Abwässer produzierten, ließen sich dort jetzt viele wohlhabende Bürger nieder. So wurde nicht nur eine wesentlich größere, sondern auch repräsentativere Gemeindekirche gewünscht. Nach der Einweihung des Neubaus riss man die alte Thomaskirche 1903 ab. In Leipzig wurden zwei gotische Vorstadtkirchen abgebrochen, die zu klein geworden waren, und durch größere Neubauten ersetzt: 1886 die Alte Peterskirche, zwar noch in der Altstadt gelegen, aber für die Südvorstadt zuständig, und 1894 die Johanniskirche in der Ostvorstadt. Beispiele für zu kleine, schlichte Vorstadtkirchen aus der Barockzeit, die größeren Neubauten Platz machen mussten, waren die Getraudenkirche in der Gubener Vorstadt in Frankfurt a./O. 1880, die Gartenkirche St. Marien im hannoverschen Warmbüchenviertel 1886, die Georgenkirche in der Georgenvorstadt in Berlin 1894 und die Lorenzkirche in der Lübecker Lorenzvorstadt 1899.

Noch mehr als die Vorstädte traf diese Entwicklung Dörfer, die durch das Ausufern der Großstädte von diesen verschlungen wurden und dabei zu Stadtteilen mutierten. In einer Reihe von Fällen wurden jetzt die unscheinbaren, als dürftig eingeschätzten Dorfkirchen beseitigt und durch wesentlich größere und würdevollere Neubauten ersetzt. Da man die Zeit des Mittelalters mit festem christlichen Glauben assoziierte, bediente man sich für die Neubauten meist des neugotischen Stils. Hier wurden also die Relikte des echten Mittelalters entfernt zugunsten von Zeitgemäßem im Mittelalter-Imitatstil. In Groß-Berlin wurden von den rund 50 Dorfkirchen, die vor 1850 vorhanden waren, eine im Jahr 1859 und 7 in den Jahren 1874-1911 abgebrochen und ersetzt, in der Mehrzahl Bauten durchaus minderer Qualität.[120] In Leipzig blieben sogar nur 9 Dorfkirchen aus der Zeit vor 1813 erhalten; 2 wurden nach der Zerstörung in den napoleonischen Kriegen durch Neubauten ersetzt, 3 trug man Mitte des 19. Jahrhunderts für größere Ersatzbauten ab und 4 weiter in den Jahren 1876-1905.[121] Hingegen wurde im Gebiet von Groß-Hamburg in dieser Zeit von den 21 Dorfkirchen nur eine niedergelegt und neu aufgeführt (Finkenwerder 1881), aber hier hatte ja schon im 17. Jahrhundert ein deutlicher Modernisierungsprozess stattgefunden. Beinahe wäre 1902 auch die Dorfkirche in Hamburg-Eppendorf abgerissen und ersetzt worden, da viele den Fachwerkbau als nicht mehr zeitgemäße „Scheune" verspotteten, aber dann entschied man sich doch zur Renovierung. Heute ist sie eine beliebte Hochzeitskirche. Andere Beispiele für solche Abrisse alter Dorfkirchen in den Jahren um 1900 zugunsten größerer Kirchenbauten sind Dresden-Leuben, Gera-Zwötzen, Magdeburg-Rothensee und Mainz-Gonsenheim. Bei Stuttgart wurden in zwei nahen Dörfern, Berg und Möhringen, die mittelalterlichen Dorfkirchen sogar schon 1853 abgebrochen und durch größere ersetzt. Vergleichbares geschah in der zweiten Hälfte des 19. Jahrhunderts auch im Ruhrgebiet; einige Dörfer wuchsen hier nicht in andere Städte hinein, sondern schwollen durch die auf grüner Wiese angelegte Montanindustrie selbst zu einer Einwohnerzahl von städtischer Größe an, wozu die alten Dorfkirchen nicht mehr passen wollten. Für größere Neubauten beseitigt wurden beispielsweise die Dorfkirchen von Borbeck (heute zu Essen), Wattenscheid, Gelsenkirchen und Buer (zu Gelsenkirchen). Auch in anderen Regionen gab es in der Kaiserzeit einige Dörfer und Kleinstädte, deren Bevölkerungswachstum die Kapazität ihrer kleinen alten Kirche sprengte, so dass sie sich zu einem vollständigen Ersatz entschlossen. Kurz vor dem Ersten Weltkrieg endete dann diese Vernichtung mittelalterlicher und frühneuzeitlicher Dorfkirchen, um sie durch Neubauten zu ersetzen. Unter dem Einfluss der Heimatschutzbewegung wurden die vorindustrielle Lebenszeugnisse des „einfachen Volkes" als bewahrenswert entdeckt, und dazu zählten auch seine alten Kirchen.

Die Modernisierung der Herrschaftszentren

Zerfallene Burg- und Schlossruinen auf Bergen sind ein vertrautes Bild, Burgruinen in der Ebene sucht man (fast) vergebens, innerhalb von Städten erst recht. Trotzdem lagen einst viele mittelalterliche Herrschaftssitze als Wasserburgen in der Ebene, solche größerer Herren oft am Stadtrand. Im Unterschied zu den Höhenburgen, die man im Laufe der frühen Neuzeit schrittweise aufgab, dienten die Standorte der Wasserburgen im Regelfall über das Mittelalter hinaus weiterhin als Herrschaftssitze. Angesichts der neuen Herausforderungen zu

Anfang des 16. Jahrhunderts konnten sie dabei aber nicht bleiben, was sie waren.

Diese mittelalterlichen Burgen wurden nicht als funktionslos aufgegeben, sondern angepasst, eine Metamorphose, die sich etwa von 1480 bis 1620 hinzog. In den meisten Fällen wurde die vorhandene Gebäudegruppe schrittweise umgebaut, um den neuen Anforderungen gerecht zu werden. Die Wehrfunktion mit ihren einengenden Zwängen konnte man als überholt aufgeben, dafür erforderten die steigenden Komfortstandards adligen Wohnens mehr Bequemlichkeit, größere und damit hellere Fenster, bessere Treppen und überhaupt eine repräsentativere Raumgestaltung. Der Übergang von der Reiseherrschaft zur festen Residenz und die Anfänge von Zentralverwaltung in den Territorien brachten neuen Raumbedarf für landesherrliche Herrschaftssitze mit sich. Auch die ästhetischen Ansprüche an das äußere Erscheinungsbild stiegen, nicht zuletzt unter dem Einfluss neuer Bauideen aus Italien, die durch Architekturtraktate bekannt wurden, beispielsweise gleichmäßiger Rhythmus der Fassadengestaltung, Fensterumrahmungen und Grundriss als rechteckige Vierflügelanlage. Dem entsprachen die ungestalteten und heterogenen Gebäudegruppen mittelalterlicher Burgen immer weniger. Abgerissen wurden bei diesen Umbauten einzelne Teile der Gebäudegruppe, um sie durch neue zu ersetzen. Weitere Flügel wurden hinzugebaut, bestehende aufgestockt. Man klebte Fassaden im Renaissancestil vor das Bestehende und setzte Treppentürme an, veränderte auch die Raumaufteilung im Inneren. Bei Beginn des Dreißigjährigen Kriegs im Jahr 1618 präsentierten diese Anlagen sich dann äußerlich als Renaissanceschloss, während in ihnen tatsächlich noch viel mittelalterliche Bausubstanz steckte, nur dass diese nach außen kaum mehr als solche erkennbar war. Beispiele für einen solchen Umbau sind die Residenzen der Lüneburger Herzöge in Celle, der Wettiner in Dresden, der Herzöge von Bayern-Landshut auf Burg Trausnitz, der Kurfürsten von der Pfalz in Heidelberg und der Herzöge von Württemberg im Alten Schloss in Stuttgart, der hessischen Landgrafen in Kassel und Marburg, der Pfalzgrafen in Neuburg an der Donau, der Bischöfe von Lübeck in Eutin, der Grafen von Oldenburg in Oldenburg, der Markgrafen in Ansbach und der Grafen von Lippe in Detmold. Die meisten waren ursprünglich Wasserburgen, und oft verloren sie beim Wandel zur städtischen Fürstenresidenz den ursprünglich der Sicherheit dienenden Wassergürtel.

Manchmal ging dieser schrittweise Umbau auch so weit, dass am Ende von mittelalterlicher Bausubstand gar nichts oder fast nichts mehr erhalten war, von Fundamenten und Kellern abgesehen. Auf der Schweriner Burginsel ließen die mecklenburgischen Herzöge ab 1520 nach und nach die alten eingeschossigen Gebäude durch vier- bis fünfgeschossige Steinbauten um einen fünfeckigen Hof ersetzen, wobei 1618 die letzten mittelalterlichen Teile abgebrochen wur-

Willibaldsburg oberhalb von Eichstätt. Rekonstruktion des Zustands der Burg um 1550.

den. In Hartenfels i Torgau, seit 1485 Sitz der ernestinischen Linie der in Sachsen regierenden Wettiner, begann der Ersatz des mittelalterlichen Bestandes schon 1483 mit dem noch gotischen Albrechtsbau, worauf 1533 bis 1624 vier neue Renaissanceflügel folgten, so dass danach außer einem Treppenturm von 1474 und Teilen der Außenmauer nichts Älteres mehr erhalten war. Auch bei der Willibaldsburg oberhalb von Eichstätt, welche die Bischöfe von Eichstätt sich zwischen 1560 und 1630 zur Renaissanceresidenz umbauten, verschwand die mittelalterliche Burg fast ganz, nur die niedrigen Bauten der Schlossschänke blieben übrig. In München verlegte der Herzogshof seinen Sitz Anfang des 16. Jahrhunderts von dem Alten Hof in die Neuveste, eine ab 1385 am Stadtrand angelegte Wasserburg, und begann diese von 1540 an für die neuen Erfordernisse umzubauen und zu erweitern. Ab 1612 ließ Herzog Maximilian I. die mittelalterlichen Bauten an der Stadtseite abbrechen und die Wasserfläche zuschütten. Die letzten Reste der mittelalterlichen Burg verschwanden erst nach einem Brand im Jahre 1750. Nur unterirdisch blieben Teile erhalten; das Kellergewölbe des Christophturms steckt noch im 1832 errichteten Festsaalbau der Residenz, und das Untergeschoss des Silberturms und das ehemalige Schatzgewölbe dienten inzwischen schon mehrfach als Filmkulisse.

Dieser Wandel von der Burg zum Schloss musste kein schrittweiser sein. Manchmal ging die Burg auch schlagartig unter, wenn Kriegszerstörung oder sonstige Brandkatastrophen sie trafen, so dass es nahe lag, die Ruine weitgehend abzureißen und ein modernes Schloss im Stil der Zeit an ihre Stelle zu

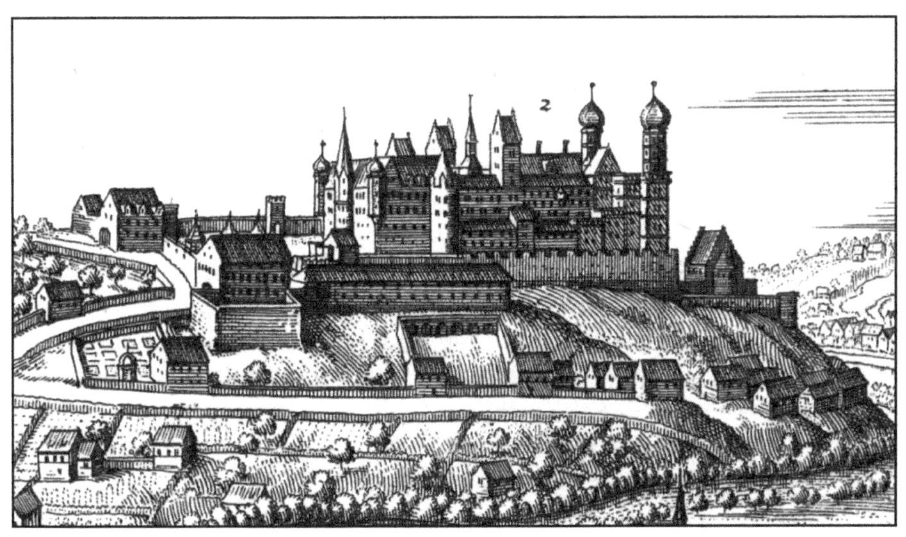

Willibaldsburg, Zustand 1648 nach dem Ausbau zum Schloss.

setzen. Mittelalterliche Burgen, die auf diese Weise verlorengingen und als Renaissanceschloss neu entstanden, waren unter anderem der Sitz der schleswig-holsteinischen Herzöge in Gottorf 1492, die Burg der Herzöge von Berg in Düsseldorf 1492 und 1510, der Sitz des Bischofs von Minden auf Wasserburg Petershagen 1519, die welfischen Residenzen in Gifhorn 1519 und Wolfenbüttel 1542, die wettinische Augustusburg 1528 und 1548 sowie die Burg der hessischen Landgrafen in Darmstadt 1546, die beiden Residenzburgen der Mainzer Kurfürsten in Mainz und Aschaffenburg 1552, die Residenz der Fürsten von Schwarzburg in Rudolstadt 1573 und der Sitz der Reichstruchsessen in Wolfegg 1578. Den Herzögen von Mecklenburg brannte in Güstrow erst 1557 der Südflügel und 1586 der Nordflügel ab, und 1572 wurde auch der Sitz des Würzburger Bischofs auf dem Marienberg teilweise ein Raub der Flammen.

Aber selbst unversehrte Burgen verfielen manchmal dem raschen Abriss, um fast zur Gänze durch einen neuen, wesentlich ansehnlicheren Schlossbau ersetzt zu werden. Hier wurde die vorhandene Bausubstanz als zu dürftig eingeschätzt, um irgendetwas davon weiter zu nutzen, auch nicht in modernisierter Form. Diese Situation konnte sich ergeben, wenn der Standort einer bisher eher als Amtssitz dienenden, überhaupt schon heruntergekommenen Burg plötzlich zur Fürstenresidenz auserkoren wurde. Herzog Friedrich von Schleswig-Holstein ließ 1502 die Burg in Kiel abbrechen und dort dann ein Renaissanceschloss als Witwensitz errichten, und die Wasserburg Potsdam wurde 1598 abgetragen, als der brandenburgische Kurfürst sie seiner Frau schenkte und diese sich dort einen zeitgemäßen Wohnsitz errichtete. Stettin wählte

Bogislaw X. von Pommern 1490 zu seiner neuen Residenz, da ihm seine bisherigen Burgen alle nicht mehr ausreichend zu sein schienen, nachdem er eine Tochter des polnischen Königs (samt reichlicher Mitgift) zur Gemahlin gewonnen hatte. In Küstrin und im oberpfälzischen Sulzbach kam der Anstoß durch eine Erbteilung, bei der ein kleiner Teil des Territoriums als eigenständiges Herrschaftsgebiet für einen jüngeren Sohn ausgegliedert wurde, der sich dort dann ein neues Residenzschloss baute. In Küstrin war es 1536 Markgraf Johann von Brandenburg-Küstrin und in Sulzbach 1582 Pfalzgraf Ottheinrich.

Wenn an einem Standort, der kontinuierlich als Herrschersitz diente, die mittelalterliche Burg auf einen Schlag beseitigt und durch einen deutlich eindrucksvolleren Neubau ersetzt wurde, scheint es immer besondere Gründe gegeben zu haben. Die Rang- und Machtstellung innerhalb der Adelsgesellschaft musste auch nach außen hin demonstriert werden, und repräsentative Residenzen bildeten dabei symbolisches Kapital. Wo Fürsten ihre Stellung als nicht hinreichend gesichert empfanden, waren sie eher bereit, die hohen Kosten für einen vollständigen Neubau aufzuwenden, als gut etablierte Herren, die sich eher mit den pragmatisch notwendigen Umbauten zufrieden geben mochten. Dabei konnte es ebenso darum gehen, einem befürchteten Abstieg entgegenzuwirken, wie einen erfolgten Aufstieg zu festigen. Einige Beispiele mögen einen solchen Abriss und Neubau in fragilen Situationen verdeutlichen. Das Bistum Merseburg und die Grafschaft Schwarzburg-Sondershausen gehörten beide zu den kleinsten Territorien im Reich und sahen ihre reichsunmittelbare Stellung durch die benachbarten und mächtigen Kurfürsten von Sachsen bedroht. Bischof Tilo von Merseburg begann 1470 mit Abriss und Neubau, Graf Günther XL. von Schwarzburg im Jahr 1533, und beide bemühten sich mit viel Aufwand, von Kaiser Maximilian I. ihre Stellung bestätigt zu bekommen (Tilo die Reichsunmittelbarkeit 1495, Günther die Stellung als einer von vier besonders herausgehobenen Reichsgrafen 1518). Vielleicht kann man hier auch den Abbruch der Residenzburg in Weilburg durch die Grafen von Nassau 1535 zugunsten einer Vierflügelanlage einordnen, da diese Herren ihre reichsunmittelbare Stellung gegenüber den deutlich mächtigeren Landgrafen von Hessen behaupten mussten. Die Landgrafen von Hessen standen an sich unangefochten da, doch sorgte hier ein Erfall für das Gefühl, sich behaupten zu müssen. Als beim Aussterben der thüringischen Grafen von Henneberg 1583 der größte Teil des hennebergischen Erbes an die sächsischen Wettiner fiel, hatten die Landgrafen sich gegen wettinische Konkurrenz die einträgliche Herrschaft Schmalkalden sichern können und ließen schon im nächsten Jahr die marode Burg in Schmalkalden abreißen und durch eine fast quadratische Renaissanceanlage ersetzen, um in diesem entfernten Ländchen Präsenz zu zeigen. Der Kurfürst von Sachsen befahl 1489 die Burg in Wittenberg abzubrechen und auf den alten Fundamenten ein aufwendiges Schloss zu errichten, obwohl er diese offizielle Residenz in dem unbedeutenden Städtchen wenig nutzte. Sein Kurfürstentum war durch die Erbteilung von 1485 geschwächt, und Friedrich der Weise versuchte seiner Stellung zusätzliches Gewicht zu verleihen, indem er dieses Prestigeprojekt am traditionellen Hauptort des sächsischen Kurfürstentums betrieb. Dieses wurde noch dadurch unterstrichen, dass er im Schloss eine Reihe von 24 Gemälden der sächsischen Herzöge präsentierte, die eine Linie vom 10. Jahrhundert bis zu ihm zog.

Der Bau einer großen Vierflügelanlage am Platz einer mittelalterlichen Residenzburg, die man dafür beseitigte, konnte aber auch Ausdruck für einen erhofften Aufstieg sein, dem man auf diese Weise symbolisch vorgriff und damit einen Anspruch anmeldete. Abbruch und Neubau von Burg/Schloss Neideck in Arnstadt standen im Zusammenhang mit der angestrebten Fürstung der Grafen von Schwarzburg-Arnstadt, wobei die Türme als Zeichen für das Alter der Dynastie erhalten blieben, und die Reichstruchsessen von Waldburg, die 1597 ihren Sitz auf Burg Zeil abtrugen und neu errichteten, schielten auf die Reichsgrafenwürde. Dieses Konkurrenzdenken der Fürsten dürfte auch in Berlin den Ausschlag gegeben haben. Nachdem alle umliegenden Herzöge angefangen hatten, eine mittelalterliche Burg in ein zeitgemäßes Residenzschloss umzubauen, nämlich Pommern (Stettin ab 1490 und Wolgast ab 1496), Mecklenburg (Schwerin ab 1520), Braunschweig-Lüneburg (Celle ab 1530), Schleswig-Holstein (Gottorf ab 1530), Sachsen albertinische Linie (Dresden ab 1530) und ernestinische Linie (Wittenberg ab 1490 und dann Torgau ab 1533), konnte auch der Kurfürst von Brandenburg nicht länger zurückstehen. Joachim II. ließ seit 1537 die Burg in Berlin abreißen und an ihrer Stelle nach dem Vorbild von Torgau ein Residenzschloss nach den Standards der Zeit errichten. Außer dem „Grünen Hut“, einem Turm mit oxydiertem Kupferdach, und einigen Kellerräumen blieb dabei von der mittelalterlichen Anlage nichts übrig. Wir haben nicht einmal mehr eine Ahnung davon, wie die 1443 begonnene Burg ausgesehen haben mag.

Nutzungskontinuität eines aus dem Mittelalter stammenden Burgstandortes in die Neuzeit hinein musste nicht in jedem Fall den Weg zum modernen, offenen Residenzschloss weisen. Es gab ebenso den allmählichen Umbau zum „festen Schloss“, bei dem viel von mittelalterlicher Bausubstanz erhalten blieb, und es konnte in der zweiten Hälfte des 16. Jahrhunderts auch die Spezialisierung auf die Wehrfunktion, d. h. den Weg zur rein militärischen Festung bedeuten. Hierbei gingrn die Modernisierungen und Umbauten manchmal ebenfalls so weit, dass die Bauten der alten Burg (fast) ganz verschwanden. Die ersten Landesfestungen dieser Art ließ Herzog Ulrich von Württemberg errichten, und sein besonderes Sicherheitsbedürfnis war nicht grundlos. Ulrich drangsalierte die Bauern mit neuen Steuern und Manipulationen an Maßen und Gewichten, und sogar seine Gemahlin floh schließlich vor dem gewalttätigen und jähzornigen Herzog zu ihren Brüdern nach Bayern, da sie ihres Lebens nicht mehr sicher war. Schließlich wurde Ulrich 1519 aus dem Land vertrieben und konnte erst 1534 aus dem Exil zurückkehren. Jetzt wählte er von allen im Land vorhandenen Burgen sieben aus, die er unter großen Kosten zu Landesfestungen nach den Standards des Kanonenzeitalters ausbauen ließ, darunter mit Hohenasperg, Hohenneuffen, Hohenurach und Hohentwiel Burgen, die auf breiten Bergrücken lagen. Dabei wurden die mittelalterlichen Burganlagen weitgehend abgerissen, um zeitgenössischen Festungsanlagen mit Geschütztürmen, Bastionen und Kasematten Platz zu machen. In ähnlicher Weise baute Kursachsen von 1589 an den Königstein mit seinem 240 Meter steil über der Elbe aufragenden Plateau zu einer starken Landesfestung aus. Von der bisherigen Burg blieb dabei nur die um 1200 errichtete Burgkapelle übrig. In Leipzig befahl der sächsische Kurfürst, die 1547 im Krieg stark beschädigte Pleißenburg gänzlich abräumen und durch eine reine Zitadelle unmittelbar neben der Stadt ersetzen, die mit ihrem originellen dreieckigen Grundriss ziemlich aus dem Rahmen fiel. Der brandenburgische Kurfürst Joachim II. ließ nicht nur die Berliner Burg durch ein unbefestigtes Schloss ersetzen, sondern baute parallel dazu die nicht allzu weit entfernte Wasserburg Spandau nach den Plänen italienischer Spezialisten in eine Zitadelle um. Er begründete dies 1559 auf dem mittelmärkischen Landtag mit der Bedrohung seitens „vieler auswertiger unchristlicher Feinde“, insbesondere durch Türken und Moskowiter, und wählte Spandau aus, da „solcher ort fast mitten in unserem lande und an unserem wehsentlichen Hofflager ganz nahe gelegen were, das also wir und unsere unterthanen in vorfallender noth ire zueflucht viel eher und leichter dahin haben könten, dann wann wir eine solche feste an einem anderen ort des landes gelegt hetten.“[122] Dabei blieben der bescheidene Palas von 1470 und der dicke Juliusturm aus dem 13. Jahrhundert erhalten, während alle anderen Anlagen der Burg abgebrochen wurden und ihr Trümmerschutt in den Bastionen verbaut wurde. Sein in Küstrin residierender Bruder, Markgraf Johann, tat es ihm gleich, indem er zum selben Zeitpunkt begann, die Burg Peitz in der nach Süden ins Böhmische vorgeschobenen Enklave um Cottbus zur Zitadelle umzubauen. Man kalkulierte dabei, aus dem Teilabriss der Burg rund 600 000 Ziegelsteine gewinnen zu können, fast die Hälfte der für die Errichtung der Zitadelle benötigten Menge.

Während die Renaissancezeit also für die Herrschersitze eine Zeit erheblicher Umbrüche bedeutete, sahen die eineinhalb Jahrhunderte zwischen dem Ende des Dreißigjährigen Kriegs und der französischen Revolution im Unterschied dazu nur in Ausnahmefällen den Abbruch weiterhin genutzter Fürstenresidenzen. Bestehende Renaissanceresidenzen wurden durch Anbauten erweitert, wie besonders in Berlin und Gottorp schon äußerlich deutlich zu erkennen war. Der Raumbedarf eines Adelshaushalts der Barockzeit betrug ein Mehrfaches von dem eines gleichrangigen Adligen des Mittelalters. Anders als die kleinteiligen und verschachtelten Raumstrukturen mittelalterlicher Burgen waren jene der Renaissanceschlösser aber durchaus auch für die Bedürfnisse der Barockzeit geeignet, weshalb zwar viele Räume im Inneren umdekoriert, aber fast nie ganze Gebäudeteile entfernt wurden. Völlige Neubauten großer Barockschlösser gingen nicht auf Kosten bestehender Renaissanceschlösser. Vielmehr entstanden sie entweder dort, wo der bisherige Bau durch Krieg zerstört worden war, beispielsweise die frühen Barockschlösser in Zeitz und Weißenfels nach dem Abgang durch den Dreißigjährigen Krieg und die kurkölnischen in Bonn und Brühl nach der Zerstörung durch die Truppen Ludwigs XIV. im Jahre 1689, sie wurden auf Kosten einer Zitadelle errichtet (Mannheim und Münster), selten fügte man sie nicht an das bisherige Schloss an, sondern baute auf freiem Feld am Stadtrand (Neues Schloss in Stuttgart und Residenz in Würzburg), oder sie wurden überhaupt abseits bestehender Städte in freier Landschaft angelegt (beispielsweise Charlottenburg bei Berlin, das württembergische Ludwigsburg, das mecklenburgische Ludwigslust sowie im Umkreis Münchens Nymphenburg und Schleißheim). Als man 1725 den Wiederaufbau von Brühl begann, war zunächst noch geplant, die beiden Rundtürme des ehemaligen Wasserschlosses in den Neubau mit einzubeziehen, bei einer Planänderung drei Jahre später gab man dann auch diese preis.

Komplizierter war es in der Barockzeit bei unerwarteten Brandkatastrophen. die finanziellen Möglichkeiten hinkten oft hinter den Bauwünschen hinterher. Die Wasserburg in Weimar, Sitz einer wettinischen Teillinie, bestand aus einer mittelalterlichen Gebäudegruppe um einen großen ovalen Hof, die im 16. Jahrhundert relativ wenig modernisiert worden war, als sie 1618 zur Hälfte abbrannte. Ausgelöst wurde der Brand wahrscheinlich durch die Unvorsichtigkeit eines Goldmachers, der eigentlich die herzoglichen Finanzprobleme lösen sollte und nicht noch vergrößern. Die Neubauplanung sah vor, die ganze Anlage durch einen Vierflügelbau im italienischen Stil zu ersetzen. Doch im Dreißigjährigen Krieg blieb der Neubau stecken; 1662 konnten immerhin Ost- und Nordflügel fertiggestellt werden. Aber erst ab 1798 beseitigte man die Burgmauer im Süden und schüttete den Burggraben zu, und erst 1847 wurde der noch immer mittelalterliche Westflügel durch einen Neubau ersetzt. Übrig blieb von der Burg nur noch eine kleinteilige Baugruppe vor dem Schlosseingang, die bis in die Goethezeit als Gerichtsstube und Arrestzellen genutzt wurde, bestehend aus dem ins 12. Jahrhundert zurückreichenden Schlossturm und dem Torbau des 15. Jahrhunderts. Als die Residenz der Lübecker Fürstbischöfe in

Eutin 1689 von einem Großfeuer verwüstet war, erwog man die gewachsene Schlossanlage ganz abzubrechen und durch einen modischen Neubau zu ersetzen. Angesichts der begrenzten Finanzen blieb es dann aber doch bei einer Wiederherstellung auf Basis der alten Bausubstanz. Die Residenz der Landgrafen von Hessen-Darmstadt wurde 1715 durch einen Brand stark beschädigt war, und hier plante der Landgraf, das Renaissanceschloss vollständig niederlegen und durch einen Vierflügelbau im Barockstil ersetzen zu lassen. Doch die Landstände bewilligten nicht die hierfür nötigen Mittel, und so wurden in Darmstadt nur zwei neue Schlossflügel gebaut und der Rest blieb beim Alten. Der zeigte durchaus Alterserscheinungen; 1744 stürzten im Kaisersaal Teile der Decke herunter. In einer Novembernacht mit tiefem Frost im Jahre 1811 entstand auch im Residenzschloss in Kassel ein Großfeuer, als man die neu eingebaute Fußbodenheizung überheizte und die Feuerlöschspritzen einfroren. Der Kurfürst ließ 1816 nicht nur den völlig zerstörten Nordwestflügel, sondern auch die drei zwar beschädigten, aber noch stehenden Flügel des Schlosses abreißen und begann den Neubau als riesiger klassizistischer Palast. Bei seinem Tod 1821 stellte der Nachfolger den Weiterbau ein; in späteren Jahrzehnten wurde das schon Aufgemauerte wieder abgetragen.

Dass in der Barockzeit Schlösser, die als Fürstenresidenzen anzusprechen sind und die im 16. Jahrhundert auf zeitgenössischen Standard umgebaut worden waren, abgebrochen und durch einen Neubau ersetzt wurden, ohne dass sie Brand- oder Kriegsschäden aufwiesen, kam in nur zwei Fällen vor, beides Kleinterritorien, nämlich das Fürstentum Waldeck-Pyrmont in Arolsen 1710 und das Fürstentum Nassau-Saarbrücken in Saarbrücken 1738. Bei beiden wurde eine nach außen abweisende geschlossene Anlage durch einen modischen, zum Ort hin offenen Dreiflügelbau mit Ehrenhof ersetzt und darüber hinaus der ganze Ort als barocke Kleinresidenz weiter ausgebaut (und bei dem Ganzen das fürstliche Finanzwesen deutlich überstrapaziert). In Arolsen war das Motiv die Standeserhöhung der Grafen von Waldeck zu Fürsten, die auch nach außen demonstriert werden sollte. Das Schloss in Saarbrücken war 25 Jahre lang nicht mehr als Residenz benutzt worden und darüber ziemlich heruntergekommen. In einem Gutachten des Hofarchitekten Friedrich Wilhelm Stengel von 1735 hieß es, der Nordflügel sei im „gänzlichen Verfall, des Daches und gantzen eingebäudes“, nicht zuletzt da die „Mauern an unterschiedlichen orthen 7,8 biß 10 Zoll aus ihren Senckel gewichen und über diese hin und wieder gantz zerborsten, auch gar vielfältig mit Eisernen Anckern zusammen gehenckt seien“, der Westflügel „ist gleichermaßen in einem sehr gefährlichen Zustand und mit dem Seithenflügel zu seiner Zeith abzubrechen ohnumgänglich nöthig“, und der jüngste Flügel sei zwar „noch in guthem Stande, jedoch aber mit gar schlechter commoditaet“.[123]

Eine noch längere Zwischenphase erlebte das Schloss in Schwerin. 61 Jahre lang hatte der mecklenburgische Herzogshof in Ludwigslust residiert, als er 1835 nach Schwerin zurückkehrte und das Schloss in einem Zustand vorfand, der weder bewohnbar war noch dem Zeitgeschmack entsprach. Doch hier machte sich jetzt ein anderer Zeitgeist bemerkbar. Großherzog Friedrich Franz II., 1842 im Alter von 19 Jahren an die Regierung gekommen, war in den Jahren zuvor als Student in Bonn nachhaltig von der damals dort blühenden Rheinromantik geprägt worden. Gleich nach Regierungsantritt ließ er seinen Hofbaumeister Pläne für einen tiefgreifenden Umbau mit ergänzenden Neubauten ausarbeiten, aber hier wurden die bis ins hohe Mittelalter zurückreichenden Traditionen des Herrschaftssitzes nicht ausgelöscht, sondern umgekehrt in einer Zeit gefährdeter Legitimität noch mehr betont. Die vier Renaissancegebäude blieben erhalten, und der äußere Eindruck der Anlage als altes Renaissanceschloss wurde durch Anleihen beim berühmten französischen Loireschloss Chambord noch romantisch gesteigert. Die Zeitgrenze des Mentalitätswandels gegenüber historischen Denkmalen wird auch am Fall des Stadtschlosses von Hanau sichtbar. Diese ins Mittelalter zurückreichende Burg war Residenz der Grafen von Hanau und dann Nebenresidenz der Landgrafen von Hessen; dabei waren im Bereich der Umbauung des äußeren Schlosshofes die mittelalterlichen Teile im 18. Jahrhundert durch Neubauten ersetzt worden, während die sehr enge mittelalterliche Kernburg, im 16. Jahrhundert nur gering modernisiert, stehen blieb. 1829 plante nun der Kurfürst von Hessen, die gänzlich unmoderne Kernburg abzubrechen, um dort einen neuen Schlossflügel zu errichten. Dagegen erhoben sich allerdings Widerstände, die das Mittelalter offenbar mit neuen Augen sahen. Hanauer Bürger verfassten eine Petition, um wenigstens den mittelalterlichen Bergfried zu erhalten. Vergeblich, die verwinkelte Baugruppe, die ganz nach dem Geschmack der Romantiker gewesen wäre, wurde abgetragen, das gewonnene Baumaterial verkauft, sorgfältig nach Gebälk und Fensterrahmen, Basalt-, Sand- und Ziegelsteinen getrennt. Zum geplanten Neubau kam es dann nicht mehr, wohl da der Kurfürst 1831 faktisch abdankte, weil seine Mätresse in der Hauptstadt unerwünscht war. Im weiteren Verlauf des 19. Jahrhunderts kam es nicht mehr vor, dass ein (ehemaliges) Residenzschloss beseitigt wurde, um es durch einen moderneren und repräsentativeren Neubau zu ersetzen; wenn überhaupt, dann war das Gebäude einfach bautechnisch nicht mehr zu halten wie beispielsweise in Aurich. Dort war die Wasserburg der Grafen von Ostfriesland im 16. und 18. Jahrhundert umgebaut worden und hatte nach dem Aussterben der Grafen weiter als Sitz der Provinzialverwaltung gedient. Als das Schloss 1851 saniert werden sollte, erwies sich dies als aussichtslos, so dass man es abtrug und ein neues errichtete. Nach einem Bericht des Architekten an die hannoversche Domänenkammer „war das alte Schlossgebäude in allen Teilen so total verfallen, daß es nicht zu begreifen ist, wie ein Einsturz des Gebäudes bis jetzt nicht erfolgt ist, und es hat sich solches namentlich bei dem abgebrochenen westlichen Flügel gezeigt, indem hier nicht allein die Balken so morsch waren, daß solche in mehreren Enden herunterfielen, sondern es fand sich auch bei der Wegnahme der Tapeten und sonstigen Wandbekleidungen eine solche Schadhaftigkeit der Mauern, daß die Abnahme bis zum Keller unvermeidlich war; die Scheidewände fielen zum Teil zusammen."[124]

Die Wasserburgen des Landadels vom Niederrhein bis nach Brandenburg folgten in der frühen Neuzeit weitgehend den Mustern der hochadligen Herrschaftssitze. Bei einer hohen Kontinuität der Standorte wurden sie im 16. Jahrhundert weitgehend zu wohnlichen Herrenhäusern und Landschlössern umgebaut, teilweise auch ganz ersetzt. Besonders Turm und Keller blieben oft erhalten. Die Zerstörungen im Dreißigjährigen Krieg gaben dem Umbauprozess einen neuen Schub, jetzt hin zu barocken Formen. Bis ins frühe 19. Jahrhundert war der Besitz eines Rittergutes Voraussetzung, um auf dem Landtag erscheinen zu dürfen. Der Um- und Ausbau dieser ländlichen Herrensitze setzte sich auch noch das ganze 19. Jahrhundert hindurch fort; jetzt auch im Stil der Neugotik und des Historismus. Erst mit dem Ende der Monarchie 1918 hörte er auf.

Wie lange halten Rathäuser?

Der Marktplatz mit Rathaus bildete im Regelfall das Herz der mittelalterlichen Stadt. Für größere Städte werden Rathäuser ab dem frühen 13. Jahrhundert erwähnt. Mit dem Wachsen der (größeren) Städte bis Mitte des 16. Jahrhunderts stieg zugleich der Raumbedarf in den Rathäusern. Von den ersten, schlichten und kleinen Rathäusern, die oft noch gar nicht spezifisch für diesen Zweck errichtet worden waren, ist fast nie etwas erhalten, und wir wissen kaum, wie sie aussahen. Durch größere Neubauten, Umbauten und Erweiterungsbauten, auch durch Einbeziehung von Nachbarhäusern hinter einer gemeinsamen Fassade entstanden im 15. und frühen 16. Jahrhundert die gotischen Rathäuser. Diese waren jetzt auch mit einem gewissen architektonischen Aufwand und Anspruch gestaltet, um dem Selbstbewusstsein der städtischen Oberschicht Ausdruck zu geben. Dabei handelte es sich bei diesen mittelalterlichen Rathäusern um Multifunktionsbauten, in denen sich der Tagungsraum des Rates, Verwaltungszimmer und Archiv, Gerichtslaube und Gefängnis, Festraum für gesellschaftliche Ereignisse, im Erdgeschoss eine Verkaufshalle und im Keller

Restauration befanden. Nicht jedes Rathaus wies alle diese Funktionsbereiche auf, und oft wurden einige im Laufe der Zeit in eigene Gebäude ausgegliedert.

Der Aufstieg der drei führenden süddeutschen Fernhandelsstädte im 15. und 16. Jahrhundert schlug sich schließlich auch im Bedarf nach einem größeren Rathaus nieder. Nürnberg baute sein Rathaus 1616-22 um und vergrößerte es auf ein Mehrfaches, entfernte dabei aber keine Altsubstanz; in Ulm riss man 1530 ein Drittel der Gebäudegruppe ab und führte es neu auf, und in Augsburg erging 1609 der Auftrag an den Architekten Elias Holl, einen Umbauplan für das 1385 errichtete Rathaus zu entwerfen. Als dieser dann nicht überzeugte, entschloss der Rat sich, das gotische Rathaus ganz abbrechen und durch einen großen, repräsentativen Neubau ersetzen zu lassen, woraufhin Holl den Stadtvätern das damals höchste Rathaus Europas hinstellte. Aber Augsburg war ein Ausnahmefall. Auch das aufstrebende Hamburg erweiterte nur durch Anbauten in den Jahren 1601 und 1649. Aufs Ganze gesehen war die wirtschaftliche Dynamik der deutschen Städte von etwa 1550 bis 1850 gering, so dass der Raumbedarf in dieser Zeit meist kaum wuchs, zumal im Zeitalter des Absolutismus die städtische Selbstverwaltung reduziert wurde, sofern es sich nicht um eine Freie oder Reichsstadt handelte. Die überwiegend gotischen Rathäuser wurden weiter genutzt und blieben damit erhalten, weil man sie brauchte. Es gab in dieser Zeit nur wenige Fälle, in denen Rathäuser überflüssig und deshalb beseitigt wurden, weil eine Stadt aus mehreren ursprünglich selbständigen Gemeinden zusammenwuchs, die dann zu einer einheitlichen Verwaltung zusammengelegt wurden, so dass man nur noch das repräsentativere Altstadtrathaus beließ. Das betraf beispielsweise in Braunschweig 1739 das Sackrathaus, 1752 das Altewiekrathaus und 1864 das inzwischen als Opernhaus genutzte Hagenrathaus, in Hildesheim verschwand 1817 das Rathaus der Neustadt und dann auch in Breslau das Neustadtrathaus.

Keine Stadt kam in diesen drei Jahrhunderten auf die Idee, ihr Rathaus abzubrechen primär mit dem Ziel, sich ein repräsentativeres Bauwerk zu leisten. Bestenfalls wurde eine barock geschmückte Fassade dem alten Baukörper vorgeklebt, z. B. 1720 in Lüneburg und 1727/32 in Aachen. Fürsten repräsentierten, selbst wenn sie sich dabei bis über die Ohren verschuldeten, Bürger rechneten sparsam, was sie brauchten. Bei den wenigen Fällen, in denen Rathäuser dem Streben nach einem repräsentativeren Stadtbild zum Opfer fielen, ging die Initiative bezeichnenderweise nicht von der Stadt, sondern vom Herrscher aus. In Dresden ärgerte es die Kurfürsten seit langem, dass das Rathaus frei auf dem Altmarkt stand und ihnen damit im Weg war, wenn sie auf diesem Platz Turniere und andere Festlichkeiten veranstalteten. In den Jahren 1554, 1591 und 1610 verhandelten sie mit dem Stadtrat über einen Abriss des Rathauses, doch dieser zeigte sich sperrig. Schließlich ordnete der inzwischen absolutistisch regierende

August der Starke den Abbruch des Rathauses 1707 einfach an, für das in der Nordwestecke ein Ersatz geschaffen wurde. Das Streben der Monarchen, den Marktplatz repräsentativ umzugestalten, führte auch dazu, dass 1754 von König Friedrich II. für Potsdam und 1811 vom Großherzog von Baden für Karlsruhe verfügt wurde, das barocke Rathaus zu beseitigen und in anderer Form neu zu errichten. Nach Straßburg, das 1681 französisch geworden war, schickte der französische König 1765 den Architekten Blondel, um nach dem Muster französischer Provinzhauptstädte in der verwinkelten Stadt im Elsass ebenfalls geradlinige Hauptstraßen und einen geräumigen place royale zu schaffen. Dafür wurden etliche Häuser abgerissen, teilweise gegen den Widerstand des Magistrats, und 1780 auch das frei stehende Rathaus. Dieses 1321 errichtete Gebäude war zwar relativ klein, mit seinen drei spätgotischen Schauseiten aber das architektonisch reichste in Oberdeutschland. Wenn die Bürger einer Stadt sich selbst entschlossen, ihr aus der Zeit der Gotik oder Renaissance stammendes Rathaus abzutragen und durch einen Neubau im Stil des Barock, Klassizismus oder der Neugotik zu ersetzen, dann nur wenn ihnen gar nichts anderes übrig blieb. Das war zum einen der Fall bei einer Zerstörung im Krieg, beispielsweise in Bruchsal 1676, Bonn und Ettlingen 1689, Wolgast 1713 und Zittau 1757. Noch viel häufiger gingen Rathäuser durch ein Brandunglück verloren, so etwa in Neubrandenburg 1676 und 1737, Rochlitz 1681, Esslingen 1701, Erlangen 1706, Arnsberg 1709, Schwäbisch-Hall 1728 und Kamenz 1842. Allein Thüringen wies eine ganze Reihe solcher Brandkatastrophen auf, nach denen die Rathäuser durch Neubauten ersetzt wurden: in Greußen 1687 und 1834, Kölleda 1698, Langensalza 1711, Dornburg 1717, Heiligenstadt 1739, Blankenburg 1744, Ilmenau 1752, Kindelbrück 1761, Salzungen 1786, Auma 1790, Leutenberg 1800 und 1865, Greiz 1802, Bad Berka 1816, Zeulenroda 1818, Eisfeld 1822, Frankenhausen 1833, Schleiz 1837, Weimar 1837, Sonneberg 1840, Berga/Elster 1842 und Geisa 1858. Hamburg sprengte das bis ins Mittelalter zurückreichende Rathaus beim großen Stadtbrand des Jahres 1842, um das Feuer durch eine Schneise aufzuhalten, allerdings umsonst. Schließlich gingen Rathäuser auch verloren, weil sie schlicht baufällig waren. Im schlesischen Hirschberg stürzte 1739 der Rathausturm ein und zerstörte dabei das ganze Gebäude, und 1807 wurde in Wismar der größte Teil des 1319/50 errichteten Rathauses zerstört, als das hohe Dach zusammenfiel. In anderen Städten ließ man es vorsichtshalber erst gar nicht so weit kommen und brach das Rathaus ab, wenn es zu baufällig und eine Sanierung nicht mehr sinnvoll schien, und ersetzte es durch einen zeitgemäßen Neubau. Als einige Beispiele für gotische Rathäuser, die wegen Baufälligkeit abgerissen und ersetzt wurden, seien angeführt Landsberg am Lech 1698, Demmin 1769, Soest 1713 (jedenfalls der Hauptflügel), Crimmitschau 1771, Lauingen 1782, Mindelheim 1783, Schleswig 1793,

Günzburg 1809, Kassel am Altmarkt 1837, Füssen 1837, Essen 1840 und im pommerschen Anklam 1841. Inwieweit einige deshalb baufällig geworden waren und leichten Herzens aufgegeben wurden, weil man sie als altertümlich empfand und deshalb vernachlässigt hatte, ist für uns schwer erkennbar.

Wie sehr der Respekt vor mittelalterlicher Bausubstanz gesunken, wie sehr sie dementsprechend vernachlässigt worden war, zeigte sich selbst bei bedeutenden Rathäusern. In Köln wurde der tonnengewölbte, im Wesentlichen aus dem 14. Jahrhundert stammende gotische Saal im späten 18. Jahrhundert von Besuchern als „altes schmutziges Ding und jetzt nicht mehr im Gebrauch“[125] beschrieben, und über den Zustand der verlotterten Rathaushalle in Göttingen schrieb er damalige Bürgermeister um 1870, sie wirke „wie eine Scheune“[126]. Auch die beachtlichen gotischen Rathäuser von Braunschweig, Hildesheim und Hannover waren Mitte des 19. Jahrhunderts in einem miserablen Zustand, weit entfernt von der touristisch aufpolierten Optik heutiger Zeit.

Wie nun in gebildeten Kreisen das Mittelalter wieder zu Ehren kam, wurde der Umgang mit baufälligen Rathäusern kontrovers. Als am Erfurter Rathaus, einem bis ins 13. Jahrhundert zurückreichenden und schrittweise gewachsenen Baukomplex von sehr altertümlicher Prägung, Dachbalken soweit verfault waren, dass sie 1829 teilweise sogar auf die Straße stürzten, beschloss der Rat das Dach zu erneuern. Wenige Monate später hatte man sich dann überlegt, dass man bei dieser Gelegenheit mehr Verwaltungsräume schaffen könnte und ließ gleich den ganzen Saalbau, den ältesten Teil des Rathauses wegzureißen. Ein Teil der Magistratsmitglieder, der Stadtverordneten und der Bevölkerung waren damit allerdings gar nicht einverstanden, was dazu beitrug, dass Bürgermeister Türk 1833 nicht wiedergewählt wurde. Als der preußische Oberbaudirektor Karl Friedrich Schinkel auf seiner jährlichen Baubereisung des Königreichs 1833 nach Erfurt kam, um sich die Arbeiten am neuen Dach anzusehen, war er entsetzt, dass ein großer Teil des Rathauses abgängig war, und erstattete dem König und dem Innenministerium Bericht. Um zu retten, was zu retten war, legte er im nächsten Jahr einen Entwurf für einen Neubau vor, der die noch erhaltenen Rathausteile integrierte. Doch damit wurde es nichts, es fehlte an Geld und auch ein Einigkeit der Erfurter Bürger, ob man den Rathausrest bewahren sollte. Währenddessen war dieser schutzlos der Witterung ausgesetzt, und als er schließlich einzustürzen drohte, setzten sich 1841 die Befürworter der Komplettlösung durch. 1865 begann der Abbruch der Reste des alten Rathauses, 1869 der Neubau; das echte Mittelalter wurde durch eine ausgezierte Neugotik ersetzt.

In Perleberg konnte die Berliner Zentrale dagegen noch rechtzeitig interve nieren. Die Gemeinde beschloss 1837, ihr Rathaus, das dem Markt eine aufwendig gestaltete Front mit einem backsteingotischen Ziergiebel zeigte, abzu-

Das Rathaus in Erfurt, ein in Gotik und Renaissance schrittweise gewachsener Baukomplex. Das Bild entstand 1830 als Eilauftrag an den Maler kurz vor dem Abriss.

tragen und durch einen Neubau zu ersetzen. Hofbaurat Stüler bekam aber vorher von der Sache Wind und schlug beim Innenminister und beim Kultusminister Alarm. Diese unterbanden den Abriss und sorgten stattdessen dafür, dass die kulturhistorisch wertvollen Teile des Rathauses restauriert wurden. Auch in Dortmund wurden 1858 die Pläne, das mittelalterliche Rathaus abzureißen, von höherer Stelle verboten, hier durch die Bezirksregierung in Arnsberg, welche zuvor bei dem Kunsthistoriker Wilhelm Lübke ein Gutachten eingeholt hatte.

In Köln war man gleich vorsichtiger. Hier debattierten 1859 Rat und Stadtverordnete, ob sie nicht den heruntergekommenen und zu klein gewordenen Gebäudekomplex des Rathauses niederlegen und ganz neu bauen sollten. Aber nicht nur die Renaissancepartien fanden dann doch Anhänger, sondern man ging auch realistisch davon aus, für einen Totalabriss aus Berlin keine Zustimmung zu bekommen. So wählte man den Mittelweg, wesentliche Ensembleteile zu renovieren und die minder wertvollen abzubrechen. Im Fall des Altstätter Rathauses von Hannover war Stadtdirektor Rumann die treibende Kraft für einen Abriss und Neubau. Der 1565 errichtete Fachwerktrakt des Rathauses wurde 1844 beseitigt und durch einen pompösen Neubau im Stil des venezianischen Dogenpalastes ersetzt. Das eigentliche Rathaus, ein aus dem 15. Jahrhundert stammender Steinbau mit gotischen Ziergiebeln, sollte anschließend zumindest stark umgebaut werden. Als sein Abbruch 1849 nahe rückte, erhob sich allerdings deutlicher Widerstand, zunächst von den hannoverschen Architekten Wilhelm Mithoff und Conrad Hase, dann protestierte 1853 auch der Deutsche Archäologen- und Geschichtsforschertag gegen diese Pläne, und schließlich fanden die Abbruchpläne in Bürgerschaft und Bürgervorsteherkollegium keine Mehrheit. Als die Stadt Hannover 1863 das Wangenheim-Palais kaufte und damit die Raumnot der Stadtverwaltung fürs erste beheben konnte, entspannte sich die Situation. Auch in Hildesheim waren in den städtischen Gremien in den 1870er Jahren viele dafür, das baufällige Rathaus abzureißen und durch einen praktischeren Neubau zu ersetzen, aber letztlich entschied man sich doch für eine Restaurierung, wohl mehr aus Kostengründen als aus Hochachtung vor dem Alten.

In Leipzig wurde das Ringen um das aus dem 13.-16. Jahrhundert stammende Rathaus, das mit seiner breitgelagerten Renaissancefassade die Ostseite des Marktplatzes dominierte, erst recht langwierig und kompliziert. Baugutachten des Oberlandbaumeisters von 1863 und 1874, ein weiteres der Architekten Mylius und Bluntschli im Jahre 1877 und noch ein zusätzliches des städtischen Bauamtes 1881 stellten fest, dass das Dachwerk zunehmend verfaulte, sich auch wegen der schweren Ziergiebel stark durchbiege und nicht mehr lange zu halten sei. Das letzte Gutachten fasste pointiert zusammen: „Das Rathaus müsste der Theorie nach längst zusammengestürzt sein.“[127] Das Gutachten von 1877 stellte zwar fest: „Das Rathaus, das in seinem gegenwärtigen Zustand eine der Hauptzierden der Stadt bildet, ist ein Bau von großem baugeschichtlichen und architektonischen Wert.“[128] Es empfahl aber trotzdem ebenso wie schon das Gutachten von 1874, das Gebäude zugunsten eines völligen Neubaus abzubrechen. Dem schlossen sich der Rat und die Stadtverordneten an. Doch es erhob sich auch deutliche Kritik an den Abrissplänen, und 1883 lehnten die Stadtverordneten den Neubauplan als überhaupt viel zu teuer ab. Der nächste Vorschlag, das alte Rathauses zu restaurieren und dahinter einen angrenzenden Erweiterungsbau zu errichten, fand 1890 bei den Stadtverordneten aber ebenfalls keine Mehrheit, die nun wieder für einen Abriss und völligen Neubau waren. Als die Stadt das Gelände der Pleißenburg erwarb und dort seit 1899 ihr neues Rathaus bauen konnte, war immerhin der Bedarf nach zusätzlichen Räumen befriedigt. Daraufhin forcierten bildungsbürgerliche Kreise in Leipzig nun das Projekt, das Alte Rathaus als steinerne Urkunde der Stadtgeschichte vor allem für museale Zwecke zu restaurieren, wogegen die Vertreter des Handelskapitals dafür plädierten, es zu beseitigen und diese zentrale Lage besser für ein großes Kaufhaus zu nutzen. In der entscheidenden Abstimmung der Stadtverordneten im Jahr 1905 gab es dann ein Patt; die Stimme des Stadtverordnetenvorstehers entschied für den Erhalt. Als man das Rathaus in den Jahren 1906-08 erneuerte, stellte man fest, dass die Deckenbalken des großen Saales sich 45 cm durchgebogen hatten. Der ganze Dachstuhl und alle Giebel wurden heruntergenommen und sogar große Teile des Fundaments ausgetauscht, so dass fast nur die Umfassungsmauern und der Turm erhalten blieben, das Ganze also in weiten Teilen zu einer Kopie geriet. Nicht ganz so extrem, aber doch mit deutlichen Eingriffen verbunden waren die Restaurierungen anderer vernachlässigter, aber potentiell eindrucksvoller größerer gotischer Rathäuser, die in der Jahrhundertmitte begannen, so in Braunschweig (Restaurierung 1847-52), Hannover (1877-82) und Göttingen (ab 1883), wo man die originale Gestaltung des großen Ratssaales einer pompösen historistischen Ausmalung opferte.

Kleinen Rathäusern mit schlichter Fassade, die sich im Stadtbild nicht nennenswert von normalen Bürgerhäusern unterschieden, wurde solche Aufmerksamkeit nicht zuteil, denn geschätzt wurde letztlich nicht einfach das reine Alter der Bausubstanz, sondern ein im städtebaulichen Kontext repräsentatives Erscheinungsbild aus Mittelalter und Renaissance. Selbst wenn der Bau bis in gotische Zeiten zurückreichte, wurden solche schmucklosen Rathäuser, die sich nicht wesentlich von Bürgerhäusern unterschieden, auch weiterhin abgebrochen zugunsten größerer und eindrucksvollerer Verwaltungssitze, erst recht wenn sie baufällig waren. Das geschah z. B. 1860 in Kaufbeuren, 1862 in Bochum, 1882 in Lützen und 1883 in Flensburg. Dieses betraf auch rathausähnliche Bauten wie die untere Tuchlaube auf dem Untermarkt im thüringischen Mühlhausen, die spätestens 1415 gebaut wurde und sich ihr mittelalterliches Aussehen in hohem Maße bewahrt hatte, aber eben als großer schmuckloser Kasten wirkte. Zuletzt als Polizeistation genutzt, riss man sie 1876 ab. Nicht viel besser ging es dem alten Rathaus von Berlin. Es handelte sich um ein aus dem Mittelalter stammendes Kleinstadtrathaus, was ihm unter der unscheinbaren Überformung des 17. Jahrhunderts aber äußerlich nicht anzusehen war, ergänzt durch einen barocken Erweiterungsbau. Die viel zu klein gewordenen Anlage wurde 1865 abgetragen, während zugleich hinter ihr der Neubau des Roten Rathauses entstand. Doch unter dem Verputz steckte im Erdgeschoss die ehemalige Gerichtslaube. Sie maß zwar nur rund 10x10 Meter, stammte aber aus der Zeit von 1270/90 und galt Fachleuten damals neben dem Dortmunder Rathaus als das älteste profane städtische Bauwerk Deutschlands. Der preußische Landeskonservator Ferdinand von Quast, der Kultusminister und der Handelsminister setzten sich mit Unterstützung des Vereins für die Geschichte Berlins nachdrücklich dafür ein, dass die kleine Gerichtslaube erhalten blieb. Die breite Öffentlichkeit, von dem Gedanken an den Aufbruch Berlins in die Moderne beseelt, reagierte dagegen verständnislos. Stadtverordnetenversammlung, Magistrat und die meisten Journalisten, die sich zu Wort meldeten, forderten sie zu beseitigen. Nach dem Abbruch des übrigen Rathauses stand die verlotterte Gerichtslaube als kläglicher Rest direkt vor dem aufwachsenden Riesenbau des Roten Rathauses und obendrein dem anwachsenden Straßenverkehr im Weg. Die Bürger benutzten sie jetzt als öffentliches Pissoir, so dass sie bald als „Geruchslaube" verspottet wurde. Der Konflikt eskalierte nun zu einer Machtprobe zwischen der städtischen Selbstverwaltung, die in den letzten Jahren mehrfach bei Konflikten mit der Staatsgewalt den Kürzeren gezogen hatte, und führenden staatlichen Stellen, die hier die bildungsbürgerliche Position vertraten. König Wilhelm verbot 1869 ausdrücklich, das im Eigentum der Stadt befindliche Bauwerk abzureißen, gab dann aber nach. Noch während des Kriegs gegen Frankreich erklärte er sich im März 1871 aus dem Armeehauptquartier im Schloss von Versailles, von dem aus er die Belagerung von Paris geleitet hatte, bereit, die Gerichtslaube selbst zu übernehmen und in einem seiner Parks wieder aufzubauen. Obwohl der Herrscher um einen sorgfältigen Abbau gebeten hatte, gingen die Berliner Bauarbeiter dabei ebenso zügig wie achtlos vor, so dass der überwiegende Teil der originalen Bauteile verlorenging. Das, was dann im Schlosspark von Babelsberg als alte Gerichtslaube aufgebaut wurde, stellte mehr eine neugotische Nachschöpfung dar.

Massiver Veränderungsdruck auf die Rathäuser erwuchs dann aus der Industrialisierung, die Im Laufe der zweiten Hälfte des 19. Jahrhunderts immer mehr in Fahrt kam. Jetzt schwollen viele Städte dramatisch an, und mit dem Übergang zur Leistungsverwaltung, die durch den Aufbau und Unterhalt einer modernen Infrastruktur mit Schulen und Theater, Straßenbau und Straßenbahn, Kanalisation und Stromversorgung viel umfassender als bisher Daseinsvorsorge betrieb, stieg der Umfang der Stadtverwaltungen noch deutlich stärker. Dafür brauchten die Stadtverwaltungen ein Mehrfaches an Büroraum, und so gab es in Deutschland zwischen 1880 und 1910 Dutzende von Bauprojekten für neue Rathäuser. Diese errichtete man teilweise als Anbauten an die bestehenden Rathäuser, beispielsweise in Düsseldorf ab 1884, Nürnberg 1885, Frankfurt a. M. und Fürth 1900, Bremen 1903 und Chemnitz 1907, manche Ergänzungsbauten entstanden als eigenständige Gebäude in unmittelbarer Nähe des alten Rathauses, so etwa in München ab 1889 und Dresden 1905, und einige fanden ihren Platz auch an einem ganz anderen Ort, so in Hannover ab 1903. Abgerissen wurden Rathäuser, deren Erscheinungsbild von Mittelalter oder Renaissance geprägt war, jetzt letztlich nicht mehr; eher wurden diese nun musealisiert, ganz oder zumindest teilweise, nachdem Altertums- und Museumsvereine sie als Element städtischer Identität entdeckt hatten. Unumstritten war diese Bewahrung des historischen Erbes aber noch keineswegs überall, wie sich an den Rathäusern von Ulm, Zeitz und Merseburg zeigte. Diese waren im Prinzip noch in gotischer Zeit entstanden, zeigten durch Umbauten im 16. Jahrhundert aber eine Renaissancefassade, die deutlich mit Zierelementen an Giebel und Fassade gestaltet war. Sie machten Ende des 19. Jahrhunderts alle drei einen ziemlich heruntergekommenen Eindruck, und in Merseburg befanden sich dort überhaupt nur noch Gefängnis und Kneipe, nachdem die Stadtverwaltung 1720 in einen zeitgemäßeren Bau umgezogen war. In Ulm wurde im Jahr 1900 gefordert, den maroden Bau abzutragen und durch einen ansehnlichen Neubau zu ersetzen, aber nach längerer Diskussion setzten sich dann doch die Anhänger der Renovierung durch. In Zeitz beschloss der Stadtrat einen Abbruch und Neubau, scheiterte damit aber an der Intervention von Bezirksregierung und Kultusministerium, die 1905 eine umfassende Renovierung durchsetzten. Auch in Merseburg konnte ein Abriss verhindert werden, wobei die Veränderungen dann relativ reichlich ausfielen. Rathäuser, deren Erscheinungsbild vom Barock geprägt war, genossen weniger Wertschätzung. Das kleine und schlichte Rathaus in Köthen in Anhalt wurde 1896 für einen Neubau beseitigt, und in Stuttgart und Oldenburg diskutierte man jahrelang, ob man den erforderlichen, deutlich größeren Rathausneubau an einer anderen Stelle oder doch am historischen Ort auf Kosten des barocken Vorgängerbaus errichten sollte. Sowohl in Oldenburg wie in Stuttgart entschied man sich für den Abriss, in Oldenburg knapp mit 12 gegen 11 Stimmen, der dann 1886 beziehungsweise 1899 erfolgte. Auch in Chemnitz diskutierte man darüber, das sanierungsbedürftige und zu klein gewordene Barockrathaus abzubrechen; man wählte dann aber einen Kompromiss, indem man ihm gegen den Protest der Denkmalschützer die Seitenflügel stutzte und dort seit 1907 umfangreich neu anbaute. Wo Rathäuser, die erst in den 1840er Jahren errichtet worden waren, zu klein geworden waren, scheute man sich ohnehin nicht, sie ganz niederzulegen, wie in Essen 1883 und Duisburg 1900.

Kurzlebige Moderne

Das Hochhaus der Zürich-Versicherung am Opernplatz war bei seiner Fertigstellung 1960 der erste echte „Wolkenkratzer" in Frankfurt, und im Jahr 2002 war es das erste einer ganzen Reihe von modernen Bürohochhäusern in der Finanzmetropole am Main, die wieder abgerissen wurden, um durch einen moderneren Neubau ersetzt zu werden. Obwohl aufwendig gebaut überstand es nur 42 Jahre. Als eines der ersten Gebäude in Deutschland erhielt es eine vorgehängte Curtain-Wall-Fassade aus Glas. Bei Sonnenlicht glänzte das blaue

Opalglas zwar elegant, da man die neuartige Glas-Aluminium-Konstruktion aber wärmetechnisch noch nicht im Griff hatte, heizte das Haus dabei auch sehr stark auf. Sein Schicksal wirkt wie ein Symbol für die Kurzlebigkeit moderner Wirtschaftsbauten. Ganz im Unterschied zu traditionsreichem Gottesdienst mit seinen extrem langlebigen Kirchen war die Welt der Wirtschaft und Technik seit dem Beginn der Industrialisierung einem raschen Wandel unterworfen. Ohne Innovationen gibt es kein Wachstum, und zugleich zerstören Innovationen bestehende Strukturen und erfordern neue. Das gilt auch für die gebauten Strukturen.

Diejenige technische Großstruktur des 19. Jahrhunderts, die mehr als jede andere das Stadtbild prägte, war die Eisenbahn. Mit dem Aufbau des Eisenbahnnetzes entstanden im Laufe der 1840er und 50er Jahre in einer Stadt nach der anderen Bahnhöfe, die am damaligen Stadtrand lagen. Diese erste Generation von Bahnhofsbauten bestand meist aus einfachen Überdachungen oder aus Hallen mit Holz- oder Eisentragwerk. Hiervon ist nichts erhalten. Schon nach zwei Jahrzehnten waren sie überholt - angesichts des rasch wachsenden Verkehrs zu klein geworden, nicht dauerhaft genug gebaut, auch in ihrer Gestaltung oft noch auf der Suche nach einer funktional angemessenen baulichen Lösung für die neue Bauaufgabe. In den Jahrzehnten zwischen 1860 und 1910 wurden sie durch die repräsentativen Bahnhofsbauten der wilhelminischen Zeit ersetzt. Diese kombinierten den Ingenieurbau großer Bahnhofshallen aus Stahlträgern und Glas einerseits mit einem architektonisch anspruchsvollen Bahnhofsgebäude andererseits, das seine oft ornamentreiche Schaufassade aus Ziegeln oder Naturstein der Stadt zuwandte. Oft war diese geradezu die Visitenkarte der Stadt. Nach dem Ersten Weltkrieg setzte sich der Ausbau des Eisenbahnnetzes in Deutschland nicht weiter fort, und seit den 1960er Jahren begann es wieder zu schrumpfen. Die Dynamik der technischen Innovationen ebenso wie die des deutlichen Mengenwachstums im Verkehrswesen verlagerte sich im Laufe der Jahrzehnte immer mehr zum aufkommenden Auto- und Luftverkehr. Diese Tatsache bestimmte das Schicksal der Gebäude. Während Flughäfen seit ihrem Beginn in den 1930er Jahren bis heute in relativ kurzen Zeitabständen umgebaut, weiter ausgebaut und neugebaut wurden, so dass heute von der Bausubstanz der ersten Flughäfen nicht mehr viel zu finden ist, blieben die Bahnhöfe seit dem Ersten Weltkrieg relativ unverändert. Was von den Empfangsgebäuden der Großstadtbahnhöfe die Bombennächte des Zweiten Weltkriegs überstand beziehungsweise danach im alten Stil wieder aufgebaut wurde, blieb bestehen. Sieht man ab vom Bahnhof in Saarbrücken, der erst in stark verstümmelter Form wieder aufgebaut und dann 1963 doch für einen Neubau abgerissen wurde, und dem in Gelsenkirchen, der nach dem Weltkrieg notdürftig repariert und weitgehend seines Fassadenschmucks entkleidet war, bis er schließlich 1982 doch für einen Neubau abgebrochen wurde, so gingen in den Jahrzehnten der Bundesrepublik nur zwei zugunsten eines Neubaus verloren, beide trotz massiver Proteste. 1974 wurde der breitgelagerte (Haupt-)Bahnhof der bis 1937 selbständigen Stadt Altona (zu Hamburg) gesprengt, der mit seinem reichlichen historistischen Zierrat den großen Bahnhofsplatz dominierte. Die Erschütterungen beim Bau der neuen unterirdischen S-Bahn-Linie hätte er angeblich nicht überstanden. Tatsächlich erwies er sich dann aber beim Abbruch als so stabil, dass die Abbruchfirma darüber in den Konkurs gerutscht wäre, wenn sie nicht eine zusätzliche Finanzspritze bekommen hätte. An seine Stelle trat ein mausgrauer Gebäudekomplex, in dem ein Kaufhaus dominierte. Dieses ließ den Eingang zum neuen Bahnhof aus Betonfertigteilen optisch fast verschwinden, aber dafür verschaffte es der defizitären Bundesbahn jährlich 600 000 DM Pachteinnahmen von der Kaufhof AG. In Erfurt ging es nach der Wiedervereinigung darum, den Bahnhof völlig neu zu gestalten, um ihn zum Knotenpunkt neuer ICE-Linien machen zu können. Dafür wurde im Jahr 2000 das als Insel zwischen den Bahngleisen liegende Bahnhofsgebäude von 1893 abgerissen. Den Stuttgarter Hauptbahnhof, den letzten der in der Kaiserzeit begonnenen großen Bahnhöfe, traf es nicht ganz so heftig, da hier wenigstens die Fassade des Hauptgebäudes erhalten blieb. Er verlor aber 2010-12 seine beiden rechtwinklig nach hinten abgeknickten Seitenflügel, um den Umbau des Kopfbahnhofes in einen unterirdischen Durchgangsbahnhof möglich zu machen, ein Projekt, das über mehrere Jahre auf zwar teilweise erbitterte, aber letztlich erfolglose Widerstände aus verschiedensten Motiven traf, ökologische, finanzielle wie auch verkehrspolitische. Der 2016 gefasste Beschluss, in München im Zusammenhang mit der neuen Stammstrecke Frontpartie und Schalterhalle des Hauptbahnhofs abzutragen und neu aufzuführen, richtete sich dann gegen keine historistischen Prunkarchitektur, da diese im Weltkrieg untergegangen war, sondern gegen den nüchternen Bau der 1950er Jahre. Von den kleineren Provinzbahnhöfen wurden hingegen, nachdem die Wiederaufbauphase zu Ende gegangen war, durchaus eine ganze Reihe abgebrochen, um sie durch funktionalistische Neubauten zu ersetzen, bevor auch hier der veränderte Zeitgeist radikale Modernisierungsbestrebungen ausbremste. Beispiele lieferten Eckernförde 1973, Neumünster 1974 und Rinteln 1977.

Industriebauten wiesen eine wesentlich höhere Wandlungsdynamik auf als jene der Bahn. Der Druck, die Herstellungsprozesse zu optimieren, und neue Produkte führten an den einzelnen Produktionsstandorten zu ständigen Veränderungsprozessen nicht nur innerhalb der Gebäude, sondern auch durch Anbau und Umbau, Abriss und Neubau der Gebäude selbst, zumal diese oft stark spezialisiert waren. Dabei bestanden sicher auch deutliche branchenspezifische Unterschiede. Diese Veränderungen vollzogen sich innerhalb der abgeschirmten Betriebsgelände und waren anders als Bahnhofsanlagen den Blicken der Öffentlichkeit weitgehend entzogen. Aufs Ganze gesehen handelt es sich hier um ein kompliziertes und höchst unübersichtliches Themenfeld. Ein kleines Beispiel kann diese ständige Abriss- und Erneuerungsdynamik im Industriebereich wenigstens ein bisschen verdeutlichen. Die Zuckerfabrik im badischen Waghäusel wurde dort von 1837 bis 1997 betrieben, also über die sehr beachtliche Zeit von mehr als eineinhalb Jahrhunderten. In diesem Zeitraum gab es dort 800 Neu- und Anbauten, die oft alte Gebäude ersetzten, dazu diverse Umbauten. Als die Fabrik stillgelegt wurde, waren noch 51 Gebäude vorhanden, die in der Mehrzahl in den 1960er und 70er Jahren gebaut worden waren. Dabei lässt sich auch hier erkennen, dass die Dynamik industrieller Wandlungsprozesse sich zunehmend beschleunigte. Während die Standzeit bei den frühen Gebäuden dieser Fabrik im 19. Jahrhundert durchschnittlich 60 Jahre betragen hatte, verkürzte sie sich im Laufe der Zeit auf weniger als 30 Jahre.

Viel deutlicher im Blick der Öffentlichkeit, ja vielfach stadtbildprägend waren die großen Bürogebäude für Firmenverwaltungen und öffentliche Verwaltungen, aber auch öffentliche Bauten wie Kongresshallen und Theater, die in den 1950er bis 70er Jahren errichtet worden waren. Sie entstanden, als die deutsche Wirtschaft aus den Kriegstrümmern zu neuer Machtstellung aufstieg, und sie zeigten sich meist als Kinder der architektonischen Moderne. Diese war nach den vereinzelten Experimenten in der Bauhaus-Zeit der 1920er Jahre nun über die USA nach Deutschland zurückgekehrt und setzte jetzt in den großen Städten in immer größerer Zahl sichtbare Zeichen. Gerade weil in Deutschland durch den Weltkrieg mehr zerstört worden war als in jedem anderen westlichen Land, breitete sich hier auch die Nachkriegsmoderne besonders stark aus. Rund vier Jahrzehnte später standen eine ganze Anzahl ihrer Schöpfungen vor der Alternative: entweder Generalsanierung oder Abriss mit anschließendem Neubau. Wiederholt fiel die Entscheidung gegen das bestehende Gebäude. Unter den Frankfurter Hochhäusern traf es nicht nur das Zürich-Hochhaus, sondern abgebrochen und ersetzt wurden ebenso 2002 die Konzernzentrale des Holzmann-Konzerns, 2003 das Verwaltungsgebäude der Hoechst AG und 2004 das von Egon Eiermann entworfene Hochhaus des Baukonzerns Hochtief, es folgten 2005 das Fernmeldehochhaus, welches seit 1956 jahrelang die Skyline Frankfurts geprägt hatte, 2014 der 116 Meter hohe AfE-Turm der Universität, den eine Präzisionssprengung zusammensacken ließ, und 2018 auch das Deutsche-Bank-Hochhaus von 1971. Manchmal fand die Beseitigung eines markanten Hochhauses auch breite Aufmerksamkeit. Als 2004 in Hagen der „Lange Oskar“, das 98 Meter hohe Bürohochhaus der Stadtsparkasse Hagen, durch eine Kipp-Kollaps-Sprengung in ein dafür vorbereitetes Fallbett gelegt wurde, beobachteten etwa 40 000 Zuschauer das Ereignis, das sogar landesweit live im dritten Fernsehprogramm übertragen wurde.

Wenn Anfang des 21. Jahrhunderts eine Welle von Abrissen und Generalsanierungen dieser erst wenige Jahrzehnte alten Bauten einsetzte, lag das zunächst einmal an der Bautechnik. Die Architekten der Moderne hatten Erprobtes beiseite geschoben und sich für innovative Konstruktionen begeistert. Doch jetzt korrodierten die Metallrahmen an den Fassaden oder verzogen sich, Halterungen der vorgehängten Platten waren nicht mehr sicher, und mit dem steilen Anstieg der Energiepreise seit der Ölkrise 1973 erwies sich die Vorhangfassade immer mehr als energetische Katastrophe. Stahlbeton ist statisch genial und ermöglichte völlig neuartige Gestaltungen, aber er ist auch empfindlich gegen Witterung - wehe, wenn Feuchtigkeit eindringt, die Armierungen rosten und der Beton abplatzt. Das mutig geschwungene Dach der 1956 im Berliner Tiergarten gebauten Kongresshalle stürzte 1980 teilweise ein, was um so peinlicher war, da sie als Symbol für die deutsch-amerikanische Freundschaft galt. Sie wurde zügig rekonstruiert. Überall hinkten jetzt Elektrik, Brandschutz und vor allem Kommunikationstechnik allmählich den steigenden Standards hinterher. Erst recht wurde es problematisch, wenn die Verwendung neuer Baustoffe sich im Nachhinein als Fehlgriff erwies. Wurde Asbest gefunden, konnte das bei der Entscheidung zwischen Sanierung und Abriss den Ausschlag geben; aus diesem Grund verschwanden 1995 das Iduna-Hochhaus in Hamburg, 2002 das Justizhochhaus in Wuppertal, 2004 der „Lange Oskar" in Hagen und 2013 das Friedrich-Engelhorn-Hochhaus der BASF in Ludwigshafen, dessen Sanierung mehr als 100 Millionen Euro gekostet hätte, und auch für das Gebäude der Deutschen Welle in Köln fiel 2013 die Abrissentscheidung. Letzteres sollte erst gesprengt werden und wäre mit seinen 138 Metern weltweit das höchste gesprengte Gebäude geworden, allerdings entschied man sich dann doch für einen langwierigen, aber weniger riskanten Rückbau. Aber es gab noch andere Problemmaterialien. Das Hochhaus der ehemaligen Oberfinanzdirektion in Frankfurt wurde 2014 nicht zuletzt deshalb beseitigt, weil nephtalinhaltiger Fußbodenkleber und giftiger Teerkleber für Fassadenplatten verwendet worden war, der tief ins Mauerwerk eindrang.

Erprobte Bauweisen früherer Jahrhunderte schufen langlebige Bauten, die experimentelle Moderne nicht. Sie tat sich schwer damit, in Würde zu altern, und ihre Architekten strebten das auch gar nicht erst an. Als 1960 in Stuttgart das 1928 von Erich Mendelsohn entworfene Kaufhaus Schocken zerstört werden sollte, um dem *Merkur Horten* von Egon Eiermann Platz zu machen (der hierfür die fensterlose Fassade aus weißen Horten-Waben erfand), gab es Proteste von Architekten aus aller Welt; schließlich hatte der Mendelsohn-Bau mit seiner ausdrucksstark geschwungenen Fassade, den neuen Materialien Glas und

Stahl und der raffinieren Licht- und Schattenwirkung einen architektonischen Meilenstein gesetzt. Aber Horten drohte für den Fall einer Unterschutzstellung mit Schadenersatzforderungen, und Eiermann meinte kühl: „Das, was wir bauen, erhebt nicht den Anspruch, altern zu wollen oder Patina anzusetzen, es verschleißt wie ein Automobil, es wird benutzt, und nach gar nicht so vielen Jahren - zumindest nicht so viel Jahren wie früher - verschwindet es wieder.“[129] Vier Jahrzehnte später waren seine eigenen Bauten und die seiner Architektengeneration damit an der Reihe. Von der Forderung des altrömischen Architekten Vitruv nach firmitas, also Dauerhaftigkeit der Bauten, hatte man sich weit entfernt. Die Entscheidung zwischen Abriss mit folgendem Neubau einerseits und grundlegender Sanierung andererseits war aber natürlich auch eine Frage der Kosten. Hier lag die Ursache für hohe Sanierungskosten allerdings nicht ausschließlich bei den Architekten. Die öffentliche Hand neigte dazu, gerade bei Bauten des Kulturbereichs, der ohnehin finanziell chronisch unterernährt ist, am laufenden Bauunterhalt zu sparen. Dabei ist es bei Bauunterhalt nicht anders als bei der Zahnpflege; wer nicht laufend achtsam ist, bekommt schubweise umso höhere Kosten. Oft wurden für Sanierung und für Abbruch mit Neubau vergleichbare Größenordnungen kalkuliert, wobei man bei den Sanierungskosten nie sicher sein kann, dass nicht im Laufe des Umbauprozesses unangenehme Überraschungen auftreten. Das Bonner Konrad-Adenauer-Haus, seit 1971 Sitz der Parteizentrale der CDU bis zu deren Umzug nach Berlin im Jahr 2000, wurde von der Telekom übernommen, die es sanieren wollte, doch nach dem Platzen der Dotcom-Blase reichte das Geld dafür nicht mehr, so dass die Hochhausscheibe abgerissen und durch einen Neubau ersetzt wurde.

Nun wurden durchaus eine Reihe von großen Bürobauten nicht beseitigt, sondern saniert. Bekannte Beispiele sind das 1960 errichtete Dreischeibenhochhaus in Düsseldorf, ursprünglich Sitz von Thyssen, in den Jahren 2011-13, das 1964 als Sitz von Unilever in Hamburg gebaute Hochhaus 2009-11, der BMW-„Vierzylinder“ von 1972 in München 2004-06 und der für die Dresdner Bank 1978 errichtete Silberturm in Frankfurt 2009-10. Doch solche grundlegenden Sanierungen oder Revitalisierungen waren oft von einem Abriss nicht weit entfernt. Zwar gelang es beim originellen „Vierzylinder“, die originalen Aluguss-Elemente der Fassade zu erhalten und durch kleine Eingriffe zu ertüchtigen. Beim Unileverhaus wurde dagegen das Gebäude vollständig entkernt, die Haustechnik komplett erneuert und die Fassade gegen eine neue Fassade nach modernen Energiestandards ausgetauscht, wofür man einen 106 Meter hohen Baukran benötigte. Eigentlich blieb hier also nur die Stahlskelettkonstruktion erhalten. Um dem Denkmalschutz entgegenzukommen, wurde die neue Fassade der alten optisch ähnlich gestaltet. Dafür bekam der Eigentümer das Zugeständnis, das Vorgelände mit einem weiteren Baukörper zustellen zu dürfen, was die Wirkung des Hochhauses als Solitär arg beeinträchtigte. In vielen anderen Fällen wandelten sich bei der Sanierung leichte, oft filigrane Fassadenraster in oft plumpe Fassaden ganz anderer Struktur und Farbe, so dass das ursprüngliche Erscheinungsbild verlorenging und damit ein wesentlicher Teil dessen, was die Identität des Bauwerks ausmacht oder was aus Sicht des Denkmalschutzes historisch wertvoll war.

Neben den technischen und ökonomischen Argumenten spielten bei der Frage, ob große Verwaltungs- oder Gemeinbedarfsbauten der Nachkriegsmoderne abgetragen und durch Neubauten ersetzt werden sollten, zugleich auch ästhetische Argumente und kulturgeschichtliche Bewertungen eine Rolle. Konkreten städtebaulichen Umwertungen fielen das Schimmelpfeng-Haus in Berlin und das Studienhaus in Düsseldorf zum Opfer. Das 1960 fertiggestellte Schimmelpfeng-Haus stellte mit seiner gerasterten Fensterfront die städtebauliche Rückwand des Breitscheidplatzes dar, den Platz der Kaiser-Wilhelm-Gedächtniskirche, und überspannte dabei als breitgelagerter Brückenbau auf Betonpfeilern die Kantstraße. Seinerzeit galt die Idee des Brückenbaus, dem Verkehr die Ebene zu lassen und den Raum darüber für Arbeiten und Wohnen zu nutzen, international als hochmodern, aber in den 90er Jahren strebte man danach, den Grundriss der Kaiserzeit zu rekonstruieren und damit auch die verbaute Sichtachse auf die Kaiser-Wilhelm-Gedächtniskirche wieder herzustellen. 1999 entschied der Senat, den Riegel abzureißen und stattdessen zwei schlanke Hochhäuser rechts und links der Kantstraße zu errichten, woran auch der Widerstand der Denkmalschützer nichts ändern konnte. Das Düsseldorfer Studienhaus war 1967 ursprünglich für die Volkshochschule errichtet worden, eine gläsern transparente Hochhausscheibe an prominenter Stelle am Rheinufer, die den Benutzern einen Panoramablick über die Stadt eröffnete. Als indessen die Umgebung durch den neuen Landtag und das neue Medienzentrum umgestaltet wurde, schien den Planern das Studienzentrum architektonisch nicht mehr zeitgemäß, so dass es 1996/97 trotz heftiger Proteste beseitigt wurde.

In den 50er Jahren, als die ersten Bürohochhäuser im Stahl- und Glasmantel auftauchten, repräsentierten sie die architektonische Avantgarde, brachten ein bisschen vom Fortschrittsflair der damals bewunderten USA über den Atlantik und symbolisierten den Wiederaufstieg der Wirtschaftswunderzeit. Indem sie immer häufiger zu sehen waren, wurden sie bald kaum noch als markant wahrgenommen und die Ähnlichkeit der großen Kuben als langweilig empfunden. Massiv in die öffentliche Kritik gerieten die großen, spiegelnd glatten Bürokästen dann Ende der 70er Jahre, als Kleinteiligkeit populär wurde, man den humanen Maßstab wieder entdeckte und der schnörkellose Funktionalismus als seelenlos und kalt in Verruf geriet. Noch negativer wurde die Einstellung zu den meist öffentlichen Bauten des Brutalismus der 60er und 70er Jahre, die den Bürger mit nacktem, grauem Sichtbeton konfrontierten, oft auch noch mit Abdrücken der Verschalung. Sie sahen sich schließlich als menschenfeindliche Betonmonster geschmäht. Frankfurt am Main hatte sich 1972 einen Erweiterungsbau des Historischen Museums geleistet, dessen glatte, graue Betonfassade den Charme eines Bunkers aufwies und von Anfang an umstritten war. Im Jahr 2011 wurde er abgerissen und durch einen Neubau mit kleinteilig strukturierter roter Sandsteinfassade ersetzt. Das abweisende Sichtbetongebirge des Kröpcke-Centers, das in Hannover seit 1972 den zentralen Platz der Stadt dominierte, hat man 2009-13 bei einem Totalumbau weitgehend beseitigt; das neue Kröpcke-Center zeigt eine freundliche und unverbindliche Fassade. Von Anfang an ebenso umstritten war das Ensemble von 13 Betonkästen der Ruhr-Universität in Bochum, die 1965 ihren Betrieb aufnahm und durch ihre Gebäude stets als reine Lernfabrik wirkte. Hier wurde aber nur ein kleiner Teil abgerissen, für die meisten Gebäude begann dagegen 2003 eine aufwendige Sanierung, die Zug um Zug bis 2022 hin erfolgen soll. Mit dem 1971 errichteten Sitz der ehemaligen BP-Hauptverwaltung in Hamburg wurde 2014 ein origineller Vertreter des Brutalismus niedergelegt. Mit ihrem Grundriss aus sechs Sechsecken sollte sie an die chemische Struktur des Benzolrings erinnern, wirkte mit ihren umlaufenden Waschbetongalerien aber inzwischen nur noch trist. Besonders übel wurde es, wenn zum schmuddelig gewordenen Betongrau noch Asbestfunde hinzukamen. Damit machte besonders Berlin Erfahrungen. Dies betraf nicht nur das Zentrale Tierlabor der Freien Universität, den sogenannten „Mäusebunker“, der mit seinen Lüftungsrohren wie ein drohender Panzerkreuzer aussah und 2016 auf die Liste der zu ersetzenden Bauten kam. Schon 1989 mussten gleich 15 Schulneubauten wegen Asbestbelastung geschlossen werden (als Serienbau waren sie billiger gewesen), die in den folgenden Jahren einer nach dem anderen abgeräumt wurden. Es handelte sich um Betonbauten der 70er Jahre, bei denen ein Drittel der Unterrichtsräume fensterlos war, im Schülerjargon sogenannte „Dunkelkammern“.

Nun begannen seit der Jahrhundertwende Kunsthistoriker, auch einzelne Bauten der funktionalistischen Nachkriegsmoderne des internationalen Stils als herausragende Leistungen zu würdigen. Bis die Fachleute auch den Brutalismus neu entdeckten, dauerte es noch eineinhalb Jahrzehnte länger. Wenn der Denkmalschutz nun anfing, in gestalterischer oder technischer Hinsicht innovative Bauwerke der Nachkriegsmoderne unter Schutz zu stellen, ganz gleich ob diese Bauten im Stadtbild auf Normalbürger attraktiv wirkten oder nicht, betrachtete er die Städte gewissermaßen als Beispielsammlung für die Kunstgeschichte. Für diese Sicht fand er allerdings nur eine begrenzte Anhängerschaft, zumindest zunächst.

Bei manchen markanten öffentlichen Bauten der Nachkriegsmoderne entzündeten sich in den folgenden Jahren schwierige öffentliche Kontroversen über die Entscheidung zwischen Abriss und Sanierung, wie die folgenden Beispiele zeigen. In Hannover überlegte der Landtag, den 1962 fertiggestellten Plenarsaal des Architekten Dieter Oesterlen zu modernisieren. Die Technik war verschlissen, der Saal zu klein geworden und schon immer ohne Tageslicht, und die Besprechungsräume waren fensterlose Kammern; beides tat der Stimmung bei langen Sitzungen nicht gut. Entsprechend unbeliebt war der Bau bei Politikern. 2008 rang der Landtag sich dann zu einem Neubaubeschluss durch, doch die Kosten erwiesen sich als zu hoch, außerdem erhoben Denkmalschützer und zahlreiche Stimmen aus der Öffentlichkeit heftigen Protest. Eine Bürgerinitiative sammelte über 40 000 Unterschriften unter eine Petition für den Erhalt. Das ist insofern erstaunlich, als das Plenarsaalgebäude nach außen gesichtslos war, um sich dem klassizistischen Portikus unterzuordnen, dem letzten Rest des im Zweiten Weltkrieg zerstörten Leineschloss, und da es überhaupt in bewusster Abgrenzung gegen die Triumpharchitektur der Nazis jede laute Geste vermied. Dass die Landtagsabgeordneten in eigener Sache den Denkmalschutz einfach aushebelten, während private Hausbesitzer sich mit teuren Auflagen des staatlichen Denkmalschutzes herumärgern mussten, stieß allerdings vielen übel auf. So kam es zu dem „Kompromiss", dass der Landtag 2014-17 saniert wurde. Konkret fiel der Kernsanierung das gesamte Innere zum Opfer, so dass nur die Außenmauern stehen blieben, und selbst diese mussten mit einer neuen Schicht ummantelt werden, da die Armierung rostete. Von dem ursprünglichen Oesterlen-Bau ist also tatsächlich nichts mehr zu sehen. In einer ähnlichen Situation debattierte man im Jahr 2012 in Mainz, ob man das erst 39 Jahre zuvor eingeweihte Rathaus sanieren oder besser ganz abtragen sollte. Kunsthistoriker und Architekten lobten den grauen Klotz am Rheinufer als eigenwilligen Bau des bedeutenden dänischen Architekten Arne Jacobsen und sahen in ihm ein Monument der Architekturgeschichte. Die Benutzer klagten über enge Treppenhäuser und fensterlose Säle in dem bunkerartigen Gebäude, in dem man mit der Zeit kein Fenster mehr öffnen konnte und das sich wie ein Keil gegen die Stadt stellte anstatt sich einzufügen. Die CDU schlug mit Blick auf die Kosten vor, das marode Rathaus zu beseitigen und in das barocke Adelspalais Osteiner Hof umzuziehen, das gerade durch die Auflösung der Wehrkreisverwaltung frei wurde. Schließlich entschied man sich 2018 doch für eine Sanierung; sie wird teurer als die ursprünglichen Baukosten. Die Problematik, was als erhaltenswertes Zeugnis der Moderne anzusehen sei, zeigte sich in anderer Weise auch bei den Diskussionen um den Abriss des City-Hofs in Hamburg. Die gestaffelten Hochhausscheiben mit ihrer Fassade aus hellen Keramikplatten setzten an prominenter Stelle der Innenstadt einen Kontrapunkt gegen die Backsteinmassen des Kontorhausviertels und galten bei ihrer Fertigstellung 1958 als Zeichen des Aufbruchs in die architektonische Moderne. 2013 wurden sie unter Denkmalschutz gestellt - drei Jahre später beschloss der Senat den Abriss. Dabei ging es nicht nur um eine wirtschaftlich bessere Verwertung des Areals, nicht nur um den heruntergewirtschafteten Bauzustand, sondern nach Verwitterungsschäden war die Fassade 1977 mit tristen grauen Eternitplatten verkleidet worden und das ursprüngliche Erscheinungsbild verlorengegangen, so dass der Baukomplex in weiten Teilen der Öffentlichkeit jetzt als schmuddelige Bausünde wahrgenommen wurde.

Besonders im Fokus der öffentlichen Wahrnehmung waren die Örtlichkeiten großer Veranstaltungen, nicht zuletzt weil viele Menschen mit ihnen die Erinnerung an feierliche oder vergnügliche Stunden verbanden. Die schmucklose, aber praktische Ruhrlandhalle in Bochum wurde 2001 und die Rhein-Main-Halle in Wiesbaden 2014 abgebrochen, an ihre Stelle traten neue Kongressgebäude. Die Mercatorhalle in Duisburg, vier Jahrzehnte lang die „gute Stube" der Stadt, fand zwar in der Stadt viele Anhänger, die sich für sie einsetzten, aber ein Bürgerbegehren für den Erhalt scheiterte, und 2005 wurde auch sie zugunsten eines Neubaus abgerissen. Beim Kölner Schauspielhaus und der Bonner Beethovenhalle, 1957 beziehungsweise 1959 eingeweiht, rang man sich indessen nach langer öffentlicher Diskussion, die ebenso wie jene um den Landtag in Hannover auch bundesweit beachtet wurde, schließlich zu einer Sanierung durch. In Köln nahm das von Wilhelm Riphahn entworfene Ensemble aus Opernhaus und Schauspielhaus sich im Rahmen des aufs Ganze gesehen architektonisch ziemlich mäßigen Wiederaufbaus der Stadt nach dem Zweiten Weltkrieg zwar ganz ordentlich aus, war aber gestalterisch eben Ausdruck der Nierentisch-Zeit, ohnehin jetzt technisch veraltet und durch mangelnden Bauunterhalt verschlissen. Seit 2003 diskutierte man über die Alternativen Sanierung oder Abriss mit Neubau an dem selben oder einem anderen Ort; 2006 rang man sich dann zu dem Kompromiss durch, die Oper zu sanieren und das Schauspielhaus durch einen Neubau zu ersetzen. Als die geplanten Neubaukosten rasant stiegen, beschloss der Stadtrat Ende 2009 einen abgespeckten Neubau. Nun erhob sich aus dem Kreis der Kulturschaffenden der Stadt heftiger Protest. Die Intendantin des Schauspielhauses protestierte, dass 364 Millionen für Um- und Neubau des Gebäudeensembles keinen Sinn gäben, wenn gleichzeitig der jährliche Bühnen-Etat um 6,5 Millionen gekürzt würde. Wozu ein repräsentatives neues Haus, wenn die Mittel fehlen, es angemessen zu bespielen? Der Protest hatte beim Rosenmontagszug im Karneval einen eigenen Themenwagen, und ein Bürgerbegehren für Sanierung statt Abriss als sparsamere Variante sammelte in kürzester Zeit fast doppelt so viele Unterschriften wie nötig. Daraufhin fielen die Grünen im Stadtrat um und beide Häuser blieben erhalten, sie wurden ab 2012 saniert. Auch in Bonn gab es anfangs hochfliegende Pläne, die dann nicht realisiert wurden. Die Bonner Beethovenhalle war Ausdruck des Zeitgeistes der frühen Bonner Republik, unprätentiös und praktisch, das Foyer hübsch gestaltet, und die Konzerthalle diente ebenso für Bälle, Kongresse, Karnevalssitzungen und zwischen 1972 und 1990 auch den Wahlen der Bundespräsidenten. 2006 starteten die drei in Bonn ansässigen DAX-Konzerne eine Initiative, der Stadt am Rhein, die ihre Hauptstadtfunktion verloren hatte, eine Konzerthalle von internationaler Ausstrahlung zu verschaffen, und erklärten sich bereit, dafür als Sponsoren 75 Millionen Euro zu geben. Die ausgewählten Entwürfe internationaler Architekten sahen alle vor, die bestehende Beethovenhalle abzubrechen. Doch das Denken in internationaler Standortpolitik mit „Beethoven als Dachmarke" war nicht jedermanns Sache, und es erhoben sich gegen den Abriss Widerstände aus einer Koalition von Heimatverbundenen und Denkmalschützern. Der Stadtverwaltung wurde durch die Weltfinanzkrise das Geld knapper, und mit der Bürgschaft für die Investitionsruine des World Conference Center Bonn hing ihr ohnehin schon ein unkalkulierbares Finanzrisiko am Hals. So entschied sie 2011, den alten Bau stehen zu lassen und zu sanieren, nicht wegen des Denkmalwertes, sondern wegen der städtischen Finanzen. Die Sanierung 2016-18 verschlang immer noch 60 Millionen Euro (der Ursprungsbau hatte nur 9,5 Millionen DM gekostet). Zum absoluten Katastrophenfall geriet das Internationale Congress-Centrum in Berlin. Der 1975-79 errichtete, 320 Meter lange Riesenbau mit 80 Sälen war das teuerste Bauwerk West-Berlins. Die futuristische Optik der silbergrauen Aluminiumfassade, die immer wieder Vergleiche mit einem Raumschiff anregte, war ein seinerzeit faszinierendes und in Deutschland einzigartiges Produkt der High-Tech-Architektur, die in ihrer Begeisterung für den technischen Fortschritt die konstruktiven Elemente demonstrativ nach außen kehrte und dem Bauwerk damit einen maschinenmäßigen Charakter gab. Nur 35 Jahre später musste das ICC geschlossen werden - die Technik verschlissen, das Haus asbestverseucht. Seitdem diskutierten die Berliner Abgeordneten jahrelang darüber, ob man sanieren oder besser ganz abreißen solle. Für die ungewöhnlich hohen Kosten einer Sanierung war nicht nur das Asbest verantwortlich, sondern intelligenterweise hatte man beim Bau die gesamte technische Ausrüstung, unter anderem die großen Turbinen für den Luftaustausch, im Keller untergebracht und mit einer dicken Betondecke versiegelt, die bei der erforderlichen Erneuerung aufgestemmt werden müsste (mit welchem Zeithorizont für Technik und Bauwerk hatten die Architekten hier eigentlich geplant?). 2015 beschloss der Senat eine Teilsanierung, doch mit Kosten von weit über 200 Millionen Euro erwies sich auch diese als unrealistisch. So benutzte man das einst bewunderte ICC seitdem bis auf Weiteres erst einmal als Flüchtlingsunterkunft.

Wie mittelalterlich sind Bürgerhäuser?

Googelt man „mittelalterliches Stadtbild", erweist sich dieses Stichwort als gängiges Klischee des Tourismusgewerbes. Für etliche Städte wird hiermit geworben. Tatsächlich gibt es keine einzige deutsche Stadt, die ernsthaft von sich behaupten könnte, sie habe ein noch aus dem Mittelalter stammendes Stadtbild, nicht einmal für einzelne Straßenzüge. Viel zu viel ist im Laufe der Jahrhunderte abgerissen worden. Was waren die treibenden Kräfte hinter dieser Abrissdynamik? Wieviele von den alten Bürgerhäusern konnte diese tatsächlich bis heute überstehen?

Idealtypisch lässt sich das Entstehen und Verschwinden städtischer Wohnhäuser grob in fünf Phasen einteilen: das 11.-13. Jahrhundert, das 14.-16. Jahrhundert, die Jahre von ca. 1620 bis 1850, die Zeit des deutschen Kaiserreiches und die Zeit nach dem Zweiten Weltkrieg.

Erste hinreichend genaue Abbildungen von deutschen Städten sind uns erst aus den Jahrzehnten ab 1490 überliefert. Mangels früherer Bilder neigen wir dazu, sie zeitlich zurückzuprojizieren und unsere Vorstellung von einer mittelalterlichen Stadt daran zu orientieren, doch dieses führt ziemlich in die Irre. Die Bebauung deutscher Städte im 11., 12. und auch noch 13. Jahrhundert sah gänzlich anders aus. Das normale Wohnhaus war ein freistehendes Holzhaus, eingeschossig und ohne Keller, mit einem strohgedeckten Giebeldach. Meist wiesen die Häuser weder eine innere Unterteilung noch Fenster auf. Da die Pfosten direkt im Boden eingegraben waren, begrenzte die durch den Bodenkontakt verursachte Fäulnis die Lebensdauer solcher Häuser auf 30 bis 50 Jahre. Demensprechend war es für Bürger normal, ihr Haus im Laufe des Lebens abzubrechen und neu zu bauen. Allein die städtischen Eliten, also Ministeriale, Patrizier und geistliche Würdenträger, besaßen Häuser aus Stein, meist turmartig vergleichbar einem ländlichen Rittersitz. Stärker verbreitet waren Steinbauten nur in den Städten mit römischer Wurzel wie Köln oder Trier. Verständlicherweise ist von diesen normalen Holzhäusern nirgends etwas erhalten. Bestenfalls decken archäologische Grabungen hier und da Spuren auf, die ihr Aussehen erahnen lassen. Von Steinbauten aus dieser Zeit sind vereinzelt verbaute Teile auf uns gekommen, in den wenigsten Fällen vollständig erhaltene Außenmauern, am meisten noch in Regensburg, außerdem in einigen Städten wie Goslar, Trier und Gelnhausen auch noch Keller aus romanischer Zeit.

Im Laufe des 14., 15. und 16. Jahrhunderts änderte sich das Erscheinungsbild deutscher Städte grundlegend. Der Fachwerkbau kam auf, dessen tragende Holzkonstruktion auf einem Steinfundament ruhte und keinen direkten Bodenkontakt hatte, so dass Häuser wesentlich dauerhafter wurden. Schrittweise nahm der Steinanteil zu, gefördert durch Brandschutzvorschriften und steigen-

Normale hochmittelalterliche Wohnhäuser haben nirgends die Jahrhunderte überlebt. Die Rekonstruktion des Straßenbildes der Alfstraße in Lübeck Anfang des 13. Jahrhunderts zeigt die Holzhäuser (im Hintergrund die Marienkirche) und dazu als Umrisslinien den Zustand der Bebauung in der frühen Neuzeit.

den Wohlstand. Das bedeutete Dachpfannen statt Strohdach, an den Außenwänden Ziegelausfachung statt Weidengeflecht mit Lehmverputz, ein gemauertes Erdgeschoss und Fachwerk nur noch im Obergeschoss, dann auch Häuser ganz aus Ziegelmauerwerk, seltener Natursteinen. Diese Versteinerung der Städte erfolgte an der Ostseeküste, in Sachsen, Altbayern und Südbaden früher und stärker als in anderen deutschen Regionen.

Keller wurden üblich, ebenso ein erstes Obergeschoss. Öfen traten an die Stelle des offenen Herdfeuers, und zumindest das Obergeschoss unterteilte man in mehrere Räume. Mit der Verdichtung der Bebauung rückten die Seitenwände der Häuser zusammen, so dass geschlossene Straßenfronten entstanden. Hinter den Häusern befanden sich auf den meist tief nach hinten reichenden Grundstücken Schuppen und kleine Ställe, auch an Tagelöhner und andere arme Leute vermietete Buden in wenig dauerhafter Bauweise, außerdem noch Gartenland.

Im 16. Jahrhundert war in den Städten eine gewisse räumliche Differenzierung festzustellen; die städtischen Eliten wohnten tendenziell am oder in der Nähe des Marktes in größeren Häusern, während sich in der Nähe der Stadtmauer eher kleinere Häuser ärmerer Bürger drängten. Erst recht waren die später außerhalb der Stadtbefestigung entstehenden Vorstädte durch nicht nur räumliche, sondern auch gesellschaftliche Randständigkeit gekennzeichnet, was man den Häusern und Hütten dort weitgehend auch ansah. Jedes Bürgerhaus beherbergte nur einen Haushalt, der außer der Kernfamilie auch Gesellen, Lehrlinge und Gesinde einschloss. Das typische Bürgerhaus des 16. Jahrhunderts war ein Handwerkerhaus mit Keller, Werkstatt im Erdgeschoss und Schlafräumen im Obergeschoss.

Der Versteinerungsprozess bedeutete zugleich, ältere Stadthäuser abzubrechen und durch zeitgemäße zu ersetzen. Überdies war das 16. Jahrhundert für die meisten Städte eine Zeit wirtschaftlichen Aufschwungs, und dementsprechend wurde vor allem in der zweiten Jahrhunderthälfte ein großer Teil der Bausubstanz durch neue und bessere Häuser ersetzt, ganz besonders in den Fernhandelsstädten, bis diese Bautätigkeit durch den Dreißigjährigen Krieg ab etwa 1620 weitgehend zum Erliegen kam. In Jena löste die Tatsache, dass die Stadt Mitte des 16. Jahrhunderts eine Universität erhielt, einen vergleichbaren Impuls aus; hier wurden dann 1550-1600 etwa 90 % der vorhandenden Privatgebäude umgebaut oder ganz neu errichtet. Regensburg war ein untypischer Fall: im hohen Mittelalter als zentraler Ort Bayerns eine der reichsten Städte Deutschlands, stagnierte die Stadt an der Donau im 16. Jahrhundert, weshalb hier relativ viel aufwendige mittelalterliche Bausubstanz entstanden war und diese dann weniger durch Neubauten ersetzt wurde. Seit die Methode der Dendrochronologie eine recht genaue Altersbestimmung von Holzbalken erlaubt, lässt sich ein Überblick gewinnen, wie viel an Wohnbauten in den Städten aus dem Mittelalter bis heute erhalten ist. Für ganz Deutschland sind (2007) mehrere hundert Fachwerkhäuser aus dem 14. und 15. Jahrhundert nachgewiesen, vor allem in Baden-Württemberg, Franken, Hessen und Thüringen, noch ältere stellen hingegen seltene Ausnahmen dar. Bei dem sogenannten „mittelalterlichen Stadtbild" handelt es sich also im Wesentlichen um Bauten aus dem 16. und auch 17. Jahrhundert.

Zwischen 1500 und 1850 war der Bestand an städtischen Wohnhäusern einem normalen Durchsatz unterworfen, der immer wieder einzelne Häuser verschwinden und Neubauten an ihre Stelle treten ließ. Schubweise geschah dies bei kollektiven Ereignissen wie Kriegen, vor allem dem Dreißigjährigen Krieg in der ersten Hälfte des 17. Jahrhunderts, mehr noch durch die immer wieder auftretenden Brandunglücke, denen Häusergruppen oder auch ganze Stadtviertel zum Opfer fielen. Kleinschrittig erfolgte dieser Austausch durch die zahlreichen Einzelinitiativen von Hausbesitzern, die ihr Haus, aus welchen Gründen auch immer, abtrugen und durch ein neues ersetzten. Dabei blieben die Grundstückszuschnitte und auch das Straßennetz über die Jahrhunderte in hohem Maße erhalten. Oft übernahm man bei Neubauten die Brandmauern des Vorgängers im Keller, teilweise auch im darüberliegenden Erdgeschoss. Für Wismar nimmt man aufgrund von Untersuchungen der heute in der Altstadt stehenden Häuser für zwei Drittel jener Häuser, die schon im 17./18. Jahrhundert vorhanden waren, Brandmauern aus dem späten Mittelalter an.

In Städten, in die mehr Geld hineinfließt, ist die Wahrscheinlichkeit größer, dass bestehende Häuser abgerissen und durch zeitgemäßere oder größere ersetzt werden, wirtschaftliche Stagnation wirkt dagegen auf den Hausbestand konservierend. Dabei hat sich die Dynamik in den zwei Jahrhunderten zwischen 1650 und 1850, also dem Ende des Dreißigjährigen Kriegs und der Industrialisierung, gegenüber dem 16. Jahrhundert verschoben. Während am Ausgang des Mittelalters und im 16. Jahrhundert die gewinnbringenden Fernhandelsaktivitäten in Oberdeutschland (mit Beziehungen nach Italien) und im Hanseraum (mit Schwerpunkt Ostsee und auch Nordsee) zu Hause waren, verlagerten sie sich nun nach Übersee, woran deutsche Städte nur wenig Anteil hatten. Gerade jene Fernhandelsstädte, die sich im 16. Jahrhundert auch baulich entfaltet hatten, wie Nürnberg, Augsburg und Ulm, Köln und Lübeck, stagnierten im 17. und 18. Jahrhundert wirtschaftlich, teilweise mit sogar schrumpfender Einwohnerzahl; hier wurde deshalb nur wenig abgebrochen und neu gebaut. Große aufstrebende Handelsstädte waren in dieser Zeit vor allem Hamburg mit Kontakten nach Übersee und Leipzig als zentraler Messestandort. In Leipzig wurden 1650-1770 etwa ein Drittel der Häuser in der Innenstadt abgerissen und durch Neubauten ersetzt. Leipzig entwickelte sich damit zur Barockstadt mit repräsentativen Fassaden der großen Bürgerhäuser und Handelshöfe. Auch in Hamburg wurden mittelalterliche Bauten im Stadtbild im Laufe des 18. Jahrhunderts selten, barocke Proportionen und Gliederungen für Häuser reicher Bürger prägend. Frankfurt am Main und Breslau konnten ebenfalls einiges an wirtschaftlicher Dynamik und eine entsprechende Erneuerung der Bauten zumindest in zentralen Bereichen aufweisen. Viele Klein- und Mittelstädte stagnierten hingegen. Marburg beispielsweise verlor 1604 die landgräfliche Residenz und erlebte dann im Dreißigjährigen Krieg den Niedergang der Wollweberei, d. h. seines Hauptgewerbezweigs, so dass es hier im 17. und 18. Jahrhundert bei stagnierender Einwohnerzahl fast keine Neubautätigkeit gab und in der Altstadt die Häuser des 15. und 16. Jahrhunderts weitgehend erhalten blieben. Trier besaß um 1850 noch 143 gotische und 88 romanische Häuser, weil die Finanzkraft zu grundlegenden Erneuerungen fehlte. Bemerkenswert ist der Blick auf Quedlinburg, das in den Jahrzehnten nach dem Dreißigjährigen Krieg einen wirtschaftlichen Aufschwung erlebte und heute die größte Fachwerkaltstadt in Deutschland besitzt. Von den 1327 erhaltenen Fachwerkhäusern sind nur noch 11 mittelalterlich (vor 1530), 70 stammen aus der Zeit zwischen 1531 und 1620, aber 439 Häuser wurden 1621-1700 und 552 Häuser im 18. Jahrhundert errichtet, der Rest danach.

Deutliche wirtschaftliche Impulse kamen in der Zeit des Absolutismus weniger vom Fernhandel als von den Fürstenhöfen. Das galt besonders für Dresden ab 1703, München und Berlin, aber auch für Hannover und in geringerem Maße für kleinere Residenzstädte. In den größeren Städten, in die durch Fernhandelseinnahmen oder durch die Ausgaben größerer Fürstenhöfe Geld hineinfloss und deren Einwohnerzahl deutlich stieg, verdichte sich die Bebauung innerhalb des einengenden Befestigungsrings spürbar. Hinter dem Vorderhaus liegende Gärten wurden immer mehr überbaut, und vor allem mussten an den Hauptstraßen und Plätzen die zwei- oder auch nur eingeschossigen Handwerkerhäuser zunehmend neuen, überwiegend viergeschossigen Häusern weichen, bei denen es sich jetzt zum großen Teil um Objekte mit mehreren Mietswohnungen handelte. In Berlin war diese Abrissdynamik etwas abgeschwächt, weil westlich der Altstadt große Flächen der Stadterweiterung für Neubauten zur Verfügung standen. Damit das Aussehen der preußischen Hauptstadt auch zum machtpolitischen Aufstieg des Königreiches im 18. Jahrhundert passte, half man von oben etwas nach. König Friedrich II. ließ 1771-76 in der Straße Unter den Linden 44 niedrige kleinbürgerliche Häuser niederlegen und dort auf seine Kosten repräsentativ neu bauen, jetzt meist viergeschossig. Die zweigeschossigen Häuser in der Königstraße, die zu einer der Hauptstraßen Berlins wurde, ließ er von dem Architekten Boumann daraufhin untersuchen, ob die Fundamente und Mauern ausreichen würden, sie auf vier Geschosse aufzustocken. Durch die Fassaden der Häuser darf man sich nicht täuschen lassen; während man beispielsweise in Hamburg und Hannover auch bei großen Häusern weitgehend beim sichtbaren Fachwerk blieb, war es in der Zeit des Barock und dann des Klassizismus anderenorts verbreitet, Häuser durch eine Putzfassade im Stil der Zeit zu modernisieren, doch dahinter blieben oft an sich ältere Häuser verborgen. Dabei ging es sowohl um das Prestige des Moderneren und durch das Vorbild des Adels auch sozial Höherwertigeren als auch pragmatisch darum, Fachwerk aus Brandschutzgründen zu verdecken. In Residenzstädten wurde diese Modernisierung oft von den Fürsten gefördert, die an den Plätzen und Hauptstraßen ein vereinheitlichtes und repräsentatives Stadtbild, d. h den Eindruck von Steinhäusern mit zeitgenössischem Fassadendekor wünschten und dementsprechend mit Bauordnungen regelnd eingriffen. In Dresden konnte August der Starke erreichen, dass die noch vorhandenen Fachwerkbauten, etwa ein Fünftel des Baubestandes, während seiner Regierungszeit ganz verschwanden und seine Residenz sichtbar zu einer Stadt des Barock wurde. Kleinere Residenzen konnten da nicht mithalten. Der Fürstbischof von Bamberg musste sich in seiner Residenzstadt damit zufrieden geben, dass zum großen Teil nur ältere Bauten modische barocke Fassaden vorgeblendet bekamen. Um einen entsprechenden Anreiz zum Neubau zu bieten, gewährte das Baumandat von 1700 in Bamberg für den Ersatz alter Häuser durch Neubauten Steuerbefreiungen: für Neubauten aus Stein mit zwei Stockwerken zehn, mit drei Stockwerken zwanzig Jahre lang, bei Fachwerkhäusern mit Kalkputz bei zwei Stockwerken sechs, bei drei Stockwerken neun Jahre lang, wogegen einstöckige Holzbauten in der Stadt künftig überhaupt nicht mehr genehmigt werden sollten. Absolutistische Herrscherhöfe, große ebenso wie kleinere, erzeugten in ihren Residenzstädten indirekt noch eine ganz andere Veranlassung Bürgerhäuser für Neubauten abzureißen. Je mehr der Fürstenhof die Macht monopolisierte und zum Zentrum der Adelsgesellschaft wurde, desto wichtiger war es für hochrangige Adlige, dort präsent zu sein. Deshalb verlagerten sie ihren Lebensmittelpunkt zunehmend von ihrem Landsitz in die Residenzstadt und mussten sich dort ein Stadtpalais zulegen. Im kleinen Münster stieg, obwohl sich der Fürstbischof aufgrund der Personalunion mit anderen geistlichen Fürstentümern oft gar nicht in der Stadt aufhielt, von 1600 bis 1780 die Zahl der Adelshöfe von 8 auf 35 an. In München gab es 1550 nur zwei adlige Hausbesitzer, während sich um 1800 im Bereich der Straßenzüge Theatiner-, Kardinal-Faulhaber- und Prannenstraße ein Adelspalais an das andere reihte. Die Adligen kauften hierfür, zwei, drei, vier oder auch mehr nebeneinanderliegende Bürgerhäuser auf, trugen sie ab und errichteten auf der so geschaffenen Großparzelle ein adliges Palais, das sich durch seine Größe und den Repräsentationsanspruch der Fassade im Stadtbild deutlich von bürgerlichen Häusern abhob.

Die Industrialisierung brachte dann im späten 19. Jahrhundert in den größeren Städten einen Schub an haustechnischen Innovationen, welche die bestehenden Wohnbauten bald alt aussehen ließen. Bis zum Ersten Weltkrieg wurden fast alle innerstädtischen Grundstücke zwangsweise an die zentrale Wasserversorgung und an die Kanalisation angeschlossen, womit zum einen das eimerweise Wasserholen von Brunnen und die Waschschüssel, zum anderen das Auskippen von Aborteimern und Nachttöpfen entfiel und überdies ein Küchenbetrieb mit fließend Wasser und Ausguss in die Kanalisation möglich wurde. Bei Neubauten erhielten Wohnungen gehobenen Standards jeweils eigene WCs mit Wasserspülung, bei Arbeiterwohnungen wurde ein gemeinsames WC auf dem Treppenabsatz für zwei bis drei Wohnungen üblich, und im bestehenden Gebäudebestand erhielt nur das Grundstück eine Anschluss, was meist ein gemeinsames Klohäuschen im Hof bedeutete. Bäder mit Badewannen kamen zuerst in Luxushotels auf; bis 1914 wurde eine Badewanne im gehobenen Wohnstandard üblich, aber noch nicht bei Arbeitern und großen Teilen der Mittelschicht. Auch Gasherde setzten sich in größerem Umfang gegen die Holz- und Kohlenherde durch, was einen Anschluss an das Gasnetz erforderte. Als Zimmerbeleuchtung verdrängte in den 1860er Jahren die Petroleumlampe die Kerze, an die Elektrizitätsversorgung für elektrisches Licht waren aber selbst in Berlin 1910 erst 3,5 % der Wohnungen angeschlossen. Neubauten errichtete man nicht mehr als Fachwerkkonstruktion, sondern fast nur noch ganz in Stein, dabei mit größeren Raumhöhen und weniger steilen Treppen. Natürlich waren sie auch gerade und nicht so verzogen wie ältere Fachwerkbauten. Kurzum, die Ansprüche an die Qualität von Wohnungen stiegen sprunghaft an, und deshalb waren immer mehr Hauseigentümer motiviert, alte Wohnhäuser durch neue zu ersetzen. Wo die Stadtbevölkerung stark wuchs, kletterten erst recht die Bodenpreise in den Städten, und damit entstand ein zusätzlicher Druck, die Grundstücke durch neue Wohnhäuser mit höherer Geschosszahl und überhaupt größerer Dimension besser auszunutzen.

Diese Veränderungen bescherten den größeren Städten in der Kaiserzeit eine bisher beispiellose Abrisswelle und rastlose Neubautätigkeit, die oft das Stadtbild innerhalb von wenigen Jahrzehnten grundlegend veränderten. Es handelte sich um eine Fülle unkoordinierter Entscheidungen der einzelnen Hauseigentümer, ein Strukturwandel unabhängig vom Prozess der Citybildung und von den staatlich geplanten Sanierungen. In Mannheim wurden zwischen 1820 und 1860 jährlich nur etwa 10 neue Häuser gebaut, aber ab 1860 stieg die Zahl der Neubauten sprunghaft an, so dass im Jahre 1900 von den 1519 Gebäuden der inneren Altstadt nur noch 477 aus der Zeit vor 1800 stammten. Mit dem Ersten Weltkrieg endete diese Welle; 1914-39 wurden in der Innenstadt nur noch 40 neue Wohngebäude errichtet.[130] Angesichts der gewaltigen Dynamik in der Reichshauptstadt überrascht es nicht, dass Alt-Berlin (im Sinne des Gebiets der mittelalterlichen Altstadt ohne Cöln) 1850-1918 Stück für Stück fast gänzlich neu bebaut wurde, so dass nur am Südrand noch Gebäude aus der Zeit vor 1800 erhalten blieben; auch viele ansehnliche Palais der Barockzeit gingen dabei verloren. In Kiel sorgte der Aufschwung durch den Marinestützpunkt dafür, dass in den zwei Jahrzehnten vor dem Ersten Weltkrieg in der Altstadt fast der ganze alte Bausubstand zugunsten neuer Häuser vernichtet wurde. In Lübeck wurden 1870-1942 etwa 40 % der Gebäude in der von der Wakenitz umflossenen Altstadt abgebrochen und neu erbaut oder wesentlich umgebaut. In der eher bescheidenen großherzoglichen Residenzstadt Oldenburg errichtete man 1870-1910 sogar zwei Drittel der Häuser neu.

Selbst in der Kleinstadt Hameln an der Weser drängten sich die Neubauten deutlich hinein, wie 1899 geklagt wurde: „Wenn man aber fortfährt, im Innern der Stadt so niederzureißen und so neu zu bauen, wie es in den beiden letzten Jahrzehnten auf dem Gebiete des Privathausbaues geschehen ist, so kann von einem Gesamtcharakter Alt-Hamelns bald nicht mehr die Rede sein. ... Was jedoch soll man sagen zu den Bauschöpfungen, die sich gegenwärtig ... zwischen die schönen alten Gebäude eindrängen?! Häuser, fast um das doppelte über ihre Nachbarn sich hinausreckend, mit hohen kahlen Brandmauern, die ihre unqualificirbaren Profillinien ohne Scheu auf dem blauen Himmel abzeichnen, in Farbe und Baustoff, in der Höhe der Stockwerke, in der Grösse

Häuser an der Straße Kleines Fleth in Hamburg 1883: links aus dem 17./18. Jh., rechts Neubauten nach dem Abbruch der Fachwerkhäuser 1864.

der Fenster ohne jede Beziehung zu ihrer Umgebung und durch ihre leere Eleganz dem gemüthvoll schlichten Charakter der alten Zeit geradezu ins Gesicht schlagend? Jede Stimmung wird so zur Unmöglichkeit gemacht. Und wenn man nicht niederreißt, so `baut man um´, d. h. man lässt einige schwer verwüstliche alte Grundmauern stehen, um ihnen einen modernen Kasten aufzusetzen, wie es z. B. mit dem reizenden kleinen gothischen Hause am Münsterplatz vor wenigen Jahren geschehen ist, von dem man nichts weiter mehr sieht als die alte, wieder hingeflickte Inschrift mit der Jahreszahl 1493 ... Unter den kleinen Nebenstraßen aber ist kaum eine mehr, in der nicht der einheitliche Eindruck durch ein paar rothe Backsteinklumpen in ödem Fabrikstil mit flachbogigem Fenstersturz unterbrochen und gestört würde."[131]

Allerdings erfasste diese ungesteuerte Abrissdynamik durchaus nicht alle Altstädte. In Braunschweig und Hildesheim beispielsweise blieben die Fachwerkaltstädte erhalten; in Hildesheim reihten sich 1939 noch 1500 Fachwerkbauten aneinander. Frankfurt am Main besaß am Ende des Kaiserreiches mit 2000 Fachwerkhäusern immer noch die größte Fachwerkaltstadt in Deutschland, und selbst in Bochum blieben die ältesten Teile der Altstadt aus unansehnlichen und ärmlichen Fachwerkhäuschen wie eine kleine Insel inmitten des Meeres aus kaiserzeitlichen Backsteinbauten, Zechen und Fabrikanlagen liegen. Erst recht veränderten sich in kleinen Städten, um welche die Industrialisierung in der Kaiserzeit einen Bogen machte, die Altstädte kaum, beispielsweise in Naumburg an der Saale, dessen Existenzbasis von Verwaltung, Garnison und bürgerlichen Rentiers geprägt war. Die Extremfälle Rothenburg ob der Tauber und Dinkelsbühl erkannten ihre Altstadt als touristisches Potential und musealisierten sie geradezu.

Wo die Industrialisierung die Städte mit Macht erfasste, entstand nicht nur der Druck, den Häuserbestand der Altstadt den neuen Standards anzupassen, sondern mit den neuen Arbeitsplätzen schwoll auch die Zahl der Menschen in den Städten drastisch an, die untergebracht werden wollten. Mehrgeschossige Neubauviertel legten sich um die bisherige Altstadt, und die städtischen Bauaktivitäten griffen immer weiter in die Fläche aus, ein Prozess, der sich noch weit über den Ersten Weltkrieg hinaus fortsetzte. Dichtere Bebauung steigerte den Wert der Grundstücke, so dass es lohnte, alles dort Bestehende aufzukaufen, abzubrechen und die Grundstücke neu zu bebauen. Dies erfasste unterschiedslos die schon seit dem 18. Jahrhundert entstandenen schäbigen Vorstädte mit ihren schlichten Wohnhäusern armer Leute und den Gebäuden von schmutzigen Gewerben wie Schlachthöfen und Gerbern, die vornehmen Landhäuser der städtischen Oberschicht mit ihren Ziergärten, die Dörfer mit Bauernhöfen und auch Gutshäuser, deren Ackerfläche parzelliert und aufgesiedelt wurde und die damit ihren Sinn verloren. Es war eine Vielzahl von unkoordinierten Aktionen einzelner Unternehmer und Projektentwickler, jede für sich nicht besonders bemerkenswert, ebenso wenig wie die Gebäude, die hier verloren gingen, aber in der Summe krempelten sie das Erscheinungsbild der Siedlungen um die wachsenden Großstädte herum vollständig um. Stellvertretend sei hier eine Passage aus der autobiographische Erzählung des Kunstkritikers Karl Scheffler zitiert, in der er den Wandel Eppendorfs in den 1880er Jahren auf dem Weg vom Bauerndorf über einen Vorort zum Stadtteil Hamburgs beschreibt: „Unter dem Einfluss der Wandlungen begann das Dorf, erst langsam und dann immer schneller, hässlich zu werden. Die reichen Kaufherren, die Besitzer der alten vornehmen Landhäuser, vermochten den Sommer nicht mehr im Dorf verbringen. Ruhe und Reinlichkeit waren dahin. Mietshäuser standen dort, wo früher die strohgedeckten Häuschen mit ihren kleinen Blumengärten gewesen waren. Proletarier wohnten und lärmten, wo sonst eine ländliche Bevölkerung still vor sich hin gelebt hatte. ... An die Stelle der ländlichen Wirtshäuser, vor denen die Pferde aus hölzernen Krippen gefressen hatten, traten Bier und Branntweinkneipen, in denen abends rauhe Stimmen grölten. Arbeiterwohnungen wurden hart an den Gartenzäunen der herrschaftlichen Besitzungen errichtet, die fremden Kinder brachen in die Obst- und Blumengärten ... Die Besitzer der Landhäuser blieben weg, ließen Haus und Garten verwildern, oder sie verkauften die Besitzung einem Unternehmer, der sie dann aufteilte und für Spekulationsbauten benutzte. Es dauerte nicht viele Jahre, bis sich der Charakter des Dorfes von Grund auf geändert hatte. Aus dem Ackerdorf war, da die Stadt ihre Arbeitermassen nun an das Dorf abzugeben begann, ein mit der Stadt immer mehr verwachsener Vorort geworden. ... Straßenbahnwagen rollten in schneller Folge auf mehreren Linien hin und her. Sie fuhren an einer ununterbrochenen Reihe von Häusern vorbei, an Läden und Geschäften mit grellen Reklametafeln und an kleinen Villen. ... Wo sonst an der Stelle des alten Schlagbaums der Dorfkrug gewesen war, da standen jetzt mehrere Tanzsalons. ... Der alte Leinpfad wurde zu einer Villenstraße, und die Wiesen waren ganz zu Bauland geworden, da die Flussgrundstücke sehr begehrt waren. ... Um so wunderlicher wirkten einige der alten strohgedeckten Scheunen, die wie vergessen stehen geblieben waren. Aber es nistete kein Storch mehr auf dem First, die Unruhe war zu groß. alles nahm in künstlicher Weise städtischen Charakter an."[132]

Nicht nur in den Städten, sondern auch im weiten ländlich bleibenden Raum ließen die Neuerungen der Zeit den Hausbestand nicht unangetastet. Die steigenden Ansprüche an Wohnkomfort und die Technisierung von Produktionsabläufen führten in Norddeutschland vom Niederrhein bis nach Pommern zu einem Umbruch, bei dem zahlreiche alte Bauernhäuser verschwanden. Jahrhundertelang hatte man Bauernhäuser in dieser Reguion als niederdeutsche Hallenhäuser gebaut: vorne eine riesige Diele mit Stallungen zu beiden Seiten und einer offenen Feuerstelle in der Mitte als zentralem Ort des Hauses, die wegen der Brandgefahr des Reetdachs ohne Schornstein war, dahinter ein kleiner Wohnteil, im Dachboden Lagerraum für die Ernte und Stroh und über dem Ganzen ein riesiges, weit heruntergezogenes Reetdach. Die Außenwände waren als Fachwerk konstruiert. Doch mit dem Anstieg der wohnkulturellen Standards begannen die Bauern sich daran zu stören, dass der Wohnteil relativ eng war, die offene Feuerstelle die Diele verräucherte, die Nähe zum Vieh und seinem Mist unvermeidlich ein gewisses Maß an Unsauberkeit verursachte und der Geruch von Rauch und Vieh in der Kleidung hing. Zugleich machten Dreschmaschinen die Diele, auf der mit Dreschflegeln gedroschen wurde, überflüssig, und die wachsenden Viehbestände und Erntemengen sowie die neuen Maschinen passten nicht mehr ins Haus hinein. Überdies standen jetzt mit Dachpappe und Blechdach billige und weniger feuergefährliche Alternativen zum Reetdach zu Verfügung. Als Folge wurden in den Jahrzehnten zwischen etwa 1875 und 1930 die alten Hallenhäuser eines nach dem anderen abgerissen und durch neue Anlagen aus Ziegelstein und mit Hartdach ersetzt, bei denen man jetzt meist das Wohngebäude, das sich dem städtischen Giebelhaus annäherte, und die Wirtschaftsgebäude trennte. Bäuerliche Interessenvertretungen und staatliche Bauordnungen förderten diese Entwicklung. Kritik daran erhob sich ab 1900 aus Kreisen des städtischen Bildungsbürgertums, die dem geruhsamen Erscheinungsbild traditioneller Bauerndörfer nachtrauerten. Dabei ging es ihnen um ein erbauliches Landschaftsbild und Heimatgefühle bei ihren Wochenendausflügen; wohnen wollten sie in solchen Häusern natürlich nicht. Im übrigen Deutschland hatte dieser Umbruch im bäuerlichen Baubestand keine Parallele, denn im oberdeutschen Bauernhaus waren Wohn- und Wirtschaftsteil deutlich voneinander getrennt und im mitteldeutschen Gehöft ohnehin auf mehrere Gebäudeflügel aufgeteilt. So führten in Süddeutschland erst die Rationalisierungen in der Landwirtschaft nach dem Zweiten Weltkrieg dazu, dass seit den 1960er Jahren traditionelle Bauernhöfe abgetragen wurden. In Norddeutschland forcierte die Ausbreitung der großen Maschinen und der Druck der europäischen Integration zum Größenwachstum der Höfe die bereits angelaufene Zerstörung traditioneller Bauernhäuser. Noch mehr bedeutete in der DDR die Kollektivierung einen Maßstabssprung in der bäuerlichen Produktion, durch den viele alte Bauernhäuser verloren gingen.

Entscheidungen einzelner Hausbesitzer, ihr Wohnhaus zu beseitigen und durch einen Neubau zu ersetzen, der veränderten Ansprüchen besser gerecht wird, gibt es in einem gewissen Umfang immer. Bestimmte allgemeine Rahmenbedingungen können dazu führen, dass ihre Anzahl in einigen Epochen deutlich höher ist, es geradezu Abrisswellen gab, wie wir gesehen haben. In den wirtschaftlichen schwierigen Jahren zwischen den beiden Weltkriegen sowie in den beiden Jahrzehnten nach dem Zweiten Weltkrieg, als es aufgrund der Kriegszerstörungen darum ging, überhaupt erst einmal wieder eine ausreichende Anzahl von Wohnungen zu schaffen, dürfte dieser normale Durchsatz im Wohnungsbestand sich auf eher niedrigem Niveau bewegt haben. Nach den 1970er Jahren lag er dann wieder deutlich höher; für das Gebiet der alten Bundesländer wird geschätzt, dass 1986-2011 jährlich etwa 15 000 Wohnungen abgebrochen wurden, was 0,05 % des Bestandes entsprach. Mit Anfang des 21. Jahrhunderts wurde dabei offenbar der Trend, dass sich Arbeitsplätze und damit auch die Bevölkerung immer mehr in den Großstädten konzentrieren, eine wesentliche Triebkraft. Die Grundstückspreise stiegen dadurch deutlich an und entfalteten einen Druck, Grundstücke effizienter auszunutzen. Vor allem zwei Gruppen von städtischen Wohnhäusern scheint dies besonders zu treffen. Das eine sind kleine Einfamilienhäuser aus den Siedlungen der 30er Jahre und der Wiederaufbauzeit der 50er Jahre auf großen Grundstücken, im Laufe der Zeit meist mehrfach umgebaut und verändert, ohne die schlichte Bauqualität dieser Jahre und die Enge der Räume grundlegend loszuwerden. Die Grundstücke sind inzwischen deutlich mehr Wert als die oft verschlissenen, heutigen Ansprüchen nicht mehr genügenden Häuser. Wenn diese beim Generationswechsel auf den Markt kommen, verfallen sie zunehmend dem Abriss und werden durch ein Einfamilienhaus oder Reihenhäuser nach aktuellen Standards ersetzt; wer solche Grundstücke bezahlen kann, wird so schlicht nicht mehr wohnen wollen. Das andere sind Villen auf großen, parkartigen Grundstücken in Bestlagen der Großstädte, die zunehmend durch stark gestiegene Unterhaltskosten belastet sind und aufgrund der Grundstücksgröße mit hohen Grundstückspreisen kalkuliert werden. Beim Besitzerwechsel sind sie für die traditionelle Nutzung als Familiensitz immer weniger bezahlbar und werden deshalb oft durch die deutlich größeren Baukörper sogenannter Stadtvillen mit mehreren Eigentumswohnungen ersetzt. Durch diese Verdichtung verändern solche Villenviertel schleichend, aber sicher ihren Charakter. Verstärkt bedroht sind ferner auch jene Teile kaiserzeiticher Vorstadtbebauung, die nur zwei bis drei Geschosse hoch sind und nicht dem Denkmalschutz unterliegen, da sich auch hier höhere Neubauten lohnen.

Altstadtsanierung: Was heißt hier krank?

Im Jahre 1900 rückten die Abrisskolonnen in der südlichen Neustadt an, einem von drei Bezirken in Hamburg, die zur Flächensanierung vorgesehen waren. Zusammen umfassten sie 37,9 Hektar, das waren ca. 18 % der gesamten Innenstadtfläche, und hier wohnten etwa 50 000 Menschen in 12 000 Wohnungen, davon 21 000 Einwohner in der südlichen Neustadt. Bis 1914 waren die überwiegend aus dem 17. und 18. Jahrhundert stammenden Fachwerkhäuser in der südlichen Neustadt fast gänzlich abgebrochen und durch neue Wohngebäude ersetzt worden. Hier ging es nicht um Abrissentscheidungen einzelner Hausbesitzer für ihr eigenes Haus, sondern um ein staatlich verordnetes und organisiertes Vorhaben, das ein ganzes Stadtviertel erfasste. Bei der Bürgerschaftsdebatte am 6. Juli 1904 über den bisherigen Verlauf des Großprojekts erklärte der Abgeordnete Riege: „Der Hamburger Staat, das möchte ich ausgesprochen haben, hat Aufgaben zu erfüllen, wie sie in Deutschland in manchem Königreich nicht erfüllt werden. ... Da darf ich doch wohl fragen, ob andere Städte derartige Sanierungen in ihren Städten durchgemacht haben, wie wir es in Hamburg tun. Keineswegs! Es gibt keine Stadt in Deutschland, die derartig weite, städtische, engbebaute Gebiete angekauft hat, die Häuser herunterreißt und dann neu aufbaut."[133] Dieser Satz blieb bis zum Zweiten Weltkrieg gültig.

Von Sanierung zu reden, wie es im späten 19. Jahrhundert in der Stadtplanung aufkam (süddeutsch Assanierung), ist bis heute üblich geblieben, oft in einem recht technizistischen Sinne und ohne viel Gespür für die ursprünglich damit implizierten Wertvorstellungen. Sanierung heißt auf Deutsch Gesundung, doch von welchen als Krankheit bewerteten Erscheinungen sollte dieses Stadtgebiet geheilt werden? In der im Kaiserreich aufkommenden Vorstellung, bestimmte Stadtviertel seien als krank anzusehen, verknüpften sich vier zunächst ganz verschiedene Phänomene, die zwischen der Mitte des 19. Jahrhunderts und dem Ersten Weltkrieg die Großstädte erfassten, nämlich die räumliche Segregation innerhalb der Städte, die Hygienebewegung, das Verbürgerlichungsstreben im Gegensatz zur sich formierenden Arbeiterklasse und die politischen Spannungen durch das Aufkommen des Sozialismus. Das ist näher zu erläutern.

Die Wohlhabenden, die bisher im Zentrum der Stadt gelebt hatten, zogen aus dem alten Stadtgebiet fort in die Villenviertel, die auf den Feldern vor den Toren der Stadt neu entstanden, beispielsweise ins Frankfurter Westend, aus Hamburg ins angrenzende Harvestehude und von Berlin nach Lichterfelde-West, Dahlem, Wannsee und Grunewald. Nun kam es in den Großstädten zu einer neuartigen Differenzierung, zu oft kleinräumig aufeinanderstoßenden Kontrasten. Große Teile der Altstädte wurden durch die Kumulation einzelner privater Entscheidungen, alte Häuser zugunsten zeitgemäßerer Wohnhäuser abzubrechen, und durch den Prozess der Citybildung schrittweise ersetzt; hier entstand eine großvolumige Neubebauung. Einige Stadtviertel der Altstädte blieben indessen von dieser Modernisierung unberührt zurück, so dass sie bürgerlichen Wohnansprüchen immer weniger genügen konnten, teilweise waren sie schon immer Kleine-Leute-Quartiere gewesen. Ihre meist aus dem 17. und

18. Jahrhundert stammenden Fachwerkhäuser standen eng beieinander, hatten oft recht niedrige Räume und waren vielfach mit den Jahren auch schief geworden. Sie waren nur teilweise an die neue Wasserversorgung und Kanalisation angeschlossen, weil sich die Leitungen in den engen, winkligen Gassen nur schlecht verlegen ließen. So konnten sie jetzt nur noch billig vermietet werden, und damit sammelten sich hier arme Menschen und ein an der Existenzgrenze vegetierendes Kleinhandwerk an. Da der Immobilienwert verfiel, investierten die Hausbesitzer wenig in die Instandhaltung, versuchten stattdessen rücksichtslos an Miete herauszuholen, was noch ging, unterteilten größere Wohnungen in mehrere kleine, stockten auf und bebauten auch die Hinterhöfe noch enger. Das forcierte natürlich die Abwärtsspirale nur noch, die Stadtviertel verkamen zum Slum. Dazu zählten in Hamburg große Teile der Neustadt und die südöstliche Altstadt, in Berlin der östlichste Teil der Spandauer Vorstadt (das sogenannte Scheunenviertel) und der Süden der Spreeinsel (der sogenannte Fischerkietz), in Köln abseits am Fluss das Rheinviertel (dazu das heutige Martinsviertel), in Bremen das Schnoorviertel und in Lübeck der Außenrand der Altstadt an der Wakenitz, ebenso die Altstadt von Kassel und Teile der Altstadt von Hannover. In Frankfurt stemmte man sich gegen diesen Trend, versuchte mit Straßendurchbrüchen dem Abwandern des Wirtschaftslebens aus der engen Altstadt, ihrer schrittweisen Verödung entgegenwirken, doch letztlich vergebens.

Die Hygienebewegung in der zweiten Hälfte des 19. Jahrhunderts beruhte auf einer eigentlich alten Auffassung, wo die Ursachen von ansteckenden Krankheiten zu suchen seien. Unsauberkeit und sogenannte Miasmen, d. h. übelriechende, schädliche Ausdünstungen, seien dafür verantwortlich, so die gängige Ansicht. Daraus zog man nun aber energische Konsequenzen und propagierte regelmäßiges Waschen von Körper und Kleidung und den Gebrauch von Seife, die Beseitigung von Kehricht und Müll aus Wohnräumen und Straßen, regelmäßiges Lüften der Wohnungen und ausreichende Beleuchtung, alles Verhaltensweisen, zu denen ein Großteil der Bevölkerung erst einmal erzogen werden musste, nicht zuletzt durch die Schule und beim Militärdienst. Während sich die jetzt konkurrierend aufkommende Bakteriologie darauf fokussierte, einzelne Krankheitserreger zu isolieren und Impfstoffe dagegen zu entwickeln, setzte die Hygienebewegung sich das Ziel, durch Prophylaxe Krankheiten zu verhindern, aus humanen Motiven ebenso wie um die Arbeitskräfte für die Gesellschaft zu erhalten. Dabei rückten nun die sozialen Rahmenbedingungen der Menschen in den Blick, und insbesondere führte dies vor dem Hintergrund der haustechnischen Innovationen zu einem neuen, kritischen Blick auf das, was eigentlich traditionelle Wohnverhältnisse ärmerer Leute waren. Seit den 1860er Jahren finden sich Berichte, welche diese in drastischem Ton anprangerten: die erst begrenzte Verfügbarkeit von frischem Wasser zum Waschen, den ebenfalls erst ansatzweise erfolgten Anschluss an die Kanalisation, welche die Verseuchung des Bodens durch menschliche Abwässer beenden sollte, ferner die enge und verwinkelte Bebauung, die verhinderte, dass kräftiger Windzug Feuchtigkeit und Gestank forttrug, und auch die Überbelegung, durch die den einzelnen Bewohnern eine zu kleine Menge frischer Atemluft zur Verfügung stehe (man hatte in den 80er Jahren ein Luftvolumen von 10 m^3 pro Person zur Norm erklärt). Diese Kritik wurde überdies auch dadurch motiviert, dass in den 1830er Jahren die Cholera aus Asien nach Europa eingeschleppt wurde. Sie erfasste die Unglücklichen schlagartig und führte innerhalb weniger Tage zum Tode, und zwar unter entsetzlichen Anfällen von Erbrechen und Durchfall, und das in einer Zeit, als bürgerliche Kreise gerade durch eine steigende Schamschwelle gegenüber bestimmten Körperfunktionen diese privatisierten und tabuisierten. Der einflussreiche Arzt Max Pettenkofer stellte aufgrund umfangreicher Untersuchungen 1855 die These auf, „daß die cholerakeimtragenden Excremente, welche sich in das ... Erdreich verbreiten, ... den stetig fortgehenden Fäulniß- und Verwesungs-Prozeß in einer Art und Weise abändern, daß sich außer den gewöhnlichen Gasarten hierbei ein Cholera-Miasma entwickelt, welches sich dann mit den üblichen Exhalationen in den Häusern verbreitet. Diese Entwicklung scheint schneller und vehementer einzutreten bei feuchterem und mehr verunreinigtem Boden ... Das Miasma verliert ... durch Verdünnung mit Luft wesentlich an Kraft ... Die Verdünnung durch die Bewegung der freien Luft ist außerordentlich.“[134] Die Forderung, zu eng bebaute Stadtteile besser zu durchlüften, drängte sich nun geradezu zwangsläufig auf.

Anstoß zur Sanierungspolitik waren ferner die sozialen, moralischen und politischen Folgen der Industrialisierung. Mit dieser formierte sich in bestimmten Stadtquartieren eine Arbeiterklasse, deren Mitglieder nicht mehr so wie früher das ländliche Gesinde und die Handwerksgesellen in den patriarchalischen Haushalt des Bauern oder Meisters eingebunden und dadurch sozial kontrolliert waren. Während sich in bürgerlichen Kreisen gerade das Ideal der „bürgerlichen Familie“ mit neuen Standards an Privatheit des Einzelnen, mit sorgfältiger Erziehung der Kinder und bürgerlicher Frauenrolle durchgesetzt hatte, entstanden hier unter dem Druck der Armut andere Formen des Zusammenlebens. Hier lebten Familien, die aus finanziellen Gründen einen unverheirateten jungen Mann als Schlafburschen mit aufnahmen und mit ihm umschichtig das Bett teilten, und es gab zahllose „wilde Ehen“. Hier lebten besonders kinderreiche Familien, die nirgends anders unterkamen, gleich nebenan mit der unverhüllt sichtbaren Prostitution aus der Not heraus (die Bordelle der besser situierten Bürger waren diskret), und es bestand bei den hier

Gängeviertel in Hamburg: Illustrationen zu einem Bericht in der Leipziger Illustrierten Zeitung 1865, der einem bürgerlichen Publikum die Hamburger Gängeviertel als gefährlich und verwahrlost schildert.

aufwachsenden Jugendlichen überhaupt ein geringeres Schamgefühl. Dazwischen lagen schummrige Kellerkneipen, in denen der Branntwein die Frustration betäubte. Aus Sicht des Bürgertums war das Ganze ein Sumpf von Unmoral.

Dieses großstädtische Proletariat in Elendsquartieren wurde nun von den herrschenden Kreisen, d. h. in den Städten vom wohlhabenden Bürgertum, zunehmend auch noch als politisch gefährlich wahrgenommen. Der ordnende Zugriff der Staatsgewalt sah sich hier unterhöhlt. Armut lieferte den Nährboden für Kleinkriminalität. Schulpflicht und damit der erzieherische Einfluss der Schule ließ sich nicht vollständig durchsetzen, und die Polizei wurde in diesen Kreisen als Gegner wahrgenommen, was sich gelegentlich auch in handgreiflichen Krawallen entlud. Vor allem wählten Proletarier bei Parlaments- und Kommunalwahlen in steigendem Maße Sozialdemokraten, d. h. jene Partei, deren Vorsitzender August Bebel immer wieder davon redete, dass der „große Kladderadatsch“, der revolutionäre Umsturz des Kapitalismus in absehbarer

Gängeviertel in Hamburg: Bewohnerinnen posieren im Dovenhof für den Fotografen.

Zeit bevorstehe, also die entschädigungslose Enteignung eben des wohlhabenden Bürgertums.

Drastische Beschreibungen dieser für das gehobene Bürgertum fremden Welt lehrten die Leser das Gruseln. Diese zugleich hygienischen, moralischen und politischen Gefährdungen verschmolzen in den Augen bürgerlicher Betrachter zur Vorstellung von ungesunden Stadtquartieren, die man nur sanieren könne, indem man sie vollständig niederlegt. Die Hamburger Gängeviertel bezeichnete der Notar Heinrich Asher schon 1865 als „Heerd aller Laster, aller Verbrechen, alles aufrührerischen Strebens."[135] Ganz unverblümt meinte er: „Das gründlichste und grossartigste Mittel zu einer Reorganisation jenes Stadttheils wäre ohne Frage die vollständige Expropriation aller dort belegenen Erben [d. h. Grundbesitzer], Rasierung der gesammten Baulichkeiten und nunmehrige Wiederaufbauung nach einem neuen Plane."[136] Mit solchen Wertungen stand er nicht alleine. In einer Publikation des *Hamburger Medicinal-Collegiums* von 1901 heißt es: „Zu allen Zeiten und allen Orten sind die Insassen der Bettlerherbergen, die Alcoholisten und Prostituierten, die obdach- und arbeitslosen Vagabunden, die in Schmutz und Unordnung verkommenden Familien und was sonst noch zur Hefe des Volkes gehört, die Hauptträger der Seuchen gewesen. ... Daher bedürfen diese Leute und ihre Schlupfwinkel einer beständigen und sorgfältigen Überwachung."[137] Und der angesehene Kunsthistoriker Cornelius Gurlitt, Präsident des Bundes Deutscher Architekten, schrieb 1920 in seinem *Handbuch des Städtebaues* mit Bezug auf Flächensanierungenen vom „Erfolg der Gesundungen, der darin bestand, die minderwertigen Bevölkerungselemente nach einer anderen Stelle zu versetzen."[138]

Der schlichte Wohnraum in den Hamburger Gängevierteln, so bezeichnet nach den schmalen, von der Straße in die Hinterhofbebauung führenden Gängen, war nicht zuletzt von Tausenden von Arbeitern nachgefragt, die ihren Lebensunterhalt als Tagelöhner im boomenden Hafen bestritten, der von dort fußläufig zu erreichen war. Die erste Initiative zur Sanierung der Gängeviertel in Hamburg ging aber nicht vom Senat, sondern von privaten Projektentwicklern aus, den Brüdern Wex, die in eigener Regie Grundstücke aufkauften und hierauf 1866-67 quer durch das Gängeviertel der nördlichen Neustadt einen Straßendurchbruch legten, die Wextraße, an der neue Wohnhäuser errichtet wurden. Um das Feld nicht privaten „Spekulanten" zu überlassen, legte der Hamburger Senat selbst 1890-93 mit der Kaiser-Wilhelm-Straße einen weiteren Straßendurchbruch durch die nördliche Neustadt an. Solche Korridorstraßen bildeten zwar auch Lüftungsschneisen, aber für die Bebauung dahinter konnten sie nichts Grundlegendes bewirken. 1892 brach dann eine Choleraepidemie in Hamburg aus, die 8605 Todesopfer forderte, eine Katastrophe, die man im Fortschrittsoptimismus jener Zeit nicht für möglich gehalten hatte und die für die aufstrebende Wirtschaftsmetropole dementsprechend peinlich war. Der Senat setzte ein Kommission ein, welche die Ursachen der Cholera und mögliche Gegenmaßnahmen untersuchen sollte. Dass die Cholera besonders unter den Bewohnern des Gängeviertels gewütet hatte, war offenkundig, der Zusammenhang zu den unhygienischen Wohnverhältnissen wurde von niemandem bestritten. Doch die vielschichtigen Untersuchungen und Diskussionen führten zu keinen konkreten Beschlüssen.

Erst als 1896 der große Hafenarbeiterstreik ausbrach, kamen die Verantwortlichen in Gang. Der Streik zog sich über 11 Wochen hin, der längste Arbeitskampf im Kaiserreich. Als frustrierte Streikende die Streikbrecher angriffen, ging die Polizei in militärischem Stil gegen sie vor; aus den Häusern im Gängeviertel hagelte es dabei Steine, Flaschen und Abfall auf die Polizisten. Die Arbeitgeber schlugen jetzt vor, die „gefährlichen Klassen" aus der Innenstadt in die Vororte umzusiedeln und die Wohnquartiere am Hafen „gründlich" zu „sanieren". Nun wurden 1897 drei Sanierungsgebiete festgelegt: I die östliche Altstadt, II die nördliche Neustadt zwischen Kaiser-Wilhelm-Straße und Großneumarkt und III die südliche Neustadt zwischen Michaeliskirche und Hafen.

Der Anteil sozialdemokratischer Wähler lag hier über 70 %. Der Senat sollte die Grundstücke aufkaufen und die fehlenden Reste durch Enteignung erwerben, danach die alten Fachwerkhäuser flächendeckend abbrechen lassen, ein neues Straßennetz mit den zeitgemäßen Ver- und Entsorgungsleitungen anlegen und zum Schluss die neu parzellierten Grundstücke als Bauplätze verkaufen. Zwei Gruppen reagierten als erstes. Reiche Hamburger Bürger mit guten Kontakten zu einzelnen Beamten, die konkrete Details der Planungen ausplauderten, nutzten die Gelegenheit, schnell Grundstücke aufzukaufen und sie dann mit Gewinn an den Staat weiterzuveräußern. Zugleich strömten zahlreiche Künstler in die zum Abriss vorgesehenen Bezirke, um malerische Ecken auf Leinwand und Papier festzuhalten. In ihren Augen waren die verwinkelten Fachwerkgassen reizvoll und die neu entstehenden geraden Straßen langweilig, aber sie mussten auch nicht unter den rückständig gewordenen sanitären Verhältnissen wohnen.

Da man nicht Zehntausende von Einwohnern gleichzeitig auf die Straße setzen konnte, ging der Senat schrittweise vor. Man begann mit Sanierungsbezirk III, da es in diesem niedrig gelegenen Gebiet bei Elbhochwasser wiederholt zu einem Rückstau in der Kanalisation kam, von der die Abwässer dann aus den Sielen und in die Keller hochgedrückt wurden. im Jahr 1900 begannen die Abbrüche dieser ersten Flächensanierung in Deutschland, und bis 1914 war hier die Bebauung mit neuen Wohnungen fast abgeschlossen. Widerstände gab es kaum; die oppositionelle SPD drängte zwar darauf, angemessene Ersatzwohnungen zu schaffen, hielt aber ebenfalls den Altbaubestand für hoffnungslos. Hier wurde zugleich ein Dilemma der Flächensanierung deutlich. Da die neuen Wohnungen größer und qualitativ besser waren und die Untervermietung verboten wurde, hatten die Bewohner entweder höhere Mietlasten zu tragen oder mussten in entferntere Stadtteile ausweichen, was dann einen weiteren Weg zur Arbeit bedeutete. Der Nordteil des Sanierungsgebiets Altstadt wurde ab 1907 im Rahmen des Durchbruchs der Mönckebergstraße ebenfalls abgeräumt und bis 1914 neu bebaut, allerdings ausschließlich mit Kontorhäusern und anderen Citybauten, so dass die 16 000 Bewohner vollständig weichen und anderswo ein Unterkommen suchen mussten. Die Sozialdemokraten hätten hier zwar lieber neuen Wohnungsbau gesehen, aber in Hamburg regierten eben die Geschäftsinteressen. In der südlichen Altstadt begannen die Abbrucharbeiten 1913, doch dann kamen Weltkrieg und Inflation dazwischen, so dass dieses Sanierungsprojekt weitgehend erst 1924-36 umgesetzt werden konnte. Der Bebauungsplan von 1912 sah hier vor allem Mietshäuser vor, im Laufe des Planungsprozesses verschoben sich die Prioritäten allerdings immer mehr, so dass es auch hier zu einer fast reinen Cityerweiterung ohne neuen Wohnraum kam. Das Sanierungsgebiet II wurde erst 1933 in Angriff genommen, wovon 12 000 Menschen betroffen waren; hier entstanden ausschließlich wieder Mietwohnungen.

Dem Berliner Bürgertum galt das Scheunenviertel als genauso krank wie dem hamburgischen die Gängeviertel. Das Scheunenviertel bestand um 1700 aus einer Ansammlung von Scheunen außerhalb der Stadtmauer nördlich des späteren Alexanderplatzes, einem ehemaligen Viehmarkt. 1737 befahl König Friedrich Wilhelm I. den armen Berliner Juden, die kein eigenes Haus besaßen, dorthin zu ziehen. Anfang des 19. Jahrhunderts entstanden auf den kleinen Scheunengrundstücken längs der engen Gassen Mietshäuser. Als mit dem Straßendurchbruch der Kaiser-Wilhelm-Straße die verrufenen Gasse *An der Königsmauer*, in der seit 1839 die Berliner Bordelle konzentriert waren, 1877-87 von der Stadt aufgekauft und abgerissen wurde und man dann das ganze Areal neu bebaute, um diesen „Schandfleck" vollständig wegzusanieren, zogen die Prostituierten in das benachbarte Scheunenviertel. Außerdem strömten seit den antisemitischen Pogromen in Russland 1881/82 Ostjuden nach Westen, und in Berlin entwickelte sich das Scheunenviertel zu ihrer Anlaufstelle. Im Unterschied zu den assimilierten mitteleuropäischen Juden waren die Ostjuden vielfach im Straßenbild an Kleidung und Barttracht kenntlich. In der bürgerlichen Außenwahrnehmung sank das Scheunenviertel immer tiefer: „Auch standen viele Häuser, sei es durch Höfe, sei es durch Türen in den einzelnen Zimmern, miteinander in Verbindung. Es war also gut möglich, von einem Haus ins andere zu gelangen, ohne die Straße oder auch den Hof betreten zu müssen. Vorgeklebte Tapeten, Möbel und dergleichen konnten den Eingang versperren. Bei der Unübersichtlichkeit der Anordnung war es auch leicht möglich, ganze Räume geheim zu halten. Diese waren zweifelhaften Elementen gegenüber den Nachstellungen der Polizei als Schlupfwinkel willkommen, wenn sie es nicht vorzogen, durch verschwiegene Türen und Gänge das Weite zu suchen. Die Häuser wurden daher, soweit sie nicht von Prostituierten niederster Art bewohnt wurden, der Aufenthaltsort und Sammelplatz aller lichtscheuen Individuen, die in einer Millionenstadt leben. ... Der Stadtteil war der schlechteste von ganz Berlin geworden. Der üblen Häuser wurden immer mehr, und die alte Bevölkerung verließ schließlich, wenn möglich, das Stadtviertel. Die dadurch freiwerdenden, nicht von Prostituierten bewohnten Häuser wurden der Wohnsitz der Einwanderer aus den östlichen Gegenden, die den untersten Schichten des Berliner Proletariats zuströmten. Die Zustände im Scheunenviertel blieben auch auf die benachbarten Stadtteile nicht ohne Einfluß. Das rücksichtslose Leben und Treiben in den Straßen erregte das Ärgernis der Bevölkerung. ... Auch war die Sicherheit in den Straßen bei Tag und Nacht bedroht."[139] Die Innensicht sah hingegen ganz anders aus. Als der 16jährige Jude Alexander Granach 1906 aus Galizien ins Scheunenviertel kam, fühlte er sich „plötzlich mitten in Berlin in einer Gegend wie Lemberg. ... Kleine, enge, finstere Gäßchen mit Obst- und Gemüseständen an den Ecken. ... Viele Läden, Restaurants, Eier-, Butter-, Milchgeschäfte, Bäckereien mit der Aufschrift `Koscher´. Juden gingen umher, gekleidet wie in Galizien, Rumänien und Rußland. ... Man ging hausieren mit Tischtüchern, Handtüchern, Hosenträgern, Schnürsenkeln, Kragenknöpfen, Strümpfen und Damenwäsche. ... Die meisten aber in dieser Gegend waren Arbeiter und Arbeiterinnen, die in den Zigarettenfabriken Manoli, Carbaty oder Muratti beschäftigt waren. ... Da gab es Zionisten aller Schattierungen, da gab es Sozialrevolutionäre, Sozialisten, den `Bund´ und Anarchisten. Es gab auch Theater und Sänger ... Mein Freund und ich mieteten uns eine Schlafstelle in der Lothringer Straße am Schönhauser Tor, wo wir acht Schlafburschen in einem Zimmer schliefen."[140] Die Armut produzierte vielfältige Überlebensstrategien, legale und illegale. Seit 1894 diskutierte man darüber, die Kaiser-Wilhelm-Straße nach Osten durch das Scheunenviertel zu verlängern und dieses dabei zu sanieren. 1906-08 kaufte schließlich die Stadt Berlin mit hohem Aufwand den 4,5 ha großen Kern des Scheunenviertels auf, ließ die Bebauung der 119 Grundstücke vollständig abbrechen und legte neue Straßen an mit dem Bülowplatz mittendrin (heute Rosa-Luxemburg-Platz). Die hinausgeworfene Bevölkerung verzog sich teilweise in die angrenzenden Quartiere, so dass der proletarische und ostjüdische Charakter der Gegend und damit auch ihr zweifelhafter Ruf nicht verschwanden. Deshalb ließen sich auch keine privaten Investoren für eine Neubebauung finden, und so blieb das abgeräumte Gelände, abgesehen von dem 1914 auf den Bülowplatz gesetzten Theaterbau der Freien Volksbühne, bis 1927 Brachfläche.

Etwas kleiner als das Sanierungsgebiet im Scheunenviertel war das Areal im Westteil der Altstadt Stuttgarts, in dem 1906-09 in einer Flächensanierung 87 baufällige Häuser, weitgehend aus dem 18. Jahrhundert, niedergelegt und durch neue Wohnhäuser ersetzt wurden. Auch hier handelte es sich um den am stärksten heruntergekommenen Teil der Altstadt, aber im Unterschied zu Hamburg und Berlin war Initiator und Träger der Sanierung ein privater Verein, der sozialpolitisch engagierte *Verein für das Wohl der arbeitenden Klassen*. Bemerkenswerterweise sorgte in diesem Fall eine Künstlerkommission dafür, dass die neu gebauten Häuser keinen Bruch mit der übrigen alten Bebauung der Altstadt darstellten, sondern sich dem malerischen Altstadtbild einfügten. Unter dem Einfluss der Heimatschutzbewegung wurde in Stuttgart planmäßig der Eindruck historisch gewachsener Altstadtatmosphäre inszeniert. Außer den genannten Städten versuchte man sich vor dem Ersten Weltkrieg nur noch in Halle a. S. daran, die armseligste Altstadtbebauung, das sogenannte Trödelviertel, ab 1895 durch eine Flächensanierung zu beseitigen, blieb aber damit auf halbem Wege stecken.

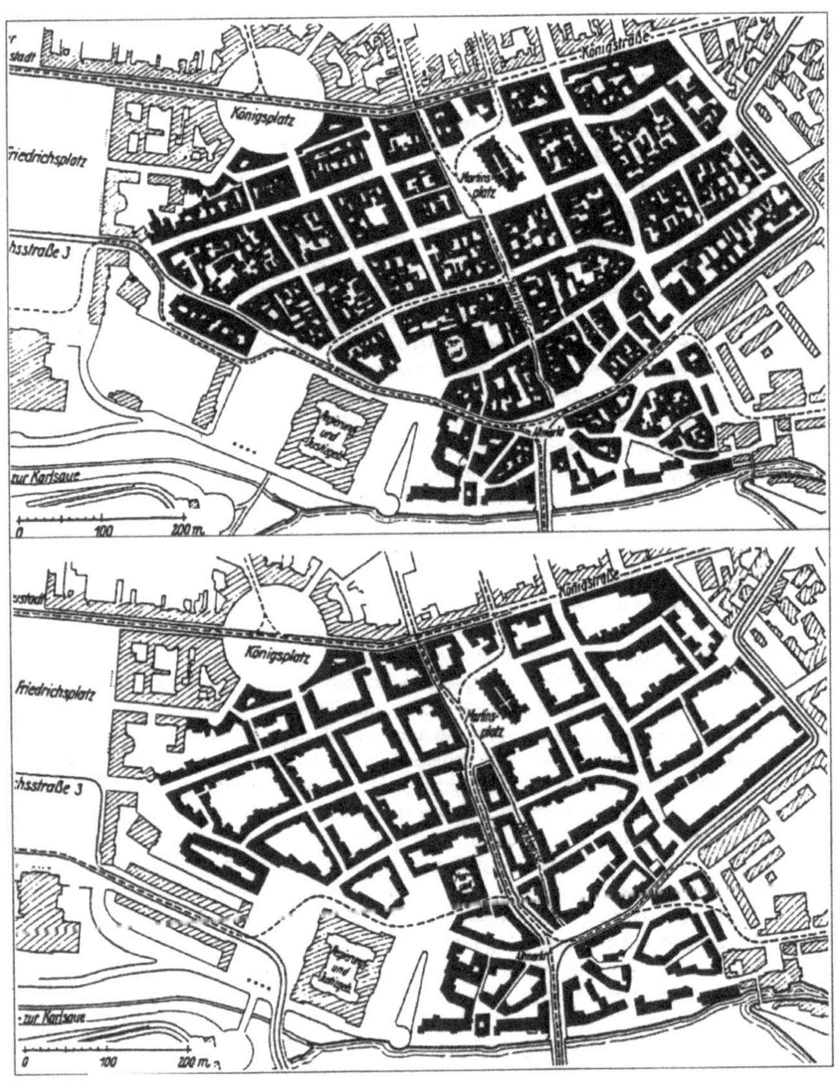

Altstadtsanierung in Kassel 1927-33. Zustand vorher (oben) und Sanierungskonzept (unten).

Die Sanierung in Stuttgart verweist schon auf die Sanierungsdiskussion in der Zeit der Weimarer Republik. Einerseits wurde die Idee der Flächensanierung weiter verfolgt, vor allem von sozialdemokratisch und technokratisch orientierten Stadtplanern, auf der anderen Seite gewannen die Gedanken der

Heimatschutzbewegung im konservativen Bildungsbürgertum an Einfluss, welches jetzt die schrumpfenden Reste der vorindustriellen Bebauung als Zeugnisse örtlicher Identität zu schätzen begann. Für letztere stellte sich die Frage, wie sich der Spagat bewältigen ließ, sowohl in den Altstädten das malerische Stadtbild als Ensemble zu erhalten, als auch diese so zu modernisieren, dass sie nicht zum Slum verfielen, und überdies den steigenden Ansprüchen des Verkehrsflusses gerecht zu werden. Hieraus wurde das Konzept der erhaltenden Erneuerung entwickelt. Die tatsächlich umgesetzten Maßnahmen blieben allerdings weit hinter der fachöffentlichen Debatte zurück. Angesichts des fortdauernden Zuzugs in die Großstädte herrschte dort in den 20er Jahren Wohnungsnot, und so konzentrierte man die knappen öffentlichen Ressourcen ganz auf den Bau von öffentlich geförderten Neubauwohnungen am Stadtrand, zumal man mit der sozialstaatlichen Deckelung der Mieten den privaten Wohnungsbau weitgehend abgewürgt hatte. Unter diesen Umständen konnten Stadtverwaltungen es sich nicht leisten, sogenannte „Elendsquartiere" in großem Umfang abzureißen, auch wenn sie dies in etlichen Städten planerisch vorbereiteten. Das galt erst recht, als mit der massenhaften Verarmung in der Weltwirtschaftskrise ab 1929 die Nachfrage nach billigen Altstadtwohnungen stieg. In Hamburg und Berlin besaßen die Flächensanierer in den Stadtverwaltungen die Oberhand. Während man in Hamburg die Sanierungsprojekte aus der Vorkriegszeit weiter fortsetzte, betrachtete die Stadtverwaltung in Berlin zwar am Ende der Weimarer Republik fast die ganze südliche Altstadt als Sanierungsfall, die durch Kahlschlag zu beseitigen sei und der City-Erweiterung Platz machen sollte, aber über Grundstücksankäufe (bei denen es dann einige Unregelmäßigkeiten gab) kam man nicht mehr hinaus. Das Gegenbild bot Kassel. Hier hatte sich bei den Verantwortlichen früh der Wunsch durchgesetzt, die historisch gewachsene Altstadt als Ganzes zu erhalten. Nach umfangreichen Bestandsuntersuchungen begann man 1927 mit einer erhaltenden Stadterneuerung. Dabei wurden Vorderhäuser instandgesetzt, um das malerische Erscheinungsbild zu wahren, und die dichten Hofbebauungen abgetragen, um mehr „Licht, Luft und Sonne", wie die oft wiederkehrende Parole lautete, an die Wohnungen zu bringen, und auch kleine Grünflächen und Spielplätze entstanden.

Die beiden unterschiedlichen Positionen zur Sanierung der Altstadt prallten in Frankfurt am Main am heftigsten aufeinander. Der durchsetzungsstarke Stadtbaurat Ernst May, von seinen Gegnern deshalb als Baudiktator kritisiert, plante einen großen Teil der Altstadthäuser abreißen zu lassen, weil sie ökonomisch betrachtet unrentabel seien; Stadtbild und Bauhygiene interessierten ihn weniger. 1928 begannen die ersten Abbrüche. Dieser Ansatz mündete 1930 in ein Konzept, nach dem von der Fachwerkaltstadt 35 ha durch einen Flächenabriss beseitigt werden sollten, auch um die City dorthin zu erweitern; nur die rund 10 ha rund um Dom und Römer sollten weitgehend erhalten bleiben.

Doch zu einem endgültigen Beschluss kam es vor dem Zusammenbruch der Weimarer Republik nicht mehr. Die Vorstellung, gegen die drohende Verslumung helfe nur die Spitzhacke, traf in Frankfurt durchaus auf Gegenwehr. 1922 hatte sich der *Bund tätiger Altstadtfreunde* gegründet, der im Sinne der Heimatschutzbewegung das malerische Ensemble erhalten wollte; die Bausubstanz dahinter interessierte ihn weniger. Im Zusammenwirken mit den Eigentümern ließ er 1926-36 immerhin 600 Fassaden renovieren, und zwar mit einem relativ farbenfrohen Anstrich, der durchaus umstritten war. Der Verfall hinter den aufgehübschten Fassaden ging indessen weiter. Auch die Altstadtfreunde teilten die bürgerlichen Werturteile und Bedrohungsvorstellungen. In ihrem Jahrbuch von 1926 hieß es: „Die schöne Altstadt ist leider zu einem Teil zu einer romantischen Kulisse geworden, die einen Sumpf verdeckt, den Sumpf der Großstadt voll Armut und Elend, Prostitution und Verbrechen. Dieser Sumpf muß beseitigt werden. Das schwierigste Problem dabei ist, wie das schöne Gehäuse zu retten ist, wenn man ernstlich an die Lösung dieser Aufgabe herantritt. Die Altstadthäuser waren einst das Eigenheim solider Familien, die stattlichsten unter ihnen die Stammsitze angesehener Patrizier. ... Aber wie anders ist es heute! ... Die altersschwachen Stiegen muß man sich oft an Seilen haltend hinaufwinden, Türen und Fenster schließen schlecht, Spuren des Verfalls sind in diesen Elendsquartieren unverkennbar. ... So haben sich in der Altstadt mehr als in anderen Distrikten der Mainmetropole Trunkenbolde, Dirnen und Verbrecher zusammengefunden. Sie führen ihr Leben ungeniert vor den Augen der Armen, die mit ihnen unter einem Dache hausen müssen. ... Die jüngste Frankfurter Kriminalgeschichte verzeichnet auf ihren dunkelsten Blättern nicht wenige Verbrecherkneipen in diesem Bezirk. Wo erst das Elend armseliger Häuslichkeit in die gewöhnliche Kneipe treibt, ist das Hineinsinken in die Krallen des Alkohols bei nicht ganz charakterfesten Menschen fast selbstverständlich. ... Der Verfall der Altstadt wäre wohl vollständig geworden, wenn nicht noch während der schlimmsten Vernachlässigung durch die Kriegs- und Inflationszeit der Bund der tätigen Altstadtfreunde entstanden wäre, der jetzt mit hilfsbereiter Liebe und großer Energie ans Werk gegangen ist, der Altstadt wieder aufzuhelfen. Die Erfolge des Bundes sind offenkundig und hocherfreulich! Man sieht wieder neues Leben blühen, wo sonst bald Ruinen gestanden hätten. Winkel, in denen man bisher die scheußlichsten Wohnhöhlen vermutet, sind unter der bessernden Hand wieder zu bescheidenen Idyllen geworden, in denen Kleinfamilien einfacher Leute gemütlich hausen können."[141] Tatsächlich war die Frankfurter Altstadt zwar ein kleinstädtisch wirkendes Arme-Leute-Viertel, aber weder in der Krankheitsstatistik noch beim Anteil der KPD-Wähler stach sie besonders heraus.

Auch in Hannover und Altona gab es Kontroversen über die Alternative zwischen Flächensanierung oder erhaltender Erneuerung. In Hannover betrieb das Bauamt dann mit dem Farbeimer Fassadenkosmetik. In Altona erklärten Planungen aus den frühen 20er Jahren, wohl vom benachbarten Hamburg inspiriert, großzügig die gesamte 50 Hektar große Altstadt zwischen Hauptbahnhof, St. Pauli und Fischmarkt zum Gebiet künftiger Flächensanierung. Doch das war völlig unrealistisch, und so kaufte die Stadt 1924-29 im Sinne einer erhaltenden Stadterneuerung eine ganze Reihe von Häusern auf, setzte sie instand und brach teilweise die Hofbebauung ab.

Die Nationalsozialisten demonstrierten von Anfang an auch in der Frage der Altstadtsanierung entschlossenes Handeln anstatt bloßes Reden, zumindest versuchte die Propaganda diesen Eindruck zu erwecken. Gleich 1933 stellten sie im Rahmen der Arbeitsbeschaffungsmaßnahmen auch Mittel für die Altstadtsanierung zur Verfügung, aus denen die Kommunen Zuschüsse und Darlehen für bereits geplante Sanierungsprogramme beantragen konnten. Doch der Umfang dieser Mittel war gering, und ab 1937 rückten im Städtebau andere Prioritäten in den Vordergrund, nämlich die Anlage von Kleinsiedlungen aus Einfamilienhäusern mit Gartenland sowie die monumentale Machtarchitektur der Gauhauptstädte, und überhaupt flossen die Ressourcen an Material und Arbeit zunehmend in die Aufrüstung. Nun führte die Eigenart der Nazis, die Gesellschaft biologistisch zu betrachten, zu der Vorstellung von einem „gesunden Volkskörper", bei dem unerwünschtes Sozialverhalten schnell als biologisch verursacht angesehen wurde, dementsprechend nur durch Ausrottung, aber nicht durch Umerziehung beseitigt werden konnte. Die Vorstellung von ungesunden Stadtteilen, assoziiert mit unzureichenden sanitären Verhältnissen, Verwahrlosung, Prostitution, Verbrechen und auch politischer Gefährlichkeit, war hingegen keineswegs spezifisch nationalsozialistisch, sondern im Bürgertum bereits im Kaiserreich entstanden, wie bereits gezeigt. Wenn die Nationalsozialisten lieber von „Gesundung" als von „Sanierung" redeten, war dies nichts inhaltlich Neues, sondern nur ihrem Verdeutschungsfimmel geschuldet, der Nazi-Sprachpuristen auch dazu brachte, statt „Sauce" lieber „Tunke" zu sagen. Nicht nur mit dem Blick auf die Altstadtquartiere als Sanierungsfälle knüpften die Nationalsozialisten an den bisherigen Sanierungsdiskurs und die bestehenden, meist durch die Weltwirtschaftskrise unterbrochenen Sanierungsplanungen an. Auch die Idee der Heimatschutzbewegung, historische Ensembles instandzusetzen, um ein stimmungsvolles, möglichst „mittelalterliches" Stadtbild als Identifikationsort zu bewahren, kam jetzt mehr denn je zum Zuge, auch mit Blick auf die Förderung des Tourismus. Bei den Nationalsozialisten, deren Ideologie gegenüber dem modernen Großstadtleben und der Industrialisierung kritisch eingestellt war, fiel dieser Gedanke auf fruchtbaren Boden. Dass tatsächlich bestenfalls das Straßennetz mittelalterlich war, die Bebauung aber im Regelfall aus dem 16.-18. Jahrhundert stammte, wurde großzügig verdrängt. Teilweise förderten die Nationalsozialisten sogar noch künstlich die Illusion von Mittelalterlichkeit, in der ihnen heutige Tourismuswerbung immer noch gerne folgt. Das Ideal nationalsozialistischer Altstadtsanierung war die erhaltende Altsstadterneuerung mit einer Entkernung von Häuserblöcken, also der Abbruch von minderwertiger, oft erst im 19. Jahrhundert entstandenen rückwärtiger Bebauung, während die Vorderhäuser sanitärtechnisch und vom Wohnungsschnitt her auf Stand gebracht und ihre Fassaden verschönert wurden, so wie man es in Kassel schon in der Weimarer Republik begonnen hatte. Bei dieser Entdichtung und Modernisierung der Wohnungen ging der Bestand an Wohnungen natürlich zurück, und in die jetzt besseren und damit auch teureren Wohnungen zogen eher kleinbürgerliche Familien als ausgesprochen Arme. Die Altstadtsanierungen der ersten Jahre des Dritten Reiches waren ferner von dem politischen Motiv inspiriert, die mittelständische Anhängerschaft der NSDAP zu bedienen, sowohl ideologisch das konservative Bildungsbürgertum als auch materiell den gewerblichen Mittelstand, bedeuteten doch Sanierungsmaßnahmen auch Aufträge für Handwerker.

In Kassel, Frankfurt, Braunschweig und auch Hannover kam es ab 1933 bzw. 1936 zu größeren Altstadtsanierungen. In Kassel setzten sie das bereits Begonnene fort. In Frankfurt knüpften sie an die bestehenden Planungen an, gingen im Nordteil aber weniger radikal als bisher geplant vor und gaben hier die Idee auf, das Gebiet zur City umzuwandeln. Doch trotz des Prinzips der erhaltenden Altstadterneuerung kam es zu erheblichen Abbrüchen, nicht nur in den ganz niedergelegten rückwärtigen Bereichen sowie hinter den Fassaden der Vorderhäuser, wo morsche Balken und einsturzgefährdete Treppen, Zwischendecken und Wande entfernt wurden, sondern auch ganze Vorderhäuser wurden abgerissen. Letzteres traf solche des verachteten Historismus der Kaiserzeit, aber auch manche mit frühneuzeitlicher Bausubstanz. In Frankfurt protestierten der Bezirkskonservator und der Bund tätiger Altstadtfreunde wiederholt gegen zu starke Zerstörungen, nicht zuletzt auch beim zuständigem Reichsarbeitsminister. Immerhin erreichten sie einige Modifizierungen. Das historische Kerngebiet der Stadt am Main um Dom und Römer, eigentlich das am stärksten baufällige, wurde hingegen mit recht hohem Aufwand restauriert, nicht zuletzt mit Blick auf den stark steigenden Tourismus. Als nach Kriegsausbruch für diese Sanierungspolitik zunehmend Material und Arbeitskräfte fehlten, stellte man in den genannten Städten die Sanierungen 1940/41 faktisch ein, als sie bei Weitem noch nicht abgeschlossen waren. Auch in Lübeck, Breslau und

Dresden begann man am Anfang des Dritten Reiches mit Abbrüchen im Rahmen einer erhaltenden Altstadterneuerung, die hier aber schon in den Anfängen steckenblieb. Als Nebeneffekt wurden Bewohner, die ihr Verhalten nicht an bürgerlichen Normen orientieren mochten, sogenannte „asoziale Elemente", oder die jüdisch waren, bei den Sanierungen durchaus bewusst verdrängt. Sehr deutlich wird dies bei dem Quartier alter Fachwerkhäuser rings um den Ballhof in Hannover. Dieses hatte sich in der Weimarer Republik zum Rotlichtviertel und zum Zentrum der Schwulenszene entwickelt. In der bürgerlichen Öffentlichkeit war es erst recht stigmatisiert, als 1925 der Prozess gegen den Massenmörder Fritz Haarmann enthüllte, dass dieser dort mindestens 24 junge Männer pervers ermordet und anschließend zerlegt hatte, wobei es Gerüchte gab, dass er das Fleisch seiner Opfer als Pferdefleisch zum Verzehr verkauft habe. Die Nazis machten das ganze Quartier platt, und an den Ballhof kam ein Heim für stramme Jungs der HJ.

Und es ging um den politischen Gegner. Bei den Abrissen rings um den Ballhof sollten auch gezielt kommunistische Arbeiter zerstreut werden, ebenso wurden deshalb in Frankfurt 1938 zwei Straßenzüge zwischen Rathaus und Goethehaus abgebrochen. Dass ein Zusammenhang bestand zwischen geringsten Einkommen, schlechtesten Wohnverhältnissen, größter Unzufriedenheit und hohem Wähleranteil der KPD als Partei der radikalen Veränderung war schließlich offenkundig. In drei Fällen, welche dann auch deutschlandweit propagandistisch herausgestellt wurden, stand das politische Ziel, die „Brutstätten des Bolschewismus" zu zerschlagen, aber im Mittelpunkt, und hier griffen die Nazis dann auch zu radikalen Flächensanierungen vorindustrieller Stadtquartiere. Dass sich die bis ins Kaiserreich zurückreichende Befürchtungen des Bürgertums vor der politischen Unzufriedenheit der Arbeiterbewegung gerade in diesen Fällen dermaßen zuspitzten, hatte ganz spezielle Gründe; sie lagen vor allem in der Endphase der Weimarer Republik, als sich generell die politischen Auseinandersetzungen verschärften und die paramilitärischen Verbände der Nazis und der Kommunisten die politischen Konfrontationen auf die Straße trugen. In diesen drei Stadtquartieren, wo bei Wahlen die Kommunisten einen besonders hohen Stimmenanteil gewinnen konnten, so dass man über „Klein-Moskau" witzelte, eskalierten sie bis an den Rand des latenten Bürgerkriegs. Es handelte sich um das Sanierungsgebiet II in Hamburg, die Altstadt von Altona und das Scheunenviertel in Berlin.

Für das Sanierungsgebiet II (nördliche Neustadt), das in Hamburg schon 1897 festgelegt worden war und immer mehr zur letzten größeren unsanierten Nische in der Hansestadt geriet, forderte der sozialdemokratische Chef der Ordnungspolizei, Danner, schon 1927 vom Senat eine baldige Sanierung mit der Begründung: „In dem Gängeviertel hat im Laufe der letzten Jahre eine Anhäufung asozialer Elemente stattgefunden, die für die öffentliche Sicherheit eine große Gefahr bedeutet. ... Anständige und von ehrlicher Arbeit lebende Familien ergreifen dankbar die Gelegenheit, wenn ihnen eine Wohnung in anderer Umgebung angeboten wird, dafür ziehen dann aus der sanierten Altstadt die Elemente, denen ein Wohnen in ordentlichen Häusern unbequem ist, da sie sich beobachtet fühlen, in das Gängeviertel ein. ... Noch ernster aber ist die Gefahr, die das Gängeviertel in seiner heutigen Gestalt für die öffentliche Sicherheit bei planmäßig vorbereiteten Putschen bietet. Schon jetzt ist bei der Zentralpolizeistelle die Nachricht eingegangen, daß beabsichtigt ist, Polizeikräfte in starker Zahl in das Gängeviertel zu locken und dort durch Herabschießen kochenden Wassers kampfunfähig zu machen oder zu zermürben. Die Ereignisse in Wien [Brand des Justizpalastes bei Unruhen mit vielen Toten] haben eine neue Gefahr für die Großstädte aufgezeigt. Einem entschlossenen Führer dürfte es ein Leichtes sein, im Gängeviertel einige Hundert, zu allen Untaten entschlossene Elemente zu versammeln, um einen Überfall auf ein öffentliches oder privates Gebäude auszuführen, das wegen seines Inhalts oder seiner Bestimmung einen besonderen Anreiz zu Angriffen bildet."[142] Der Senat schickte immer wieder massiv Polizei vor, bei einer Großrazzia am 9. August 1932 sogar 1500 Mann, die auf der Suche nach dem verbotenen kommunistischen Rotfrontkämpferbund jede Schublade umdrehten und selbst Dielenbretter hochnahmen (und auch Material und Waffen fanden). In der Nachbarstadt Altona führte am 17. Juli 1932 ein provozierender Marsch von 7000 SA-Leuten durch die verwinkelte Altstadt zu Schießereien, bei denen 18 Menschen starben, dem sogenannten „Altonaer Blutsonntag". Hier forderten Teile der bürgerlichen Parteien ebenfalls bereits seit 1927 eine Flächensanierung auch aus politischen Gründen. Im Scheunenviertel in Berlin wurden am 9. August 1931 auf dem Bülowplatz, an dem das Zentralkomitee der KPD seinen Sitz hatte, zwei Polizeioffiziere aus wenigen Metern Entfernung von hinten erschossen - ein von KPD-Politikern geplanter Mord. Einer der beiden Täter war später in der DDR über drei Jahrzehnte lang Minister für Staatssicherheit: Erich Mielke.

Dann kam die Zerstörung. In Hamburg wurde schon im Mai 1933 der Polizeisenator zum Staatskommissar für die Sanierung des Gängeviertels bestellt (also nicht die Baubehörde), der dieses 1933/34 zügig abbrechen ließ. Für die verdrängte Bevölkerung machten die Nazis keinen Handschlag, und 1935-37 entstanden in dem Gebiet neue Wohnungen. In Altona begann man 1934 unter Einsatz von Einheiten der Reichswehr an der Breiten Straße mit dem Abriss des Altstadtbereiches, nachdem man Grundeigentümern und Mietern zu verstehen gegeben hatte, dass jeder Widerstand gebrochen würde. Grundeigentümer hatte man durch Druck innerhalb von drei Monaten verkaufswillig gemacht, und mit dem Anrücken der Abbruchkolonnen setzte eine allgemeine

Mieterflucht ein. Die Neubebauung des Trümmerfeldes ließ hier auf sich warten, da das Gebiet bald in die Planungen für ein Gauforum einbezogen wurde. Die Gegend um den Bülowplatz in Berlin wurde 1933 rasch zum Schauplatz der Verfolgung politischer Gegner, der Platz als Horst-Wessel-Platz zum nationalsozialistischen Kultplatz umgestaltet. 1935 beseitigten die Nazis den letzten angrenzenden Häuserblock des ehemaligen Scheunenviertels, der zwar eigentlich noch ordentlich instand war, sich aber ganz in jüdischer Hand befand. In einer Heimatkunde für Berliner Schulen hieß es 1938: „In diesem Stadtteil, wo einst der Jude vorherrschte und Rotmord am schlimmsten wütete, wo Horst Wessel kämpfte ..., hier wird sich ein neuer Stadtteil mit sonnigen Wohnungen und mit nur deutschen Menschen als Bewohnern erheben."[143]

Ähnlich gelagert war auch noch der Fall der Kösliner Straße im Wedding. In dieser kleinen Straße, in den 20er Jahren eine Hochburg der Kommunisten, hatten sich bei Unruhen am 1. Mai 1929 kommunistische Arbeiter einen stundenlangen Barrikadenkampf mit der sozialdemokratisch geführten Polizei geleistet, bis diese ein Panzerauto einsetzte, das die Barrikaden und Häuserfronten mit einem Maschinengewehr unter Feuer nahm. Auch hier planten die Nazis den Abriss, setzten ihn aber nicht um. Das erledigte dann 1956-62 der SPD-geführte Senat von West-Berlin mit den nach dem Krieg noch übrigen Resten der Wohnbebauung. Es war die erste Flächensanierung in West-Berlin nach dem Krieg.

Um die nationalsozialistische Sanierungspolitik auf systematische Grundlagen zu stellen, führte Professor Andreas Walther 1934/35 in Hamburg mit einer Forschergruppe Untersuchungen durch, die sich jetzt der neuen Methoden empirischer Stadtsoziologie bedienten, die er in den USA kennengelernt hatte. Es ging darum, durch eine soziologische Analyse verschiedener Merkmale „Sanierungsverdachtsgebiete" mit speziellen unerwünschten Merkmalskombinationen zu identifizieren. Methodisch war es eine Vorstufe zu den quantitativen Verfahren, wie sie in jüngerer Zeit angewendet werden, um Wahlergebnisse zu analysieren oder um im digitalen Zeitalter Gruppen und Gebiete abzugrenzen, für die gezielte Werbemaßnahmen lohnen. Walther stellte fest: „Im Gegensatz zu den großen geschlossenen Gebieten ordentlicher Arbeiterschaft, die sozialdemokratisch wählten, hoben sich kommunistische Bezirke in der charakteristischen Art von Nestern heraus mit teilweise mehr als 60 v. H. kommunistischen Stimmen. ... In erschreckendem Ausmaß aber fielen diese kommunistischen Hochburgen zusammen mit Herden der Asozialität und Kriminalität."[144] Insoweit lag er mit seinen Bewertungen in einer vom Kaiserreich her strömenden Tradition. Spezifisch nationalsozialistisch wurde es, indem er diese Ergebnisse biologistisch interpretierte. „In den gemeinschaftsschädlichen Regionen der Großstädte gibt es gehäuft hoffnungslose Fälle, die wie ein Geschwür am Volkskörper weiterwuchern, wenn sie nicht herausgesucht und am Weitergeben ihrer Krankheitskeime und Defekte verhindert werden. Viele der früheren Bewohner eines Sanierungsgebietes zogen nun um in andere schlimme Quartiere, die den Verlassenen möglichst ähnlich waren. Andere trugen Ansteckungen in bisher gesunde Gebiete." Spezifisch nationalsozialistisch war auch abzurücken von der bisherigen Haltung, sich um den Verbleib der durch Sanierungen verdrängten Bevölkerung nicht weiter zu kümmern, sondern vorzuschlagen: „die nicht Besserungsfähigen unter Kontrolle nehmen; das Erbgut der biologisch Defekten ausmerzen."[145] Zu sanierungspolitischen Maßnahmen auf Basis dieser Untersuchung kam es dann nicht mehr.

Manchmal kann auch der Blick über die Grenze hilfreich sein, um Dinge richtig einzuordnen. In Großbritannien drängte die Labour-Regierung seit dem *Housing and Slum Clearence Act* von 1930 die Gemeindeverwaltungen, Sub-Standard-Wohnungen flächenmäßig abzureißen und durch Neubauten besserer Qualität zu ersetzen. Dieses betraf allerdings nicht vorindustrielle Altstädte, sondern richtete sich auf die in der Industrialisierungsphase entstandenen Arbeiterquartiere, in Großbritannien im Regelfall eng bebaute Reihenhaussiedlungen. Von 1930 bis 1940 wurden im Rahmen dieses Programms etwa 273 000 Häuser zerstört. Vergleicht man damit den Umfang der Abbrüche, die im Dritten Reich auf das Konto der von den Stadtverwaltungen betriebenen Sanierungspolitik gingen, so blieb er trotz aller Radikalität der Nazis verschwindend gering.

Gerade in den größten Städten, insbesondere in Berlin, Hamburg und Köln, drängte die Dynamik, die Innenstädte nach den Bedürfnissen des Geschäftslebens, Verkehrs und modernen Wohnens umzubauen, so stark, dass es aussichtslos war, hier größere vorindustrielle Altstadtbereiche erhalten zu wollen. Hier versuchten Denkmalschützer und Heimatschützer zu retten, was noch zu retten war, und entwickelten die Idee der sogenannten Traditionsinsel. Ein kleines Quartier sollte gewissermaßen stellvertretend für die verlorene Altstadt die beschauliche Atmosphäre vorindustriellen Lebens repräsentieren, ein Stück Heimat im Trubel der Großstadt. In Köln konzentrierte man sich dabei auf den Teil des Rheinviertels südlich von Groß St. Martin, der zur verslumten Nische im Abseits des Modernisierungsprozesses verkommen war. 1927-32 fanden die Voruntersuchungen unter Leitung des Stadtkonservators statt, umgesetzt wurde die Sanierung dieses Altsstadtviertels 1935-40. Sie zielte darauf ab, nach den Maßstäben der Zeit angemessene Wohnungen zu schaffen und zugleich ein gepflegtes Bild von Altstadt des 16.-18. Jahrhunderts zu gewinnen. Dabei kam es weniger darauf an, die historische Bausubstanz zu bewahren, als auf die Stimmung durch das äußere Erscheinungsbild. So wurden nicht nur zwei Häuserblöcke ausgekernt, sondern auch an der Straße Häuser des 19. Jahrhunderts beseitigt und durch in Material und Gestaltung angepasste Neubauten ersetzt, in die man dann alte Portale und Gewände einfügte. Wertvolle Hausfassaden wurden versetzt und sogar Hausfassaden rekonstruiert, die bereits im 19. Jahrhundert abgebrochen worden waren. Das „Alte“ war also von einer gewissen Künstlichkeit, und erst recht fehlte ihm jede Alterspatina. Im Krieg wurde das Martinsviertel stark zerstört und anschließend wieder aufgebaut, und zwar nach dem Vorbild aus der NS-Zeit. Was hier heute den Touristen als Kölner Altstadt präsentiert wird, ist also die Rekonstruktion der schöpferischen Rekonstruktion. Ähnliche Pläne verfolgte in Hamburg der Denkmalpfleger Hans Bahn. Die Cremoninsel, ein etwa 110 Häuser umfassendes Ensemble in der Altstadt, sollte auf das Aussehen in der Mitte des 19. Jahrhunderts zurückgeführt werden. Dazu sollten die späteren Häuser weitgehend beseitigt und die Baulücken mit 15-20 denkmalwürdigen Fassaden gefüllt werden, die bei Abbrüchen an anderen Stellen der Altstadt anfielen. 1941 gab der Senat grünes Licht für das Projekt, aber die massiven Bombardierungen seit 1943 entzogen ihm bald die Grundlage. Ebensowenig erfolgreich und erst recht künstlich waren die Planungen in Berlin, das Viertel um die Nikolaikirche zu einer Art Alt-Berliner Freilichtmuseum zu machen. 1938 wurde beschlossen, dreiviertel der als sehr geringwertig eingeschätzten vorindustriellen Häuser in diesem Quartier abzureißen, um dann hier in offener Baugrube eine neue U-Bahnlinie durchzulegen. Anschließend sollten rund 30 Gebäude mit „historisch wertvollen Hausfassaden“, die an anderer Stelle abgetragen werden mussten, hier versammelt werden, „ein stiller Winkel aus längst vergangenen Tagen“,[146] wie Stadtbaurat Benno Kühn formulierte. Aber schon 1939 wurde das Projekt gestoppt; man benötigte die Baukapazitäten, um Speers Pläne von Herrschaftsarchitektur umzusetzen. So waren unterm Strich beim Konzept der Traditionsinseln die Verluste selbst im Streben nach Erhaltung beträchtlich.

1945 hatte sich das Problem, wie man Altstädte saniert und zugleich bewahrt, für die großen Fachwerkaltstädte von Frankfurt am Main, Kassel, Hannover, Braunschweig und Hildesheim erledigt. Unter dem Bombenhagel britischer und amerikanischer Luftangriffe waren sie in Flammen aufgegangen und in Trümmer gesunken, als geschlossene Ensembles ein unwiederbringlicher Totalschaden.

Der Weltkrieg als Helfer der Stadtplaner

„Bis gestern hat sich der Dschungel der Mietskasernenviertel wie eine unübersteigbare Barriere allem Freiheitsstreben der sich gegen sie Empörenden, der Städtebauer und Architekten, der Wohnungs- und Sozialreformer, der Gartenstadt-, Jugend- und Arbeiterbewegung entgegengestellt. ... In jenen Mietskasernenwall hat nun der Bombenkrieg Breschen geschlagen. Dies bedeutet, wie schmerzlich der Verlust die Betroffenen auch immer berühren mag, für den, der über die Gegenwart hinausblickt und einer besseren Zukunft den Weg bahnen will, Möglichkeit und Aufruf."[147] So 1948 Hans Kampffmeyer, der spätere Baudezernent von Frankfurt am Main. Der Reichsarbeitsminister hatte schon 1943 mit Blick auf die Wiederaufbauplanungen für die zerstörte Innenstadt Lübecks geschrieben, „daß bei einer Neuordnung eine einmalige Gelegenheit gegeben ist, Verhältnisse zu schaffen, die den verkehrlichen Bedürfnissen auf lange Zeit genügen, und dass es unzweckmäßig wäre, wesentliche Unzulänglichkeiten oder sogar Engpässe in Kauf zu nehmen, wenn dieses vielleicht aus städtebaukünstlerischen oder finanziellen Gründen erwünscht erscheinen könnte, oder wenn Tradition oder sonstige, mehr gefühlsmäßige Erwägungen in diesem oder jenem Falle in den Vordergrund gestellt werden."[148] Ähnlich erläuterte 1946 der Berliner Stadtbaurat Hans Scharoun die Planungen für die ehemalige Reichshauptstadt: „Was blieb, nachdem Bombenangriff und Endkampf eine *mechanische* Auflockerung vollzogen, gibt uns die Möglichkeit, eine *`Stadtlandschaft´* zu gestalten."[149] Noch kürzer hatte Premierminister Winston Churchill angesichts der Folgen der deutschen Luftangriffe auf englische Städte gemeint: „A disaster, but an opportunity".[150]

Ein Desaster war es zweifellos. Nachdem die deutsche Luftwaffe schon 1939/40 Warschau, Rotterdam und Coventry bombardiert hatte, traf es Lübeck am 28./29. März 1942 als erste deutsche Stadt, und ab März 1943 unternahmen die britischen und die amerikanischen Luftstreitkräfte Großangriffe auf eine deutsche Stadt nach der anderen, auf viele auch öfters wiederholt. Noch in den letzten zwei Monaten vor Kriegsende wurden die historisch bedeutenden und bis dahin weitgehend unversehrten Innenstädte von Potsdam, Zerbst, Würzburg und Bruchsal durch die angloamerikanischen Flächenbombardements zerstört. Während die Amerikaner sich weitgehend auf strategisch wichtige Anlagen wie Kraftwerke, Tanklager und Werke der Rüstungsindustrie konzentrierten, richteten sich die Luftangriffe der Royal Air Force gezielt gegen die historischen Innenstädte. Wegen der größeren Zerstörungswirkung, besonders bei dicht gereihten Fachwerkhäusern, setzten die Briten dabei mehr auf Brandbomben als auf Sprengbomben. Militärisch erwies sich dieses Flächenbombardement der Innenstädte als sinnlos, denn das Ziel der britischen Regierung, durch Terrorangriffe auf die Zivilbevölkerung, besonders die Arbeiterschaft, die Kampfmoral der Deutschen zu brechen und möglichst einen politischen Zusammenbruch herbeizuführen, wurde völlig verfehlt; die deutsche Bevölkerung tat ihren Dienst innerhalb der Kriegsmaschinerie bis zum Tag der Kapitulation. Juristisch waren diese Luftangriffe auf rein zivile Ziele nach der Haager

Landkriegsordnung völkerrechtswidrig. Mit Rücksicht auf die Nachkriegsbündnisse mochte man in Westdeutschland so deutlich diesen Charakter der Luftangriffe meist nicht benennen, wogegen man in der DDR die Zerstörung der Innenstadt Dresdens immer als angloamerikanischen „Terrorangriff" brandmarkte (und umgekehrt Übergriffe der Russen beim Einmarsch der Roten Armee tabuisierte). Hinzu kamen für die deutschen Städte noch die Zerstörungen durch die Kämpfe beim Einmarsch der alliierten Truppen, besonders im Osten durch die erbitterten Abwehrkämpfe gegen die Rote Armee. Am Tag der deutschen Kapitulation, dem 8. Mai 1945, lagen die Kerngebiete aller deutschen Großstädte mehr oder minder in Trümmern. Die meisten Mittelstädte wiesen hingegen keine oder nur geringe Kriegsschäden auf. Wer heute eine Vorstellung davon gewinnen will, wie eine mitteleuropäische Großstadt vor dem Zweiten Weltkrieg ausgesehen hat, muss nach Wien oder Prag fahren; erst dann wird das Ausmaß des Verlustes wirklich bewusst.

Die Folgen der Kriegszerstörungen für das spätere Bild der deutschen Städte waren aber nicht einfach durch die Zerstörungen selbst gegeben, sondern sie hingen auch von der Art und Weise ab, wie die Deutschen in den folgenden Jahren damit umgingen. Wie kann man sie als eine Gelegenheit bezeichnen, auf die Stadtplaner anscheinend nur gewartet hatten? Dieses bleibt völlig unverständlich ohne einen Blick auf den Diskurs der Architekten in den vorangegangenen Jahrzehnten.

Nicht nur große Teile der vorindustriellen Wohnhäuser waren in den Augen der Stadtplaner zu Sanierungsfällen geworden, wie schon gesehen, sondern auch die viel umfangreichere kaiserzeitliche Bebauung war zunehmend in die Kritik geraten. Die mit der Industrialisierung neu entstandenen Arbeitsplätze in Industrie und Dienstleistungen konzentrierten sich auf eine überschaubare Zahl großer Städte und sogen einen gewaltigen Zustrom von Menschen an, überwiegend ärmere, die nicht Haus und Hof besaßen. Am weitaus stärksten schwoll Berlin an, 1850 bis 1910 von 419 000 auf 2 071 000 Einwohner (mit Vororten auf 3 730 000). In demselben Zeitraum stiegen die Einwohnerzahlen Hamburgs von 132 000 auf 932 000, Münchens von 110 000 auf 595 000 und Leipzigs von 63 000 auf 588 000 an, und in Dresden, Köln und Breslau kamen jeweils etwa 400 000 Menschen hinzu. Innerhalb weniger Jahrzehnte benötigte jede dieser Städte für Hunderttausende von Menschen neue Wohnungen. Um die bisherigen Städte legte sich eine breite Zone neuerrichteter Wohnviertel. Die Stadtverwaltungen kamen gerade damit hinterher, ein Netz neuer Straßenzüge auszuweisen und die Infrastruktur an Kanalisation und Leitungen zu erstellen; gebaut wurden die Mietwohnungen von privaten Projektentwicklern, welche dann Baufirmen engagierten, sich das nötige Investitionskapital von Banken liehen und die fertigen Wohnungen am Schluss an Kapitalanleger verkauften.

Diese Kleinwohnungen für Arbeiter, die im Regelfall fließend Wasser in der Küche und ein WC auf dem Treppenabsatz für zwei bis drei Mietparteien besaßen, waren damit zwar im Vergleich zu großen Teilen der altstädtischen und der ländlichen Wohnverhältnisse besser ausgestattet, im Vergleich zu bürgerlichen Wohnverhältnissen dagegen schlechter.

Mitte der 1860er Jahre kam für große Mietwohnungsgebäude, ohne diese scharf gegen Mietshäuser überhaupt abzugrenzen, der Begriff „Mietskaserne" auf, zunächst in Berlin. Es war ein diffamierender Begriff, dessen ideologischem Gehalt man nicht unreflektiert anheimfallen sollte. Die Kritik an den Mietskasernen war Teil der kulturpessimistischen Kritik an der Großstadt des Industriezeitalters überhaupt, die bis in die Zeit der Weimarer Republik stärker wurde und sich im Nationalsozialismus radikalisierte. Getragen wurde sie vor allem von bildungsbürgerlichen Kreisen, die sich in der Gesellschaft durch Großunternehmer und Großkapital beiseite gedrängt sahen und zugleich von den gesellschaftlichen Teilhabeansprüchen der Unterschicht, die durch die Zusammenballung als Masse sichtbar wurde, in ihrem Elitecharakter bedroht fühlten. Ihr Leitbild war die überschaubare Stadt als Wohnsitz bürgerlicher Familien, die weitgehend ihre eigenen Häuser bewohnten, diese individuell unterschiedlich groß und gestaltet, vor- und zurückspringend, das ganze Stadtbild dementsprechend kleinteilig und abwechslungsreich. Hieraus ergaben sich vier Kritikpunkte an der Mietskasernenstadt des Kaiserreiches, zwei davon waren ästhetischer Natur. Das schematische Straßennetz mit linealgeraden, breiten Straßen sei öde und langweilig, und bei der Anhäufung so vieler Wohnungen in einem Baukomplex würde die Individualität des einzelnen und seiner Wohnung verschwinden, wie man es bisher nur von der Unterbringung in Kasernen kannte. Zum Zweiten seien die Stuckornamente an der Fassade verlogen, da derartiger Baustuck bis vor Kurzem nur den Eliten zukam und nun bei Arme-Leute-Behausungen einen Status der Bewohner vorspiegeln würde, den diese nicht hatten. Dass nicht für den Eigenbedarf gebaut wurde, sondern als Geschäft in großem Stil mit Gewinnerwartung, wurde als schnöder Materialismus und Spekulation kritisiert; das Bildungsbürgertum fremdelte eben grundsätzlich mit dem Großkapital. Schließlich sahen die Mietskasernen sich auch noch einer Kritik ausgesetzt, die an sich gar nichts mit ihrem Bautyp, sondern mit der Art ihrer Benutzung zu tun hatte. Angesichts der Wohnungsknappheit und der geringen Löhne waren sie chronisch überbelegt, so dass eine Privatsphäre nach dem Leitbild bürgerlicher Familien nicht möglich war, aus bürgerlicher Sicht eine beunruhigende Quelle sittlicher Gefährdung. In Berlin war diese Kritik besonders präsent, hier waren die Mietskasernen zahlreicher als in anderen Städten, die großen Grundstückstiefen führten zu mehr Hinterhöfen mit Hinterhäusern, und auch die Überbelegung war höher. Mit der Novemberrevolution 1918 galten überdies die Gestaltungsprinzipien des Historismus, insbesondere der reichliche Fassadenstuck als völlig überholt. In den 20er Jahren war die Mietskaserne als Bautyp im Bürgertum verrufen. Dass die Mietpreisregulierung dazu führte, dass diese Baukomplexe kaum noch ordentlich instand gehalten wurden, verschärfte das Problem nur noch.

Von einer (Kahlschlag-)Sanierung der bestehenden Mietskasernen konnten Stadtplaner allerdings höchstens träumen; realistisch war das angesichts der Wohnungsnot in der Zwischenkriegszeit nicht. Immerhin entstanden seit 1925 am Stadtrand verschiedene Experimente, im Neubau bessere Wohnformen zu entwickeln: im genossenschaftlichen Wohnungsbau die reine Blockrandbebauung mit größeren, begrünten Innenhöfen, dann der Zeilenbau mit günstig zur Sonne stehenden Wohnblocks, die dem Straßenlärm nur die Stirnseite zuwenden und einen frischen Luftzug durchlassen, ebenso städtische Siedlungen mit Reihenhäusern und außerdem die aus der Gartenstadtbewegung erwachsenen Siedlungen mit Einfamilienhäusern und Gartenland für den unteren Mittelstand, die im nationalsozialistischen Siedlungsbau fortgeführt wurden. Allen war das Ziel gemeinsam, gegenüber den kaiserzeitlichen Arbeitervierteln aufgelockerter zu bauen mit mehr Licht, Luft und Grün, und alle waren eben wegen dieser geringeren Flächenausnutzung auch teurer. Noch viel weitergehende, damals noch nicht umgesetzte Entwürfe gab es aus dem Kreis jener Architekten, die sich in ihren Publikationen als Avantgarde stilisierten, in ihrem Sendungsbewusstsein das überlieferte Bauerbe verachteten und in ihren Visionen mit Architektur zu einer neuen Gesellschaft beitragen wollten. Walter Gropius schlug frei stehende, scheibenförmige Wohnhochhäuser vor, und am extremsten waren in dieser Zeit die Ideen des Architekten Le Corbusier, der in Frankreich in den 30er Jahren einflussreich wurde. Dieser bewunderte die Großmaßstäblichkeit und die Radikalität der Stadtplanungen der Bolschewisten und der (italienischen) Faschisten, er ließ sich anstecken von der Maschinenbegeisterung dieser Zeit, und so konzipierte er mit totalitärem Gestus Städte aus Schnellstraßen und riesigen Hochhäusern als rein funktional gedachte Wohnmaschinen, hinter denen der einzelne Mensch mit seinen Bedürfnissen weitgehend verschwand. 1929 schlug er sogar vor, die historisch gewachsene Innenstadt von Paris nördlich des Louvre bis auf wenige historisch bedeutsame Bauwerke komplett abzureißen und mit 60stöckigen Hochhäusern auf kreuzförmigem Grundriss neu zu bebauen (was natürlich nicht erfolgte). Konkrete Untersuchungen und Konzepte, kaiserzeitliche Mietsblöcke zu sanieren und dabei teilweise abzubrechen, gab es als erstes in Berlin für einige ausgewählte Gebiete, und zwar 1935-39 innerhalb der Berliner Stadtverwaltung und der Berliner NSDAP-Gauverwaltung. Sie gelangten indessen über die Planungsphase noch nicht hinaus.

Dann kam der Zweite Weltkrieg. Zahlreiche Menschen wurden während der Bombennächte in den engbebauten Häuserblocks und schmalen Straßenschluchten unter Trümmern begraben und durch den Feuersturm zu verkrümmten Päckchen verkohlt, weil es keine rettenden Freiflächen gab. Diese Erfahrung des Luftkriegs fügte dem Streben nach einer aufgelockerten Stadt mit breiten Straßenschneisen und frei stehenden Häusern ein weiteres Motiv hinzu, das weit über das Kriegsende hinaus unter den Stadtplanern wirksam war. Rudolf Hillebrecht, der in den 50er Jahren den Wiederaufbau Hannovers plante, stellte 1981 rückblickend fest: „Bei diesem Luftschutzmotiv aber muß ich bekennen, daß das unter uns `top secret´ war; keiner hat darüber geredet. Nur vertraulich haben wir darüber gesprochen, denn wir haben uns gesagt, das ist ein Thema, das wir nicht in die Öffentlichkeit bringen und auch nicht im Rat sagen können. Aber für uns persönlich war dies ein höchst wichtiges Thema.“[151] In den Jahren des tiefsten Kalten Kriegs wirkte der Gedanke einen neuen Krieg tatsächlich keineswegs absurd.

Werbung für eine radikale Flächenberäumung und Wiederaufbau mit Wohnhochhäusern. Illustration zu den französischen Planungen für Mainz 1946.

Schon bald nach den ersten Zerstörungen durch alliierte Bomber und noch während des Weltkriegs begannen die Stadtplaner zu überlegen, wie der Wiederaufbau nach dem Krieg gestaltet werden sollte. Ab 1943 machte sich ein *Arbeitsstab für den Wiederaufbau bombenzerstörter Städte* unter Leitung von Minister Albert Speer hierzu Gedanken. So kontrovers die Vorstellungen der Architekten im Wiederaufbaustab und jener des Neuen Bauens der 20er Jahre auch in Vielem waren, in einem waren sich 1945 dann angesichts der trostlosen Trümmerlandschaften alle Verantwortlichen in ganz Deutschland einig, nämlich dass jetzt die einmalige Gelegenheit bestand, die schon länger gehegten Ziele umzusetzen, die eng bebaute Stadt des 19. Jahrhunderts mit ihren düsteren Hinterhöfen zu überwinden, sie aufzulockern und zu durchgrünen. Gestalterisch galt das aus der Zeit des Historismus überkommene Bauerbe ohnehin als wertlos. Zugleich wirkte aus der Zwischenkriegszeit auch die Vorstellung weiter, dem erwarteten Autoverkehr neue Wege bahnen zu müssen, die mehr Platz auf Kosten des Bestehenden beanspruchten. Der Architekt Hans Reichow lieferte mit dem Buchtitel *Die autogerechte Stadt*[152] die oft zitierte Kurzformel für diese Idee. Das nationalsozialistische Konzept der Aufmarschachsen war in Westdeutschland natürlich tot, aber hinsichtlich der Zerstörungswirkung auf den Baubestand waren die neuen Autotrassen ihre klammheimlichen Nachfolger; angesichts der Entnazifizierung redete man aber nicht mehr von Achsen, sondern von Verkehrsadern, und man legte sie auch nicht mehr militärisch gerade an, sondern bewusst leicht geschwungen.

Nun stand in den Jahren 1945 bis 1948 in der konkreten Praxis zunächst nur die Trümmerräumung an; schon während des Krieges begonnen, wurde sie jetzt mit hoher Intensität betrieben. Überdies konnte der Wiederaufbau auch deshalb nur vereinzelt beginnen, da es an Baumaterial und Kredit fehlte. Gerade die weitreichendsten Planungskonzeptionen entstanden allerdings schon in diesen frühen Jahren, und gerade in dieser Phase hatten die Visionen der Modernisten Konjunktur. Diese wollten fast die ganze innere Stadt flächendeckend abreißen, ganz gleich ob die einzelnen Gebäude völlig zerstört, nur beschädigt und wiederaufbaufähig oder noch gänzlich intakt waren. Solche Radikallösungen waren allerdings nicht die einzigen Vorschläge, sondern sie waren Teil einer kontroversen Debatte.

In der französischen Besatzungszone beauftragten die Militärbehörden französische Architekten, im Sinne der Ideen Le Corbusiers einen Neubau zu planen; 1946 lag für Mainz der Plan von Marcel Lods und für Saarbrücken jener von Pingusson vor. Beide planten einen neuen inneren Bereich ausschließlich aus Scheibenhochhäusern in reichlich Parklandschaft, wofür in Saarbrücken der Kernbereich beidseits der Saar und in Mainz die ganze gründerzeitliche Neustadt sowie große Teile der Altstadt komplett beseitigt werden sollten. Für Berlin legte der Leiter der Bauabteilung des Magistrats des (noch ungeteilten) Groß-Berlin, Hans Scharoun, 1946 den sogenannten Kollektivplan vor. Auch dieser wollte langfristig die gesamte Bebauung der inneren Stadt abbrechen, von wenigen prominenten Bauten abgesehen, und ersetzen durch eine durchgrünte Stadtlandschaft mit einem neuangelegten Gitternetz von Schnellstraßen und Siedlungszellen mit unterschiedlichen Haustypen in den Zwischenräumen.

Nürnberg, Dresden und Hamburg führten in den Jahren 1946 bis 1948 städtebauliche Wettbewerbe durch, bei denen sich unter den zahlreichen Einsendungen ebenfalls vergleichbare Radikallösungen befanden. Für Dresden schlug Hanns Hopp vor, die Innenstadt bis auf eine Ruinenreihe am Elbufer vollständig abzuräumen und dann nach dem Vorbild von Le Corbusier Reihen von Hochhäusern mit kreuzförmigem Grundriss in offenem Grün zu platzieren, und auch der Entwurf von Mart Stam sah einen Totalabriss einschließlich des Schlosses vor. Für Hamburg empfahlen die Entwürfe von Wilhelm Ohm und

Durch den Luftkrieg zerstörte Wohnbauten in Hamburg 1943/44. Ausgebrannt, aber vielfach stehende Außenmauern: Wiederaufbau sinnvoll oder nicht?

von Fiebelkorn/Henning/Schröder in ähnlicher Weise, die in der Innenstadt verbliebene Bebauung bis auf die Kirchen und das Rathaus niederzulegen; ersterer dachte sich dann dort ebenfalls Hochhausscheiben in großzügigen Grünflächen, letztere Zeilen- und Kammbauten. Auch der Vorschlag von Hassenpflug für Nürnberg wollte von der Innenstadt nur die Hauptachse der Königsstraße und einige Einzeldenkmale stehen lassen und den ganzen Rest schematisch mit Zeilenbauten überziehen.

Diese tiefgreifenden Pläne, die mit einem geradezu totalitären Zugriff über die Kriegszerstörungen hinaus auch das noch Bestehende auslöschen wollten, waren bis Ende 1948 alle gescheitert. In der DDR musste man sich im Städtebau ab 1950 zunächst am sowjetischen Vorbild orientieren, das von geschlossenen Straßenfronten und den Erfordernissen politischer Repräsentation ausging. In Westdeutschland erwiesen sich diese städtebaulichen Visionen als finanziell und politisch illusorisch; sie ignorierten, dass man dafür den gesamten Grundbesitz der inneren Städte gegen Entschädigung hätte aufkaufen oder enteignen müssen, um ihn neu aufteilen zu können, und ebenso ignorierten sie die emotionalen Bedürfnisse der Masse der Bevölkerung, wenigstens ein Stück Vertrautes zu bewahren in einer Zeit so tiefgreifender Umbrüche und riesiger Verluste. Einen verspäteten Nachhall fand die pauschale Abrissmentalität noch 1957/58 in dem von Bundesregierung und Westberliner Senat ausgeschriebenen Wettbewerb *Hauptstadt Berlin*, der schwerpunktmäßig das alte Stadtzentrum überplante (über das man allerdings gar nicht verfügte, da es in Ost-Berlin lag). Dabei hatten die Auslober vorgegeben, dass in der Altstadt außer den Kirchen und dem Rathaus nichts erhalten zu werden brauchte; die noch vorhanden Teile der historischen Stadt wurden wie Neuland behandelt.

In der Realität dominierte in den ersten Nachkriegsjahren neben der Enttrümmerung die Sicherung von angeschlagenen Gebäudeteilen sowie vielfältige Einzelinitiativen des Instandsetzens und Zusammenflickens, um in dem noch Bestehenden überleben zu können. Manche noch aufrechte Fassaden wurden heruntergerissen, weil sie einsturzgefährdet erschienen, aber auch viele wiederaufbaufähige Fassaden zerstörte man jetzt restlos, weil man sie für wertlos erachtete. Bei Fachwerkbauten hatten Brandbomben die Konstruktion völlig vernichtet, so dass sie tatsächlich Totalschaden waren; bei den Häusern der Kaiserzeit und älteren Steinbauten hatten sie indessen den Dachstuhl in Brand gesetzt, der dann in die Tiefe stürzte, die Holzdecken entzündete und mitriss, so dass hier massenhaft ausgebrannte Ruinen übrig blieben, deren Außenmauern aber oft noch in hohem Maße standen. Viele Gebäude waren auch nur teilweise zerstört. Die Prozentangaben über die Zerstörung der Innenstädte sind mit großer Vorsicht zu genießen, da man sie sehr unterschiedlich ausweisen konnte, je nachdem, wie man teilzerstörte Bauten wertete. Da die Stadtplaner die Stadt des späten 19. Jahrhunderts gerne los werden wollten und auch ältere Wohnhäuser oft als Sanierungsfälle ansahen, plädierten sie dafür, möglichst viele der beschädigten und teilzerstörten Bauten abzubrechen. Zumindest viele Fassaden hätte man für eine Wiederaufbau nutzen können, wenn man gewollt hätte, aber man wollte eben nicht, jedenfalls nicht bei Wohnhäusern. Hinzu kam, dass der Zustand der Ruinen sich mit den Jahren noch verschlechterte und dass viele Eigentümer finanziell am Ende waren und nicht neu aufbauen konnten. Sie waren verkaufsbereit, so dass es viel leichter als zu normalen Zeiten war, Parzellen zusammenzukaufen und eine grundlegend anders strukturierte Neubebauung zu realisieren. Die Denkmalpfleger konzentrierten sich auf die großen Bauten in öffentlichem Besitz, sie hatten schon damit genug zu tun.

Diese Werturteile, Konzepte und Rahmenbedingungen brachten jene Abrisswelle ins Rollen, die man mit zwei bis drei Jahrzehnten Abstand rückblickend als Zweite Zerstörung bezeichnet hat. Den Visionen modernistischer Stadtplaner, eine ganze Innenstadt abzuräumen und nach einheitlichem Konzept neu aufzubauen, kam dabei in Westdeutschland das Geschehen in Hamburg-Altona am nächsten. Nachdem die Nationalsozialisten begonnen hatten, die Altstadt als Sanierungsgebiet platt zu machen, setzten die britischen Bomber das Zerstörungswerk fort. 1955 wurde das 210 ha große Gebiet Altonas vom Bahnhof und Krankenhaus bis hinunter zum Fischmarkt als Ganzes überplant, um dort sämtliche Bebauung zu beseitigen und in aufgelockerter Form ein Neu-Altona mit Einkaufspassage und Wohnungen für 36 000 Menschen zu errichten. Initiator war Ernst May; in seiner Zeit als Chefingenieur des Wohnungsbaus in der Sowjetunion hatte er 1932 vorgeschlagen, die ganze historisch gewachsene Innenstadt von Moskau bis auf den Kreml „allmählich niederzulegen“[153] und modern neu zu bebauen. Doch das war selbst Stalin zu weit gegangen, der sonst vor brutalem Vorgehen nicht zurückschreckte (zu dieser Zeit setzte er gerade die Zwangskollektivierung mit Massenterror durch). Jetzt war May Leiter der städtebaulichen Abteilung des gewerkschaftseigenen Baukonzerns Neue Heimat, der Interesse an einem Großauftrag hatte und gute Beziehungen zur sozialdemokratischen Stadtregierung Hamburgs besaß. Von den 20 100 Wohnungen der Vorkriegszeit im Planungsgebiet von Altona waren 11 950 am Ende des Kriegs zerstört; von den 8200 noch übrigen Wohnungen sollten nach Mays Plänen weitere 7200 abgerissen werden. Tatsächlich wurde dann in den nächsten Jahren etwa die Hälfte des ursprünglich Geplanten umgesetzt. Wesentlich kleiner waren zwei Neubauprojekte von Wohnungen in Hamburg und Berlin, die aber immerhin mehrere Baublöcke einbezogen und dabei auch das alte Straßennetz überschrieben und die beide als Leuchtturmprojekte für den Wiederaufbau deutschlandweit beachtet wurden. Im Grindelviertel in Hamburg begann schon 1946 die britische Besatzungsmacht, zwölf Hochhausscheiben im Geiste Le Corbusiers hinzupflanzen, die damals als avantgardistisch galten, und das 1957 für die Internationale Bauausstellung in West-Berlin fertiggestellte Hansaviertel am Nordwestrand des Tiergartens war als „Schaufenster des Westens" für modernes Bauen gedacht. Beide Areale galten als total zerstört und wurden gänzlich abgeräumt; tatsächlich waren im Grindelviertel von 175 Gebäuden der Vorkriegsbebauung 39 bewohnbar geblieben, und im Hansaviertel hatten von ursprünglich 160 Gebäuden 20 den Krieg überstanden. Im Regelfall vollzog sich die Neubebauung in Westdeutschland aber viel kleinteiliger. Vieles war die Initiative einzelner Privateigentümer, die auf ihrer vorhandenen Parzelle neu bauten und damit Baulücken in der Straßenfront wieder schlossen, oft wurde auch bei einem großflächigeren Wiederaufbau ein ganzer Baublock entfernt und auf den zusammengelegten Parzellen neu gebaut, vielfach im Zeilenbau, aber im Rahmen des bestehenden Straßennetzes. So wüst die kriegszerstörten Städte 1945 auch aussahen, das Straßennetz selbst und die unterirdische Infrastruktur aus Versorgungsleitungen für Strom, Gas, Wasser und Telefon sowie Kanalisation war erhalten geblieben. Gerade weil die Kriegszerstörungen die Deutschen in Armut gestürzt hatten, war es sinnvoll, dieses Kapital möglichst weiter zu nutzen, was bedeutete, die bestehenden Straßengrundrisse nicht allzu willkürlich zu überschreiben. Der tatsächliche Wiederaufbau, besser Neuaufbau vollzog sich in den westdeutschen Städten im Allgemeinen weniger nach einem großen Plan, sondern vielfach stückweise und als Ergebnis vielfältiger Kompromisse. Dabei gab es zwischen den Städten durchaus Unterschiede im Maß der Rücksichtslosigkeit, in der Stadtplaner mit den noch vorhandenen Beständen der Vorkriegsstadt umgingen, jenen des späten 19. Jahrhunderts ebenso wie älteren.

An rabiatesten war man in den 50er Jahren in der Bundesrepublik dort, wo die Planer dem kommenden Autoverkehr hohe Priorität eingeräumten. Die Teilzerstörung wurde benutzt, um breite Durchbruchstraßen durch die Innenstadt zu schlagen, wobei dann auch die im Weg stehenden und noch erhaltenen Gebäude beseitigt wurden. In Frankfurt schlug man von Westen nach Osten die Berliner Allee und von Norden nach Süden die Kurt-Schumacher-Straße durch die Altstadt. In Düsseldorf brach man östlich der Königsallee die Berliner Allee von Norden nach Süden durch die Stadt, und in Ulm legte man die Neue Straße als Ost-West-Durchbruch durch die Altstadt an. In Köln, Hamburg und Augsburg stammte die Idee zu den Durchbrüchen schon aus den Jahren vor dem Weltkrieg und wurde jetzt in veränderter Form realisiert. In Köln entstand das Kreuz aus Nord-Süd-Fahrt und Ost-West-Achse in der Altstadt, in Hamburg durchschnitt die sechsspurige Ost-West-Straße die südliche Innenstadt und wurde zu beiden Seiten völlig neu bebaut, ergänzt durch den davon abzweigenden Durchbruch der Domstraße, in Augsburg wurde der breite Straßenzug Leonhardsberg-Karlstraße realisiert. In den Innenstädten von Kassel und Dortmund hat man bestehende schmale Straßen dermaßen aufgeweitet, dass es Durchbrüchen gleichkam; im schwer zerstörten Kassel in Form mehrerer sich gitterartig schneidender Schneisen, in Dortmund als Kreuz aus Kleppingstraße und Kampstraße. Überhaupt wurde die Bebauungsstruktur von Dortmund, die zu 98 % zerstört war, völlig neu geordnet und dabei 28 % der früheren Baufläche weitgehend in Verkehrsfläche umgewandelt. Im Unterschied dazu hat man in Stuttgart und vor allem Hannover den Ring um die Innenstadt großzügig verbreitert. Auch in Köln wurden die Ringe verbreitert und dabei die Bauten des Historismus weitgehend abgebrochen, obwohl sie nur wenig beschädigt waren. In West-Berlin nahm man sich us-amerikanische Stadtautobahnen zum Vorbild und begann 1956, einen Autobahnring samt Zubringern durch die Stadt zu schlagen, keineswegs nur über Trümmergelände, sondern auch durch erhaltene kaiserzeitliche Wohnviertel. Er gehörte zu den Lieblingsprojekten des langjährigen Bausenators Rolf Schwedler. Bei diesem Streben, dem fließenden Autoverkehr mehr Platz zu schaffen, konnte man Anfang der 50er Jahre noch keine Vorstellung haben, welches Ausmaß die Blechlawine im Laufe der Jahrzehnte annehmen würde; hätte man es geahnt, wer weiß, wieviel mehr dann noch abgerissen worden wäre. Aber selbst so sind in West-Berlin 1950-66 für den Straßenbau 2194 Wohnungen vernichtet worden.

Dass angeschlagene Bauten auch dort beseitigt wurden, wo sie keinen großen Durchbruchstraßen zum Opfer fielen, zeigt stellvertretend für viele das Beispiel Lübecks. Mit dem Luftangriff im März 1942 war ein Fünftel der Altstadt zerstört, und zwar gerade die historische Keimzelle mit den prachtvollen Patrizierhäusern der Hansezeit. Direkt nach dem Angriff standen noch fast alle Fassaden der ausgebrannten Häuser, aber in der Folgezeit wurden sie weitgehend gesprengt, was sich bis in die 50er Jahre hinzog. Hans Pieper, 1929-46 Baudirektor und Denkmalpfleger Lübecks, fällte schon bald nach der Katastrophe ein vernichtendes Urteil: „Die großen alten Bürgerhäuser bringen keine Rendite, kaum die Unterhaltskosten ein ... Das, was den Freund von Alt-Lübeck und das Reisepublikum mit Freude ... erfüllte - die Straßenbilder zwischen Trave und Marienkirche - war kaufmännisch und bevölkerungspolitisch, also volkswirtschaftlich ein Unwert ... Hinter den bewunderten historischen Fassaden und in den traulichen Schlupfwinkeln der \`guten alten Zeit´ verbirgt sich das Elend unserer Frauen und Kinder.“[154] Beim Wiederaufbau drängten dann die Geschäftsleute darauf, die City auszuweiten und die Hauptstraßen zu verbreitern, und südlich davon entstand eine Wohnbebauung „im Geist der neuen Zeit“. Das alte Kaufmannsviertel war im Stadtbild nicht mehr erkennbar.

In den Großstädten der DDR gab nicht die Vision der autogerechten Stadt, sondern das Konzept der Magistralen und Aufmarschplätze die prägende Leitidee ab , wie schon angesprochen. Jenseits davon war die Situation in den ostdeutschen Großstädten aber durchaus verschieden. Dresden war nicht nur durch die angloamerikanischen Luftangriffe in der Altstadt ohnehin schwer zerstört worden, sondern hinzu kam, dass mit Walter Weidauer ein kommunistischer Oberbürgermeister den Ton angab, bei dem die richtige Gesinnung Priorität hatte und der Dresden als Zentrum der Arbeiterklasse und nicht als Stadt der Kunst und Wissenschaft ansah. Als ehemaliger Zimmermann mit Volksschulbildung hatte er ein (höflich gesprochen) kompliziertes Verhältnis zur Intelligenzschicht, und für Einsprüche des Denkmalschutzes brachte er erst recht kein Verständnis auf; hier witterte er schnell politische Verschwörung. So wurden in der Dresdner Altstadt im Rahmen der Großflächenenttrümmerung bis 1956 nicht nur Trümmer beseitigt, sondern auch viele wiederaufbaufähige Ruinen gesprengt und der Schutt abgefahren. Das traf fast alle Kaufhäuser, Banken, Postämter, Theater und Verwaltungsbauten, damit nichts mehr an die großbürgerliche Innenstadt und an kapitalistisches Profitstreben erinnert. Dasselbe geschah mit etlichen denkmalgeschützten Barockfassaden von Adelspalais (z. B. Prinz Georg, Oppenheim, Kap-herr und Wackerbarth) und bürgerlichen Wohnhäusern (z. B. die zunächst für den Wiederaufbau vorgesehene Rampische Straße). Nur einige wenige herausragende Einzelobjekte durften stehen bleiben, ansonsten blieb den Denkmalpflegern nur übrig, künstlerisch bemerkenswerte Architekturteile als klägliche Fragmente einzusammeln. An Stelle der Innenstadt entstand allmählich eine weitläufige Grassteppe, auf der vereinzelt Schafe grasten, bis der Neuaufbau die alten Straßenzüge und Grundstücksgrenzen mit einer völlig andersartigen Struktur überschrieb. Hingegen versuchte man in Leipzig in den 50er Jahren in der Innenstadt eher die stadtgestaltprägenden historischen Strukturen zu bewahren, soweit die erheblichen Kriegsschäden dies zuließen. Erst der Politbürobeschluss von 1963 zum Aufbau eines sozialistischen Stadtzentrums führte in den 60er Jahren zu größeren zerstörenden Eingriffen ins Stadtbild. In Ost-Berlin wiederum sorgten nicht nur die politischen Repräsentationsansprüche für erhebliche Abbrüche im Innenstadtbereich, sondern auch das Streben, dem Verkehrsfluss zwischen Leipziger Straße/Gertraudenstraße und Karl-Marx-Allee Bahn zu brechen. Hierzu wurde 1967-69 mit Grunerstraße und Mühlendamm ein breiter Straßenzug südöstlich des Roten Rathauses angelegt, dem auf dieser Trasse nun auch noch die letzten Reste alter Bebauung zum Opfer fielen und der die wesentlichen altstädtischen Straßen- und Platzstrukturen auflöste.

Da die angloamerikanischen Bombenangriffe sich auf die Innenstädte konzentrierten, war von den Stadterweiterungen des späten 19. Jahrhunderts durchaus noch viel an Substanz erhalten geblieben, und soweit diese nicht den neuen Verkehrsschneisen zum Opfer fiel, war angesichts der allgemeinen Wohnungsnot an Flächensanierung durch Abriss auch weiter nicht zu denken. Trotzdem blieben auch diese Bauten angesichts der Aversion der Entscheidungsträger gegenüber dem kaiserzeitlichen Wohnungsbau nicht ungeschoren. Vor allem in Berlin war man schon zwischen 1925 und 1929 daran gegangen, mit Hammer und Meißel Pilaster und Simse, Putten und Atlanten von den Fassaden abzuschlagen, um ihnen ein modernes, das heißt glatt verputztes Aussehen zu geben. Überladen und protzig seien die historistischen Stuckverzierungen, künstlerisch wertloses Imitat vergangener Baustile und überhaupt an einfachen Mietshäusern verlogen. In den 1950er und 60er Jahren wurde dann in Berlin massenhaft der Baudekor von den Wohnhäusern der Kaiserzeit abgeschlagen. Allein im Bezirk Kreuzberg verloren bis 1979 rund 1400 Wohnhäuser ihren Fassadenstuck, das waren 59 % der vor 1900 errichteten Wohnhäuser. Gefördert wurde dieses Streben, die Häuser modern aussehen zu lassen, in Berlin durch die Befürchtung der Hausbesitzer, ihr Eigentum könnte sonst Opfer der Flächensanierungspolitik des Senats werden. Berlin steckte mit diesem Entstuckungsstreben auch andere deutsche Städte an, in Westdeutschland wie in der DDR, was im Übrigen nicht nur Verzierungen des Historismus, sondern auch solche des Jugendstils erfasste. In den benachbarten europäischen Ländern blieb dieses Phänomen bemerkenswerterweise weitgehend unbekannt. Wirklich modern wirkten diese ihres Baudekors entkleideten Wohnhäuser allerdings nicht, eher nackt, als ob man ihnen ihr Hemd ausgezogen hätte. Mit der Neubewertung des Historismus brach diese Entdekorierungswelle dann um 1970 ab. Die noch bestehenden Stuckfassaden wurden in den nächsten zwei Jahrzehnten durchweg restauriert und dann manchmal auch unter Denkmalschutz gestellt.

Neben den Modernisten, welche die Kriegszerstörung als Chance zum Aufbruch nutzen wollten, gab es auch Traditionalisten, die den Verlust des Vertrauten zu begrenzen wünschten. Erstere fanden besonders bei sozialdemokratisch dominierten Stadtverwaltungen offene Ohren, letztere waren eher dem katholisch-konservativen Milieu verbunden. Den Mainstream repräsentierten die Traditionalisten nicht, vielmehr sahen sie sich in der Fachdiskussion der 1950er und 60er Jahre überwiegend deutlicher Kritik ausgesetzt. Dabei waren sie sich mit den Modernisten durchaus darin einig, die Bauten des Historismus als minderwertig abzulehnen; den Traditionalisten ging es vor allem darum, das Stadtbild aus vorindustrieller Zeit soweit noch möglich zu bewahren, gerade auch in seiner regionalen Ausprägung. Nun war bei verbrannten Fachwerkensembles nichts zu retten. In Hannover und Braunschweig versuchte man die letzten Reste mit dem Konzept der Traditionsinseln zu erhalten. Hannover baute vereinzelt übrig gebliebene Fachwerkhäuser ab und versetzte sie zu einigen noch erhaltenen in der Kramerstraße in der Nähe des Marktes, um dort ein künstliches Altstadtensemble zu schaffen. Braunschweig erklärte fünf kleine Areale zu Traditionsinseln, jede an eine Kirche angelehnt, in denen die Häuser wiederhergestellt, ganz rekonstruiert und die Lücken mit Fachwerkhäusern aus anderen Ecken der Stadt geschlossen wurden; ein Fachwerkhaus wurde sogar aus dem fünf Kilometer entfernten Rüningen an den Altstadtmarkt versetzt. Es waren Inszenierungen von Altstadt, bei denen es mehr um den Stimmungswert ging als um das historische Original.

Anders sahen die Möglichkeiten des Wiederaufbaus bei Steinbauten aus. München, Nürnberg, Freiburg und Münster galten in der Fachdiskussion als wichtigste Beispiele für einen traditionalistischen Wiederaufbau, der hier auch von einem breiten Konsens einer konservativen Bürgerschaft getragen wurde. Nun waren auch die Traditionalisten für mehr Luft und Licht durch entkernte Innenhöfe, aber sie hielten fest an einer hergebrachten Urbanität mit geschlossenen Straßenfronten und begrenzten Traufhöhen, und sie wollten beim Wiederaufbau die herkömmlichen Proportionen der Baukörper und die bisher übliche Materialien gewahrt wissen. War dadurch die Zahl der kriegsbeschädigten Wohnhäuser, die dem Abriss zum Opfer fielen, nun geringer? In München lieferte das Konzept von Karl Meitinger, Stadtbaurat von 1938-45, die Orientierung. Um die Altstadt herum begann man einen reichlich dimensionierten Altstadtring als reine Autoverkehrsfläche zu bauen, wofür viel Bausubstanz abgeräumt werden musste, nicht nur beschädigte. Sie stammte vor allem aus dem 19. Jahrhundert. Innerhalb des Rings prüfte die Stadt in Zusammenarbeit mit den Denkmalpflegern 1946/47 jede einzelne aufrecht stehende Hausfassade, um zu entscheiden, ob sie als künstlerisch und historisch bedeutsam zu erhalten oder abzubrechen war. Aber selbst die Fassaden der barocken Adelspalais blieben durchaus nicht alle bestehen, und hinter den alten Fassaden entstanden moderne Neubauten. Ganz Zerstörtes wurde in München ebensowenig wieder aufgebaut wie in Nürnberg. In der schwer zerstörten Stadt an der Pegnitz, wo der Mythos von „Alt-Nürnberg“ von den Nazis noch kräftig gefördert worden war, wurden die Weichen für den Wiederaufbau von Stadtbaurat Heinz Schmeißner gestellt, der von 1940 bis 1970 amtierte (mit einer Unterbrechung 1945-49; er hatte die mittelalterlichen Reichskleinodien vor den einmarschierenden Amerikanern in einem Felsenkeller verborgen und war dafür zeitweilig ins Gefängnis gesteckt worden). Hier wurden prominente Großbauten in öffentlichem Besitz in der Zeit von 1949 bis 1955 bei ausreichend erhaltener Substanz wieder hergestellt, danach erlahmte das Interesse daran; auch zunächst für den Wiederaufbau vorgesehene Ruinen brach man seitdem eher ab (z. B. Fleischhalle, Katharinenstadel und Hirsvogelsaal). Private Wohnhäuser, die zerstört oder beschädigt waren, wurden dagegen in Nürnberg bis in die 50er Jahre hinein flächenhaft beseitigt, dabei auch zahlreiche Fassaden von ausgebrannten Häusern aus der Renaissance und Barockzeit. Die hochwassergefährdeten Bereiche östlich des Obstmarktes wurden ohnehin komplett abgetragen und zur sogenannten „Steppe“, die man vor der Neubebauung aufhöhte, und auch die winkeligen Gassen verschwanden beim Wiederaufbau. Der Direktor des Germanischen Nationalmuseums klagte, dass „kostbarste Werke von künstlerischem, historischem und kulturgeschichtlichen Wert ... den blind vorgehenden Räumungsbaggern und Sprengoperationen ausgesetzt“ seien.[155] Von den ganzen Ruinen der Privathäuser wurden in Nürnberg nur drei restauriert. In Freiburg waren zwei Drittel der Altstadt und beträchtliche Teile der angrenzenden Viertel total zerstört worden. Hier war 1925-51 mit Joseph Schlippe ein Oberbaudirektor und Denkmalschützer prägend, der sich dem Geiste der Heimatschutzbewegung verpflichtet fühlte. Beim Wiederaufbau beseitigte man gezielt die hohen Geschäftshäuser der Kaiserzeit, um der Altstadt wieder stärker den „mittelalterlichen“ Charakter einer aus Bürgerhäusern bestehenden Stadt zu verleihen. Aber auch hier wurden die stark mitgenommenen Reste von mehrere hundert Bürgerhäusern, die in die frühe Neuzeit und bis ins Mittelalter zurückreichten, entfernt und selbst die hochmittelalterlichen Kellerstrukturen beim Wiederaufbau weggebaggert. Im Stadtkern von Münster, wo kein Haus unbeschädigt war, wurden 1945-47 rigoros alle noch aufrechten Giebelfronten abgebrochen. Am Prinzipalmarkt, vor dem Krieg mit seinem geschlossenen Ensemble von reich verzierten Giebelfronten überwiegend aus dem 16.-18. Jahrhundert die „gute Stube“ der Stadt, ließ man praktisch keinen Stein stehen. Der zum Identitätsanker der Stadt stilisierte Prinzipalmarkt wahrte im Wiederaufbau zwar Proportionen, Parzellenmaße und Gesamteindruck, aber es waren freie und vereinfachte Nachschöpfungen im Geiste des alten Ensembles, keine ergänzten Originalreste oder Kopien (wobei man auch hier die Veränderungen der Kaiserzeit wegstilisierte). Aufs Ganze gesehen unterschieden sich also Modernisten und Traditionalisten mehr in der Gestaltung des Neuen als im Umgang mit dem Alten.

Bemerkenswert war auch, wie Würzburg mit den Kriegsruinen umging. Beim Luftangriff im März 1945 waren vor allem Brand- und weniger Sprengbomben gefallen, so dass mehr Fassaden als in anderen Städten stehen blieben und die Stadt lange wie eine Kulissenstadt aussah. Gerade deshalb traten hier die Werturteile bei der Selektion, was abgerissen und was rekonstruiert werden sollte, deutlich zu Tage. Obwohl auch hier im traditionalistischen Geiste wiederaufgebaut wurde, räumte man die meisten Fassaden dabei ab. Dabei ließ man nicht nur die protzigen „Bausünden“ der Kaiserzeit gezielt verschwinden. Obwohl das Stadtbild Würzburgs als ehemalige fürstbischöfliche Residenz vor dem Krieg stark vom Barock geprägt war, wurden auch etwa 80 Barockfassaden als nicht mehr wichtig zerstört und der Barock auf wenige berühmte Großbauten beschränkt. Man wollte eine kleinbürgerliche „mittelalterliche" Stadtstruktur haben und wandte sich vom feudalen Erbe ab, reduzierte überhaupt die historisch gewachsene Stilvielfalt der Stadt.

Auch in anderen Städten hatten die Ruinen von Adelspalais nach dem Krieg teilweise nicht sehr viele Freunde. In Mainz waren die Adelshöfe aus der kurfürstlichen Residenzzeit fast alle Ruinen; mehrere wurden wieder aufgebaut, aber von anderen ließ man nichts mehr übrig. Beispielsweise mussten nach dem 1958 von Ernst May aufgestellten Generalbebauungsplan die Ruinen von Bischofshaus und Kronberger Hof für Parkhäuser weichen, außerdem Ingelheimer Hof und Breidenbacher Hof für eine Straßenverbreiterung. In Kassel wurden die Reste fast aller Palais in der oberhalb der Karlsaue gelegenen *Schönen Aussicht*, der repräsentativsten Wohnstraße der Stadt, entfernt, und Ulm beseitigte 1950 die aufbauwürdigen Außenmauern des einzigen großen Barockbaus der Stadt zugunsten eines Kaufhauses.

Sogar selbst da, wo die Fassaden der alten Barockpalais nach dem Wiederaufbau im Straßenbild wieder unversehrt erscheinen, ist es mehr Schein als Sein, da das Gebäude dahinter neu ist. Dass dieses keinen Bezug mehr zum Alten besaß, konnte so weit gehen, dass hinter der ungewöhnlich reich stuckierten Rokokofassade des Münchener Preysing-Palais mit seinen dreieinhalb hohen Etagen ein achtgeschossige Bürobau entstand, und hinter den zweieinhalb Etagen des Görtz-Palais, dem einzigen großen Barockpalais Hamburgs, ein siebengeschossiger Bürobau. Letzterer wurde im Übrigen 2017 wieder abgerissen und durch ein Einkaufszentrum ersetzt, für den die alte Barockfassade zusammen mit der benachbarten Fassade des entkernten Stadthauses nun als Straßentapete dient.

Abbruchwahn im Wirtschaftswunderland

So zerstörerisch die Luftangriffe der Alliierten im Zweiten Weltkrieg auch gewesen waren, die Bomben hatten doch noch vieles übriggelassen, was dann in den nächsten Jahrzehnten ins Blickfeld der Sanierungspolitik rückte. Diese war unvermeidlich an politische und gesellschaftliche Wertvorstellungen und Leitbilder geknüpft, und da in West- und Ostdeutschland zwei verschiedene Wirtschafts- und Staatsordnungen entstanden waren, kam es nun auch zu zwei verschiedene Formen von Sanierungspolitik.

In der Bundesrepublik sah die Politik sich gleich bei Beginn durch eine Fülle von Flüchtlingen und Vertriebenen aus den verlorengegangenen Ostgebieten sowie von Ausgebombten herausgefordert. Sie waren irgendwie in dem stark reduzierten Wohnungsbestand mit untergekrochen, der dementsprechend vielfach überbelegt war, oder hatten mit Behelfsunterkünften vorlieb nehmen müssen. Als nach der Währungsreform wieder investiert wurde, konzentrierte sich die Wohnungspolitik in den 50er Jahren deshalb darauf, so schnell wie möglich so viel wie möglich neuen Wohnraum zu bauen; bewohnbaren Bestand abzureißen konnte man sich schlicht nicht leisten. Anfang der 60er Jahre entspannte sich dann die Wohnungsnot. Nun setzten in immer mehr Städten Planungen ein, Wohnungen, die als nicht mehr zeitgemäß angesehen wurden, abzubrechen und durch bessere zu ersetzen. Eine Welle von Flächensanierungen begann anzurollen, bis diese dann in der zweiten Hälfte der 70er Jahre endete.

Wie konnte es zu diesen Flächensanierungen kommen, die außer tatsächlich hoffnungslosen Bruchbuden auch vieles wegrissen, was man sich heutzutage als sanierten, charmanten Altbaubestand in lebenswerten Quartieren vorstellen könnte? 1968 stammte ein Drittel des Wohnungsbestandes noch aus der Zeit vor 1918. Erheblichen Teilen dieses Wohnraums war es über Jahrzehnte nicht gut gegangen. Die Knappheitsverhältnisse in zwei Weltkriegen, in der Inflationszeit am Anfang der Weimarer Republik und durch die Weltwirtschaftskrise ab 1929 begrenzten die Aufwendungen für die Instandhaltung. Außerdem galt von 1917 bis 1963 durchgehend eine staatliche Mietpreisbremse, wenn auch in wechselnder Form, die ebenfalls den Spielraum der Eigentümer für Unterhaltungsaufwand beschränkte; das war sozialpolitisch gut gemeint, es war gut für die wechselnden politischen Systeme dieser Zeit, die hierdurch tendenziell stabilisiert wurden, aber es war weniger gut für den Baubestand. So waren Altbauten um 1960 im wahrsten Sinne des Wortes alt und grau geworden, teilweise auch mit feuchten Wänden und bröckelndem Putz. Auf der anderen Seite stiegen mit dem neuen Wohlstand der sogenannten Wirtschaftswunderjahre die Ansprüche an Wohnkomfort. Der Standard von Arbeiterwohnungen der Zeit um 1900 mit WC ohne Bad auf der Etage, Kohleofen im Zimmer und Wohnküche, erst recht der Standard einfacher Häuser aus vorindustrieller Zeit in den Altstadtkernen der Mittelstädte, wo noch die Toilette im Hof verbreitet war, galten jetzt als völlig überholt. Bei Neubauten nach dem Zweiten Weltkrieg waren ein eigenes Bad mit WC in jeder Wohnung, abgeschlossene Küche und Zentralheizung üblich, und auch die Ansprüche an die Wohnfläche wuchsen, insbesondere was den Raumbedarf von Kindern betraf. Wer es sich leisten konnte, zog in Neubauten am Stadtrand. In den Altbauten konzentrierten sich zunehmend die AAA, wie es im Soziologenjargon hieß; hier blieben Ärmere und Alte zurück, und mit dem Zustrom von angeworbenen Arbeitsmigranten aus den Mittelmeerländern, den sogenannten Gastarbeitern, kamen schlecht bezahlte Ausländer hinzu.

Betroffen waren von diesen Entwicklungen verschiedene Formen von Altbauquartieren. Zum einen handelte es sich um die Altstädte der Mittelstädte und auch Kleinstädte. Hier stammte ein beträchtlicher Teil der Häuser noch aus der Zeit vor der Industrialisierung, und hier vollzogen sich jetzt im Grunde jene Prozesse, die in den Großstädten schon über ein halbes Jahrhundert früher stattgefunden hatten. Eine Variante stellten jene ehemaligen Kleinstädte dar, die durch die Industrialisierung in ein Industriegebiet integriert worden waren, etwa ins Ruhrgebiet; in diesen war die Bebauung im Laufe des 19. Jahrhunderts weitgehend erneuert worden. Ein zweiter Typ waren Vorstädte großer Städte, die schon im 18. Jahrhundert als Arme-Leute-Quartiere entstanden und dann im 19. Jahrhundert stark durch neuere Bauten überformt worden waren. Als drittes kamen die Stadterweiterungen der großen Städte während Kaiserzeit hinzu, die mit großformatigen Mietshäusern für die anschwellende Arbeiterschaft bebaut worden waren. Sozialstrukturell vergleichbar waren die Bergarbeitersiedlungen des Ruhrgebiets, doch boten diese in der Baustruktur ein gänzlich anderes Bild, weil es sich hier nicht um sogenannte Mietskasernen handelte, sondern um eine viel kleinteiligere Bebauung, meist mit nur zwei bis vier Wohnungen pro Haus und mit etwas eigenem Gartenland für jede Familie. Insgesamt handelte es sich also weitgehend um Stadtviertel, die immer schon primär Unterschichtquartiere gewesen waren, und hier verschob die Sozialstruktur sich jetzt noch weiter nach unten. Nicht nur, dass der Zusammenhang von einer geringwertiger werdenden Bausubstanz, von sinkendem Sozialstatus der Bewohner und geringem Image des Wohnumfeldes einen sich selbst verstärkenden Prozess darstellte; dieser Prozess beschleunigte sich dort, wo ein innenstadtnahes Quartier in den Verdacht geriet, dass es über kurz oder lang einer Flächensanierung zum Opfer fallen würde. Hier hörten Eigentümer ganz auf, in die Erhaltung zu investieren, ein Verhalten, das oft auch von der Stadtverwaltung durch jahrelange Veränderungssperren geradezu erzwungen war; sie zogen nur noch Rendite aus den Objekten, die nun beschleunigt verkamen. Wenn die flächenhaften Abrisse erst einmal begannen, die sich dann über Jahre hinzogen, da der Neubau erst beginnen konnte, wenn alles aufgekauft und niedergelegt war, wenn also die noch verbliebenen Bewohner um sich herum immer mehr leerstehende Häuser und triste Brachflächen erblickten, wenn klag- und sprachlose Ausländer als Zwischennutzer einquartiert wurden, die sich von Vermietern auch kurzfristig weiterschubsen ließen, dann flüchtete vor den Abbruchkolonnen, wer konnte, drehte die Abwärtsspirale wirklich zum Slum.

Nachdem vor dem Zweiten Weltkrieg Sanierungspolitik vereinzelt angelaufen und dann durch Krieg und Wiederaufbauphase unterbrochen worden war, ließen sich Ende der 50er, Anfang der 60er Jahre die ersten Impulse beobachten, wieder Sanierungspolitik zu betreiben. Dabei waren die örtlichen Konstellationen dieser Anfänge recht unterschiedlich. Am frühesten rückten die unbeliebten, teilweise jetzt als unzumutbar empfundenen Mietskasernen in den Blick. Auf Initiative des hannoverschen Stadtbaurats Hillebrecht und des Berliner Bausenators Rolf Schwedler beauftragte das Bundesbauministerium 1955 den Stadtplaner Johannes Göderitz, der damals als der führende Sanierungsspezialist galt, damit, ein Gutachten zur *Sanierung erneuerungsbedürftiger Wohngebiete* zu erstellen und dabei Strategien und Verfahren aufzuzeigen. Gedacht war dies auch als Pilotstudie für eine künftige Sanierungsgesetzgebung, die Enteignungen erleichtern und damit großräumige Neuordnungsmaßnahmen möglich machen sollte (tatsächlich kam das Gesetz erst 1971). Göderitz untersuchte Areale mit kaiserzeitlichen Mietsblöcken in Hannover-Linden, Berlin-Wedding-Brunnenstraße und Berlin-Kreuzberg näher und schlug dann in seinem 1957 veröffentlichten Gutachten[156] vor, dort fast alles flächendeckend abzuräumen und neu zu bebauen. Nach weiteren Gutachten begannen dann ab 1963 in Berlin die größten flächenhaften Abbruchmaßnahmen von bestehendem Wohnraum, zu denen es in der Bundesrepublik kam. Anregungen holte der Berliner Bausenator sich dazu auch aus den USA, wo 1949 ein bundesweites Slum Clearance Programm begonnen worden war, bei dem man die Bebauung von ausgesprochenen Arme-Leute-Quartieren als Ort von Kriminalität und Krankheit flächenhaft beseitigte, um sie als Gegenden mit höherem sozialen Status neu zu errichten.

In einigen Fällen spielte nach wie vor die sozialmoralische Motivation eine wichtige Rolle, insbesondere im „Dörfle“ von Karlsruhe. Das sogenannte Dörfle war im 18. Jahrhundert südöstlich von Karlsruhe entstanden, eine Vorstadt armer Tagelöhner, Soldaten, Kleingewerbetreibender und jüdischer Trödler. Im Laufe des 19. Jahrhunderts wurden die Hinterhöfe dicht bebaut, teilweise die bestehenden Häuser durch mehrgeschossige Mietshäuser ersetzt, die sich nun in engem Durcheinander mit einfachen ein- bis zweigeschossigen Häusern, teilweise aus Fachwerk, und Gewerbe befanden. Das Image als Unterschichtquartier führte dazu, dass die Obrigkeiten Karlsruhes auch die Prostitution dorthin abschoben; ab 1875 war sie nur noch in drei benachbarten Straßen im Dörfle zulässig. Damit war der Ruf, ein minderwertiger Problemstadtteil zu sein, endgültig zementiert, und in den 1920er Jahren galt es in besseren Kreisen obendrein auch als Kommunistennest. Schon 1930 begann das Stadtplanungsamt sich mit der Frage einer Sanierung dieses Stadtteils zu beschäftigen, aus wohnungshygienischen wie aus sozialstrukturellen Gesichtspunkten, und kaufte seitdem Grundstücke auf (deren Häuser in der Folgezeit natürlich erst recht herunterkamen). 1961 startete die Stadt dann den kompletten Kahlschlag, dem immer größere Teile des Dörfle zum Opfer fielen, obwohl man noch bis Anfang der 70er Jahre darüber diskutierte, wie denn überhaupt das neue Nutzungskonzept aussehen sollte. Rund 2000 Wohnungen wurden beseitigt, mehr als bei jeder anderen Kahlschlagsanierung in der Bundesrepublik (außer in West-Berlin). Wer ausziehen musste, wurde weitgehend in neue Sozialwohnungen in anderen Stadtteilen umgesetzt. 9 von 16 ha wurden leergeräumt. Die ausgedehnten Freiflächen, sofern nicht für großzügigen Straßenbau verwendet, wurden zum großer Teil bis zum Beginn des Neubaus im Jahre 1975 erst einmal als Parkplätze zwischengenutzt. Es war mehr den veränderten wirtschaftlichen Rahmenbedingungen als den allmählich laut werdenden Proteste geschuldet, dass der letzte Rest des Viertels dann nicht mehr abgerissen, sondern unter Erhaltung der Häuser saniert wurde. Das Karlsruher Dörfle war nicht der einzige Fall, bei dem das Schmuddelimage einen wesentlichen Anstoß zur Sanierung lieferte. In Ruhrort, einer alten Stadt der Schiffer und Fischer am Rhein, die man 1905 zu Duisburg eingemeindet hatte, war die kleinstädtisch wirkende Altstadt durch die Kriegsschäden nicht schöner geworden. Hier entwickelte sich nach dem Zweiten Weltkrieg ein Rotlicht-Viertel und eine kriminelle Szene. 1960 wählte das Land Nordrhein-Westfalen Ruhrort als erstes Musterbeispiel für eine Altstadtsanierung aus. Nach einer detaillierten Bestandsaufnahme entschloss man sich, die Häuser in dem 3,2 ha großen Gebiet fast gänzlich abzubrechen, was in den nächsten Jahren weitgehend geschah. Am anderen Ende des Ruhrgebiets entledigte sich Dortmund 1965-72 durch Flächenabriss seines Bahnhofsviertels nördlich des Hauptbahnhofs. Dieses bestand aus kaiserzeitlichen Mietshäusern längs der Heilige-Garten-Straße und Bornstraße, die von einer stark fluktuierenden Bewohnerschaft der untersten sozialen Schicht geprägt waren, und dem Steinplatz, der sich in der Zwischenkriegszeit zum Mittelpunkt des Vergnügungsviertels mit der angrenzenden Bordellstraße und entsprechender Begleitkriminalität entwickelt hatte. Eine völlig neu strukturierte Bebauung, auch mit Hochhäusern, veränderte das Erscheinungsbild grundlegend. Der Steinplatz wurde listig in Freiherr-vom-Stein-Platz umbenannt, um die anrüchige Vergangenheit durch den großen preußischen Reformer vergessen zu machen.

Unter den mittelgroßen Städten mit nennenswertem vorindustriellen Gebäudebestand war Regensburg die erste, die Sanierungsmaßnahmen begann. Der Anstoß hierfür war so ungewöhnlich wie die Stadt selbst: 1955 stürzte im Haus Kepplerstraße 7 das Treppenhaus zusammen, wobei wie durch ein Wunder niemand verletzt wurde. Es handelte sich um einen aus dem 13. Jahrhudert stammenden Wohnturm, von dem sich jetzt herausstellte, dass hier nicht nur faulende Balken und schimmelige Wände einen beklemmenden Geruch verbreiteten, sondern dass er auch mit 95 Bewohnern bei nur 5 Klosetts und 5 Wasserzapfstellen völlig überbelegt war. Nun ist Regensburg in der deutschen Stadtlandschaft einzigartig, insofern es die mit 350 ha größte durch den Zweiten Weltkrieg nicht zerstörte deutsche Altstadt besitzt und zugleich nirgends anders in Deutschland so viele mittelalterliche Steinbauten erhalten sind wie hier. Sie wurde schon in dieser Zeit als nationales Denkmal eingeschätzt. Der 1958 vorgelegte Sanierungsplan von Professor Döllgast, der sich bereits beim Wiederaufbau in München durch einen reflektierten Umgang mit dem historischen Bauerbe einen Namen gemacht hatte, versuchte von Anfang an, die Erfordernisse des modernen Lebens und des Denkmalschutzes zu vereinen. Er setzte deshalb nicht auf eine Flächensanierung, sondern auf Entkernung, welche die kulturhistorisch weniger wertvollen Nebengebäude und Innenhofbebauungen entfernt und die geschätzte gotische Bausubstand stärker freilegt. Dadurch sollte immerhin jede zweite Wohnung, insgesamt 4000, beseitigt werden. Dieses Projekt fand wegen des Pioniercharakters in Fachkreisen bundesweit Interesse, aber es wurde nur im Schneckentempo realisiert. Bis 1968 waren gerade einmal 14 Häuser saniert, die dabei hinter der Fassade weitgehend verändert wurden. Dann ging die Sanierung in verschärftem Tempo weiter, wobei man jetzt eher abbrach und ganz neu baute und dabei auch gotische Häuser zerstörte, bis die Stadt 1977 konsequent auf Objektsanierung umstellte. Im Unterschied zu Regensburg wurde Kempten im Allgäu in Bayern zum Vorreiter für die Flächensanierung im historischen Kerngebiet einer Mittelstadt, die von keinerlei Kriegszerstörungen betroffen war. Von 1960 an ließ die Stadt hier durch ihren stadteigenen Sanierungsträger großflächig abreißen, mehrere Straßendurchbrüche anlegen und historisierend neu bebauen. Hierbei wurde die Stadt seit 1963 vom Bund als Modellvorhaben für die Altstadtsanierung gefördert. Nach 1976 schwenkte man dort von diesem zerstörerischen Kurs auf mehr Erhaltung um.

Die Impulse zur neuen Sanierungspolitk kamen aber nicht nur aus den Stadtverwaltungen, sondern auch von außen. In den Jahren des Wiederaufbaus konnte die Bauwirtschaft prächtig wachsen und verdienen, so auch die Neue Heimat, der Wohnungsbaukonzern im Besitz der Gewerkschaften. Als sich Anfang der 60er Jahre abzeichnete, dass dieses Geschäftsfeld ein Auslaufmodell werden würde, suchte die Neue Heimat sich zwei neue Geschäftsfelder aufzubauen: den Bau von Großwohnsiedlungen, der in den nächsten Jahren an den Rändern der Großstädte Hochhausgebirge auftürmte, und die Altstadtsanierung. Als Pilotprojekt präsentierte der in Hamburg ansässige Gewerkschaftskonzern, der personell vielfältig mit der SPD verflochten war, 1966 dem Hamburger SPD-Senat ein Mammutprojekt für den Stadtteil St. Georg, das rund zwei Milliarden Mark kosten sollte. Bei dem 20 ha großen Planungsgebiet hinter dem Hauptbahnhof handelte es sich um eine ehemalige Vorstadt, die in der Kaiserzeit weitgehend großstädtisch bebaut worden war, in dem sich Kleinwohnungen und Gewerbe mischten und in der sich seit Anfang des Jahrhun-

Die Stadt der Zukunft muß heute gebaut werden

Die Menschheit drängt vom Lande in die großen Städte. Nicht nur in Amerika und in Deutschland, sondern fast überall in der Welt. In einigen Jahrzehnten werden in den Großstädten der Welt viele Millionen Menschen mehr wohnen als heute. Aber bereits jetzt sind die großen Städte den Anforderungen nicht mehr gewachsen. Wenn die Städte der Zukunft überhaupt noch funktionieren sollen, muß heute bereits mit ihrem Bau begonnen werden. Daß dabei konventionelle Methoden nicht mehr ausreichen, ist allen klar, die sich Gedanken über die Zukunft der Städte machen. Mit Phantasie und Mut muß die Stadterneuerung betrieben werden. Es gibt bereits Beispiele dafür, wie das Projekt „Alsterzentrum", das von der NEUEN HEIMAT Hamburg (Architekt Konwiarz) als ein Vorschlag zur Erneuerung des citynahen Hamburger Stadtteils St. Georg konzipiert wurde. Dieser Vorschlag ist dem Hamburger Senat unterbreitet worden.

Eine gemeinsame Arbeitsgruppe des Senats und der NEUEN HEIMAT berät zur Zeit über das Projekt Alsterzentrum mit dem Ziel, auf der Grundlage dieses Vorschlages einen Bebauungsplan für den Stadtteil St. Georg zu erarbeiten.

Unternehmensgruppe NEUE HEIMAT

Gemeinnützige Wohnungs- und Siedlungsgesellschaften

Alsterzentrum in Hamburg. Anzeige der Neuen Heimat 1967. Bis auf die Marienkirche sollte der Stadtteil St. Georg abgerissen werden.

derts, neben St. Pauli, die Prostitution der Hansestadt konzentrierte. Die Gebäudesubstanz entsprach dem bei Bauten dieser Zeit und Art allgemein Üblichen.

Der Entwurf sah vor, außer der Kirche und der Häuserzeile an der Alster alle Häuser, in denen 7000 Menschen lebten, großflächig abzureißen und komplett neu zu bebauen. Entstehen sollte hier vor allem das Alsterzentrum, ein 700 Meter langer Hochhauskomplex mit c-förmigem Grundriss, aus dem fünf Wohntürme mit bis zu 200 Metern Höhe herausragen sollten, alles zusammen neuer Wohnraum für 20 000 Menschen, dazu Gewerbeflächen und Verkehrseinrichtungen. Das umfangreiche Presseecho war in dieser fortschrittsgläubigen und amerikabegeisterten Zeit überwiegend wohlwollend, ja begeistert. Bürgermeister Weichmann, aus seiner Zeit im New Yorker Exil während der Nazijahre ein Leben mit Wolkenkratzern gewohnt, war diesen städtebaulichen Visionen nicht abgeneigt, der Bausenator, der seine Experten nüchtern rechnen ließ, sah es hingegen als nicht empfehlenswert an. Das hielt die Neue Heimat nicht davon ab, im nächsten Jahr mit einer Wanderausstellung in verschiedenen deutschen Städten für sich zu werben, in deren Mittelpunkt die Planung für das Alsterzentrum stand, und auch ansonsten kräftig Öffentlichkeitsarbeit dafür zu betreiben. Die Verhandlungen mit dem Senat versickerten jedoch schließlich faktisch 1970 sang- und klanglos. Vielleicht war das Ganze für die Neue Heimat auch nur ein Planspiel, um das Gespräch über Stadtsanierung in Gang zu bringen; jedenfalls kaufte sie dort keine Grundstücke an, und das wäre bekanntlich vor der laustarken Projektpräsentation billiger gewesen, wenn noch nicht jeder Spekulant den Braten riechen kann. Von den Bewohnern des Stadtteils war währenddessen bemerkenswerterweise nichts zu hören. Für sie bedeutete das Ganze rückblickend, dass die Eigentümer bis Ende der 70er Jahre in Erwartung einer Flächensanierung nichts mehr investierten, die Häuser herunterkamen und sich jetzt eine offene Drogenszene breit machte. Erst mit der erhaltenden Bestandserneuerung ab 1979 ging es für den Stadtteil wieder aufwärts.

Für die Neue Heimat erwiesen sich die Mittel- und Kleinstädte als erfolgversprechender. Da Städte unter 200 000 Einwohner nicht das Personal und die Planungserfahrung besaßen, eine Stadtsanierung angesichts der gestiegenen Ansprüche an einen verwissenschaftlichten Planungsprozess selbst durchzuführen, gründete der Konzern 1963 die GEWOS, die *Gesellschaft für Wohnungs- und Siedlungswesen.* Diese untersuchte die Sanierungsgebiete, erstellte dicke Gutachten über den Gebäudebestand und -zustand und arbeitete Sanierungsplanungen aus. Stade und Hameln waren 1966 die beiden ersten Kunden. Da Stade Pleite war und der Geschichts- und Heimatverein den Vorschlag, 60 % des vorhandenen Wohnungsbestandes abzureißen, ablehnte, wurde die Neue Heimat hier zunächst nichts, dafür um so mehr in Hameln, wie bereits in einem früheren Kapitel geschildert. Die Bewertungskriterien der GEWOS orientierten sich am Neubau; Fachwerk galt grundsätzlich als brandgefährdet, das Klo außerhalb der Wohnung reichte als Abbruchgrund, und auch gerade Wände waren ein Kriterium (welcher Fachwerkbau ist nach 200-300 Jahren noch gerade?). Im Regelfall schlug die GEWOS keine erhaltende Sanierung, sondern die Beseitigung vor; die Neue Heimat wollte schließlich am Neubau verdienen. Das 1971 vom Bundestag nach jahrelanger Diskussion beschlossene *Gesetz über städtebauliche Sanierungs- und Entwicklungsmaßnahmen* (Städtebauförderungsgesetz) enthielt auf Drängen der Neuen Heimat auch die Bestimmung, dass Unternehmen als Sanierungsträger (d. h. auf eigene Rechnung, nicht nur als Treuhänder) im Auftrag der Städte Sanierungsmaßnahmen vorbereiten und durchführen können. Schon im folgenden Jahr war die GEWOS mit vorbereitenden Untersuchungen für 30 Städte tätig, wobei natürlich Kontakte über das befreundete sozialdemokratische Milieu hilfreich waren. Wenige Jahre später drehte sich der Wind des Zeitgeistes, und weder Großwohnsiedlungen noch Flächensanierungen waren länger gefragt. Jetzt versuchte der Baukonzern, der als Gewerkschaftsunternehmen die Gemeinnützigkeit auf seine Fahne geschrieben hatte, rasch im fernen Afrika, Malaysia und Südamerika neue Geschäftsfelder zu erschließen. Dieser Schritt geriet zum wirtschaftlichen Desaster, und als dann 1982 ein entlassener Mitarbeiter der Presse Dokumente zuspielte, die belegten, dass die Führungsriege der Neuen Heimat korrupt war, trudelte der Konzern in den Konkurs.

Dass die Sanierungspolitik nur schrittweise (wieder) in Gang kam, lag auch an den finanziellen und rechtlichen Rahmenbedingungen. Die privaten Altbesitzer waren dazu finanziell weitgehend nicht in der Lage. Sie waren auch kaum daran interessiert, da Entdichtung bedeutete, dass ein Teil der Gebäude und damit ihrer Mieteinnahmen entfiel, die aus steuerlich abgeschriebenen Altbauten auch eher höher waren als man bei Neubauten erwarten durfte. So musste die öffentliche Hand initiativ werden, wobei selbst kleinere Städte finanziell schnell überfordert waren. Der Bund förderte schon den 60er Jahren eine Reihe von Modellvorhaben zur Stadtsanierung, und das Städtebauförderungsgesetz verbesserte die Fördersituation, insbesondere weil die „unrentierlichen Kosten", also für Abriss, Planung, Neuordnung und Umsetzung der Mieter, durch die öffentliche Hand übernommen wurden; Bund, Land und Gemeinde zahlten je ein Drittel. Seit 1974 machten erweiterte steuerliche Abschreibungsmöglichkeiten Altbausanierungen auch für private Investoren interessant. Nachdem das Bundesbaugesetz schon 1960 einen gewissen rechtlichen Rahmen für Stadtsanierungen geschaffen hatte, erleichterte das Städtebauförderungsgesetz Enteignungsverfahren. Außerdem nahm es erstmals auch die Interessen der betroffenen Bewohner ernst, indem es ihnen Mitwirkungsmöglichkeiten einräumte und für den Umzug einen Sozialplan vorsah.

Getragen wurde die Politik der großzügigen Abrisse zu Sanierungszwecken zwischen 1957 und 1973 im Prinzip von allen Parteien. Bei genauerem hinsehen war dies bei der SPD noch etwas stärker der Fall als bei der CDU, da die Architekten-„Avantgarde" mit ihrem Hass auf den Städtebau des 19. Jahrhunderts ebenso wie die gemeinnützigen Wohnungsbaugesellschaften wie die Neue

Heimat eher mit der SPD vernetzt waren, wogegen konservatives Bildungsbürgertum, teilweise mit Heimatschutztraditionen, sich eher bei der CDU zu Hause fühlte. Die im 19. Jahrhundert entstandene Vorstellung von ungesunden Stadtvierteln lebte begrifflich weiter; Ziel war die „Behebung städtebaulicher Mißstände", die den „allgemeinen Anforderungen an gesunde Wohn- und Arbeitsverhältnisse" widersprachen (§ 3 Abs. 2 Städtebauförderungsgesetz). Dabei blieb dieser Begriff schillernd. Der Zehnte Stadterneuerungsbericht des Berliner Senats formulierte als Sanierungsziel nicht nur die „Beseitigung städtebaulicher Mißstände in den Innenstadtbereichen durch Herabsetzung der zu hohen baulichen Ausnutzung und Auflösung störender Mischnutzungen bei gleichzeitiger Ausstattung der betroffenen Bereiche mit angemessenen Gemeinschafts- und Folgeeinrichtungen", sondern auch die „Verbesserung der sozioökonomischen Struktur - zumindest im Sinne einer Angleichung an den Berliner Durchschnitt".[157] Die oft scharfe Tonlage der Zwischenkriegszeit, die von politischen Konfrontationen und Bedrohungsvorstellungen gespeist war, kehrte nicht wieder; geblieben war der autoritäre Handlungsansatz einer Planung von oben über die Köpfe der Bewohner hinweg ebenso wie der Denkansatz, die Maßstäbe des Wohnens von Mittelschichtfamilien als Norm von außen an Unterschichtquartiere heranzutragen. Unaufgelöst blieb das grundsätzliche Dilemma von Sanierungspolitik, gleich ob als Flächensanierung oder als erhaltende Erneuerung, dass der hohe Mitteleinsatz zwar Wohnverhältnisse schuf, die auch für Mittelschichtangehörige attraktiv wurden, die aber trotz Subventionierung nicht mehr zu den alten Niedrigmieten zu haben waren, deretwegen die bisherige Unterschichtbevölkerung dort gewohnt hatte. Somit konnte sich durch die Sanierung eines Viertels die Sozialstruktur anheben, aber nicht weil die Bewohner von der Unterschicht in die Mittelschicht aufstiegen, sondern weil ein Teil von ihnen durch den Mietenanstieg verdrängt wurde, sofern nicht das Sanierungsverfahren einer flächendeckenden Entmietung sie sowieso zum Umzug in andere Stadtteile zwang. Die implizite Annahme vieler sozialdemokratisch orientierter Planer und Wohnungspolitiker, man könne durch den Bau gleicher Wohnungen in Neubaugebieten und den Abriss von Sub-Standard-Wohnungen gesellschaftliche Ungleichheit abbauen, war eine irrige Sozialutopie. Viele Bewohner von Sanierungsgebieten zeigten in den 60er Jahren eine für die moderne Stadtplaner schwer verständliche Anhänglichkeit an die heruntergekommenen Gegenden; die Mieten waren billig, das Milieu vertraut und das Quartier stadtnah, die neuen Ersatzwohnungen waren zwar besser ausgestattet, aber teuer, langweilig, anonym und weiter draußen.

Wenn die Politik der staatlich gesteuerten Flächensanierungen nirgends größere Ausmaße annahm als in West-Berlin, so gab es dafür besondere Gründe. Schon seit dem späten 19. Jahrhundert bestand hier generell die Haltung, die historische Bausubstanz wenig wertzuschätzen und leicht preiszugeben. Überdies gab es in keiner anderen deutschen Stadt mehr Mietskasernen, und hier hatte sich seit den 20er Jahren die Kritik an den „Mietskasernen“ am intensivsten entwickelt. In ihrer Tradition prangerte die SPD, welche die Zerstörung der Mietskasernen vor allem betrieb, diese nicht nur als unhygienisch, sondern auch als soziales Unrecht an, das Spekulanten im Kaiserreich angerichtet hätten. Außerdem war West-Berlin in den Jahren bis zum Berlinabkommen von 1971 „Frontstadt“ im Systemwettbewerb der Zeit des Kalten Kriegs, eine demokratisch-kapitalistische Insel umgeben von der kommunistischen DDR, und die westlichen Politiker wollten sich nicht von der kommunistischen Propaganda damit vorführen lassen, dass im Kapitalismus Wohnungselend herrsche. Dabei amtierte in Berlin 1955-72 mit Schwedler ein Bausenator, der sich an modernen US-amerikanischen Vorbildern orientierte und ein technikgläubiger Macher war, der seine Vorstellungen oft mit rücksichtsloser Energie durchsetzte. Eine Untersuchung der Abteilung Landes- und Stadtplanung des Bausenators kam 1961 zu dem Schluss, dass in West-Berlin 430 000 vor dem Ersten Weltkrieg gebaute Wohnungen, d. h. 45 % des gesamten Wohnungsbestands der (Halb-)-Stadt, sanierungsbedürftig seien, davon 180 000 verbesserungsfähig, aber 250 000 einfach abbruchreif. Der Regierende Bürgermeister Willy Brandt verkündete 1963 ein erstes Stadterneuerungsprogramm, nach dem in den nächsten 10-15 Jahren zunächst einmal 56 000 Wohnungen mit 140 000 Einwohnern saniert werden sollten, von denen nur 10 000 als verbesserungsfähig galten. Bei der Auswahl war man relativ schematisch hauptsächlich nach dem Baualter gegangen und hatte zunächst die vor 1885 errichteten Mietskasernen in den Blick genommen. Die Sanierungsgebiete umfassten zusammen 450 ha. Die beiden größten waren Wedding-Brunnenstraße mit 188 ha und 17 000 Wohnungen und Kreuzberg-Kottbusser Tor mit 107 ha und 16 900 Wohnungen, beide nach 1961 direkt an der Mauer zu Ost-Berlin gelegen. Bei den anderen großen handelte es sich um Schöneberg-Bülowstraße, wo sich auch seit langem Prostitution etabliert hatte, Charlottenburg-Klausenerplatz und Neukölln-Rollbergstraße, dazu einige kleinere. Am drängendsten wurde die Sanierung im Wedding angesehen. Gerade hier wird deutlich, dass es nicht einfach nur um Bausubstanz ging. Bei den Wahlen zu den Bezirksversammlungen hatten im „roten Wedding“ 1929 stolze 40,6 % und selbst 1946 noch 23,5 % kommunistisch gewählt. Ein 1966 für die Senatsbaudirektion angefertigtes Gutachten vertrat aus der Sicht der in den 60er Jahren in der Soziologie modischen Modernisierungstheorie die Auffassung, dass es bei der Sanierung nicht nur um Gebäude, sondern auch um die „Befreiung der Unterschicht aus ihren Zwangslagen“ gehe; „Was sich im Altbau zusammenfindet, ist nicht nur alt an Jahren. Es ist eine überalterte und veraltete Sozialstruktur, in der wesentliche Elemente der modernen Gesellschaft keinen Boden gewinnen konnten ... Die Sanierung, in Berlin und anderswo, wirft nicht nur das Problem der überalterten Bausubstanz auf, das durch einfachen Abbruch zu lösen ist. Noch vor dem Abbruch werden veraltete, unmoderne und damit heute benachteiligte Sozialstrukturen freigelegt. Wenn die Gebäude erneuert, diese Strukturen aber konserviert werden, dann hat die Sanierung die im Begriff impliziten sozialpolitischen Ziele nicht erreicht."[158]

In West-Berlin erfolgte die Sanierung außer in geschützten Baubereichen im Gebiet Klausenerplatz kaum in Form von Blockentkernung mit Modernisierung der Vorderhäuser, sondern fast gänzlich als Flächensanierung, die Schwedler entschieden favorisierte. Durchgeführt wurde sie von gemeinnützigen Wohnungsbaugesellschaften als Sanierungsträger, welche die Grundstücke aufkauften, komplett entmieteten, abbrachen und die Fläche später neu bebauten, und zwar fast nur als Wohngebiete; parallel dazu zogen sie am Stadtrand Neubausiedlungen hoch, beispielsweise das Märkische Viertel, was der Bauwirtschaft nach dem Ende der Wiederaufbauphase weiter Aufträge verschaffte und in welche die Mieter der Sanierungsgebiete umgesetzt wurden. Privatwirtschaftlich rechnete sich diese Zerstörung von Wohnraum überhaupt nicht; sie war nur möglich, weil erhebliche Subventionen aus dem Bundeshaushalt nach Berlin flossen. Die Mieter machten diesen Umzug in qualitativ bessere Wohnungen in den 60er Jahren widerstandslos mit, und auch in der Fachwelt fand diese Sanierungspolitik ganz überwiegend Zustimmung. Mitte der 70er Jahre geriet diese Politik dann in Berlin in eine Krise. 1973 setzte in Kreuzberg und Charlottenburg (nicht hingegen im Wedding) eine Opposition von Mietervereinen und Einzelpersonen aus der 68er Bewegung ein, die sich gegen die Zerstörung von billigem Wohnraum richtete und gegen den Zwang, die durch Alltagsbeziehungen vertraute Umgebung verlassen zu müssen. Das historische Stadtbild als Ausdruck lokaler Identität zu bewahren war hingegen nicht ihr Thema, auch wenn mit dem Europäischen Denkmalschutzjahr 1975 die Fassaden dieser Zeit allgemein wieder eine freundlichere Betrachtung fanden. Außerdem stiegen Bodenpreise und Baupreise und damit auch der Subventionsbedarf, während zugleich ab 1978 die Städtebauförderungsmittel des Bundes rapide zurückgingen. Da der Bau von Neuwohnungen im Laufe der 70er Jahre hinter den Entmietungen nicht mehr hinterherkam, entstanden einerseits Tausende von Haushalten, die dringend eine Wohnung suchten, andererseits Tausende leergezogener Wohnungen, die auf ihre Vernichtung warteten. Aus dieser sozialen Problemlage heraus kam es 1979 in Kreuzberg zu den ersten Hausbesetzungen leerstehender Häuser. Im Mai 1982 waren in Berlin 168 Häuser besetzt, davon 86 in Kreuzberg. Rund 3000 Menschen, meist jüngere Leute mit knapper Kasse, richteten sich hier ein nach der Parole: „legal - illegal - scheißegal". Als

„Instandbesetzer" versuchten sie sich mit handwerklicher Eigeninitiative an notdürftigen Reparaturen. Im selben Monat verlor die SPD die Wahlen zum Abgeordnetenhaus an die CDU. Der neue Senat stoppte die Politik der Abrisse weitgehend, selbst für die Hinterhofbebauungen. Die Internationale Bauausstellung Berlin entwickelte 1979-84 in Kreuzberg praktische Alternativen zur bisherigen Sanierungspolitik in Form einer behutsamen Stadterneuerung, welche die bestehenden Gebäude im Grundsatz bewahrte und modernisierte und auch den Bewohnern eine Perspektive eröffnete, im vertrauten Stadtteil zu bleiben. Der Senat ließ die besetzten Häuser bis 1984 entweder räumen oder legalisierte die Besetzungen. Unterm Strich wurden in Berlin bis Ende 1979 in den Gebieten des Ersten Stadterneuerungsprogramms rund 35 000 Wohnungen abgebrochen, davon entfielen fast 40 % auf den Wedding, 20 % auf Kreuzberg, 14 % auf Rollbergstraße, 12 % Bülowstraße und 6 % Klausenerplatz. Diese Zerstörung war nicht billig; von den 691 Millionen Mark, die in die Berliner Sanierungsförderung flossen, gingen 430 Millionen in den Grundstückskauf und 162 Millionen in Abriss und Mieterumsetzung.

Proteste aus der Bevölkerung, kritische öffentliche Debatten über die Zukunft der Stadt anstelle stillschweigend hingenommener Magistratsbeschlüsse und Zusammenschlüsse zu Initiativen verschiedener Art trugen auch in anderen Städten wesentlich dazu bei, dass Pläne für Flächensanierungen nicht weiter fortgesetzt wurden oder von vornherein scheiterten. Das galt für kaiserzeitliche Arbeiterwohnquartiere in Großstädten mit Mietsblöcken ebenso wie für Altstadtkerne von Mittelstädten. Das Beispiel Hannover-Linden repräsentiert ersteres, die Oberstadt Marburgs letzteres. Nachdem für Linden das Göderitz-Gutachten 1957 eine flächendeckende Beseitigung mit anschließender Hochhausbebauung empfohlen hatte, führte man in Linden-Nord einige kleinere Abrissmaßnahmen durch, während man Linden-Süd als Ganzes erst nach dem Städtebauförderungsgesetz anging. Als die Stadtverwaltung 1972 den Plan präsentierte, Linden-Süd weitgehend abzubrechen, protestierten die Bewohner heftig und formierten eine Bürgerinitiative; viele hätten aus diesem Stadtteil weichen müssen (und eine Hebung des sozialen Status der Bewohner in diesem Sanierungsgebiet war von der Planung auch durchaus beabsichtigt). Hier reagierte die Stadtverwaltung bemerkenswert flexibel. Sie stellte der Bürgerinitiative einen Architekten zur Seite, der ihre Wünsche und Ideen fachkundig konkretisierte, und 1973 wurden das abgespeckte Sanierungskonzept der Stadtverwaltung und das Alternativkonzept der Bewohner in einer gemeinsamen Broschüre veröffentlicht. Man bewegte sich aufeinander zu und realisierte ab 1976 im Wesentlichen eine Blockentkernung bei Modernisierung der Blockrandbebauung. Den Stadtvätern in Marburg präsentierte die GEWOS 1969 ein Gutachten, nach dem 48 % der Häuser in der Oberstadt Abrisskandidaten und

25 % nur mit hohem Aufwand modernisierbar seien. Beinahe hätte der Magistrat eine entsprechende Sanierung beschlossen, doch es gab in der Universitätsstadt ein starkes Bildungsbürgertum, das am kulturhistorisch wertvollen Stadtbild der Fachwerkoberstadt interessiert war. Als Reaktion auf einzelne privatwirtschaftliche veranlasste Hausabbrüche gründete sich schon 1970 eine *Initiativgruppe Marburger Stadtbild*, die kompromisslos gegen jede Flächensanierung auftrat. Außerdem wurde 1971 mit dem Historiker Drechsler ein neuer Oberbürgermeister gewählt, der für diese Sichtweise offen war. Die 1973 für die Oberstadt anlaufende Sanierung war deshalb von vornherein auf die erhaltende Erneuerung ausgerichtet, wobei Marburg überhaupt eine Vorreiterrolle einnahm. Die Marburger Universität spielte hierbei keine Rolle; sie war in den Jahren nach 1968 zwar ein Hort linkskritischer Intelligenz, doch diese interessierte sich nicht für so profane Dinge wie alte Häuser, sondern beschäftigte sich lieber mit der Weltrevolution.

Weder Altstadt noch Mietskaserne waren die rund 2400 Arbeitersiedlungen im Ruhrgebiet. Die Unternehmer der Zechen und Hüttenwerke hatten sie vor allem in der zweiten Hälfte des 19. Jahrhunderts als Werkswohnungen für ihre Stammbelegschaft gebaut, um diese Arbeitskräfte an die Betriebe zu binden. In jener Zeit verwandelte sich ein von Feldern und Wiesen geprägter ländlicher Raum in ein Industriegebiet mit einem Durcheinander von Bergwerken, Stahlwerken, Arbeitersiedlungen, Eisenbahnanlagen und alten dörflichen oder kleinstädtischen Siedlungskernen. So mussten die in großer Zahl benötigten Arbeiter von weit her angeworben werden (und waren teilweise auch bald wieder weg), so stand aber auch für die Werkssiedlungen, die durchschnittlich 400 bis 600 Wohnungen umfassten, relativ viel Platz zur Verfügung. Als die Montanindustrie in der Bundesrepublik in die Krise geriet, Betriebe schloss und Arbeiter entließ, hatte sie kein Interesse mehr daran, Arbeiter mit billigem Wohnraum zu versorgen; vielmehr war das Interesse der Unternehmen jetzt darauf gerichtet, die inzwischen innerstädtisch gelegenen Areale rentabler zu nutzen. Damit standen die schlichten Häuschen, deren Zustand nicht mehr zeitgemäß war, zunehmend zur Disposition, auch wenn die Bergarbeiter sich in starkem Maße mit ihren Siedlungen identifizierten. Nachdem in Duisburg 1962 die Zeche Neumühl stillgelegt worden war, referierte 1965 der für Stadtplanung zuständige Beigeordnete Walter Sittel 1965, und zwar ausgerechnet auf der Jahrestagung des Rheinischen Vereins für Denkmalpflege und Heimatschutz: „Neumühl ist das größte und interessanteste Sanierungsgebiet Duisburgs. ... Geplant ist: Aus einer zum Teil öden und monotonen Bergmannssiedlung soll eine nach neuzeitlichen städtebaulichen Gesichtspunkten gestaltete, attraktive Wohn- und Kaufstadt werden. ... Die noch durchweg im ländlichen Baustil vor der Jahrhunderte angelegten Bergarbeitersiedlungen Neumühls mit ein- und zweigeschossigen Bauten sind sehr weitläufig angelegt und typisch für die Entwicklung der Städte im Ruhrgebiet. Sie entsprechen nicht mehr neuzeitlichen städtebaulichen Vorstellungen. ... Die heutige Wohndichte beträgt kaum mehr als 50 bis 100 Einw./ha Nettobauland. Durch die Neuplanung soll eine durchschnittliche Wohndichte von ca. 280 Einw./ha Nettobauland erzielt werden. Insgesamt wird für ca. 50 000 Einwohner neuer Wohn- und Lebensraum geschaffen."[159] Bis 1975 wurden in Neumühl fast 3000 Wohnungen geräumt und weitgehend abgebrochen, im Ganzen mussten 14 000 Menschen in Neubauten umziehen. Bei der Duisburger Bergarbeitersiedlung Rheinpreußen wurde ein privater Bauunternehmer aktiv; er kaufte sie auf, ließ 1968/69 1200 Wohnungen abreißen und stellte dann 22stöckige Hochhausscheiben in das Areal (bevor er Konkurs anmeldete). Krupp ging mit der Siedlung Altenhof I in Essen zwar seit 1967 schrittweise vor, was man aber auch kaum als soft bezeichnen kann; jedes Mal, wenn ein Rentner im Sarg aus seinem Haus getragen wurde, bestellte die Firma anschließend den Abbruchhammer. Wahrscheinlich wurden rund tausend Arbeitersiedlungen weitgehend zerstört. Der Umschwung kam mit dem Kunsthistoriker Roland Günter. Dieser hatte schon 1970 den „Elfenbeinturm einer leider weit verbreiteten Selbstgenügsamkeit bzw. sogar teilweisen Selbstgefälligkeit" der Denkmalpflege kritisiert und gefordert, dass über Monumentalbauten hinaus ein „Querschnitt durch eine Epoche dokumentiert werden soll", der die Alltagskultur einschließt.[160] Als in Oberhausen die Zechensiedlung Eisenheim durch Flächensanierung beseitigt werden sollte, um neuen Wohnhäusern Platz zu machen, fuhr Günter mit seinen Studenten der Fachhochschule Bielefeld nach Eisenheim, um diese ab 1846 errichtete Siedlung, die älteste im Ruhrgebiet, zu dokumentieren. Doch dabei blieb es nicht. Unter dem Motto „Rettet Eisenheim" engagierte Günter sich jahrelang mit Film, Ausstellung und Pressearbeit für den Erhalt der Siedlung und zog demonstrativ selbst dorthin. Im Unterschied zur der im Europäischen Denkmalschutzjahr 1975 durchgeführten Kampagne, der es um die Bewahrung des traditionellen Stadtbildes und seiner ästhetischen und emotionalen Werte ging, untersuchte Günter die Baugestalt der Siedlung als Bestandteil von Lebensvorgängen und interessierte sich für die relativ engen sozialen Beziehungen in der Arbeitersiedlung, von Nachbarschaftshilfe bis zu positiver sozialer Kontrolle. Hier geriet Denkmalschutz zur Sozialpolitik. Günter half den Bewohnern von Eisenheim, sich nach dem Vorbild von Bürgerinitiativen als „Arbeiterinitiative" zu organisieren, beriet sie im Umgang mit Presse und Politikern und verfasste 1976 ein Handbuch für Bürgerinitiativen. Sie wurde bald zum Vorbild für 50 weitere solcher Initiativen abrissbedrohter Siedlungen im Ruhrgebiet. Eisenheim blieb erhalten, und auch in mancher anderen Arbeitersiedlung fand die bereits beschlossene flächenhafte Vernichtung nicht statt, beispielsweise bei Flöz Dickebank in Gelsenkirchen,

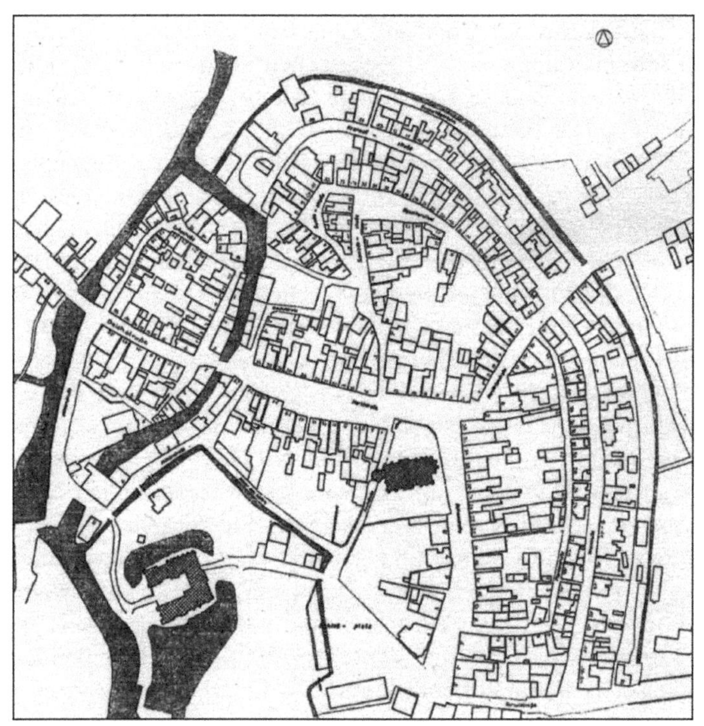

Winsen a. d. Luhe: Zustand der Altstadt etwa 1970 vor Beginn der Sanierung.

oder wurde nach kurzen Anfängen abgebrochen, wie in der Alten Kolonie Eving in Dortmund. In den 80er Jahren fanden Modernisierungen statt, und Eisenheim und einige andere Arbeitersiedlungen wurden sogar unter Denkmalschutz gestellt.

Stadtsanierungsplanungen in Mittelstädten waren natürlich in ihrer Dimension stets weit von Berliner Verhältnissen entfernt, aber es ging hier stets um das historische Stadtzentrum, das nicht nur in seiner Lage, sondern auch für die Identität der Stadt zentral war. Wenn das kleine Itzehoe in Holstein 1967-74 etwa 80 % seiner Altstadt auf der Störinsel abbrach und mit modernen Wohnhäusern bebaute, fiel es damit in seiner Radikalität aus dem Rahmen. Häufiger waren jene Städte, die eine Sanierung von Teilen ihrer Altstadt unter dem Paradigma der Flächensanierung begannen und sich dann Mitte der 70er Jahre mehr oder minder schnell von der zerstörerischen Politik abwandten und auf behutsamere Sanierungsmethoden verlegten. Beispiele lassen sich quer durch die Republik finden. Göttingen und Fürth planten im Prinzip, das Gebiet der mittelalterlichen Altstadt fast gänzlich flächenhaft zu sanieren, wobei sie zwei Hälf-

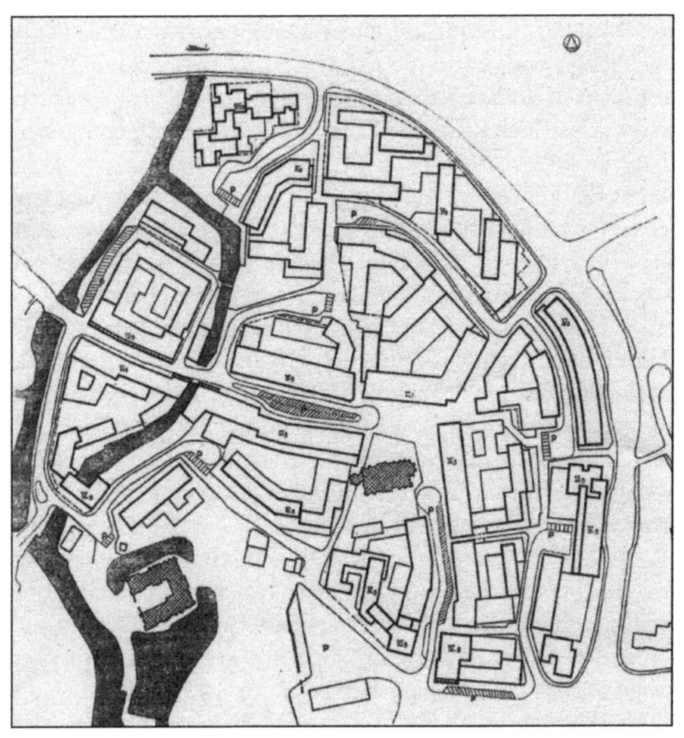

Winsen an der Luhe: Vorschlag von Spengelin 1969 für vollständigen Abriss (außer Kirche und Schloss) mit völliger Neubebauung. Flächensanierung nicht umgesetzt.

ten trennten; jene mit der seit jeher einfacheren Sozialstruktur und entsprechenden Bebauung war als erstes dran, wurde tatsächlich vollständig abgerissen und anschließend mit neuen Wohnungen bebaut, aber der danach einsetzende Diskussionsprozess führte dazu, dass der Bereich der ältesten Kernstadt durch Objektsanierung weitgehend erhalten blieb und hier vor allem die zugebauten Hinterhöfe entkernt wurden. In Fürth wurden so 132 Häuser des Gänsbergviertels 1962-73 abgeräumt, die weitgehend bis ins 16. und 17. Jahrhundert zurückreichten, wonach dort jahrelang eine Brache gähnte, wogegen das St.Michaels-Viertel bewahrt blieb. In Göttingen wurde die Neustadt 1967-72 niedergerissen, die aus einer Mischung von frühneuzeitlichen Fachwerkhäusern und Häusern aus dem Kaiserreich bestand, während das Johanniskirchenviertel erhalten blieb.

Manchmal lief eine Sanierung im Altstadtbereich zwar als Flächensanierung an, wurde aber schon nach geringem Umfang mit dieser Methode nicht weiter fortgesetzt, wie beispielsweise in Mainz und Kaiserslautern. Für den 23 ha großen Teil der Mainzer Altstadt zwischen Dom und Zitadelle, der vom Krieg verschont geblieben war, hatte die GEWOS 1970 von den 2737 Wohnungen 49 % für abbruchreif erklärt, was der Stadtrat 1971 im Prinzip akzeptiert hatte. In Kaiserslautern war der Plan, die 17 ha große Oberstadt weitgehend abzutragen, 1972 beschlossen worden.

In kleineren Städten sah es nicht grundlegend anders aus. Das zeigt deutlich das Beispiel von zwei hessischen Kleinstädten, die beide ihre gesamte, 24 bzw. 20 ha große, von Fachwerk geprägte Altstadt zum Sanierungsgebiet erklärten. In Frankenberg/Eder hatte ein Gutachten der Hessischen Heimstätte (die in Frankenberg auch in großem Maße selbst als Bauunternehmer tätig war) 47,5 % der 703 Häuser der Altstadt als abbruchreif bezeichnet, woraufhin die Stadtverwaltung ab 1967 etwa 100 Fachwerkhäuser abreißen ließ, bevor sie sich angesichts heftiger Bürgerproteste zu einem Kurswechsel entschloss. Gudensberg räumte 1971-75 zunächst die Unterstadt vollständig ab, wobei es in dieser ersten Phase kaum konkrete Ziele und wenig Diskussionen gab. Nachdem seit 1974 intensivere Bürgerbeteiligung zustande gekommen war, wurde die Oberstadt von 1979 an nach dem Prinzip der Objektsanierung modernisiert.

In einer Reihe von Städten waren Flächensanierungen zunächst ebenfalls ein Thema, aber hier besannen die kommunalen Entscheidungsträger sich dann schon eines anderen, bevor sie überhaupt mit konkreten Sanierungsmaßnahmen begannen. Auch dafür einige Beispiele. Es gab größere Städte wie Ulm und Flensburg, die in ihrer Altstadt noch über ein beträchtliches Maß an vorindustrieller Bausubstanz verfügten, und wo in der Stadtverwaltung zwar schon zeitig ein Diskussionsprozess über Stadtsanierung einsetzte, in Ulm 1963 und Flensburg 1968, der sich dann aber lange hinzog, auch unter Einholung teilweise mehrerer Gutachten, und bis zum allgemeinen Meinungsumschwung Mitte der 70er Jahre zu keinen konkreten Maßnahmen führte. Manche kleineren Städte mit einer kleinteiligen Altstadt, welche diese selbst als unmodern und verstaubt empfanden, holten sich von externen Fachleuten gutachterlichen Rat, ohne sich dazu durchringen zu können, deren radialen Vorschlägen zu folgen. Das hatte teilweise nicht zuletzt finanzielle Gründe. Von der Altstadt in Hannoversch-Münden bezeichnete der Zwischenbericht der GEWOS 1970 über 50 % der Gebäude als abrissbedürftig, nachdem schon wenige Jahre vorher Ernst May bei einem Vortrag vor Ort vorgeschlagen hatte, statt der Altstadt doch lieber zwei bis drei ordentliche Hochhäuser in den Talgrund zu stellen; beides löste übrigens keinerlei Proteste aus. Für Lemgo bezeichnete das Sanierungsgutachten von Professor Deilmann (erarbeitet 1968-72) 47 % der Altstadtgebäude als Abrisskandidaten und schlug einen parzellenübergreifenden Geschosswohnungsbau, autogerechte Straßen und Parkhäuser vor, und Winsen an der Luhe bekam 1969 von Professor Spengelin ein Gutachten präsentiert, dass bis auf Wasserschloss und Kirche den vollständigen Abbruch der Altstadt vorschlug, um großmaßstäblich neu zu bebauen. In den Großstädten spielten dann die Widerstände aus dem nach 1968 entstehenden linkskritischen Milieu eine wichtige Rolle. In Wiesbaden war es die von den City-Ost-Plänen entfachte Protestbewegung, welche die Kahlschlagpläne für das Bergkirchenviertel mit zu Fall brachten. Dieses war ein im Laufe des 19. Jahrhunderts gebautes Kleine-Leute-Quartier, nicht von Mietskasernen geprägt, sondern mit recht kleinteiliger Baustruktur mit fast kleinstädtischer sozialer Vernetzung, im Ganzen 2200 Wohnungen. Ernst May hatte schon 1962 vorgeschlagen, außer der Kirche alles niederzureißen und dort höhengestaffelte Mietshausblocks und sechs Hochhäuser hinzusetzen, woran die Kommunalpolitiker sich zunächst weitgehend orientierten und damit bis 1970 auch auf keine Widerstände stießen. Nach 1974 beschränkte man sich dann auf eine Modernisierung mit Entkernung und Begrünung der Innenhöfe. Bemerkenswerterweise kam es in Hamburg, München und Köln zu keinen größeren Flächensanierungen, ganz im Unterschied zu West-Berlin. Die Planungen, kaiserzeitliche Wohnviertel für die Cityerweiterungen und breite Verkehrswege zu beseitigen, waren gescheitert, von Ottensen und Karolinenviertel in Hamburg bis zu Lehel und Haidhausen in München, und das Alsterzentrum-Projekt hatte sich verflüchtigt. In Hamburg blieb selbst jene Häuserzeile an der Hafenstraße letztlich stehen, die erst als unbewohnbar abgebrochen werde sollte, dann aber seit 1981 durch linksextreme Hausbesetzer ein Jahrzehnt lang als Dauerkonflikt der Hamburger Innenpolitik vor sich hinköchelte. In Köln war das südlich der Innenstadt gelegen und im Krieg kaum zerstörte Severinsviertel (Südstadt) mehr als jeder andere Stadtteil ein traditionelles Arbeiterviertel mit heruntergewirtschafteten Mietshäusern aus der Kaiserzeit. Als die sozialdemokratische Stadtverwaltung sich daran machte, hier konkret über Abrisse nachzudenken, unter anderem für ein Severincenter mit markanter Hochhausbebauung für wohlhabendere Bewohner, sah sie sich ab 1970 von der Bürgerinitiative BISA kritisiert. Diese wurde weniger von alteingesessenen Bewohnern als von neu hinzugekommenen jungen Akademikern getragen, welche die Vorstellungen der Planer aus Sicht linker Kapitalismuskritik als „Verdrängungspolitik" anprangerten. Auch hier beschritt man nach 1978 dann den Weg einer erhaltenden Erneuerung.

Nun hört sich „behutsame" oder „erhaltende" Erneuerung gut an, sollte aber hinsichtlich des Ausmaßes der Erhaltung keine Illusionen erzeugen, weder mit Bezug auf die Bewohner noch auf die Bausubstanz. Insbesondere wo private Investoren Altbauten modernisierten und mit der Wohnqualität auch der Preis stieg, wo eine neue zahlungskräftigere Schicht in innerstädtische Wohnquartiere mit altem Ambiente drängte, setzte dies der Erhaltung der bisherigen Bewohnerschaft Grenzen. Fachleute begannen dieses Problem als sogenannte

Gentrifizierung zu diskutieren, letztlich ohne Lösungen zu finden. Auch alte Bausubstanz zu erhalten erwies sich als schwierig. Wenn alte Handwerkstechniken nicht mehr verfügbar waren und Beton und neue Materialien aus der Chemieindustrie für Imprägnierungen, Trockenlegung und Ausbesserung sich nicht mit den alten Baustoffen vertrugen, machte in der Anfangszeit der Sanierungswelle manche gut gemeinte Tat die Dinge nur schlimmer. Vor allem brachten neue Anforderungen an Brandschutz, Treppenkonstruktion, Raumhöhen und Raumaufteilungen, überhaupt die Anpassung an andere Lebensverhältnisse die Substanzvernichtung hinter den Fassaden oft erst recht in Schwung, so dass vielfach kaum viel mehr als die Fassade wirklich erhalten blieb. Diese präsentierte sich dafür jetzt mehr herausgeputzt und bunter gestrichen, als sie es je gewesen war.

Einen eigenartigen Sonderfall stellt Duisburg dar. Während die Schwerindustrie sich auf riesigen Flächen am Ostufer des Rheins breit machte, schloss der um 1900 herum für die Arbeiter errichtete Geschosswohnungsbau direkt daran an, im Norden in den Stadtteilen Bruckhausen und Marxloh neben den Thyssen-Werken, im Süden in Hochfeld. Ruß, Abgase und Lärm von Stahlwerk, Kokerei und übriger Schwerindustrie, wovon die Bewohner besonders bei dem vorherrschenden Westwind reichlich abbekamen, nahm man jahrzehntelang wie gottgegeben hin. Als in den 60er Jahren immer mehr Arbeitsmigranten aus der Türkei angeworben wurden, etablierten diese sich in Duisburg schwerpunktmäßig in diesen billigen, aber belasteten Stadtteilen, während Deutsche wegzogen. Nach langjährigen Überlegungen beschloss der Stadtrat von Duisburg dann 1977, in Hochfeld zwischen Schwerindustrie und Wohngebieten eine Pufferzonen zu schaffen. In den folgenden Jahren wurden hier 1500 Wohnungen abgebrochen, die Fläche begrünt und 6000 Bewohner umgesiedelt. 1981 beendete der nordrhein-westfälische Städtebauminister Christoph Zöpel dann in dem Bundesland die Politik der Flächenabrisse generell. Die Ruinen in Hochfeld, der unmittelbar hinter den Häuserzeilen von Bruckhausen aufragende Hochofen 4 der Thyssen-Werke, die verschmutzten Fassaden dieser Arbeiterquartiere boten in den 80er Jahren die Drehorte für die Krimis der Tatort-Serie mit dem ruppigen Kommissar Schimanski, um ihnen das Flair des schmuddeligen Ruhrpotts zu geben. Erstaunlicherweise wurde diese Abstandspolitik von der Duisburger Stadtverwaltung im Jahr 2006 am Ostrand der Thyssen-Werke in Bruckhausen und Marxloh wieder aufgegriffen, zu einer Zeit, zu der in Mitteleuropa schon seit langem niemand mehr Flächensanierungen von Wohngebieten betrieb. Angesichts von Protesten der Bevölkerung erfolgte dies in Marxloh nur in geringem Umfang. In Bruckhausen hingegen, wo sich weniger Ablehnung bemerkbar machte, wurden 2009-15 auf einem 8,5 ha großen Streifen 161 Wohngebäude abgebrochen (2007 immerhin Wohnort von 1700

Menschen), um einen Grünstreifen anzulegen. Das ließ man sich 72 Millionen Euro kosten. Die Motive für diese Zerstörung sind nicht ganz deutlich; die Luftverhältnisse waren inzwischen viel besser und nicht mehr der Grund, und Bauzustand und Leerstände wurden von der städtischen Entwicklungsgesellschaft noch zwei Jahre vor der Abrissentscheidung nicht als besonders problematisch angesehen. Wahrscheinlich war es der Wunsch der Vorstandsetagen von Thyssen, einfach mehr Abstand zu dem inzwischen immer stärker multikulturell gewordenen, tendenziell von Türken dominierten Stadtteil zu bekommen. Jedenfalls spendete Thyssen die Hälfte der Kosten (und zwar nicht als Geld, sondern in Gestalt eingebrachter Immobilien, die der Konzern nicht brauchte).

Abriss im Sozialismus - erwünscht und abgebremst

Am Ende der Wiederaufbauphase stellte sich auch in der DDR die Frage, wie man mit dem Altbaubestand an normalen Wohnhäusern umgehen sollte. Sein Zustand war in den 60er Jahren nicht besser, eher schlechter als in Westdeutschland. Anders waren hingegen die ideologischen und ökonomischen Rahmenbedingungen. Nicht nur Mietskasernen, sondern das ganze städtebauliche Erbe der bürgerlichen, kapitalistischen Zeit vor dem Ersten Weltkrieg galt den kommunistischen Machthabern als ideologisch minderwertig. Das abwechslungsreiche Erscheinungsbild historisch gewachsener Altstädte war in ihren Augen Ausdruck eines jetzt negativ bewerteten bürgerlichen Individualismus. Den Übergang zum Sozialismus empfanden sie als tiefen gesellschaftlichen Einschnitt, der auch in den Wohnverhältnissen durch ein neues Bauen Ausdruck finden sollte. Auch hier waren die 60er Jahre, getragen von dem Glauben an ein dynamisches Wirtschaftswachstum, die Zeit weitgreifender städtebaulicher Abriss- und Erneuerungsvisionen. Anfang der 70er Jahren musste man erkennen, dass viele Wünsche ökonomisch nicht machbar waren; die ideologischen Vorbehalte verblassten, und die Führung konzentrierte sich mehr darauf, dass überhaupt jeder eine Wohnung hatte, die warm und trocken war und dem aktuellem Ausstattungsstandard entsprach.

Nun waren die Architekten in der DDR gegenüber internationalen Strömungen des Städtebaus keinesfalls abgeschottet. Die auf die Ideen der 20er Jahre zurückgehende Begeisterung für Hochhausscheiben und Punkthochhäusern war in den 60er Jahren allgemein verbreitet, und die Rücksichtslosigkeit der Stadtplanungen der 60er Jahre gegenüber dem vorindustriellen Bauerbe entsprach der Haltung im Westen in dieser Zeit. Den Umschwung der vorherrschenden öffentlichen Meinung Mitte der 70er Jahre zu einer neuen Wertschätzung der Altbaubestände vollzog die DDR dagegen nur sehr verhalten mit. An den Aktivitäten im Rahmen des Europäischen Denkmalschutzjahrs 1975 beteiligte die DDR sich nicht, weil diese Kampagne vom Europarat ausgerufen worden war, den die SED-Führung mit der NATO in einen Topf warf. Wo unkontrollierte öffentliche Debatten und oppositionelle Demonstrationen nicht erlaubt waren, konnten sich Stimmungsumschwünge auch nicht so leicht gegen etablierte Positionen durchsetzen wie im Westen. Auch die SED bekannte sich seit 1976 nach außen zum Wert des historischen Erbes im Stadtbild. Denkmalpflegegesetz und Denkmallisten schufen einen rechtlichen Rahmen, aber in der Praxis wurde vieles nicht umgesetzt, zumal rechtliche Bestimmungen unter den Bedingungen der Diktatur nur begrenzt bindende Kraft entfalteten. Straßenfronten in Fußgängerzonen, an zentralen Plätzen und längs exponierter Straßen, an denen auswärtiger Besuch entlangfuhr (die sogenannte Protokollstrecke) wurden restauriert, doch hinter die Kulissen guckte man besser nicht. In den Köpfen vieler politisch Verantwortlicher blieb insgeheim weiter die Überzeugung bestehen, dass zu einer sozialistischen Gesellschaft auch neue, sozialistische Wohnverhältnisse gehören und dass man den ganzen alten Plunder aus kapitalistischer und vorkapitalistischer Zeit langfristig beseitigen müsse, auch wenn es damit nicht so schnell ging. Die veröffentlichte Meinung in der DDR blieb bis zum Ende einem technischen Fortschrittsglauben verhaftet; jene Kritik an den Begleiterscheinungen der Moderne, die im Westen dazu führte, auch einfache Altstadtensembles neu zu schätzen und nicht länger für schlicht überaltert zu halten, erreichte sie nicht.

Die ideologischen Einstellungen produzierten nun überdies indirekt über die sozialistische Produktionsweise ökonomische und technische Sachzwänge, die für die Abrisspolitik in der DDR höchst folgenreich waren. Auch die Wirtschaftsordnung ging von ideologischen Grundannahmen aus: Privateigentum an Produktionsmitteln und kleinbetriebliche Strukturen sind grundsätzlich rückständig und schlecht, industrielle Produktionsweisen von großen Staatsbetrieben sind in allen Wirtschaftsbereichen am effizientesten und deshalb anzustreben. Die Mieten wurden auf dem Stand von 1937 eingefroren, sie deckten die Kosten kaum und dann gar nicht mehr, und manche Eigentümer schenkten ihre alten Wohnhäuser schließlich den staatlichen Wohnungsgenossenschaften - Enteignung durch die Hintertür. Das Bauhandwerk wurde planmäßig dezimiert zugunsten industrieller Baubetriebe. Beides führte dazu, dass die finanziellen und handwerklichen Möglichkeiten für Instandhaltung und erhaltende Sanierung von Altbaubeständen immer mehr abnahmen. Der Materialmangel unter den Bedingungen der Zentralverwaltungswirtschaft verschärfte dieses Problem. Der Wohnungsbau wurde im Laufe der 60er Jahre ganz auf industriell vorgefertigte, standardisierte Großplatten umgestellt. Nun ließen sich mit dem Plattenbau Modell Wohnungsbauserie 70 aber zunächst nur lange, gerade Scheiben in die Landschaft stellen. Erst mit Weiterentwicklungen Mitte der 80er Jahre war es möglich, mit der Plattenbaumethode auch geschlossene Quartiere zu bauen und Blöcke leicht geknickten Straßenfronten anzupassen. Das alles zusammen hieß für Altstadtquartiere mit kleinteiliger Baustruktur und gewundenen Straßen, dass die bautechnischen Fähigkeiten zur erhaltenden Erneuerung verloren gingen. Die sperrigen Plattenbauten fügten sich nicht ein; mit ihnen konnte man nur erneuern, wenn man den Altbaubestand vorher großflächig abriss.

Das Schwergewicht der Baupolitik lag mit dem Amtsantritt Honeckers als Parteichef der SED 1971 darauf, an der Peripherie der Städte auf der grünen Wiese Großwohnsiedlungen in Plattenbauweise hochzuziehen, um das Wohnungsdefizit zu beheben. Dies war ein Kernstück der Sozialpolitik, nicht zuletzt mit Blick auf die Akzeptanz des politischen Systems durch die Bevölkerung. Da die vergrauten Altbauten hinsichtlich der sanitären und sonstigen haustechnischen Einrichtungen kaum nachgerüstet wurden, sondern auf dem Stand der Jahrhundertwende blieben, zogen die Leute gerne in die moderner ausgestatteten Neubauwohnungen um. Die Wohnbauten der Stadterweiterungsgebiete aus der Kaiserzeit fielen in der DDR in eine Art Dornröschenschlaf, sie wurden kaum noch gepflegt, aber auch noch nicht von der Abrisspolitik angetastet. Großflächige Vernichtung von Mietskasernen wie in West-Berlin gab es in der DDR nicht. Allerdings verschlechterte sich der Zustand mit den Jahren immer mehr, so dass am Ende der DDR auch hier das Gespenst geplanten Abrisse auftauchte. 1989 gab es in Ost-Berlin Planungen, beispielsweise im Prenzlauer Berg in großem Stil Wohnhäuser abzubrechen und dort über 5000 Wohnungen in Plattenbauweise zu errichten. Doch angesichts der politischen Wende kam es dazu nicht mehr. Als erneuerungsbedürftiger Problemfall des Wohnungsbestandes wurden dagegen von der Politik in den 60er, 70er und 80er Jahren vor allem die Altbauten in den Altstadtkernen der Mittelstädte angesehen, die weitgehend heil durch den Krieg gekommen waren und noch viel Bausubstanz aus vorindustrieller Zeit besaßen, manche davon beachtliche Fachwerkensembles, ferner auch gelegentlich noch vorhandene vorindustrielle Quartiere in größeren Städten. Bautechnisch und ökonomisch betrachtet waren sie eher zum Abbruch fällig als die Mietskasernen, da ihr Wohnstandard im Regelfall noch darunter lag und der Ersatz der nur ein- bis zweigeschossigen Bauten die Bebauungsdichte erhöhen würde. Dass das politische System eine Diktatur war, wo man oben alles besser wusste und kaum Impulse von unten aufnahm, zeigte sich auch in der Wohnungsbaupolitik. Über ein Vierteljahrhundert lang bestimmten dieselben drei Männer den Kurs, nämlich Günter Mittag (1962-89 Sekretär für Wirtschaft des ZK der SED), Gerhard Trölitzsch (1960-89 Leiter der Abteilung Bauwesen des ZK der SED) und Wolfgang Junker (1963-89 Bauminister). Diese drei Herren waren unerschütterlich von der industriellen Bauweise als optimalem Mittel des Wohnungsbaus überzeugt und hatten das politische Ziel hoher Neubauzahlen im Blick. Sie dachten rein ökonomisch und politisch, wogegen die Idee eines kulturhistorischen Wertes traditioneller Stadtbilder ihnen letztlich innerlich fremd war und blieb. Die ebenso unbewegliche Bauindustrie orientierte sich ohnehin an dem obersten Ziel, die im Plan vorgegebene Zahl von Neubauwohnungen zu schaffen, und das ging am ehesten mit Plattenbauten.

Für die Altstädte der mittelgroßen Städte sah der 1959 verabschiedete Siebenjahresplan vor, den Baubestand mittelfristig zu beseitigen. Der Leiter der Abteilung Stadtplanung des Instituts für Gebiets-, Stadt- und Dorfplanung der Deutschen Bauakademie, Peter Doehler, erläuterte dies unmissverständlich: „Der Hauptweg der sozialistischen Umgestaltung alter Stadtgebiete wird in der Etappe der Umgestaltung nach 1965 in der Hauptsache durch einen flächigen komplexen Abriß alter Gebäude, vor allem alten Wohngebäudebestandes und seines Ersatzes durch neue Gebäude gekennzeichnet. ... Die Etappe der sozialistischen Umgestaltung der Altbaugebiete nach 1965 erstreckt sich zum größten Teil auf die Zentren und innerstädtischen Gebiete der bestehenden alten Klein- und Mittelstädte. ... Bis auf wenige Ausnahmen darf die Planung solcher Stadtzentren also nicht bestimmt sein von dem Bestreben, den alten Zustand wiederherzustellen."[161] Um zu erproben, wie man dies mit Plattenbauten wirtschaftlich bewerkstelligen kann, wurden Bernau und Greifswald als Pilotstädte ausgewählt. Dieses Projekt wurde vom ZK der SED 1973 beschlossen und vom VEB Hochbauprojektierung Frankfurt/Oder zusammen mit der Deutschen Bauakademie geplant. Die noch von einer Stadtmauer umgürtete Altstadt des kleinen Bernau bestand überwiegend aus Fachwerkhäusern des 18. Jahrhunderts; sie wurde größtenteils abgerissen und von 1978 an neu bebaut. Kleinteiliger Ersatz ging nicht - Krahnbahn und Palettentransporter brauchten Platz, um großflächig agieren zu können. Der Bauzustand wurde deshalb schlechtgeredet. VEB Hochbauprojektierung schätzte 67 % der Gebäude als abrisswürdig oder mit schweren Schäden ein, während der Leiter der brandenburgischen Denkmalpflege wenig früher nur auf 16 % gekommen war. Greifswald besaß einen geschlossenen historischen Stadtkern, der im Krieg keinen Schaden genommen hatte; 1945 war die Stadt kampflos übergeben worden. Auch diese Altstadt sollte fast vollständig zerstört werden. Seit 1975 wurde ein Abschnitt nach dem anderen flächenhaft abgebrochen und neu bebaut. Bis zur Wende 1989 war rund die Hälfte der Altstadt verschwunden. Der Fotograf Robert Conrad erlaubte sich, diesen Verfall und Abriss in Greifswald mit der Kamera zu dokumentieren; zur Strafe durfte er in der DDR nicht studieren.

Im Einzelnen war das Schicksal der Altstädte durchaus unterschiedlich, was von den örtlich maßgeblichen Personen abhing. Beispielsweise hatten in Wernigerode und Tangermünde die Stadtplaner 1975 ebenfalls vorgesehen, mittelfristig den weitaus größten Teil der Altstadt zu beseitigen. Doch hier gab man diese Pläne bald auf, gelangte zu einer positiven Bewertung des bestehende Stadtbildes und bemühte sich tatsächlich in den nächsten Jahren, dieses in einem Zusammenwirken von politisch Verantwortlichen, Eigeninitiative der privaten Eigentümer und Denkmalschutz soweit wie möglich zu erhalten. Ähnliches gilt etwa auch für Torgau und Wismar. In anderen Städten dominierten hingegen abrissorientierte Lokalpolitiker. In Merseburg wurde der südliche Teil der Altstadt, der im Krieg nicht zerstört worden war, mit der noch erhaltenen Renaissancebebauung ab 1968 systematisch flächenhaft abgeräumt und durch fünf- und zehngeschossige Plattenbauten ersetzt. Ebenso trug man in Zwickau, dessen Innenstadt vom Krieg verschont worden war, seit 1968 die Häuser im östlichen Teil der Altstadt ab und setzte dort vielgeschossige Wohnblocks hin. Nicht viel anders stand es in Gotha; hier wurde 1980/81 die ganze westliche Altstadt niedergelegt und mit Plattenbauten neu bebaut, und die östliche sollte später folgen. In einigen Städten kam man nicht ganz so weit. Im Westen der Altstadt von Meiningen, in der erhaltenen Fachwerkunterstadt von Halberstadt und in Aschersleben wurden in den 80er Jahren zwar auch in großem Stil Altbauten beseitigt, aber ohne dass eine nennenswerte Neubebauung folgte. In Görlitz und Quedlinburg begannen die Flächenabrisse erst Ende der 80er Jahre. Diese beiden Städte waren in den 60er Jahren wahrscheinlich die beiden einzigen, die das Ministerium für Bauwesen als bewahrenswert ansah. Hier setzten sich dann in den 70er Jahren in der Lokalpolitik die Abrissbefürworter durch, während das Institut für Denkmalschutz nachdrücklich gegenzuhalten versuchte. Im Ergebnis passierte lange nichts Grundlegendes, worüber der Bauzustand fortschreitend verfiel. In Quedlinburg, der größten erhaltenen deutschen Fachwerkaltstadt, reduzierte sich der Bestand an Fachwerkhäusern 1945-1990 von 1820 auf 1327 Gebäude. Nach dem Willen von Stadt- und Parteiführung hätte davon außer am Marktplatz und am Burgberg nichts übrig bleiben sollen, abgesehen von ein paar Haustüren und Fachwerkornamenten, die man in die neuen Plattenbauten als „historische Akzente" eingefügt hätte. Nicht viel anders sah es in Altenburg aus, wo ebenfalls eine völlige Neugestaltung der Altstadt angestrebt wurde, aber erst 1988 Flächenabrisse begannen. In vielen Städten blieb es überhaupt ganz bei den Planungen, die Altstadt mittelfristig weitgehend zu beseitigen und mit Plattenbauten zu erneuern, ohne dass es zu Flächenabrissen kam; hier wurden nur immer wieder einzelne Häuser abgebrochen, beispielsweise in Naumburg, Wittenberg und Salzwedel. Da der Abriss im Prinzip geplant war, aber angesichts der begrenzten Fähigkeit zum Neubau noch nicht durchgeführt wurde, geriet ein großer Teil des Altbaubestands der Mittelstädte in einen Wartezustand, währenddessen er immer mehr verfiel. Eine steigende Zahl von Wohnungen war nicht mehr nutzbar. Sie wurden wegen Nässe oder Einsturzgefahr baupolizeilich gesperrt, die Leerstände mit hohläugigen oder zugemauerten Fenstern wuchsen und ebenso die Abwanderung aus den Altstädten. Der Abriss einzelner Häuser aus Sicherheitsgründen fraß Löcher in die geschlossenen Häuserzeilen.

Auch die letzten noch vorindustriell geprägten Altstadtquartiere in Ost-Berlin und den Bezirkshauptstädten blieben von dieser zerstörerischen Politik nicht unberührt. In Berlin war der südlichste Teil der Spreeinsel, der sogenannte Fischerkietz, im Weltkrieg zwar stark in Mitleidenschaft gezogen worden, aber durchaus nicht flächenhaft zerstört. Es handelte sich bei dem kleinteiligen Gebiet um eine der beiden Keimzellen der Stadt Berlin, dessen kleinteilige Gassen und Parzellen noch den mittelalterlichen Grundriss wiederspiegelten. Im Laufe des 19. Jahrhunderts war es ins Abseits geraten und zum Arme-Leute-Quartier herabgesunken. Der Flächennutzungsplan von 1955 hielt den Wiederaufbau für sinnvoll, und ein Städtebaukollektiv um Werner Dutschke entwickelte 1959 die Vorstellung, daraus ein Quartier für Bewohner, Künstler und Kunsthandwerker zu machen, ein Idyll in der modernen Großstadt mit Berliner Lokalkolorit. Diese Idee fand beim Magistrat und in der Bevölkerung durchaus Anklang, doch man realisierte nichts davon. 1967-72 wurde das 8 ha große Gebiet der Fischerinsel flächendeckend abgerissen und die alte Grundrissstruktur ausradiert, dann wurden dort sechs 21geschossige Wohnhochhäuser, die Großgaststätte Ahornblatt und eine Schwimmhalle hingepflanzt. Das kaum kriegszerstörte Erfurt besaß im Norden der Altstadt mit dem Andreasviertel ein vergleichbares kleinteiliges Quartier mit vielen kleinen Fachwerkhäusern vor allem aus dem 18. Jahrhundert, ursprünglich ein mittelalterliches Handwerkerviertel, das ebenfalls mit der Industrialisierung zum Arme-Leute-Viertel herabgesunken war. Seit den 60er Jahren erwogen die Planer, es komplett zu beseitigen und den Juri-Gagarin-Ring hier fortzusetzen mit einer neuen Randbebauung, teilweise mit Hochhäusern. Doch konsequent umgesetzt wurde hier nichts, nicht zuletzt weil das Geld fehlte. Man ließ das Viertel verkommen und half dabei auch nach, indem man Dächer abdeckte, damit das Wasser die Fachwerkbalken ruinierte. 1989 war es ein Mosaik aus noch bewohnten Häusern, Ruinen und Brachflächen. Einen hohen Anteil an Fachwerkbauten wies auch das in Schwerin im frühen 19. Jahrhundert angelegte Quartier im Großen Moor auf; hier wurden die Häuser 1977 gesprengt, um das ganze Gebiet mit Plattenbauten neu zu bebauen.

Am Ende der DDR griffen die Abrisskolonnen auch nach barocken Stadterweiterungsgebieten der größeren Städte, in denen sich noch viel an Substanz aus dem 18. Jahrhundert erhalten hatte. In Potsdam war das Gebiet der zweiten barocken Stadterweiterung weitgehend unversehrt durch den Krieg gekommen, ein Areal mit rund 600 Häusern, von denen das holländische Viertel auf Anweisung des Soldatenkönigs Friedrich Wilhelm I. eine Kleinstadt der damals wirtschaftlich vorbildlichen Niederlande kopierte. Trotz Denkmalschutz ließ man es jetzt verfallen und begann Anfang der 80er Jahre, ganze Häuserzeilen niederzulegen und in Beton neu zu bebauen, was schrittweise das ganze Areal umwälzen sollte. Angesichts des geringen Tempos kam man allerdings bis 1989 noch nicht weit. In Dresden fielen seit 1987 in der augusteischen Stadterweiterung Friedrichstadt ganze Straßenzüge mit Bauten aus Barock und Biedermeierzeit. In Schwerin ließen die 1988 vom Büro des Chefarchitekten vorgelegte Leitplanung sowie einzelne Abbrüche und neu errichtete Plattenbauten an der nördlichen Schelfstraße sich als Anzeichen deuten, dass auch die Schelfstadt vernichtet werden sollte.

So führte das Zusammenspiel von ideologischem und politischen Willen einerseits und Begrenztheit der ökonomischen und bautechnischen Fähigkeiten andererseits zu einem skurrilen Ergebnis. Letztlich bremste beides zusammen sowohl Maßnahmen zur Erhaltung traditioneller Bausubstanz wie auch deren zügigen Abriss aus. Aber es lag nicht nur an diesen Hemmnissen, wenn traditionelle Altstadtbereiche in Mittelstädten gegen Ende der DDR immer mehr ruinenhafte Abschnitte aufwiesen. Hätte die Führung so gekonnt, wie sie aus ideologischen Gründen wollte, wären die Verluste an Altbauten noch viel umfangreicher gewesen. Letztlich ist es aber eine durchaus offene Frage, ob durch diesen Weg in der DDR nicht trotzdem frühneuzeitliche Bausubstanz in größerem Umfang erhalten geblieben ist als in der Bundesrepublik. In Westdeutschland war die Dynamik durch wirtschaftliche Prosperität, Wettbewerb und vielfältige private Einzelinitiativen größer, und eben deshalb sah sich dort die frühneuzeitliche Bausubstanz im Laufe der Jahrzehnte in beträchtlichem Maße modernisiert, dabei in ihrem Erscheinungsbild überformt und teilweise wegsaniert.

Als sich in den späten 80er Jahren in der DDR eine Bürgerrechtsbewegung formierte, war der Verfall der Altstädte eines ihrer Motive und Themen. Mit der Wende im November 1989 wurde die Abrisspolitik gestoppt. Nach der Wiedervereinigung wandelte das Bild sich radikal. In den 90er Jahren strömten Geld und Beratung aus dem Westen in die ostdeutschen Städte, um zu restaurieren, was sich noch retten ließ, zum Teil in letzter Minute vor dem Zusammenbruch. Zugleich kamen auch Investoren, die Altbauten für neue, renditeträchtige Nutzungen fit machen wollten, sie dafür entkernten oder verstümmelten oder sich für ihre kommerziellen Aktivitäten einfach durch schnelles Wegräumen Platz schafften.

Den Verlust rückgängig machen?

Echtes Mittelalter oder romantischer Traum?

Mit zahlreichen Kirchen, manchen Burgen und Rathäusern ist das Mittelalter in Deutschland noch heute im Stadtbild und in der Landschaft präsent, allen Zerstörungen durch Kriege und Wirtschaftsdynamik zum Trotz, so scheint es. Doch man sollte dem ersten Anschein nicht ohne Weiteres trauen. Selbst manche prominente Bauwerke geben sich als alt, oft auch mittelalterlich aus, sind aber tatsächlich zu einem beträchtlichen Teil oder sogar fast vollständig neuere Rekonstruktionsversuche eines Zustands, der bereits verschwunden war, oft in dieser Form auch früher nie bestanden hat. Gemeint sind hier nicht Fälle wie die barocke Michaeliskirche in Hamburg, die 1906 vollständig ausbrannte und als Wahrzeichen Hamburgs sofort nach dem Unglück in der alten äußeren Form wieder aufgebaut wurde, im Innern jetzt mit Beton und Stahl statt einer Holzkonstruktion (ähnlich wie bei dem vier Jahre zuvor zusammengestürzten mittelalterlichen Glockenturm am Markusplatz in Venedig). Wo indessen Kriege, politische Entscheidungen und hundertjährige oder noch länger währende Umnutzungs- und Verfallgeschichten Bauwerke teilweise verschwinden ließen oder wo permanente Nutzung im Laufe der Jahrhunderte zu starken Veränderungen durch Um- und Anbauten führte, bedurfte es erst eines neuartigen Blicks auf das Bauerbe, um auf die Idee zu kommen, Verlorenes zu rekonstruieren. Hierbei vermischten sich dann die noch erhaltene alte Bausubstanz, historische Erinnerung und aktuelle politische oder gesellschaftliche Bedürfnisse und ließen Anlagen entstehen, die über die Zeit ihrer Rekonstruktion mindestens ebenso viel aussagen wie über ihre ursprüngliche Entstehungszeit.

Am Anfang war die Marienburg im Weichseldelta, nicht nur für die grundlegende Idee, dass Bauwerke überhaupt schützenswerte Denkmale sein könnten, sondern auch bei dem Versuch, mittelalterliche Bauten zu rekonstruieren. Die Veröffentlichung von Gillys Zeichnungen hatte die Architektur der Marienburg, so wie sie im Mittelalter einmal ausgesehen haben mag, wieder in das Bewusstsein der gebildeten Kreise Berlins gerückt und dafür gesorgt, dass ihre mittelalterliche Substanz nicht weiter zerstört wurde. Tatsächlich erstreckte sich am Ufer der Nogat um 1800 herum ein verwahrloster, durch Umbauten für den Militärbedarf stark überformter Gebäudekomplex, der nicht einmal für romantische Ruinenstimmung taugte. Erst mit dem Erlebnis der Befreiungskriege gegen die Herrschaft Napoleons, in denen nicht mehr wie bisher desinteressierte Söldnerheere für einen absolutistischen Monarchen kämpften, sondern breitere Bevölkerungskreise mobilisiert wurden und sich mit dem Kampf identifizierten, also patriotische Stimmungen entstanden, wurden neue Vorstellungen auf die ehemalige Ordensburg projiziert. Es waren die regionalen Eliten in Ostpreußen, konkret Armeeführung und Landtag, welche die Wendung Preußens vom Vasallen Napoleons zum Befreiungskrieg gegen Napoleon im Bündnis mit Russland anstießen, die allgemeine Wehrpflicht einführten und den zaudernden König dann mitzogen. Vor allem der Oberpräsident der Provinz Westpreußen, Theodor von Schön, ein liberaler Reformpolitiker und Anhänger von mehr Partizipationsmöglichkeiten im Staat, verfolgte in den nächsten Jahren die Idee, die Marienburg als nationales Monument auszubauen und warb dafür. „Jedes Volk muss sein heiteres Westminster haben, wo der König Patron ist und alle Edlen zu Hause sind. Marienburg ist seiner Geschichte und Schönheit wegen vorzüglich dazu geeignet", schrieb er 1818 an den preußischen Staatskanzler Hardenberg.[162] König, Adel und Bürger sollten gemeinsam die Marienburg als Nationalheiligtum aufbauen, als Ort festlicher Begegnung und „Wallfahrt", als Symbol für Teilhabe am Staat und nationale Identität. 1817 begann die Rekonstruktion, deren erste Phase sich auf die repräsentativen Räume im Mittelschloss konzentrierte und sich bis 1839 hinzog. Nachmittelalterliche Ein- und Anbauten wurden beseitigt, Zugemauertes freigelegt, ein (irrtümlich) vermuteter Zinnenkranz und am Giebel gotisierende Filialen hinzugefügt. Die Innenräume erhielten in farbigen Glasfenstern ein Bildprogramm, das natürlich nicht historisch war, sondern die Marienburg zum modernen Denkmalort machte: Szenen aus der Geschichte des Deutschen Ritterordens im 13. Jahrhundert (ohne dessen Bezüge zu Polen) und die Wappen spendender Adelsfamilien. Der König hatte schon in den Befreiungskriegen mit der Stiftung des Eisernen Kreuzes an die Symbolik des Deutschen Ordens angeknüpft.

Wenig später wurde eine weitere große Burganlage zum Ort von Projektionen verschiedener Erinnerungen an Jahrhunderte alte Zeiten, die schließlich zu dem Versuch führten, Vergangenes wieder aufleben zu lassen: die Wartburg bei Eisenach. Im hohen Mittelalter Hauptresidenz der mächtigen Landgrafen von Thüringen, präsentierte sich die Burg Anfang des 19. Jahrhunderts zwar unverändert in beeindruckender Höhenlage, war ansonsten aber vom schrittweisen Verfall im Laufe des 17. und 18. Jahrhunderts gezeichnet: der Bergfried entfernt, der Südgiebel des Palas eingestürzt, zuletzt 1806 die Ringmauern am westlichen Wehrgang zusammengebrochen. Allerdings gab es auch durch diese ganze Verfallszeit hindurch einen gewissen Luthertourismus. Schon 1735 sollen in der Stube, in welcher der streitbare Mönch 1521/22 das Neue Testament übersetzt hatte, mehrere tausend Besuchernamen an den Wänden angeschrieben oder eingeritzt gewesen sein. Anfang des 19. Jahrhunderts richteten sich neue und dabei durchaus verschiedenartige Interessen auf das alte Gemäuer.

Die in Burschenschaften organisierten Studenten, unter denen die Teilnahme an den Befreiungskriegen das nationale Gemeinschaftsbewusstsein hatte wachsen lassen, trafen sich aus ganz Norddeutschland 1817 auf der Wartburg zur Feier des 300. Jahrestags der Reformation und des vierten Jahrestags des Siegs über Napoleon in der Völkerschlacht von Leipzig. Etwa zur gleichen Zeit entdeckten mehrere Dichter der Romantik den Sagenstoff des Sängerwettstreits, der 1206 zwischen berühmten Minnesängern auf der Wartburg stattgefunden haben soll, gipfelnd in Wagners 1845 uraufgeführter Oper. Ihnen wurde die Wartburg zum Gedächtnisort für ein idealisiertes Mittelalter, aus dessen Kunst und Glauben Deutschland neue Kraft schöpfen sollte. Schließlich betrieb Erbgroßherzog Carl Alexander von Sachsen-Weimar-Eisenach ab 1839 die Rekonstruktion der Burg, wobei das dynastische Interesse am alten Stammsitz mit einfloss. Der federführende Architekt fasste die Intention seines Auftraggebers so zusammen: „Die Wartburg soll wiederhergestellt werden möglichst getreu in ihrer früheren Gestalt, damit sie ein treues Bild gebe zunächst von ihrer Glanzperiode im 12. und 13. Jahrhundert als Sitz mächtiger kunstliebender Landgrafen, und als Kampfplatz der größten deutschen Dichter des Mittelalters, und dann später im Anfange des 16. Jahrhunderts als Asyl Dr. M. Luthers und als die Stelle, von der der große Glaubenskampf ausging.“[163] Über drei Jahrzehnte baute man an dem Versuch, die mittelalterliche Wartburg wieder aufleben zu lassen. Der romanische Palas, soweit erhalten, wurde genau untersucht, vermauerte romanische Arkaden freigelegt. Man bemühte sich, romanische Bausubstanz zu bewahren, aber damit war es nicht getan. Von den 96 am Palas außen sichtbaren Kapitellen stammten nur 19 original aus dem 12. Jahrhundert, die übrigen waren freie Neuschöpfungen. Man ergänzte auch mit Teilen von anderen Bauwerken, so vier romanische Säulen von Burg Kranichfeld (bei Weimar) als Stützen für die Dirnitzvorhalle und einen spätgotischer Erker von einem in Nürnberg abgerissenen Patrizierhaus. Bergfried, Dirnitz, Torhalle und Südturm wurden gänzlich aus dem Nichts neu geschaffen, und die Haupträume des Palas schmückte der Maler Moritz von Schwind im Geiste der Spätromantik mit Wandmalereien zu Themen des Sängerwettstreits und der Heiligen Elisabeth von Thüringen. Das Ganze war als dynastisches, regionales und nationales Denkmal gedacht, aber mit recht selektiver Erinnerung; die Freiheitsforderungen der Burschenschaftler von 1817 gehörten nicht dazu, die Nationalstaatsidee ebenfalls nicht.

Eindeutig politisch und national ausgerichtet war hingegen die Rekonstruktion der mittelalterlichen Kaiserpfalz in Goslar. Sie stellte zwar den bedeutendsten erhaltenen Profanbau aus dem hohen Mittelalter dar, war aber im Laufe der Jahrhunderte arg heruntergekommen; große Fassadenteile waren mit Fachwerk ausgeflickt und 1865 sogar ganze Partien der Rückwand eingestürzt. Als die

Kaiserpfalz in Goslar: Verwahrloster Zustand des Palas um 1858.

deutschen Truppen 1870 bei Sedan die Franzosen besiegten und die Gründung des Deutschen Reiches in greifbare Nähe rückte, die dann wenige Monate später mit der Kaiserproklamation in Versailles Realität wurde, wandte die Stadt Goslar sich an den preußischen Herrscher mit der Bitte, das alte Kaiserhaus wieder aufbauen zu lassen. Jetzt wurde es als der wichtigste erhaltene Zeuge der romantisch verklärten mittelalterlichen Kaiserherrlichkeit gesehen, von dem sich ein Bogen schlagen ließ zu dem neu gegründeten deutschen Kaiserreich - das neue Reich als Wiederaufrichtung der alten nationalen Einheit und Größe, die alten Kaiser als ehrwürdige Ahnenreihe der neuen. Diese Vorstellungen trafen in Berlin auf offene Ohren. 1873-79 wurde das ramponierte Kaiserhaus auf Betreiben Kaiser Wilhelms rekonstruiert. In den Jahren danach sah es sich zum aktualisierenden Denkmal ausgebaut, indem Hermann Wislicenus den großen Hauptsaal mit einem riesigen Bilderzyklus ausmalten. Er präsentierte mehrere Szenen aus der hochmittelalterlichen Kaisergeschichte; zentral eine allegorische Darstellung von Wilhelm als Reichsgründer, und als Verbindung zwischen altem Glanz und siegreicher Gegenwart den erwachenden Kaiser Friedrich Barbarossa, welcher der Sage nach seit dem Zusammenbruch der Kaisermacht um 1250 in einer Höhle tief im Kyffhäuser schläft, bis er irgendwann wiederkehrt. Auch mit dem Arkadengang zwischen Palas und Ulrichskapelle, der Freitreppenanlage und den beiden hoch zu Ross sitzenden Standbildern Kaiser Friedrich Barbarossas und Kaiser Wilhelms I. vor der Front der Anlage wurden neue Elemente hinzugefügt.

In den folgenden Jahrzehnten wurden noch drei weitere national motivierte Rekonstruktionsprojekte in Angriff genommen, bemerkenswerterweise alle in Grenzlage, zwei davon Burgruinen im Westen, die mit dem komplizierten Verhältnis Deutschlands zu Frankreich verknüpft waren. Indem sich zugleich ein

Kaiserpfalz in Goslar: Rekonstruierter Palas, ergänzt durch Reiterstandbilder. Zustand 1927.

denkmalpflegerischer Diskurs entfaltete, veränderten sich aber die Standards und Methoden, und teilweise gerieten die Projekte nun auch kontrovers.

Unter dem Einfluss der nationalen Bestrebungen, die zur deutschen Reichsgründung führten, erhoben sich ab 1868 Stimmen, die erkennen ließen, dass man jetzt in neuer Weise auf die Ruine des Heidelberger Schlosses blickte. Die Romantiker hatten die überwucherte Ruine mit ihrer malerischen Hanglage als Stimmungsträger entdeckt - jetzt kamen andere Fragen auf. Waren es nicht die Franzosen gewesen, die 1689 und 1693 hier eines der prächtigsten deutschen Renaissanceschlösser ohne Not zerstört hatten? Sollte nicht als Symbol für die Wiedergewinnung eines deutschen Reiches, die nur im Krieg gegen den „Erbfeind" Frankreich möglich gewesen war, auch das Heidelberger Schloss wiederauferstehen? Diese Stimmen brachten 1882 die *Generalversammlung der Architekten und Ingenieure* dazu, in einer Resolution zu fordern: „Diese Kleinode deutscher Baukunst zu retten und sie in ihrer Neugestaltung zu einem Denkmale der wiedergewonnenen Macht und Größe des Vaterlandes ... zu weihen, erscheint als eine Pflicht des gesamten deutschen Volkes, weil es eine dem gesamten Deutschland in der Zeit seiner tiefsten Ohnmacht zugefügten Schmach war, daß feindlicher Übermut den kunstgeschmückten Fürstensitz frevelhaft zerstören durfte."[164] Auch der Großherzog von Baden, der badische Finanzminister und der Bürgermeister von Heidelberg ließen sich für dieses Projekt gewinnen. Eine von der badischen Regierung einberufene Sachverständigenkommission kam allerdings 1891 zu der Meinung, man solle zwar die Ruine gegen weiteren Verfall sichern, aber nichts rekonstruierend hinzufügen. Trotzdem erhielt der Architekt Carl Schäfer den Auftrag, die Fassade des Friedrichsbaus, des am wenigsten zerstörten Gebäudes, zu restaurieren. Schäfer war ein Anhänger der Wiederaufbauidee, und in einer Salami-Taktik machte er in den Jahren 1897-1903 aus der Fassadenrenovierung eine vollständige Rekonstruktion bis hin zu neuem Dach und Innenräumen. Manche waren begeistert, und Schäfer erhielt den Auftrag, auch die Restaurierung des stärker zerstörten Ottheinrichsbaus zu planen. Von anderer Seite hagelte es indessen Kritik. Schäfer hatte rund ein Drittel der Fassadensteine ausgetauscht, und die Innenräume entsprachen nicht den ursprünglichen Verhältnissen, überhaupt waren die Spuren der Zeit verschwunden, ohne dass es ein Neubau war. Für den Ottheinrichsbau plante Schäfer, die verlorenen Giebel durch frei erfundene Neuschöpfungen zu ersetzen. „Maskerade" und „Täuschung" wurden ihm vorgeworfen. Die Kunsthistoriker Cornelius Gurlitt und Georg Dehio machten die Fachkreise dagegen mobil. Es kam zu einer heftigen, reichsweiten Grundsatzdebatte. Dehio brachte es auf die seitdem von Denkmalpflegern oft zitierte Formel: „Konservieren, nicht restaurieren".[165] Es ging weniger um das Nachleben romantischen Denkens bis hin zur Touristensentimentalität, welcher mit der Rekonstruktion die malerische Ruinenstimmung abhandenkam. Der Widerspruch kam von den inzwischen etablierten Fachkreisen wissenschaftlich orientierter Denkmalpflege, die es jetzt als das oberste Ziel ansahen, überkommene Substanz als authentisches Denkmal vergangener Epochen zu erhalten, und zwar auch mit ihren Rissen und Schäden, und diese nicht durch wissenschaftlich nicht belegbare Neuschöpfungen angeblich früherer Zustände verfälscht sehen wollten. Allerdings war auch diese Position im konkreten Fall des Heidelberger Schlosses nicht ohne politischen Hintergrund, wie Gurlitt erkennen ließ: „Wenn erst die Restaurierung fertig ist, dann wird jedem, Deutschen wie Fremden, klar sein, daß all das Gerede von den Verwüstungen der Heere Ludwigs XIV. eitel Schwindel ist: Was wollt ihr denn? ... keine Steinchen fehlt! ... uns zur Mahnung soll die Ruine wirken, als gellender Aufruf zur Einigkeit!"[166] Die badische Regierung gab schließlich nach, das Heidelberger Schloss blieb eine teilrestaurierte Ruine.

Fast gleichzeitig mit der Debatte um das Heidelberger Schloss ließ Kaiser Wilhelm II. im Elsass die Hohkönigsburg wieder aufbauen. Die Stadt Schlettstadt hatte die riesige Ruine am Vogesenrand dem Kaiser 1899 geschenkt (womit sie die Last der Unterhaltskosten elegant los wurde), und dieser beauftragte den Architekten und Burgenforscher Bodo Ebhardt, sie wieder aufzubauen, so wie sie um 1500 ausgesehen habe. Das deutschsprachige Elsass war im Mittelalter und bis ins 17. Jahrhundert Teil des römisch-deutschen Reiches gewesen, dann von den Truppen Ludwigs XIV. besetzt und von der Nationsbildung während der Französischen Revolution in starkem Maße auch mental für Frankreich gewonnen worden, jedoch nach dem deutschen Sieg 1871 ans Deutsche Reich gelangt. Jetzt galten die Hohkönigsburg und die anderen Burgen als „der beste Beweis gegen die Lügen der Feinde Deutschlands, daß das Elsaß jemals etwas anderes als ein urdeutsches Land gewesen sei“,[167] wie Ebhardt später formulierte. Nun war Ebhardt durchaus auf der Höhe der Fachdiskussion. Jahrelang erforschte er gründlich die Quellen zur Burg, um sie möglichst originalgetreu wieder herstellen zu können, und er war auch bestrebt, die erhaltene Bausubstanz zu bewahren. Trotzdem ergänzte er in idealisierender Weise und ließ die Burg ausmalen. Das Hinzugefügte trimmte er mit Tricks auf Alt, damit man es nicht als Solches erkennen konnte, beispielsweise indem tieferliegende Verfugungen den Eindruck alten, ausgewitterten Mauerwerks erwecken sollten. Diese Vorgehensweise sorgte schon bei der Einweihung 1908 auch für Spott. Es wirkt wie ein Gegenstück zur Hohkönigsburg, wenn 1882 bis 1922 Conrad Steinbrecht im Auftrag Wilhelms II. an der Marienburg im Osten nun auch das Hochschloss rekonstruierte, nach ähnlichen Rekonstruktionsprinzipien und mit ähnlicher Motivation: „In der Marienburg dagegen verkörpert sich das Wesen des aus ganz Deutschland hervorgegangenen Ordensstaates, die Geschichte des deutschen Ostens überhaupt. ... In dieser Stätte vereinigen sich viele wichtige Erinnerungen vaterländischer Geschichte und zahllose Fäden kultureller Arbeit; von hier gehen starke Anregungen für patriotischen Sinn, für Bethätigung in Kunst und Technik wieder aus. Es ist mit einem Wort ein Schöpfungsbau, und den müssen wir uns mit allen Mitteln wiederherstellen, ... damit das Deutschthum auf dem strittigen Boden an der Weichsel sich seines älteren Heimathrechtes und seiner höheren Culturaufgaben bewußt bleibt.“, so Steinbrecht[168] Beide Rekonstruktionsprojekte erfreuten sich allerhöchster Aufmerksamkeit, sie wurden teilweise aus der Privatschatulle des Kaisers finanziert. Wilhelm war bei der Einweihung der Hohkönigsburg anwesend und besuchte die Marienburg über 50mal. Ganz anders erging es einer 1908/09 unternommenen Initiative, die aus der Zeit des römischen Kaiserreiches stammenden Ruinen der Kaiserthermen in Tier mit finanzieller Unterstützung des *Vereins für Ton-, Zement- und Kalkindustrie* wieder aufzubauen. Sie passte nicht mehr zum denkmalpflegerischen Diskussionsstand und konnte auch keine nationalen Argumente für sich beanspruchen. Auf dem Tag für Denkmalpflege lehnten die Fachkreise sie entschieden ab.

Während die geschilderten Wiederaufbauprojekte von Motiven getragen wurden, die national geprägt waren, traf das für eine Reihe von Burgerneuerungen, die in der Mitte des 19. Jahrhunderts in der Rheinprovinz Preußens entstanden, nicht zu. Politisch waren auch diese motiviert, aber sie hatten mit der Tatsache zu tun, dass dieses Gebiet erst durch die Beschlüsse des Wiener Kongresses 1815 an Preußen gekommen war und dass es als katholische Region mit der protestantischer Dynastie im sechs Tagesreisen entfernten Berlin zunächst durchaus fremdelte. Zugleich spielte hier auch die Persönlichkeit Friedrich Wilhelms IV. eine Rolle, erst als Kronprinz und nach 1840 als König von Preußen. In seiner frühen Jugend stark von seinem Erzieher Delbrück, einem schwärmerischen Romantiker, geprägt, interessierte Friedrich Wilhelm sich für mittelalterliches Rittertum und Glaubensstärke, Antike und Exotisches, für Kunst und Architektur. Er war zugleich zutiefst von der Legitimität monarchischer Herrschaft alter Dynastien überzeugt. Spätestens seit 1814 befand er sich mit Friedrich Schinkel im Gedankenaustausch über Bauprojekte. Als 19jähriger Kronprinz bereiste er 1815 das neugewonnene Rheinland und schrieb hellauf begeistert an seinen ehemaligen Erzieher : „Auf dem Rhein!!! unterhalb der Trümmer des alten Schlosses Hammerstein begonnen. Diese Seligkeit hier!!! ... Wir schiffen nach Köln. ... O Dio - dies ist die schönste Gegend von allen deutschen Landen!!!!! !!!!! Mir ist´s wie ein Traum! So etwas habe ich mir nimmer träumen lassen. Ich grüße den Dom in Ihrem Namen ... Ins Bingerloch hinein bei Ehrenfels, Pfalzburg und all den 1000 alten göttlichen Burgen und Felsen und Strömungen vorbei; ich war matt vor Seligkeit."[169] Vor allem in den 1830er und 40er Jahren ergab sich aus dieser Konstellation im Rheinland eine eigentümliche Interaktion: Personen aus der Region wandten sich an Friedrich Wilhelm, weil sie sich von ihm angesichts seiner romantischen Neigungen Unterstützung für ihre Anliegen erhofften, bei denen es um Bauwerke aus alter Zeit ging, und Friedrich Wilhelm ging darauf ein und machte in Berlin Geld für Bauprojekte locker (was enge Grenzen hatte, solange sein Vater noch regierte). Aus seiner Sicht war es eine Art kulturpolitische Symbolpolitik, um so die Dynastie in der Region zu verwurzeln und damit das liberale und konservative Bürgertum des Rheinlands für die Hohenzollerndynastie zu gewinnen. Die Revolution der Jahre 1848/49 offenbarte dann die Grenzen dieser Politik.

Den ersten Schritt tat allerdings Friedrich Wilhelms Cousin, der ein Jahr ältere Prinz Friedrich von Preußen. Auch er hatte ein Herz für die Romantik, er engagierte sich für die Rekonstruktion der Marienburg in Westpreußen, und als Divisionskommandeur in Düsseldorf (seit 1820) förderte er dort das kulturelle Leben. 1823 kaufte Friedrich die auf steilem Felsen über dem Rhein gelegene Burgruine Voigtsburg bei Bingen und ließ sie bis 1829 unter dem neuen Namen Rheinstein als Sommersitz wieder aufbauen. Die noch vorhandene mittelalterliche Bausubstanz wurde dabei weitgehend einbezogen, aber das Gesamtergebnis war ein romantischer Traum, nicht nur architektonisch - wenn der Prinz da war, trugen alle mittelalterliche Kostüme. Ebenfalls 1823 erhielt Friedrich Wilhelm die etwas südlich von Koblenz oberhalb des Rheins gelegene Burgruine Stolzenfels durch die Stadtväter dieser Stadt geschenkt (als Befürworter von

Verfassungsforderungen standen die Koblenzer beim konservativen Königshof in Berlin in keinem guten Ruf und wollten etwas gut Wetter machen). Friedrich Wilhelm ließ die Anlage 1836-45 als Wohnschloss mit zeitgenössischem Komfort wieder aufbauen, wobei das Gesamterscheinungsbild innen und außen weitgehend von englischer Neugotik geprägt war mit Flachdach, dekorativem Zinnenkranz und großen Fenstern. 1834 kaufte Friedrich Wilhelm dann zusammen mit seinen drei Brüdern eine weitere Rheinburg, die relativ gut erhaltene Burgruine Sooneck. Diese wurde 1843-61 zum Jagdschloss ausgebaut, aber in einer relativ behutsamen Weise, so dass hier weniger ein Fantasy-Schloss entstand, sondern stärker der mittelalterliche Charakter rekonstruiert wurde. 1843 erwarb Friedrich Wilhelms Bruder Wilhelm mit Rheinfels eine weitere Burgruine am Mittelrhein; bei dieser blieben die Wiederaufbaupläne, welche die historische Substanz weitgehend zerstört hätten, aber in der Schublade. Als Verwandter im Geiste zeigte sich übrigens der bayerische Kronprinz Maximilian. Als 17jähriger verliebte er sich 1829 in die landschaftlich überaus reizvoll am Alpenrand gelegene Ruine Hohenschwangau, handelte sie dem Besitzer mühsam ab und baute sie 1833-37 ebenfalls zu einem Wohnschloss im Stil der englischen Neugotik um. Es diente zugleich als private Sommerfrische wie als Denkmal, in dem ein Bildprogramm von 90 Wandfresken der Öffentlichkeit die Bedeutung Bayerns und der Wittelsbacher vermitteln sollte.

Friedrich Wilhelms Rekonstruktionen altertümlicher Bauten als kulturpolitische Symbolpolitik erfasste nicht nur die Umwandlung von Burgruinen zu Wohnsitzen von Mitgliedern der Hohenzollerndynastie, sondern auch andere Bauwerke, insbesondere seit seiner Thronbesteigung. Als er 1833 bei der gotischen Klosterkirche des ehemaligen Zisterzienserklosters Altenberg im Bergischen Land vorbeikam, die 1815 durch ein Brandunglück zerstört worden war, war er fasziniert und überredete seinen Vater, 8200 Taler für den Wiederaufbau locker zu machen. Sie hatte bis ins 16. Jahrhundert als Grablege der in der Region regierenden Herzöge von Berg gedient, die mit zu den Ahnen Friedrich Wilhelms und seiner wittelsbachischen Gemahlin gehörten. Demselben Ziel, genealogische Beziehungen der Hohenzollernmonarchie zur Rheinregion aufzuzeigen, diente der Wiederaufbau der ruinösen Grabkapelle für König Johann von Böhmen, der 1346 als Ritter den Tod in der Schlacht gesucht hatte, in Kastel über der Saar. Auch den 1795 von den Franzosen zerstörten und dann beseitigten Königsstuhl bei Rhens, an dem die Kurfürsten im 14. Jahrhundert zusammentrafen, um den römisch-deutschen König zu wählen, ließ Friedrich Wilhelm 1841-43 nachbauen. Es war ein nur kleines Bauwerk, aber mit Bezug zu Träumen alter Kaiserherrlichkeit wie nationalen Einheitswünschen. In den 1840er Jahren kamen zwei große, teure Kirchenbauprojekte hinzu. Friedrich Wilhelm war schon 1813 tief beeindruckt worden durch die von

Sulpiz Boisserée und dann auch anderen propagierte Idee, den seit 1530 halbfertig dastehenden Kölner Dom nach den mittelalterlichen Plänen zu Ende zu bauen. 1842 legte er den Grundstein, dieses in die Tat umzusetzen. Damit versuchte er sowohl das verkrampfte Verhältnis zu den Katholiken zu entspannen wie auch jene Bürger anzusprechen, die im Dom ein deutsches Nationaldenkmal sahen. Während hier durch den Weiterbau etwas entstand, was noch nicht existiert hatte, ging es in Trier um die Rekonstruktion der Palastaula des römischen Kaiserpalastes aus dem frühen 4. nachchristlichen Jahrhundert, der sogenannten Konstantinsbasilika. Im Mittelalter war die Apsis zum Wehrturm umgebaut worden, und beim Ausbau des kurfürstlichen Schlosses zur Vierflügelanlage ab 1615 bezog man Turm und Westwand der Palastaula mit ein (wobei man deren Fenster weitgehend vermauerte), während Ost- und Südwand bis knapp über dem Boden abgebrochen wurden. Als Spannungen zwischen den Konfessionen in Trier es jetzt erforderlich machten, dass die Protestanten einen repräsentativen Kirchenraum erhielten, kam in Trier 1842 die Idee auf, hierfür die Palastaula zu rekonstruieren. Der König ließ sich auch für dieses Projekt gewinnen und forderte, dass bei der 1844-56 durchgeführten Rekonstruktion möglichst der Originalzustand der Antike wiederhergestellt werden sollte. Die mittelalterlichen Ergänzungen und Anbauten wurden also beseitigt, und zum Entsetzen des Landeskonservators schlugen die übereifrigen Handwerker auch den größten Teil des großflächig original aus der Antike erhaltenen Wandputzes mit ab. Ebenso wurde ein angebautes Stück vom Südflügel des Schlosses abgerissen, allerdings nicht so viel, dass die Südfront der Basilika ganz freigelegt worden wäre - dies scheiterte am Einspruch des Militärs, das hier im Schloss sein Offizierskasino haben wollte. Da sich nirgends vergleichbare Bauten aus der Antike erhalten hatten, war man bei der Rekonstruktion zu einem beträchtlichen Teil auf Vermutungen und Analogieschlüsse aus verschiedenen antiken Ruinen im Mittelmeerraum angewiesen.

Nach der Revolution von 1848/49 fasste Friedrich Wilhelm noch drei weitere Wiederaufbauprojekte an, die jetzt vor allem vom Gedanken dynastischer Legitimität durchdrungen waren. Obwohl die Hohenzollern seit 1411 in Brandenburg(-Preußen) regierten, stammte die Dynastie eigentlich aus Schwaben. Als Friedrich Wilhelm 1819 Süddeutschland bereiste, beschwor der auf ein Zwerggterritorium beschränkte Fürst der süddeutschen Linie der Hohenzollern, der Rückendeckung gegen mögliche württembergische Annexionspläne suchte, die dynastische Verwandtschaft und konnte ihn für die Stammburg auf dem Hohenzollern interessieren, die längst zur Ruine verfallen war. Nachdem man in den 20er Jahren zunächst einige Ergänzungen vorgenommen und einige Teile gesprengt hatte, um eine malerische Ruine herzustellen, schickte der Kronprinz den Freiherrn von Stillfried nach Süddeutschland, um die Geschichte der Burg zu erforschen. Dieser entwickelte die Idee, sie als Denkmal für den Aufstieg der Hohenzollerndynastie neu aufzubauen. Was hier schließlich 1853-67 vieltürmig emporwuchs, war weder Rekonstruktion der alten Burg noch Wohnschloss, sondern eine neugotische Fantasy-Burg, die in einem breitangelegten Bildprogramm die Rolle der Hohenzollern in der Geschichte für Besucher präsentierte, jetzt auch mit Blick auf die sich abzeichnende deutsche Reichseinigung. Auch die Klosterkirche im brandenburgischen Lehnin, von der nur die östliche Hälfte in einem desolaten Zustand übrig geblieben, der Westteil dagegen zur romantischen Ruine verfallen war, ließ der König untersuchen und Pläne für ihren Wiederaufbau erarbeiten. Sie hatte im Mittelalter als Grablege der Markgrafen von Brandenburg gedient, sowohl der Askanier wie danach auch der ersten Hohenzollern. Realisiert wurde die Rekonstruktion dann aber erst 1871-77. Außerdem ließ Friedrich Wilhelm 1853-57 die weitgehend ruinierte romanische Stiftskirche auf dem Petersberg bei Halle an der Saale weitgehend originalgetreu wieder aufbauen; diese war die Grablege des Stammvaters des in Sachsen regierenden Hauses Wettin.

Ein noch späteres Projekt, die „Rekonstruktion" einer mittelalterlichen Burg aus dynastischen Motiven heraus zu betreiben, stellt die Pfalz Dankwarderode in Braunschweig dar. Sie war ab 1160 von dem Welfen Heinrich dem Löwen, als Herzog von Sachsen und Bayern der mächtigste Fürst nach dem Kaiser, errichtet worden, geplant durchaus als Konkurrenz zur nahen Kaiserpfalz in Goslar. Im 16. Jahrhundert ausgebrannt, wurde sie im 17. und 18. Jahrhundert mehrfach als fürstlicher Wohnsitz umgebaut, so dass an der Front zum Burgplatz allmählich nichts mehr ans Mittelalter erinnerte. Schließlich fand sie sich ab 1808 als Kaserne heruntergewirtschaftet. Nach einem Brand im Jahr 1873 wollte die Stadt den unansehnlichen Kasten abbrechen, doch als sich zeigte, dass noch erhebliche Mauerpartien des romanischen Palas in dem Gebäude steckten, legte man diese frei. Die Debatte, was man mit diesem historischen Denkmal machen sollte, wurde auf überraschende Weise entschieden. Als der aus dem Welfenhaus stammende Herzog von Braunschweig 1884 kinderlos starb, war der legitime Nachfolger der Herzog von Cumberland; dieser erhob aber unverändert Anspruch auf das Königreich Hannover, aus dem er 1866 als Kronprinz zusammen mit seinem Vater durch die Preußen vertrieben worden war, die das Königreich danach annektierten. Bismarck legte sich bei dieser Personalie quer und setzte als Nachfolger in Braunschweig stattdessen Prinz Albrecht von Preußen durch. Um der starken welfisch gesinnten Opposition gegen einen Hohenzollern-Prinzen entgegenzukommen, entschied dieser rasch, den Palas der Pfalz Dankwarderode als Denkmal für den großen Welfen Heinrich den Löwen wieder aufbauen zu lassen. Der beauftragte Architekt begriff, dass der neue Herzog nicht an einer wissenschaftlich abgesicherten Rekonstruktion interessiert war, sondern an einem eindrucksvollen Bild mittelterlicher Fürstenmacht. So riss er jetzt die noch erhaltenen mittelalterlichen Mauern vollständig ab und errichtete an ihrer Stelle ein Phantasiegebilde von Herrscherpfalz, das sich an Erkenntnissen aus der Untersuchung anderer vergleichbarer Bauten orientierte.

Überhaupt nicht politisch motiviert war hingegen das vom bayerischen König Ludwig II. von 1869 an vor der Alpenkulisse errichtete Schloss Neuschwanstein. Es diente als privater Rückzugsort des Königs, der sich immer mehr von den Realität entfernte. Ludwig hatte an dieser Stelle eine der größten Burgruinen Bayerns vorgefunden, aber von einem „Wiederaufbau“ kann man ernstlich nicht sprechen. Die Ruine wurde komplett beseitigt, um sich dann dort ein Märchengebilde zu errichten, das wie eine übersteigerte Theaterkulisse mittelalterliche Burg inszenierte, aber modern ausgestattet war, auch mit Telefon und WC. Nicht zuletzt die schuldentreibende Bausucht für Neuschwanstein und andere Projekte führten dazu, dass der König 1886 durch eine Verschwörung entmachtet wurde; wenige Tage später ertrank er im Starnberger See. Unter den Touristen, die später in steigender Zahl das Märchenschloss heimsuchten, war 1935 einer, der von seinem Besuch Anregungen mitnahm, die er dann noch weiter ins Märchenhafte steigerte: Walt Disney. Genauso wenig kann man Schloss Marienburg bei Hannover als politisch motivierten Wiederaufbau bezeichnen. Da Burg Calenberg, die Stammburg der hannoverschen Welfen, als Niederungsburg keine sonderlich romantische Lage hatte, ließ der König von Hannover seit 1858 drei Kilometer weiter über einem schroffen Abhang zur Leine einen Sommersitz bauen, der als Burg gestylt wurde. Ein Bahnhof lag in der Nähe, und so konnte die königliche Familie mit dem Salonwagen ins erträumte Mittelalter fahren. Gesehen hat der hannoversche König sein Burgenimitat nie - er war blind.

Zum späten Nachzügler der Idee, eine hochmittelalterliche Burgruine aus politischen Gründen zu rekonstruieren, geriet schließlich noch der Trifels in der bayerischen Rheinpfalz. Im 12. Jahrhundert hatte diese Burg den staufischen Kaisern zeitweise als Aufbewahrungsort von Krone, Zepter und Reichsapfel und auch als Gefängnis für den englischen König Richard Löwenherz gedient, bevor die Dynastie unterging, die Kaisermacht zerbröselte und dann ebenso die Burg. Die Nationalsozialisten entwickelten neues Interesse an den Ruinen. Ab 1938 ließ der bayerische Ministerpräsident Ludwig Siebert die Ruine des Trifels wieder aufbauen, um einen Bogen zu schlagen zwischen der neuen Großmachtstellung des Dritten Reiches und der hochmittelalterlichen Kaisermacht: „In der Zeit der größten deutschen Machtentwicklung früherer Zeiten durch mächtige Stauferkaiser erbaut und Hort der Reichsinsignien, war der Trifels einst Mittelpunkt des Reiches, Sinnbild deutscher Größe und Herrlichkeit. Er soll im

Deutschen Reich aus vierhundertjährigem Schlaf in neuer Form zu neuem glanzvollen Leben erwachen und als nationale Weihestätte dem deutschen Volk bis in die fernste Zukunft die Wiedervereinigung des Reiches in alter, ja in größerer Macht und Herrlichkeit künden."[170] Der durchführende Architekt Rudolf Esterer hatte schon 1929 das Prinzip einer „schöpferischen Denkmalpflege" vertreten. Er strebte keine Rekonstruktion des ursprünglichen Zustands an (den auch niemand kannte), sondern wollte monumentalisierend vergangene Größe wieder gegenwärtigen, so dass seine Pläne in Dimension und Proportionen mehr dem nationalsozialistischen Wollen als dem stauferzeitlichen Original entsprachen. Bis Kriegsende wurde nur der Palas im Rohbau fertig - alles andere baute man dann, leicht modifiziert, 1946-66 weiter.

Das Streben, in Bauwerken das Mittelalter wieder aufleben zu lassen, traf im 19. Jahrhundert nicht nur Burgruinen, sondern erfasste auch aus dem Mittelalter stammende Kirchen und Rathäuser, die seitdem durchgehend benutzt wurden. Zwischen etwa 1840 und 1890 wurden fast alle großen Kirchen aus dieser Epoche durchgreifend restauriert, und zwar mit teilweise tiefen Eingriffen, und bei Rathäusern stand es nicht viel anders. Mitte des 19. Jahrhunderts sah es bei den jahrhundertealten Kirchen vielfach so aus, dass Staub und Kerzenruß die Innenräume vergraut hatten und die Böden uneben geworden waren, nicht zuletzt durch Beerdigungen unter dem Kirchenboden. Manchmal hatten sich auch ernsthafte Bauschäden eingestellt. Bei Rathäusern waren oft Balken bedenklich verzogen. Aber es ging nicht nur um den bautechnischen Zustand, sondern auch um Wunschbilder. Dabei hatte dieses im Unterschied zu den Wiederaufbauversuchen an Burgruinen kaum etwas mit politischen Zielen zu tun, und es handelte sich durchweg um Projekte auf kommunaler Ebene. Als am Anfang des 19. Jahrhunderts die Idee von Baudenkmalen aufkam, wurden sie als historische Dokumente gesehen. Genau das waren alte Kirchen in hohem Maße. Jahrhunderte lang waren hier Ausstattungsstücke angesammelt und ersetzt, Kapellen und Türme an- und umgebaut, das Ganze den veränderten Bedürfnissen von Gemeinde, Liturgie und Adligen angepasst worden. So bildeten diese Bauwerke schließlich mosaikartige Ensembles, die lebendige Tradition und Wandel ausdrückten. Dem kam nun völlig quer, dass sich die Kunstgeschichte als Wissenschaft formierte und dabei den Begriff des Kunststils als Epochenbegriff zu einer zentralen Kategorie erhob, d. h. die Vorstellung einer Einheit von Gestaltungsprinzipien, die unabhängig vom konkreten Objekt, Künstler und Auftraggeber das Kunstschaffen einer Epoche prägt. Kunstgeschichte, so die Vorstellung, entwickelt sich als Epochenabfolge von Stilen. Diesem Denken wurden jetzt die einzelnen Objekte untergeordnet und mit der Forderung nach Stilreinheit konfrontiert. Zugleich erfreuten sich in diesen Jahrzehnten zwar die Romanik und Gotik des Mittelalters neuer Würdigung, wogegen der Barock als überholt verachtet wurde. Dementsprechend strebte man bei den Restaurierungen dieser Zeit danach, bei aus dem Mittelalter stammenden Kirchen den ursprünglichen Zustand weitgehend wiederherzustellen, also im Regelfall ein Erscheinungsbild stilreiner Gotik zu schaffen, seltener der Romanik. Wo Kirchen in der Zeit des Barock modernisiert worden waren, indem sie mit neuen Altären, Kanzeln und Emporen ausgestattet und mit Stuck im Stil der Zeit verziert worden waren, wurden diese Zutaten jetzt landauf landab entfernt; man ersetzte sie durch neugotische Altäre und Kanzeln und schlug an Wänden und Gewölben den Stuck ab. Vereinzelt betraf dies auch das äußere Erscheinungsbild, indem barocke Turmhauben von mittelterlichen Kirchen beseitigt und durch gotische Spitzen ersetzt wurden, beispielsweise beim Essener Münster, der Flensburger Marienkirche und St. Vitus in Mönchengladbach. Einen extremen Sonderfall stellte der große romanische Kaiserdom zu Speyer dar, dessen westliche Hälfte durch die Kriege Ludwigs XIV. so stark zerstört worden war, dass man sie ganz neu erbaut hatte. Der Westabschluss von 1776/77 verknüpfte dabei in höchst origineller Weise Inspirationen durch romanische Bögen, altägyptische Obelisken und barocke Kuppeln. Dieses Stilgemisch fand man jetzt einfach nur skurril. Auf Betreiben des bayerischen Königs Ludwigs I. wurde der Dom seit 1845 restauriert und dabei das Westwerk abgerissen und 1854-58 durch einen neuromanischen Bau ersetzt. Wahrscheinlich wollte der König damit auch dem von Friedrich Wilhelm IV. in Köln betriebenem Weiterbau des Doms als Nationaldenkmal ein anspruchsvolles Konkurrenzunternehmen in der bayerischen Rheinpfalz zur Seite stellen. Auch einige Rathäuser, die ursprünglich eine gotische Fassade besessen hatten und im 17. und 18. Jahrhundert im Stil der Spätrenaissance beziehungsweise des Barock verändert worden waren, erhielten jetzt wieder eine neugotische Fassade, so in Aachen 1850-81, München 1861-64, Meißen 1872 und Dortmund 1899. Manchmal betraf diese Regotisierung auch nicht die komplette Fassade, sondern nur begrenzte Partien, beispielsweise bei den Rathäusern in Braunschweig (Restaurierung 1847-52) und im hessischen Alsfeld (ab 1883); bei beiden wurden die gotischen Arkaden, die in der Barockzeit zugemauert worden waren, wieder geöffnet, in Braunschweig entfernte man auch die barocken Umbauten wieder, und in Alsfeld rekonstruierte man die beiden gotischen Dachtürmchen. In Hannover (1877-82) versuchte Conrad Hase die Fassade des Rathauses auf die gotische Form zurückzuführen, wobei erhebliche Partien ausgetauscht wurden und das Flair jahrhundertealter Unregelmäßigkeiten einer maschinenmäßigen Gleichförmigkeit wich.

Selbst dort, wo der gotische Gesamteindruck sich durchaus weitgehend erhalten hatte, griff man manchmal ein. Den idealisierenden Träumen vom Mittelalter genügte die oft doch etwas grobe, auch durch verschiedene Bauphasen heterogene Realität dieser frühen Jahrhunderte nicht; es sollte ein prächtiges, reiches Mittelalter sein. Dazu gehörte bei einer großen gotischen Dom- oder Stadtkirche an sich auch ein weithin sichtbarer Kirchturm. Die Pläne der alten Baumeister waren manchmal allerdings noch nicht vollständig umgesetzt, als mit der Reformationszeit der Baueifer erlahmte, so dass der Westturm, der stets als letztes gebaut wurde, dann über drei Jahrhunderte fehlte. Dem suchte man jetzt abzuhelfen. Beim Kölner Dom (1842-80) und Ulmer Münster (1844-90) errichtete man die unvollendeten Türme nach den mittelalterlichen Planzeichnungen, die Domkirchen in Schwerin (1889-92) und Schleswig (1888-94) erhielten hohe neugotische Türme, für welche die mickrigen romanischen Türme geopfert wurden, und bei den Domen in Regensburg (1859-69) und Meißen (1903-09) sowie dem Münster in Konstanz (1850-53) setzte man neu entworfene Türme im gotischen Stil auf die nicht weitergeführten alten Turmsockel. Auch bei den erst später realisierten Turmbauten hatte die Debatte über das Projekt bereits in den 1840er Jahren eingesetzt.

Doch sogar die erhaltene mittelalterliche Bausubstanz galten manchmal als nicht mehr eindrucksvoll genug. Wo man ohnehin durch den Bauzustand gezwungen war zu restaurieren, legte man gerne noch ein bisschen nach. Als in Berlin 1876-82 die baufällige gotische Nikolaikirche umfassend renoviert wurde, trug man die obere Hälfte der jetzt als verkrüppelt empfundenen Doppelturmfassade ab und errichtete sie neugotisch mit einer deutlich reicheren Wandgliederung und nun auch voll symmetrisch. Das romanische Westwerk des Hildesheimer Doms, baufällig, aber nach dem Urteil von G. L. F. Laves, dem führenden Architekten Hannovers, durchaus zu halten, wurde 1840 abgetragen und durch ein eindrucksvolleres neuromanisches Westwerk ersetzt. Den Bartholomäusdom in Frankfurt stellte man 1869-78 nach einem Brandschaden wieder her; dabei redete das Schadensgutachten den Zustand des frühgotischen Langhauses absichtlich schlecht, damit man eine Rechtfertigung hatte, es weitgehend abzubrechen und sechs Meter höher wieder aufzubauen. So entstand zusammen mit dem ursprünglich höheren Chor ein einheitlicher hochgotischer Raumeindruck. Die durch die lange Baugeschichte gegebenen Unregelmäßigkeiten widersprachen dem idealisierten Wunschbild. Der marode spätromanische Dom in Bremen erhielt bei dem Umbau 1888-1901 von außen sogar ein erheblich verändertes Gesicht. Der Nordturm wurde abgetragen und neu aufgebaut und die Doppelturmfassade wieder durch einen Südturm komplettiert (der alte war schon 1638 eingestürzt), überhaupt die ganze Westfront nach dem Vorbild des Doms von Limburger an der Lahn gestylt. Außerdem setzte man einen Vierungsturm nach dem Muster des Doms von Speyer auf (den es in Bremen noch nie gegeben hatte), und ferner wurden Giebel und überhaupt Vieles an Filialen und Skulpturen nach Vorbildern aus ganz Deutschland hinzugefügt.

Am Lübecker Rathaus war die aus dem 14. Jahrhundert stammende, einst mit ihrer reichen Blendengliederung und Ziertürmchen stolze, jetzt aber arg heruntergekommene Schauwand der Nordseite immer fragiler. 1803 hing sie oben um 1 Meter über, so dass man anfing, Teile herunterzunehmen, 1826 betrug der Überhang schon 1,58 Meter. 1887/89 wurde sie ganz niedergelegt und neu aufgebaut; dabei orientierte man sich zwar eng am historischen Befund, reicherte diesen aber mit dekorativen Zutaten wie Wappenschilden, Kreisblenden mit Gitterwerk, Vierpassfries und abschließendem Terrakottafries an und beseitigte die Unregelmäßigkeiten in der Fensteranordnung.

Selbst dort, wo der Bauzustand kein Eingreifen erforderte, schreckte man gelegentlich nicht davor zurück, das Erscheinungsbild des mittelalterlichen Baubestandes deutlich aufzumotzen. Die Dresdner Sophienkirche, die als evangelische Hofkirche diente, wirkte mit ihrem schwerfälligen backsteingotischen Giebel recht mittelalterlich und konnte zugleich ein prächtiges Renaissanceportal vorweisen, doch das entsprach nicht mehr dem Zeitgeschmack. 1864-68 erhielt sie eine neugotische Fassade und dazu auch gleich zwei Türme statt bisher nur einen. Das Frankfurter Rathaus, der Römer, gehörte zu den historisch bedeutsamsten in Deutschland, weil hier vom Mittelalter bis 1792 bei der Wahl des römisch-deutschen Königs vorher die Kurfürsten berieten und hinterher das Krönungsmahl stattfand. Als in anderen Städten pompöse Rathausneubauten emporwuchsen, reichte den Frankfurtern die schlichte gotische Dreigiebelfront ihres Rathauses nicht mehr. Gegen den Widerstand des Landeskonservators wurde sie 1896-1900 mit Kaiserstatuen, Wappen und sonstigem Zierrat sowie dem Erscheinungsbalkon angereichert, ein Bild permanenter Krönungsfeierlichkeiten, deren Zeit allerdings längst abgelaufen war. Heute zeigen sich nur noch die Fußballmeister auf dem Balkon. Bei der Marienkirche in Güstrow war der Bauzustand durchaus gut, aber trotzdem entfernte man bei der Restaurierung 1880-83 die beiden niedrigeren äußeren Seitenschiffe, um den ursprünglichen Raumeindruck einer backsteingotischen Hallenkirche mit drei gleichhohen Schiffen wiederzugewinnen, auch wenn dies die Kirche nicht nur verkleinerte, sondern auch einen erheblichen Verlust an alter Bausubstanz bedeutete. Dieses Streben nach einem schöneren Mittelalter drang auch durchaus bis in die hintere Provinz. Die aus dem 13. Jahrhundert stammende Johannis-Kirche im holsteinischen Meldorf hatte sich bis ins 19. Jahrhundert ihr schlichtes, blockhaftes Erscheinungsbild bewahrt; bei dem Umbau 1868-82 erhielt sie dann einen neugotischen Turm und eine völlig neue Außenhaut mit reicher Gliederung, in der man sie kaum wiedererkannte. In Einzelfällen griffen diese Bestrebungen sogar auf Stadttore über. Freiburg im Breisgau erhöhte 1901 die beiden erhaltenen Tortürme, das Martinstor und das Schwabentor, auf das (fast) Dreifache und zierten sie obendrein mit Ecktürmchen aus, damit sie eindrucksvoller wirkten.

Die Begeisterung für die großen Kirchenmonumente aus dem Mittelalter führte im Laufe des 19. Jahrhunderts dazu, diese im Stadtbild auch stolz präsentieren zu wollen. Dieses löste eine Welle von Kirchenfreilegungen aus, die mit teilweise nicht unbeträchtlichen Abrissen verbunden war. Die hochgezogene Architektur gotischer Kirchen hatte im Mittelter aus einer engen Umbauung herausgeragt. Bei Dom- und Stiftskirchen gehörten dazu die Kurien der Dom- bzw. Stiftsherren und die Wirtschaftsgebäude, direkt angebaut auch Kreuzgänge und Kapitelsäle, und dicht vor oder direkt an Stadtkirchen waren Verkaufsbuden häufig und auch Wohnhäuser. Mit der Säkularisierung verloren die kirchenbezogenen Gebäude im Umfeld der Dom- und Stiftskirchen ihre bisherige Aufgabe und wurden Verfügungsmasse. Vor allem setzte sich in der Zeit des Klassizismus bei den Eliten ein neues städtebauliches Leitbild durch, das die Ideen absolutistischer Residenzplanung weiterführte: nicht mehr das Kleinteilige und Verschachtelte mittelalterlicher Straßengrundrisse, sondern freie Plätze und Sichtachsen waren gefragt, die einen ungehinderten Blick auf imposante Bauwerke eröffnen. Nun sollte Raum geschaffen werden, um große Kirchen von allen Seiten zu betrachten und vollständig erfassen zu können. Dies galt um so mehr, als jahrhundertealte Kirchenbauten dem Bürgertum zunehmend primär als Kunstwerk und Baudenkmal galten und mit Blick auf ihre ästhetische Funktion im Stadtbild gewertet wurden. Diese Freilegungen der Kirchen von den nun als störend empfundenen Bauten der Umgebung erfolgten oft schrittweise und erst nach längeren öffentlichen Diskussionen. Die Verkaufsbuden beseitigte man beispielsweise am Bremer Dom 1816 und am Frankfurter Dom in den 1830er Jahren, aber es fielen den Freilegungen auch wesentlich bedeutsamer Bauwerke zum Opfer, so Kreuzgänge (Dom von Speyer 1822 und ein Teil auch beim Frankfurter Dom), ganze Kirchen (am Kölner Dom 1816 St. Maria ad Gradus und 1828 St. Johannes Evangelist und an der Südseite des Augsburger Doms 1808 St. Johannes), der Komplex des ehemaligen Barfüßerklosters 1879 beim Ulmer Münster und der aus dem 13. Jahrhundert stammende Hof des Erzbischofs von Salzburg am Regensburger Dom 1894. In kleinerem Maßstab zeigte sich der Freilegungsgeist auch bei geringeren Kirchen quer durch Deutschland, von der Flensburger Nikolaikirche ganz im Norden bis zur Frauenkirche im schwäbischen Esslingen, allerdings ging er an manchen Kirchen auch vorbei, z. B. dem Dom von Mainz. In den ersten Jahren des neuen Jahrhunderts erhoben sich dann vereinzelt Stimmen, die kritisierten, dass durch diese Maßnahmen die malerische Qualität des Stadtbilder zerstört würde.

Mit dem Auslaufen des 19. Jahrhunderts endeten die Maßnahmen, die aus dem Mittelalter überkommenen Kirchen und Rathäuser aufzuhübschen und zu präsentieren. Zeitgleich breitete sich hingegen der Wunsch, eine Burg zu rekonstruieren, über Mitglieder der Herrscherdynastien und Regierungen hinaus aus. Vor allem reich gewordene Unternehmer sowie lokale Honoratioren wurden jetzt auf diesem Feld aktiv. Hierbei ging es nicht mehr um politische Ziele, sondern um sozialen Status. Mit der Industrialisierung gelangte mancher Bürger als erfolgreicher Unternehmer zu Reichtum, doch in einer Gesellschaft, in der Hof und Adel weiter dominierten, wirkten vorindustrielle Rangvorstellungen kräftig weiter; Geld alleine reichte nicht. Um gesellschaftlich anerkannt zu werden, orientierte das Großbürgertum sich an aristokratischen Lebensformen. Die herrschaftliche Villa wurde üblich, und wer es sich leisten konnte, versuchte sich auch einen ländlichen Herrensitz oder ein Landschloss zu kaufen. Einzelne trieben das Streben nach Symbolen altadliger Traditionen soweit, dass sie sich eine Burgruine kauften und wieder aufbauten, bevorzugt am romantischen Mittelrhein. Dabei waren es in keinem Fall Rekonstruktionen, die ernsthaft das historischen Original wiederherstellen wollten, sondern das Dazugebaute waren mehr oder minder freie Neuschöpfungen, meist vom neugotischen Stil inspiriert. Letztlich handelte es sich um eine spezielle Art großbürgerlicher Villen, für welche man die ruinöse historische Bausubstanz und zusammengekaufte Altertümer benutzte, um einen Wohnsitz mit besonderem Ambiente zu schaffen. Vorreiter war dabei der aus Schottland stammende Direktor der rechtsrheinischen Eisenbahngesellschaft, Edward Moriarty, der sicherlich auch von der im frühen 19. Jahrhundert gerade unter Engländern verbreiteten Rheinromantik fasziniert war. Er baute seit 1854 Ruine Lahneck wieder auf und orientierte sich dabei am nahen Stolzenfels. Andere Neubauten auf Burgruinen folgten: 1875-79 Ruine Klopp durch den Kaufmann Ludwig Cron, 1885-1901 Schönburg durch den mit Immobiliengeschäften reich gewordenen Deutsch-Amerikaner Oakley Rhinelander, 1889-92 Gutenfels durch den Architekten Gustav Walter (der dabei immerhin den Ruinencharakter bewahrte), 1896-98 Katzenelnbogen durch Landrat Ferdinand Berg, 1899-1902 Reichenstein durch den Eisenindustriellen Nikolaus von Kirsch-Puricelli, alle am Mittelrhein gelegen, an der Mittelmosel 1874-77 Cochem durch den Kaufmann Louis Ravené und ab 1888 Stolberg bei Aachen durch den Fabrikanten Moritz Kraus. Der vom Gastwirtssohn zum reichen Bankier aufgestiegene Stephan von Sarter fand in der Nähe seines Herkunftsorts anscheinend keine passende Burgruine, und so errichtete er 1882-84 mit dem riesigen Schloss Drachenburg nahe Königswinter bei Bonn einen Wohnsitz im Burgenlook ohne historischen Vorläufer.

Viel demokratischer waren touristische Motive. Örtliche Honoratioren taten sich als Verein zusammen, im späten 19. Jahrhundert oft unter der Bezeichnung „Verschönerungsverein", um ihre Umgebung mit Wanderwegen zu erschließen. Burgberge mit weiter Aussicht, auf denen oft nicht mehr viel an Ruinenresten erhalten war, bekamen jetzt manchmal einen bergfriedartigen Aussichtsturm verpasst. Schon recht früh erfolgte dieses 1842 auf der Sparrenburg in Bielefeld, zeitlich typischer waren der Aussichtsturm auf der westfälischen Tecklenburg 1887 und die Erhöhung des Westturms von Festung Honberg in Tuttlingen 1883. Die Stadt Godesberg forcierte den Tourismus, indem sie auf der Ruine Godesburg oberhalb der Stadt 1896 ein Hotel-Restaurant errichtete, einer der ersten Fälle, über die eine öffentliche Auseinandersetzung zwischen den Befürwortern touristischer Verwertung und den Anhängern einer möglichst originalen Bewahrung historischer Denkmale ausbrach. Dieses Problem hat im Laufe des 20. Jahrhunderts immer mehr an Schärfe gewonnen. Das wirtschaftliche Interesse an der Tourismusförderung, das Profilierungsstreben von Lokalpolitikern und zeitweise auch Arbeitsbeschaffungsmaßnahmen führten zu verschiedenen Wiederaufbauprojekten, meist auf Teile der Ruine begrenzt. Gleichmäßige Aufmauerungen niedriger Mauerzüge, mit Industriezement abgeflachte Mauerkronen anstatt unregelmäßig gezackter Ruinenteile, zur Sicherheit brüstungshoch umschlossene Aussichtspunkte, in neuerer Zeit mit Stahl und anderen bewusst als Kontrastmaterialien gewählten Einbauten, alles dies entfernte die Burgruinen immer mehr von dem, was einmal die Romantiker als stimmungsvoll empfunden hatten. Die Burg(-Ruine) als Kulisse für Inszenierungen in Mittelalterkostümen, im Zeitalter des Historismus eine Sache der Elite, wurde im Zeitalter des Event-Tourismus eine Sache des Massenpublikums.

Einige Burgruinen erfuhren touristisch motivierte Wiederaufbauprojekte ganz spezieller Färbung. Die Rudelsburg oberhalb des Saaleufers wurde seit 1855 vom ältesten Dachverband deutscher Studentenverbindungen, der im nahen Kösen tagte, regelmäßig für Festveranstaltungen genutzt und 1871/72 teilweise wieder aufgebaut, um diesen einen festlicheren Rahmen zu geben. Die größte rekonstruierte Burganlage in Nordrhein-Westfalen, Schloss Burg an der Wupper, wurde 1892-1914 durch die private Initiative des Schlossbauvereins wieder errichtet, der vor allem durch Spenden von Unternehmern aus dem Bergischen Land und durch Lotterieeinnahmen kräftig Geld einsammelte. Die in späthistoristischem Stil überformte Anlage dient nicht nur dem üblichen Ausflugstourismus, sondern auch als Heimatmuseum für das Gebiet des ehemaligen Herzogtums Berg am Rhein. Ein ähnliches Projekt begannen 1906 die regionalen Eliten für die benachbarte ehemalige Grafschaft Mark. Unter Führung des Landrats Thomée strebten sie an, die Burgruine Altena, das einstige historische Zentrum dieser Region, ebenso durch einen historistischen Wiederaufbau für die Nutzung als Regionalmuseum, Gastronomie und Aussichtsturm zu aktivieren. Doch inzwischen hatte sich in denkmalpflegerischen Fachkreisen die Position durchgesetzt, das Konservieren dem (schöpferischen) „Restaurieren“ vorzuziehen, und es erhob sich ein Proteststurm, voran der Kunsthistoriker Ehrenberg. Beinahe wäre der Streit zu einem Pistolenduell zwischen den beiden Herren eskaliert. Ein Machtwort Kaiser Wilhelms II. entschied dann zugunsten des Wiederaufbaus. Als dieser weitgehend fertiggestellt war, trat eine ganz neuartige Nutzung hinzu: 1914 wurde hier die erste ständige Jugendherberge eingerichtet. Jugendliche der Wandervogelbewegung suchten nach Alternativen zum förmlichen Lebensstil des Bürgertums der wilhelminischen Zeit und entdeckten dabei für sich das Wandern in freier Natur und eben auch urige Burgen. Eine ganze Reihe wurden in der folgenden Zeit zu Jugendherbergen umgenutzt, und in einigen Fällen baute man in den 20er Jahren auch teilruinöse Burgen zu diesem Zweck neu auf, so Stahleck am Mittelrhein, Blenheim in der Eifel, Freusburg im Westerwald und Ludwigstein in Hessen.

Die Idee, Mittelalterliches an Bauwerken wieder aufleben zu lassen, erfasste nicht nur Burgruinen, Kirchen und Rathäuser, sondern als die Heimatschutzbewegung um die Wende zum 20. Jahrhundert das Ensemble alter Bürgerhäuser als malerisch wertvoll entdeckte, auch normale Wohnhäuser. „Altstadt“ als Örtlichkeit mit einem aus dem Mittelalter stammenden, engen Straßennetz, mit vorindustrieller Handwerksgesinnung im Bauen, deutscher Kulturtradition und der Identität lokaler Heimat entstand unter dem Einfluss der Heimatschutzbewegung als eine Konstruktion von positiv bewertetem Stadtbild. Dieses Bild zurückzugewinnen bedeutete, alles an den Hausfassaden wieder zu entfernen, was eine spätere Überformung darstellte. Das betraf die Reklametafeln der jüngsten Kommerzialisierungswelle und die Umgestaltungen durch das mit der Industrialisierung reich gewordenen Bürgertum, welches sich gerne im reichen Baudekor des Historismus präsentierte. Ebenso erfasste es die Putzschichten des 17. und 18. Jahrhunderts, als Fürstenhöfe kulturell tonangebend wurden und damit das Fachwerk in den Ruf des Bäuerlichen und Rückständigen geriet, so dass viele Hausbesitzer es hinter einer Fassade im modischen Barockstil verschwinden ließen. Nun begannen Mitte der 1920er Jahre Fachwerkfreilegungen, die diesen Putz wieder abklopften. In der neuen Begeisterung für altes Fachwerk geschah dieses manchmal sogar bei Holzkonstruktionen, die nie als Sichtfachwerk gedacht, sondern immer verkleidet gewesen waren. Ebenso wurden teilweise neugotische und andere historistische Überformungen wieder heruntergerissen. In der NS-Zeit bekamen diese Bestrebungen ab 1936 durch die neuen Machthaber ideologisch Auftrieb. Sie wurden von den Stadtverwaltungen und dem *Bund Deutscher Heimatschutz* getragen. Die Nationalsozialisten prägten hierfür den Begriff „Entschandelung“. Dabei verband sich in der NS-Zeit bei diesen Baumaßnahmen eine gewisse Tendenz zur Vereinheitlichung; Individualismus war im totalitären Staat eben nicht erwünscht. Nennenswerten Umfang erreichten diese Aktivitäten beispielsweise in Danzig, Stralsund und Lübeck, aber auch in Nürnberg und Freiburg. Aufs Ganze gesehen erfassten sie vor allem historische Stadtkerne von mittelgroßen Städten in Nord- und Ostdeutschland, weniger Großstädte. Manchmal erhielten ganze Straßenzüge die alten Fachwerkfronten zurück, so in Hessen beispielsweise in Bad Sooden-Allendorf, Eschwege, Fritzlar, Grebenstein, Korbach, Marburg, Melsungen und Volkmarsen. Verglichen mit den Planungen und der Propagierung des neuen Leitbildes blieben die tatsächlichen Eingriffe dann aber doch eher punktuell.

Die nationalen, dynastischen und anderweitigen ideologischen Motive sowie die gesellschaftlichen Ambitionen hinter diesen Versuchen im 19. und frühen 20. Jahrhundert, mittelalterliche Bauten mehr oder minder zu rekonstruieren, sie sind verflogen. Geblieben sind interessante und oft landschaftlich reizvoll gelegene Örtlichkeiten harmlosen touristischen Interesses, jenes der Besucher ebenso wie der daran verdienenden Einheimischen. „Willkommen Wanderer, holde Frauen" grüßt in Schloss Hohenschwangau seit König Maximilians Zeiten eine Inschrift im Treppenaufgang zu den Räumen mit den Szenen aus dem romantisch verklärten Mittelalter. Heute windet sich der Massentourismus durch die Räume, zum großen Teil Chinesen.

Nach der Katastrophe: Fassaden retten, vollständig rekonstruieren oder ganz abreißen?

Jahrhundertelang war es selbstverständlich, nach Kriegszerstörungen im aktuellen Stil der jeweiligen Zeit wieder aufzubauen, so auch noch nach dem Ende der Napoleonischen Kriege 1815. Im Laufe des 19. Jahrhunderts entstand nun für bestimmte alte Bauwerke eine neue Wertschätzung als historische Denkmale, doch blieb dies für die Einigungskriege 1866 und 1870/71 sowie für den Ersten Weltkrieg 1914-18 ohne Bedeutung; da es hier zu (fast) keinen Zerstörungen auf deutschem Gebiet kam, musste auch nichts wieder aufgebaut werden. Nach dem Zweiten Weltkrieg gab es hingegen überreichlich Trümmer. Da die angloamerikanischen Bombenangriffe sich auf die Stadtzentren konzentriert hatten, waren gerade historisch wertvolle, solitäre Baudenkmale wie Kirchen, Schlösser, Rathäuser und andere Anknüpfungspunkte städtischer Identität in stärkerem Maße von den Kriegszerstörungen getroffen als Wohnviertel und Industriegebiete. Man stand vor einer Frage, die sich so bisher nie gestellt hatte: wie weit sollte man, wenn auch nicht bei Wohnhäusern, so doch bei bedeutenden Baudenkmalen versuchen, Altes wiederzugewinnen? War eine vollständige Rekonstruktion anzustreben bis in die Innenräume hinein, sollte man in vereinfachter Form wieder aufbauen, oder doch nur die Fassaden für das Stadtbild als Kulisse vor einem modernen Neubau wieder herstellen? War es eventuell sinnvoll, die Ruine in Ruinenform als Mahnmal erhalten, oder empfahl es sich gar, die Trümmer ganz abräumen? In den Jahren von 1945-48 diskutierten Intellektuelle an den Universitäten und in den Feuilletons intensiv über die notwendige geistige Erneuerung, und dazu gehörte auch die Frage, wie man mit den ruinierten öffentlichen Bauwerken als Bedeutungsträger vergangener Zeiten umgehen sollte. Die Denkmalpflege konnte angesichts des Umfangs der Zerstörungen ihre bisherige Position, zwar wertvolle alte Bausubstanz möglichst zu erhalten, aber nichts Verlorenes zu rekonstruieren, nicht länger aufrecht erhalten. Man verständigte sich hier in den Fachkreisen auf den Kompromiss, dass ab etwa 50 % erhaltener Originalsubstanz ein Wiederaufbau im alten Stil zu vertreten sei, ohne dieses theoretisch näher begründen zu können. In der Praxis spielte die Dogmatik der Denkmalpfleger allerdings keine so große Rolle, sondern entschieden wurde von den Eigentümern, also dem Staat (einschließlich der Bundesländer), den Kommunen und den Kirchen. Diese hatten eigene Maßstäbe. Das war nämlich zunächst die politische Bewertung des Bauobjekts, dann die Bewertung der Kunstepoche, der es zugehörte, ebenso seine Bedeutung als Identität stiftendes Element im Stadtbild und damit für die lokale Öffentlichkeit sowie nicht zuletzt der praktischer Nutzwert und die finanziellen Möglichkeiten für einen Wiederaufbau. Dabei entspannen sich bei manchen Ruinen komplizierte, konfliktgeladene Entscheidungsprozesse. Für Westdeutschland und Ostdeutschland ergaben sich aus diesen Faktoren verständlicherweise grundsätzlich unterschiedliche Vorgehensweisen, da die politischen Systeme auf beiden Seiten des Eisernen Vorhangs gegensätzlich waren und damit nicht zuletzt auch die Stellung der Kirche, außerdem differierten in West und Ost auch die materiellen Möglichkeiten.

In Westdeutschland entschied man sich bei den prominenten Solitärbauten im Regelfall für einen Wiederaufbau, der sich am Vorkriegsstand orientierte, jedenfalls mit der Fassade. Sieht man von den Kirchen ab, wurden die inneren Strukturen aber im Regelfall nicht rekonstruiert, sondern mehr oder minder neu gestaltet. Damit waren Eckpunkte des Stadtbildes wiedergewonnen, was auch einem allgemeinen Bedürfnis der Menschen entsprach, aber die Bauten selbst waren nicht mehr die alten. In den ersten Nachkriegsjahren war man mit ersten Sicherungsarbeiten beschäftigt, z. T. zog man Notdächer über die offenen Ruinen. Der eigentliche Wiederaufbau erfolgte im Laufe der 50er und 60er Jahre, nur in Einzelfällen dauerte er darüber hinaus.

Kirchenruinen wurden in Westdeutschland weitgehend wieder aufgebaut. Die Romantiker hatten einst einzelne alte, längst vom Wildwuchs der Natur überwucherte Kirchenruinen als ästhetisch reizvoll erlebt; in der Massenhaftigkeit waren die hässlichen Trümmer des jüngst verlorenen Kriegs aber jetzt nur trostlos und schwer zu ertragen, insbesondere wenn einem noch das Jaulen der Luftsirenen in den Knochen steckte. Dabei ging es nicht nur um den materiellen Verlust, sondern auch um den Verlust an Werten und Orientierung, der das Streben nährte, zu retten, was an noch unverdächtigen Identitätsankern zu retten war, eben auch konkret sichtbar im Stadtbild. Ende der 40er Jahre wandten sich viele Westdeutsche angesichts der inneren Erschütterung durch die Niederlage wieder stärker dem Christentum zu. In den 50er Jahren propagierten die herrschenden konservativen Kreise die Gemeinsamkeit der christlich-abendländischen Kultur, unter der sie den Anschluss des neuen westdeutschen Staates an die Westeuropäer suchten und sich zugleich gegen die Verbrechen des nihilistischen Nationalsozialismus, gegen den aktuell gefährlichen atheistischen Kommunismus und gegen die als seelenlos gebrandmarkte Moderne des Massenzeitalters abgrenzten. Aber auch religiös nicht gebundene Teile der Bevölkerung befürworteten weitgehend den Wiederaufbau der Kirchen, zumal deren Kirchtürme, auch wenn eigentlich ohne echte Funktion, stark das Stadtbild prägten. Als 1946/47 an sechs eiskalten Winterabenden in der ungeheizten Universität Köln Intellektuelle, Denkmalpfleger, Künstler, Kunsthistoriker und Geistliche über die Zukunft der Kölner Kirchen diskutierten, gab es recht unterschiedliche Positionen, *wie* man dieses angehen solle und bewältigen könne; *ob* man es tun solle, war dagegen wenig kontrovers. Bei Kirchen waren meist die Dachstühle in Flammen aufgegangen, die Gewölbe eingestürzt und die Inneneinrichtung von den herabstürzenden Massen zerschlagen und begraben worden, wogegen die massiven Umfassungsmauern und Türme weitgehend noch standen. Über 50 % der Substanz waren im Regelfall erhalten, und die Bauwerke waren durchweg auch gut dokumentiert, so dass für einen Wiederaufbau ausreichend Unterlagen zur Verfügung standen. Auch die Denkmalpfleger erhoben hier gegen den Wiederaufbau an sich kaum Einwände. Ein gewisses Problem bestand dort, wo Kirchengebäude weitgehend ihre Gemeinden verloren hatten, indem die Wohnbevölkerung durch die Citybildung aus der Innenstadt abgewandert war oder Garnisonkirchen nach dem Ende deutschen Militärs ohne Aufgaben dastanden. Hier kam dann zum Tragen, dass die einzelnen Kunstepochen unterschiedlich bewertet wurden, d. h. vor allem der Historismus des 19. Jahrhunderts verachtet wurde.

Bremen steht in Westdeutschland mit dem Abriss eindeutig mittelalterlicher Kirchenruinen ganz alleine. Im Frühjahr 1946 waren sich Bauverwaltung und Landeskirche noch einig gewesen, dass die schwer getroffene, aber wiederaufbaufähige St. Ansgarii-Kirche gesichert und ihr Turm, als höchster Bremens ein markantes Element der Stadtsilhouette, wiedererrichtet werden müsse. Doch 1949-59 wurde die Ruine schrittweise abgeräumt und das Grundstück an den Hertie-Konzern verkauft, um ein Warenhaus zu bauen; die SPD-geführte Stadtregierung forcierte die Ausweitung der City durch Verkehrsachsen und neue Geschäftsbauten, und die Kirchengemeinde verlegte sich aus der Innenstadt nach Schwachhausen. Noch zwei weitere, weniger bedeutende Ruinen mittelalterlicher Kirchen wurden 1961 bzw. 1959 in Bremen abgetragen: der Chor der ehemaligen St. Katharinen-Klosterkirche und die evangelische Kirche in Bremen-Gröpelingen. Umgekehrt in München. Die älteste Pfarrkirche Münchens, St. Peter, war so schwer zerstört, dass ihr Wiederaufbau unmöglich schien und schon die Sprenglöcher gebohrt waren, um Teile der Ruine beseitigen zu können. Doch der Stadtpfarrer und Kardinal Faulhaber konnten dieses gerade noch verhindern und zahlreiche Münchner dann dazu animieren, sich für den Wiederaufbau zu engagieren. Es gab in Westdeutschland noch einige wenige Fälle, in denen bis ins Mittelalter zurückreichende Kirchenruinen abgebrochen wurden, doch diese waren dann zwischenzeitlich stark verändert worden, so dass sie nicht mehr das Bild einer mittelalterlichen Kirche boten, und waren auch keine Gemeindekirche mehr gewesen. Dies galt für die schon 1802 profanierte Kirche des ehemaligen Dominikanerklosters in Koblenz, die zum Garnisonslazarett gehörte und durch Zwischenwände und -decken unterteilt worden war, für die Heiliggeistkirche in Kiel und die Jakobskirche in München, beide im 19. Jahrhundert stark umgeformt, und bis auf geringe Reste auch für das barockisierte Obermünster in Regensburg. Auf der anderen Seite wurden sogar bedeutende Kirchen wieder aufgebaut, die durch die Citybildung ihre Gemeinde verloren hatten und für die man erst mühsam eine neue Nutzung suchen musste. Dazu gehören die gotische Petrikirche in Lübeck, deren Innenraum erst 1982-87 wieder hergestellt wurde und für verschiedenste kulturelle Nutzungen zu Verfügung steht, und St. Cäcilien in Köln, in deren romanische Räumlichkeiten das Schnütgen-Museum einzog. Selbst wenn man nicht wieder aufbaute, respektierte man die romanischen und gotischen Ruinenreste immerhin so weit, dass man sie nicht beseitigte. Die mit Teilen bis in gotische Zeit zurückreichenden Kirchen St. Ägidien in Hannover und St. Christoph in Mainz waren ebenfalls durch den Abzug der Wohnbevölkerung aus der Innenstadt überflüssig geworden. Nach langen Überlegungen, bei denen auch der Abriss ins Auge gefasst wurde, beließ man es hier bei gesicherten Ruinen, deren himmeloffener Innenraum dann zu Mahnstätten umgestaltet wurde. Dasselbe geschah mit den Ruinen von zwei im Wesentlichen aus dem 17. Jahrhundert stammenden Kirchen, St. Alban in Köln und der Wallonischen Kirche in Hanau. In Nürnberg (Katharinenkirche) und in Adenau (St. Johann Baptist) ließ man auch die Ruinen von zwei kleineren mittelalterlichen Kirchen stehen, ohne sie zum Mahnmal zu deklarieren. Selten wählte man bei schweren Zerstörungen die Lösung, einen Kirchenneubau in die weiter stehenden Ruinen hineinzusetzen, so bei St. Kolumba in Köln und der reformierten Großen Kirche in Emden.

Da der Barock geringer geachtet wurde als Romanik und Gotik, wurden zerstörte Kirchen des Barock schon eher nicht nur aufgegeben, sondern ihre Ruinen dann auch entfernt. Darunter fallen die Garnisonkirche in Koblenz (ebenso das zugehörige ehemalige Klostergebäude, das seit langem als Gefängnis diente), die Jerusalemskirche in Berlin-Kreuzberg, St. Elisabeth und die lutherische Kirche in Kassel, die Trinitatiskirche in Mannheim, die Franziskanerklosterkirche in Ingolstadt und die lutherische Kirche am Alten Bollwerk in Emden, im Wesentlichen auch die Dreifaltigkeitskirche in Hamburg-Harburg und die Garnisonkirche in Kassel.

Kirchen aus den Baujahren 1860-1913, meist in neugotischem, seltener neuromanischem Stil, hatten bei nennenswerten Zerstörungen angesichts der Geringschätzung des Historismus deutlich weniger Chancen, wieder aufgebaut zu werden. Hier kam es in Westdeutschland durchaus mehrfach vor, dass man die Ruinen ganz abbrach, auch wenn sie weniger stark beschädigt waren als mittelalterliche Kirchen, die man trotzdem als wiederaufbauwürdig einstufte. Meist wurden als Ersatz Neubauten errichtet, teilweise an einem anderem Ort außerhalb der Innenstadt. Allein in West-Berlin traf dieses 13 Kirchenruinen: in Schöneberg 1958 Amerikanische Kirche und 1961 Paul-Gerhard-Kirche, in Tiergarten 1956 Kaiser-Friedrich-Gedächtniskirche, in Spandau 1950 Garnisonkirche, in Kreuzberg 1945 Melanchthonkirche, 1945 Christuskirche, 1948 Emmauskirche, 1960 Jesuskirche, 1961 Jerusalemskirche und 1963 Christuskirche, in Wedding 1949 Himmelfahrtskirche, in Charlottenburg 1960 Alt-Lietzow und 1957 Lietzensee. In Hannover wurde 1959 die neuromanische Garnisonkirche gesprengt, die „in ihrer trutzigen Wucht wie ein feindlicher Brückenkopf"[171] des preußischen Militarismus erschien; schon der 1946 in Hannover abgehaltene Kirchenbautag hatte „wegen der architektonischen, gemeindlichen und historischen Wertlosigkeit"[172] dafür plädiert. Beispiele für Kirchen aus diesen Jahrzehnten, deren Ruinen jetzt abgebrochen, d. h. meist gesprengt wurden, finden sich auch in anderen Städten: in Düsseldorf 1955 die Franziskanerklosterkirche, in Wuppertal 1952/53 Johanniskirche und Friedenskirche sowie 1955 Christuskirche, in Pforzheim 1950/62 die Stadtkirche, in Mainz 1953 St. Bonifatius, in Heilbronn 1952 die Friedenskirche, in Stuttgart 1951 die Garnisonkirche und 1959 die Pauluskirche.

In einigen Fällen sprengte und beseitigte man zwar das Kirchenschiff, ließ aber den Turm stehen, der ein markantes Zeichen im Stadtbild war und nun als Mahnmal diente. Dabei blieb die freigeräumte Fläche des Kirchenschiffs entweder weitgehend leer, wie bei der Nikolaikirche in Hamburg und der Lutherkirche in Ludwigshafen, oder es wurde ein modern gestalteter Kirchenneubau separat neben den Turm gestellt, so bei der Kaiser-Wilhelm-Gedächtniskirche in West-Berlin, St. Rochus in Düsseldorf, St. Mauritius in Köln und der Christuskirche in Bochum. In Pforzheim scheiterte der traditionskritische, ganz auf einen modernen Neuaufbau der Stadt bedachte Oberbürgermeister 1954 mit dem Plan, auch den Kirchturm der Stadtkirche zu beseitigen, am breiten Protest der Bevölkerung; hier bestand ein intensives Bedürfnis, mit dem überlebenden Turm eine Erinnerung an jene Februarnacht des Jahres 1945 zu haben, als innerhalb von 20 Minuten mit 17 000 Toten fast die gesamte Innenstadtbevölkerung Pforzheims den Bomben zum Opfer fiel. Man einigte sich auch hier auf die Kombilösung, bis die Lokalpolitiker dann 1962 den Turm doch noch sprengen ließen. Bei der Hamburger Nikolaikirche und der Berliner Kaiser-Wilhelm-Gedächtniskirche handelte es sich um überregional bedeutsame Bauten. Die neugotische Nikolaikirche, deren Kirchturm im Jahr der Fertigstellung 1874 das höchste Gebäude der Welt darstellte, wurde in einem umfangreichen Architekturhandbuch 1889 als „der prächtigste Kirchenbau Hamburgs und des ganzen nördlichen Deutschlands“[173] bezeichnet. Als man nach dem Zweiten Weltkrieg angesichts der Abwanderung aus der Innenstadt aufgrund der Citybildung nicht alle fünf Hauptkirchen wieder aufbauen wollte, verzichtete man auf die Nikolaikirche, weil sie nach Meinung des Denkmalpflegers von geringerer historischer und kunsthistorischer Bedeutung sei als die älteren Kirchen. Die bis auf volle Höhe erhaltenen Umfassungsmauern wurden 1951 weitgehend niedergelegt. Danach gab es jahrzehntelang immer neue Pläne über das Ob und Wie der Ausgestaltung zur Gedenkstätte, unverändert wurden nur (wie schon seit 1886) die Kellergewölbe weiter als Weinlager genutzt. Die vom Kaiserpaar initiierte und 1895 eingeweihte Kaiser-Wilhelm-Gedächtniskirche in Berlin sollte mit ihren prunkvollen Mosaiken die Liebe zur Hohenzollernmonarchie, zu Vaterland und Christentum wecken (wer für den Bau viel spendete, durfte auf einen Orden hoffen). In der Weimarer Republik schrieb Siegfried Kracauer dann mit spitzer Feuilletonistenfeder: „Dieser Kuppelbau, der Schwert und Altar miteinander verkuppelt, hat ersichtlich nur den einen Ehrgeiz: nach außen hin zu repräsentieren. Das trägt eine romanische Uniform und ist inwendig gar nicht zu benutzen. Das könnte mit Steinen ausgefüllt sein. Das beschwört die Erinnerung an Bezirkskommandos, Hofprediger und Kaiserparaden herauf.“[174] 1943 sank die Herrlichkeit in Trümmer. Nach dem Krieg wollten die Stiftung, der die Kirche gehörte, und die Landeskirche wieder aufbauen, Bausenator Schwedler aber komplett beseitigen, um mehr Raum für Straßen und Parkplätze zu gewinnen, und die Architekten wünschten den in ihren Augen schrecklichen Protzbau sowieso verschwinden zu sehen. Ein Wettbewerb kürte 1957 einen Entwurf zum Sieger, der den vollständigen Abriss vorsah, um einem modernen Kirchenneubau Platz zu machen. Dass damit nach dem 1956/57 erfolgten Abbruch des Kirchenschiffs auch der Turm verschwinden sollte, löste in der West-Berliner Öffentlichkeit einen Sturm der Entrüstung aus. Die Berliner Zeitung *Tagesspiegel* wurde mit Tausenden von Leserbriefen gegen den Abriss überschüttet und startete eine Umfrage, in der

Nikolaikirche in Hamburg 1945. Die 1846-74 errichtete neugotische Kirche hatte zwar die Gewölbe verloren, aber die Umfassungsmauern zeigen sich intakt.

sich 91 % der Teilnehmer dafür aussprachen den Turm zu erhalten. Dabei ging es den Berlinern nicht um Religion oder gar Dynastie, sondern darum, das markanteste Bauwerk am Kurfürstendamm nicht auch noch zu verlieren. Die Verantwortlichen knickten ein, der ramponierte und durch den Krieg von 113 auf 71 Meter gestutzte, wie ein hohler Zahn wirkende Turm blieb stehen, der oktogonale Beton-Glas Neubau wurde daneben platziert.

Auch beim Wiederaufbau der aus dem Mittelalter stammenden Kirchen zeigte sich die Geringschätzung des Historismus. Wo das 19. Jahrhundert

Wände und Gewölbe dieser Kirchenräume ausgemalt hatte, stellte man diese Ausgestaltung im Regelfall nicht wieder her, nicht nur wegen der Kosten, sondern vor allem, weil man die Beschädigungen jetzt gerne als Gelegenheit nutzte, Ausstattungsstücke und Zutaten des Historismus aus den alten Kirchen hinauszuwerfen, so wie es die Regotisierungswelle im 19. Jahrhundert an vielen Orten jenen des Barock angetan hatte. Der Koordinator für den Wiederaufbau der Kölner Kirchen meinte 1956, die Kriegszerstörung der 1895-1912 im Chor von St. Aposteln geschaffenen goldgrundigen Mosaiken sei „unbedingt erfreulich", weil die „verhüllenden" Mosaiken den Raum „aufs schwerste geschädigt" hätten;[175] jetzt schlug man auch noch fast den ganzen Rest davon ab. So strahlten die wiedergewonnen Kirchenräume seitdem vielfach in puristischem Weiß, womit man den modernen, vom funktionalistischen Bauhaus geprägten Zeitgeschmack in die alten Bauten hineinprojizierte; das reale Mittelalter hatte dagegen durchaus kräftige Farbigkeit geliebt. Dem Streben, beim Wiederaufbau alte Kirchen nicht in den Vorkriegszustand, sondern in einen früheren Zustand zu versetzen, fielen gelegentlich sogar Barockisierungen romanischer Kirchenräume um Opfer, so beim Würzburger Dom. Diese schöpferische Denkmalpflege ergriff manchmal auch das äußere Erscheinungsbild. Beispielsweise wurden im Zuge des Wiederaufbaus am Dom in Minden die historistischen Veränderungen am Westwerk entfernt, obwohl dieses gar nicht durch den Krieg beschädigt war, ähnlich am Westwerk des Hildesheimer Doms, am Dom von Osnabrück entfielen die barocken Turmhauben, und in München bekam St. Anna in Lehel anstatt der neuromanischen Fassade von 1852 wieder die Rokokofassade von 1773. Die eingestürzte Dreikonchenanlage von St. Aposteln in Köln wurde sogar anstatt in der spätromanischen Vorkriegsform in der einfacheren frühromanischen Gestalt rekonstruiert. Keine andere Kirche entfernte sich dabei so weit vom Vorkriegszustand wie St. Michael in Hildesheim, die im Laufe der Zeit wiederholt umgebaut worden war, vor allem im 17. Jahrhundert. Bei diesem bedeutenden Bauwerk versuchte man die Ursprungsform des 11. Jahrhunderts zurückzugewinnen. Es handelte sich eigentlich seitdem weniger um einen Wiederaufbau als um ein Architekturmodell im Maßstab 1:1, wie der Bau des Gründerbischofs Bernward ausgesehen haben könnte. Manchmal vermied man die Wiederherstellung historistischer Umbauten auch, indem man stattdessen zu modern gestalteten Neuschöpfungen griff, sei es für die Gewölbe (z. B. Stadtkirche St. Stephan in Karlsruhe und Nikolaikirche in Kiel), sei es für neugotische Turmteile (z. B. Jakobikirche in Hamburg) oder beides (so die schwer zerstörte Martinskirche in Kassel). Im Sinne der Mehrheit der Einwohner, die doch das Vertraute wiedergewinnen wollten, waren allzu tiefgehende Abweichungen vom Vorkriegszustand meist nicht. Zum Eklat kam es darüber in Münster, wo der Bischof am Dom aus liturgischen Gründen anstelle des filigranen gotischen Westportals der Vorkriegszeit einen blockhaften, romanisierenden Westabschluss durchzudrücken versuchte, und zwar gegen die massiven Proteste der Bürger, der Denkmalpfleger und der münsterischen Architektenschaft, und der Stadtrat dafür die Baugenehmigung verweigerte. Mit Hilfe des Regierungspräsidenten (der kurz zuvor einen hohen päpstlichen Orden erhalten hatte) bekam der Bischof dann doch seinen Willen.

Durch die Luftangriffe sind in den Jahren 1943-45 in westdeutschen Städten auch rund dreißig Stadtschlösser, die mehr oder minder lange als Herrscherresidenzen gedient hatten, zerstört worden, meist Bauwerke des Barock, weniger des Klassizismus oder der Renaissance. Bei rund der Hälfte war Ende der 40er Jahre geklärt, dass man sie wieder aufbauen würde,[176] obwohl sich zumindest mit Bezug auf die Schlösser in Mannheim, Karlsruhe, Münster, Berlin-Charlottenburg und Bruchsal unmittelbar nach dem Krieg auch Abrissforderungen erhoben hatten. Das einzige bedeutende Barockschloss, bei dem es zu einer größeren Kontroverse über Abbruch und Wiederaufbau kam, war das Neue Schloss in Stuttgart. Als 1952 das Bundesland Baden-Württemberg gegründet wurde, entstand der Bedarf nach Räumlichkeiten für Landtag und Regierung. Der Stuttgarter Städtebau-Professor Richard Döcker, ein Vertreter moderner Architektur, schlug vor, das ausgebrannte Schloss weitgehend abzuräumen und auf dem Gelände einen neuen Landtag zu bauen, wobei diese Idee von modernistischen Architekten wie Hans Scharoun und Ernst May unterstützt wurde und vor allem auch bei zahlreichen Abgeordneten Anklang fand. Dagegen sprachen sich die Denkmalpfleger, konservative Architekten und die beiden Stuttgarter Zeitungen für den Wiederaufbau des Schlosses aus; der Landtag könnte ins Schloss, das dafür zur Gartenseite einen Plenarsaalanbau erhalten sollte. Während die Modernisten die Umnutzung des Schlosses, das zur Repräsentation eines absolutistischen Monarchen gebaut worden war, zum Sitz demokratisch gewählter Abgeordneter als „Lüge" verurteilten, warfen die Konservativen den Abrissbefürwortern vor, genauso eine „Kulturbarbarei" zu betreiben wie die Kommunisten mit der Sprengung des Berliner Schlosses 1950. Erst 1956 entschieden die Landtagsabgeordneten dann mit knappen Mehrheitsverhältnissen, das Schloss wieder aufzubauen, und zwar für die Nutzung durch Finanz- und Kultusministerium in den Seitenflügeln und für Repräsentationsbedarf der Landesregierung im Mittelteil. Das Landtagsgebäude errichtete man ein Stück weiter. Fünf weniger bedeutende Barockschlösser blieben ebenfalls bis in die späten 50er Jahre als Ruinen liegen. In Darmstadt ging man zwar bald an den Wiederaufbau des barocken Neuschlosses, konnte sich für das schwer zerstörte Altschloss aber erst 1958 zum Wiederaufbau entscheiden, der angesichts des fortgeschrittenen Verfalls eher zu einem Abriss mit anschließender Rekonstruktion geriet. In Kiel ließ man nach längerer Diskussion über Erhalt und Abriss vom Schloss nur den wenig beschädigten Westflügel stehen, während man die stärker zerstörten Ost- und Südflügel abbrach und ab 1961 durch einen modernen Ostflügel von gleichem Bauvolumen ersetzte. Die Städte Hanau und Gießen waren im Innenstadtbereich stark zerstört, so dass hier überhaupt vieles weiträumig abgerissen und zeitgemäß neu aufgebaut wurde. In diesem Zusammenhang legte man in Hanau 1956 auch die Ruine des Stadtschlosses nieder, während in Gießen die Pläne des Magistrats zum Abbruch des Alten Schlosses nicht umgesetzt wurden und man sich dann schließlich in den späten 70er Jahren doch zur Wiederherstellung entschloss; sie geriet in Wirklichkeit zu einer Rekonstruktion, da die Ruinen zunächst weitgehend beseitigt werden mussten. Den Wiederaufbau von Schloss Gottesaue bei Karlsruhe ging man sogar erst 1982 an. Schwerer taten die Verantwortlichen sich auch mit Schlössern, die zwar ursprünglich aus dem 16.-18. Jahrhundert stammten, aber zwischenzeitlich deutlich verändert worden waren. Die Herzog-Max-Burg in München war zwar eigentlich ein Palastkomplex der Renaissancezeit, doch sie war nicht nur stark zerstört, sondern der stadtbildprägende Flügel zum Lehnbachplatz stammt auch erst aus dem Jahre 1886. So wurde hier alles abgeräumt bis auf den fein gegliederten Renaissanceturm, den man in den Neubau des Justizgebäudes integrierte. Die Barockschlösser in Zweibrücken und Saarbrücken waren schon 1793 durch die Franzosen zerstört und dann im 19. Jahrhundert verändert wieder aufgebaut worden. In beiden Fällen gab es jetzt lange Auseinandersetzungen, wie man mit den Schlossruinen verfahren sollte. In Zweibrücken begann 1962 der Wiederaufbau, in Saarbrücken behalf man sich zunächst 1949 mit einer provisorischen Wiederherstellung und nahm erst 1978 den richtigen Wiederaufbau in Angriff. In diesen beiden Fällen orientierte man sich aber nicht am Vorkriegszustand. In Zweibrücken legte man den Ursprungszustand des 18. Jahrhunderts zu Grunde. Dafür entschied sich 1976 auch der Stadtverband in Saarbrücken, was in diesem Fall bedeutete, den 1872 zwischen die barocken Seitenflügel gesetzten Mittelbau abzutragen und neu zu bauen. Das traf auf Proteste der Denkmalpfleger, sowohl aus prinzipieller Ablehnung von Rekonstruktionen als auch weil es hier an ausreichenden zeitgenössischen Quellen fehlte, sowie dann auch von politischen Kreisen, vor allem der SPD, wegen der hohen Kosten. Man einigte sich dann hier 1981 auf den Kompromiss, als Mittelbau einen modernen Baukörper von gläserner Transparenz einzufügen.

Klassizistische Schlösser hatten es schwerer als solche des Barock, für wiederaufbauwürdig erachtet zu werden. Die frühklassizistische Residenz in Koblenz wurde zwar bald wieder aufgebaut, weil das Alliierte Sicherheitsamt der Besatzungsmächte dort unterkommen wollte, das massige Schloss Wilhelmshöhe bei Kassel blieb aber bis 1961 als Ruine mit nur geringen Sicherungsmaßnahmen liegen, bevor man auch hier den Wiederaufbau in Angriff nahm. Dabei war in Kassel zunächst durchaus strittig, ob die später hinzugefügten Verbindungstrakte zwischen den drei Pavillons abgebrochen werden sollten. Hannover hatte zwei im Kern bis ins 17. Jahrhundert zurückreichende, aber im äußeren Erscheinungsbild durch die klassizistischen Umbauten des frühen 19. Jahrhunderts geprägte Schlösser, die beide stark zerstört waren. Die Ruinen der kleinen Sommerresidenz in Herrenhausen wurden bald beseitigt, und das Leineschloss im Stadtzentrum wurde ab 1958 zum Landtagssitz umgebaut, wobei der Architekt Dieter Oesterlen nur wenige Fassadenteile übrig ließ, vor allem den mächtigen Säulenportikus. Das große Residenzschloss in Braunschweig war weniger zerstört als manche wieder aufgebaute Schlösser, aber als spätklassizistischer, schon historistisch wirkender Bau sah es sich kunstgeschichtlich geringer geschätzt. Doch das war nicht entscheidend, ebensowenig finanzielle Fragen des Wiederaufbaus. 1937-45 hatte das Braunschweiger Schloss als Sitz einer von drei SS-Junkerschulen in Deutschland, also als Kaderschmiede für SS-Offiziere gedient. Die ganzen 50er Jahre über wurden zwar öffentlich die verschiedensten Wiederaufbauideen mit neuen Nutzungen diskutiert, doch führende Kreise der Braunschweiger SPD, allen voran Oberstadtdirektor Lotz und Oberbürgermeister Bennemann, hatten als Verfolgte des Nationalsozialismus eine tiefsitzende Abneigung gegen das Schloss und betrieben die ganze Zeit über eine Politik, Unterhaltungsmaßnahmen zu unterlassen und (insgeheim) auf einen Abriss hinzuarbeiten. Hingegen befürworteten bildungsbürgerliche Kreise der Stadt, vertreten durch die bürgerlichen Parteien und etliche Professoren der Technischen Hochschule, den Wiederaufbau. Über das Schicksal der Schlossruine kam es schließlich zu einer tiefen Spaltung der öffentlichen Meinung in Braunschweig. 1959 setzte die SPD mit ihrer knappen Mehrheit im Stadtrat den Abrissbeschluss durch und sorgte, einer heftigen Protestwelle zum Trotz, dafür, dass er zügig vollzogen wurde. Dieser Untergang eines Residenzschlosses, der etwa gleichzeitig mit dem des Potsdamer Stadtschlosses durch die SED erfolgte, ist in der Bundesrepublik ohne Parallele.

Wiederaufbau von Schlössern bedeutete immer, die vertrauten Fassaden für das Stadtbild zurückzugewinnen. Die alte Pracht im Inneren war und blieb im Regelfall verloren, hier wurden die Räumlichkeiten gänzlich neu gestaltet und auch oft neu geschnitten für die aktuellen Bedarfe von Verwaltungen, Universitäten, Bibliotheken oder musealen Ausstellungen. In geringem Umfang rekonstruierte man einige Räumlichkeiten im alten Glanz im Mittelteil des Stuttgarter Schlosses, noch weniger in Mannheim und Koblenz, seit 1964 dann nach langem Schwanken auch im Mittelteil des Schlosses in Bruchsal, nachdem dort zuvor die Seitenflügel für Verwaltungsbedarf aufgebaut worden waren. In wirklich großem Umfang wurden prunkvolle Barockräume mit primär musealer

Funktion nur in vier Residenzschlössern rekonstruiert, wobei sich dieses als ein schrittweiser Entscheidungsprozess ergab, sich an immer noch weitergehende Rekonstruktionen heranzutrauen, die man zunächst weder finanziell noch handwerklich für möglich gehalten hätte. Schloss Augustusburg bei Brühl und die Würzburger Residenz galten als kunsthistorisch besonders herausragende Fürstensitze der Barockzeit, zumal es sich um stilistisch relativ einheitliche Baukomplexe handelte. Für den Wiederaufbau von Schloss Augustusburg sprach auch der Bedarf der Bundesregierung, die sich im 20 Kilometer entfernten Bonn etabliert hatte, nach festlichen Repräsentationsräumen. Mit der aufwendigen Rekonstruktion von Schloss Charlottenburg in West-Berlin setzte man bewusst einen Kontrast zur Vernichtung des Stadtschlosses durch die Kommunisten in Ost-Berlin. Die Münchner Residenz, bei der am Kriegsende von 23 500 m^2 Dachfläche nur noch 50 m^2 erhalten waren, war das bundesweit aufwendigste Rekonstruktionsprojekt. Getragen wurde es von der konservativen Gesinnung der in München herrschenden Kreise. Dabei erhielt es einen wichtigen Impuls in der zweiten Hälfte der 50er Jahre durch das Engagement von Josef Panholzer von der Bayernpartei, der von den Nazis als „Royalistenschwein" ins KZ Dachau gesteckt worden war und nun als Staatssekretär im Finanzministerium die nötigen Gelder mobilisierte. Wenn man schon keinen König zurückhaben konnte, dann wenigstens ein prächtiges Königsschloss. Die Rekonstruktionsarbeiten der Innenräume zogen sich in Würzburg bis 1987, in München bis 2003 und Charlottenburg bis 2004 hin, und da vieles vom Vorkriegszustand auch nur dürftig dokumentiert war, wurde es mit Nachschöpfungen gefüllt. Im Übrigen zeigten sich auch hier die zeitgenössischen kunstgeschichtlichen Wertureile; während Räume der Renaissance und des Barock rekonstruiert wurden, hat man in der Münchner Residenz die klassizistischen Säle ebensowenig rekonstruiert wie in Charlottenburg die Veränderungen unter Friedrich Wilhelm IV. nach 1840.

Den geringeren Respekt gegenüber dem Klassizismus bekamen auch die im 19. Jahrhundert von den Herrscherdynastien als Wohnsitz errichteten Stadtpalais zu spüren, die im Krieg ausgebrannt waren. In den 50er Jahren wurden in Darmstadt das Alte Palais und das Alexanderpalais abgerissen und ebenso in Kassel das Residenzpalais, bestehend aus Rotem Palais und Weißem Palais (an deren Platz trat 1961 das *bilka*, das *Billig-Kaufhaus,* das vom Residenzpalais den Portikus übernahm). Das Markgräfliche Palais in Karlsruhe sollte ebenfalls abgebrochen werden, was aber auf heftigen Widerstand der Öffentlichkeit traf; hier blieb wenigstens die Fassade des Mittelteils am Rondellplatz stehen, die 1963 dem neuen Sparkassengebäude vorgeklebt wurde. In Stuttgart wurde zwar das Wilhelmspalais wieder aufgebaut, aber das ebenso wiederaufbaufähige Kronprinzenpalais 1963 für einen mehrspurigen Straßendurchbruch beseitigt, den sogenannten Planiedurchbruch, nachdem es über den Abriss eineinhalb Jahrzehnte lang kontroverse Diskussionen gegeben hatte (1993 ging auch der letzte Teil dieses Straßendurchbruchs als unbrauchbar außer Betrieb).

Neben Kirchen und Schlössern waren die Rathäuser die bedeutendsten Gebäude der Innenstädte. Wo sie von Bomben getroffen waren, wurden sie im Regelfall wieder aufgebaut, und sei es bei schweren Zerstörungen nur die gewohnte Fassade vor einem Neubau. Von Städten mit noch gotischen Rathäusern war Wesel anscheinend die einzige, die ihres nach massiven Schäden wirklich preisgab. Auch in Münster stand von der bedeutenden gotischen Rathausfassade nicht mehr viel, doch hier entschloss man sich nach einiger Diskussion zur Rekonstruktion des Äußeren. Dafür wurden zunächst auch noch die letzten Reste des alten Baus niedergelegt, um dann eine neue Fassade in „stilreiner" Gotik zu errichten. Dortmund und Kiel beseitigten zwar die ebenfalls im Kern noch gotischen Ruinen ihrer kleinen Rathäuser, doch diese zeigten zumindest nach außen nur das Bild der neugotischen Überformung aus dem 19. Jahrhundert und wurden deshalb anders bewertet. Aus demselben Grund verfocht in München der Wiederaufbaureferent ab 1948 den Abriss des Alten Rathauses, zumal dies den Verkehrsfluss erleichtert hätte, und der Ideenwettbewerb der Stadt zur Neugestaltung des Marienplatzes 1948 stellte das Rathaus zur Disposition. Hier erhob sich allerdings ein kräftiger Proteststurm traditionalistischer Kreise, die den Plan oft mit den rüden Zerstörungsmethoden der Nazis gleichsetzten und schließlich im Stadtrat ihre Position durchdrückten. In Trier war nach dem Bombenangriff 1944 nur noch ein Trümmerhaufen von der Steipe übrig, einem eindrucksvollen gotischen Steinbau, der neben dem Rathaus des Stadtrates das zweite Rathaus als Haus der Bürgerschaft gewesen war. Hier konnte man nur noch abräumen. 1948-51 debattierte der Stadtrat aber mehrfach über eine Rekonstruktion, aus der nicht zuletzt aus finanziellen Gründen nichts wurde. Doch das Thema schlief nicht ein und sorgte Anfang der 60er Jahre erneut für breite Debatten in der Stadt, und nun kam es 1966-70 tatsächlich zu einem Neubau mit einer Rekonstruktion der gotischen Fassaden. Jüngere Rathäuser ersetzte man dagegen eher durch Neubauten, wenn sie völlig zerstört waren, so beispielsweise das prächtige Renaissancerathaus in Emden und die Barockbauten in Hamburg-Altona, Jülich und Saarlouis. Von den großen Rathäusern der Wende zum 20. Jahrhundert wurde nur jenes in Stuttgart abgerissen und durch einen modernen Neubau ersetzt; es wäre zwar gut wiederaufbaufähig gewesen, aber hier wollte eine Koalition aus antihistorisch eingestellten Modernisten und Denkmalpflegern einen eindrucksvollen Bau der Neugotik wegen der „imitierten gotischen Formen ... als Ausfluß einer verlogenen Bauauffassung"[177] beseitigen. Bei Ruinen kleinerer Rathäuser aus der wilhelminischen Zeit kam der Abbruch eher vor.

Das Goethehaus in Frankfurt a.M. 1945: ein Trümmerhaufen.

Manche Städte besaßen außer den Kirchen und ihrem Rathaus auch noch andere prominente Bauwerke, welche für ihre Identität relevant waren. Von jenen, mit denen sich die Erinnerung an einen bedeutenden Sohn der Stadt verknüpfte, war das Dürerhaus in Nürnberg zwar schwer beschädigt, stand aber immerhin noch als Gebäude und wurde schnellstmöglich repariert, noch vor den großen Kirchen und dem Rathaus. Vom Buddenbrookhaus in Lübeck, dem Haus der Großeltern Thomas Manns und Schauplatz seiner Romanfamilie, stand immerhin noch die Fassade, hinter der man dann einen Neubau errichtete. Vom prächtigen Leibnizhaus in Hannover waren dagegen nur noch ganz geringe Fragmente aufrecht, die man einlagerte, wobei man jeden Versuch einer Rekonstruktion als Falsifikat ablehnte, und vom Goethehaus in Frankfurt war überhaupt nur noch ein reiner Trümmerhaufen übrig. Über die Frage, ob man das Goethehaus rekonstruieren solle, kam es 1946/47 zu einer heftigen Debatte weit über Frankfurts Grenzen hinaus. Die Denkmalpfleger und Architekten waren meist dagegen, die Schriftsteller gespalten, überwiegend aber dafür. Die Anhänger der Rekonstruktion hofften, in der Zeit der Orientierungslosigkeit nach der nicht nur materiellen, sondern auch moralischen Katastrophe im Geist der Goethezeit Halt und Kraft zu geistiger Erneuerung zu finden. Dagegen lehnte Walter Dirks, der Herausgeber der Frankfurter Hefte, es ab, das Goethehaus zu rekonstruieren, „als wenn nichts geschehen wäre. ... Das Haus am Hirschgraben ist nicht durch einen Bügeleisenbrand oder einen Blitzschlag oder durch Brandstiftung zerstört worden; es ist nicht `zufällig´ zerstört worden,

Umschlag des Goethehaus-Führers 1952 mit dem rekonstruierten Goethehaus.

genauer gesagt: in einer Kausalkette, die keine Beziehung zu dem eigentümlichen Wesen dieses Hauses hätte ... Wäre das Volk der Dichter und Denker (und mit ihm Europa) nicht vom Geist Goethes abgefallen, vom Geist des Maßes und der Menschlichkeit, so hätte es diesen Krieg nicht unternommen und die Zerstörung dieses Hauses nicht provoziert. ... Jenes Volk der Dichter und Denker hat unter dem Einfluß des Idealismus und der Klassik, unter dem Einfluß auch Goethes, die Wirtschaft und die Macht allzusehr außer Kontrolle gelassen und dadurch den Mächtigsten ausgeliefert, und es ist nun einmal so, daß ... dieser hochmütige und schwächliche Verrat der Geistigen an der `Welt´ unmittelbar zu dem geführt hat, was über uns gekommen ist. ... Es hat seine Richtigkeit mit diesem Untergang. Deshalb soll man ihn anerkennen."[178] Doch seine moralisierende Position setzte sich nicht durch. Das Goethehaus wurde rekonstruiert und 1951 wieder eingeweiht, genauer gesagt die Rekonstruktion der 1884 erfolgten Rekonstruktion des vermutlichen Zustands zur Goethezeit. Immerhin war die Einrichtung rechtzeitig vor der Zerstörung ausgelagert worden, stammt aber nur zum kleinsten Teil aus Goethes Besitz.

Im Vergleich damit geradezu geräuschlos verlief der ebenfalls schon 1946 begonnene „Wiederaufbau" der Kaiserburg in Nürnberg, die für das Selbstverständnis der fränkischen Stadt eine zentrale Rolle spielte. Angesichts der Tatsache, dass 1945 rund 80 % der mittelalterlichen Bausubstanz der Burg in Schutthalden zerfallen waren, muss man auch hier eher von einer Rekonstruktion sprechen. Nachdem die bayerischen Könige die überkommene Burg Mitte des 19. Jahrhunderts im historistischen Geist hatten umbauen lassen, hatte Rudolf Esterer 1934/35 im Auftrag des nationalsozialistischen bayerischen Ministerpräsidenten in einer ebenso schöpferischen Weise die „schwächlichen" Veränderungen des 19. Jahrhunderts wieder beseitigt und die Burg nach dem Leitbild eines rustikalen, kernigen Mittelalters umgebaut. Dieses setzte Esterer nach dem Weltkrieg fort, jetzt als Präsident der bayerischen Schlösserverwaltung, verbunden mit weiteren Bereinigungen. Den im 19. Jahrhundert auf der Westseite angebauten Söller, von dem Hitler bei der Wiedereröffnung der Burg die Menge gegrüßt hatte, ließ er jetzt mit verschwinden.

Bedeutende Bauwerke des Historismus, d. h. nach damaligem Verständnis jenseits der Zeitgrenze von 1830/1850, konnten sich in den 50er Jahren keiner vergleichbaren Zuneigung erfreuen. Dabei waren gerade im Kaiserreich die großen Städte zahlreicher mit großen und repräsentativen öffentlichen Bauten ausgestattet worden als je zuvor. Sicher wurde auch hier vieles Beschädigte wieder aufgebaut, aber unverkennbar eben doch auch schon bei einem deutlich geringeren Zerstörungsgrad aufgegeben und durch einen völligen Neubau ersetzt als bei älteren Bauten. Nach Kriegszerstörungen abgebrochen wurden unter anderem von den großen Theatern die Schauspielhäuser in Köln und Bochum, die Staatstheater in Kassel und Karlsruhe und das Schiller Theater in Berlin, die Opernhäuser in Köln und Hamburg, von den Museen das Kölner Wallraf-Richartz-Museum, die Neue Pinakothek in München und die Kunsthalle in Darmstadt. Hinzu kamen andere bedeutende Gebäude wie die Börse in Bremen, die Beethovenhalle in Bonn, die Mainzer Stadthalle, die mit 6000 Plätzen zeitweise Deutschlands größten Saal darstellte, oder der riesige Regierungspalast in Kassel, überdies viele Gerichtsgebäude, Finanzämter, Postgebäude und Bibliotheken. Im Unterschied dazu hatten die Alte Pinakothek und das Nationaltheater in München Glück; ob man sie, beide von Bomben schwer getroffen, wiederaufbauen sollte war zunächst umstritten, aber diese klassizistischen Bauten vom Anfang des 19. Jahrhunderts erhielten dann doch noch das Prädikat historisch wertvoll. Völlig aus dem Rahmen fiel das Opernhaus in Frankfurt am Main, bei der Eröffnung 1880 wahrscheinlich das prunkvollste im Deutschen Reich. Der Magistratswille, dieses abzureißen, konnte sich nach Kriegsende ebenso wenig durchsetzen wie eine seit 1952 aktive Bürgerinitiative, die den Wiederaufbau wünschte. So blieb die ausgebrannte Ruine länger als jede andere große Kriegsruine in Westdeutschland unentschlossen liegen. Oberbürgermeister Rudi Arndt (SPD) äußerte 1966 zu vorgerückter Stunde, man solle die Oper mit Dynamit in die Luft sprengen, nicht wirklich im Ernst, wie er später beteuerte; den Spitznamen „Dynamit-Rudi“ wurde er jedenfalls nicht mehr los. Erst als 1964 eine neue Bürgerinitiative unter Vorsitz des Präsidenten der Frankfurter Industrie- und Handelskammer in Wirtschaftskreisen kräftig Spenden für den Wiederaufbau zu sammeln begann, entstand der Druck, unter dem der Magistrat 1976 den Wiederaufbau beschloss. Bis zur feierlichen Neueröffnung 1981 kamen 15 Millionen D-Mark an Spendengeldern zusammen, mehr als bei jeder anderen vergleichbaren Initiative bis dahin in Deutschland - bei rund 200 Millionen Gesamtkosten für den Wiederaufbau. Zu den Gebäuden, die in der Kaiserzeit in besonderer Weise große Schaufassaden im städtischen Raum entfalteten, gehörten auch die Empfangsgebäude der großen Bahnhöfe. Nicht alle beschädigten wurden wieder aufgebaut, sondern manche auch in den 50er Jahren beseitigt und durch Neubauten ersetzt, so die Empfangsgebäude der Hauptbahnhöfe von München, Köln, Hildesheim, Dortmund, Würzburg, Heilbronn und Ingolstadt, des Weserbahnhofs in Bremen und mehrerer kleinerer Bahnhöfe. Gesprengt wurden auch die Gebäude des Hannoverschen Bahnhofs in Hamburg, da dieser nur noch als Güterbahnhof betrieben wurde (im Zweiten Weltkrieg auch zur Judendeportation). Ebenso gesprengt wurden in West-Berlin der Anhalter Bahnhof, der bei seiner Inbetriebnahme 1880 der drittgrößte der Welt gewesen war, Lehrter Bahnhof und Görlitzer Bahnhof. Sie waren Opfer der deutschen Teilung, denn die Reichsbahn war in die Hände der DDR übergegangen und hatte die Fernbahnhöfe auf West-Berliner Gebiet stillgelegt - schließlich sei es niemandem zuzumuten, durch das „Agentennest West-Berlin“ zu fahren.

Die Kommunisten setzten andere politische Maßstäbe. Ehemalige Fürstenschlösser, die heil durch den Krieg gekommen waren, wie beispielsweise in Mecklenburg die Residenzen Schwerin und Ludwigslust, in Sachsen die Schlösser Moritzburg und Pillnitz und in Potsdam Sanssouci und das Neue Palais, tasteten auch die Kommunisten nicht an. Solche, die am Kriegsende als Ruinen dastanden, hatten indessen letztlich keine Chancen. Neben den Stadtschlössern in Berlin und Potsdam traf dies zwei weitere kleine Barockschlösser der Hohenzollern, in Berlin nördlich der Museumsinsel Schloss Monbijou und das in Schwedt. Für beide wurde zunächst auch über den Wiederaufbau für neue Nutzungen diskutiert, doch dann haben die Kommunisten sie 1958 beziehungsweise 1962 gesprengt und die Überreste anschließend beseitigt. Über das Schloss in Schwedt entschied letztlich Ulbricht persönlich, als er das im Aufbau befindliche Petrolchemische Kombinat und neue Wohngebiete in Schwedt besichtigte. Der Oberbürgermeister erinnerte sich später in einem Interview: „Als wir mit der Besichtigung fertig waren, gingen wir von der Baustelle zurück, und da kam mit einem Mal aus der Runde seiner Begleiter die Frage: `Warum habt Ihr denn die Schlossruine noch nicht weggerissen?´ Hab´ ich ihm gesagt: `Das Amt für Denkmalpflege schützt diese Ruine, sie darf nicht abgerissen werden.´ Sagt wieder einer seiner Begleiter, der offensichtlich darauf vorbereitet war: `Na, wenn das wiederaufgebaut werden soll, kostet uns das elf Millionen Mark. Dafür können wir in Schwedt 200 neue Wohnungen bauen.´ Und das war natürlich Musik in den Ohren des Staatsratsvorsitzenden. Darauf sagt der zu mir: `Machen Sie das nicht so kompliziert. Fassen Sie im Rat einen Beschluss, dass die Ruine abgetragen wird, und laden die Freunde vom Denkmalamt zum Abtragen mit ein. Alles andere regeln wir aus Berlin.´ Es hat dann wohl zwei oder drei Wochen gedauert, dann fingen hier die Sprengarbeiten an.“[179] Ebenso wurden die ausgebrannten Residenzschlösser mehrerer kleinerer Dynastien, die bis 1918 regiert hatten, 1947-62 aus ideologischen Gründen (weitgehend) abgerissen: Hildburghausen (Herzogtum Sachsen-Hildburghausen) und Neustrelitz (Großherzogtum Mecklenburg-Strelitz) vollständig, Schleiz (Fürstentum Reuß-Schleiz) und Osterstein bei Gera (Fürsten Reuß jüngere Linie) weitgehend sowie in Dessau und Zerbst (beide Herzogtum Anhalt) jeweils zwei von drei Flügeln. Das Mausoleum in Dessau machten die Kommunisten zum Tanzcafé, nachdem sie die dort ruhenden Gebeine der askanischen Dynastie in ein Massengrab entsorgt hatten. Auch das ebenfalls zerstörte Residenzschloss in Dresden war in den ersten zwei Jahrzehnten nach Kriegsende gefährdet, durch die Kräfte der Ideologie ebenso wie die der Witterung. Doch das kulturhistorisch besonders bedeutende Gebäude hatte etliche engagierte Freunde, die es gegen verschiedene Anfechtungen durch die Jahre brachten. 1946 gab Ministerialrat Max Gaul Zement frei, um den Hausmannsturm des Schlosses vor dem Zusammenbruch zu bewahren; dafür warf Oberbürgermeister Weidauer ihm Wiederaufbausabotage vor und er kam ins Gefängnis. In den Jahren um 1960 herum bemühte die kommunistische Stadtführung sich erneut, Teile des Schlosses loszuwerden. Der spätere Dresdner Denkmalpfleger Glaser erinnert sich: Beim Besuch Ulbrichts in Dresden 1961 „versuchten einige Kommunalpolitiker mit dem Argument, es sei aus ganz weichgebrannten verwitterten Ziegeln gebaut und konstruktiv nicht zu halten, das Schloß nochmals zur Disposition zu stellen ... Im Angesicht Walter Ulbrichts und ungeachtet aller Disziplin brachte der damalige Stadtarchitekt Herbert Schneider die ungeheure Zivilcourage auf: das Schloß ist eigentlich - überwiegend - aus dem harten Postaer Sandstein gebaut. Walter Ulbricht ließ auf der Fahrt zum Essen am Schloß halten und stellte am Nachmittag fest: der Genosse Schneider hat recht. Er äußerte sich nicht mehr zu dieser Frage. Schneider hatte eine Herzattacke.“[180] (Tatsächlich dient der Sandstein zur Verkleidung bestimmter Partien des Ziegelbaus). Schneider wurde wenig später wegen seines hinhaltenden Widerstands gegen die zerstörerische Politik der Dresdner Parteiführung abgelöst.

Großherzogliches Schloss in Neustrelitz vor dem Zweiten Weltkrieg. Bei Kriegsende durch Brandstiftung zerstört, von den Kommunisten bis 1950 abgeräumt.

Entscheidungen über Abriss oder Wiederaufbau von Ruinen fielen aber in der DDR nicht überall in gleicher Weise. Das zeigt sich beispielsweise bei den vom Luftkrieg getroffenen Rathäusern von Leipzig und Halle a. S. 1947/48. In Leipzig war es unstrittig, das Renaissancerathaus wieder aufzubauen, Halle riss erst den zerstörten Renaissanceteil und dann auch den nur gering beschädigten Barockflügel ab. In Leipzig wurde die Wiederherstellung maßgeblich von eben jenem Leiter des Hochbauamtes betrieben, der schon die tiefgreifende Renovierung von 1906/08 durchgeführt hatte und verständlicherweise „seinem" Rathaus emotional eng verbunden war; in Halle orientierte der Stadtrat sich an einem Gutachten des späteren DDR-Stararchitekten Hermann Henselmann, der die Sache politisch sah. „Seht Euch doch einmal unseren Marktplatz, unsere Trümmer an. Man versucht ja seit hundertfünfzig Jahren krampfhaft das Alte festzuhalten. Und vor lauter Festhalten ist nun schon so gut wie alles - auch die Kunst - im Zusammenbrechen. Sind Euch diese Ruinen nicht deutlich genug? Wagt Ihr es vor ihrem Angesicht noch einmal und noch einmal dieses Rezept `Restaurieren´ auszugeben? Dieses Rezept, an dem im Grunde schon die Millionen Toter zweier Kriege gestorben sind?"[181] Während in Dresden in den 50er Jahren die örtliche Parteiführung die Spuren von Feudalismus und Bourgeoisie im Stadtbild möglichst tilgen wollte, beschloss das Politbüro der SED 1950 für Ost-Berlin, den repräsentativen östlichen Teil der Straße Unter den Linden und die Museumsinsel wiederaufzubauen. Das war nun leicht pervers; die Kommunisten beriefen sich in den 50er Jahren in der Kulturpolitik einseitig auf das Erbe der aus ihrer Sicht fortschrittlichen Kräfte der deutschen Geschichte, auf Freiheitsbewegungen der Bauern, Arbeiter und revolutionären Bürger, auf Aufklärung und Klassik, und grenzten sich zugleich scharf gegen die reaktionäre Hohenzollernmonarchie ab, dagegen waren die fraglichen Bauten alle von den Hohenzollern in Auftrag gegeben worden und Ausdruck monarchischen Repräsentationsbedürfnisses, nicht etwa von Bürgern gebaut worden. Doch an einem repräsentativen Schaufenster waren eben auch die neuen Herren für ihre Hauptstadt interessiert, und dafür konnten die herrschaftlichen Fassaden des Barock und Klassizismus gut dienen. Insofern fiel dieser Abschnitt Berlins innerhalb der DDR völlig aus dem Rahmen. Schon im Laufe der 50er Jahre wiederaufgebaut wurden Zeughaus, Neue Wache, Singakademie und Prinz-Heinrich-Palais (Humboldt-Universität) auf der Nordseite sowie Staatsoper und St. Hedwigs-Kathedrale auf der Südseite, außerdem Altes Museum und Alte Nationalgalerie. In den 60er Jahren folgten noch Altes Palais (der Wintersitz Kaiser Wilhelms I.), Alte Bibliothek, Prinzessinnenpalais und Kronprinzenpalais, wobei sich in diesen Fällen hinter den Fassaden moderne Neubauten verbergen, die beiden letztgenannten überhaupt erst komplett abgerissen wurden und reine Rekonstruktionen darstellen.

Während in der Wiederaufbauzeit in Westdeutschland kirchliche Belange bei den politischen Entscheidungsträgern offene Ohren fanden, war in Ostdeutschland das Gegenteil der Fall. Aus der Sicht der SED-Führung in der Ulbricht-Zeit war Christentum als unwissenschaftlicher Aberglaube Teil der Ideologie des Klassenfeindes und Überrest aus einer überwundenen gesellschaftlichen Entwicklungsstufe, der gezielt aus dem öffentlichen Leben zurückgedrängt werden müsse. Das geschah in den 50er Jahren sehr handfest durch diskriminierende Maßnahmen gegen christliche Jugendliche und gegen die Sozialarbeit der Gemeinden. Unter Honecker beendete die SED den Konfrontationskurs gegenüber den Kirchen und duldete sie seit Mitte der 70er Jahre als privaten Nischenbereich. Auf lange Sicht zeigte die kommunistische Entkirchlichungspolitik durchaus Erfolge, auch wenn das Christentum nicht, wie anfangs von den Kommunisten erhofft, ganz abstarb. Der Anteil der Protestanten und Katholiken an der Gesamtbevölkerung ging 1946-89 in der DDR von 93,8 auf 23,9 % zurück.[182] Überdies gab es unter den kommunistischen Funktionären der ersten Stunde viele, die Dinge primär danach beurteilten, ob sie der Arbeiterklasse praktisch nutzten, und für welche Kirche, Adel und Monarchie negativ besetzt waren; kunsthistorische Wertmaßstäbe waren diesen aus bildungsfernen

Handwerker- und Arbeiterkreisen stammenden Funktionären nicht vertraut. Wurden Kirchen in der DDR nun massenhaft von ideologisch getriebener Zerstörungswut vernichtet? Manche Veröffentlichungen nach dem Ende der kommunistischen Zeit erwecken diesen Anschein, doch er trügt. Man muss deutlich unterscheiden zwischen den zehn Kirchen(ruinen), die in der DDR der Anlage der Magistralen und Zentralen Plätze weichen mussten und auf die wir bereits eingegangen sind, und jenen zahlreichen Kirchenruinen (und nur um kriegszerstörte Kirchen geht es hier), die von diesen Konzepten nicht betroffen waren. Für diese zweite Gruppe bedeuten die Rahmenbedingungen des real existierenden Sozialismus, dass weniger Bedarf nach Gottesdienstraum bestand als früher und dieser auch noch immer weiter abnahm, so dass immer mehr Kirchen für profane Zwecke umgewidmet oder nur dafür wiederaufgebaut wurden, insbesondere für museale Präsentationen und Konzerte. Er bedeutete darüber hinaus, dass nicht zuletzt aufgrund der Engpässe der Zentralverwaltungswirtschaft Baukapazitäten und Materialzuteilungen für den Wiederaufbau knapp waren. Außerdem erhielten die Gemeinden nur geringe staatliche Zuschüsse für den Wiederaufbau, bis Anfang der 70er Jahre Devisen aus der Bundesrepublik dem Kirchenbau etwas unter die Arme halfen, und in den ersten beiden Jahrzehnten wurden auch Wiederaufbauwünsche der Gemeinden manchmal nicht genehmigt. Nun baute man zeitgleich mit dem Wiederaufbau von Kirchen in Westdeutschland auch in der DDR etliche bedeutende Kirchen wieder auf, beispielsweise die mittelalterlichen Dome von Magdeburg, Naumburg, Halberstadt und Brandenburg, die barocke Hofkirche in Dresden oder die klassizistische Nikolaikirche in Potsdam. Aber die Kraft zum Wiederaufbau von Kirchen war unter den gegebenen Rahmenbedingungen eben deutlich schwächer als in Westdeutschland. So wurde ein Teil der Kirchenruinen gesprengt und abgeräumt.

1945 waren in der DDR von den 10 437 evangelischen und katholischen Kirchen 228 vollständig zerstört und 2748 schwer beschädigt.[183] Rund 50 Kirchenruinen wurden abgetragen (ohne die schon erwähnten 10), von einer Ausnahme abgesehen alle bis 1969. Das Motiv lag hier nicht in dem politisch begründeten Städtebaukonzept der Aufmarschräume, und auch Kirchenfeindlichkeit war nur indirekt der Grund, insofern diese die genannten allgemeinen Rahmenbedingungen mit verursachte. Bei der Frage, welche der Kirchenruinen man beseitigen sollte, orientierte man sich vor allem an der Bewertung der verschiedenen Kunstepochen durch die Denkmalpfleger und Architekten, und diese sah nicht anders aus als im Westen: Mittelalter galt als Wertvollstes, Historismus wurde verachtet. Ergänzend spielte der Zerstörungsgrad und der Fortzug der Wohnbevölkerung durch die Citybildung eine Rolle. So traf es nur drei mittelalterliche Kirchenruinen und nur wenige mehr aus der Barockzeit, alles andere waren Kirchen des Historismus, meist neugotisch gestaltet. Welches waren diese drei Kirchenruinen? In Wismar standen am Kriegsende zwei sehr große Kirchenruinen unmittelbar nebeneinander, Marienkirche und Georgenkirche, beide bedeutende Zeugnisse der Backsteingotik. Der Raumbedarf der Kirchengemeinden war mit den beiden weitgehend erhaltenen Stadtkirchen St. Nikolai und Heiligen Geist gedeckt, und die für einen Wiederaufbau erforderlichen erheblichen Finanzmittel waren nicht im Entferntesten in Sicht (der Wiederaufbau der Georgenkirche nach 1990 sollte 40 Millionen Euro verschlingen). So gab die Landeskirche beide Kirchenruinen auf, und während die Stadt St. Georg noch als gesicherte Ruine zu halten versuchte, beschloss der Stadtrat 1960 die Sprengung des ruinierten Kirchenschiffs der Marienkirche; der Turm blieb stehen. Die Denkmalpfleger protestierten, aber sonst kaum jemand. Die Stadt schob das unzutreffende Argument vor, von der Ruine gehe eine Gefahr für die Öffentlichkeit aus und inszenierte eine Leserbriefkampagne zustimmender Zuschriften. Danach wurde an der freigewordenen Örtlichkeit ein provisorischer Parkplatz angelegt und das Thema mit Schweigen zugedeckt. In Halberstadt waren von den mittelalterlichen Kirchen im Krieg drei unbeschädigt geblieben und fünf zerstört worden; vier davon wurden wiederaufgebaut, die Paulskirche, welche die letzten Jahrzehnte als Garnisonkirche gedient hatte, allerdings 1969 gesprengt. Die Ruine der gotischen Jakobikirche in Magdeburg wurde 1959 gesprengt, als man die ganze nordöstliche Innenstadt flächenhaft abräumte, um sie dann schematisch mit unflexiblen achtgeschossigen Hochhausscheiben aus Plattenbauten vollzustellen. Strenggenommen könnte man auch die ebenfalls noch mittelalterliche Magdeburger Nikolaikirche hier nennen, allerdings war diese schon 1810 profaniert worden, diente seitdem als Zeughaus des Militärs und seit 1938 als Weihestätte der Nationalsozialisten.

Die Fälle gänzlich beseitigter Kirchenruinen konzentrierten sich auf wenige Städte, nämlich Ost-Berlin, Dresden, Leipzig und Magdeburg. In Dresden entfernten die Verantwortlichen sieben Kirchen aus der zweiten Hälfte des 19. Jahrhunderts, nämlich die Franziskuskirche, Johanneskirche, Erlöserkirche, Jakobikirche, Anglikanische Kirche, Evangelisch-Reformierte Kirche und Amerikanische Kirche, gleichzeitig wurden hier in den 50er und 60er Jahren vier Barockkirchen nach den Kriegsschäden wieder aufgebaut (Hofkirche, Kreuzkirche, St. Annenkirche und Loschwitzer Kirche), außerdem die um 1900 herum errichtete Lukaskirche als Tonstudio. In Leipzig blieben die beiden mittelalterlichen Hauptkirchen weitgehend unversehrt, und von den ruinierten Kirchen aus der Zeit des Historismus wurden drei wiederaufgebaut und fünf abgeräumt; letzteres waren die Andreaskirche, Anglikanische Kirche, Erlöserkirche und St. Trinitatis sowie die zwar im Kern ältere, aber neugotisch überformte Matthäikirche. Magdeburg baute fünf mittelalterliche Kirchen wieder auf (Dom, Liebfrauenkirche, St. Sebastian, Petrikirche und Wallonerkirche), womit die Silhouette vom Elbufer her bewahrt wurde, und riss außer den schon genannten Kirchen drei in den 1890er Jahren errichtete ab, nämlich Martinskirche, Lutherkirche und Deutsch-Reformierte Kirche. Am meisten Kirchenruinen ließen die Kommunisten in Ost-Berlin verschwinden, allerdings nicht mehr, als im gleichen Zeitraum in West-Berlin beseitigt wurden. Von den 20 kriegszerstörten Kirchen im Stadtteil Mitte wurde die Hälfte abgebrochen, dazu drei im angrenzenden Friedrichshain; außer drei barocken Kirchen alles solche des Historismus. Vier davon hatten aufgrund der Citybildung schon vor dem Krieg ihre Gemeinde verloren (Georgenkirche, Bethlehemkirche, Dorotheenstädtische Kirche und Dreifaltigkeitskirche), die Garnisonkirche brauchte jetzt ebenfalls niemand mehr, zwei lagen nach dem Mauerbau im Grenzstreifen (Luisenstadt-Kirche und die mit 1550 Plätzen sehr große Kaiserin-Augusta-Gedächtniskirche), außerdem wurden die Ruine der mit ihrem hohen Turm markanten Petrikirche beseitigt sowie die Ruinen von Markuskirche, Andreaskirche, Lazaruskirche, Philippus-Apostel-Kirche und Domkandidatenstiftskirche. Ansonsten wurden in der DDR nur vereinzelt nachmittelalterliche Kirchenruinen abgeräumt, in Chemnitz Paulikirche, Nicolaikirche und Lukaskirche, in Potsdam Heilig-Geist-Kirche und Bethlehemkirche und in Dessau schließlich als Nachzügler 1977 die Jakobuskirche.

Es geht aber nicht nur um Wiederaufbau oder Abriss an sich, sondern bemerkenswert ist auch der Blick auf die Zeitdauer. Im Laufe der 50er und 60er Jahre hieß es nicht für alle kriegszerstörten Kirchen in der DDR entweder Wiederaufbau oder Beseitigung. In einigen Fällen wurde nur ein Teil der Kirche wieder aufgebaut und für die Gemeinde wieder in Betrieb genommen, wogegen der andere Teil im gesicherten Ruinenzustand verharrte. Beispiele aus der Zeit der Gotik sind die große Barfüßerkirche in Erfurt (nur der Chor wieder instandgesetzt), die Kirche in Beeskow (südliches Seitenschiff als Notkirche) und St. Marian-Andreas in Rathenow (nur Langhaus, dagegen Chor weiter Ruine). Bei einer ganzen Reihe von Kirchen, die vor 1850 errichtet und als kulturell wertvoll eingeschätzt wurden, kam es in den 50er und 60er Jahren weder zum Wiederaufbau noch zum Abriss, sondern bestenfalls zu Sicherungsmaßnahmen der Ruinen. In Ost-Berlin hatte man von den historisch bedeutsamen Kirchen im Zentrum zunächst nur Marienkirche und Hedwigskathedrale wieder aufgebaut und die anderen liegen lassen, doch für die Hauptstadt der DDR wurde dieser Zustand allmählich peinlich, und als die ideologische Engführung sich gelockert hatte und Geld aus dem Westen floss, begann man schließlich doch, auch die übrigen wieder zu errichten: den wilhelminischen Dom 1975-83, die von Schinkel entworfene Friedrichswerdersche Kirche 1979-87 und ebenso das Barockensemble am Gendarmenmarkt aus Französischem Dom (1977-83) und

Deutschem Dom (1983-96). Auch einige andere Städte liefern vergleichbare Beispiele für solchen verzögerten Wiederaufbau: die fünfschiffige Marienkirche in Frankfurt an der Oder ab 1983, eines der größten Werke der Backsteingotik, ebenso mit den ehemaligen Hauptkirchen Prenzlaus (1970-1997) und Neubrandenburgs (1979-2001) zwei weitere bedeutende backsteingotische Marienkirchen, dann die gotische Marienkirche in Dessau 1989-98 und in Dresden die barocke Dreikönigskirche 1984-90. Manche Kirchen blieben sogar ganz bis zum Ende der DDR 1990 und teilweise auch noch weit darüber hinaus unentschlossen liegen, ohne dass ihnen direkt eine Mahnmalfunktion zugewiesen worden wären. Dazu gehörten mehrere große gotische Ruinen wie die Georgenkirche in Wismar, die Nikolaikirche in Anklam, die Nikolaikirche in Zerbst und in Brandenburg a. d. Havel mit der Johanniskirche und St. Pauli zwei gotische Klosterkirchen, aber auch kleinere wie die gotische Franziskanerkirche und die von Schinkel erbaute Elisabeth-Kirche in Ost-Berlin, die Johanniskirche in Magdeburg, St. Pauli und Trinitatiskirche in Dresden und St. Marien in Wrietzen. Dabei gingen die Jahrzehnte an diesen Langzeitruinen nicht spurlos vorbei. Bei der Wismarer Georgenkirche verfiel ein 1950 über dem Langhaus errichteter Dachstuhl ohne Eindeckung wieder, 1961 mussten zwei Choranbauten aus Sicherheitsgründen gesprengt werden, 1977 kollabierten die flankierenden Gerüste und 1990 brachte ein Orkan den Nordgiebel zum Einsturz.

Unter den großen, durch die Jahrzehnte geschleppten Ruinen befanden sich auch nicht nur Kirchen. Vor allem Dresden ist hier zu nennen. Die Semperoper, die in der unmittelbaren Nachkriegszeit nur knapp dem Abriss entkam, wurde 1977-85 mit hohem Aufwand wieder aufgebaut, und kurz vor Ende der DDR begann 1986 der langwierige Wiederaufbau des Residenzschlosses für museale Zwecke, außen wie innen (Fertigstellung für 2021 geplant). Für einen Wiederaufbau des benachbarten Taschenbergpalais, das August der Starke einst als Prunkbau für seine Mätresse errichtet hatte, wurden im Laufe der Jahrzehnte die verschiedensten Konzepte in den Blick genommen, vom Studentenwohnheim über Reisehotel, Musikhochschule, Altersheim, Bibliothek bis zum FDGB-Ferienhotel, geworden ist aus alledem nichts. Erst 1992-95 wurde es wiederaufgebaut, jetzt als Luxushotel, das sich die barocke Fassade umhängte. Auch in Ost-Berlin kam man erst 1986 dazu, den Wiederaufbau des klassizistischen Neuen Museums in Angriff zu nehmen. Dieser verspätete Wiederaufbau oder überhaupt Nicht-Wiederaufbau findet in Westdeutschland fast keine Parallelen; er ist Ausdruck nicht nur ideologischer Positionen und politischer Prioritäten, sondern wesentlich der Tatsache, dass die Zentralverwaltungswirtschaft der DDR im wirtschaftlichen Wettlauf nicht mithalten konnte.

Rückkehr der Erinnerung

Zahlreiche Denkmäler sind durch die Nationalsozialisten, den Zweiten Weltkrieg und durch die Entnazifizierung und Entmilitarisierungspolitik in den unmittelbaren Nachkriegsjahren untergegangen, fast alle für immer. Einige wenige erlebten allerdings erstaunlicherweise ein Come-back. Warum hatten einige eine Lobby, die ihnen wieder auf ihren Platz half, die anderen hingegen nicht?

Nicht nur die Wandlungen des Zeitgeistes spielten hierbei eine Rolle und vermehrten schrittweise die Zahl der Auferstandenen, die einzelnen Initiativen waren auch stark von konkreten örtlichen Bedingungen abhängig, und vor allem setzte das politische System in den beiden deutschen Staaten vier Jahrzehnte lang auch hier ganz unterschiedliche Rahmenbedingungen. Zunächst zu Westdeutschland. Was an Denkmälern von den Nazis vom Sockel genommen worden war, um eingeschmolzen zu werden, und durch Fügungen des Zufalls dann auf irgendeinem Lagerplatz doch den Krieg überstanden hatte, ebenso, was von ihnen aus der Öffentlichkeit zwar entfernt, aber nicht zerstört, sondern eingelagert worden war, kehrte in der Bundesrepublik im Regelfall im Laufe der nächsten Jahre an seinen Platz zurück. Das galt auch für privat versteckte Denkmäler; so grub die SPD im holsteinische Wedel 1947 ihren 1933 vergrabenen Ebert-Stein wieder aus, und in Frankfurt tauchte Elkans Opfer-Denkmal, eine trauernde Mutter in kubistischer Gestaltung, 1953 aus einem privaten Magazin wieder auf. Oft war das wieder aufgestellte Denkmal ein stark reduziertes; nur die erhaltene Hauptfigur kehrte zurück, während die aufwendigen architektonischen Arrangements zur Umrahmung und die Nebenfiguren untergegangen waren und nicht wieder rekonstruiert wurden. So musste Luther in Hannover nun ohne das Herzogspaar als Begleitfiguren auskommen, und die Büste von Stadtbaumeister Kreyßig in Mainz wirkte jetzt auf einem schlanken Sockel ganz unscheinbar und wurde nicht mehr durch eine Hintergrundarchitektur hervorgehoben. Gelegentlich dauerte die Wiederkehr auch etwas länger. Das Lutherdenkmal des sächsischen Döbeln fand sich erst 1959 auf einem Schrottplatz in Hamburg wieder an, und die Bismarck-Büste Weinheims wurde 1961 auf dem Lagerplatz einer Altmetall-Verwertungsstelle entdeckt. Manchmal gab es Widerstände; so sprach sich in Bremen die SPD-Fraktion 1952 in einer langen Bürgerschaftsdebatte einhellig dagegen aus, den reitenden Bismarck wieder auf seinen alten Platz zu stellen, doch ohne Erfolg. In Mannheim konnte man sich nicht recht entschließen - der herrisch dastehende uniformierte Bismarck wurde 1952 vorübergehend wieder aufgestellt und dann doch erneut eingelagert, erst 1980 kehrte er in die Öffentlichkeit zurück und musste nun mit dem Sockel des ehemaligen Lamey-Standbildes vorlieb nehmen, dem die Figur abhanden gekommen war. Auch wurden manchmal Inschriften oder Reliefs, welche die Nazis entfernt hatten, erneuert (beispielsweise am Kriegsdenkmal neben dem Hamburger Rathausmarkt) oder Bruchstücke wieder zusammengeflickt (so Großherzog Ludwig in Karlsruhe).

Bei Denkmälern, die ganz verlorengegangen waren, bot sich in der Anfangszeit der Bundesrepublik ein wesentlich differenzierteres Bild. Goethe war unumstritten. So erhielt München, wo als einziges ein Standbild von ihm zerstört worden war, 1962 ein neues, das jetzt am Maximilianplatz stand und nicht mehr am Lehnbachplatz. Ganz anders sah es mit Kriegerdenkmälern für den Ersten Weltkrieg oder gar den deutsch-französischen Krieg von 1870/71 aus. Hier wurde nichts wiederhergestellt, was zerstört worden war. Die Erinnerung an diese älteren Kriege war durch das Grauen des jüngst erlebten Weltkriegs völlig überlagert. Die oft recht heldische Gestaltung entsprach nach der neuen militärischen Katastrophe ohnehin nicht mehr dem Zeitgeist, und die Zahl der noch lebenden Kriegsteilnehmer und unmittelbaren Verwandten, die ein primäres Interesse an solchen Gedenkstätten hatten, war mit der Zeit stark geschrumpft. Ebenso kehrte keines der nationalen Denkmäler wieder zurück. Die Reichsgründung war angesichts der Teilung Deutschlands kein Bezugspunkt des Gedenkens mehr, die Hohenzollernmonarchie seit langem vergangen. Wo Wilhelm, Bismarck und Germaniafiguren verloren waren, wollte sie niemand wiederhaben. Dass in Hannoversch-Münden 1962 die Bismarck-Büste nach einem erhaltenen Gipsmodell neu gegossen wurde, stellt einen absoluten Ausnahmefall dar. Ansonsten war es üblich, nach dem Krieg die leeren Sockel Wilhelms und Bismarcks abzutragen. Die Monarchen der deutschen Einzelstaaten hatten erst recht keine Anhänger mehr. Nur für ein einziges zerstörtes Monarchendenkmal entstand ein Ersatz, nämlich 1967 für König Ludwig II. in München, nicht wieder am alten Standort an der Corneliusbrücke, sondern abseits in den Maximiliansanlagen. Seit 1956 hatte sich eine Bürgerbewegung für den legendenumwobenen „Kini" eingesetzt. Hier ging es aber um regionale Folklore, der kleindeutschen Reichsgründung hatte Ludwig höchst distanziert gegenübergestanden (Bismarck hatte ihm die Zustimmung mit einer geheimen Geldzahlung erleichtert).

Einige unpolitische Denkmäler mit lokaler Bedeutung fanden durchaus eine Lobby, die sich dafür einsetzte, dass sie wiederhergestellt wurden. Manchmal war dies als originalgetreuer Nachguss möglich, so bei den Bronzefiguren der Komponisten Orlando di Lasso und Gluck, die beide 1958 in München wieder aufgestellt wurden, und 1962 für zwei Personen, die sich im 19. Jahrhundert für den Ausbau der Häfen verdient gemacht hatten, Franzius in Bremen und Freiherr von Vincke in Duisburg-Ruhrort. In anderen Fällen handelte es sich um eine Neugestaltung, die sich an das alte Denkmal anlehnte, beispielsweise 1959 für den frühmittelalterlichen Sachsenherzog Wittekind in Herford, in Bochum

1964 für Graf Engelbert (den angeblichen Stifter des jährlichen Maiabendfestes) und 1962 für den letzten Bochumer Kuhhirten sowie 1970 in Braunschweig für den Reformator Bugenhagen. Manchmal war das Ersatzdenkmal auch völlig neu gestaltet, etwa für die Dichter Friedrich von Bodenstedt 1952 in Wiesbaden und für Ludwig Börne 1960 in Frankfurt. Erleichtert wurden Bestrebungen, ein verlorenes Denkmal wieder zu errichten, zweifellos, wenn ein interessierter Spender mithalf, wie 1953 in Gelsenkirchen für das Denkmal des Unternehmers Friedrich Grillo die von ihm gegründeten Firmen, 1958 in Karlsruhe für Carl Benz die Daimler-Benz AG und der Verband der Automobilindustrie und 1960 in Karlsruhe der Verein Deutscher Ingenieure für seinen Gründer Franz Grashof. Dabei führten Bestrebungen, ein verschwundenes Denkmal neu zu schaffen, keineswegs immer zum Erfolg. Um für den Dichter des Heidelberg-Lobliedes „Alt Heidelberg du feine“, Victor von Scheffel, wieder eine Figur auf die Heidelberger Schlossterrasse zu stellen, wurde 1951 sogar ein Wettbewerb ausgeschrieben, aber es mehrten sich dann doch die ablehnenden Stimmen gegenüber diesem Repräsentanten des nationalistischen Bildungsbürgertums der wilhelminischen Zeit, so dass daraus nichts wurde. Noch spektakulärer scheiterte der Beschluss des Münchener Stadtrats 1958, das Denkmal für den bayerischen Staatskanzler Wiguläus Xaverius Aloysius Freiherr von Kreittmayr zu erneuern. Als das Denkmal gegossen war, trat die Deutsche Liga für Menschenrechte mit dem Vorwurf, Kreittmayr habe in sein Strafgesetzbuch 1751 die Folter aufgenommen, eine Lawine der Kritik los, die bis in die Boulevardzeitungen reichte. Oberbürgermeister Vogel verschenkte das Standbild schließlich an das niederbayerische Dorf Offenstetten, wo Kreittmayr begraben liegt.

Bei den politischen Denkmälern der Linken und der Demokraten, welche die Nazis beseitigt hatten, mischten sich Distanz und Identifikation. Hier wird auch ein gebrochenes Verhältnis zur Geschichte der Weimarer Republik sichtbar. Die auf Friedhöfen gelegenen Gedenkstätten für die Opfer der Revolution von 1918/19 wurden in Hamburg schon 1945 und in München 1958 in alter Form erneuert, in Bremen dagegen erst 1972 und in gänzlich anderer Gestalt. Zerstörte Ebert-Denkmale ersetzte man in den 50er Jahren nur in wenigen Fällen (beispielsweise in Hamburg-Altona, an der Frankfurter Paulskirche und im bayerischen Ottobrunn). 1954 gründete sich auch ein *Arbeitsausschuss für die Wiederrichtung des Stresemann-Ehrenmals in Mainz am Rhein*, der bald beschloss, nicht das alte Denkmal wiederaufleben zu lassen, sondern ein *Europa-Haus* mit Stresemann-Gedächtnishalle, Europasaal und Europa-Bibliothek aufzubauen. Dazu sollte die Kriegsruine des barocken Zeughauses in Mainz dienen. Stresemann als Vorreiter eines friedlichen Interessenausgleichs mit Frankreich passte damals in die politische Landschaft, und so bekam das Projekt vom Bundestag fraktionsübergreifend erhebliche finanzielle Unterstützung zugesagt. Doch dann wurde der größte Teil des Gebäudes von der rheinland-pfälzischen Landesregierung geradezu gekapert, die hierin 1960 ihre neue Staatskanzlei einrichtete; die Stresemann-Gedächtnishalle blieb formal bestehen, wurde faktisch aber zum Sitzungssaal des Landesregierung. Ähnlich verunglückten zunächst Bestrebungen, den Denkmalsbrunnen für den ermordeten Außenminister Rathenau in West-Berlin wiederherzustellen. Die AEG, deren Aufsichtsratsvorsitzender Rathenau vorher gewesen war, spendete einen namhaften Betrag, aber im Ganzen gelang es nicht, für das Projekt das nötige Geld zusammen zu bekommen. Die AEG-Spende wurde dann für einen *Walther-Rathenau-Saal* im Rathaus Wedding verwendet. Erst zur 750-Jahr-Feier Berlins 1987 konnte die rekonstruierte Brunnenanlage wieder eingeweiht werden. Bemerkenswerterweise wurden etwa zur gleichen Zeit die beiden Ebert-Erzberger-Rathenau-Denkmäler wieder rekonstruiert, 1983 in Osnabrück und 1985 in Witten, und ebenso kleinere Ebert Denkmäler (Dortmund-Hörde 1985 und Kleinenbremen/Porta Westfalica 1987). Die inzwischen intensivere Auseinandersetzung mit demokratischen Traditionen in der deutschen Geschichte und mit den Verfolgungen durch die Nationalsozialisten führte anscheinend seit den 80er Jahren nicht nur zu einer Fülle neuer Erinnerungsorte an die NS-Zeit im Stadtbild, sondern sie ließ auch einzelne längst verschwundene und vergessene Denkmäler allmählich wieder in den Blick geraten. Das betraf gerade auch „Jüdisches". Hamburg stellte 1982 eine freie Nachschöpfung des Denkmals für Heinrich Heine auf, nicht wie das alte im Stadtpark, sondern jetzt zentral am Rathausmarkt, und schließlich kehrten auch die Denkmäler für Mendelssohn-Bartholdy in genauer Kopie zurück, 2008 in Leipzig und 2012 in Düsseldorf. In Hamburg und Düsseldorf machen diese neuen Denkmäler am Sockel auch die Zerstörung ihrer Vorläufer mahnend zum Thema, während jenes in Leipzig so dasteht, als wäre ihm seit Kaisers Zeiten nichts passiert. Nicht als Wiedergänger des schönen Scheins, sondern als provokante Denkanregung kehrte der „jüdische" Aschrottbrunnen 1987 in Kassel zurück, indem der Künstler Horst Hoheisel ihn als begehbare Negativform in die Erde versenkte. Völklingen stellte 2009 eine freie Nachschöpfung der „Trauernden" des jüdischen Künstlers Elkan auf. 2017 erhielt sogar der jüdische Anarchist Gustav Landauer auf dem Münchner Waldfriedhof wieder eine neu gestaltete Gedenkstele.

Diese Rückkehr der Erinnerung an verdrängte jüdische Vergangenheit betraf auch Synagogen, die seit langem gänzlich abgeräumt und aus dem Blick verschwunden waren. Hier baute man nicht wieder auf, da von Seiten des jüdischen Gemeindelebens dafür kein Bedarf bestand. Vor allem in den 80er und 90er Jahren sorgten örtliche Initiativen allerdings dafür, dass vielerorts Gedenktafeln angebracht wurden, manchmal auch Gedenksteine gesetzt. In rund einem

Dutzend Fällen ging man noch einen Schritt weiter; das verschwundene Gebäude wurde wieder ansatzweise sichtbar, indem man seinen Grundriss durch Pflasterung oder Hecken markierte, z. B. in Hamburg 1988 am Bornplatz, wo bis dahin nur ein sandiger Parkplatz bestand, in Frankfurt am (Neuen) Börneplatz 1996 und in Kaiserslautern 2002.

In den 90er Jahren erschienen dann erstaunlicherweise auch Rekonstruktionen einiger Denkmäler von ursprünglich monarchistischem und nationalem Charakter wieder in der Öffentlichkeit, die eigentlich längst nicht mehr dem politisch dominanten Zeitgeist entsprachen. Diese gingen weitgehend auf die Initiative einzelner Privatpersonen zurück, deren Motivation durchgehend keine im eigentlichen Sinn politische war. Den Anfang machte das Reiterstandbild für den Preußenkönig Friedrich Wilhelm III. auf dem Heumarkt in Köln, einst Kölns größtes Denkmal. Es hatte Monarchentreue mit regionalem bürgerlichen Selbstbewusstsein verbunden; oben ritt der Herrscher, am Sockel waren ihm 16 große Figuren beigegeben, zu denen nicht nur Generäle der Befreiungskriege, sondern auch zivile Vertreter rheinischen Kultur- und Wirtschaftslebens gehörten, darunter auch preußenkritische. Eine Luftmine hatte es im Zweiten Weltkrieg zerstört. Den größten Teil der Reiterfigur verschrotteten die Kölner in den nächsten Jahren, nur Monarchenkopf, Pferdeschnauze und Pferdehinterteil blieben hiervon übrig sowie die Begleitfiguren, die man über die Stadt verteilte. Auf Initiative der Stadtkonservatorin wurden die Fragmente 1985 wieder vereint und auf einem provisorischen Betonsockel neu präsentiert. Ein Künstler erlaubte sich den Spaß, das Denkmal aus Styropor nachzubilden und nachts heimlich auf den Sockel zu hieven. Diese öffentlichkeitswirksame Aktion gab den Anstoß, dass aus Spenden das nötige Geld zusammenkam, um Friedrich Wilhelm 1990 als Bronzenachguss wieder auf seinen Platz stellen zu können. Ein wenig weiter rheinaufwärts hatte es das monumentale Reiterstandbild Wilhelms I. in Koblenz ebenfalls durch Kriegseinwirkung vom Sockel gehauen. Die große Bronzemasse wurde hier gänzlich eingeschmolzen, und den weithin sichtbaren Sockelklotz am Deutschen Eck, dem Zusammenfluss von Mosel und Rhein, widmete Bundespräsident Heuss 1953 zum „Mahnmal der deutschen Einheit" um. Anstelle des Reiters erhielt er die deutsche Flagge aufgepflanzt. Gleichwohl gewann die Idee, das Denkmal wiederherzustellen, unter den Einwohnern von Koblenz durchaus lokalpatriotische Anhänger und wurde in der Stadt wohl auch durchaus mehrheitsfähig. 1987 stiftete das Verlegerehepaar Theisen anlässlich des 60. Geburtstags des Verlegers und des 30. Hochzeitstags drei Millionen Mark für eine Wiederherstellung der Reiterfigur. Die Landesregierung von Rheinland-Pfalz lehnte das Geschenk ab, schließlich hatte der Bundespräsident dem Gedenkort einen neuen Sinn gegeben. Als der Verleger hartnäckig blieb, zog die Landesregierung sich schließlich bequem aus der

Affäre, indem sie das Deutsche Eck der Stadt Koblenz schenkte, die damit die Last der Entscheidung am Bein hatte. Theisen ließ sich von der ablehnenden Haltung der politischen Entscheidungsträger nicht beirren und gab 1989 den Neuguss in Auftrag. Als im Mai 1992 das Schiff mit der neuen Bronzefigur am Koblenzer Rheinufer ankam, sah sich der Stadtrat hierdurch mächtig unter Druck gesetzt; nach einigen Wochen Zögern nahm er das Geschenk an. Ross und Reiter wurden wieder auf den Sockel gehievt. Es war die mit Abstand teuerste Denkmalrekonstruktion, aber die politische Prominenz mochte die Neueinweihung nicht mit ihrer Anwesenheit beehren. Die Wiederkehr des Wilhelm-Standbildes in der Stadt Wilhelmshaven, die dieser einst als Kriegsmarinehafen gegründet hatte und die seinen Namen trägt, mutet wie eine verkleinerte Wiederholung der Koblenzer Ereignisse an. Nachdem die Bronzefigur der nationalsozialistischen Metallspende zum Opfer gefallen war, stand auch hier ein leerer Sockel herum. Anlässlich des 125jährigen Stadtjubiläums sammelte eine Gruppe von örtlichen Unternehmern Geld, gab unter Umgehung des Kulturausschusses der Stadt eine Nachbildung in Auftrag und stellte diese 1994 auf den Sockel. Auch einzelne Bismarck-Denkmäler wurden jetzt rekonstruiert. Auf Initiative des örtlichen Heimatvereins und finanziert von der Klassenlotterie kehrte 1996 jenes in der Berliner Villenkolonie Grunewald zurück, und 2006 stellten an der Rudelsburg oberhalb von Bad Kösen Corpsstudenten die durch die FDJ zerstörte Bismarckfigur wieder auf, diese wie schon 110 Jahre zuvor durch die konservative Studentenverbindung initiiert und finanziert. Beide gehörten zu den wenigen Denkmälern, die Bismarck in Zivil zeigen, ersteres den alten Kanzler als Spaziergänger mit Hund, letzteres Bismarck als lässig sitzenden jungen Corpsstudenten. Auf Initiative eines spendensammelnden Drehorgelspielers wurde 2015 auch noch in Wilhelmshaven eine Nachschöpfung der ehemaligen Bismarck-Statue wieder aufgestellt, hier durch uniformverhüllenden Mantel und den Verzicht auf die Pickelhaube etwas entmilitarisiert. Dagegen blieb in München eine 2014 gegründete Interessengemeinschaft, die das ursprungliche Denkmal für König Ludwig II. an der Corneliusbrücke wiederhergestellt haben wollte, weitgehend erfolglos. Das Ganze war dem Stadtrat zu teuer, und so beschränkte man sich darauf, den noch erhaltenen und eingelagerten Bronzekopf solo auf einer schlanken Säule wieder aufzustellen.

Die Rekonstruktionsprojekte in Koblenz und Wilhelmshaven waren in der lokalen Öffentlichkeit und den Stadtvertretungen hoch kontrovers, und auch in Köln, Berlin und München trafen die Bestrebungen auf deutliche Widerstände. Während die Befürworter weitgehend am konservativen Rand beheimatet waren und bei der CDU Unterstützung fanden, sprachen sich die Grünen entschieden dagegen aus, und auch die SPD verhielt sich überwiegend ablehnend. In Berlin und Wilhelmshaven protestierten die Grünen bei der Einweihung gegen das Bismarckdenkmal mit der Verteilung von Bismarckheringen. Die linksorientierten Kräfte argumentierten politisch; für sie waren die rekonstruierten Denkmäler Symbole für monarchistische, militaristische, nationalistische und antidemokratische Traditionen. Hatte Wilhelm nicht als „Kartätschenprinz" 1849 die Revolution in der Pfalz und Baden niedergeschlagen und Bismarck mit dem Sozialistengesetz die Arbeiterbewegung unterdrückt, fehlte nicht in Wilhelmshaven immer noch ein Denkmal für jene Matrosen, die 1918 mit ihrer Meuterei die Novemberrevolution angestoßen hatten? In der Wahrnehmung der Befürworter hatte sich hingegen die ursprüngliche politische Aussage der Denkmäler weitgehend verflüchtigt. Ihnen waren Denkmäler mehr Dekor als Sinnträger und Traditionsobjekt. Sie wurden von einer allgemeinen Nostalgiewelle motiviert, die in dieser Zeit auch in verschiedenen Städten verlorene Platzwände oder Einzelbauwerke rekonstruieren ließ, um vergangene Stadtbilder zurückzugewinnen. Ihnen ging es darum, einfach das Erscheinungsbild öffentlicher Plätze attraktiver zu gestalten, und außerdem war es ebenfalls ein Ziel, den Tourismus zu fördern. Letzteres ist gerade am Deutschen Eck eindrucksvoll gelungen, wie inzwischen Busladungen von Touristen mit Selfie-Stick zeigen.

Auch in der DDR tauchten einige aus der Öffentlichkeit verschwundene Denkmäler wieder auf, aber dabei setzten die Kommunisten die Prioritäten des Gedenkens naturgemäß völlig anders. Die von den Nationalsozialisten zerstörten Gedenkorte für die Toten der Arbeiterbewegung, die in den Kämpfen von 1919 und 1920 umgekommen waren, ließ die SED zügig wiederherstellen. Schon 1946 wurde in Weimar der Blitz für die Märzgefallenen leicht verändert rekonstruiert, und zwar auf Kosten jenes Unternehmers, der das Denkmal im Auftrag der Nazis abgebaut hatte. Die Gedenkstätte der KPD auf dem Friedhof in Berlin-Friedrichsfelde wurde ebenfalls neu eingerichtet, aber in die Nähe des Friedhofseingangs verlegt und ganz neu gestaltet; das Revolutionsdenkmal von 1926 erstand nicht wieder neu. An beiden Orten hielten die Kommunisten seitdem jährlich wieder Gedenkveranstaltungen ab. Auch einige kleinere im Dritten Reich beseitigte Gedenkanlagen wurden erneuert, z. B. für die Opfer des Kapp-Putsches in Berlin-Treptow und für August Bebel in Greifswald. Ebenso wie im Westen war Goethe akzeptiert; Görlitz erhielt 1949 eine neu gestaltete Goethebüste als Ersatz für die eingeschmolzene. Auch in der DDR wurden vereinzelt Denkmäler, die auf Lagerplätzen Krieg und unmittelbare Nachkriegszeit überstanden hatten, wieder aufgestellt, beispielsweise in Dessau das Marmordenkmal für den Dichter Wilhelm Müller 1952 sowie die Bronzestandbilder für Fürst Leopold I. von Anhalt-Dessau 1962 und Fürst Leopold III. Friedrich Franz 1963. Auch hier wurden untergegangene Denkmäler von lokaler Bedeutung neu gegossen, so 1947 in Halle für den Mediziner Reil.

Allerdings geschah dies beides wohl nur in begrenztem Umfang. Manches passte den Kommunisten aber auch gut: das 1945 beim angloamerikanischen Luftangriff auf Dresden beschädigte Lutherdenkmal vor der dabei total zerstörten Frauenkirche wurde am zehnten Jahrestag der Zerstörung repariert wieder aufgestellt und diente seitdem mit dem Trümmerhaufen im Hintergrund als Mahnmal gegen Krieg und Zerstörung - dass diese von den späteren Hauptmächten der NATO ausgegangen war, hielt man in Dresden gerne präsent. Ein Tabu war allerdings zunächst alles, was einen Bezug zu den verhassten, als reaktionär abgestempelten preußischen Traditionen hatte. Diese strikte Ablehnung bröckelte dann schrittweise etwas ab. Am frühesten machte man eine Ausnahme für die Befreiungskriege, als Preußen gemeinsam mit Russland gegen die napoleonische Besatzungsherrschaft gekämpft hatte, was sich jetzt als Traditionsbezug für die deutsch-sowjetrussische Waffenbrüderschaft gegen die westliche NATO instrumentalisieren ließ. So stellte man in Ost-Berlin die 1950 eingelagerten Standbilder der Generäle der Befreiungskriege, die in der Straße Unter den Linden neben und gegenüber der Neuen Wache positioniert gewesen waren, 1961-64 wieder auf, Scharnhorst gegenüber der Neuen Wache sowie Blücher, Gneisenau und Yorck von Wartenburg im hinteren Teil der Grünfläche zwischen Staatsoper und Opernpalais. Dabei hatte das Politbüro der SED ausdrücklich festgelegt, dass die preußischen Adler von den Standbildern zu entfernen seien. Seit 1978 begann man in der DDR, eröffnet durch einen Aufsatz der Historikerin Ingrid Mittenzwei,[184] die preußische Geschichte differenzierter zu betrachten, es fand eine Diskussion über „Erbe und Tradition“ statt und es entstand mehr Offenheit auch für bisher vernachlässigte Bereiche der deutschen Vergangenheit. Als Folge davon durfte 1980 das Reiterdenkmal Friedrichs II. aus seinem Exil im Schlosspark von Sanssouci wieder ins Zentrum Berlins an seinen historischen Standort Unter den Linden zurückkehren. Anlässlich der 750-Jahr-Feier Berlins 1987 wurden dann auch die Standbilder der sechs im Siebenjährigen Krieg gefallenen Generäle, die auf Initiative König Friedrichs II. entstanden und 1946 ebenfalls eingelagert worden waren, in Berlin wieder aufgestellt, zunächst im Lustgarten. Der erweiterte Blick auf die deutsche Geschichte zeigte sich ebenso im Nachguss einzelner Denkmäler, welche die Nationalsozialisten zerstört hatten. Anlässlich seines 250. Geburtstags erhielt Dessau 1979 wieder ein Denkmal für den jüdischen Aufklärungsphilosophen Moses Mendelssohn, und zum 500. Geburtstag Martin Luthers wurde 1983 wieder ein Lutherdenkmal vor der Lutherkirche in Görlitz enthüllt.

Mit dem Ende der kommunistischen Herrschaft 1989/90 fielen die von der SED gesetzten Beschränkungen. An jenen Denkmälern, die in der wilhelminischen Zeit als Ausdruck dynastischer Selbstdarstellung oder des nationalen Bismarckkults entstanden und inzwischen untergegangen waren, hatte auch jetzt niemand mehr Interesse (das Jung-Bismarck-Denkmal an der Rudelsburg war von Westdeutschen initiiert worden). Denkmäler mit Bezug zur gesamtstaatlichen Politik wurden nur selten rekonstruiert. Zu nennen wären als Symbol deutsch-amerikanischer Freundschaft das Standbild von General Steuben in Potsdam, der im amerikanischen Unabhängigkeitskrieg einen wesentlichen Beitrag zum Sieg der Amerikaner geleistet hatte, im Original ein Geschenk der USA aus dem Jahr 1911 und jetzt 1994 mit amerikanischen und deutschen Spenden rekonstruiert. Ebenfalls zur gesamtstaatlichen Politik gehört das 2011 in Berlin neu erstellte Denkmal für Fürst Hardenberg, einen zentralen Akteur der preußischen Reformen vom Anfang des 19. Jahrhunderts. Vorherrschend war vielmehr nach dem Wegfall der zentral aus Ost-Berlin verordneten Traditionslinien die Suche nach der eigenen örtlichen Geschichte und Identität. Mancherorts wurden Kriegsdenkmäler des Ersten Weltkriegs und der Einigungskriege von Gestrüpp befreit, repariert und gelegentlich auch von abgelegenen Plätzen wieder an prominentere Örtlichkeiten vorgerückt, aber ihr ursprünglicher Sinn war verloren, sie galten nur noch als Zeichen lokaler Traditionen. Was hier ganz verloren war, wurde auch jetzt nicht wiederhergestellt. Eher tauchten jetzt Denkmäler für Personen wieder auf, die in besonderer Weise mit der Ortsgeschichte verknüpft waren. Das konnte bedeuten, dass man lange eingelagerte Denkmäler wieder aufstellte, beispielsweise 1993 das Standbild König Friedrichs II. vor dem Schloss in Rheinsberg, wo er glückliche Jugendjahre verbracht hatte, oder 1991 die Büste des Afrikaforschers Gustav Nachtigal in seiner Heimatstadt Stendal (er hatte 1969 den Platz für Lenin räumen müssen, der nun wiederum weichen musste). Es konnte aber auch zur Rekonstruktion gänzlich verlorengegangener Denkmäler führen. Beispielsweise stellten Kloster Zinna und Neutrebbin 1994 sowie Berlin-Friedrichshagen 2003 die Standbilder für König Friedrich II. als Ortsgründer wieder her, und Neuruppin stellte 1998 einen verkleinerten Nachguss für Friedrich Wilhelm II. auf, der dem Ort nach einer Brandkatastrophe wieder aufgeholfen hatte. Mit den rekonstruierten Standbildern für Karl Heine in Leipzig 2001 und für Carl Paepke in Greifswald 2017 wurde die Erinnerung an Männer neu belebt, welche die Stadtentwicklung im späten 19. Jahrhundert maßgeblich gefördert hatten, und Rostock schuf die Büste für den dort geborenen Afrikaforscher Paul Pogge 1995 neu. Bestrebungen, die Bronzedenkmäler für Großherzog Carl Alexander in Weimar und Heinrich II. Postumus in Gera zu rekonstruieren, scheiterten hingegen an den Kosten; hier wurden nur 2003 der erhaltene Sockel beziehungsweise 2007 ein sockelartiges Ersatzdenkmal wieder aufgestellt. Wie weit dieses Interesse ging, vergangene Denkmale wieder aufleben zu lassen, war örtlich sehr verschieden. Während Potsdam 2016 eine testamentarische Spende von 50 000 Euro ablehnte, die an die Bedingung geknüpft war, hierfür das verlorene Denkmal des „Soldatenkönigs“ Friedrich Wilhelm I. wiederherzustellen, rekonstruierte Magdeburg auf dem Marktplatz 2005 bzw. 2012 mit Roland und Hirschsäule sogar zwei Monumente, die sogar bereits 1631, also im Dreißigjährigen Krieg zerstört worden waren. Hier hatte eine Bürgerinitiative dafür getrommelt, das mittelalterliche Denkmalensemble im Zentrum der Stadt zu erneuern, und dafür Sponsorengelder eingesammelt.

Rekonstruktion aus dem Nichts: Identität durch neue Stadtkulissen?

Es galt als schönstes Fachwerkhaus der Welt, zumindest in den Augen der Hildesheimer: das prächtig verzierte, hochragende Zunfthaus der Metzger am Hildesheimer Marktplatz, ursprünglich 1529 errichtet. Mit dem britischen Bombenangriff am 22. März 1945 ging es in Flammen auf, die kläglichen Reste wurden beseitigt. Vier Jahrzehnte war vom Knochenhaueramtshaus nichts mehr zu sehen, dann wurde es 1987/89 rekonstruiert. Es stellte keinen Einzelfall dar. Mitte der 70er Jahre setzte in Deutschland eine Rekonstruktionswelle ein, die im Laufe der nächsten drei Jahrzehnte in einer Reihe von Städten die Fassaden von Bauwerken wieder erstehen ließ, die längst aus dem Stadtbild verschwunden waren. Im Regelfall handelte es sich um Bauwerke, die im Zweiten Weltkrieg zu Ruinen geworden und danach abgeräumt worden waren. Es geht hier also nicht wie im 19. Jahrhundert und in den Wiederaufbaujahren nach dem Zweiten Weltkrieg um den Wiederaufbau von Ruinen, sondern um eine Rekonstruktion nur aus der Erinnerung ohne originale Substanz. Dabei waren diese Rekonstruktionen keine romantischen Neuschöpfungen wie in der Mitte des 19. Jahrhunderts, sondern durchweg von dem Bemühen getragen, das äußere Erscheinungsbild möglichst originalgetreu wieder aufleben zu lassen; hinter den Fassaden fand sich hingegen meist Stahlbeton. Überhaupt ging es um die äußere Erscheinung im Stadtbild, nicht darum, dass ein Gebäude wegen seiner Funktion gebraucht würde; mit welchen Nutzungen man das Rekonstruierte füllen sollte, wurde meist eher mühsam überlegt, manchmal überhaupt erst anschließend. In Frankfurt, Hildesheim, Hamburg und (Ost-)Berlin knüpften diese Bestrebungen an die im Dritten Reich aufgekommene Idee an, angesichts der Umwälzungen des Stadtbildes durch die Erfordernisse der Moderne wenigstens in einer Traditionsinsel eine Erinnerung an das Altstadtbild zu bewahren, wobei jetzt aber nichts Altes mehr bewahrt, sondern das „Alte“ künstlich neu geschaffen wurde. Ansonsten handelte es sich Ensembles, sondern um einzelne, örtlich besonders prominente Bauwerke. Die Initiative dazu ging entweder von lokalen Politikern, meist eher der CDU, oder von Bürgerinitiativen aus. Sie wurzelten im Wesentlichen in konservativ und bildungsbürgerlich geprägten lokalen Eliten und waren mancherorts mit lokalen Geschäftsinteressen verschwistert. Die Fachleute, also Denkmalpfleger, Architekten und Kunsthistoriker, standen dem Phänomen der Rekonstruktionen hingegen im Regelfall ablehnend, ja teils empört gegenüber, widersprach es doch entschieden Georg Dehios Devise „Konservieren, nicht restaurieren", an der sie sich im Regelfall orientierten.

Ein Vorläufer dieser Rekonstruktionswelle, der eher im Windschatten der öffentlichen Aufmerksamkeit lag, war die 1971-84 in Hamburg an der Peterstraße und Neanderstraße entstandene Traditionsinsel. Sie war das Kind des Hamburger Getreidehändlers Alfred Töpfer, der sich dafür engagierte, Heimatliches zu bewahren, von der Lüneburger Heide über die plattdeutsche Mundart bis hin zu Alt-Hamburger Bürgerhäusern. Er kaufte dort Grundstücke zusammen und baute darauf die repräsentativen Fassaden von über zwanzig Häusern aus der Barockzeit nach, die an verschiedenen Stellen Hamburgs gestanden hatten und inzwischen verloren gegangen waren; dahinter entstanden Kleinwohnungen. So formierte sich ein geschlossenes Ensemble von großbürgerlichem Erscheinungsbild, das aber in dieser Zusammensetzung und an diesem Ort nie existiert hatte. Es war das Privatprojekt eines gedanklich in der Heimatschutzbewegung der Zwischenkriegszeit verwurzelten Millionärs, der sich diese Liebhaberei 75 Millionen Mark kosten ließ. Etwa zeitgleich errichteten Freiburg i. Br. 1970/71 das spätgotische Kornhaus und München ab 1971 den gotischen Rathausturm neu. In Freiburg schloss man mit dieser nach außen originalgetreuen Rekonstruktion die letzte Baulücke am Münsterplatz. In München hatte man nach der Kriegszerstörung die Reste beseitigt, zumal sie dem Verkehrsfluss von der Kaufingerstraße über den Marienplatz Richtung Tal im Wege standen, aber als dieser Bereich jetzt weitgehend Fußgängerzone wurde, schlossen die Stadtplaner auf diese Weise die Platzwand wieder optisch nach Osten ab. Dabei stellte man den Rathausturm nicht in der neugotischen Überformung der Jahrzehnte vor der Kriegskatastrophe wieder her, sondern wählte das ursprüngliche gotische Erscheinungsbild des 15. Jahrhunderts (wozu er dienen könnte, debattierte man noch jahrelang, nachdem er schon stand).

Während die Traditionsinsel in Hamburg abseits der Fußgängerströme der City lag, ging es in Frankfurt am Main und Hildesheim (wie schon in München) um den zentralen Platz der Stadt, der vor dem Weltkrieg sozusagen deren „gute Stube" gewesen war und sich bei Kriegsende 1945 als Totalschaden zeigte. Hier lösten die Rekonstruktionsprojekte Mitte der 70er Jahre heftige öffentliche Debatten aus, die auch überregional beachtet wurden. In Frankfurt wurde beim Wiederaufbau der Stadt in den 50er Jahren die historische Keimzelle der Stadt, das Areal des Römerbergs zwischen Rathaus im Westen und Dom zunächst ausgespart; die unförmige Brache fristete ihr Dasein als provisorischer Parkplatz. Diskussionen über verschiedene Wiederaufbaukonzepte in den 60er Jahren blieben ergebnislos. Anfang der 70er bebaute die Stadtverwaltung dann den östlichen Teil des Römerbergs mit einem erstaunlichen Ungeschick: in die kleinteilige Umgebung platzierte man den großvolumigen Sichtbetonklotz des Technischen Rathauses (für die technischen Ämter) und eine dreistöckige Tiefgarage, deren riesige Betondecke mit lauter Betonhöckern einen Meter über das Bodenniveau ragte. Mitte der 70er Jahre geriet die Stadtentwicklungspolitik des Magistrats massiv in die Kritik. Nicht nur, dass der Bau des unmaßstäblichen Technischen Rathaus höchst kontrovers gewesen war und protestierende Bürger 20 000 Unterschriften dagegen gesammelt hatten, die Krawalle angesichts der rücksichtslosen Cityexpansion im Westend erschütterten die Stadt, auch die 33 Hochhäuser, welche 1962-77 im Stadtgebiet emporgeschossen waren, wurden zunehmend kritisch betrachtet, und überhaupt machte das böse Wort von „Krankfurt“ die Runde. Obendrein agierten Magistrat und besonders Baudezernent arrogant und ohne Fingerspitzengefühl. Angesichts schwindender Popularität schlug Oberbürgermeister Arndt 1975 als „Bonbon“ vor, die Raumsituation eines geschlossenen Platzes vor dem Rathaus wiederzugewinnen, indem man den Ostrand des historischen Platzraumes, die sogenannten Römer-Ostzeile, in kleinteiliger Gliederung wieder errichtete. Es half ihm nichts. Sein Nachfolger, der CDU-Politiker Walter Wallmann, machte die Römer-Ostzeile dann zu seiner Herzensangelegenheit. Da der moderne Städtebau in Frankfurt in Verruf geraten war und für den Wunsch nach kleinteiliger Altstadtatmosphäre keine brauchbaren Lösungen anzubieten schien, griffen die Kommunalpolitiker zur Rekonstruktion der verschwundenen Fachwerkhäuser aus dem 15.-18. Jahrhundert, wofür sie in der Öffentlichkeit breite Zustimmung fanden. So entstand jetzt die Römer-Ostzeile 1981-83 neu; die Fassaden imitierten die verlorenen Fachwerkhäuser, dahinter baute man moderne Wohnungen. Dabei mogelten die Architekten insofern, als die ehemaligen Häuser, so wie in Frankfurt seit dem 17. Jahrhundert allgemein üblich, mit Schiefer oder Putz verkleidet gewesen waren, die Rekonstruktionen aber ein spekulatives Fachwerk zeigten, weil man diesem mehr Gemütswerte zuschrieb. Es handelte sich bei der Römer-Ostzeile nur um sieben Häuser, die politische Rhetorik vermarktete diese allerdings als großartiges lokales Identitätsprogramm und maß ihnen eine weit übersteigerte historische Bedeutung zu. Zweieinhalb Jahrzehnte später führte man in Frankfurt einen zweiten Akt desselben Theaters auf. Die Rathausmehrheit beschloss 2005, das ungeliebte Technische Rathaus abzureißen und das freiwerdende Areal möglichst auf den historischen Grundrissen mit den ehemaligen Gassen und Plätzen kleinteilig neu zu bebauen. Da die beim Wettbewerb eingegangenen Vorschläge relativ beliebig waren, gewann auch hier als Ausweg die Idee der Rekonstruktion historischer Bauten Anhang. Nachdem das Technische Rathaus 2010-12 beseitigt worden war, zeugte die Vermählung von Heimatgefühl und Stadtmarketing bis 2018 auf der Betonplatte der Tiefgarage eine Mischung aus 15 Rekonstruktionen und 20 in den Maßen angepassten Neubauten. Dabei konnten nur wenige Fotos und Postkarten Informationen über die untergegangenen historischen Häuser liefern. Die von den Propagandisten des Projekts genährten Hoffnungen, hier die verlorene Altstadt wiedergewinnen zu können, waren ziemlich irreal.

Die Hildesheimer hatten ihren engen Marktplatz, der außer vom Rathaus nur von 11 weiteren Häusern aus der Zeit von 1300-1800 eingefasst gewesen war, überwiegend mit Fachwerkfronten, vor dem Krieg zum Schmuckstück stilisiert. In der heftigen Nachkriegsdiskussion, in welcher Weise der völlig zerstörte Marktplatz wieder aufgebaut werden sollte, setzte sich die Auffassung durch, ihn mit Blick auf die Verkehrsbedürfnisse nach Norden auf das Doppelte zu vergrößern, was eine Volksbefragung 1953 bestätigte, und ringsum (bis auf das Rathaus) modern gestaltete Neubauten zu errichten. Der Knappheit und Sparsamkeit der Zeit entsprechend fielen diese relativ schlicht aus. Als befriedigend empfanden viele die Neugestaltung mit den Jahren immer weniger, und zugleich blieb die Erinnerung besonders an das Knochenhaueramtshaus bewahrt, das ehemalige Wahrzeichen Hildesheims, nicht nur durch Gedenktafeln. Als die Stadtsparkasse, deren Gebäude die Südseite des Platzes einnahm, 1978 Neubauplanungen begann, brachte sie damit eine neue Debatte über die Zukunft des Platzes ins Rollen. Eine Kampagne, die alte Fachwerkherrlichkeit zurückzugewinnen und vor allem das Knochenhaueramtshaus zu rekonstruieren, setzte ein und fand zunehmende Resonanz. Getragen wurde sie von CDU und örtlichen Geschäftsleuten, von dem Streben nach den Gemütswerten des alten Fachwerks und nach einem attraktiven und damit verkaufsfördernden Stadtbild. 1983 beschloss der Stadtrat, den Marktplatz wieder auf das alte Format zu verkleinern und die Platzseiten wiederzugewinnen, was bis 1989 umgesetzt wurde. Dabei wurde nur das mit Emotionen und Bedeutung aufgeladene Knochenhaueramtshaus als Fachwerkständerbau komplett rekonstruiert, ansonsten beschränkte man sich auf Kulissen. An der Westseite wurde das Hotel Rose abgetragen, um dem Knochenhaueramtshaus und dem Bäckeramtshaus Platz zu machen, an der Südseite erhielt der Neubau der Sparkasse die Fassaden der drei ehemaligen Häuser vorgehängt, und an der Nordseite errichtete ein britischer Hotelkonzern einen Neubau, der die drei alten Fachwerkfassaden vorgeblendet bekam.

Während man in Hildesheim tatsächlich immerhin das Platzbild der Vorkriegszeit wieder herstellte, ging man in Mainz mit der Baugeschichte großzügiger um. Nach den Kriegszerstörungen war am Marktplatz die dem Dom ge-

genüberliegende Häuserzeile in den 50er Jahren in schmuckloser Form neu errichtet worden. Als Ergebnis eines städtebaulichen Wettbewerbs zur Neugestaltung des Marktplatzes entschloss man sich 1973, den Nachkriegsbauten der Nordseite die historischen Fassaden vorzublenden, was 1979-83 umgesetzt wurde (für Abriss und Neubau reichte das Geld nicht). Dabei erhielt das rechte Eckhaus die gotische Front zurück, die schon im 19. Jahrhundert beseitigt worden war, und die neualte Fassade für das linke Eckhaus orientierte sich an der Fassade eines Barockhauses, das an einer ganz anderen Straße gestanden hatte und bereits 1903 abgerissen worden war. Es kam noch schöner: die drei Häuser 11, 13 und 15 wurden 2006/09 abgebrochen und durch einen Neubau ersetzt, die historischen Fassaden hat man anschließend zum zweiten Mal rekonstruiert.

Dieser Wunsch nach einer nostalgischen Traditionsinsel erhob sich nicht nur in der bundesdeutschen Gesellschaft, sondern auch in der DDR. Das Politbüro der SED beschloss 1980, bis zur 750-Jahr-Feier Berlins 1987 das Nikolaiviertel als Areal mit Altstadtflair aufzubauen. Damit griffen die Kommunisten eine Idee auf, welche 1938/39 in der NS-Zeit entstanden war. Bei dem Areal rings um die Nikolaikirche handelte es sich um eine der beiden Örtlichkeiten, von denen die Entwicklung der Doppelstadt Berlin-Cölln im 13. Jahrhundert ihren Ausgang genommen hatte. Es war im Weltkrieg schwer zerstört und anschließend abgeräumt worden, so dass jetzt fast nur noch die Ruine der Nikolaikirche inmitten einer riesigen Wiese übrig war. Für insgesamt 106 Millionen Ost-Mark wurde in den nächsten Jahren die Nikolaikirche wiederhergestellt und das umliegende Areal neu bebaut. Kleinteilige Bebauung, weitgehend anhand der alten Straßenzüge, sollte Altstadtatmosphäre erzeugen, aber es wurde keineswegs der Vorkriegszustand wiederhergestellt. Vielmehr handelte es sich um eine freie Collage verschiedener Elemente. Dazu gehörten im Weltkrieg untergegangene Häuser im alten Erscheinungsbild oder auch in einem frei gewählten früheren Zustand, dann Häuser, die schon im 19. Jahrhundert abgetragen worden waren (wie das Haus, in dem Lessing 1752-55 gelebt hatte) oder überhaupt ganz woanders gestanden hatten (so die Gaststätte *Zum Nußbaum* aus dem 16. Jahrhundert, die prominente Gäste wie den Milieuzeichner Heinrich Zille gesehen hatte), es waren Teilrekonstruktionen und auch reine Fassadennachbildungen vor Neubauten sowie einfach Plattenbauten mit reicherer Fassadengestaltung. Das Ganze wurde mit Zutaten wie gusseisernen Pumpen und Briefkästen angereichert. Immerhin verströmte diese Insel innerhalb der Stadt im Vergleich zur zugigen Weite des Ost-Berliner Zentrums und den breiten Verkehrsschneisen geradezu Intimität und wurde bald zum Touristenmagneten, was auch von vornherein beabsichtigt war; außer 780 Wohnungen entstanden dort 33 Läden und 22 Gaststätten. Am Rande des Nikolaiviertels wurde das Ephraimpalais rekonstruiert, einst das schönste Rokokopalais der Stadt, das sich ein jüdischer

Bankier errichtet hatte. 1936 hatte es der Verbreiterung der Mühlendammbrücke weichen müssen, wobei man 2493 Fassadenteile sorgsam nummeriert eingelagert hatte, um es später wieder aufzubauen. In der Zeit der Teilung Berlins planten die Magistrate beider Stadthälften, es in ihrem Teil wieder zu errichten: Ost-Berlin als Totalneubau am originalen Standort nach den alten Plänen, West-Berlin mit den originalen Bauteilen am neuen Standort. Zum Glück einigte man sich noch rechtzeitig: West-Berlin übergab die Teile an den Osten und erhielt dafür im Tausch das Archiv der Königlichen Porzellanmanufaktur.

Noch mehr hatten die Rekonstruktionsprojekte in Hannover eine längere Vorgeschichte, nur ging es hier nicht um ein innerstädtisches Ensemble, sondern um zwei prominente Einzelbauten: das Leibnizhaus und Schloss Herrenhausen. Bei ersterem handelte es sich um ein repräsentatives Bürgerhaus, das 1689-1715 dem Philosophen Gottfried Wilhelm Leibniz und der herzoglichen Bibliothek als Unterkunft gedient hatte. Es war im Krieg fast völlig zerstört und dann abgeräumte worden. Stadtbaurat Hillebrecht setzte schon 1959 eine Rekonstruktion auf die Tagesordnung, die der Stadtrat auch 1965 beschloss, allerdings nicht am ursprünglichen Standort, da sich dort inzwischen ein Parkhaus breit gemacht hatte. Doch daraus wurde nichts. Erst als die Diskussion darüber 1975 neu aufkam, entstand 1981-83 eine Rekonstruktion, d. h. eine originalgetreu rekonstruierte Sandsteinfassade vor einem völlig neuartigen Haus in Betonskelettbauweise. Die Sommerresidenz, welche die Kürfürsten 1640 bis 1818 schrittweise in Hannover-Herrenhausen geschaffen hatten, war ebenfalls im Weltkrieg ein Totalschaden, der abgeräumt wurde. Seit 1948 diskutierte man jahrzehntelang, was an ihre Stelle treten sollte, um so mehr, als dieser Platz durch seine exponierte Lage am Kopf des eindrucksvollen Barockgartens unübersehbar als Leerstelle wirkte. Architektenentwürfe unterschiedlichster Gestalt für Hotel, Kurhaus, Kunstmuseum, Musikhochschule und Aussichtsbühne lösten einander ab, nichts davon überzeugte. Schließlich schlug Ministerpräsident Albrecht (CDU) 1977 vor, hier ein Gästehaus der Landesregierung mit dem äußeren Erscheinungsbild des Schlosses im Zustand von 1820 zu errichten und dieses aus auch Landesmitteln zu finanzieren. Im Rat der Stadt Hannover (welcher das Gelände gehörte) hatte jedoch die SPD die Mehrheit, und die wollte kein Königsschloss. Erst als genau dreißig Jahre später die Volkswagenstiftung vorschlug, hier ein modernes Tagungszentrum in der äußeren Gestalt des ehemaligen Schlosses zu errichten und dafür auch das nötige Geld mitbrachte, wurde dieses Rekonstruktionsprojekt bis 2013 realisiert.

Die Rekonstruktionsprojekte vor allem in Frankfurt und Hildesheim riefen in einigen anderen westdeutschen Städten Nachahmer auf den Plan, die ebenfalls dafür eintraten, bereits restlos verschwundene Bauwerke im Stadtbild wieder auferstehen zu lassen. Dabei kam der Anstoß in diesen Fällen fast immer von Bürgerinitiativen, die bei Stadtverwaltung und Fachleuten zunächst auf Widerstände trafen. Sie setzten alle zwischen 1975 und 1986 ein, auch wenn die Umsetzung sich noch länger hinzog. Ob sie mit ihrem Anliegen Erfolg hatten hing auch davon ab, wie geschickt ihre Promotoren Öffentlichkeitsarbeit betrieben und sich mit der Lokalpolitik vernetzten. In Darmstadt wurde 1979-84 das Pädagog, eine barocke Lateinschule, neu errichtet, und in Aschaffenburg rekonstruierte man 1991-95 mit der Löwenapotheke ein reich verziertes Fachwerkhaus der Renaissance, wobei der Kopfbau als Vollrekonstruktion und der Hinterbau modern aufgeführt wurde. Braunschweig war im Weltkrieg stark zerstört und weithin gesichtslos wieder aufgebaut worden, was auch für den nun entleerten Wollmarkt galt. Auf diesem wurde 1991-94 die Alte Waage von 1534, einst der größte Fachwerkbau der Stadt, als originalgetreue Vollrekonstruktion wieder errichtet. Dafür wählte man den Zustand von 1850, nicht den der Vorkriegszeit, als sie als HJ-Heim diente. Noch mehr hatte die Innenstadt der niederrheinischen Kleinstadt Wesel durch Kriegszerstörung und die schlichte Nachkriegsbebauung der 50er Jahre ihr Gesicht verloren. Hier verfolgte seit 1986 eine Bürgerinitiative das Ziel, das spätgotische Rathaus, ein Schmuckstück aus der Blütezeit Wesels als Hansestadt, auf seinem unverändert freigehaltenen Platz wiederzuerrichten. Erfolg hatte sie damit erst 2007-10, und zwar als reine Fassadenrekonstruktion. In Dortmund und Mannheim scheiterten hingegen vergleichbare Initiativen. In der durch den Strukturwandel geplagten Stadt im Ruhrgebiet diskutierte die Lokalpolitik 1975-78, das aus dem 13. Jahrhundert stammende Rathaus zu rekonstruieren, doch besaß dieses in der lokalen Öffentlichkeit keinen hohen Identifikationswert, und überdies war sein Platz bereits überbaut. In Mannheim erreichte eine Bürgerinitiative mit dem Ziel, das barocke Alte Kaufhaus wiederaufzubauen, einen architektonisch zweitrangigen Bau, der in den Jahrzehnten vor dem Weltkrieg als Rathaus gedient hatte, in einem Bürgerentscheid 1986 nicht das erforderliche Quorum. Sogar Türme mittelalterlicher Stadtmauern, die bereits im 19. Jahrhundert beseitigt worden waren, traten wieder in Erscheinung. Kempten im Allgäu baute 1986-90 zwei Tortürme wieder auf, und als Archäologen in Dortmund 1986 die Fundamente des um 1300 erbauten Adlerturms freilegten, der im Laufe des 18. und 19. Jahrhunderts schrittweise verfallen war, waren Lokalpolitiker schnell dabei, ihn sich ins Stadtbild zurückzuwünschen. Um das mittelalterliche Fundament unangetastet zu lassen, „schwebt" der massige Turm nun auf Stelzen darüber, und angesichts höchst dürftiger Überlieferung geriet er zur etwas willkürlichen Neuschöpfung.

Wo lagen die Ursachen für die Rekonstruktionswelle dieser Zeit? Sicher spielte das Anfang der 70er Jahre aufgekommene Unbehagen an der Moderne und das verstärkte Interesse an älterer Geschichte ganz allgemein eine Rolle, konkreter die zunehmende Kritik an der modernen Architektur und die Neubewertung des Historismus, was sich auch im Denkmalschutzjahr 1975 sowie in der Renovierung vergrauter großstädtischer Altbauviertel aus der Kaiserzeit und frühneuzeitlicher Häuserzeilen in Mittelstädten zeigte. Im Städtebau gerieten Zeilenbau und isolierte Solitäre in die Kritik, und stattdessen erfreuten sich durch geschlossene Bebauung umgrenzte Platz- und Straßenräume wieder neuer Beliebtheit als Ausdruck von Urbanität. Während man in der Zeit des Wiederaufbaus genug damit zu tun gehabt hatte, dass wieder alle ein Dach über dem Kopf hatten und die Ruinengrundstücke aus dem Stadtbild verschwanden, entstanden jetzt höhere Ansprüche an Ästhetik und Gemütswerte zentraler Örtlichkeiten, auch vor dem Hintergrund von raschem Wandel und nüchternem Funktionalismus. Das entsprach dem Denkansatz, von welchem die Heimatschutzbewegung schon um die Jahrhundertwende ausgegangen war. Gerade Fachwerk, das mit Handwerk, Tradition und Individualität assoziiert wird, bediente diese Bedürfnisse nach Gemütlichkeit in besonderer Weise. Dieses war schon bei den Bestrebungen nach Fachwerkfreilegung in der Zwischenkriegszeit zu beobachten gewesen. Schließlich spielte auch das Bedürfnis eine Rolle, lokale Identität im Stadtbild sichtbar zu machen, zumal die Welt des Massenkonsums eher vereinheitlichend wirkt. Das Schielen auf den kommerziellen Nutzen eines schönen und individuellen Stadtbildes durch den Tourismus, die Rolle als zentraler Einkaufsort und die Attraktivität als Standort für Dienstleistungsfirmen kam hinzu, spielte aber eine untergeordnete Rolle.

Doch der Blick auf den Zeitgeist reicht als Erklärung nicht aus, schließlich erfasste die Rekonstruktionswelle keineswegs alle Städte. Warum also hier, aber nicht dort? Dabei fällt auf, dass Frankfurt und Hildesheim im Zentrum mit dem Verlust der umfangreichen Fachwerkaltstädte im Krieg einen Umbruch erlebten wie keine andere deutsche Stadt; das schwer zerstörte Hannover gilt als Musterbeispiel für den autogerechten Wiederaufbau ohne Rücksicht auf alte Strukturen, und auch im Zentrum von Ost-Berlin blieb infolge von Kriegszerstörung und kommunistischer Enttrümmerungs- und Abrisspolitik extrem wenig aus der Vorkriegszeit bestehen. In Frankfurt und noch mehr in Ost-Berlin gähnten im historischen Zentrum noch lange nach Kriegsende ungestaltete Freiflächen, und zu groß gewordene oder in der Umgrenzung unbefriedigend gestaltete zentrale Plätze spielten auch in Hildesheim, Mainz, Braunschweig und Wesel eine Rolle. Kein Wunder, dass hier die Idee der Stadtreparatur ihren Nährboden fand. Hingegen gab es beispielsweise in München, Hamburg und Köln keine Rekonstruktionsdebatten. Die identitätsstiftenden zentralen Plätze und Straßenzüge waren in München und Hamburg unter Wahrung zahlreicher Vorkriegsfassaden und des alten Raumgefüges wieder aufgebaut worden, und das schwer zerstörte Köln erlitt durch den Krieg zwar erhebliche

Verluste an Häusern, aber im Unterschied zu den anderen genannten Städten hing die städtebauliche Identität der Domstadt weniger an Plätzen und Straßen als an den prägenden Kirchenbauten, die alle aufwendig wieder errichtet worden waren. Die Probleme lagen also in den spezifischen örtlichen Konstellationen. Der Zeitgeist führte dazu, diese Probleme jetzt auch anzugehen, und zwar mit dem Mittel von Rekonstruktionen, weil in die moderne Architektur kein Zutrauen mehr bestand, dass sie überzeugende Lösungen anbieten könnte. Überhaupt ging es auf die Bundesrepublik als Ganzes gesehen um eine recht überschaubare Zahl von Fällen, allerdings von teilweise stark beachteten Bauprojekten.

An den Rekonstruktionen entzündeten sich heftige Debatten, die oft ebenso polemisch wie pauschalisierend geführt wurden. Denkmalpfleger und Kunsthistoriker gingen vom historischen Denkmal aus, das sich in seiner materiellen Substanz manifestiert, an der auch der Zahn der Zeit in Absplitterungen, Gebrauchsspuren und kleinen Schäden, in verzogenem Fachwerk und Auswaschungen erkennbar ist. Dementsprechend verurteilten sie die Rekonstruktionen als Fälschungen und Lüge, als bloßes Disneyland, als Kulissen und Attrappen, die eben nicht authentisch waren. Der immer wieder erhobene polemische Vorwurf des Disneylands war dabei ziemlich unsinnig, denn Disneys Vergnügungspark verspricht nichts anderes als eine Märchenwelt, wogegen die Rekonstruktionen wie echt aussehen wollen. Aber natürlich war eine neu erbaute Rekonstruktion ein Neubau, lotrecht und glatt, ohne die Patina der Geschichte. Nur wärmt der Substanzfetischismus nicht das Gemüt und verschafft kein Erlebnis. Obendrein ist das Insistieren auf der alten Substanz problematischer, als es auf den ersten Blick erscheint. Jahrhunderte hindurch laufender Bauunterhalt bedeutet immer auch einen schrittweisen Materialaustausch, der Wiederaufbau nach den Schäden durch die Luftangriffe im Zweiten Weltkrieg brachte ebenfalls erhebliche Materialergänzungen mit sich, und manche Renovierung der 70er und 80er Jahre ließ alte Hausfassaden so makellos und sauber erscheinen, dass sie wie die Kopie ihrer selbst wirkten. Das Knochenhaueramtshaus war 1852 in arg heruntergekommenem Zustand von der Stadt gekauft und restauriert worden, wobei wir mangels Unterlagen nicht wissen, was hierbei ausgetauscht wurde, und 1884 war das Dachgeschoss abgebrannt und umgehend wiederhergestellt worden - vollständig ein Original des Jahres 1529 war es also sicher nicht, was 1945 in Flammen aufging. Die Fachleute machten ihren Ansatz zu einem moralischen Gebot: Rekonstruktionen sind illegitim, man darf nicht rekonstruieren! Den Rekonstruktionsbefürwortern, die in der Öffentlichkeit Anhänger fanden, wurde Populismus vorgeworfen. Es war das übliche Spiel: finden Eliten für ihr Handeln Mehrheiten, gilt das als demokratisch, finden Außenseiter größeren Anhang gegen die Positionen der Eliten, wird dies von den Eliten als populistisch denunziert. Wenig überzeugend war der Vorwurf, es würde nicht der Vorkriegszustand rekonstruiert, sondern ein früherer Zustand ausgewählt, denn das hatte man nach 1945 beim Wiederaufbau von Kirchen ebenfalls gemacht, oder auch, es würden nur Fassaden rekonstruiert, denn auch das begegnet beim Wiederaufbau nach 1945, etwa bei vielen Schlössern. Zweifellos strebten Rekonstruktionen nach dem schönen Schein besonders eindrucksvoller Bauobjekte; hierin allerdings ein Verdrängen von unliebsamer Geschichte zu sehen, weil man städtebauliche Verluste als Strafe für das Mittun in der üblen NS-Zeit akzeptieren müsse, überfrachtet das Thema politisch und moralisch.

Nach dem Zusammenbruch des Kommunismus in der DDR und der Wiedervereinigung 1990 erfasste die Rekonstruktionswelle auch Ost-Berlin und die neuen Bundesländer. Es war aber kein bloßes Überschwappen einer Mode aus dem Westen. Im Unterschied zur Rekonstruktionswelle der 70er und 80er Jahre ging es bei diesen Stadtreparaturen vor allem darum, Leerstellen zu füllen, die mit der kommunistischen Städtebaupolitik zu tun hatten: der Ersatz für DDR-Symbolbauten, die der Wende zum Opfer fielen, die Rekonstruktion von Bauwerken, welche von den Kommunisten aus politischen Gründen beseitigt worden waren, sowie Areale, welche die Kommunisten zwar großzügig abgeräumt hatten, aber ohne im Laufe der Jahrzehnte der DDR-Zeit die Kraft gehabt zu haben, sie hinreichend neu zu gestalteten. Hier ging es jetzt wieder primär um Schloss, Kirche und auch den repräsentativen staatlichen Verwaltungsbau, weniger um Bürgerhäuser.

Für Ost-Berlin einigten sich Bundesregierung und Berliner Senat 1993 darauf, den Palast der Republik und das Außenministerium der DDR abzureißen, was schließlich 2002 auch der Bundestag beschloss. Wenn man sich innerlich erst einmal für diesen Schritt entschieden hatte, stand damit ein großes, fast leeres Areal vom Beginn der Straße Unter den Linden bis zum Fernsehturm zur Disposition. Dabei war das Problem weniger, dass hier unbedingt bestimmte Funktionen hätten untergebracht werden müssen, sondern es handelte sich in erster Linie um die Frage, inwieweit und womit dieser Leerraum im Herzen des vereinten Berlin gefüllt werden sollte. Es ging also um Städtebau und Ästhetik des Stadtzentrums. Nun gab es großräumige Leerstellen auch am Potsdamer Platz und am Pariser Platz östlich des Brandenburger Tores; an ersterem durften sich die modernen Architekten austoben, letzterer wurde wieder ein wie früher von Hausfassaden umschlossener rechteckiger Platz, jetzt aber weitgehend mit neu gestalteten Gebäuden. Für den zentralsten Bereich zwischen Zeughaus, Dom und Staatsratsgebäude traute man den modernen Architekten aber nichts zu, so dass hier drei Rekonstruktionen geplant wurden: Schloss,

Wiederaufbau der Kubatur des ehemaligen Stadtschlosses in Berlin. Rekonstruktion der Barockfassade vor Beton und aktueller Wärmedämmung, Foto 2016.

Bauakademie und Kommandantur. Alle drei Projekte sorgten für langjährige öffentliche Debatten.

Als erstes wurde gegenüber dem Zeughaus am Beginn von Unter den Linden 2003 der ehemalige Sitz des Stadtkommandanten von Berlin fertig, den jetzt der Bertelsmann-Konzern als seine Hauptstadtrepräsentanz errichtete. Dieser bildete ursprünglich einen klassizistischen und 1873 stark umgestalteten Block, der an sich nicht besonders bedeutend war; die Fassaden wurden nach geringen Fotounterlagen rekonstruiert, während es sich im Inneren um einen völligen Neubau handelte.

Die einst von Schinkel entworfene Bauakademie, die auf dem Grundstück des 1995/96 abgerissenen Außenministeriums wieder erstehen sollte, war dagegen durchaus bedeutender. Hier wünschte der Berliner Senat sich öffentliche Nutzungen rund um das Thema Architektur, wollte aber für das Projekt nichts bezahlen, sondern setzte auf Sponsoren. Das war natürlich illusorisch, woran auch die Tatsache nichts ändern konnte, dass man seit 2004 mit einem Gerüst und bedruckten Kunststoffplanen den Baukörper im Stadtbild wenigstens schon einmal simulierte. Damit es nicht auf Dauer bei dieser modernen Variante eines Potemkinschen Dorfes blieb, bewilligte der Bundestag schließlich 2017 Gelder für das Projekt.

Am schwierigsten gestaltete sich der Neubau an der Stelle des Palastes der Republik. Der 1993/94 mit großem Aufwand betriebene Wettbewerb Spreeinsel brachte für das Areal keine überzeugenden Neugestaltungsideen, und als 1996 die Zeitung *Der Tagesspiegel* eine Serie mit Visionen moderner Architekten für diese Aufgabe vorstellte, verfestigte sich erst recht der Eindruck, dass man diese Sache besser nicht den zeitgenössischen Architekten überlassen sollte. Es gab keinen Gestaltungswillen der verantwortlichen Politiker, welche Funktionen sie an die Stelle des von ihnen ungeliebten Palastes der Republik setzen wollten, und außerdem (oder eben deshalb?) auch keinerlei überzeugendes Konzept moderner Architektur für diese Örtlichkeit. Vor diesem Hintergrund gelang es dem 1992 gegründeten *Förderverein Berliner Schloss*, trotz einer anfangs weithin ablehnenden Öffentlichkeit immer mehr Zustimmung für seine Idee zu gewinnen, die Fassaden des 1950 gesprengten Schlosses zu rekonstruieren. Eigentlich handelte es sich bei dem Verein um eine kleine Gruppe älterer Herren um den Kaufmann Wilhelm von Boddien, der im holsteinischen Bargteheide mit Traktoren und anderen Landmaschinen handelte, doch dieser verstand es, eifrig die Werbetrommel zu rühren und effizient Lobbyarbeit zu betreiben (ebenso wie die Journalistin Lea Rosh 1988-1999 mit ihrer Kampagne das Holocaust-Mahnmal in Berlin durchdrückte). Dabei wurde geradezu ein Hype veranstaltet um die Barockfassade, die 1699-1706 bei Erweiterung und Umbau des Schlosses durch Andreas Schlüter entstanden war. Überhaupt wurde von den Schlossenthusiasten so getan, als ob das Schloss ein reines Kunstwerk gewesen wäre; von den Hohenzollernkönigen, deren absolutistischem Repräsentationsbedürfnis Schlüter diente, war lieber nicht die Rede. Nun handelte es sich bei Schlüter um einen durchaus bedeutenden Architekten, allerdings hatte auch alles seine Grenzen - als sein Münzturm im Schlossareal derartige Baumängel aufwies, dass er wieder abgetragen werden musste, fiel er beim König in Ungnade. Nachdem die politischen Entscheidungsträger sich für eine Rekonstruktion der Fassaden entschieden hatten, stand man verlegen vor der Frage, womit man das riesige Bauvolumen füllen sollte. Kommerzielle Nutzungen waren an diesem prominenten Ort natürlich nicht denkbar. Schließlich verfiel man auf die Verlegenheitslösung, die Museen außereuropäischer Kunst hierher zu verlegen, qualitätvolle Sammlungen, die im Villenvorort Dahlem ziemlich abseits der Touristenströme lagen. So werden dann mexikanische Skulpturen, afrikanische Benin-Bronzen und indische Götterbilder die Nachfolge der Hohenzollern antreten. 2002 stimmte der Bundestag dem Konzept zu, einen *Humboldt-Forum* genannten Baukörper mit den Abmessungen des ehemaligen Schlosses an dessen Stelle zu errichten und die Nord-, West- und Südfassade sowie drei Seiten des Schlüterhofes mit Rekonstruktionen der alten Schlossfassaden zu versehen. Alles andere am Bau sollte neu gestaltet werden. Der hierzu 2007/08 ausgeschriebene Architektenwettbewerb fand weniger Resonanz als erhofft (schließlich wollen Architekten sich mit Fassaden einen Namen machen), so dass der Auftrag an ein kleines italienisches Büro ging mit einem eher schlichten und langweiligen Entwurf (ganz im Unterschied beispielsweise zur gläsernen Reichstagskuppel). Von den 620 Millionen Euro Gesamtkosten entfallen allein auf die Fassaden 105 Millionen, die ganz aus Spenden aufgebracht werden sollen.

Ebenso wie in Berlin war auch in Dresden das Stadtzentrum im Weltkrieg schwer zerstört und anschließend großflächig abgeräumt worden, und noch mehr hatte es dem Neuaufbau im Sozialismus in der Elbestadt an Kraft gefehlt. So stellte in Dresden vor allem das Areal des Neumarkts mit dem Trümmerhaufen der Frauenkirche auch 45 Jahre nach Kriegsende immer noch eine ungestaltete städtebauliche Brachfläche dar, die bestenfalls als Parkplatz genutzt wurde. Dieses kontrastierte drastisch mit dem nostalgisch gepflegten Mythos vom „Alten Dresden“, der sich vor allem an dem Ausbau zur glanzvollen Barockresidenz orientierte, seit der Romantik auch zum „Elbflorenz“ verklärt. Die 1743 vollendete Frauenkirche hatte mit ihrer hochaufragenden Kuppel die Elbuferfront Dresdens mit geprägt und war ein Identifikationspunkt des Vorkriegsdresden gewesen, ihre traurigen Reste hatten die Kommunisten zum Mahnmal erklärt. Sofort nach der politischen Wende formierte sich nun eine Bürgerinitiative, die sich für ihre Rekonstruktion einsetzte. Es war ein Grenzfall zwischen verspätetem Wiederaufbau und Rekonstruktion aus dem Nichts, mehr allerdings letzteres; schließlich gab es kaum noch aufrecht stehende Teile, sondern fast nur noch einen immer weiter zusammensackenden und verwitternden Trümmerhaufen. An neuem Gottesdienstraum bestand kein Bedarf, und manche wollten auch das Mahnmal für die Zerstörung Dresdens im Krieg bewahren, doch die Idee, hier ein Stück vom verlorenen Stadtbild wiederzugewinnen, gewann rasch Oberhand, so dass die Stadtverordnetenversammlung sich 1992 ebenfalls dafür aussprach. Damit entstand die Frauenkirche bis 2005 neu, in der Form so originalgetreu wie möglich. Materiell gab es kaum Kontinuität; nur ein sehr geringer Teil bestand aus wiederverwendeten alten Steinen, da ein großer Teil ohnehin längst abgefahren worden war und die noch vorhandenen weitgehend ausgeglüht und schwer beschädigt waren. Die Bürgerinitiative brachte das Kunststück fertig, mit einer weltweiten Spendenkampagne 103 Millionen Euro an privaten Spenden aufzubringen. Damit übertraf sie jede andere deutsche Rekonstruktionsinitiative um ein Mehrfaches. Ergänzend stellte das Finanzministerium 23 Millionen Euro aus dem Münzgewinn der Gedenkmünze zugunsten des Wiederaufbaus der Frauenkirche zur Verfügung, der Rest der 183 Millionen Gesamtkosten stammte aus öffentlichen Haushalten. Trotz aller kontroversen Diskussionen vermochte die neue Frauenkirche, die immerhin rundum, außen und innen die alten Formen wiederaufleben ließ und als Kirche benutzbar war, deutlich mehr Begeisterung erwecken als der Berliner Zwitter Humboldt-Forum/Schloss mit seinen quälend langen Kontroversen.

Für den an der Frauenkirche gelegenen Neumarkt, einst ein Ensemble vornehmer großer Bürgerhäuser vor allem der Barockzeit, hatte es schon in der DDR-Zeit vielfältige Neubauplanungen gegeben, aber nichts war umgesetzt worden. Von 2004 an entstanden die Platzwände dann durch private Investoren im Rahmen der staatlichen Vorgaben neu. Die Verwaltung ging dabei zunächst von der schon in der DDR durch die Denkmalpfleger entwickelten Idee aus, für etwa 15 architektonisch bedeutsame „Leitbauten" die Fassaden zu rekonstruieren und das übrige zeitgenössisch zu gestalten. Eine 1999 gegründete Bürgerinitiative drängte allerdings jahrelang darauf, wesentlich mehr Fassaden zu rekonstruieren und setzte die Verwaltung durch geschickte Medienarbeit und eine Unterschriftensammlung für ein Bürgerbegehren erheblich unter Druck. Die tatsächlich originalen Reste der alten Häuser, nämlich die Kellergeschosse, störten nur; sie mussten den Tiefgaragen der Neubauten weichen, die sich dann mit den makellos neuen Rekonstruktionsfassaden nach dem Bild der alten Häuser schmückten. Man orientierte sich auch nicht streng am Vorkriegsstand, sondern am Leitbild von Dresden als Barockstadt; das ursprünglich 1786 errichtete Hotel des Saxe, dessen Fassade bis 2006 rekonstruiert wurde, war schon 1888 abgebrochen worden. Hinter den Rekonstruktionsfassaden etablierten sich moderne Nutzungen, von Einkaufspassage und Hotel bis zum Luxus-Altenheim. Auch das nahegelegene Cosel-Palais, 1762-64 für einen unehelichen Sohn Augusts des Starken errichtet, wurde rekonstruiert; wo sich einst das Vestibül des Barockpalais als nobler Empfangsraum weitete, stößt man nun beim Betreten gleich auf den Kuchentresen des jetzt hier eingerichteten Cafés. Während der Neubau des Neumarkts, das größte deutsche Rekonstruktionsprojekt von Bürgerhäusern, offenbar die emotionalen Bedürfnisse vieler Dresdner nach Identität durch eine einzigartige Örtlichkeit befriedigte, konnten sich republikweit viele Intellektuelle mit dieser Erscheinung gar nicht anfreunden. „Las Vegas an der Elbe. Eine Stadt im Kulissenwahn. Wie sich Dresden die eigene Vergangenheit zurechtlügen möchte." ätzte *Die Zeit* im November 2000[185].

Zwei bedeutsame Rekonstruktionsprojekte in Potsdam stießen erst recht auf deutliche Kritik. Wie auch die Rekonstruktionsbefürworter des Berliner Schlosses opponierten beide gegen politisch motivierte Abrissentscheidungen der kommunistischen Führung. Zugleich ging es darum, das Unvermögen des Städtebaus in der DDR zu korrigieren. Indem die Kommunisten 1960 das Stadtschloss gesprengt hatten, war im Herzen Potsdams von der Nikolaikirche bis zur Langen Brücke eine große Freifläche entstanden, welche bis 1990 nur ansatzweise wieder gefüllt worden war. So beschlossen die Stadtverordneten jetzt, den historischen Stadtgrundriss wiederzugewinnen, und eröffneten damit eine jahrelange Debatte über Potsdams Mitte. 2005 entschied dann der brandenburgische Landtag, dessen Sitz zum Sanierungsfall wurde, am Platz des verschwundenen Stadtschlosses und mit dessen Kubatur einen neuen Landtagssitz zu errichten. Als sich zeigte, dass die Bauplanungen wenig Lust zeigten, diesem Gebäude die historischen Fassaden des Stadtschlosses zu verpassen, entstanden mehrere Bürgerinitiativen mit breitem Rückhalt in der Bevölkerung, die eben dieses nachdrücklich einforderten. Eine Spende des Software-Milliardärs Hasso Plattner von 20 Millionen Euro ermöglichte dann, sich für die Rekonstruktion der historischen Schlossfassade zu entscheiden. Die von den Kommunisten gegen das Schloss gerichtete Straßenführung wurde verschwenkt, wobei man jetzt der Höhendominante aus sozialistischer Zeit, dem ehemaligen Interhotel, Vorplatz und Freitreppe abrasierte. 2011-14 füllte sich die Leerfläche wieder mit dem Landtagsneubau. Während man beim Berliner Schloss zu viel Volumen für zunächst gar keine Funktion hatte, bestand in Potsdam zu viel Raumanspruch für das im Vergleich zum Berliner deutlich kleinere Potsdamer Stadtschloss. Da der Landtag des kleinen Brandenburg einen Plenarsaal für bis zu 120 Abgeordnete und entsprechende Nebenräume konzipierte, wurden die Gebäudeflügel verdickt, so dass der Hof schrumpfte. Während der noble Bau aus dem Jahre 1756 eine ausgewogene Raumkonzeption besessen hatte, gerieten die Proportionen jetzt aus den Fugen, zumal die profilierten Fassaden geglättet wurden; es war, als ob man die Mona Lisa kopiert und dabei die Lippen ein bisschen dicker und die Wangen etwas schmaler macht.

Noch unglücklicher verlief die Idee, die auf Ulbrichts Befehl gesprengte Garnisonkirche wiederherzustellen. 1984 gründete sich in Westdeutschland eine *Traditionsgemeinschaft Potsdamer Glockenspiel* vor allem aus konservativ-patriotischen Offizieren. Diese ließ das Glockenspiel der Garnisonkirche neu gießen, das zu jeder halben Stunde das Lied „Üb immer Treu und Redlichkeit" intonierte, ein konzentrierter Ausdruck altpreußischer Mentalität. Seit 1991 engagierte er sich für den Wiederaufbau der Garnisonkirche und sammelte dafür Spendengelder. Angesichts der Rolle, welche die Garnisonkirche als Ruhmeshalle der preußischen Armee, bei der staatskirchlichen Zurüstung der Soldaten, als Wallfahrtsstätte antidemokratischer Kräfte in der Weimarer Republik und beim Übergang zum Nationalsozialismus gespielt hatte, geriet dieses Vorhaben zwangsläufig höchst kontrovers. Benötigt wurde sie ohnehin nicht (nur noch 14 % der Potsdamer gehörten der evangelischen Kirche an). Die evangelische Kirche schwankte und konnte sich eine rekonstruierte Kirche nur als ein Versöhnungszentrum mit einer deutlichen symbolischen Diskontinuität zur Geschichte der Örtlichkeit vorstellen. Die Traditionsgemeinschaft lehnte dagegen jede kritische Auseinandersetzung mit der Vergangenheit ab und wollte alles so wie früher wieder haben - einschließlich Wetterfahne mit Adler, Sonne und Königsinitialen (die Kirche war für ein Coventry-Nagelkreuz auf der Turmspitze als christliches Versöhnungssymbol). Da man sich nicht einigen konnte, stieg die Traditionsgemeinschaft aus dem Projekt aus. Eine neue Fördergesellschaft versuchte es im Geiste der Kirche weiter zu betreiben, und 2005 fand die Grundsteinlegung durch den brandenburgischen Ministerpräsidenten statt. Doch die erhofften Spenden tröpfelten nur, so dass man nicht bauen konnte, und auch die vom Bund 2013 in Aussicht gestellten Fördergelder flossen mangels ausreichender Gesamtfinanzierung nicht. 2014 kam es sogar zu einem Bürgerbegehren gegen die Rekonstruktion, das von atheistischen, antifaschistischen, antimilitaristischen und überhaupt friedensbewegten Kreisen initiiert war und rasch die erforderlichen Unterschriften zusammenbrachte, dann aber von den Stadtverordneten ausgetrickst wurde. Erst als der Bund 2017 die zugesagten Finanzmittel freigab, konnten die Bauarbeiten beginnen, aber nur für den Turm und ohne die barocken Reliefbilder, die zahlreiche Gewehre, Schwerter, Pfeile und Pistolen gezeigt hatten.

An mehreren Orten scheiterten Bürgerinitiativen in den neuen Bundesländern aber auch mit ihren Rekonstruktionsbestrebungen, für die sie nicht genügend Unterstützung fanden. In Leipzig und Magdeburg ging es um zwei Kirchen, die von den Kommunisten aus politischen Gründen beseitigt worden waren. Beide besaßen aber für Stadtbild und Kunstgeschichte keine Bedeutung, die jener der Dresdner Frauenkirche vergleichbar gewesen wäre, und waren deshalb in der überwiegend atheistisch gewordenen Gesellschaft Ostdeutschlands chancenlos. Bezeichnenderweise beteiligte die evangelische Kirche sich an den Kontroversen nicht. In Leipzig verfolgte seit 1992 der Paulinerverein das Ziel, an den Willkürakt, die intakte Paulinerkirche im Jahr 1968 zu sprengen, und an den Widerstand dagegen zu erinnern und diese langfristig zu rekonstruieren. Er führte zunächst ein Schattendasein. Erst als 2001 der Neubau der sanierungsbedürftigen Universitätshauptgebäude zur Diskussion stand, die dann 2007 abgerissen wurden, kam es zu heftigen Auseinandersetzungen über dieses Anliegen. Die atheistisch orientierte Universitätsleitung wollte von Kirche nichts hören und hatte auch kein Interesse daran, ihre Rolle bei der Sprengung 1968 aufzuarbeiten; sie war stattdessen pragmatisch an dem Bau einer Aula interessiert, die ihr seit dem Verlust der Paulinerkirche fehlte. Als die Landesregierung 2003 mit dem Amtsantritt des neuen Ministerpräsidenten von der Position der Universität zu jener des Paulinervereins umschwenkte, kam es zum Eklat: die Universitätsleitung trat zurück, wobei sie auch die Stadtverwaltung sowie die Mehrheit der Studentenschaft und der Öffentlichkeit hinter sich hatte. Die Landesregierung knickte ein. Als Kompromisslösung entstand 2005-12 ein Paulinum genannter Glasbau mit gotisierenden Elementen, ein Mehrzweckbau, der primär als Aula diente. In Magdeburg begann 2007 eine Bürgerinitiative dafür einzutreten, die Ulrichskirche zu rekonstruieren und so das nach dem Krieg etwas öde geratene Stadtbild mit Blick auf den Tourismus etwas aufzupeppen. Die Gegner des Wiederaufbaus erzwangen aber einen Bürgerentscheid, bei dem sich dann 76 % der Wähler gegen die Rekonstruktion aussprachen. Erst recht mit viel zu wenig Resonanz und Spendengeld und damit ohne Erfolg standen drei weitere Bürgerinitiativen dar: seit 1998 in Neustrelitz zur Wiedererrichtung des Residenzschlosses, seit 2003 in Leipzig zur Rekonstruktion des Turms der barocken Johanniskirche und seit 2008 in Halle zur Wiederherstellung des Alten Rathauses. Letztere brachte es immerhin zu einem 2,4 Meter langen Schokoladenmodell des Rathauses im Museum der Halloren Schokoladenfabrik.

Sonderfälle stellten 1998 die Rekonstruktion von zwei kleineren, 1945 völlig zerstörten Gebäuden dar: das spätgotische Hauptgebäude der 1816 geschlossenen Universität Erfurt und das barocke Rathaus im vorpommerschen Demmin. In Erfurt verschaffte die 1994 neugegründete Universität sich auf diese Weise den Anschein von etwas Tradition. Die Kleinstadt Demmin hatte 1945 erlebt, dass die einmarschierenden Russen die Stadt anzündeten und massenhaft Frauen vergewaltigten und dass sich anschließend eine beträchtliche Zahl der Bewohner in einen Massenselbstmord flüchtete. Die offizielle DDR deckte diese schrecklichen Geschehnisse mit Schweigen und das ruinierte Stadtzentrum mit Plattenbauten zu. Jetzt versuchte man am Marktplatz Geschichte zurückzugewinnen, wenigstens ein bisschen.

Es gab sogar zwei bemerkenswerte Rekonstruktionsprojekte, die weder von der öffentlichen Hand noch von Bürgerinitiativen betrieben wurden. Diese waren vielmehr überhaupt nicht von einem öffentlichen Interesse an Stadtreparatur und lokaler Identität motiviert, sondern ausschließlich vom privaten Streben nach Umsatzförderung. Der Projektentwickler ECE präsentierte für Braunschweig 2002 das Projekt, in die eher kleinmaßstäbliche Stadt ein riesiges Einkaufszentrum hineinzusetzen. Um es den Braunschweigern schmackhaft zu machen, sollte der Stadtseite die rekonstruierte Fassade des ehemaligen Residenzschlosses vorgeblendet werden, obendrauf die rekonstruierte Quadriga, die größte Europas, die ursprünglich 1863 zum 25jährigen Thronjubiläum Herzog Wilhelms geschaffen worden war. Als öffentliches Feigenblatt sollten Stadtarchiv, Stadtbibliothek und Standesamt mit untergebracht werden; der Eingang durch den Säulenportikus führte in die Glitzerwelt des Konsumtempels, die Nebeneingänge zur Kultur. Dieses Projekt ohne sinnstiftende Idee, das die ehemalige Herrscherrepräsentation zur privatwirtschaftlichen Konsumförderung benutzte, löste eine polarisierende öffentliche Kontroverse aus. Die Gegner beklagten auch die Konkurrenz für den bereits bestehenden Einzelhandel und den Verlust des Schlossparks als öffentlichen Freiraum, da dieser komplett überbaut werden sollte. Im Stadtrat ging das Projekt mit nur einer Stimme Mehrheit durch. Der Versuch einer Bürgerinitiative, die Investoren durch ein Bürgerbegehren aufzuhalten, erreichte zwar mühelos die nötige Zahl an Unterschriften, wurde aber vom Oberverwaltungsgericht Lüneburg als rechtswidrig kassiert, ebenso wie mehrere Prozesse dagegen scheiterten. So wurden die *Schloss-Arkaden* 2005-07 realisiert. Während hier immerhin noch das äußere Erscheinungsbild originalgetreu war und das Center sich dahinter versteckte, geriet die Rekonstruktion der äußeren Hülle des Thurn-und-Taxis-Palais in Frankfurt im Rahmen des 2004-10 errichteten Palais-Quartier zur Karikatur. Dieses Barockpalais hatte 1748-1805 als Repräsentanz der Fürsten von Thurn und Taxis gedient, den Inhabern der kaiserlichen Reichspost, und 1816-66 als Sitz des Bundesrates des Deutschen Bundes. Es war also historisch bedeutsam, aber als Adelspalais ohne Identifikationswert für die Frankfurter Bürger und überdies durch die Portalbauten verdeckt, so dass die Rekonstruktion hier ohne emotionale öffentliche Diskussion über die Bühne ging. Das Palais war nach der Zerstörung im Weltkrieg fast ganz abgerissen worden, woraufhin dort das Fernmeldehochhaus der Bundespost entstand. Als dieses veraltet war, wich es wiederum dem Neubauprojekt eines niederländisches Investors: ein massiges, 135 Meter hohes Bürohochhaus, daneben ein Hotelhochhaus und ein sechsgeschossiges Einkaufszentrum, davor als architektonische Leckerei verzwergt und eingeklemmt die Rekonstruktion des Thurn-und-Taxis-Palais. Überdies wurde dieses noch gestaucht, so dass die Eckrisalite des Corps de Logis und die flankierenden Portalbauten entfielen, es also selbst äußerlich dem ursprünglichen Bau nur noch entfernt ähnelte.

Letztlich rein auf Tourismusförderung zielten jene Rekonstruktionen ab, die gar keinen städtebaulichen Bezug hatten, sondern auf unansehnlichen, archäologisch ergrabenen Grundmauern Bauwerke aus der Römerzeit nachzubilden versuchten. Im Unterschied zu den im Zweiten Weltkrieg zerstörten Bauten konnte hier von irgendeiner Form von Dokumentation keine Rede sein, so dass zwangsläufig die Spekulationen ins Kraut schossen. Überdies waren bei der Anlage die touristischen Bedürfnisse zu berücksichtigen. Vorläufer war die

Rekonstruktion des Römerkastells Saalburg schon 1898-1907; über den Abstand der Zinnen auf der Mauer entschied hier Kaiser Wilhelm II. persönlich (und irrig). Mit dem Aufschwung des Tourismus in der Bundesrepublik nahmen derartige Rekonstruktionsversuche zu. Den Anfang machten die Teilrekonstruktionen im Archäologischen Park Xanten 1973-77, dem der Archäologische Park Campodunum in Kempten/Allgäu sowie etliche Tempel und Villen folgten. 1953-96 wurden allein 15 Limestürme errichtet.

Der Philosoph Walter Benjamin verfasste 1935 seinen später breit rezipieren Aufsatz über *Das Kunstwerk im Zeitalter seiner technischen Reproduzierbarkeit*, in dem er die These vertrat, dass sich durch diese neuen technischen Möglichkeiten die Wahrnehmung verändere und die Aura des Kunstwerks verkümmere. Dabei dachte er an die Folgen von Photographie und Film. Historische Bauten, die abgerissen worden sind, können nicht reproduziert werden. Rekonstruktionen sind Neuschöpfungen. Aber werden nicht doch im Laufe der Jahre die Nachkriegswiederaufbauten mit überwiegend originaler Bausubstanz, die komplett erhaltenen, aber topsanierten Altbauten und die alternden Rekonstruktionen in der Wahrnehmung miteinander verschwimmen? Wie werden spätere Generationen mit diesen Rekonstruktionen umgehen? Werden diese Gebilde so wie einst auch Barock und Historismus verachtet, werden sie als Zombies einer schön gedachten Vergangenheit abgetan? Hatte man nicht auch beim Wiederaufbau kriegszerstörter Kirchen nach dem Zweiten Weltkrieg teilweise versucht, einen wesentlich älteren, längst verschwundenen Zustand zu rekonstruieren? Könnte es sein, dass die Rekonstruktionen vielleicht später als authentische Zeugnisse ihrer Entstehungszeit und damit als bewahrenswert gelten?

Anmerkungen

[1] Johann Wolfgang von Goethe: Berliner Ausgabe, Bd. 19, Berlin 1973, S. 31 f.

[2] Philipp Wilhelm Gercken: Reisen durch Schwaben, Baiern, die angränzende Schweiz, Franken, die Rheinische Provinzen, und an der Mosel etc. in den Jahren 1779-1787, IV. Teil: von der Reichsstadt Frankfurt am Mayn, Worms 1788, S. 2, 5.

[3] Sulpiz Boisserée 1815 an Dr. Schmitz, zitiert nach: Mario Zadow: Karl Friedrich Schinkel, Berlin 1980, S. 117.

[4] Conversations-Lexikon oder Enzyklopädisches Handbuch für gebildete Stände, Bd. 3, Leipzig 1816.

[5] Karl Rotteck: Allgemeine Geschichte vom Anfang der historischen Kenntnis bis auf unsere Zeiten, Bd. 5, Freiburg 1833, S. 331.

[6] 24.6.1822, zitiert nach: Alfred Starck: Graf Charles de Graimberg, sein Leben und Wirken in Heidelberg, in: Mitteilungen zur Geschichte des Heidelberger Schlosses 4 (1903), S. 11.

[7] Zitiert nach: Gabriele Dolff-Bonekämper: Studien zur Geschichte der Denkmalerfassung und des Denkmalschutzes in Hessen-Kassel bzw. Kurhessen im 18. und 19. Jahrhundert, Darmstadt 1985, S. 7.

[8] Zitiert nach: Mario Zadow: Karl Friedrich Schinkel, Berlin 1980, S. 115 f.

[9] Zitiert nach Paul Ortwin Rave: Anfänge und Wege der deutschen Inventarisation, in: Deutsche Kunst und Denkmalpflege 11 (1953), S. 76.

[10] Briefwechsel zwischen Ludwig I. von Bayern und Eduard von Schenk 1823-41, Hg. Max Spindler, München 1930, S. 377.

[11] Zitiert nach: Friedrich Möbius: Caspar David Friedrichs Gemälde „Abtei im Eichenwald“ und die frühe Wirkungsgeschichte der Ruine Eldena bei Greifswald, Berlin 1980, S. 16.

[12] Georg Dehio: Denkmalschutz und Denkmalpflege im neunzehnten Jahrhundert. Festrede an der Kaiser-Wilhelms-Universität zu Straßburg, den 27. Januar 1905, in: ders.: Kunsthistorische Aufsätze, München 1914, S. 280.

[13] Cornelius Gurlitt: Geschichte des Barockstils in Italien, Stuttgart 1887; Heinrich Wölfflin: Renaissance und Barock. Eine Untersuchung über Wesen und Entwicklung des Barockstils in Italien, München 1888.

[14] Wolf Jobst Siedler und Elisabeth Niggemeyer: Die gemordete Stadt - Abgesang auf Putte und Straße, Platz und Baum, Berlin 1964.

[15] Alexander Mitscherlich: Die Unwirtlichkeit unserer Städte. Anstiftung zum Unfrieden, Frankfurt a.M. 1965.

[16] Zuerst Erich Schlosser: Zweite Zerstörung voll im Gang. Gegen die Demontage Bayerns. Für einen vernünftigen Denkmalschutz, in: Bayernkurier 17.10.1970, S. 9; mit größerer Resonanz: Erwin Schleich: Die zweite Zerstörung Münchens, Stuttgart 1978.

[17] Jörn Müller und Heinz Ledergerber: Hier fällt ein Haus, dort steht ein Kran und ewig droht der Baggerzahn oder die Veränderung der Stadt, Düsseldorf 1976.

[18] Hermann Glaser (Hg.): Industriekultur in Nürnberg. Eine deutsche Stadt im Maschinenzeitalter, München 1980.

[19] Jürgen Habermas: Die neue Unübersichtlichkeit, Frankfurt a.M. 1985 (Titel der „Kleinen politischen Schriften", Band 5).

[20] Verhandlungen des Deutschen Reichstags, Stenographische Berichte, Bd. 330 (Verfassungsgebende Deutsche Nationalversammlung), S. 3177.

[21] Zitiert nach Herbert Schwarzwälder: Geschichte der Freien und Hansestadt Bremen, Bd. 3, Bremen 1995, S. 313.

[22] Festrede anlässlich der Denkmalsenthüllung, gehalten von Oberstleutnant a.D. Duesterberg, in: Zur Erinnerung an den Deutschen Tag in Halle 11. Mai 1924, Leipzig o.J.

[23] Zitiert nach: Winfried Speitkamp: Das Erbe der Monarchie und die Denkmalpflege in der Weimarer Republik, in: Deutsche Kunst und Denkmalpflege 50 (1992), S. 10.

[24] Verhandlungen des Deutschen Reichstags, Stenographische Berichte, Bd. 358, S. 9741.

[25] Werner Hegemann: Das steinerne Berlin, Berlin 1930, S. 235f.

[26] Zitiert nach: Ursula Dinse: Das vergessene Erbe. Jüdische Baudenkmale in Schleswig-Holstein, Kiel 1995, S. 258.

[27] Der vollständige Text der Verordnung in: Frank Bauer, Hartmut Knitter und Heinz Ruppert: Vernichtet - vergessen - verdrängt. Militärbauten und militärische Denkmäler in Potsdam, Berlin 1993, S. 182f.

[28] Zitiert nach: Frank Troschitz: Die „Metallspende des deutschen Volkes" und die Düsseldorfer Denkmäler, in: Düsseldorfer Jahrbuch 78 (2008), S. 129.

[29] Zitiert nach: Ute Scherb: „Wir bekommen die Denkmäler, die wir verdienen". Freiburger Monumente im 19. und 20. Jahrhundert, Freiburg i. Br. 2005, S. 139.

[30] Schreiben abgedruckt in: Frank Bauer, Hartmut Knitter und Heinz Ruppert: Vernichtet - vergessen - verdrängt. Militärbauten und militärische Denkmäler in Potsdam, Berlin 1993, S. 185.

[31] Schreiben von Reichsstatthalter Kaufmann am 16.7.1942 an die Reichsstelle für Metalle, Staatsarchiv Hamburg 364-10 Denkmalschutzamt Nr, 23.

[32] Gutachterliche Stellungnahme des Leiters des Denkmalschutzamtes vom 18.7.1942, Staatsarchiv Hamburg 364-10 Denkmalschutzamt Nr. 27.

[33]Schreiben des Leiters des Denkmalschutzamtes an die Verwaltung für Kunst und Kulturangelegenheiten am 8.12.1942, Staatsarchiv Hamburg 364-10 Denkmalschutzamt Nr. 23.

[34] Fotokopie des Schreibens in: Martin Jahn: König Ernst August I. von Hannover - ´runter von seinem hohen Ross?! Beitrag zum Geschichtswettbewerb des Bundespräsidenten 2010/2011, S. 43.

[35] Thomas Irmer: Das „erste antisemitische Denkmal Deutschlands". Zur Errichtung euines Denkmals für Theodr Fritsch im kommunalen öffentlichen Raum Berlins 1935-1943, in: Gideon Botsch, Christoph Kopke und Lars Rensmann (Hg.): Politik des Hasses, Hildesheim 2010, S. 153 ff.

[36] Official gazette of the Control Council for Germany Nr 7, 31. Mai 1946, S. 154.
[37] Official gazette of the Control Council for Germany Nr. 7, 31. Mai 1946, S. 155.
[38] Staatsarchiv Hamburg 363-6 Kulturbehörde B51, Sitzung des Denkmalrates vom 19.12.1946.
[39] Aufruf der Kommunistischen Partei Deutschlands vom 11. Juni 1945, in: Um ein antifaschistisches Deutschland. Dokumente aus den Jahren 1945-1949, Hg. Ministerium für Auswärtige Angelegenheiten der DDR, Berlin 1968, S. 60.
[40] Bodenreformgesetz vom 10.9.1945, abgedruckt in: Regierungsblatt für das Land Thüringen, Teil I: Gesetzsammlung (1945) Nr. 5 vom 22. Sept., S. 13-16.
[41] Wilhelm Pieck: Junkerland in Bauernhand. Rede zur demokratischen Bodenreform Kyritz, 2. September 1945, Berlin 1955, S. 11.
[42] Regierungsblatt für das Land Thüringen Teil III: Gesetze und Befehle des Alliierten Kontrollrats und Befehle der Sowjetischen-Militär-Administration, 1947 Nr. 10 vom 12.11., S. 44. Da der russische Originaltext von jedem Land selbst übersetzt wurde, variieren die Formulierungen in den einzelnen Ländern.
[43] Rundschreiben 8/48 vom 31. März 1948, zitiert nach Bernd Maether: Schlösser, Herrenhäuser und Bodenreform, in: Die Bodenreform in Sachsen-Anhalt, Hg. Rüdiger Fikentscher und Boje Schmuhl, Halle a.S. 1999, S. 105.
[44] Zitiert nach: Angelika Halama: Rittergüter in Mecklenburg-Schwerin. Kulturgeographischer Wandel vom 19. Jahrhundert bis zur Gegenwart, Stuttgart 2006, S. 182.
[45] Zitiert nach Bernd Maether: Brandenburgs Schlösser und Herrenhäuser 1945-1952, Potsdam 1999, S. 21.
[46] Zitiert nach Bernd Maether a.a.O., S. 25.
[47] Zitiert nach Bernd Maether a.a.O., S. 14.
[48] Zitiert nach: Gregor Thum: Die fremde Stadt. Breslau 1945, Berlin 2003, S. 490.
[49] Zitiert nach: Bert Hoppe: Auf den Trümmern von Königsberg, München 2000, S. 43.
[50] Zitiert nach: Bert Hoppe: Auf den Trümmern von Königsberg, München 2000, S. 141.
[51] Wiedergabe des anonymen Bekenneranrufs beim Göttinger Tageblatt, 8.10.1978.
[52] Der Tagesspiegel vom 17. Januar 1991.
[53] Zitiert nach Leonie Beiersdorf: Die doppelte Krise. Ostdeutsche Erinnerungszeichen nach 1989, Berlin 2015, S. 43.
[54] Die Tageszeitung 5.12.1991.
[55] Offener Brief von Erich Loest, Bild Leipzig 8. Februar 2008.
[56] Beschluss 339/1991, Zitiert nach Thomas Flierl: Denkmalstürze in Berlin, in: Detlef Hoffmann u. a. (Hg.): Der Fall der Denkmäler, Marburg 1992, S. 50.
[57] Zitiert nach: Leipziger Volkszeitung, 25.Juni 2010, „Altlast und Denkmal“.
[58] Z. B. in Berlin am Alexanderplatz das Haus des Lehrers und die Kongresshalle (saniert 2002-04), in Dresden das Rundkino (2008), in Jena das Universitätshochhaus (1999-2001), in Leipzig die Hauptpost (ab 2015), in Rostock die Kunsthalle (2010), von den Hyparschalen des Architekten Ulrich Müther die in Magdeburg (2013/14) und der Teepott in Warnemünde (2003-05).

[59] Ordenung eyns gemeynen kastens. Radschlag wie die geystlichen gütter zu handeln sind, Straßburg 1523, (Vorrede), beim Zitieren Rechtschreibung modernisiert.

[60] Zitiert nach: Bau- und Kunstdenkmäler von Westfalen, Bd. 41: Stadt Münster, Teil 6, Münster 1941, S. 486.

[61] Zitiert nach: Wilhelm Tacke: St. Johann in Bremen, Bremen 2006, S. 39f.

[62] Zitiert nach: H. Pusch: Das Meininger Franziskanerkloster, Meiningen 1919, S. 34.

[63] Antrag des Amtshauptmanns von Eldena im Jahr 1800, zitiert nach: Friedrich Möbius: Caspar David Friedrichs Gemälde „Abtei im Eichenwald" und die frühe Wirkungsgeschichte der Ruine Eldena bei Greifswald, Berlin 1980, S. 3.

[64] Bartholomäi Sastrowen Herkommen, Geburt und Lauff seines gantzen Lebens ... aus der Handschrift hg. von G. C. F. Mohnike, Band 1, Greifswald 1823, S. 52.

[65] Schreiben Friedrichs I. vom 29. Januar 1808, zitiert nach: Hirsau. St. Peter und Paul 1091-1991, Hg. Landesdenkmalamt Baden-Württemberg, Tl. 1, Stuttgart 1991, S. 65.

[66] Zitiert nach: Sabine Arndt-Baerend: Die Aufhebung der nichtständischen Klöster in München, in: Glanz und Elend der alten Klöster. Säkularisation im bayerischen Oberland 1803, Hg. Haus der bayerischen Geschichte, München 1991, S. 47.

[67] Zitate nach: Rainer Braun: Blindes Wüten? Der Umgang des Staates mit den säkularisieren Klosterkirchen und -gebäuden, in: Bayern ohne Klöster. Die Säkularisation 1802/03 und die Folgen, München 2003, S. 313.

[68] Zitiert nach Bruno Norbert Hannöver: Die Säkularisation der Zisterzienserinnenklöster in Westfalen 1803-1810, Paderborn 2010, S. 341.

[69] Zitate aus diesem Gutachten hier und im Folgenden nach: Ludwig Lenhart: Bischof Joseph Ludwig Colmar und seine Rolle in der tragischen Schicksalsgemeinschaft des Mainzer und Speyrer Doms zur Zeit Napoleons, in: 900 Jahre Speyrer Dom. Festschrift zum Jahrestag der Domweihe 1061-1961, Speyer 1961, S. 234 f.

[70] Siehe ibid., S. 228, 229 und 233.

[71] Zitiert nach: Joist Grolle: Ein Stachel im Gedächtnis der Stadt. Der Abriss des Hamburger Doms, in: Die Kunst des Mittelalters in Hamburg, Hamburg 1999, S. 297 f.

[72] Zitiert nach Spiegel 52/2007, S. 58.

[73] Martin Struck: Denkmalpflege moderner Kirchenbauten, in: Henner Herrmanns und Ludwig Tavernier (Hg.): Das letzte Abendmahl, Weimar 2008, S. 38.

[74] Curt Tillmann: Lexikon der deutschen Burgen und Schlösser, Bd. 1, Stuttgart 1958, S. VIII.

[75] Zitiert nach Heinrich Spier: Geschichte der Harzburg, Goslar 1985, S. 94.

[76] Johann Heinrich Zedlers Grosses vollständiges Universal-Lexikon aller Wissenschafften und Künste, Bd. 35, Halle 1743, Spalte 210.

[77] Zitiert nach Hugo Schneider: Burgen und Schlösser in Mittelbaden, Offenburg 1984, S. 122.

[78] Zitiert nach: Ludwig Hans: Das Erscheinungsbild der Burg zu Germersheim im 16. und 17. Jahrhundert, in: Burgen und Schlösser 28 (1987), S. 20.

[79] Zitiert nach: Günther Franz (Hg.): Quellen zur Geschichte des Bauernkrieges, Stuttgart 1963, S. 352.

[80] Wilhelm Heinrich Riehl: Nassauische Chronik des Jahres 1848, Wiesbaden 1849, Neuauflage Idstein/Taunus 1979, S. 57.
[81] Johann Heinrich Gottlob Justi: Staatswirthschaft oder Systematische Abhandlung aller Oekonomischen und Cameral-Wissenschaften, 2. Aufl. Leipzig 1758, Bd. I, S. 491.
[82] Johann Stephan Pütter: Versuch einer academischen Gelehrtengeschichte von der Georg-Augustus-Universität zu Göttingen, Göttingen 1765, § 205.
[83] Briefe von Goethes Eltern, ausgewählt von Carl Schüddekopf, Berlin 1912, S. 289f.
[84] Zitiert nach: Johannes G. Kohl: Episoden aus der Cultur-Geschichte der freien Reichs-Stadt Bremen, Bremen 1871, S. 60.
[85] Zitiert nach: Hans Lehmbruch: Ein neues München. Stadtplanung und Stadtentwicklung um 1800, Buchendorf 1987, S. 431.
[86] Zitiert nach: Michael Brix: Nürnberg und Lübeck im 19. Jahrhundert, München 1981, S. 118.
[87] Zitiert nach ib., S. 119.
[88] Zitiert nach ib., S. 119.
[89] Zitiert nach: Thomas Mergel: Von der ummauerten zur offenen Stadt. Die Entfestigung von Köln und die Erweiterung des Stadtgebiets 1881-1914, in: Thomas Deres u.a. (Hg.): Köln im Kaiserreich, Köln 2010, S. 54.
[90] Zitiert nach: Peter Heil: Denkmal statt Stadtmauer. Beseitigung von Stadtbefestigungen am Beispiel der Städte Belfort und Landau/Pfalz, in: Michael Matheus (Hg.): Stadt und Wehrbau im Mittelrheingebiet, Stuttgart 2003, S. 125.
[91] ibid. S. 126.
[92] Zahlen nach Uta Hassler und Nikolaus Kohler: Das Verschwinden der Bauten des Industriezeitalters, Tübingen 2004, Anm. 125.
[93] Der Spiegel 9.10.2000.
[94] Zur baugeschichtlichen Entwicklung unserer Städte, in: Süddeutsche Bauzeitung 4 (1894), S. 152 f.
[95] Otto Aufleger und Karl Trautmann: Alt-München in Bild und Wort, München 1897.
[96] Mark Twain: The Chicago of Europe, in: Chicago Daily Tribune, 3.4.1892.
[97] James Hobrecht 1890, zitiert nach Benedikt Goebel: Der Umbau Alt-Berlins zum modernen Stadtzentrum, Berlin 2003, S.154.
[98] Neue Preußische Zeitung vom 28.11.1909, zitiert nach Goebel a.a.O., S. 175.
[99] Gustav Böß: Berlin von heute, Berlin 1929, S. 119.
[100] Martin Wagner: Verkehr und Tradition, in: Martin Mächler - Weltstadt Berlin. Schriften und Materialien, Hg. Ilse Balg, Berlin 1986, S. 257.
[101] Martin Wagner: Das neue Berlin - die Weltstadt Berlin, in: Das neue Berlin. Monatshefte für Probleme der Großstadt 1 (1929), S. 33.
[102] Zitiert nach: Richard Herding: Der Westend-Konflikt als öffentlicher Lernprozess, in: Hans Kampffmeyer - Planungsdezernent in Frankfurt am Main 1956-1972, Hg. Martin Wentz, Frankfurt a. M. 2000, S. 191.
[103] Hauskollektiv Kettenhofweg 51, zitiert nach ibid., S. 181.
[104] Ernst May: Das neue Wiesbaden, Wiesbaden 1963, S. 27.

[105] Zitiert nach: Holger Leimbrock und Werner Roloff: (Mittel)stadtentwicklung - (Mittel)stadtplanung. Mit Falluntersuchungen fünf ausgewählter Mittelstädte, Band 1, Frankfurt 1987, S. 503.

[106] Zitiert nach ib, S. 520.

[107] Zitiert nach ib. S. 583.

[108] Gustave Le Bon: Psychologie der Massen, Leipzig 1911.

[109] Zitiert nach Wolfgang Schäche und Hans J. Reichardt: Von Berlin nach Germania, Berlin (überarbeitet) 1998, S. 159.

[110] Kurt Reutti, zitiert nach: Bernd Maether: Die Vernichtung des Berliner Stadtschlosses, Berlin 2000, S. 64.

[111] Walter Ulbricht: Rede auf dem III. Parteitag der SED, in: Zur Geschichte der deutschen Arbeiterbewegung, Bd. III, Berlin 1953, S. 750 ff.

[112] Zitiert nach: Ruth Damwerth: Arnold Munter - Jahrhundertzeuge, Berlin 1994, S. 171f.

[113] Manfred Stolpe: Die Evangelische Kirche in der DDR und der Wiederaufbau des Doms, in: Der Berliner Dom. Geschichte und Gegenwart der Oberpfarr- und Domkirche zu Berlin, Berlin 2001, S. 216.

[114] Christina Emmerich-Focke: Kollision des Sozialismus mit dem städtischen Erbe Brandenburg-Preußens in Potsdam, Potsdam 1999, S. 120. Die Autorin bezieht sich auf ein persönliches Gespräch mit Berg.

[115] Joseph Roth: Der Merseburger Zauberspruch, zuerst in der Frankfurter Zeitung vom 14.12.1930, zitiert aus: derselbe: Werke Bd. 3 (Das journalistische Werk 1929-1939), Hg. Klaus Westermann, Köln 1991, S. 276-280.

[116] Zitiert nach: Daniel Hanke: Der Dom zu Fulda, Hamburg 2008, S. 47.

[117] Zitiert nach: Kunstdenkmäler des Kreises Husum, Berlin 1939, S. 105.

[118] Um 1610 neu in Hayn und Ermstedt, 1696-1772 neues Kirchenschiff in Bindersleben, Bischleben, Büßleben, Dittelstedt, Gispersleben, Gottstedt, Hochheim, Kerpsleben, Niedernissa, Rödichen, Salomonsborn, Stottenheim, Windischholzhausen und Mühlberg, ganz neu in Azmannsdorf, Großrodenstedt und Sömmerda, um 1830 Abbruch in Hopfgarten, Molsdorf und Nauendorf.

[119] 17. Jahrhundert neues Kirchenschiff in Eppendorf und Moorburg, 17. Jahrhundert ganz neu in Wilhelmsburg, Finkenwerder, Allermöhe, Ochsenwerder, Stillhorn, Curslack, Altenwerder und Moorfleeth, 18. Jahrhundert ganz neu in Billwerder und Kirchwerder.

[120] 1859 die Dorfkirche in Stolpe, 1874-1911 in Marzahn, Steglitz, Friedrichsfelde, Wilmersdorf, Tegel, Altglienicke und Lietzow. Rahnsdorf ging die Kirche 1872 durch Brand verloren.

[121] 1844-65 die Kirchen in Knauthain, Sommerfeld und Portitz, 1876-1905 in Lößnig, Lindenau, Connewitz und Kleinzschocher.

[122] Zitiert nach: Andrea Theisen: Die Spandauer Festungslandschaft heute, in: 450 Jahre Festung Dresden. Tagungsband und Symposium am 11. Nov. 2005, Dresden 2007, S. 128.

[123] Zitiert nach: Geschichte des Wohnens, Bd. 2, Hg. Ulf Dirlmeier, Stuttgart 1998, S. 575.

[124] E. H. Blohm am 14.5.1851 an die königliche Domänenkammer in Hannover, zitiert nach: Hinrich Schoolmann: Unsere liebe kleine Stadt - Ein Gang durch das alte Aurich, Aurich 1975, S. 56.

[125] Zitiert nach: Lucie Hagendorf-Nußbaum und Norbert Nußbaum: Der Hansasaal, in: Walter Geis und Ulrich Krings (Hg.): Köln - das gotische Rathaus und seine historische Umgebung, Köln 2000, S. 373.

[126] Zitiert nach: Leonore Binder: Hermann Schaper und die Neugestaltung des Göttinger Rathauses 1883-1903, Göttigen 1990, S. 23.

[127] Zitiert nach: Heinz Füssler und Heinrich Wichmann: Das alte Rathaus zu Leipzig, Berlin 1958, S. 63.

[128] Zitiert nach ebenda S. 63.

[129] Zitiert nach: Edgar Haider: Verlorene Pracht. Geschichten von zerstörten Bauten, Hildesheim 2006, S. 174.

[130] Die Kunstdenkmäler in Baden-Württemberg, Stadtkreis Mannheim, Bd. 2, München 1982, S. 860.

[131] E. R.: Die Verunstaltungen von Hameln an der Weser, in: Die Denkmalpflege 1 (1899), S. 126f.

[132] Karl Scheffler: Der junge Tobias. Eine Jugend und ihre Umwelt, Leipzig 1946 (1. Auflage 1927), S. 40-42.

[133] Zitiert nach: Dirk Schubert: Stadterneuerung in London und Hamburg, Braunschweig 1997, S. 221.

[134] Max Pettenkofer: Untersuchungen und Beobachtungen über die Verbreitungsart der Cholera nebst Betrachtungen über Maßregeln, derselben Einhalt zu thun, München 1855, S. 268, 270.

[135] Heinrich Asher: Die Gängeviertel und die Möglichkeit, dasselbe zu durchbrechen, Hamburg 1865, S. 6.

[136] Ibid. S. 8.

[137] Die Gesundheitsverhältnisse Hamburgs im neunzehnten Jahrhundert. Den ärztlichen Teilnehmern der 73. Versammlung Deutscher Naturforscher und Ärzte gewidmet von dem Medicinal-Collegium, Hamburg 1901, S. 318.

[138] Cornelius Gurlitt: Handbuch des Städtebaues, Berlin 1920, S. 260.

[139] So Otto Schilling 1915 in seiner Dissertation zum Stadtumbau der Innenstädte im späten Kaiserreich (Schilling: Innere Stadt-Erweiterung, Berlin 1921, S. 241 f.). Schillings Arbeit war die erste zu diesem Thema und ist hierfür bis heute relevant geblieben.

[140] Aus seinen Erinnerungen, zitiert nach: Eike Geisel: Im Scheunenviertel. Bilder, Texte und Dokumente, Berlin 1981, S. 42.

[141] Stephan Heise: Altstadtsorgen, in: Die neue Altstadt. Jahrbuch 1926 des Bundes tätiger Altstadtfreunde zu Frankfurt am Main, zitiert nach: Wolfgang Klötzer (Hg.): Die Frankfurter Altstadt, Frankfurt 1983, S. 135, 137 f., 141.

[142] Zitiert nach: Folckert Lüken-Isberner: Stadt und Raum 1933-1949, Kassel 1991, S. 58-63.

[143] Ernst Grüneberg: Die Reichshauptstadt Berlin. Eine Heimatkunde für Berliner Schulen, Breslau 1938, S. 69.

[144] Andreas Walther: Neue Wege zur Großstadtsanierung, Stuttgart 1936, S. 14.

[145] Andreas Walther: Neue Wege zur Großstadtsanierung, Stuttgart 1936, S. 4.

[146] Benno Kühn: Die Altstadtgesundung, in: Zeitschrift des Vereins deutscher Ingenieure 23 (1936), S. 712.

[147] Zitiert nach: Harald Bodenschatz: Platz frei für das neue Berlin!, Berlin 1987, S. 135 f.

[148] Zitiert nach: Hartwig Beseler und Niels Gutschow: Kriegsschicksale deutscher Architektur, Bd. 1, Neumünster 1988, S. XLIV f.

[149] Hans Scharoun: Zur Ausstellung „Berlin plant“, in: Neue Bauwelt 1 (1946) Heft 10, S. 3.

[150] Zitiert nach ib., S. 129.

[151] Zitiert nach: Werner Durth: Deutsche Architekten. Biographische Verflechtungen 1900-1970, Braunschweig 1986, S. 216.

[152] Hans Reichow: Die autogerechte Stadt. Ein Weg aus dem Verkehrs-Chaos, Ravensburg 1959.

[153] Zitiert nach: Thomas Flierl: „Vielleicht die größte Aufgabe, die je einem Architekten gestellt wurde“ - Ernst May in der Sowjetunion (1930-33), in: Ernst May 1886-1970. Neue Städte auf drei Kontinenten, Hg. Claudia Quiring u.a., München 2011, S. 184.

[154] Zitiert nach: Friedhelm Fischer: Lübeck. Kleinod im ökonomischen Windschatten, in: Klaus von Beyme u. a. (Hg.): Neue Städte aus Ruinen, München 1992, S. 101.

[155] Zitiert nach: Erich Mulzer: Der Wiederaufbau der Altstadt von Nürnberg 1945 bis 1970, Erlangen 1972, S. 103 Anmerkung.

[156] Johannes Göderitz: Sanierung erneuerungsbedürftiger Wohngebiete. Untersuchungen von Wohngebieten in Berlin und Hannover, Stuttgart 1957.

[157] Zehnter Stadterneuerungsbericht, Berlin 1973, Vorwort, zitiert nach: Harald Bodenschatz: Die Berliner „Mietskaserne“ in der wohnungspolitischen Diskussion seit 1918, in: Axel Schildt und Arnold Sywottek (Hg.): Massenwohnung und Eigenheim, Frankfurt 1988, S. 142.

[158] Zitiert nach der 1969 in erweiterter Form veröffentlichten Fassung: Karin Zapf: Rückständige Viertel. Eine soziologische Analyse der städtebaulichen Sanierung in der Bundesrepublik, Frankfurt a. M. 1969, S. 161 f.

[159] Walter Sittel: Stadtplanung in Duisburg, in: Duisburg - Stadt Montan. Jahresversammlung des Rheinischen Vereins für Denkmalpflege und Heimatschutz vom 26. bis 28. Juni 1965, Köln 1966, S. 26 ff.

[160] Roland Günter: Glanz und Elend der Inventarisation, in: Deutsche Kunst und Denkmalpflege 28 (1970) H 1/2, S. 109 ff.

[161] So Peter Doehler auf der ersten Theoretischen Konferenz der Deutschen Bauakademie; abgedruckt in: Deutsche Bauakademie (Hg.): Probleme des Städtebaus und der Architektur im Siebenjahrplan, Berlin 1960, S. 177, 179.

162 Brief vom 5.5.1818, zitiert nach: Michael Falser: Zwischen Identität und Authentizität, Dresden 2008, S. 30.

163 Hugo von Ritgen im: Führer auf der Wartburg", zitiert nach: Ernst Badstüber: Die „Restauration" der Wartburg. Aspekte des Historismus und der Denkmalpflege, in: Burgen und Schlösser 45 (2004) H 1, S. 23.

164 Resolution der Generalversammlung des Verbandes deutscher Architekten- und Ingenieur-Vereine vom 23.8.1882 in Hannover, in: Deutsche Bauzeitung 16 (1882), S. 399.

165 Georg Dehio: Denkmalschutz und Denkmalpflege im neunzehnten Jahrhundert. Festrede an der Kaiser-Wilhelms-Universität zu Straßburg, den 27. Januar 1905, in: ders.: Kunsthistorische Aufsätze, München 1914, S. 280.

166 Cornelius Gurlitt: Vom Heidelberger Schloß, in: Heidelberger Tageblatt Nr. 272 vom 19.11.1901, S. 2.

167 Bodo Ebhardt: Deutsche Burgen als Zeugen deutscher Geschichte, Berlin 1925, S. 276.

168 Conrad Steinbrecht 1896, zitiert in: Hartmut Boockmann: Die Marienburg im 19. Jahrhundert, Frankfurt a.M. 1982, S. 166.

169 Friedrich Wilhelm am 3.7.1815 an Ançillon, zitiert nach: Ursula Ratke: Preußische Burgenromantik am Rhein, München 1979, S. 47 f.

170 Der bayerische Ministerpräsident Ludwig Siebert in: Wiedererstandene Baudenkmale. Ausgewählte Arbeiten aus dem Ludwig-Siebert-Programm zur Erhaltung bayerischer Baudenkmale, Hg. Ludwig Siebert, München 1941, S. 9.

171 Deister-Weser-Zeitung Nr. 284 vom 7.12.1959.

172 Zitiert nach Hans Otte: Die hannoversche Garnisonkirche 1896–1959. Aufbau und Zerstörung eines Symbols. In: Stadt und Überlieferung, Hg. Karljosef Kreter u.a., Hannover 1999, S. 267.

173 Ludwig Klasen: Grundriss-Vorbilder von Gebäuden aller Art. Handbuch für Baubehörden, Bauherren, Architekten, Ingenieure, Baumeister, Bauunternehmer, Bauhandwerker und technische Lehranstalten, Abtlg. XI: Gebäude für kirchliche Zwecke, Leipzig 1889, S. 1354.

174 Siegfried Kracauer: Ansichtspostkarte, in: ders.: Straßen in Berlin und anderswo, Frankfurt a. M. 2009, S. 48 f., zuerst in der Frankfurter Zeitung vom 26.5.1930.

175 Hartwig Beseler: Der Wiederaufbau der Kölner Kirchen, in: Jahrbuch der Rheinischen Denkmalpflege 20 (1956), S. 236.

176 Aschaffenburg, Berlin Charlottenburg und Bellevue, Bonn kurfürstliche Residenz, Bruchsal, Brühl Augustusburg, Karlsruhe Stadtschloss, Koblenz Stadtschloss, Mainz, Mannheim, München Residenz, Münster, Osnabrück, Stuttgart Altes Schloss, Trier, Würzburg Residenz.

177 So in der gemeinsamen Stellungnahme des Beirats der „Zentrale für den Aufbau der Stadt Stuttgart" und der Kunst-Kommission 1949, zitiert nach: Bernhard Sterra: Das Stuttgarter Stadtzentrum im Aufbau. Architektur und Stadtplanung 1945 bis 1960, Stuttgart 1991, S. 259.

[178] Walter Dirks: Mut zum Abschied. Zur Wiederherstellung des Frankfurter Goethehauses, in: Frankfurter Hefte 2 (1947), S. 826 f.

[179] Interview von 2001, zitiert nach: Philipp Springer, "Machen Sie das doch nicht so kompliziert...". Der Schlossabriss in Schwedt 1962 und die Zukunftseuphorie in der sozialistischen Industriestadt, in: Georg Wagner-Kyora (Hg.): Wiederaufbau europäischer Städte, Stuttgart 2014, S.170 f.

[180] So erinnert sich der spätere Dresdner Denkmalpfleger Gerhard Glaser, der damals in Dresden Architektur studierte und zusammen mit Hermann Krüger in einer Studie Nutzungsmöglichkeiten für das Schloss erarbeitete. Gerhard Glaser: Das Dresdner Schloß. In stillem Einvernehmen über die Jahrzehnte gebracht, in: Deutsche Kunst und Denkmalpflege 49 (1991), S. 91.

[181] Zitiert nach: Graue Diven erfinden sich selbst. Akteurshandeln und Identitätskonstruktion in Entscheidungsprozessen über die Altstadtsanierung von Halle und Leipzig 1990-2003, in: Andreas Ranft und Stefan Selzer (Hg.): Städte aus Trümmern. Katastrophenbewältigung zwischen Antike und Moderne, Göttingen 2004, S. 207.

[182] Zahlen nach: Horst Dähn: Der Weg der evangelischen Kirche in der DDR - Betrachtung einer schwierigen Gratwanderung, in: ders. (Hg.): Die Rolle der Kirchen in der DDR, München 1993, S. 10 f.

[183] Zahlen nach Henriette von Preuschen: Der Umgang mit kriegszerstörten Kirchen in der SBZ/DDR, Worms 2011, S. 9.

[184] Ingrid Mittenzwei: Die zwei Gesichter Preußens, in: Forum. Organ des Zentralrats der FDJ 32 (1978) H 19, S. 8 f. Ausführlicher dann in ihrem Buch: Friedrich II. Eine Biographie, Berlin 1980.

[185] So die Überschrift des Artikels von Andreas Ruby in der *Zeit* vom 9.11.2000.

Literaturhinweise

Literatur, bei der das Abrissproblem im Mittelpunkt steht, gibt es kaum. Informationen zum Abrissproblem finden sich meist in Literatur, in der es mehr oder minder nebenbei mit auftaucht. Ein sehr großer Teil der vom Verfasser verarbeiteten Informationen steckt ohnehin in oft kleinen und recht speziellen Aufsätzen, die vielfach auch noch an eher entlegenen Stellen veröffentlicht sind. Im Folgenden sind einige Titel ausgewählt, die einem an Vertiefung interessierten Leser am ehesten nützlich sein könnten.

1 Allgemeines

1.1 Denkmalschutz

Speitkamp, Winfried: Die Verwaltung der Geschichte. Denkmalpflege und Staat in Deutschland 1871-1933, Göttingen 1996

Falser, Michael S.: Zwischen Identität und Authentizität. Zur politischen Geschichte der Denkmalpflege in Deutschland, Dresden 2008

Hubel, Achim: Denkmalpflege. Geschichte, Themen, Aufgaben. Eine Einführung, Stuttgart 2006

Klotz, Heinrich und Roland Günter und Gottfried Kiesow: Keine Zukunft für unsere Vergangenheit? Denkmalschutz und Stadtzerstörung, Giessen 1975

1.2 Abbildungen

zahlreiche Abbildungen des 16.-18. Jahrhunderts finden sich in:

Braun, Georg und Franz Hogenberg: Civitates orbis terrarum, 6 Teile, Köln 1572-1618, Faksimile Stuttgart 1965

Merian, Matthaeus: Topographia Germaniae, 16 Teile, Frankfurt 1642-75, Reprint Braunschweig 2005

Wening, Michael: Historico topographica descriptio Bavariae, 4 Bde., München 1701-26, Reprint München 1974-77

1.3. Zeitschriften

Deutsche Kunst und Denkmalpflege, 1934-1993

Burgen und Schlösser. Zeitschrift für Burgenforschung und Denkmalpflege, Braubach seit 1960

Die alte Stadt. Vierteljahreszeitschrift für Stadtgeschichte, Stadtsoziologie, Denkmalpflege und Stadtentwicklung, Weinstadt seit 1978

2 religiöse Bauten

2.1 Klöster: Übersichtswerke

Sterba, Thomas: Herders neues Klosterlexikon, Freiburg 2010

Haus der bayerischen Geschichte: Klöster in Bayern, www.hdbg.eu/kloster/web

Klöster in Baden-Württemberg, www.kloester-bw.de

Brandenburgisches Klosterbuch. Handbuch der Klöster, Stifte und Kommenden bis zur Mitte des 16. Jahrhunderts, 2 Bde., Berlin 2007
Klosteranlagen in Mecklenburg-Vorpommern. Schicksale und Chancen, Hg. Verein der Freunde und Förderer des Klosters Doberan, Weimar 2005
Niedersächsisches Klosterbuch. Verzeichnis der Klöster, Stifte, Kommenden und Beginenhäuser in Niedersachsen und Bremen von den Anfängen bis 1810, 4 Bde., Bielefeld 2012
Nordrheinisches Klosterbuch. Lexikon der Stifte und Klöster bis 1815, 4 Bde., Siegburg 2009 ff.
Pfälzisches Klosterlexikon. Handbuch der pfälzischen Klöster, Stifte und Kommenden, 5 Bde., Kaiserslautern 2014 ff.
Mehlhorn, Dieter-Jürgen: Klöster und Stifte in Schleswig-Holstein. 1200 Jahre Geschichte, Architektur und Kunst, Kiel 2007
Westfälisches Klosterbuch. Lexikon der vor 1815 errichteten Stifte und Klöster von ihrer Gründung bis zur Aufhebung, 3 Bde., Münster 1992-2003
Klöster und monastische Kultur in den Hansestädten, Hg. Claudia Kimminus-Schneider und Manfred Schneider, Rahden 2003
Repertorium der Zisterzen in den Ländern Brandenburg, Mecklenburg-Vorpommern, Sachsen, Sachsen-Anhalt und Thüringen, Langwaden 2998
Todenhöfer, Achim: Kirchen der Bettelorden. Die Baukunst der Dominikaner und Franziskaner in Sachsen-Anhalt, Berlin 2010

2.2 Säkularisation

Jürgensmeier, Friedhelm: Orden und Klöster im Zeitalter von Reformation und katholischer Reform 1500-1700, 3 Bde., Münster 2005-07
Bayern ohne Klöster? Die Säkularisation 1802/03 und die Folgen. Eine Ausstellung des Hauptstaatsarchivs München 2003, München 2003
Arndt-Baerend, Sabine: Die Klostersäkularisation in München 1802/03, München 1986
Kirmeier, Josef und Manfred Treml und Evamaria Brockhoff (Hg.): Glanz und Elend der alten Klöster. Säkularisation im bayerischen Oberland 1803, München 1991
Schmid, Hermann: Die Säkularisation der Klöster in Baden 1802-1811, Überlingen 1980
Schmid, Hermann: Säkularisation und Schicksal der Klöster in Bayern, Württemberg und Baden 1802-1815 unter besonderer Berücksichtigung von Industrieansiedlungen in ehemaligen Konventen, Überlingen 1975
Die ehemaligen Kirchen, Klöster, Hospitäler und Schulbauten der Stadt Köln, bearb. von Ludwig Arntz, Heinrich Neu und Hans Vogts, Düsseldorf 1937 (= Die Kunstdenkmäler der Stadt Köln, Hg. Paul Clemen, Bd. 2, Abtlg. 3, Ergänzungsband)
Klueting, Harm: Die Säkularisation im Herzogtum Westfalen 1802-1834. Vorbereitung, Vollzug und wirtschaftlich-soziale Auswirkungen der Klosteraufhebung, Köln 1980
Mempel, Hans Christian: Die Vermögenssäkularisation 1803/10. Verlauf und Folgen der Kirchengüterenteignung in verschiedenen deutschen Territorien, Bd. 2, München 1979

Mölich, Georg und Joachim Oepen und Wolfgang Rosen (Hg.): Klosterkultur und Säkularisation im Rheinland, Essen [2]2002
Rosenwick, Bruno: Die Säkularisation von Benediktinerklöstern in der alten Erzdiözese Köln, Bonn 1981
Hoitz, Markus: Die Aufhebung der Abtei Heisterbach, Königswinter 1987
Grolle, Joist: Ein Stachel im Gedächtnis der Stadt: der Abriß des Hamburger Doms, in: Die Kunst des Mittelalters in Hamburg. Aufsätze zur Kulturgeschichte, Hamburg 1999, S. 293-300
Lenhart, Ludwig: Bischof Joseph Ludwig Colmar und seine Rolle in der tragischen Schicksalsgemeinschaft des Mainzer und Speyrer Doms zur Zeit Napoleons, in: Ludwig Stamer (Hg.): 900 Jahre Speyrer Dom, Speyer 1961, S. 224-39

2.3 Gemeindekirchen

siehe auch bei: Wiederaufbau nach 1945

Hermanns, Ulrich: Mittelalterliche Stadtkirchen Mecklenburgs. Denkmalpflege und Bauwesen im 19. Jahrhundert, Schwerin 1996
Schöneberg, Gerd: Kirchen im Erfurter Gebiet, Erfurt 2007
Krenzke, Hans-Joachim: Kirchen und Klöster zu Magdeburg, Magdeburg 2000
Kirchensprengung und -abriss in der Deutschen Demokratischen Republik, www.kirchensprengung.de
Verlorene Kirchen. Dresdens zerstörte Gotteshäuser. Eine Dokumentation seit 1938, Hg. Landeshauptstadt Dresden, Amt für Presse- und Öffentlichkeitsarbeit, Dresden 2. erw. Aufl. 2014, auch www.dresden.de/media/pdf/denkmal/VerloreneKirchen_72ES.pdf
Krause, Maren: Verschwundene Kirchen Berlins. Eine kurze Geschichte ihres Abbruchs vom 18. bis 20. Jahrhundert, in: Mitteilungen des Vereins für die Geschichte Berlins 102 (2006), S. 414-27
Winter, Christian: Gewalt gegen Geschichte. Der Weg zur Sprengung der Universitätskirche Leipzig, Leipzig 1998
Diederich, Georg M.: Aus den Augen, aus dem Sinn. Die Zerstörung der Rostocker Christuskirche 1971, Bremen [2]1997
Bamberg, Ludwig: Die Potsdamer Garnisonkirche. Baugeschichte, Ausstattung, Bedeutung, Berlin 2006
Schneider, Julius: Die Geschichte des Berliner Doms. Von der Domstiftung im 15. Jahrhundert bis zum Wiederaufbau im 20. Jahrhundert, Berlin 1993
Die Frauenkirche zu Dresden. Werden, Wirkung, Wiederaufbau, Hg. Stiftung Frauenkirche Dresden, Dresden 2005
Frowein-Ziroff, Vera: Die Kaiser-Wilhelm-Gedächtniskirche. Entstehung und Bedeutung, Berlin 1982

2.4 Synagogen

Fischbach, Stefan und Ingrid Westerhoff: „... und dies ist die Pforte des Himmels“. Synagogen Rheinland-Pfalz - Saarland, Mainz 2005

Dinse, Ursula: Das vergessene Erbe. Jüdische Baudenkmale in Schleswig-Holstein, Kiel 1995

Schwierz, Israel: Steinerne Zeugnisse jüdischen Lebens in Bayern. Eine Dokumentation, München ²1992

Synagogen in Berlin. Zur Geschichte einer zerstörten Architektur, 2 Bde., Berlin 1983

Brocke, Michael (Hg.): Feuer an dein Heiligtum gelegt. Zerstörte Synagogen 1938, Nordrhein-Westfalen, Bochum 1999

Altaras, Thea: Synagogen in Hessen. Was geschah seit 1945?, 2 Bde., Königstein 1988-94

3 Denkmäler

Speitkamp, Winfried (Hg.): Denkmalsturz. Zur Konfliktgeschichte politischer Symbolik, Göttingen 1997

Zeller, Joachim: Kolonialdenkmäler und Geschichtsbewußtsein. Eine Untersuchung der kolonialdeutschen Erinnerungskultur, Frankfurt a. M. 2000

Saehrendt, Christian: Der Stellungskrieg der Denkmäler. Kriegerdenkmäler im Berlin der Zwischenkriegszeit (1919-1939), Bonn 2004

Nawyn, Kathleen J.: „Ausrottung des `kämpferischen Geistes´". Zur Beseitigung militaristischer Denkmäler im amerikanisch besetzten Württemberg-Baden, 1945-1947, in: Tanja Thomas und Fabian Virchow (Hg.): Banal militarism, Bielefeld 2005, S. 129-47

Wijsenbeek, Dinah: Denkmal und Gegendenkmal. Über den kritischen Umgang mit der Vergangenheit auf dem Gebiet der bildenden Kunst, München 2010

Azaryahu, Maoz: Von Wilhelmplatz zu Thälmannplatz. Politische Symbolik im öffentlichen Leben der DDR, Gerlingen 1991

Scheer, Regina: Der Umgang mit den Denkmälern. Eine Recherche in Brandenburg, Brandenburg 2003, auch: http://www.politische-bildung-brandenburg.de/publikationen/pdf/denkmaeler.pdf

Thümmler, Lars-Holger: Der Wandel im Umgang mit den Kriegerdenkmälern in den östlichen Bundesländern Deutschlands seit 1990, in: Jahrbuch für Pädagogik 2003, S. 221-43, auch unter: http://www.historischer-service.de/preussen/aufsatz/kriegerdenkmal.html

Johst, David: Demokratischer Denkmalsturz? Über den Umgang mit politischen Denkmälern der DDR nach 1989, in: Deutschland-Archiv 49 (2016), S. 167-77, auch: http://www.bpb.de/geschichte/zeitgeschichte/deutschlandarchiv/231079/demokratischer-denkmalsturz-ueber-den-umgang-mit-politischen-denkmaelern-der-ddr-nach-1989

Beiersdorf, Leonie: Die doppelte Krise. Ostdeutsche Erinnerungszeichen nach 1989, Berlin 2015

Grütter, Heinrich Theodor: Denkmalskultur im Ruhrgebiet, in: Ulrich Borsdorf: Orte der Erinnerung, Frankfurt a. M. 1999, S. 189-230

Troschitz, Frank: Die „Metallspende des deutschen Volkes" und die Düsseldorfer Denkmäler, in: Düsseldorfer Jahrbuch 78 (2008), S. 117-44

Scherb, Ute: „Wir bekommen die Denkmäler, die wir verdienen“. Freiburger Monumente im 19. und 20. Jahrhundert, Freiburg i. Br. 2005
Sauer, Michael (Hg.): Denkmäler in Göttingen. Handreichungen für den Geschichtsunterricht, Göttingen 2012
Philipps, Sören: Hildesheimer Gedächtnisorte. Eine Lokalstudie zum kollektiven Gedächtnis von der Kaiserzeit bis heute, Berlin 2002
Klingel, Kerstin: Eichenkranz und Dornenkrone. Kriegerdenkmäler in Hamburg, Hamburg 2006
Uhlrich, Claus: Verschwunden - Schicksale Leipziger Denkmale, Gedenksteine und Plastiken, Leipzig 1994
Bauer, Frank und Hartmut Knitter und Heinz Ruppert: Vernichtet - Vergessen - Verdrängt. Militärbauten und militärische Denkmäler in Potsdam, Berlin 1993
Heidelberger Denkmäler 1788-1981, Hg. Kunsthistorisches Institut der Universität Heidelberg, Heidelberg 1982
Seele, Sieglinde: Lexikon der Bismarck-Denkmäler, Petersberg 2005
Du Bois, René: Denkmale und Denksteine für Friedrich den Großen. Lebe er wohl ..., Norderstedt [3]2014
Brauer, Michael und Andreas Decker und Christian Schulze: 75 Jahre für und gegen die Bremer Räterepublik. Drei Denkmale im Wandel der Zeit und im Spiegel des politischen Klimas, Bremen 1994
Lehnert, Uta: Der Kaiser und die Siegesallee. Réclame Royale, Berlin 1998
Baacke, Rolf-Peter und Michael Nungesser: Ich bin - Ich war - Ich werde sein. Drei Denkmäler der deutschen Arbeiterbewegung in den 20er Jahren, in: Wem gehört die Welt? Katalog Neue Gesellschaft für bildende Kunst, Berlin 1977, S. 280-98
Alings, Reinhard: Die Berliner Siegessäule, Berlin 2000
Gottwald, Herbert: Ein Kaiserdenkmal im Sozialismus. Das Kyffhäuser-Denkmal in SBZ und DDR, in: Das Kyffhäuserdenkmal 1896-1996, Hg. Gunther Mai, Köln 1997, S. 235-61

4 Herrschafts- und Wehrbauten

4.1 Burgen

Ebidat. Die Burgendatenbank des Europäischen Burgeninstituts, www.ebidat.de
Tillmann, Curt: Lexikon der deutschen Burgen und Schlösser, 4 Bde, Stuttgart 1958-61 *(Versuch einer Auflistung des Gesamtbestands mit Kurznotizen zu jedem Objekt)*
Haus der Bayerischen Geschichte: Burgen, www.hdbg.eu/burgen
Binding, Günther: Deutsche Königspfalzen. Von Karl dem Großen bis Friedrich II. (765-1240), Darmstadt 1996
Boockmann, Hartmut: Die Marienburg im 19. Jahrhundert, Frankfurt a. M. 1982
Hucker, Bernd Ulrich und Eugen Kotte und Christine Vogel (Hg.): Die Marienburg. Vom Machtzentrum des Deutschen Ordens zum mitteleuropäischen Erinnerungsort, Paderborn 2013
Bornheim, Werner (gen. Schilling): Rheinische Höhenburgen, 3 Bde., Neuss 1964
Haas, Erwin: Die sieben württembergischen Landesfestungen, Reutlingen 1996
Pfälzisches Burgenlexikon, (Hg.) Jürgen Keddigkeit, 4 Bde., Kaiserslautern 1999-2007

Schütte, Ulrich: Das Schloss als Wehranlage. Befestigte Schlossbauten der frühen Neuzeit im alten Reich, Darmstadt 1994
Weithmann, Michael: Burgen in München. Mittelalterliche Burgen und Mauern, Tore und Türme in München und im Münchner Umland, München 2006 *(auch zur Stadtbefestigung)*

4.2 Stadtbefestigungen

Mintzker, Yair: The defortification of the German city 1689-1866, New York 2012
Das Ende der Festungen. Aufgelassen - geschleift - vergessen?, Regensburg 2009
Pelc, Ortwin: Im Schutz von Mauern und Toren. Die Befestigung der schleswig-holsteinischen Städte in Mittelalter und Neuzeit, Heide 2003
Lehmbruch, Hans: Ein neues München. Stadtplanung und Stadtentwicklung um 1800, Buchendorf 1987
Grobe, Peter: Die Entfestigung Münchens, München 1970
Bubke, Karolin: Die Bremer Stadtmauer, Bremen 2007
Schadendorf, Wulf: Das Holstentor. Symbol der Stadt. Gestalt, Geschichte und Herkunft des Lübecker Tores, Lübeck 1977
Jung, Rudolf: Die Niederlegung der Festungswerke in Frankfurt am Main 1802-1807, in: Archiv für Frankfurts Geschichte und Kunst 30 (1913), S. 117-90
Mergel, Thomas: Von der ummauerten zur offenen Stadt. Die Entfestigung von Köln und die Erweiterung des Stadtgebiets 1881-1914, in: Deres, Thomas (Hg.): Köln im Kaiserreich, Köln 2010, S. 45-63
Heil, Peter: Denkmal statt Stadtmauer. Beseitigung von Stadtbefestigungen am Beispiel der Städte Belfort und Landau/Pfalz, in: Michael Matheus (Hg.): Stadt und Wehrbau im Mittelrheingebiet, Stuttgart 2003, S. 113-130
Kiel, Uwe und Michael Lissok und Hans-Georg Wenghöfer: Von der Stadtbefestigung zur Wallpromenade. Die Geschichte der Greifswalder Fortifikationswerke und ihre Umgestaltung zu öffentlichen Grünanlagen, Greifswald 2007
Papke, Eva: Festung Dresden. Aus der Geschichte der Dresdner Stadtbefestigung, Dresden ^{2}2007

4.3 Bauten und Bauplanungen des III. Reiches

Eichhorn, Ernst (Hg.): Kulissen der Gewalt. Das Reichsparteitagsgelände in Nürnberg, München 1992
Ogan, Bernd und Wolfgang Weiß (Hg.): Faszination und Gewalt. Zur politischen Ästhetik des Nationalsozialismus, Nürnberg 1992
Schäche, Wolfgang und Hans J. Reichardt: Von Berlin nach Germania. Über die Zerstörungen der Reichshauptstadt durch Albert Speers Neugestaltungsmaßnahmen, Berlin überarb. ^{2}2001
Arnold, Dietmar: Neue Reichskanzlei und „Führerbunker". Legende und Wirklichkeit, Berlin ^{2}2006
Wolf, Christiane: Gauforen - Zentren der Macht. Zur nationalsozialistischen Architektur und Stadtplanung, Berlin 1999

Reichel, Peter (Hg.): Das Gedächtnis der Stadt. Hamburg im Umgang mit seiner nationalsozialistischen Vergangenheit, Hamburg 1997
Hoffmann, Detlef (Hg.): Das Gedächtnis der Dinge. KZ-Relikte und KZ-Denkmäler 1945-1995, Frankfurt a. M. 1998
Reichel, Peter: Politik mit der Erinnerung. Gedächtnisorte im Streit um die nationalsozialistische Vergangenheit, München 1995
König, Frank: Die Gestaltung der Vergangenheit. Zeithistorische Orte und Geschichtspolitik im vereinten Deutschland, Marburg 2007

4.4 Schlösser und Herrenhäuser nach 1945 in der SBZ/DDR

Maether, Bernd: Brandenburgs Schlösser und Herrenhäuser 1945-1952, Potsdam 1999
Maether, Bernd: Schlösser, Herrenhäuser und Bodenreform, in: Rüdiger Fikentscher u. a. (Hg.): Die Bodenreform in Sachsen-Anhalt. Durchführung, Zeitzeugen, Folgen, Halle a. S. 1999, S. 101-116
Bath, Herbert: Die Schlösser und Herrenhäuser in Berlin und Brandenburg, Berlin 2001
Happe, Barbara: Zwischen Sowjetischer Militäradministration und Denkmalschutz. Der Abriss von Schlössern und Gutshöfen 1947-1949 im Zuge der Bodenreform im Landkreis Jena-Stadtroda (Thüringen), in: Zeitschrift für Thüringische Geschichte 55 (2001), S. 285-315
Sobotka, Bruno J. (Hg.): Burgen, Schlösser, Gutshäuser in Brandenburg und Berlin, Stuttgart [4]1993
Sobotka, Bruno J. (Hg.): Burgen, Schlösser, Gutshäuser in Mecklenburg-Vorpommern, Stuttgart 1993
Sobotka, Bruno J. (Hg.): Burgen, Schlösser, Gutshäuser in Sachsen-Anhalt, Stuttgart 1994
Sobotka, Bruno J. (Hg.): Burgen, Schlösser, Gutshäuser in Thüringen, Stuttgart 1995
Sobotka, Bruno J. (Hg.): Burgen, Schlösser, Gutshäuser in Sachsen, Stuttgart 1996
Breitenborn, Konrad: Otto von Bismarck. Kanzler aus der Altmark. Buch zum Bismarck-Museum in Schönhausen, Halle 1998
Maether, Bernd: Die Vernichtung des Berliner Stadtschlosses. Eine Dokumentation, Berlin 2000
Kirschstein, Jörg: Das Potsdamer Stadtschloss. Vom Fürstensitz zum Landtagsschloss, Berlin 2014

4.5 Bauten der DDR

Holfelder, Moritz: Palast der Republik. Aufstieg und Fall eines symbolischen Gebäudes, Berlin 2008
Die Berliner Mauer. Vom Sperrwall zum Denkmal. Mit Beiträgen von Winfried Heinemann u. a., Bonn 2009

5 Stadterneuerung der Altstadt (Citybildung und Sanierung)

Jahrbuch Stadterneuerung, Wiesbaden 1991 ff.
Schilling, Otto: Innere Stadt-Erweiterung, Berlin 1921, auch: http://digitalesammlungen.uni-weimar.de/viewer/image/PPN640464149/1/

Kopetzki, Christian und V. Lasch (Hg.): Stadterneuerung in der Weimarer Republik und im Nationalsozialismus, Kassel 1987

Lüken-Isberner, Folckert: Stadt und Raum 1933-1949, Kassel 1991

Petz, Ursula von: Stadtsanierung im Dritten Reich, dargestellt an ausgewählten Beispielen, Dortmund 1987

Leimbrock, Holger und Werner Roloff: (Mittel)stadtentwicklung - (Mittel)stadtplanung. Mit Falluntersuchungen fünf ausgewählter Mittelstädte, 2 Bde., Frankfurt a. M. 1987 *(Marburg, Detmold, Hameln, Unna, Herten)*

Dase, Martine und Jürgen Lüdtke und Hellmut Wollmann (Hg.): Stadterneuerung im Wandel. Erfahrungen aus Ost und West, Basel 1989

Krüger, Margrit u. a. (Hg.): Vorbereitung der Stadterneuerung, Dortmund 1981 *(zu Duisburg-Hochfeld, Hannover-Linden, Berlin-Kreuzberg)*

Keltsch, Sandra: Stadterneuerung und städtebauliche Denkmalpflege in der DDR zwischen 1970 und 1990, dargestellt an der Entwicklung von Denkmalstädten in Sachsen-Anhalt, Leipzig 2012, auch: http://www.qucosa.de/fileadmin/data/qucosa/documents/12123/Sandra%20Keltsch%20-Stadterneuerung%20und%20städtebauliche%20Denkmalpflege%20in%20der%20DDR%20(1970-1990).pdf

Alte Städte - neue Chancen. Städtebaulicher Denkmalschutz. Mit Beispielen aus den östlichen Ländern der Bundesrepublik Deutschland, Hg. Bundesministerium für Raumordnung, Bauwesen und Denkmalschutz, Bonn 1996

Berlins vergessene Mitte, Hg. Franziska Nentwig und Dominik Bartmann, Berlin 2012

Bodenschatz, Harald: Platz frei für das neue Berlin. Geschichte der Stadterneuerung in der größten Mietskaserne der Welt seit 1871, Berlin 1987

Goebel, Benedikt: Der Umbau Alt-Berlins zum modernen Stadtzentrum. Planungs-, Bau- und Besitzgeschichte des historischen Berliner Stadtkerns im 19. und 20. Jahrhundert, Berlin 2003

Krohn, Carsten: Das ungebaute Berlin. Stadtkonzepte im 20. Jahrhundert, Berlin 2010

Bodenschatz, Harald: Berlin. Auf der Suche nach dem verlorenen Zentrum, Hamburg 1995

Cobbes, Arnt: Abgerissen! Verschwundene Bauten in Berlin, Berlin erweitert [2]2015

Schmidt, Andreas K.: Vom steinernen Berlin zum Freilichtmuseum der Stadterneuerung. Die Geschichte des größten innerstädtischen Sanierungsgebiets der Bundesrepublik: Wedding-Brunnenstraße 1963-1989/95, Hamburg 2008

Stimmann, Hans: Berliner Altstadt. Von der DDR-Staatsmitte zur Stadtmitte, Berlin 2009

Köhler, Jörg R.: Städtebau und Stadtpolitk im wilhelminischen Frankfurt. Eine Sozialgeschichte, Frankfurt a. M. 1995

Müller-Raemisch, Hans-Reiner: Frankfurt am Main. Stadtentwicklung und Planungsgeschichte seit 1945, Frankfurt 1996

Schanetzky, Tim: Endstation Größenwahn. Die Geschichte der Stadtsanierung in Essen-Steele, Essen 1998

Schubert, Dirk: Stadterneuerung in London und Hamburg. Eine Stadtbaugeschichte zwischen Modernisierung und Disziplinierung, Braunschweig 1997

Dahms, Geerd: Das Hamburger Gängeviertel. Unterwelt im Herzen der Großstadt, Berlin 2010
Brix, Michael: Nürnberg und Lübeck im 19. Jahrhundert. Denkmalpflege, Stadtbildpflege, Stadtumbau, München 1981
Hansestadt Lübeck. Sanierung und Entwicklung der Lübecker Altstadt. Konzepte, Strategien, Perspektiven, Hg. Hansestadt Lübeck, Neumünster 2008
Strobel, Richard (Hg.): Regensburg. Die Altstadt als Denkmal. Altstadtsanierung, Stadtgestaltung, Denkmalpflege, München 19789

6 Wiederaufbau nach 1945

Beseler, Hartwig und Niels Gutschow: Kriegsschicksale deutscher Architektur. Verluste - Schäden - Wiederaufbau, 2 Bde., Neumünster 1988
Beyme, Klaus von: Der Wiederaufbau. Architektur und Städtebaupolitik in beiden deutschen Staaten, München 1987
Beyme, Klaus von (Hg.): Neue Städte aus Ruinen. Deutscher Städtebau der Nachkriegszeit, München 1992
Preuschen, Henriette von: Der Umgang mit kriegszerstörten Kirchen in der SBZ/DDR, Worms 2011
Durth, Werner und Niels Gutschow: Träume in Trümmern. Planungen zum Wiederaufbau zerstörter Städte im Westen Deutschlands 1940-1950, 2 Bde., Braunschweig 1988
Bingen, Dieter und Hans-Martin Hinz (Hg.): Die Schleifung: Zerstörung und Wiederaufbau historischer Bauten in Deutschland und Polen, Wiesbaden 2005
Talbot, Franz Josef: Der Wiederaufbau deutscher Residenzschlösser als Aufgabe der Denkmalpflege nach 1945 unter besonderer Berücksichtigung des Neuen Schlosses zu Stuttgart, Dissertation Freiburg i. Br. 1988
Vom Umgang mit kirchlichen Ruinen. Symposium und Ausstellung, Hg. Denkmalschutzamt Hamburg, Hamburg 1991
Engel, Helmut und Wolfgang Ribbe (Hg.): Via triumphalis. Geschichtslandschaft „Unter den Linden" zwischen Friedrich-Denkmal und Schloßbrücke, Berlin 1997
Wagner-Kyora, Georg: Schloss ohne Geschichte. Der Braunschweiger Wiederaufbau-Konflikt 1950-2007, Berlin 2009
Lerm, Matthias: Abschied vom alten Dresden. Verluste historischer Bausubstanz nach 1945, Leipzig [2]1993
Machat, Christoph: Der Wiederaufbau der Kölner Kirchen, Köln 1987
Brix, Michael: Lübeck. Die Altstadt als Denkmal. Zerstörung, Wiederaufbau, Gefahren, Sanierung, München 1975
Rosenfeld, Gavriel David: Architektur und Gedächtnis. München und der Nationalsozialismus. Strategien des Vergessens, München 2004
Mulzer, Erich: Der Wiederaufbau der Altstadt von Nürnberg 1945 bis 1970, Erlangen 1972
Sterra, Bernhard: Das Stuttgarter Stadtzentrum im Aufbau. Architektur und Stadtplanung 1945 bis 1960, Stuttgart 1991

Scheunpflug, Robert: „Zur Herstellung von Leichtbauelementen geeignet ...“. Der Abriss der Marienkirche Wismar im Kontext von Staat, Kirche und Denkmalpflege, Schwerin 2008

7 Rekonstruktion

Nerdinger, Winfried: Geschichte der Rekonstruktion - Konstruktion der Geschichte, München 2010

Positionen zum Wiederaufbau verlorener Bauten und Räume, Hg. Bundesministerium für Verkehr, Bau und Stadtentwicklung, Bonn 2010

Jakubeit, Barbara und Barbara Hoidn (Hg.): Schloß - Palast - Haus Vaterland. Gedanken zu Form, Inhalt und Geist von Wiederaufbau und Neugestaltung, Berlin 1998

Rathke, Ursula: Preußische Burgenromantik am Rhein. Studien zum Wiederaufbau von Rheinstein, Stolzenfels und Sooneck (1823-1860), München 1979

Taylor, Robert R.: The Castles of the Rhine. Recreating the Middle Ages in modern Germany, Waterloo/Ont. 1998

Werquet, Jan: Historismus und Repräsentation. Die Baupolitik Friedrich Wilhelms IV. in der preußischen Rheinprovinz, Berlin 2010

Wege für das Berliner Schloss, Humboldt-Forum: Wiederaufbau und Rekonstruktion zerstörter Residenzschlösser in Deutschland und Europa (1945-2007), Regensburg 2008

Barti, Alexander: „Geschenk für die Seele des Volkes.“ Herrschaftliche Architektur befriedet das Volk? Eine politikwissenschaftliche Untersuchung der Berliner Schlossplatzdebatte von ihren Anfängen bis zur Bundestagsentscheidung 2002, Dissertation Berlin 2008, http://www.diss.fu-berlin.de/diss/receive/FUDISS_thesis_000000003469

Lindau, Friedrich: Hannover - der höfische Bereich Herrenhausen. Vom Umgang der Stadt mit den Baudenkmalen ihrer feudalen Epoche, München 2003

Der Marktplatz zu Hildesheim. Dokumentation des Wiederaufbaus, Hildesheim 1989

8 andere Themen

8.1 deutsche Ostgebiete nach 1945

Bachtin, Anatolij und Gerhard Doliesen: Vergessene Kultur: Kirchen in Nord-Ostpreußen. Eine Dokumentation, Husum 1998

Mazur, Zbigniew: Das deutsche Kulturerbe in den polnischen West- und Nordgebieten, Wiesbaden 2003

Hoppe, Bert: Auf den Trümmern von Königsberg. Kaliningrad 1946-1970, München 2000

Wörster, Peter: Königsberg (Kaliningrad) nach 1945. Fragen der Denkmalpflege und der Gestaltung des historischen Stadtbildes, Marburg 1994

8.2 Schrumpfen der Städte in den neuen Bundesländern

Neumann, Martin: Schrumpfung in den alten und neuen Bundesländern. Ein akteursbezogener Vergleich von (sozialen) Stadtumbauinitiativen in benachteiligten Großsiedlungen, Hamburg 2011

Neumann, Martin: Die Zukunft ostdeutscher Großwohnsiedlungen. Fallstudie Halle-Silberhöhe: Von der Waldstadt zum Stadtwald?, Hamburg 2009
Die Platte ist flexibel. Der Stadtumbau Ost in Marzahn, Hg. Degewo AG, Berlin 2010
Weniger ist Zukunft. 19 Städte - 19 Themen. Internationale Bauausstellung Stadtumbau Sachsen -Anhalt 2010, Berlin 2010

8.3 Industriebauten

Kierdorf, Alexander: Denkmale des Industriezeitalters. Von der Geschichte des Umgangs mit Industriekultur, Tübingen 2000
Herrmann, Wilhelm und Gertrude Herrmann: Die alten Zechen an der Ruhr, Königstein i. T. [6]2007
Schulte, Jeanette: Räumlich-struktureller Wandel in Innenstädten. Moderne Entwicklungsansätze für ehemalige Gewerbe- und Verkehrsflächen, Dortmund 1999
Haumann, Sebastian: „Schade, daß Beton nicht brennt." Planung, Partizipation und Protest in Philadelphia und Köln 1940-1990, Stuttgart 2011 *(zu Stollwerkfabrik und Severinsviertel in Köln)*

Abbildungsnachweis

S. 23: Gemälde von Caspar David Friedrich 1825, zitiert nach: Gerd Unverfehrt: Caspar David Friedrich, München 1984, Abb. 82
S. 39: Gemälde von Philipp Adolf Le Clerc 1790, zitiert nach: Wilhelm Weber: Schloß Karlsberg, Homburg 1987, S. 190.
S. 47: Fotosammlung J. Mirow
S. 55: Zitiert nach: Christian Fuhrmeister: Beton, Klinker, Granit - Material, Macht, Politik, Berlin 2001, S. 183
S. 57: Fotosammlung J. Mirow
S. 63: Fotosammlung J. Mirow
S. 69: Fotosammlung J. Mirow
S. 74: Fotosammlung J. Mirow
S. 77: Fotosammlung J. Mirow
S. 86: zitiert nach: Kulissen der Gewalt. Das Reichsparteitagsgelände in Nürnberg, hg. Centrum Industriekultur Nürnberg, München 1992, S. 102
S. 100: Fotosammlung J. Mirow
S. 102: Fotosammlung J. Mirow
S. 114: Fotosammlung J. Mirow
S. 136: Fotosammlung J. Mirow
S. 139: Bundesarchiv, Bild 183-J0505-0054-001, Foto Jürgen Ludwig
S. 145: Bundesarchiv, Bild 183-Z0822-024, Foto Thomas Lehmann
S. 148: Foto Jürgen Mirow
S. 157: Ludwig Puttrich und G. W. Geyser: Denkmale der Baukunst in den Herzoglich Anhalt´schen Landen, Leipzig 1841
S. 160: Emil Friedberg: Die Universität Leipzig in Vergangenheit und Gegenwart, Leipzig 1898, S. 67
S. 174: zitiert nach: Paul Clemen (Hg.): Die Kunstdenkmäler der Stadt Köln, Bd. 2, III. Abteilung, Erg. Bd. 1937, S. 164
S. 175: Aquarell von Giovanni Maria Quaglio vor 1803, Internet (www.kaiser ludwig in muenchen.de, download 5.11.2017)
S. 181: Michael Wening: Historico topographica descriptio Bavariae, 1. Teil: Das Renntambt München, München 1701
S. 190: Peter Suhr: Hamburgs Vergangenheit in bildlichen Darstellungen, Hamburg 1838, Teil 1 Blatt 18
S. 202: Matthaeus Merian: Topographia Germaniae, Brandenburg und Pommern, 1652, S. 126
S. 208: Braun und Hogenberg: Civitates orbis terrarum, Bd. 4, ca. 1599
S. 217: Matthaeus Merian: Topographia Germaniae, Rheinpfalz, Frankfurt 1672, S. 17
S. 220: Matthaeus Merian: Topographia Germaniae, Mainz/Trier/Köln, Frankfurt 1675, S. 39

S. 234: Matthaeus Merian: Topographia Germaniae, Brandenburg und Pommern, 1652, S. 61/62

S. 239: Rekonstruktionszeichnung von Vivien Thiessen, https://commons.wikimedia.org/wiki/File:Vier_holstentore.jpg, download 4.11.2017

S. 260: Duisburg Hafen AG, http://www.duisport.de/media/images/original/541bdfcbc87b7-1974_stahlkrise_krupp_huette_rheinhausen.jpg?800, download 27.12.2017, mit Erlaubnis der Presseabteilung

S. 290: Tilman Wattler um 1850, https://de.wikipedia.org/wiki/Datei:Köln_-_Hohe_Straße_Ecke_Brückenstraße_RBA_Tilmann_Watler_um_1850.jpg, download 5.11.2017

S. 291: Fotosammlung J. Mirow

S. 295: Ludwig Hilberseimer: Vorschlag zur Citybebauung, in: Die Form 1930. Zeitschrift für gestaltende Arbeit, Nr. 23/24, S. 608; zitiert nach: Multiple City. Stadtkonzepte 1908/2008, hg. Sophie Wolfrum und Winfried Nerdinger, Berlin 2008, S. 104

S. 298: Staatsarchiv Hamburg

S. 324: Foto 1947, zitiert nach: Bernd Maether: Die Vernichtung des Berliner Stadtschlosses, Berlin 2000, S. 46

S. 332: Zitiert nach: Sabine Bock: Schwerin. Die Altstadt, Schwerin 1996, Abb. 32

S. 340: Hohe Domkirche Köln/Dombauhütte, Foto F. Spangenberg

S. 341: Hohe Domkirche Köln/Dombauhütte, Foto F. Spangenberg

S. 346: Matthaeus Merian: Topographia Germaniae, Bayern, Frankfurt 1657, S. 115

S. 347: Michael Wening: Historico topographica descriptio Bavariae, 1. Teil: Das Renntambt München, München 1701

S. 356: Rekonstruktionszeichnung von Daniel Burger 1995, aus: D. Burger: Von der Burg zum Schloss. Die Willibaldsburg im 16. Jahrhundert, in: Sammelblatt des Historischen Vereins Eichstätt Bd. 88 (1995), S. 36, mit Genehmigung des Autors

S. 357: Matthaeus Merian: Topographia Germaniae, Franken, Frankfurt 1656, S. 13/14

S. 368: Zeichnung von Friedrich Rehkopf 1830, in: Bodo Fischer: Die Gemälde im Erfurter Rathaus, Erfurt 1991, S. 116 f.

S. 384: Entnommen aus: Hansestadt Lübeck. Sanierung und Entwicklung der Lübecker Altstadt, Neumünster 2008, S. 21. Mit Genehmigung des Herausgebers.

S. 390: I. C. W. Wendt und C. E. L. Kappelhoff: Hamburgs Vergangenheit und Gegenwart, Hamburg 1896, S. 253

S. 398: Zeichnungen von August Schlieker in: Illustrierte Zeitung Leipzig 7. Oktober 1865, S. 249

S. 399: Fotosammlung J. Mirow

S. 404: Zitiert nach: G. Jobst: Die Erhaltung der Altstadt von Kassel, in: Zentralblatt der Bauverwaltung 1935, S. 93

S. 418: Zeichnung 1946, zitiert nach: Multiple City. Stadtkonzepte 1908/2008, hg. Sophie Wolfrum und Winfried Nerdinger, Berlin 2008. S. 45

S. 420: Foto 1943/44, zitiert nach: Martin Middlebrook: The Battle of Hamburg, London 1980, Abb. 39

S. 435: Zitiert nach: Bundesministerium für Wohnungswesen und Städtebau (Hg.): Wohnungsbau und Stadtentwicklung, München 1967, S. A 43

S. 444: Zitiert nach H. P. Bahrdt, R. Hillebrecht und H. P. C. Weidner: Altstadtsanierung in Niedersachsen, Hannover 1976, hg. Landeszentrale für politische Bildung, S. 88

S. 445: Zitiert nach H. P. Bahrdt, R. Hillebrecht und H. P. C. Weidner: Altstadtsanierung in Niedersachsen, Hannover 1976, hg. Landeszentrale für politische Bildung, S. 89

S. 460: Zitiert nach: Uwe Hoelscher: Die Kaiserpfalz Goslar, Berlin 1927, Tafel 16

S. 461: Zitiert nach: Uwe Hoelscher: Die Kaiserpfalz Goslar, Berlin 1927, bei S. 16

S. 483: Foto 1950, zitiert nach: Festschrift 800 Jahre St. Nikolai 1195-1995, Hamburg 1995, S. 68

S. 490: Foto 1945, zitiert nach: Dieter Bartetzko: Denkmal für den Aufbau Deutschlands, Königstein i. T. 1998, S. 42

S. 491: Zitiert nach: Goethehaus Frankfurt am Main, hg. Freies Deutsches Hochstift Frankfurter Goethemuseum, Frankfurt 1952, Umschlag

S. 495: Fotosammlung J. Mirow

S. 520: Foto Jürgen Mirow

Register

Bauwerke, Denkmäler, Sanierungsgebiete usw.